제3판
전면개정판

미술과 세금

세무사 권민 저

바른북스

[전면개정판(제3판)]을 내며

지난 확장판(제2판)을 낼 때만 해도 이 정도면 앞으로 몇 년은 시장에 대응할 수 있겠지 싶었습니다. 2021년에 이건희 회장님 상속개시, 미술품 물납 도입 등 획기적인 변화가 있었는데, 그런 변화가 더 있겠나 싶었습니다.

어림도 없는 생각이었습니다. 2022년과 2023년에도 변화는 끊이지 않았습니다.

우선 2년 연속 [프리즈 서울, 키아프]가 공동개최되었습니다. 이에 힘입어 문화체육관광부에 따르면 2022년 미술시장 규모는 역대 최대인 1조 377억을 기록했습니다. 이름만 들으면 알 만한 메가갤러리가 한국에 자리를 잡거나 지점을 냈습니다. 신규 갤러리 창업 문의도 부쩍 많아졌습니다.

한편 NFT와 조각투자라는 획기적인 거래방식이 등장했습니다. NFT 시장은 엄청난 열풍을 보여주다가, 지금은 조금 수그러든 상태입니다.

2023년 6월 30일에는 발의 2년 만에 [미술진흥법]이 가결, 공포되어 1년의 시간을 두고 새로운 패러다임이 시작을 알렸습니다. 4년에 걸쳐 미술서비스업의 신고, 작가의 재판매보상청구권까지 도입될 예정입니다.

저 역시 이런 분위기에 힘입어 과분한 사랑을 받았습니다. 갤러리 거래처가 많아지면서 실무 경험이 깊어지고, 다양한 질문에 맞추어 연구가 이루어졌습니다. 강의와 기고 기회를 통해 미술 세무 지식을 더 잘 전하려는 고민의 시간도 많아졌습니다.

이제 다시 [미술과 세금 전면개정판(제3판)]으로 다시 인사드리게 되었습니다. 이번 개정은 모든 내용을 전면적으로 검토하여 고쳤습니다. 주요 개정 내용은 다음과 같습니다.

1) 2022년, 2023년의 개정세법을 반영했습니다. 미술과 관련된 법률들-[미술진

홍법], [문화예술진흥법], [저작권법], [민법의 인격표지영리권] 등 개정사항도 반영했습니다.

2) 실무적 중요성이 떨어지는 이론은 분량을 줄이거나 통합하고, 흐름에 맞게 챕터의 순서를 바꾸었습니다. 소제목이 본문의 내용을 더 잘 표현하도록 간결하게 바꾸고, 중요성이 떨어지는 문장도 전반적으로 줄이고 가독성을 높였습니다.

3) 본문에서 기초 개념에 해당하는 것들은 [기초개념편]으로 옮겼습니다. 각종 법률에서 규정하는 미술의 개념도 정리해보았습니다.

4) [갤러리의 국내거래편]에서 작가에게 중요한 내용을 [작가편]으로 옮겼습니다. 외국 작가와 관련된 내용은 작가보다는 주로 갤러리에게 중요한 관심사이므로, [갤러리의 국제거래편]으로 옮기고 관점을 바꾸어 서술했습니다.

5) [저작권편]을 새로 써넣었습니다. 저작권법의 기초적인 내용을 소개하고, 저작권과 관련된 세무를 정리하였습니다.

6) [갤러리편]을 [갤러리의 국내거래편]으로 재구성하였습니다. 먼저 갤러리의 개업과 신고를 다루고, 갤러리의 회계, 갤러리의 부가가치세 순서로 구조화했습니다. 갤러리의 가업상속과 관련된 내용도 추가했습니다. 한편 외국 작품/외국 작가/외국 판매와 관련된 내용은 좀 더 보충하여 [갤러리의 국제거래편]으로 별도 구성하였습니다.

7) [새로운 변화와 세무편]을 새로 써넣으면서, [NFT 세무], [미술품 조각투자], [재판매보상청구권], [인격표지영리권]을 다루었습니다.

이번 [전면개정판(제3판)]이 모든 작가, 갤러리, 컬렉터에게 더욱 요긴하게 쓰여지기를 기대해봅니다.

2024.04.
흑석동 사무실에서

초판 격려사

예술경영자들은 무대 위 오케스트라 지휘자와 유사하다는 생각을 합니다. 관련 예술 분야에 대한 안목과 기획력은 기본이고, 시장에 대한 마케팅 감각, 언어 능력과 소통 역량, 인사노무, 법률, 세무회계 분야에 이르기까지 다양한 분야를 두루 통섭하고 이해관계자들을 조율하는 능력이 요청되기 때문입니다. 예술경영자를 생각할 때마다 눈앞에 떠오르는 그림이 있습니다. 현실이라는 흙을 굳건히 밟고서 예술이라는 이상적 세계를 두 손 벌려 떠받히고 있는 모습입니다. 예술가들은 본래 이상세계를 추구하는 존재들이지만 이들도 현실에서의 생존에 무관하지 않기에, 누군가는 그들의 발이 땅에서 멀어지지 않도록 세속적 소통을 해야 합니다.

사회가 점차 고도화, 전문화 되면서 일견 제너럴리스트 같이 여겨졌던 예술경영자에게 요구되는 전문성과 위험관리 능력도 높아지고 있습니다. 이제 시대는 통섭적 능력과 더불어 특정 분야의 전문가로서의 역량을 겸비한 전문경영인을 필요로 하고 있습니다. 다양한 악기군과의 소통을 통해 포디엄에서 하나의 앙상블을 이끌어내는 오케스트라의 지휘자들이 그와 동시에 스스로 뛰어난 연주자로서의 면모도 지닐 때 한층 더 경쟁력을 지니게 되는 것과 비견할 수 있을 것입니다.

예술경영이 국내에 소개된 지도 어언 한 세대가 지났고 빠르게 성장하는 제자들을 보면서 세상의 변화를 절감합니다. 그들은 예술경영 학도로서의 전반적인 배움에 만족하지 않고, 본인이 목표하는 전문 분야를 통해 예술계에 기여하고자 하는 것입니다. 늘 명석하고 예리한 질문으로 강의실에 남다른 활력을 주었던 권민 군역시 예술세계와 경영세계의 사이에서 스스로의 역할을 찾기 위해 시행착오와 고민을 했을 것입니다. 사제 간으로 만났던 그가 예술전문 세무사가 되겠다는 견고한 포부를 전하며 찾아왔을 때 드디어 그간의 목마름에 대한 하나의 문이 열렸구나 싶어 얼마나 반가웠는지 모릅니다.

이 책의 가치는 무엇보다도 예술현장 종사자들의 관점과 입장에서 다양한 세부

현안을 담아내고자 한 것입니다. 기본적 개념에서부터 법조문과 판례, 각종 실무 양식 소개까지 미술 세무에 충실한 길잡이가 되고자 하는 저자의 세심한 배려가 느껴집니다. 각론적 구성에 있어서도 예술시장의 플레이어들을 중심으로 편제하여 현장 실무에서 손쉬운 활용을 도모한 것도 책의 강점이라 하겠습니다.

무엇보다 예술 현장인의 시각에 기초해 다듬어가는 과정을 지켜보니, 자신의 전문성으로 예술가들을 위해 기여하고자 한다는 확고한 동기의식이 믿음직합니다. 유사한 고민을 거치며 길을 만들어가는 사람으로서, 이처럼 진지한 제자 권민 세무사가 예술계에 직업인으로서 보내는 첫 헌사에 격려와 응원을 보내지 않을 수 없습니다. 앞으로 차근차근 지식과 실무가 쌓여가면서 세상에 나올 후속 결과물을 기대하니 든든함에 절로 미소가 지어집니다. 예술이 늘 현재진행형이듯 녹슬지 않는 열정으로 일신우일신 하는 그의 행보를 기대하며, 모쪼록 이 책이 우리 예술 생태계가 한 걸음 나아가는데 좋은 자극이 되길 바랍니다.

(재)서울시립교향악단 대표이사 강은경

초판 서문

"실장님, 어떡하죠? 국세청에서 전화가 왔는데 세금 200,000원을 내라고 해요. 우리 세금 다 내지 않았어요?"

늦은 밤에 전화가 왔습니다. 당황한 목소리였습니다. '이상하다, 그럴 리가 없는데…' 마음이 다급해졌습니다. 제가 아는 한에서는 제대로 처리했다고 생각했습니다. K씨에게는 세금납부 영수증을 보관 중이니, 우선 이것을 제출해보고 응답을 기다려보자고 했습니다. 이틀 뒤 국세청에서 다시 연락이 왔습니다. 문제가 해결되었다고 했습니다. K씨는 안도의 한숨을 내쉬었습니다.

"실장님. 착오가 있었나 봐요. 잘 해결됐대요. 감사합니다."

우선은 전화를 끊고 안도했지만, 곧 이런 생각이 들었습니다. '정말 잘 해결된 걸까? 예술경영을 전공했고, 최고의 예술가들과 함께하고 있다고 생각했지만, 왜 아직도 '세금'이라는 말이 막연한 안개처럼만 느껴질까? 늘 그랬듯이 이번에도 그냥 넘어가도 될까? 이렇게 일처리에 확신이 없어도 되는 것인가? 이제는 더 미룰 수 없는 것이 아닐까?' 며칠을 고민한 끝에 이번에야말로 세금을 확실하게 알아두어야겠다고 결심하게 되었습니다.

돌이켜보면 저는 예술경영을 전공하고 실무를 보면서 늘 예산 관리 업무가 좋았습니다. 저희 교수님은 예술경영이야말로 예술 중의 예술이라고 하셨는데, 정말로 그 말이 마음에 들었습니다. 지원금을 교부받고, 용도에 맞게 지출하고, 공연이 끝나면 정산하고… 숫자가 정확하게 맞을 때 늘 성취감을 느꼈습니다. 동료 예술가들에게 특이하다는 말을 참 많이 들었습니다. 어쩌면 '예술의 세계'와 지구 반대편만큼이나 거리가 먼 것이 '숫자의 세계' 아닐까요? 누구나 손사래를 치는 그런 일을 좋아하는 '별종'이다 보니 자연스레 일이 몰렸습니다. 세월이 갈수록 경험이 쌓여 점점 큰 예산을 다룰 수 있게 되었습니다. 그러나 늘 세금이 목에 가시처럼 저를 괴롭혔습니다. 저마다 하는 이야기가 다르고, 속시원하게 가르쳐주는 사람도 없었습니다. 이제와 생각해보면, 잘 알지도 못하면서 겁도 없이 어떻게 일처리를 했나 싶습니다.

K씨와 세금 해프닝이 있고 나서, 저는 세금을 정면으로 마주해보기로 했습니다. 처음에는 전산세무 자격증에 도전하여 지식을 쌓았습니다. 하다 보니 생각보다 회계와 세무가 적성에 잘 맞았습니다. 숫자도 규칙도 좋아하는 성격이라 법률과 회계가 혼합된 공부가 제게 꼭 맞게 느껴졌습니다. 그리고 이 분야는 도전 가치가 있었습니다. 서울문화재단의 사업설명회에 같은 곳에 가면 유독 세무회계 강연에 질문이 많았던 것을 기억합니다. 예술가들은 세금을 힘들어하고, 세무 지식에 목말라 있었습니다. 반대로 일반 경영학과 출신들은 예술의 세계를 막연해합니다. 예술의 세계는 가까이하기 어려운 미지의 세계라고 생각합니다. 예술가들에게는 오아시스, 경영인들에게는 특화된 전문가가 필요한 가운데, 제가 그 역할을 할 수 있겠다는 생각이 들었습니다.

아내와 상의를 끝내고 본격적으로 예술전문 세무사가 되기 위해 세무사 시험에 도전했습니다. 세금 때문에 애먹는 예술가들, 기획자들에게 지식을 전해주고 싶었습니다. 어떤 예술가라도 사회에 나오기 전에 기본적인 지식을 가질 수 있게 만들고 싶었습니다. 목표가 있으니, 공부에도 재미가 붙었습니다. 유혹에 흔들릴 때마다 늘 목표를 새겼습니다. 아내는 저를 믿고 지지해주었습니다. 주변의 예술가들도 저에게 용기를 주셨습니다. 결국 그토록 원하던 세무사의 꿈을 이룰 수 있게 되었습니다.

이 책은 제 꿈의 첫걸음입니다. 이 책을 시작으로 많은 기획자와 예술가들에게 도움이 되고자 합니다. 한편으로는 걱정도 앞섭니다. 저명한 선배 세무사님들도 항상 세법이 어렵다고 말합니다. 훌륭한 선배님들께 한참 못 미치는 제가, 과연 예술가들의 눈높이에서 세법을 잘 설명할 수 있을까 두려움이 들었습니다. 그래도 예술가들과 함께하며 지낸 세월이 있다 보니 예술가가 세금의 어떤 점을 힘들어하는지는 어느 정도 알고 있다는 점을 위안 삼아 용기를 냈습니다.

이 책은 곤란을 겪고 있는 예술가들과 기획자들에게 기초를 설명한다 생각하고 썼습니다. 예술 하나만 의지해 사회에 나가야 하는 예술가들, 예술가들과 발맞추어야 하는 예술경영인들에게 꼭 필요한 내용만 담았습니다. 이 책은 글을 장황하게 쓰지 않으려 했습니다. 관계없는 내용은 최대한 배제하고, 중요한 내용에 집중했습니다. 내용에 대한 법률 근거는 전부 주석으로 제시했습니다. 구체적 상황에 따라 세법을 이해할 수 있도록 판례와 예규를 적극적으로 수록하였습니다.

혹시라도 세무사 선후배들께서도 졸저를 보시게 된다면, 그래도 시간이 아깝지는 않다는 생각은 들도록 최선을 다했으니 부디 너그럽게 봐주시기 바랍니다.

가장 먼저 미술과 관련된 세무를 정리하여 세상에 보냅니다. 2020년 2월, L갤러리에 계시는 분이 미술세무에 대해서 알고 싶다고 연락 주셨던 때가 기억납니다. 그때부터 미술과 관련된 세무를 가장 먼저 정리한다는 생각으로 글을 썼습니다. 블로그에도 기고했는데 많은 작가와 컬렉터, 갤러리에서 제 활동에 관심을 보여주셨습니다. 그 과정에서 미술에 깊이 다가가게 되었고 미술을 사랑하는 컬렉터가 되었습니다. 힘이 닿는다면 이 책을 시작으로 공연예술, 음악, 출판 등 범위를 넓혀나가고 싶습니다. 부족하나마 이 책이 시각예술 분야에 종사하는 예술인들께 도움이 되기를 바랍니다.

마지막으로 감사의 말씀 드립니다. 제가 처음 세무사에 도전하는 순간부터 이 책이 나올 때까지 늘 함께하며 지지해주고 의견을 들려준 아내, 제가 이 세상에 태어나 뜻을 펼칠 수 있도록 헌신으로 뒷바라지를 해주신 아버지, 어머니, 그리고 동생에게 이 책을 바칩니다.

그리고 처음 예술경영을 공부할 때부터 늘 인내심으로 제자의 길을 격려해주시고 지켜봐주셨던 홍승찬 선생님, 제게 법률전문가의 시각에서 예술의 세계를 바라본다는 것이 무엇인지 몸소 보여주시고 늘 제자의 장점을 칭찬해주시는 강은경 선생님, 바쁘신 와중에도 시간을 내어 부족한 글을 읽고 방향을 일러주신 경희대학교 박신의 교수님, 제가 세무사로서 예술가들에게 어떤 힘이 될 수 있는지 깨닫게 도움을 주신 홍익대학교 민정아 교수님과 김미정 단장님, 제게 처음 세무사의 길을 지도해주시고 많은 경험을 쌓도록 도와주신 세무법인 동안 최성민 세무사님, 제가 더 깊이 있는 책을 만들 수 있도록 좋은 말씀 들려주신 이름을 밝힐 수 없는 여러 컬렉터와 갤러리스트 선생님, 부족한 글을 진지하게 읽어봐주고 귀중한 의견을 들려준 윤정혜 선배님, 황도민 대표님, 김지원 세무사, 이임주 세무사, 장용성 세무사, 정혜경 세무사, 최수현 세무사, 하윤석 세무사, 황혜원 세무사, 그 밖에 우리 세무사 모임 동료들에게도 감사합니다.

2021.01.
세무사 권민 사무소
대표 세무사 권민

차 례

[기초개념편]

[작가편]

[저작권편]

[갤러리의 국내거래편]

[갤러리의 국제거래편]

[개인 컬렉터편]

[법인 컬렉터편]

[미술관편]

[새로운 변화와 세무편]

기초개념편

1. 세금 기초다지기

(1) 세금 지식의 중요성

1) 누구도 세금을 피할 수 없다

이창희 교수님 저서 [세법강의]는 이렇게 시작합니다. [세법에 관하여 배울 것 가운데 가장 중요한 것은 세법이 중요하다는 것이다. 세법에 대하여 아무것도 모르더라도 세법이 중요하다는 사실 하나만 안다면 낭패는 피할 수 있을 것이다.]

세법을 처음 배울 때 [이렇게 세상 모든 분야를 법으로 규정할 수 있구나]하는 느낌을 받았습니다. 작가와 갤러리의 세금을 이해하려면, 세법은 물론 미술시장과 미술사, 저작권에 관한 지식이 필요합니다. 금융투자소득세를 이해하기 위해 자본시장법과 주식, 채권, 파생상품 지식이 필요합니다. 양도소득세 자경농지 감면규정을 알기 위해 농업과 농업인을 알아야 합니다. 보험금에 대해 소득세, 상속세를 처리하려면 기본적인 보험지식이 필요합니다. 모든 경제분야에 세법이 자리하고 있습니다. 소득이 있는 곳에 세금이 있기 때문입니다. 예술의 세계도 마찬가지입니다.

그럼에도 불구하고 사람들은 세법을 잘 모르고 살아갑니다. 설명을 들어도 어려워합니다. 세법이 애당초 어렵기 때문입니다. 법문도 어렵고, 논리도 어렵습니다. 양도 방대합니다. 법들이 서로 긴밀하게 얽히고 중첩하여 경제 행위를 규율합니다. 수험생 시절, 선생님께서 세법은 바다이고, 우리는 거기서 헤엄치고 있다고 표현하신 것이 기억에 남습니다.

문제는 세법을 모른다고 국가가 봐주지 않습니다. 법률의 부지(不知)는 정당한 사유가 되지 못합니다. 세금은 국가 존립의 토대라서 특히 제재가 무섭습니다. 납부지연가산세는 은행이자보다 무섭습니다. 납세자가 파산하면 국가가 일반 채권자, 은행보다 먼저 세금을 회수합니다. 세금이 체납되면 납세자 재산을 압류하여 공매

처분도 합니다. 조세범처벌법을 두고 탈세를 징역, 벌금으로 다스립니다. 세금으로 다툼이 생기면 2번의 불복과 3심제를 더해 5번을 다투기도 합니다. 세무조사관들에게는 강한 질문검사권과 증거제출요구권이 부여됩니다.

이처럼 세금은 국가 구성원들에게 막대한 영향을 끼치고 있기 때문에, 엄격하게 운영됩니다. 갑오개혁 때 [조세법률주의]라는 개념이 처음 도입되었고, 대한민국 헌법으로 계승되어, 조세의 종목과 세율은 반드시 입법부가 법률로만 만들게 되어 있기도 합니다.[1]

그러니까 세법의 최소한은 알아두는 것이 좋습니다. 국세청에서 발간한 가이드를 읽어보는 정도도 큰 도움이 됩니다. 평소에 세무사를 곁에 두고 늘 물어보고, 큰 계약이 있거나 하면 꼭 세무사의 시간을 사서 의견을 들어보는 것도 좋습니다.

2) 세금은 예술시장과 예술가들에게 영향을 준다

개개인에게도 세금이 중요하지만, 특히 예술가들에게 세금 제도는 특별한 의미가 있습니다.

어떤 나라가 예술 관련 세금 제도를 어떻게 운영하느냐는 예술시장과 문화산업에 막대한 영향을 주게 됩니다. 20세기 초, 현대미술의 중심지가 유럽에서 미국 뉴욕으로 옮겨간데는, 미국 신흥부자들의 재력이나 추상표현주의의 등장도 중요했지만, 1914년에 제정된, [제작된 지 20년이 지나지 않은 유럽 미술품을 수입할 때 면세하는 법안 덕분이었다고 합니다.

마찬가지로 문화강국 우리나라는 미술품 양도소득에 대해서 부동산, 주식과 달리 매우 적은 세금만 매기고 있고, 예술창작품의 유통에는 부가가치세와 관세를 면세하고 있습니다. 조세특례제한법을 두어 영상콘텐츠 제작비용에 대해 10%까지 세액공제를 제공하기도 합니다.

세금으로 예산을 편성하여 다양한 사업도 합니다. 한국문화예술위원회가 창작지

---

1 대한민국헌법 제59조

원 사업과 레지던시 사업을 할 때는 정부가 출연한 문화예술진흥기금에서 충당합니다.[2] 한국예술인복지재단이 예술인고용보험사업을 할 때도 국가 예산에서 출연받습니다.[3] 국립현대미술관은 문화체육관광부장관에게 예산계획을 제출하여 승인을 받아야 하고, 정부미술은행은 정부미술품의 수요조사를 거쳐 미술품을 구입예산을 승인 받아야 합니다.[4]

만약 세수가 부족하면 정부 예산이 부족해지고, 문화예술진흥기금도 감액되어 예술가들을 도와주기가 어려워집니다. 레지던시가 작아지고, 2명 지원하던 창작지원이 1명을 지원하게 됩니다. 그런 의미에서 예술계에 몸담으면서 국립대학교에서 학업을 마치기도 한 저로서는 예술지원의 근간이 되는 세금이 특히 소중합니다. 세금 덕분에 착실하게 경험을 쌓고 미래를 꿈꾸는 예술가 동료들을 보면서 납세자들에게 늘 감사한 마음입니다.

이 책 대부분이 사실 미술에 주어지는 세금혜택에 관한 것이기도 한데요, 거기에는 우리 정부가 미술시장을 활성화하기 위한 노력이 숨어 있다고 생각하시면 더욱 와 닿을 것입니다.

(2) 과세요건

누가 세금을 낼까요? [소득 있는 곳에 세금 있다], [물건을 사면 10% 부가가치세를 낸다], [아파트를 가지고 있으면 재산세, 종합부동산세를 낸다]는 말은 익숙하실 것입니다. 세금을 내게 하는 조건, [소득이 있다], [물건을 샀다], [아파트를 가지고 있다]가 과세요건입니다. 과세요건을 충족하면, 납세자에게 납세의무가 성립하고, 그 내용을 신고 또는 결정(고지)를 통해 납세의무가 확정됩니다. 마지막으로 세액을 납부하고 나면 납세의무가 사라집니다. 개념적으로는 이런 순환을 거칩니다.

---

2 문화예술진흥법 제17조
3 예술인복지법 제10조의2
4 국립현대미술관 기본운영규정 제4조, 정부미술품 운영규정 제9조

과세요건 충족 → 납세의무의 성립 → 납세의무의 확정 → 납세의무의 소멸

과세요건은 4가지입니다. ① 과세물건, ② 납세자, ③ 과세표준, ④ 세율입니다. 보시는 분에 따라 과세요건에 다른 요소를 포함시키기도 하지만, 저는 4가지를 중심으로 설명합니다. 과세요건에 따라 세금을 내고 안 내고가 결정되므로, 과세요건을 알면 각 세목의 핵심은 안 것입니다. 세법 대부분은 과세요건을 먼저 설명하고, 신고납부 절차를 이야기하고, 절차를 잘 지키지 않으면 어떤 제재가 있는지 규율하고 마무리됩니다. 납세의무 순환구조대로 법률도 체계를 이루고 있는 것입니다. 분량도 과세요건 파트가 가장 깁니다.

1) 납세자

납세자란, 납세할 의무를 지는 자를 말합니다. 세액이 아무리 많아도 내 세금이 아니면 무관하기 때문에 누가 세금을 부담하는지가 가장 중요합니다. 납세자는 개인일 수도 있고, 법인일 수도 있고, 법인 아닌 단체일 수도 있습니다. 한국사람일 수도 있고 외국사람일 수도 있습니다.

2) 과세물건

과세물건이란 과세의 객체를 뜻합니다. 미술을 예로 들면, 그림을 사는 사람이 그림값을 낼 때 세금을 매길 수도 있습니다. 그림을 팔 때 매출에 따라 세금을 매길 수도 있습니다. 그림을 1번 그릴 때마다 세금을 매길 수도 있습니다. 그림을 보유하고만 있어도 세금을 매길 수도 있습니다. 뭘 가지고 세금을 매기느냐? 그것이 과세물건입니다. 국세기본법에서는 소득, 수익, 재산, 행위, 거래가 과세의 대상이 된다고 크게 구분하고 있습니다.[5]

---

5 국세기본법 제14조

① 소득에 대해 매기는 세금은 소득세와 법인세입니다. 납세자는 개인이냐 법인이냐 차이가 있지만, 과세물건은 소득입니다.

② 부가 무상으로 이전되는 것에 매기는 세금이 상속세와 증여세입니다. 상속은 피상속인의 사망을 원인으로 재산을 무상이전 받는 것이고, 증여는 살아생전에 증여계약을 통해 재산을 무상이전 받는 것입니다. 부모님이 자녀에게 그림을 선물하는 경우 자녀에게 증여세가 부과됩니다. 작곡가, 소설가, 디자이너가 돌아가시면서 저작권을 남겨준다면, 유족은 상속세를 내게 됩니다.

③ 부가가치세는 재화 또는 용역의 공급, 재화의 수입, 을 과세물건으로 합니다. 개별소비세는 재화의 반출행위 등을 과세물건으로 합니다.

④ 재산세와 종합부동산세는 재산을 보유하는 사실에 매기는 세금입니다. 재산 취득, 등기등록행위에 대한 취득세, 등록면허세도 있습니다. 증권 거래행위에 대해 증권거래세도 있습니다. 대체로 미술품과 관련이 없는 세금들입니다.

3) 과세표준과 세율, 그 밖에 구성요소

세금은 금전납부가 원칙입니다. 고려, 조선시대에는 조용조(租庸調)라고 해서, 쌀과 특산품, 군역을 세금으로 걷던 때도 있었지만, 지금은 금전납부가 원칙이고, 상속세 등에서만 예외적으로 물납을 허용합니다.

금전납부가 원칙이라면, 과세물건은 숫자로 표현되어야 합니다. 과세물건을 수치로 표현한 것이 과세표준입니다. 그리고 과세표준에 세율을 곱하면 비로소 세액이 산출됩니다. 그런데 과세표준이 항상 쉽게 도출되는 것은 아닙니다. 예를 들어, 내가 소비자에게 그림을 팔았는데 소비자가 나에게 돈 대신 비트코인을 주었다고 합시다. 분명 경제적 이익을 얻었기 때문에 소득이라는 과세물건은 있습니다. 그런데 과세표준은 무엇일까요? 그림의 원가, 시가, 비트코인의 시가 중 무엇일까요? 세법에서는 이 경우 대가로 얻은 비트코인의 시가를 과세표준으로 합니다.[6]

---

6 소득세법 제24조, 소득세법 시행령 제51조

과세표준은 과세물건의 수치환산일 뿐 아니라, 정책상 필요한 가감조정을 거친 결과이기도 합니다. 예를 들어 법인세에선 각 사업연도의 소득을 과세물건으로 하되, 여기에 전년도에 기록해둔 결손금(이월결손금), 비과세하는 소득, 소득공제를 차례로 가감한 뒤 과세표준을 도출합니다. 부가가치세법이나 나머지 세목들도 원리는 비슷합니다.

과세표준에 세율을 곱하면 세액인 산출됩니다. (산출세액) 세목에 따라 여기에 다시 세액공제를 적용하여 결정세액을 도출하기도 합니다. 세율은 %로 표현되어 있고, 과세표준의 크기와 관계없이 단일세율로 되어 있는 세목과, 과세표준 크기에 따라 누진적으로 증가하는 누진세율로 되어 있는 세목이 있습니다.

핵심적인 과세요건 4가지를 위주로 설명했지만, 2가지를 더 소개합니다.

① 납세지

납세지란, 납세의 공간적 범위를 말합니다. 소득세에서는 주소 또는 거소가 어디인지가 중요하고, 법인세에서는 본점 소재지가 중요합니다. 부가가치세에서는 사업장의 소재지가 중요합니다. 요즘에는 홈택스를 통해 신고 납부를 마치는 경우가 많아 큰 의미가 있지는 않습니다.

② 납세의무 성립시기

납세의무 성립시기란, 납세의 시간적 범위를 말합니다. 소득세 과세기간은 [1월 1일부터 12월 31일]입니다. 법인세에서는 법령이나 정관이 정하는 1회계기간 등을 사업연도라고 부릅니다. 부가가치세는 일반과세자의 경우 [1월 1일부터 6월 30일]까지를 제1기, [7월 1일부터 12월 31일]까지를 제2기라고 부릅니다. 그리고 소득세와 법인세, 부가가치세는 과세기간이 끝나는 때 납세의무가 성립합니다. 이것을 기간과세라고 합니다. 반면 상속세는 상속이 개시되는 때, 증여세는 증여에 의하여 재산을 취득하는 때, 취득세는 과세대상자산을 취득하는 때 납세의무가 성립합니다.[7] 한 시점을 중심으로 한다하여 시점과세라고도 합니다.

지금까지 과세요건을 설명하고 보니 육하원칙에 따르고 있다는 걸 알 수 있습니다. 왜냐하면 세법이란 사람의 경제행위를 규율하는 법이기 때문입니다. 앞으로도 세금을 공부하실 때, 과세요건을 중심으로 생각하시되, 육하원칙을 떠올리면 쉽게 이해할 수 있습니다.

① 누가 : 납세자를 말합니다.

② 언제 : 귀속시기, 납세의무의 성립시기, 신고납부기한을 말합니다.

③ 어디서 : 납세지를 말합니다.

④ 무엇을 : 과세물건을 말합니다.

⑤ 어떻게 : 과세표준과 세율을 말합니다.

⑤ 왜 : 세금은 국가의 기반이고, 납세의무는 헌법상 의무이기 때문입니다.[8]

이어서 앞으로 주의할 점은, 각 세목은 다른 세목과 연결되는 경우도 가끔 있지만, 원칙적으로는 완전히 별개입니다. 각 세목마다 과세요건이 다르기 때문입니다. 그렇기 때문에 세금을 이야기할 때는 어떤 세목을 이야기하고 있는지 혼동하면 안 됩니다. 뒤에서 배우겠지만, 소득세법에서 생존하는 국내 원작자의 작품 양도소득은 과세하지 않습니다. 그러나 그건 소득세 규정이지 부가가치세 규정이 아니므로, 부가가치세 과세요건에 맞으면 부가가치세는 과세됩니다. 반대로 부가가치세는 예술창작품에 대해서 면세하는데, 소득세법에 따른 과세요건을 충족하면 소득세는 면세되지 않고 과세됩니다. 그러면 이제 각 세목별로 더 자세히 살펴보겠습니다.

---

7 국세기본법 제21조 제2항
8 대한민국 헌법 제38조

2. 부가가치세 기초다지기

(1) 서론

부가가치세는 가장 익숙한 세금입니다. 대부분 납세자가 하루에도 여러 번 냅니다. 편의점에서 커피 한 병을 사고 영수증을 보면 부가가치세를 얼마 부담했는지 정확히 나옵니다. 그만큼 생활에 가깝고 납세에 대한 저항이 적은 세금이 부가가치세라고 할 수 있습니다. 그래서 증세 주장이 나올 때마다 부가가치세가 항상 1순위로 거론됩니다.

여기서 부가가치란, 부가된 가치입니다. 산 것보다 비싸게 팔았다면, 그 차이가 부가된 가치입니다. [변기]가 [뒤샹]을 만나 [샘]이라는 작품이 되었다면, [샘]과 [변기]의 차이가 부가가치입니다. 달리 말해, [판 가격(매출)－산 가격(매입)]이 부가가치입니다.

부가가치에 매기는 세금이 부가가치세입니다. 그래서 부가가치세는 [매출－매입]×10%＝[매출×10%]－[매입×10%]로 하고 있습니다.

예를 들어 바리스타가 2,000원짜리 원두에 1,000원의 가치를 더해서 커피를 3,000원에 팔았다면, 1,000원이라는 부가가치를 만들어 낸 것입니다. 그래서 부가가치세는 100원입니다. 바리스타는 커피 가격 3,000원에 10%의 부가가치세를 더해 3,300에 손님에게 커피를 팝니다. 300원을 세금으로 냅니다. 반대로 원두를 살 때에 원두업자에게 2,000원을 주고 10%인 200원도 줍니다. 그리고 국세청에 200원은 돌려달라고 합니다. 즉, 300원－200원＝100원을 내는 방식으로 하고 있으며, 바리스타가 창출한 부가가치 1,000원어치에 대해, 100원이라는 세금을 내고 있는 구조입니다.

그러면 소비자도 커피 살 때 낸 300원을 돌려받을 수 있을까요? 소비자는 재화를 공급하면서 부가가치를 창출하는 사업자가 아니기 때문에 안 됩니다. 그런데 만약 커피를 졸여서 커피잼을 만들어 파는 사업자가 된다면, 그때는 매입세액을 돌려받을 수 있습니다. 커피쨈 가격이 4,000원이라면, 4,400원을 받고 팔게 될 것입니다. 그러면 커피쨈 손님에게 최종 부가가치세 400원을 받아냅니다. 그 중 바리스타에게 준 300원을 보전하고, 100원의 세금을 국세청에 냅니다. 100원은 내가 창출한 부가가치 1,000원의 10%이기도 합니다.

이렇듯 부가가치세는 사업자 아닌 최종 소비자가 물건가액의 10%를 부담합니다.[9] 시장님끼리 얼마나 많은 거래를 하든, 최종 소비자한테 전가됩니다. 사장님들은 자기 돈으로 세금 내는 것이 없이 소비자 주머니에서 나온 돈을 받아 부가가치세를 냅니다. 그렇기 때문에 부가가치세 납세자는 사업자이지만, 실제로 세금은 소비자가 부담합니다. 그래서 간접세라고 합니다.

(2) 납세자

부가가치세는 납세자(세금을 납부하는 자)와 담세자(세금을 부담하는 자)가 달라서 간접세이고, 부가가치세법의 납세자는 사업자입니다.[10] 소비자 주머니에서 부가가치세가 나왔어도, 소비자는 법에서 말하는 납세자가 아닙니다. 사장님이 납세자인데 소비자에게 부담을 떠넘긴 것 뿐입니다.[11]

납세자가 소비자냐 사업자냐, 이것은 중요한 차이입니다. 대부분 사업자는 소비자가 돈을 내면서 부가가치세 10%를 주기 때문에, 소비자가 부가가치세를 낸다고 생각합니다. 그렇지 않고 사업자가 재화나 용역을 공급할 때 납세의무는 먼저 생겨납니다. 재화나 용역을 공급하면 소비자에게 돈을 받았든 못 받았든 납세의무는 생겨납니다. 소비자가 돈을 내야 납세의무가 생기는 것이 아닙니다.

사업자가 납세자라는데, 사업자는 누구일까요? 사업자가 아니면 부가가치세가 많이 나와도 무관한 일이 되므로 내가 사업자인지 아닌지가 중요합니다. 사업자란, 사업 목적이 영리이든 비영리이든 관계없이 사업상 독립적으로 재화 또는 용역을

---

9 부가가치세법 제31조
10 부가가치세법 제3조
11 부가가치세법 제31조

공급하는 자를 말합니다.[12]

1) 영리목적 불문

재화나 용역을 공급하면 사업자입니다. 영리목적은 중요하지 않기 때문에 돈 벌려고 한 일이 아니라고 말해도 소용 없습니다. 기업이 경품행사를 할 때 당첨자에게 제세공과금은 32%를 따로 받는다고 써놓은 것을 보셨는지요? 10%는 부가가치세이고 22%는 소득세입니다. 소비자에게 대가를 받지 않고 경품을 줬지만, 부가가치세는 과세됩니다.

2) 사업상 독립(자기의 계산과 책임)

사업자는 사업상 독립적으로 재화 또는 용역을 공급하는 자입니다. 독립적이라는 것은 첫째, 어떤 사업이 다른 사업과 독립되어, 부가가치를 창출하여 낼 수 있는 정도의 사업형태를 갖추었다는 것(물적독립)과, 둘째, 사업상 독립적이라는 것은 종속관계가 아닌 것(인적독립)을 의미합니다.

판례에서는 판매할 상품과 가격을 결정하고 배송하며, 자기결정에 의하여 거래를 주도하고, 분쟁에 관여하면서 책임을 부담하고, 판매대금이 귀속되면 사업자성이 있다고 하였습니다. 반대로 고용관계에 따라 근로를 제공하는 사람은 사업자가 아닙니다.[13] 유능한 경매사가 회사에서 많은 월급을 받는다 해도 부가가치세를 내지는 않습니다. 사업자가 아니기 때문입니다.

3) 계속 반복적

사업이라 하려면 계속 반복적으로 재화나 용역을 공급해야 합니다. 계속 반복적이라는 건 여러 차례의 재화 또는 용역의 공급이 계속 반복된다는 뜻이고 시간적 경

---

12 부가가치세법 제2조
13 부가가치세법 제12조

과가 요구되는 단 한 번의 용역을 공급할 의사로 용역을 제공하는 경우에까지 계속적으로 용역을 공급할 의사가 있었다고 할 수는 없습니다.[14] 따라서 일회적으로 재화나 용역을 공급했지만 계속하여 공급할 의사가 없으면 사업자로 보지 않습니다. 개수가 많아도 그렇습니다.

• 법규부가2014-283, 2014.08.25

[사실관계] "☆☆, ★★, ○○, ●●, ◎◎"(이하 "상속인"이라 함)는 2011.12.16 부친이 생전에 수집한 서화, 도자기, 토기, 철물, 목공예, 조각, 석공예(이하 "쟁점미술품"이라 함) 80,700점을 공동으로 상속받았으며 쟁점미술품을 감정한 결과 대부분이 모조품으로 감정가액이 산정되지 않았으나 진품이거나 무명작가의 작품, 저작권 위반문제가 발생되지 아니하는 미술품 46,746점에 대하여는 산정된 감정가액으로 처분할 예정이며 나머지 쟁점미술품은 폐기처분하거나 무상기부하고자 함. 미술품은 상속받은 부동산에 보관중이나 상속받은 부동산 중 일부가 정부의 보금자리 주택 건설용지에 편입되어 ◇◇공사와 매매계약을 체결하고 2014.9.30까지 명도하여야 하며, 쟁점미술품 중 석물, 금속 등으로 만들어진 조각상 등은 대부분 유행이 지난 조각상이거나 옥외에 노출되어 있어 훼손이 되는 관계로 조속히 처분하여 상속세를 납부하고자 함. 상속인은 미술품 유통에 대한 지식이 전무하고 처분할 판매시설이나 인력, 유통망이 없어 미술품을 취급하는 판매상에 처분을 의뢰하고자 하며 미술품 판매상은 인터넷 경매 또는 사설경매장을 통하여 판매할 예정으로, 판매가액에서 판매수수료(판매가액의 20~30%)를 차감한 금액을 매월 상속인들에게 전달할 예정이며 미술품의 운반비, 보관비, 포장비 등 판매와 관련된 일체의 비용은 판매상들이 자신들의 수수료에서 지급할 것임.

[질의] 상속인들이 상속재산을 판매시설이나 인적시설을 갖추지 아니하고 사업목적 없이 단순히 판매상에게 의뢰하여 처분하는 경우, 상속인들이 사업자에 해당하는지 여부

[답변내용] 상속인이 사업목적 없이 인적·물적 설비를 갖추지 아니하고 상속재산을 중개인을 통해 판매하고 판매대금을 수취하는 경우, 상속인은 「부가가치세법」 제2조 제3호에 따른 사업자에 해당하지 아니하는 것임

---

14 대법90누8442

(3) 과세물건

쉽게 말하면, 부가가치세는 물건에도 붙고, 서비스에도 붙습니다. 어렵게 표현해 보면, [재화를 공급]하거나, [용역을 공급]하거나 [재화를 수입]하는 행위가 부가가 치세 과세물건입니다.[15]

재화란 [재산 가치가 있는 물건 및 권리를 말하므로,[16] 그림, 조각, 사진, 건축물 (건물), 디자인이 가미된 제품(가구, 제품, 의류) 등을 재화라고 할 수 있습니다.

재화의 공급이란, [계약에 따라 재화를 인도하거나 양도하는 것]을 말합니다. 작품 을 파는 것, 즉 매도인과 매수인이 매매계약을 맺고 작품의 소유권을 넘겨주는 것 이 전형적인 재화의 공급입니다.

용역이란 [재화 외에 재산 가치가 있는 모든 역무와 그 밖의 행위, 그리고 재화를 사용하게 하는 것] 등을 말합니다.[17] 미술작품 제작용역을 제공하는 경우, 미술품 의 대여, 미술품 매매 중개 용역, 전시 기획, 미술비평 기고, 미술감정, 미술관련 강의 등을 말합니다.

용역의 공급이란 [역무를 제공하거나 시설물, 권리를 사용하게 하는 것]을 말합니 다. 의뢰를 받아 미술품 설치용역을 제공하거나, 고객 의뢰를 받아 해외 아트페어에 가서 대신하여 작품 컬렉팅을 수행하는 것은 역무를 제공하는 것입니다. 무라카미 타카시의 미술을 루이비통 가방에 이용할 수 있도록 허락한다면 용역의 공급이 됩 니다. 미술저작물의 복제권이라는 재화를 사용하게 허락한 것이기 때문입니다.

재화의 수입이란, 외국에서 국내에 도착한 물품을 국내에 반입하거나, 수출신고가 된 물품을 국내로 반입하는 것을 말합니다. 국내에 반입만 하면 부가가치세 과세 대상이 되고, 대가를 받았는지 아닌지는 묻지 않는 것이 원칙입니다. 재화의 수입 은 [갤러리의 국제거래편]에서 자세히 설명합니다.

---

15 부가가치세법 제4조
16 부가가치세법 제2조, 부가가치세법 시행령 제2조, 부가가치세 시행령 제18조
17 부가가치세법 제2조, 부가가치세법 시행령 제3조, 부가가치세법 제11조

(4) 과세표준과 세율

재화 또는 용역의 공급이 부가가치세 과세물건입니다. 그러면 세금을 어떻게 매긴 다는 걸까요? 재화의 개수에 매길 수도 있고, 부피나 무게에 매길 수도 있습니다. 예를 들어 개별소비세는 담배 1개피당 세금을 매기고, 기름 L당 세금을 매깁니다. 이것을 종량세라고 합니다. 다른 예를 들어 지방세 중 주민세 균등분은 사람 또는 법인마다 세금을 매깁니다. 이것을 인두세라고 합니다.

부가가치세는 [(정해진 기간의) 재화 또는 용역의 공급가액을 합한 금액]에 세금을 매기고 있어, 종가세라고 부릅니다. 공급가액이란 물건 가격을 말합니다. 가격이 란 재화 또는 용역을 공급받는 자로부터 금전으로 대가를 받으면 그 대가를 말하고, 금전적 가치 있는 것을 받으면 그것의 시가를 말합니다.[18] 시가란 특수관계인 아닌 사람들끼리 거래하는 일반적인 가격입니다.[19]

부가가치세가 과세되는 작품을 수출하여 외화를 받으면 어떻게 될까요? 우리나라 세금을 달러로 낼 수 없으니 원화 환산이 필요합니다. 하지만 환율은 계속 변합니다. 그래서 ① 공급시기 이후에 외화를 받은 경우, 공급시기 전에 외화를 받아 공급시기 이후에도 환전하지 않고 외화로 보유하는 경우는, 공급시기의 재정환율로 공급가액을 정합니다. ② 하지만 공급시기 전에 외화를 받아 환전까지 미리 마쳤다면, 환가한 날의 환율로 환산한 가액이 공급가액입니다.

이렇게 재화의 공급가액을 제1기(상반기) 또는 제2기(하반기) 동안 전부 합한 금액이 과세표준입니다.[20] 정리하면, 부가가치세의 과세표준은 해당 과세기간에 공급한 재화 또는 용역의 공급가액을 합한 금액으로 합니다.

이제 과세표준에 10%를 곱하면, 매출세액이 됩니다.[21] 그러나 매출세액에서 매입 세액을 빼야 진정한 부가가치세액이 도출됩니다.[22] 부가가치세는 매출이 아니라 부

---

18 부가가치세법 제29조 제3항
19 부가가치세법 시행령 제62조
20 부가가치세법 제29조 제1항
21 부가가치세법 제30조
22 부가가치세법 제38조 제2항

가가치에 매기는 세금이기 때문입니다. 부가가치란 [매출－매입]입니다. 부가가치세는 [매출－매입]×10%＝[매출×10%(매출세액)]－[매입×10%(매입세액)]로 하고 있습니다. 그래서 매출세액에서 매입세액을 빼는 것을 매입세액 공제라고 합니다. 이런 과정 없이 매출에만 세금을 매기면 거래 단계마다 중복과세되기 때문입니다.

(5) 면세와 영세율

1) 면세

제가 자주 듣는 질문 중에, [미술품은 면세라는 이야기를 들은 적이 있는데 세금을 내지 않아도 되는 것 아니냐], [프리랜서는 부가세를 안 내도 된다는데 맞느냐] 하는 것이 있습니다. 일단, 여기서 면세는 부가가치세법상 면세를 뜻하므로 법인세/소득세와 무관합니다.

부가가치세는 부가가치에 대한 세금입니다. 부가가치란 [매출－매입]이고, 부가가치세란, [매출－매입]×10%＝[매출×10%]－[매입×10%]라고 했습니다. 면세란, 부가가치세가 붙지 않는 재화나 용역을 말합니다. 면세사업자는 부가가치세를 내지 않는 사람입니다. [매출－매입]×10%＝[매출×10%]－[매입×10%]를 내지 않는 사람입니다. 즉, [매출×10%]를 내지 않지만, [매입×10%]를 돌려받지도 않는 사람입니다.

따라서 면세되는 재화 또는 용역을 사는 소비자는 면세사업자 사장님에게 부가가치세 10%를 주지 않아도 되어 싸게 사는 느낌입니다. 국가가 부가가치세를 포기했습니다. 그런데 면세는 세금이 완전히 제거되지는 않습니다. 무슨 말일까요? 여기서부터는 조금 복잡한 이야기이므로, 어려우면 넘어가도 괜찮습니다.

예를 들어, 제가 출판사 사장이라고 하겠습니다. 도서는 면세 품목에 해당하지만 일단 과세사업자라고 합시다. 어느 날 손님이 와서 저한테 책을 사겠다고 15,000원을 내밉니다. 그러면 저는 15,000원에 1,500원을 더해 16,500원을 받아야 합니다. 그리고 1,500원을 떼어서 국세청에 내기 위해 잘 갖고 있습니다. 한편 제가 책을 만들기 위해 종이를 샀는데 가격이 10,000원입니다. 지물포 사장님이 11,000 원을 달라고 합니다. 1,000원은 부가가치세(매입세액)를 주는 것입니다. 그러면 저는 이렇게 말합니다. [제 1,000원을 부가가치세로 받아갔으니, 증명서를 주세요] 세금계산서를 받아두는 것입니다. 그리고 손님한테 받은 1,500원과 지물포 사장님에게 준 1,000원을 정산하여 최종 500원을 부가가치세로 납부합니다. [매출×10%] －[매입×10%]＝[매출－매입]×10%＝부가가치세를 내고 있는 것입니다. 그리고 저는 10,000원에 종이를 사서 15,000원에 책으로 팔아 5,000원을 남겼습니다. 과세사업자는 이런 구조입니다.

그런데 도서는 실제 면세품목입니다. 면세사업자라고 해보겠습니다. 그러면 저는 독자에게 책값 15,000원만 받습니다. 1,500원을 더 받지 않습니다. 저는 15,000원 의 매출을 올렸지만, 1,500원의 세금을 낼 의무가 없습니다. 그게 면세입니다. 독자는 책을 싸게 샀으니까 기분이 좋습니다. 하지만 지물포 사장님은 여전히 저에게 11,000원을 받아갑니다. 종이는 면세품이 아니기 때문입니다. 면세사업자는 물건을 팔 때나 면세지, 물건을 살 때는 소비자나 마찬가지입니다. 제가 아까 면세사업자는 [매출×10%]를 내지 않고, [매입×10%]를 돌려받지 않는 사람이라고 했지요? 그래서 지물포 사장님에게 준 1,000원은 돌려받지 못합니다. 책은 15,000원 에 팔았는데, 종이는 11,000원에 샀으니, 4,000원밖에 남지 않았습니다.

상황이 이렇다 보니, 저는 5,000원의 마진을 지키기 위해 돌려받지 못할 1,000원을 독자에게 팔 책값에 포함시킵니다. 이걸 세액의 전가라고 합니다. 그래서 책을 16,000원에 팝니다. 결과적으로 종이를 11,000원에 사서 16,000원에 팔았으니 나는 5,000원의 마진을 지켰습니다. 그런데 소비자 역시도 면세가 아니었다면 16,500원에 살 것을, 16,000원에 사게 되었으니 이익입니다. 이게 바로 부가가치세 면세 구조입니다. 만약 책을 15,000원에 팔았다면 부가가치세 부담이 완전히 제거됐다고 표현하겠지만, 그렇지 않고 16,000원이 되었습니다. 그래도 소비자는 비교적 싼 가격에 물건을 샀습니다.

누가 손해를 보았을까요? 국세청이 원래 마지막 거래에서 500원의 세액을 챙겼어야 했지만 포기했습니다. 국세청은 국가의 근간인 세수를 왜 포기할까요? 그건 물건을 조금이라도 싸게 만들어 부가가치세 부담을 줄여주기 위해서입니다. 면세 대상을 보면 면세 제도 취지를 더 잘 알 수 있습니다.[23]

1) 생필품

- 가공되지 아니한 식료품[식용으로 제공되는 농산물, 축산물, 수산물과 임산물을 포함한다] 및 우리나라에서 생산되어 식용으로 제공되지 아니하는 농산물, 축산물, 수산물과 임산물로서 대통령령으로 정하는 것
- 수돗물(생수는 과세)
- 연탄과 무연탄
- 여성용 생리 처리 위생용품
- 여객운송 용역. 다만, 항공기, 고속버스, 전세버스, 택시, 특수자동차, 특종선박 또는 고속철도에 의한 여객운송 용역으로서 대통령령으로 정하는 것은 제외한다.
- 주택과 이에 부수되는 토지의 임대 용역으로서 대통령령으로 정하는 것
- (생략)에 따른 관리주체 또는 (생략)에 따른 입주자대표회의가 제공하는 (생략)에 따른 복리시설인 공동주택 어린이집의 임대 용역
- 공장, 광산, 건설사업현장, 학교의 경영자가 그 종업원 또는 학생의 복리후생을 목적으로 직접 공급하는 음식용역(식사류로 한정한다).
- 대통령령으로 정하는 국민주택 및 그 주택의 건설용역(대통령령으로 정하는 리모델링 용역을 포함한다)
- 영유아용 기저귀와 분유

2) 국민 후생과 문화 관련

- 의료보건 용역(수의사의 용역을 포함한다)으로서 대통령령으로 정하는 것과 혈액 (단, 성형수술과 애완동물 진료용역은 과세)
- 교육 용역으로서 대통령령으로 정하는 것(단 자동차 운전학원, 무도학원 과세)
- 도서(도서대여 용역을 포함), 신문, 잡지, 관보, 「뉴스통신 진흥에 관한 법률」에 따른 뉴스통신 및 방송으로서 대통령령으로 정하는 것. 다만, 광고는 제외한다.
- **예술창작품, 예술행사, 문화행사 또는 아마추어 운동경기로서 대통령령으로 정하는 것**
- 도서관, 과학관, 박물관, 미술관, 동물원, 식물원, 그 밖에 대통령령으로 정하는 곳에 입장하게 하는 것
- 희귀병치료 등을 위한 것으로서 대통령령으로 정하는 것

---

23 부가가치세법 제26조 제1항, 조세특례제한법 제106조 제1항

3) 생산요소
- 금융·보험 용역으로서 대통령령으로 정하는 것
- 토지
- **저술가·작곡가나 그 밖의 자가 직업상 제공하는 인적 용역으로서 대통령령으로 정하는 것**

4) 기타
- 우표(수집용 우표는 제외한다), 인지, 증지, 복권 및 공중전화
- 종교, 자선, 학술, 구호, 그 밖의 공익을 목적으로 하는 단체가 공급하는 재화 또는 용역으로서 대통령령으로 정하는 것
- 국가, 지방자치단체 또는 지방자치단체조합이 공급하는 재화 또는 용역으로서 대통령령으로 정하는 것
- 국가, 지방자치단체, 지방자치단체조합 또는 대통령령으로 정하는 공익단체에 무상으로 공급하는 재화 또는 용역

5) 수입
- 여행자의 휴대품, 별송 물품 및 우송 물품으로서 관세가 면제되거나 「관세법」 제81조 제1항에 따른 간이세율이 적용되는 재화
- 국내에서 열리는 박람회, 전시회, 품평회, 영화제 또는 이와 유사한 행사에 출품하기 위하여 무상으로 수입하는 물품으로서 관세가 면제되는 재화

면세사업자가 꼭 좋은 점만 있지는 않습니다. 면세사업자는 [매출×10%]를 내지 않고, [매입×10%]를 돌려받지 못하는 사람이라고 했습니다. 만약 사업 초기에 [매출×10%]는 적은데, 대량매입을 하느라 [매입×10%]이 많다면 면세가 오히려 일반과세자보다 불리하게 됩니다. 실무에서 도예가가 창업을 하면서 도예관련 시설과 도구를 대량매입했으나 면세사업자라서 세액환급을 받지 못하는 경우를 보았습니다. 눈치가 빠르신 분들은, 대량매입 때는 일반과세자로 세액을 환급받고, 나중에 면세사업자로 바꿔서 매출세액을 안 내면 되지 않느냐 생각할 수 있습니다. 그런 조세회피를 방지하기 위해 과세사업에 쓰겠다고 매입세액 공제를 받은 물건을 나중에 면세사업으로 전용하면 해당세액만큼 매출을 한 것으로 보아 (공급의제) 매출세액에 더하게 합니다.[24] 부가가치세에서 자주 적발되는 조세회피행위 중

---

24 부가가치세법 제10조 제1항 제1호

하나입니다.

만약 어떤 사람이 [과세 재화 또는 용역]과, [면세 재화 또는 용역]을 동시에 공급하는 겸영사업자라면 어떨까요? 예술창작품과 과세되는 굿즈를 동시에 취급하는 갤러리가 대표적입니다. 이 경우 과세 사업과 면세 사업을 구분한 뒤, 과세 사업에 관한 부가가치세만 내고, 과세 사업에 관한 매입세액만 돌려받습니다. 구분이 안 되는 매입액은 각 사업의 공급가액 비율로 안분합니다.[25]

● 서울행법2010구합11146, 2010.09.17

[처분의 경위]

원고(회사)는 면세사업인 서적판매업과 과세사업인 서비스행사 기획업을 겸영하는 자인데, 서적판매업은 □□□□사가 발행하는 □□□ 등 정기간행물의 정기구독자(이하 '서적판매회원'이라 한다)를 유치하여 서적판매회원에게 위 정기간행물을 판매하는 형식으로, 서비스행사 기획업은 음악공연을 개최하되 공연 입장권이나 공연 홍보물 그리고 공연현장에서의 광고를 원하는 기업에게 광고를 할 수 있도록 해 주고 위 공연의 무료 입장권을 일정수량 발급하여 주는 대신 광고료를 받는 방식으로 수행하고 있으며, 위 서적판매회원(동반 1인 포함)에게는 위 음악공연의 무료 관람의 혜택을 주고 있다. 원고는 2003년 제1기부터 2007년 제2기까지 광고료를 기준으로 매출세액을 계산하고, 음악공연개최에 사용한 비용을 기준으로 매입세액을 계산하여 서비스행사기획 업에 관한 부가가치세를 신고·납부하였다.

피고(국세청)는 2008.7.1 및 같은 해 8.6 전항 기재 매입세액이 면세사업인 서적판매 업과 과세사업인 서비스행사 기획업에 공통으로 사용되었고, 실지 귀속을 구별할 수 없는 것으로 보아 부가가치세법 제17조, 같은 법 시행령 제61조 제1항에 따라 과세사업과 면세사업의 공급가액을 기준으로 매입세액을 안분(면세사업의 공급가액이 훨씬 크므로 매입세액 공제액이 큰 폭으로 줄어들었다)하여 별지1 부과처분 명세표의 '당초 과세처분'란 기재와 같이 부가가치세 합계 343,643,420원을 부과하였다.

[판단]

① 음악공연의 최종소비자인 관객 중 서적판매회원은 연간 15,002명에서 29,881명에 이르고 비율로 보아도 전체 관객의 약 35%인 점, ② 원고는 서적판매회원을 모집함에 있어 정기간행물과 음악공연 무료입장 권 등을 합쳐서 회원들에게 제공하되 그 대가로 회비를 받는 것으로 하고 있을 뿐 아니라 연 6회 음악공연 무료입장(동반 1인 포함)은 그 경제적 가치도 상당하므로 서적 판매회원의 입장에서는 음악공연이 서적구매에 대한 사

---

25 부가가치세법 제40조, 부가가치세법 시행령 제81조 제1항

은행위라기 보다는 회비에 대한 대가로 인식될 수 있을 것으로 보이는 점, ③ 원고가 부여하는 음악공연 무료입장의 혜택이 서적판매회원에 대하여 위와 같은 의미를 갖는 이상 음악공연의 개최는 원고의 입장에서도 서적판매회원 유치에 상당한 도움이 될 것으로 보이는 점, (생략)을 종합하면, 원고의 음악공연개최는 과세사업인 서비스행사 기획업 뿐 아니라 면세사업인 서적판매을 위하여도 제공되는 용역이라고 인정함이 상당하다. 결국 원고는 음악공연 개최와 관련하여 과세사업인 서비스행사기획 업과 면세사업인 서적판매업을 겸영하고 있는 것이고, 음악공연의 최종소비자 중 서적 판매회원의 숫자를 정확히 산정할 수 있는 이상 음악공연에 관련된 매입세액 중 면세 사업인 도서판매업에 귀속시킬 부분은 음악공연에 참석한 관객 중 서적판매회원의 비율에 의하여 산정할 수 있다고 봄이 상당하다. 그러므로 음악공연을 통한 매출금액인 광고료를 기준으로 매출세액을 계산하고, 음악공연 개최에 소요된 비용 중 음악공연 관객 중 서적판매회원이 아닌 관객 수의 비율에 해당하는 금액을 기준으로 공제되는 매입세액을 계산하여 부가가치세를 산정함이 타당하다.

[해설]
면세사업인 서적판매업과 과세사업인 공연기획업을 겸영하였습니다. 그런데 서적판매업의 회원들에게 제공하기 위해 음악공연티켓을 매입하면서, 매입세액을 안분 계산없이 전액 매입세액 공제 처리하였습니다. 면세사업에 대해 매입세액공제를 받은 것입니다. 회사는 티켓 구입은 서적판매업과 관련이 없다고 항변했지만, 음악공연 관객의 35%가 서적 구매자라는 등의 이유로, 판결에서는 겸영사업을 위한 매입으로 보아 매입세액을 안분계산해야 한다고 판단했습니다.

① 요약하면, 면세사업자는 손님한테 10% 부가가치세액을 거래징수하지 않아도 되고 신고납부하지 않아도 되지만, 본인이 재화나 용역을 사면서 10% 거래징수당하는 매입세액도 공제받지 못합니다.

② 면세사업자는 손님에게 10% 부가가치세액을 거래징수하지 않기 때문에, 손님에게 [세금계산서]가 아닌 [(면세)계산서]를 발급하며, 여기에 공급가액은 써 있지만 세액은 써 있지 않습니다.

③ 반대로 면세사업자로부터 매입을 하는 손님은, 물건값은 줬지만 세금 10%를 준 것이 없어 [세금계산서]가 아닌 [계산서]를 발행받게 되고, 거래징수당한 세액 자체가 없어 공제받을 매입세액도 없습니다.

2) 영세율

면세와 비슷하지만, 다른 개념으로는 영세율이 있습니다. 이 책에서 면세만큼 중요하지는 않지만, 그래도 관련 있는 부분이 몇 군데 있어 간단하게만 소개합니다. 단어 뉘앙스를 보아하니, 면세나 영세율이나 부가가치세가 없다는 느낌인 것 같기는 한데, 왜 이렇게 표현을 다르게 하나 싶으시죠? 실제로는 좀 다릅니다.

① 일단 목적이 다릅니다. 면세는 면세품을 조금이라도 싸게 만들어 부가가치세 부담을 줄여주는 데 목적이 있다 했습니다. 그래서 면세품을 보면 생필품 성격이 강했습니다.

반면 영세율 품목은 주로 [재화의 수출]이나 [용역의 국외공급]과 관련이 있습니다. 미술과 관련하여는, [작품 및 굿즈 등 상품의 수출]과, [저작권 용역의 국외사용]과 관련이 있습니다.

영세율의 첫 번째 목적은, [우리나라에서 과세하지 않고 일단 내보낼테니, 상대 나라 너네가 너네 제도에 맞게 과세해라, 대신 너네도 우리나라에 물건 내보낼 때 영세율로 내보내]라는 취지입니다. 어려운 말로 국제적 이중과세 방지라고 합니다.

영세율의 두 번째 목적은, 영세율은 부가가치세 부담이 완전히 사라지므로, 수출과 용역의 국외공급을 장려하는 목적이 있습니다.

② 부가가치란 [매출－매입]이고, 부가가치세란, [매출－매입]×10%－[매출×10%]－[매입×10%]라고 했습니다.

면세는, 부가가치세 영역 밖에 있기 때문에, [매출×10%]를 내지 않지만, [매입×10%]를 돌려받지도 않는다 했습니다.

반면 영세율은, 부가가치세의 영역 내에서 [매출×"0%"]로 하고 [매입×10%]를 돌려받을 수도 있습니다. 그래서 실무상 훨씬 혜택이 큽니다.

내용이 어려우면 이것만 기억합니다. [영세율은 주로 수출과 관련이 있다], [부가가치세 부담이 완전히 사라져 유리하다]

하나만 더 기억하자면, 영세율은 [국내 사업자가 국외에 공급]할 때를 말하는 것이지, [국외 사업자가 국내에 공급]하는 것과는 관련이 없습니다. 방향을 잘 기억합니다. 국제거래라고 전부 영세율이 아닙니다.

(6) 공급시기

어떤 의뢰인이 작가에게 설치 미술품을 의뢰했습니다. 작가는 작품을 넘겨주고 돈을 받았습니다. 예술창작품은 부가가치세 면세이기는 하지만, 만약 작가가 부가가치세 과세사업자라면 부가가치세는 언제 내야 할까요? 간단히는 [작품을 넘겨주고 고객에게 돈을 받은 때]라고 생각하기 쉽습니다. 그런데 만약 그림은 넘겼는데 돈은 천천히 받는다면 어떻게 할까요? 또는 작품 완성도에 따라서 착수금 10%, 절반 완성될 때 대가의 40%, 최종 완성시 50%를 선지급 받기로 했다면 어떨까요?

공급시기란, 재화와 용역이 언제 공급되었는지를 따지는 기준입니다. 부가가치세 납세의무는 과세기간이 끝나는 때 성립하고[26] 부가가치세 과세표준은 [해당 과세기간에] 공급한 재화 또는 용역의 공급가액의 합계액이므로,[27] 공급시기에 따라 세금을 상반기에 낼지, 하반기에 낼지가 결정됩니다. 공급시기는 세금계산서 발급과도 관련 있습니다. 세금계산서는 재화 또는 용역을 공급하는 때에 발급합니다.

원칙적으로 재화의 공급시기는 [재화가 인도되는 때]입니다.[28] 움직일 수 없는 재화를 공급하는 경우에는 상대방이 [재화를 이용가능하게 되는 때]가 공급시기입니다. 용역의 공급시기는 [역무의 제공이 완료되는 때]입니다.[29]

공급시기를 틀리면 어떻게 될까요? 다음에 내야 할 세금을 미리 내면 근거 없는 오납세금이 되고, 사업자가 불필요한 자금 경직을 겪습니다. 반대로 이번에 내야 할 세금을 다음에 내면 무신고가산세와 납부지연가산세를 내게 됩니다. 세금계산

---

26 국세기본법 제21조
27 부가가치세법 제29조
28 부가가치세법 제15조 제1항
29 부가가치세법 제16조 제1항

서의 효력에 문제가 생기거나, 가산세도 나옵니다. 더 자세한 내용은 [갤러리의 국내거래편]을 참고해주시기 바랍니다.

(7) 부가가치세 신고

부가가치세는 1/1~6/30을 제1기, 7/1~12/31을 제2기로 하고 있습니다. 각 6개월입니다. 기중에 개업을 하면 개업한 날부터 시작하고, 기중에 폐업을 하면, 폐업한 날을 끝으로 과세기간을 정합니다.[30]

사업자는 각 과세기간이 끝나면 25일 이내에 과세기간의 세액을 신고하고 납부해야 합니다. 이것을 확정신고라고 합니다.[31] 제1기는 7/25, 제2기는 이듬해 1/25가 확정신고기한입니다. 중간에 폐업한 경우, 폐업일이 속하는 달의 다음 달 25일까지 신고해야 합니다. 사업자들이 폐업일에 부가가치세 신고를 해야 한다는 걸 잊는 경우가 많습니다. 세법상 의무이므로 잘 지켜야 불이익을 피할 수 있습니다.

확정신고납부가 원칙이지만, 6개월에 한 번 신고는 너무 깁니다. 그래서 제1기와 제2기에는 중간정산개념의 예정신고가 있습니다. 예정신고기간은 제1기의 경우 1/1~3/31, 제2기의 경우 7/1~9/30입니다. 예정신고기한은 4/25, 10/25입니다.[32]

법인 사업자는 예정신고가 익숙하지만, 개인 사업자들께서는 예정신고를 거의 하지 않습니다. 개인 사업자들은 예성신고를 할 수도 있지만, 원칙이 [예정고지]입니다. 지난 과세기간(6개월)에 낸 세액의 절반이 고지서로 날아오고[33] 이것을 내면 예정신고를 넘어갑니다. 그런데 그 절반에 해당하는 세액이 500,000원도 안 되는 경우에는, 고지도 안 하고 넘어갑니다. 그러면 6개월치를 한꺼번에 모아 확정신고만 하면 됩니다. 요즘에는 영세한 법인 사업자들도 개인처럼 예정고지로 넘어가주는 특례가 있습니다.

---

30 부가가치세법 제5조
31 부가가치세법 제49조
32 부가가치세법 제48조 제1항, 제2항
33 부가가치세법 제48조 제3항

(8) 간이과세자

작가, 갤러리스트, 기획자 중에서는 매출을 많이 올리시는 분들도 있지만, 넉넉하지 않은 분들도 많습니다. 면세사업자라면 부가가치세 부담을 덜겠지만 부가가치세 과세대상인 경우에는, 간이과세자를 검토해봐야 합니다. 간이과세자는 일반과세자와는 다른 방법으로 부가가치세액을 계산하면서 일반과세자에 비해 적은 세부담을 지는 사업자들입니다.[34] 왜 이런 차등을 두었을까요? 간이과세자 정도 규모라면 부가가치세법상 의무를 정석대로 행하는 것이 어렵기도 하고, 세무대리 비용과 시간도 만만치 않게 들기 때문에 부담을 줄여주고자 하는 것입니다.

간이과세자의 요건은 다음과 같습니다.

① 간이과세자가 되기 위해서는 개인이어야 합니다. 법인은 아무리 매출액이 적어도 간이과세자가 될 수 없습니다. 또 개인 사업자 중에서도 소비자가 아닌 기업을 대상으로 하는 제조업이나, 부동산매매업을 하는 자산가, 변호사, 회계사, 세무사 등 전문직 등은 간이과세자가 될 수 없습니다.[35]

② 간이과세자는 직전 1년간 재화와 용역의 [공급대가]의 합계액이 80,000,000원에 미달해야 합니다. (2024년 4월 현재, 그 기준을 1.04억까지 완화한다는 발표가 있었습니다) 즉, 1년에 매출이 80,000,000원도 안 나오는 경우 영세한 사업자로 보고 있습니다. 투잡을 하시면 매출을 합하여 판단합니다. 한편 신규사업자는 직전 공급대가 자체가 없어서 원한다면 간이과세자가 될 수 있습니다.[36]

[공급대가]는 상대방에게 수취한 물건가액에 부가가치세액 10%까지 합한 금액을 뜻합니다. 일반과세자는 물건가액이 과세표준이 되어 세율을 곱했는데, 간이과세자는 왜 세금포함 가격을 쓸까요? 대부분 간이사업자들은 소비자를 대상으로 현금이나 카드거래를 하는데 대체로 부가세를 구분하지 않고 그냥 가격을 말하는 경우가 많습니다. 또, 10%를 거래징수하여 납부하는 복잡한 개념 대신, 그냥 매출

---

34 부가가치세법 제2조
35 부가가치세법 시행령 제109조 제2항
36 부가가치세법 제61조 제4항

액에 몇 % 곱하여 납부하고 끝내라는 뜻도 있습니다. 그래서 간이과세자는 공급대가의 합을 과세표준으로 삼고 있습니다.

직전연도 공급대가 합계액이 80,000,000원 미만이면 이듬해 간이과세자가 되지만, 80,000,000원이라는 매출도 언감생심일 수도 있습니다. 만약 간이과세자가 해당연도 공급대가 합계액이 48,000,000원 미만이면, 그해 부가가치세 자체가 아예 면제됩니다.[37]

---

37 부가가치세법 제69조

3. 소득세 기초다지기

(1) 서론

소득세는 개인의 소득에 대한 세금입니다. 작가, 아트딜러, 갤러리스트, 컬렉터, 감정가, 전시 기획자, 미술사학자, 비평가, 기자, 아트컨설턴트, 큐레이터 등 미술계에 종사자 대다수가 개인으로 활동하는 경우가 많기 때문에, 소득세는 미술세무에서 가장 중요한 세목입니다.

소득에 대한 세금은 우리나라에서도 역사가 오래되었습니다. 과거에는 주로 곡물이 중요한 값어치를 했기 때문에, 토지 수확물에 대한 세금이 소득세였습니다. 조선시대에 전분 6등법, 연분 9등법, 대동법 등 수확량을 기준으로 하는 조세제도가 있었고, 갑오개혁 때 세금을 화폐로 내는 금납제가 도입되었습니다.

서양의 소득세는 1799년 영국에서 나폴레옹 전쟁을 할 때 전비를 마련하기 위해 시작되었다고 합니다. 그 후 몇 번의 시행착오를 거쳐, 1842년에 영구 정착하고, 유럽 전역으로 퍼졌다고 합니다.

소득세의 가장 큰 특징은 [소득원천설]과 [원천징수]입니다.

소득이 뭘까요? 쉽게 생각하면, 개인이 번 돈의 크기입니다. 그렇다면 국가가 개인에게 소득세를 매기려면, 국가는 한 개인이 1년 동안 번 소득의 크기를 알아내야 한다는 이야기가 됩니다. 국가가 어떻게 알아낼까요? 지금이야 전산으로 소득을 알아내지만, 과거에는 일일이 알아내기가 어려웠을 것입니다.

가장 쉽게 생각할 수 있는 방법은, [지금부터 각 개인은 1년간 번 돈을 1년에 한 번씩 집계하여 국가에 똑바로 보고하세요]입니다. 과거에는 실제로 그렇게 한 적도 있습니다. 그런데 개인으로서는 듣자마자 거부감이 듭니다. 제대로 신고할 리가 없습니다. 제대로 신고하지 않으면? 사실 국가도 정확히 알 방법이 없습니다.

그래서 국가는 소득세를 잘 걷기 위해서, 징수법을 발전시켜왔습니다. 지금은 [당신이 1년 동안 번 돈이 얼마입니까?라고 신고하게 하면서도, 소득이 발생하는 순간순간에도 개입하여 과세하기도 합니다. 예를 들어, 이자나 배당금을 버는 순간에 개입하여 세금을 미리 받아가거나, 월급을 받을 때마다 세금을 미리 받아갑니다. 그리고 소득자에게 소득을 지급하는 자로 하여금 신고도 하게 합니다. 이것을 [원천징수]라고 합니다. 더 자세한 이야기는 [작가편]에서 합니다.

아무튼 소득세를 이렇게 효율적으로 징수하기 위하여는, 개인의 소득을 종류별로 구분하고, 과세방법이나 원천징수방법을 달리할 필요가 생겼습니다. 이것이 소득세의 중요한 특징, [소득원천설]입니다. 그래서 개인의 소득원천은 크게 9가지로 나열되어 있습니다. [이자소득, 배당소득, 사업소득, 근로소득, 연금소득, 기타소득, 금융투자소득, 퇴직소득, 양도소득]입니다. 이 중에서 이자, 배당, 사업, 근로, 연금, 기타, 이상의 6가지 소득을 종합소득이라 하고, 금융투자소득, 퇴직소득, 양도소득을 따로 분류합니다.[38] 금융투자소득, 퇴직소득, 양도소득은 미술과 크게 관계가 없어, 필요할 때만 설명합니다.

법인의 소득을 과세하는 법인세와 비교해보면, 그 차이가 더 확연히 드러납니다. 법인은 소득을 9가지 종류로 구분하지 않습니다. 그냥 1년간 순자산 증가를 전부 과세한다고 포괄하고 있습니다. 개인에서는 안 되는 일이 법인한테는 어떻게 가능할까요? 법인은 매년 장부를 작성하여 제출하기 때문에, 1년간의 소득을 전부 국가가 손쉽게 알아낼 수 있고, 그러니 포괄적인 과세가 가능합니다.

그렇다면 소득세가 소득원천설을 따르니, 소득원천으로 나열하지 않은 것은 과세하지 않아야 할 것 같습니다. 원칙적으로는 소득세법에 나열되어 있지 않으면 과세하지 않습니다. 그런데 이론상으로는 소득원천설이 맞지만 사실상 거의 모든 소득이 나열되어 있어, 그냥 소득을 얻으면 세금을 낸다고 이해하는게 더 낫습니다. 대신, 완전히 새로운 종류의 소득이 등장하게 되면, 그때는 일단 소득세법이 생기기 전까지는 과세하지 않습니다.

그래서 소득세를 이해할 때는 이 소득이 어떤 소득인지를 파악하는게 중요합니다. 소득구분에 따라 필요경비, 과세방법, 원천징수세율이 다 달라지기 때문입니다.

---

38 소득세법 제4조

(2) 납세자

1) 개인

소득세는 소득을 얻은 자에게 납세의무가 있습니다.[39] 과거에는 부부가 경제생활의 기초단위라 보고 부부를 납세자로 삼아 소득세를 매긴 적도 있었습니다. 하지만 누진율을 적용하는 소득세법 특성상, 결혼을 하면 부부 소득이 합쳐져 세금이더 늘어나게 되어, 결혼에 대해 패널티를 적용하는 꼴이 되었습니다. 결국 헌법재판소가 2002년에 위헌결정을 내렸고 이후부터 우리나라 소득세의 납세자는 각 개인입니다. 이것을 어려운 말로 [부부별산제]라고도 합니다.

● 헌재2001헌바82, 2002.08.29

부부 자산소득 합산과세는 헌법 제36조 제1항에 의해서 보호되는 혼인한 부부에게 조세부담의 증가라는 불이익을 초래한다. 이러한 불이익은 자산소득을 가진 고소득계층뿐만 자산소득을 가진 중간 소득계층에게도 광범위하게 발생한다고 볼 수 있고, 자산소득을 가진 혼인한 부부가 혼인하지 아니한 자산소득자에 비해서 받게 되는 불이익은 상당히 크다고 할 것이다. 이에 반해서 자산소득합산과세를 통하여 인위적인 소득분산에 의한 조세회피를 방지하고, 소비단위별 담세력에 부응한 공평한 세부담을 실현하고, 소득재분배효과를 달성하는 사회적 공익은 기대하는 만큼 그리 크지 않다고 할 것이다. 위 양자를 비교형량하여 볼 때 자산소득합산과세를 통해서 얻게 되는 공익보다는 혼인한 부부의 차별취급으로 인한 불이익이 더 크다고 할 것이므로, 양자간에는 균형적인 관계가 성립한다고 볼 수 없다. 위에서 살펴본 바와 같이, 이 사건 법률조항이 자산소득합산과세제도를 통하여 합산대상 자산소득을 가진 혼인한 부부를 소득세부과에서 차별취급하는것은 중대한 합리적 근거가 존재하지 아니하므로 헌법상 정당화되지 아니한다. 따라서 혼인관계를 근거로 자산소득합산과세를 규정하고 있는 이 사건 법률조항은 혼인한 자의차별을 금지하고 있는 헌법 제36조 제1항에 위반된다.

---

39 소득세법 제2조, 소득세법 제3조

2) 비거주자

비거주자도 국내원천소득이 있으면 소득세를 냅니다.[40] 한국인/외국인이 아니라 거주자/비거주자라고 하니까 낯설게 느껴집니다. 소득세법에서는 [국적 개념]이 아닌 [거주자 개념]을 판단기준으로 삼고 있습니다. [갤러리의 국제거래편]에서 더 자세히 설명하겠습니다.

3) 공동사업자

사업 규모가 크다 보면 동업하는 경우도 생깁니다. 이럴 때는 누가 소득세를 내야 할까요? 부부가 그런 것처럼, 공동사업을 하는 때에는 각자 번 돈 만큼 소득세를 내면 됩니다.[41]

그러면 궁금증이 생깁니다. ① 각자 번 돈이 얼마인지 알려면, 멤버들 사이에서 분배에 대한 협의가 필요하지 않을까? ② 각자 번 돈이라고 말하는데, 공동경비는 어떻게 할까? ③ 매출과 경비를 전부(총액법) 비율대로 나누는 걸까, 아니면 순이익만 나누는 걸까?

정답은, ① 공동사업은 일단 공동사업을 한 사람(1명의 거주자)으로 보고 ② 공동경비를 뺀 뒤 순이익 계산까지 마친 다음에 ③ 비율에 따라 각자에게 나눕니다. 분배비율은 당사자끼리 정하면 됩니다. 손익분배비율을 명시적으로 약정하지 않으면, 사실상 분배하는 금액의 비율로 봅니다.

그런데, 단체가 손익분배비율은 따로 정하지 않고 그냥 단체를 하나의 독립체로 보기로 했다면 어떡할까요? 그때는 단체를 1명의 개인처럼 보고 소득세법에 따라 납세의무를 집니다.[42] 이때 소득계산은 단체만 별도로 하고, 재산도 단체가 별도로 관리합니다.[43]

---

40 소득세법 제2조
41 소득세법 제2조, 소득세법 제43조
42 소득세법 제2조 제3항
43 국세기본법 기본통칙 13-0···1

(3) 소득구분

1) 사업소득

이제 소득세에서 가장 중요한 부분을 설명하겠습니다. 6가지 종합소득 중 사업소득을 구분하는 방법입니다. 예술가 여러분들이 가장 혼란스러워하는 부분, 강의에서 항상 질문이 나오는 파트입니다. 사업소득과 나머지 종합소득을 구분하는 것만 배워도 소득세 핵심을 알았다고 할 수 있습니다. 소득을 구분할 때 제일 먼저 해야 하는 것이 [사업소득에 해당하는가]입니다.

앞서 소득원천설에 예외가 많다고 했는데, 그 중 첫 번째가 사업소득입니다. 소득원천설을 설명하자마자 예외를 말씀드려 죄송하지만, 항상 원칙과 예외를 함께 기억하기 바랍니다. 사업소득이 소득원천설 예외인 이유는 소득원천을 나열하면서도 개인의 행위에 따라 포괄적으로 과세하기 때문입니다. 따라서 사업소득을 판단할 때만큼은 소득 원천이 아닌 행위의 실질을 따집니다.

사업소득이란 영리를 목적으로 자기의 계산과 책임 하에 계속적·반복적으로 행하는 활동을 통하여 얻는 소득을 말합니다.[44]

① 영리목적

행위가 영리를 목적으로 해야 합니다. 영리 목적으로 하는 것이 아니라면, 사업이 아닙니다. 영리목적 없이 우연히 번 돈은 기타소득 중 사례금 등이 됩니다. 부가가치세법의 사업자 요건에서 영리목적을 불문하는 것과는 차이가 있으니 주의합니다.

② 자기의 책임과 계산

자기의 계산과 책임 하에 사업을 해야 합니다. 자기의 계산이란 자기의 이해가 걸려 있고 자기에게 타산이 맞아야 한다는 것을 말합니다. 자기의 책임이란 권리 의

---

[44] 소득세법 제19조 제1항

무의 귀속을 말합니다. 따라서 누군가의 지시를 받았거나, 내 행위에 책임지는 사람이 따로 있다면, 종속된 지위에 있어 근로소득이 됩니다.

③ 계속 반복성

사업활동으로 볼 수 있을 정도의 계속성과 반복성이 있어야 합니다. 일회적인 소득은 사업소득이 아닌 대부분 기타소득입니다. 얼마나 거듭해야 계속 반복적이라고 할 수 있을까요? 계속·반복성의 요건 충족 여부는 단순히 횟수의 다과가 아닌 사업자의 사업 계속·반복 의사를 기준으로 판단하여야 하는 것이어서, 사업자가 사업을 계속 영위할 의사와 목적으로 영리활동을 영위하였다면 그 행위의 횟수가 1회에 불과하다 하더라도 계속·반복성 요건을 충족한 것으로 보아야 합니다.[45] 그러나 1번의 활동을 보고 계속할 의사가 있는지 없는지 사람의 마음을 어떻게 알 겠습니까? 그래서 이 부분을 두고 항상 납세자와 과세관청이 다툽니다.

이상과 같이 사업소득을 판단할 때는, 당사자 사이에 맺은 거래의 형식, 명칭 등 외관에 구애될 것이 아니라 그 실질에 따라 평가한 다음, 그 거래의 한쪽 당사자인 당해 납세자의 직업활동의 내용, 그 활동기간, 횟수, 태양, 상대방 등에 비추어 그 활동이 수익을 목적으로 하고 있는지 여부와 사업활동으로 볼 수 있을 정도의 계속성과 반복성이 있는지 여부 등을 고려하여 사회 통념에 따라 판단하여야 하며, 그 판단을 함에 있어서도 소득을 올린 당해 활동에 대한 것뿐만 아니라 그 전후를 통한 모든 사정을 참작하여 결정하여야 합니다.[46]

2) 근로소득

영리를 목적으로 계속 반복적인 활동을 통하여 얻는 소득이라고 해도, 자기의 계산과 책임이 아닌 다른 사람의 계산과 책임으로 일하는 경우가 있습니다. 이때 지급형태나 명칭을 불문하고 성질상 근로의 제공과 대가관계에 있는 일체의 경제적 이익, 직접적인 근로의 대가 외에도 근로를 전제로 그와 밀접히 관련되어 근로조

---

45 조심2018부1782
46 대전지법2013구합100131

건의 내용을 이루고 있는 급여를 통칭하여 근로소득이라고 합니다.[47]

다른 사람의 계산과 책임이라는 것을 법에서는 [근로자성], 또는 [종속적 지위], [고용 관계]라고 표현합니다. 고용관계가 있는지 여부는 근로제공자가 업무 내지 작업에 대한 거부를 할 수 있는지, 시간적·장소적인 제약을 받는지, 업무수행 과정에 있어서 구체적인 지시를 받는지, 복무규정의 준수의무가 있는지 여부 등을 종합적으로 고려하여 판단합니다.[48]

근로자 중에는 일용근로자와 상시근로자가 있습니다. 일용근로자란, 일당이나 시급으로 보수를 계산하는 사람으로 같은 사장님에게 3개월 이상 고용되지 않는 사람을 말합니다.[49] 상시근로자란 일용근로자가 아닌 근로자를 말합니다. 건설인부, 하역인부가 일용근로자의 대표적인 예고, 회사원이 상시근로자의 대표적인 예입니다. 하지만 세법에서 3개월이라는 시간요건과 시급/일당 계산의 요건을 제시하고 있을 뿐이어서 직업만으로 판단할 수 있는 문제는 아닙니다.

상시근로자 예술가를 예로 들면, 미술품 창작법인의 임직원, 리움미술관의 소속 큐레이터, 갤러리현대 소속 아트딜러 및 갤러리스트, 한국화랑협회/KIAF 사무국 직원, 서울옥션/케이옥션 소속 경매사, 아트인컬쳐 잡지의 편집자, 한국미술감정원 소속감정사, 넷마블의 캐릭터 디자이너 등이 있을 수 있겠습니다.

예술가 중 일용근로자도 있을까요? 실무에서는 예술가가 단기적으로 계약하며 시급, 일당으로 보수를 받더라도 대부분 일용근로자에 해당하지 않습니다. 대체로 예술가의 표현의 자유를 존중하고, 작업 내용도 예술가 역량에 전적으로 기대는 부분이 많아 작업 지시를 받는 일이 잘 없기 때문입니다. 군이 일용노동자인 예술가를 생각해보자면, 설치미술 제작을 위해 고용한 단순 노무를 제공하는 조수 정도가 있겠습니다. 단기로 일하는 예술가들의 소득은 대부분 사업소득 또는 기타소득이 됩니다.

---

47 소득세법 제20조 제1항, 대법2007두1941
48 조세심판원 질의회신 원천세과-652, 2011.10.12
49 소득세법 시행령 제20조 제1항

3) 기타소득

다음으로 기타소득입니다. 기타소득은 소득원천설을 가장 잘 구현하고 있습니다. 어떤 소득을 얻었을 때 과세되는지 일일이 나열되어 있고, 나열되어 있지 않으면 과세하지 않습니다.

기타소득에 대한 조문을 보면 [기타소득은 이자소득 · 배당소득 · 사업소득 · 근로소득 · 연금소득 · 퇴직소득 및 양도소득 외의 소득으로서]라는 문구로 시작합니다. 그래서 기타소득은 사업소득, 근로소득을 판단하고 마지막에 판단합니다.

미술 세무를 공부하면서 중요한 기타소득은 다음이 있습니다. 중요한 점은, [일시적]이라는 것입니다. 영리를 목적으로 계속 반복적으로 이런 일을 하면 사업소득이 된다는 점을 명심해야 합니다. 개인 컬렉터의 경우 특이한 예외가 있는데 그것은 뒤에서 설명합니다.[50]

> ● 소득세법 제21조(기타소득)
>
> ① 기타소득은 이자소득 · 배당소득 · 사업소득 · 근로소득 · 연금소득 · 퇴직소득 및 양도소득 외의 소득으로서 다음 각 호에서 규정하는 것으로 한다.
> 1. 상금, 현상금, 포상금, 보로금 또는 이에 준하는 금품
> 5. 저작자 또는 실연자(實演者) · 음반제작자 · 방송사업자 외의 자가 저작권 또는 저작인접권의 양도 또는 사용의 대가로 받는 금품
> 8. 물품(유가증권을 포함한다) 또는 장소를 일시적으로 대여하고 사용료로서 받는 금품
> 15. 문예 · 학술 · 미술 · 음악 또는 사진에 속하는 창작품(「신문 등의 진흥에 관한 법률」에 따른 신문 및 「잡지 등 정기간행물의 진흥에 관한 법률」에 따른 정기간행물에 게재하는 삽화 및 만화와 우리나라의 창작품 또는 고전을 외국어로 번역하거나 국역하는 것을 포함한다)에 대한 원작자로서 받는 소득으로서 다음 각 목의 어느 하나에 해당하는 것
>   가. 원고료
>   나. 저작권사용료인 인세(印稅)
>   다. 미술 · 음악 또는 사진에 속하는 창작품에 대하여 받는 대가
> 16. 재산권에 관한 알선 수수료
> 17. 사례금

---

50 소득세법 제21조

4) 이자소득, 배당소득, 연금소득

이자소득은 금전을 대여하고 받은 대가로 인하여 발생하는 소득을 말합니다. 은행 이자, 또는 친구에게 돈을 빌려준 뒤 받는 이자, 국공채 회사채 이자, 보험료를 꾸준히 납입하여 만기에 납입 보험료보다 더 돌려받는 저축성 보험의 이자분이 이자소득입니다.

배당소득은 주주나 출자자가 이익이나 잉여금을 분배받음으로써 발생하는 소득을 말합니다.[51]

제가 소득원천설에 예외가 있다며 사업소득을 들었는데, 두 번째 예외가 이자소득과 배당소득입니다. 이자소득과 배당소득 설명 마지막 법문을 보면, [이상과 소득과 유사한 소득으로서]이라는 포괄적인 표현이 나옵니다.[52] 원래 이자소득과 배당소득도 소득원천을 열거하고 싶었겠지만, 신종금융상품이 빠르게 개발되다 보니, 법이 따라갈 수가 없습니다. 그래서 아예 포괄적으로 규정해놓았습니다. 어려운 말로 [유형별 포괄주의]라고 합니다. 새로운 금융상품이 개발되었는데 이자소득이나 배당소득 성격이 있으면, 전부 이자소득이나 배당소득으로 보겠다는 규정입니다.

연금소득은, 연금형태로 수령하는 소득을 말합니다. 여기에는 국민연금이나 공무원/교직원 연금같은 공적 연금도 있고, 개인이 연금상품에 가입하여 나오는 연금 또는 퇴직금을 천천히 받는 사적 연금도 있습니다.[53] 전형적인 연금소득은 55세

---

51 소득세법 제17조 제1항 제9호
52 소득세법 제16조 제1항 제12호

이후부터 소액씩 여러 기간에 걸쳐서 수령하는 형태입니다. 종합소득 중에서도 세율이 낮은 소득에 속합니다.

5) 금융투자소득

[금융투자소득]은 기존에 양도소득의 일종으로 과세하던 주식의 양도소득과 파생결합증권상품소득금액, 파생상품소득금액의 양도를 재분류하고, 채무증권, 투자계약증권의 양도소득, 집합투자기구소득금액까지 모아서 신설한 것입니다. 2025년 시행을 앞두고 있는데, 정부에서는 완전 폐지를 주장하기도 하고, 의회에서는 반대하기도 하는 상황입니다.

[금융투자소득]은 지금까지 미술품과는 큰 관련이 없었습니다. 하지만 최근 부상하고 있는 NFT와 미술품 조각투자에서는 [금융투자소득]이 적용되는 경우가 있습니다. 뒤에서 자세히 설명합니다.

(4) 필요경비

소득을 벌었다고 다 내가 번 돈일까요? 돈을 벌기 위해서 쓴 돈도 있습니다. 따라서 순수익에만 과세하는 것이 옳습니다.

잠깐 소득세법 용어를 정리해보면, 총매출액에 해당하는 용어가 [총수입금액], 총지출액에 해당하는 용어가 [필요경비], 순수익에 해당하는 용어가 [소득금액]입니다. 순수익이 (−)값인 경우에는 [결손금]이라고 합니다.[54]

법적 정의는, 총수입금액이란 [해당 과세기간에 수입하였거나 수입할 금액의 합계액]이고,[55] 필요경비란 [해당 과세기간의 총수입금액에 대응하는 비용으로서 일반적으로 용인되는 통상적인 것의 합계액]입니다.[56] 총수입금액에 대응한다는 것은,

---

53 소득세법 제20조의3 제1항
54 소득세법 제19조 제1항
55 소득세법 제24조 제2항

돈을 벌기 위해 쓴 돈이라는 뜻입니다. 구체적으로는 매출원가, 판매부대비용, 유지비, 광고선전비, 인건비, 복리후생비, 여비교통비, 기업업무추진비 등이 있습니다. 뒤에서 다시 소개합니다.

같은 돈을 벌었어도, 필요경비를 얼마나 썼느냐에 따라 세금이 줄어들 수 있기 때문에, 필요경비는 납세자에게 아주 중요합니다. 필요경비 유무는 누가 증명할까요? 원래 세법에서 대부분 입증책임은 국가에게 있지만, 필요경비의 입증책임은 그렇지 않습니다. 필요경비는 납세자에게 유리한 것이고 그 필요경비를 발생시키는 사실관계의 대부분은 납세자가 지배하는 영역 안에 있는 것이어서, 그가 입증하는 것이 손쉽다는 점을 감안해 보면, 납세자가 입증활동을 하지 않고 있는 필요경비에 대해서는 부존재의 추정을 용인하여, 납세자에게 입증의 필요성을 인정하고 있습니다.[57] 쉽게 말해서, 세금을 줄이려면 사업자가 비용 자료를 잘 챙겨야 한다는 뜻입니다.

필요경비를 입증하지 못하면 어떡할까요? 가령 갤러리를 운영하면서 작품을 판매한 총수입금액은 알 수 있지만, 작품 취득가액이 불분명한 경우가 있습니다. 이때도 총수입금액 전액에 세금을 매기는 것은 아니고 경비율 추정치를 적용하여 취득가액을 추측하여 계산(추계)해야 합니다. 뒤에서 더 자세히 설명합니다.

요약하면, 사업소득 필요경비는 실제 입증한 경비를 원칙으로 하되, 입증하지 못하는 경우에는 추계를 통한 경비율을 적용한다, 라고 하겠습니다.

근로소득의 필요경비는 사업소득과 다르게 계산합니다. 근로소득을 벌기 위해서도 당연히 경비가 들어갑니다. 교통비, 양복구입비, 점심값과 커피값, 병원비, 보험료 등입니다. 그런데 근로소득자한테 이런 필요경비를 일일이 증명하라는 것도 과하고, 검증하기도 어렵습니다. 그래서 근로소득 필요경비는 일률적으로 공식을 통해 도출하도록 만들어 놓았습니다. 용어도 [필요경비]가 아니라 [근로소득공제]로 바꿔 부릅니다. 2000만원을 한도로 하여, 70%~15%를 차감해줍니다.[58]

---

56 소득세법 제27조 제1항
57 서울행법2012구합33119
58 소득세법 제47조

기타소득의 필요경비는 사업소득의 필요경비 인정 방식과, 근로소득의 근로소득 공제 방식을 합해놓았습니다. 원칙적으로 기타소득도 사업소득처럼 [입증되는 필요경비만 총수입금액에서 뺍니다. 그러나 어떤 소득들은 필요경비가 일정 수준에 미달하는 경우, 어느 정도 일괄 인정합니다. 이것을 필요경비 의제라고 합니다.[59] 예를 들어 인적용역은 60%를 경비로 인정합니다. 이렇게 필요경비를 의제하는 이유는, 창작품의 대가를 비롯한 원작자의 원고료 등은 작품 등에 대한 가치가 정해진 것이 없어 이를 양수하는 양수인 등의 주관적 평가에 따라 그 가격이 결정되고 그에 따라 소득이 발생하며, 동시에 원작자 등 작가가 그 작품을 창작하는 것은 어디까지나 그 원작자의 능력에 따르는 것인 만큼, 그 소득에 대응하는 필요경비를 정확히 산출할 수 없는 문제점이 있기 때문입니다.[60]

기타소득 종류에 따라 필요경비를 얼마나 의제해 주는지 차이가 있습니다.

① 1호 [상금 중 공익법인이 주무관청의 승인을 받아 시상하는 상금 및 부상과 다수가 순위 경쟁하는 대회에서 입상자가 받는 상금 및 부상]은 총수입금액의 최소 80%를 필요경비로 봐줍니다.

② 15호 [일시적 창작소득], 19호 [일시적 인적용역]에 대한 소득은 총수입금액의 최소 60%를 필요경비로 봐줍니다. 과거 필요경비를 80%까지 인정되던 시절도 있었지만, 현행 세법은 의제 필요경비를 60%만 인정합니다.

③ 21조 2항 [개인 컬렉터 미술품 양도소득]의 필요경비 는 80%~90%까지 의제됩니다. 개인 컬렉터 편에서 다시 소개드리겠습니다.

④ 5호 [저작자 외의 자의 저작권소득], 8호 [일시적 물품대여], 10호 [위약금 소득], 16호 [알선 수수료], 17호 [사례금]에는 필요경비 의제가 없기 때문에, 실제로 소요된 필요경비만 인정합니다.

더불어서 기억해둘 것은 과세최저한입니다. 만약 [기타소득금액＝총수입금액－필요경비]가 50,000원에 미치지 못하면, 예를 들어 일시적 인적용역은 60%가 경비이

59 소득세법 제37조 제2항, 소득세법 시행령 제87조
60 대구고법2013누1127

므로 총수입금액 기준 125,000원에 미치지 못하면 그 사람은 세금을 하나도 내지 않아도 됩니다.[61] 기타소득은 우연히 일시적으로 얻어지는 경우가 많아서, 소액에 대해서는 과세최저한을 두어 세부담을 줄였습니다.

한편 이자소득과 배당소득은 경비가 들어갈 일이 없기 때문에 필요경비를 인정하지 않습니다. 더 높은 이자소득을 얻기 위해 더 낮은 이자로 자금을 조달하여 재정거래를 할 수도 있는데요, 그래도 조달금리를 비용으로 인정하지 않습니다.

연금소득은 근로소득처럼 총수입금액의 일정 %를 [연금소득공제]로 차감하도록 합니다.

금융투자소득의 경우, 사업소득과 같이 취득가액과 부대비용을 필요경비로 하고 있습니다.

(5) 소득 수입시기

소득세법에서 총수입금액은 [해당 과세기간에 수입하였거나 수입할 금액의 합계액]입니다. 즉, 그 해 벌어들인 수입의 합입니다. 수입이 어느 해에 속하느냐에 따라 세금도 달라지고 납부기한도 달라집니다. 그러니 수입을 언제 벌었는지가 중요합니다. 이것을 소득의 수입시기라고 합니다. 그러면 소득은 언제 나에게 귀속되고 세금을 구성하게 될까요?

1) 사업소득의 수입시기

사업소득의 수입시기는 [총수입금액의 귀속연도는 총수입금액이 확정된 날이 속하는 과세기간]으로 합니다.[62] 그러면 총수입금액이 확정된다는 것은 무슨 뜻일까요? 이것은 실제로 돈이 들어왔다는 의미가 아닙니다. 수입할 가능성에 있어 상

---

61 소득세법 제84조
62 소득세법 제39조

당히 높은 정도로 성숙 확정된 것을 말합니다. 판례에서는 이것을 권리확정주의라 부릅니다.

실제로 계좌에 돈이 들어오지도 않았는데, 소득가능성이 높아졌다고 소득세를 내라는 것이 이해가 안 될 수도 있습니다. 그렇지만 반대로 생각해보면 누가 봐도 소득을 얻은 것으로 보이는데, 세금을 줄여보자고 대금만 천천히 받는 경우도 있습니다. 그러면 똑같이 돈을 번 사람 사이에서도 서로 다른 세금을 내는 일이 생깁니다. 권리확정주의는 납세자의 자의에 의하여 과세연도의 소득이 좌우되는 것을 방지함으로써 과세의 공평을 기함과 함께 징세기술상 소득을 획일적으로 파악하기 위한 데 취지가 있습니다.[63]

판례에서는 소득의 실현가능성이 상당히 높은 정도로 성숙했는지는 구체적인 사안에 있어 소득에 대한 관리, 지배와 발생 소득의 객관화 정도, 납세자금의 확보시기 등까지도 함께 고려하여 합리적으로 판단해야 한다고 말합니다.[64] 소득세법에서는 법에서 달리 정하지 않는 경우에는 기업회계기준을 따른다고 명시하고 있으므로, 기업회계기준도 살펴보아야 합니다.

실무에서는 서로가 서로에게 의무를 다하기로 계약을 하고, 대금 지급 기일도 정하여 법적 구속력이 생긴 상태에서, 일단 내 채무를 다하였다면 이제 대금지급청구권만이 남아 그때는 보통 소득의 실현가능성이 높아졌다고 보시면 됩니다. 예를 들어 작품을 팔 때, 계약을 체결하고 계약금과 중도금을 받고, 작품을 넘겨주고, 잔금 받는 일만을 남겨두고 있을 때, 그때는 소득의 실현가능성이 매우 높아진 상태입니다.

2) 근로소득의 수입시기

근로소득은 [근로를 제공한 날]이 수입시기입니다.[65] 따라서 근로를 제공하기만 했다면 급여를 받지 못해도 수입시기는 도래한 것이 됩니다. 반대로 부당해고무효소

---

63 헌재2009헌바92
64 대법91누8180
65 소득세법 시행령 제49조

송의 결과 부당해고기간의 대가를 일시에 받는 경우에도, 근로를 제공한 날에 맞추어 안분하여 계산합니다.

3) 기타소득의 수입시기

기타소득은 대체로, [지급을 받은 날]이 귀속시기입니다. 다만, 미술품 양도소득의 경우에는 [대금 청산일, 작품 인도일, 작품 사용일] 중 어느 하나라도 도래하면 그 날이 귀속시기입니다.

(6) 과세표준과 세율

6가지 소득 총수입금액에서 필요경비를 빼면, 6가지 소득금액이 도출됩니다. 이를 합하여 [종합소득금액]이라고 합니다. 이렇게 소득을 합하는 과정을 합산과세라고 합니다. 6가지 서로 다른 원천에서 소득을 벌었지만 종합소득금액으로 합하는 이유는 누진율을 적용하기 위해서입니다. 그래서 소득이 클수록 더 많은 세금을 내게 됩니다.

그러나 종합소득금액에 바로 세율을 곱하지 않습니다. [소득공제]를 빼고나야 과세표준이 나옵니다.[66] 소득공제란 정책 필요에 따라 종합소득에서 차감하는 요소를 말합니다. 예를 들어, 부양가족이 있는 사람은 같은 소득을 벌어도 쓸 곳이 많기 때문에, 한 사람당 1,500,000원을 공제해주고, 부양가족 중에 경로자, 장애인이 있으면 더 공제합니다. 또, 소득을 벌어서 4대보험을 냈다면 공적 의무를 따랐으므로 소득에서 뺍니다. 나중에 설명할 신용카드소득공제도 소득공제의 일종입니다. 소득공제액이 많을수록 최종세액이 적어져서 납세자에게 유리합니다.

종합소득금액에서 소득공제를 빼고 나면 과세표준이 도출됩니다. 여기에 세율을 곱합니다. 세율은 6.6%~49.5%의 누진율로 되어 있어서, 가파르게 상승하는 구조

---

66 소득세법 제14조

입니다.[67]

산출세액이 나오면 곧장 납세자에게 부과하지 않고, [세액감면], [세액공제]를 또 뺍니다. 세금을 줄인다는 공통점은 있지만 소득공제는 세액이 산출되기 전에 빼는 부분이고, 세액감면과 세액공제는 세액이 산출되고 나서 빼주는 부분입니다.

사업소득, 근로소득, 기타소득 등 소득을 구분하는 것은 [소득공제], [세액감면], [세액공제]에서도 중요합니다. [건강보험료 소득공제], [주택자금공제], [신용카드 소득공제], [근로소득세액공제], [보험료/의료비/교육비/월세 세액공제]는 오직 근로소득이 있는 자만 받을 수 있습니다. [노란우산공제], [기장세액공제]는 사업소득이 있는 자만 받을 수 있습니다.

세액공제까지 빼고나면 비로소 결정세액이 도출됩니다.[68] 결정세액에서 다시 지방소득세 10%를 더하면 최종 세부담이 됩니다.

총수입금액 (비과세 제외)	−	필요경비	=	소득금액
이자소득 총수입금액			=	이자소득금액
배당소득 총수입금액	+	귀속법인세 가산		배당소득금액
사업소득 총수입금액	−	필요경비		사업소득금액
근로소득 총수입금액	−	근로소득공제		근로소득금액
연금소득 총수입금액	−	연금소득공제		연금소득금액
기타소득 총수입금액	−	필요경비/의제경비		기타소득금액
합계				종합소득금액

종합소득금액	−	소득공제	=	종합소득과세표준
종합소득과세표준	×	세율	=	종합소득산출세액
종합소득산출세액	−	세액감면, 공제	=	종합소득결정세액
종합소득결정세액	+가산세−원천징수세액 등		=	차감납부할 세액

---

67 소득세법 제55조
68 소득세법 제15조

종합소득 과세표준	세율
1,400만원 이하	과세표준의 6퍼센트
1,400만원 초과 5,000만원 이하	84만원＋(1,400만원을 초과하는 금액의 15퍼센트)
5,000만원 초과 8,800만원 이하	624만원＋(5,000만원을 초과하는 금액의 24퍼센트)
8,800만원 초과 1억5천만원 이하	1,536만원＋(8,800만원을 초과하는 금액의 35퍼센트)
1억5천만원 초과 3억원 이하	3,706만원＋(1억5천만원을 초과하는 금액의 38퍼센트)
3억원 초과 5억원 이하	9,406만원＋(3억원을 초과하는 금액의 40퍼센트)
5억원 초과	1억7,406만원＋(5억원을 초과하는 금액의 42퍼센트)
10억원 초과	3억8,406만원＋(10억원을 초과하는 금액의 45퍼센트)

(7) 과세방법

종합과세와 분리과세를 설명하겠습니다.

원래 소득에 누진세율을 적용하려면 종합과세가 원칙입니다. 종합과세는, 한 해에 얻어진 종합소득을 집계하여, 이듬해 5월 한 달간 신고(종합소득세 확정신고)하여 납부합니다.

하지만 종합과세하지 않고 따로 떼어 계산하는 경우가 있습니다. 이것을 [분리과세]라고 합니다.[69] 왜 분리과세할까요? ① 특정 소득만 기본누진세율이 아닌 특정세율(고율, 저율)로 다루고자 할 때, ② 원천징수로써 신고절차를 간단하게 마무리 짓고자 할 때, 분리과세로 지정합니다.

---

69 소득세법 제14조 제3항

분리과세는 항상 납세자에게 유리할까요? 분리과세 세율을 확인해봐야 압니다. 왜냐하면, 종합소득의 소득세율는 8단계로 6.6%~49.5%로 점점 올라갑니다. 만약 종합소득이 세율 16.5% 구간에 걸려있는데, 분리과세를 적용 세율이 22%라면, 차라리 합쳐서 계산하는 것이 세금이 적습니다. 반면, 내 종합소득이 세율 38.5%대에 걸려있는데, 분리과세로 22%를 하고 끝난다면, 분리과세가 유리합니다.

사업소득과 상시근로자의 근로소득은 합산과세가 원칙입니다. 기타소득은 [기타소득금액]을 기준으로 3,000,000원 이하는 분리과세를 선택할 수 있고, 3,000,000원을 초과하면 합산과세 합니다. 그럼에도 불구하고 기타소득의 일종인 미술품 양도소득은 무조건 분리과세합니다. 미술품 양도는 여러 해에 걸쳐 결집된 양도차익이 양도시기에 한 번에 실현되는 특성(결집효과)이 있기 때문에 그 해의 다른 소득과 합하여 누진율로 과세하는 것은 불합리하기 때문입니다. 결집효과 때문에 분리과세하는 다른 대표적인 것으로는 금융투자소득, 퇴직소득, 양도소득이 있습니다. 자세한 내용은 [컬렉터 편]에서 설명합니다.

(8) 종합소득세 확정신고

종합소득을 모두 집계하였다면, 신고 납부할 차례입니다. 소득세 신고의 정식명칭은 [종합소득과세표준 확정신고]입니다. 과세기간 이듬해 5/1~5/31까지 확정신고를 하고, 세액까지 납부합니다.[70] 기한 내에 종합소득세를 신고 후 세액을 납부하면, 납세의무는 소멸합니다.

소득세는 신고납부세목입니다. 납세자가 스스로 과세표준과 세액을 신고하고 세액 납부하는 것이고, 국세청에서는 납세자가 신고한 대로 일단 내용을 확정하고 인정해줍니다.[71] 나중에 어떤 계기로 오류가 발견되면 그때 세금을 바로잡습니다. 신고납부세목에는 부가가치세, 소득세, 법인세 등이 있습니다.

---

70 소득세법 제70조 제1항, 소득세법 제76조 제1항
71 국세기본법 제22조

참고로 신고납부세목의 반대말은 정부부과세목입니다. 정부부과세목에는 상속세, 증여세, 종합부동산세가 있습니다. 정부부과세목도 납세자가 기한 내에 일단 신고하고 세액을 납부하지만, 국세청에서 신고한 내용을 검증한 후 세액을 최종 결정합니다.

가끔 소득세 신고를 안 해도 되는 경우도 있습니다.

① 근로소득만 있는 분들은 회사에서 과세기간 이듬해 2월에 연말정산이라는 것을 합니다. 회사가 연말정산을 해줄 때에는, 근로자가 우리 회사에서 받은 월급밖에 없다고 가정하고 연말정산을 합니다.[72] 그런데 내가 정말로 소득이 근로소득밖에 없어서, 2월의 가결산 내용이나 5월의 신고 내용이나 똑같게 되면 두 번 수고할 필요가 없으니 종합소득과세표준 확정신고의무가 면제됩니다.[73]

회사는 회사가 준 월급만 알지 근로자가 다른 어디서 무슨 돈을 버는지 회사가 알 수 없습니다. 회사는 근로자의 세무사가 아니기 때문에 근로자의 모든 소득을 조사해서 신고해주지도 않습니다. 만약 근로자가 회사 월급 말고도 별도의 소득이 있다면 2월의 연말정산(가결산)은 불완전한 것이 됩니다. 이럴 때는 반드시 근로자가 따로 5월에 종합소득세 확정신고를 해야 합니다.

② [작가편]에서 설명할텐데 원천징수 파트에서 완납적 원천징수라는 것이 있습니다. 납세의무의 편의를 위해서 원천징수신고 및 납부로 납세절차가 완전히 끝나는 것입니다. 이럴 때도 확정신고를 안 해도 됩니다.[74] 그게 분리과세의 목적이기도 합니다. 하지만 어디까지나 원천징수의무자가 내 세액을 대신 징수하여 납부해두었기 때문에 원천징수단계에서 납세절차가 끝나는 것입니다. 어떤 이유든 원천징수가 이루어지지 않았다면 세금을 안 내고 끝날 수는 없기에, 그때는 확정신고를 해야 합니다.

---

72 소득세법 제137조 제1항
73 소득세법 제73조 제1항, 제2항
74 소득세법 제73조 제1항 제8호, 제4항

소득세 확정신고를 안 하거나 일부러 적게 신고하면 어떻게 될까요? 그러면 국세청이 납세자 소득을 잘 모른다고 그냥 넘어갈까요? 그러면 아무도 세금신고를 안 할테니 그럴 리는 없습니다. 그러면 국세청 마음대로 세금을 정할까요? 그것도 아닙니다. 나름대로 규칙을 가지고 추계하여 결정 또는 경정고지합니다.[75] 그 내용은 [작가편]에서 설명합니다.

세금이 무신고 또는 과소신고되었으니 가산세도 받아갑니다. 무신고한 경우에는 무신고 세액의 20%를 받아가고, 신고는 했으나 과소신고한 경우에는 과소신고 세액에 대해 10%를 받아갑니다.[76] 그리고 연체이자 성격으로 연 8.030%의 가산세를 받아갑니다.[77] 신고관련 가산세는 얼마나 빨리 바로잡느냐에 따라 10~90%까지도 가산세 감면이 되므로,[78] 최대한 빨리 바로잡는 게 세액을 줄이는 길입니다.

---

75 소득세법 제80조 제1항, 제3항
76 국세기본법 제47조의2 제1항, 국세기본법 제47조의3 제1항
77 국세기본법 47조의4 제1항, 국세기본법 시행령 제27조의4
78 국세기본법 제48조 제2항

4. 법인세 기초다지기

(1) 법인 개념

1) 법인이란

인류는 오래전부터 조직을 이루었습니다. 분업하여 각자 전문성을 기르고 효율을 높이고, 혼자서 할 수 없는 일을 해왔습니다. 예술을 할 때도 조직은 중요합니다. 무용단, 극단, 오케스트라는 혼자 할 수 없는 일을 해낼 수 있습니다. 이렇게 조직은 중요한 사회구성원입니다.

조직은 개인보다 믿음직합니다. 우리가 보통 공사(公私)를 구분한다고 할 때, 공은 조직의 원리를 가리킵니다. 체계적인 조직은 개인의 개성을 넘어 독자적인 규칙을 가지고 있습니다. 학교에는 교칙이 있고, 동창회는 운영규칙이 있고, 회사에는 정관이 있습니다. 작은 동창회부터 삼성그룹까지, 조직은 스스로 원리를 규율하고 공적인 원리에 따라 운영됩니다. 따라서 개인에게 문제가 생겨도 조직은 안정적으로 운영됩니다. 대표이사가 갑자기 쓰러지더라도 조직은 새 대표를 선임하여 활동을 이어나갑니다. 조직은 늙지도 않고 병에 걸리지도 않습니다. 조직의 재산은 따로 관리되고 시스템에 의해서 집행됩니다. 비즈니스를 하는 사람은 개인보다는 번듯한 조직체를 더 신용할 수 있습니다.

따라서 민법에서는 조직을 사회구성원으로 인정하고 법률에 근거하여 인격을 부여할 수 있는 길을 만들었습니다. 이때 인격이란, 권리와 의무의 주체가 될 수 있는 자격(권리능력)입니다.[79] 법률(法)에 의해 인격을 부여받아 인(人)이 된 조직, 이것이 법인입니다.[80]

자연인은 인격과 육체를 모두 갖추어 기관을 통해 행위합니다. 눈으로 보고, 코로

---

79 민법 제3조
80 민법 제34조

숨쉬고, 입으로 말하고, 머리로 생각하고, 손으로 서명을 합니다. 법인도 기관을 통해 행위합니다. 주식회사를 기준으로 [주주총회]는 법인의 의사를 결정합니다.(머리)[81] [이사회]는 법인의 사무를 집행합니다.(오장육부)[82] [대표이사]는 회사를 대표하여 계약서에 서명합니다.(손) [감사]는 회사의 재무상태를 감사합니다.(백혈구)[83]

2) 법인 구분과 설립

법인은 [사단/재단], [영리/비영리]으로 나눕니다. 실제로 영리재단법인은 존재하지 않기 때문에, 결국 영리사단법인, 비영리사단법인, 비영리재단법인 이상 3가지 종류가 있습니다.

사단은 사람이 모여서 만든 조직입니다. 그러므로, 극단, 무용단, 오케스트라, 영화제작소, 게임개발회사, 광고회사, 애니메이션 회사 전부 사단입니다.

반면에 재단은 재산의 집합입니다. 재산이 권리와 의무의 주체라고 하니 어색한데 어차피 재단법인도 행위는 기관이 합니다. 재단에는 이사회와 이사장이 있는데, 그런 분들이 재단법인의 목적에 따라 돈을 쓰고 사무를 행하는 기관입니다.

영리란 무엇일까요? 말 그대로 이익을 추구한다는 것을 뜻합니다. 반면 비영리란 무엇일까요? 비영리란, 법인이 벌어들인 소득을 구성원에게 배분하지 않고 고유목적사업(주로 공익사업)에 환원하는 것을 말합니다. 비영리라고 해서 뭐든지 무료로 한다는 뜻이 아닙니다. 또, 비영리법인은 [고유목적사업]을 하되, 고유목적사업을 더 잘하기 위해 본질을 해치지 않는 범위 내에서 [수익사업]을 겸할 수도 있습니다.[84] 대신 비영리법인은 이렇게 벌어들인 돈을 구성원들에게 나누어 주지 못하고 그대로 고유목적사업에 써야 합니다. 예를 들어 A 박물관 재단이 비영리법인이라면, A 박물관 입장료를 무료로 해야 하는 건 아니고 합리적으로 책정하면 됩니다. 그렇게 번 돈을 고유목적 사한국세무사회 비영리사단법인업을 위한 문화재

---

81 민법 제68조
82 민법 제57조, 민법 제58조
83 민법 제67조
84 법인세법 제1조, 법인세법 제3조, 법인세법 시행령 제3조, 법인세 집행기준 3-2-1

보존비, 수리비, 유물 구입비 등에 써야 합니다.

영리를 목적으로 사람이 모인 것이 영리사단법인입니다. 주식회사가 전형적인 영리사단법인이고 실무에서 가장 수가 많습니다. 미술품 경매회사 서울옥션과 케이옥션, 갤러리현대, 국제갤러리 등 유명갤러리들도 작품판매를 통해 이윤을 추구하는 주식회사입니다. 캐릭터 상품을 파는 카카오도 영리를 추구하는 주식회사입니다.

영리가 아닌 비영리의 목적으로 사람이 모인 것이 비영리사단법인이고, 한국화랑협회 같은 곳이 있습니다. 수는 적지만 영향력까지 적은 것은 아닙니다.

마지막으로 비영리 목적으로 쓰이는 재산을 법인으로 만들면 비영리재단법인입니다. 서울특별시에서 지방세를 걷어서, 그 일부를 문화예술지원을 목적으로 떼어놓은 것이 비영리재단법인 [서울문화재단]입니다.

영리사단법인을 만들려면 어떻게 해야 할까요? 영리사단법인 설립에는 별도의 정부 허가가 필요 없고 [상법]의 요건을 갖추어서 설립등기를 하면 곧바로 설립됩니다.[85] 실무에서는 법인을 전문으로 설립하는 곳들이 있는데, 설립비용도 매우 저렴하고 기간도 일주일도 안 걸립니다. 규칙만 잘 지키면 누구나 설립할 수 있다고 하여 [준칙주의]라고도 합니다. 자유롭게 경제행위를 하라는 취지입니다.

상법 이야기가 나와서 말인데, 상업의 세계는 급격히 변하고 관련 법률은 경제현실을 빠르게 반영해야 합니다. 그래서 일반적인 계약원리를 넘어서는 특별한 규칙이 필요합니다. 그 결과 민법에 대한 특별법으로 상법이 마련되어 있습니다. 주식회사 설립, 대표이사 선임, 합병과 청산 등 영리사단법인에 관한 규칙은 모두 상법에 규정되어 있습니다. 상법에서는 영리사단법인을 [회사]라고 부릅니다.[86]

비영리법인은 국가가 할 일을 대신하는 성격이 있어서, 국가가 관리하면서 필요한 지원을 합니다. 따라서 비영리사단법인, 비영리재단법인을 설립하기 위해서는 정부의 허가가 필요하여[87] [허가주의]라고 부릅니다. 민법 제31조에서 비영리법인 일

---

85 상법 제172조
86 상법 제169조, 상법 제170조

반 조항을 마련하고 있고, 각 법률에서 구체적으로 내용을 정합니다. 예를 들어, 한국문화예술위원회와 예술의전당은 [문화예술진흥법]에 의해 설립된 법인입니다.[88] 한국사립미술관협회는 [박물관 및 미술관 진흥법]에 의해 설립된 법인입니다.[89] 이처럼 비영리법인은 특별법에 의하여 설립되었다고 하여 특별법인이라고도 합니다.

3) 법인 아닌 단체

민법에서 법인을 규율하지만, 모든 조직이 법인인 것은 아닙니다. 법인 설립절차를 거쳐야만 법인이 됩니다. 세상에는 법인 아닌 사단이 훨씬 많습니다. 극단, 오케스트라, 자전거 동호회, 부동산투자모임 등이 모두 법인 아닌 사단입니다. 대표적인 것이 [조합]입니다. 세법에서는 법인격을 부여받지 못한 조직을 [법인 아닌 단체]라고 합니다.

소득이 있을 때, 개인이면 소득세, 법인이면 법인세를 낸다고 했습니다. 그렇다면 법인 아닌 단체는 어떻게 세금을 낼까요? 단체 이름으로 세금을 낼까요? 단원 개개인이 세금을 낼까요?

국세기본법에서는, [법인 아닌 단체] 중에서, 법인 실체형성절차를 모두 마무리했지만 등기만 하지 않은 단체는 법인으로 보도록 합니다.[90] 또 법인의 절차를 갖추지 않았지만 사실상 법인처럼 운영되고 있는 경우, 신청을 받아 비영리법인으로 보고 법인세를 내도록 승인받을 수 있습니다.[91] 때로는 법인세가 유리하므로 신청하는 경우가 더러 있습니다. 이 2가지 경우를 [법인으로 보는 단체]라고 합니다.

위 경우 외에, 규정도 없고, 대표도 없고, 단체 명의의 재산도 없을 때, 또 승인을 받지 않았을 때는, 단체를 한 명의 개인(자연인)으로 보고, 소득세를 과세합니다.

---

87 민법 제31조, 민법 제32조
88 문화예술진흥법 제20조 제2항, 문화예술진흥법 제37조 제2항
89 박물관 및 미술관 진흥법 제34조
90 국세기본법 제13조 제1항
91 국세기본법 제13조 제2항

소득세를 과세하기로 했으면, 만약 정해진 규정에 따라 단체원 각자 재산을 배분받으면 공동사업자라고 하고,[92] 공동사업자의 소득은 공동사업장 단위로 먼저 집계를 하고, 분배비율에 따라서 각 사업자들에게 분배 후 각자가 종합소득에 합산하여 소득세를 냅니다. 만약 재산 배분도 없으면, 단체를 한 사람으로 보고 세금을 냅니다.

• 재삼46014-2475, 1994.09.16

[질의] 저희 ○○미술박물관은 1993.7.21자로 등록번호 제55호로 문화체육부에 등록하였습니다. (생략) 저희 ○○불교 미술박물관에 홍길동이라는 분이 자기가 소유하고 있는 부동산을 ○○불교 미술 박물관에 시설자금 및 미술품 구입 및 운영비를 사용하게 하기 위하여 증여하고자 하였을때 수증자인 ○○미술박물관에서 부동산을 처분하였을때 양도세는 어떻게 되는지 여부 그리고 처분시에 관할청인 문화체육부 허가를 받아야 하는지 여부

[회신] 국세기본법 제13조의 규정에 따라 법인으로 보는 단체 이외의 거주자로 보는 법인격 없는 단체는 소득세법 시행규칙 제2조의 규정에 의하여 그 단체의 대표자 또는 관리인이 선임되어 있고 이익의 분배방법 및 비율이 없는 경우 그 단체를 하나의 거주자로 보아 양도소득세를 과세하는 것임. 거주자로 보는 한국불교미술관 소유 부동산을 양도한 경우 이는 양도소득세 과세대상 소득이며 거주자로 보는 단체의 소득을 그 대표자나 관리인의 다른 양도소득과 합산하여 과세하지 않는 것임.

[해설]
해당 불교박물관은 법인 아닌 단체였던 모양입니다. 또한 이익 분배 규정도 없었습니다. 따라서 한 명의 거주자로 보고 개인의 세금 중 하나인 양도소득세를 내면 된다고 말합니다.

---

(2) 납세자

법인세의 납세자는 법인입니다.[93] 법인은 법률에 의하여 인격을 부여받았기 때문에, 권리와 의무의 주체가 되어 납세자가 됩니다.

---

92 소득세법 제43조 제1항
93 법인세법 제3조 제1항

법인에는 영리사단법인, 비영리사단법인, 비영리재단법인이 있다고 했으나 세법은 영리인지 비영리인지만 중요하게 보고, 사단인지 재단인지는 별로 중요하지 않습니다. 별도로 외국법인인지 내국법인인지를 중요하게 봅니다. 그래서 세법에서는 법인을 [영리내국법인], [비영리내국법인], [영리외국법인], [비영리외국법인] 4가지 종류로 구분하고 있습니다.

외국법인이 중요한 이유는 외국과 과세권 조율 때문입니다. 세금은 한 국가의 존립기반이기 때문에, 과세권을 두고 다투는 것을 막기 위한 협약/조약이 마련되어 있습니다. 만약 외국법인이라면, 국내원천소득에 대해서만 우리나라 세법의 납세자가 되고, 국외원천소득은 소득이 발생한 나라의 정부가 과세합니다.

특히 미술의 세계에서는 프랑스 미술관 법인으로부터 미술품을 초청하여 전시하거나, 영국의 아트페어 법인이 우리나라에서 페어를 열거나, 일본의 법인이 가진 출판권을 활용한 사업을 하는 경우가 비일비재한 세계이기 때문에, 외국법인인지가 중요합니다.

이때 외국법인 내국법인 구분은 본사 소재지만으로 정하지 않습니다.[94] 본사 소재지로 법인 성격이 결정되면 모든 기업이 전 세계에서 가장 세금이 싼 나라에 본사를 두고 세계적으로 영업을 할 것이므로 불합리합니다. 따라서 실질적 관리장소인 국내사업장 여부가 중요합니다.

국내사업장이란 외국법인이 (예비적이거나 보조적인 사업활동이 아닌) 본질적이고 중요한 사업활동을 꾸준히 하는 고정된 장소가 있거나, 외국법인을 위해서 활약하는 대리인이 있는 장소를 말합니다.

근래 외국의 갤러리법인이 국내에 서울지점을 내는 경우가 많아졌습니다. 그렇다면 그 외국 갤러리법인은 국내사업장을 둔 것이 됩니다. 또는 외국 갤러리법인이 한국에 아트딜러를 지정하여 계약까지 체결할 권한을 준다면 국내사업장을 두고 있는 것입니다.[95] 나아가서는 국내지점을 법인으로 설립하기도 합니다. 그러면 별

---

94 법인세법 제2조, 법인세법 시행령 제2조
95 법인세법 제94조

도의 내국법인이 탄생합니다.

그건 그렇고 납세자인 법인이 체납을 하면 어떻게 될까요? 어디까지나 법인의 사회적 의미와 편의를 고려하여 권리능력을 부여한 것이지, 법인은 사람처럼 구속하거나 끝까지 책임을 물을 수 있는 존재가 아닙니다. 만약 법인이 납세의무를 제대로 이행하지 않으면, 최종적으로는 대주주(과점주주)가 제2차 납세자가 되는 경우도 가끔 있습니다.[96]

(3) 과세물건

법인세의 과세물건은 [각 사업연도의 소득]이라고 부릅니다.[97] 이때 사업연도는 대체로 [1/1~12/31]로 합니다.[98] 하지만 법률이 정한 경우 [법정 기간], 설립 당시 정관에서 정한 경우 [정관의 회계기간]으로 해야 합니다.

소득세가 소득원천설을 취하여 9가지 소득을 열거하고 있다고 말씀드렸습니다. 그런데 법인세는 [순자산증가설]에 따라 소득을 파악합니다. 순자산증가설에 의하면 기초 대비 기말에 증가한 순자산의 크기가 곧 소득입니다. 개인처럼 원천은 묻지 않고 포괄과세하므로 [포괄주의]라고도 합니다. 그것이 가능한 이유는, 법인은 개인과 달리 사생활을 보호할 필요가 없고, 국가가 장부를 제출받아 순자산이 얼마나 늘었는지 알 수 있기 때문이라 하였습니다.

소득세가 [총수입금액 − 필요경비 = 소득금액]이라고 불렀던 것처럼, 법인세에도 같은 개념이 있습니다. 법인이 번 돈은 [익금]이라고 표현하고 쓴 돈은 [손금]이라고 표현하고, 순이익은 [각 사업연도 소득]이라고 표현합니다.[99]

법적인 정의를 소개해보면, [익금]이란, 법인의 순자산을 증가시키는 거래로 인하

---

96 국세기본법 제39조
97 법인세법 제4조 제1항
98 법인세법 제6조
99 법인세법 제14조

여 발생하는 수익을 말합니다.[100] 수익이란, 타인에게 재화 또는 용역을 제공하고 획득한 수입금액과 기타 당해 법인에게 귀속되는 일체의 경제적 이익을 말합니다.[101] 법인에게 귀속되는 경제적 이익이 순자산을 증가시켰다면 익금이지, 어떤 업종에서 발생했는지는 상관없습니다. 미술과 관련된 업종이라면, 미술품창작업, 화랑업, 미술품경매업, 기념품판매업, 미술품감정업, 미술품대여업, 컨설팅업, 미술관및박물관업, 부동산임대업 등이 있겠습니다.

[손금]은 법인의 순자산을 감소시키는 거래로 인하여 발생하는 손비를 말합니다.[102] 손비란, 그 법인의 사업과 관련하여 발생하거나 지출된 손실 또는 비용으로서 일반적으로 인정되는 통상적인 것이거나 수익과 직접 관련된 것으로 합니다.[103] [손금]은 매우 중요하기 때문에, [갤러리의 국내거래편]에서 다시 자세히 설명합니다.

법인 입장에서는 어떻게든 익금을 줄이고 손금을 늘려 세금을 줄이고자 최선을 다할 것입니다. 반대로 익금이 크거나, 손금이 작을수록 각 사업연도 소득이 커지고 국세청 세수도 커집니다. 그러다 보니 법인세법은 납세자와의 분쟁, 세수손실을 미연에 방지하기 위하여 익금 규정은 매우 포괄적으로, 손금 규정은 매우 세세하게 규정하고 있습니다.

한편 법인 중 비영리법인이 [고유목적사업]을 통해서 순자산이 증가했다면 소득이 존재하는데도 불구하고 법인세를 부과하지 않습니다. [수익사업]에서 번 돈은 원칙적으로 과세대상으로 하되, 고유목적사업을 위해서 계정대체 한다면, 그만큼은 차감하고 법인세를 매깁니다. 국가의 공익사무를 대신하는 법인에게 혜택을 주기 위함입니다. 예를 들어 한국국제아트페어(KIAF)를 주최하는 사단법인 한국화랑협회가 갤러리로부터 부스 임대료를 받았다고 합시다. 그런데 부스 임대료를 행사장 대관료 등 고유목적사업의 실비에 보전하는 경우에는 법인세를 매기지 않습니다.

---

100 법인세법 제15조
101 법인세법 기본통칙 13-0…1
102 법인세법 제19조 제1항, 제2항
103 법인세법 기본통칙 13-0…1

따라서 비영리법인은 수익사업에서 벌어들인 소득 중, 고유목적사업에 사용하지 않는 소득에 대해서만 법인세를 냅니다.

마지막으로 법인의 소득에는 각 사업연도의 소득 말고도, 청산소득과 토지등 양도 소득이 있습니다. 예술과 관계가 없어 상식선에서 간단히 설명합니다. 청산소득이 란 법인이 청산할 때까지 실현되지 않은 소득이 있다면 청산소득이라고 하여 마지 막에 세금을 한 번 부과하는 것입니다. 한편 토지등 양도소득은, 법인이 사업과 무관한 토지나 주택 등을 거래하는 경우, 투기목적이 있다고 보아 20%의 법인세 를 추가과세하는 걸 말합니다.[104]

(4) 과세표준과 세율

각 사업연도 소득이란 익금에서 손금을 뺀 것이고 법인세 과세물건입니다. 그러나 과세물건이 곧 과세표준은 아닙니다. 각 사업연도 소득은 이미 수치화되어 있지 만, 여기서 이월결손금, 비과세소득, 소득공제액을 제외하여 과세표준을 도출합니 다.[105]

특히 수익이 일정하지 않은 법인은 이월결손금을 잘 알아두어야 합니다. 사업을 하다보면 늘 잘 되라는 법은 없고, 안 풀릴 때도 있습니다. 잘 될 때는 세금을 내 지만, 잘 안 될 때 세금을 돌려주지는 않습니다. 대신 결손금은 향후 15년까지 이 월되면서, 사업이 잘 된 해의 각 사업연도 소득과 상쇄되어 과세표준을 줄여줍니 다. 결손금을 잘 관리해야 평탄하게 세금을 낼 수 있습니다. 그러나 중소기업에 한해서는, 결손금을 소급하여 작년 세금을 환급해주는 제도도 있습니다.[106]

과세표준에 세율을 곱하면 비로소 법인세액이 산출됩니다. 법인세율은 9.9%~ 26.4%로 되어 있습니다.[107] 눈치채셨겠지만, 소득세의 세율은 6.6~49.5%이므

---

104 법인세법 제14조
105 법인세법 제13조 제1항
106 법인세법 제72조

로[108] 단순 비교해보면 법인세율은 소득세율에 비해 훨씬 낮습니다. 과세표준 2억 원을 기준으로 법인세율이 9.9%인 반면, 소득세율은 38.5%입니다. 실무에서도 법인을 설립하는 가장 큰 이유는 법인세율이 소득세율보다 훨씬 낮기 때문입니다.

법인세 산출세액이 도출되면, 소득세가 그랬던 것처럼, 소득감면, 소득공제를 뺍니다. 유명한 것으로는 [창업중소기업 세액감면], [중소기업 특별세액감면], [고용증대 세액공제]가 있습니다.

과세표준	세율
2억 이하	과세표준의 100분의 9
2억원 초과 200억원 이하	1천800만원＋(2억원을 초과하는 금액의 100분의 19)
200억원 초과 3천억원 이하	37억8천만원＋(200억원을 초과하는 금액의 100분의 21)
3천억원 초과	625억8천만원＋(3천억원을 초과하는 금액의 100분의 24)

법인세율은 왜 소득세율보다 낮게 정했을까요?

① 법인의 사회적 영향력을 지원하기 위해서입니다. 어떤 회사는 상행위를 하고, 어떤 재단법인은 교육사업을 하며, 어떤 법인은 해외에 투자합니다. 사회에 활기가 일어나고 일자리가 생겨나고, 공익이 필요한 곳으로 전달됩니다. 따라서 법인세로 유실되는 금액이 적어야 사회적 영향력이 커집니다. 2023년에는 2022년 대비 법인세율을 전 구간 1%씩 낮추기도 했습니다.

② 법인이 편의상 권리와 의무의 주체가 되었지만, 법인은 물리적인 실체가 없습니다. 결국 법인이 번 돈은, 국가가 세금으로 가져가거나, 거래처가 대금으로 가져

---

107 법인세법 제55조
108 소득세법 제55조

가거나, 주주가 배당으로 가져가거나, 은행이 이자로 가져가거나, 종업원이 월급으로 가져갑니다. 언제 얼마나 어떻게 나가느냐 차이가 있을 뿐입니다. 그때 개인들에게 다시 한 번 소득세가 부과됩니다. 언젠가 다시 세부담을 지울거라면, 법인세 부담이 크지 않아야 합니다. 어쩌면 법인은 개인들이 소득을 벌어들이는 하나의 통로에 불과한지도 모릅니다. 그래서 법인세를 0으로 해야 한다는 학자들도 있습니다.

어쨌든 세금이 적으니까 법인을 설립하는 것이 좋을까요? 세율 말고도 고려할 것이 있습니다. 법인을 설립하는 것이 유리한지는 세무사와 상담을 거쳐서 결정하는 것이 좋습니다.

① 설립, 유지관리, 청산이 복잡합니다. 주식회사를 설립하기 위해서 상법상 정관 작성, 주식 인수, 기관 선임, 감독과 조사, 납입, 등기 등의 절차를 거쳐야 하는데, 전문가 도움이 필요합니다. 법인을 유지하는 것도 어렵습니다. 법인은 반드시 복식부기로 장부를 관리하여야 합니다.[109] 큰 법인들은 재무상태나 중요한 사업내용을 공시해야 합니다. 법인의 경영자는 사회적 책임을 부담합니다. 그리고 청산을 할 때에도 청산 결의, 청산인 선임, 재산의 환가와 채무 변제, 잔여재산 분배, 청산 등기 등 절차를 거쳐야 합니다. 개인처럼 폐업신고만 하고 끝나는 것이 아닙니다.

② 법인의 돈은 개인이 함부로 쓰기 어렵습니다. 법인의 재산은 별개의 인격이 소유한 재산이므로, 구성원이 함부로 손을 댔다간 법인세법상 세금을 더 내는 것은 물론, 횡령죄까지도 됩니다.[110]개인이 차를 사거나, 레스토랑에 가거나, 주식에 투자하고, 자녀가 결혼할 때 보태줄 수 있는 돈이 아닙니다. 법인 사업목적으로만 써야 합니다. 그래서 법인이 벌어들인 돈을 구성원에게 귀속시키기 위해서는, 급여나 배당의 형태를 취해야 합니다. 이때 소득세가 한 번 더 나옵니다.

③ 세법은 전체적으로 개인보다 법인에게 세법이 까다롭습니다. 법인은 부가가치세법상 간이과세자가 될 수 없습니다.[111] 또 예정신고기간에 부가가치세 예정신고

---

109 상법 제29조, 법인세법 제112조
110 형법 제355조
111 부가가치세법 제61조 제1항

를 하여야 합니다.[112] 영세한 개인은 신용카드발행에 대한 세액공제 혜택을 받을 수 있지만, 법인은 그 혜택을 받지 못합니다.[113]

(5) 수입시기

소득세는 1년간의 수입을 종합하여 세금을 내기 때문에, 수입을 언제 벌었는지가 중요하다 했습니다. 법인세도 하나의 회계기간(거의 대부분 1년) 수입을 종합하여 세금을 내므로, 역시 수입시기가 중요합니다.

사업소득의 수입시기를 [총수입금액의 귀속연도는 총수입금액이 확정된 날이 속하는 과세기간]으로 한다는 것 기억나시는지요? 법인도 비슷합니다. [각 사업연도의 익금과 손금의 귀속사업연도는 그 익금과 손금이 확정된 날이 속하는 사업연도로 한다][114]고 하며, 역시 권리확정주의가 원칙입니다.

(6) 법인세 신고

소득세는 한 해의 소득을 종합하여 이듬해 5월 한 달간 신고납부한다 하였습니다. 법인세는 좀 **빠릅니다.** 1/1~12/31을 하나의 회계기간으로 하는 법인의 경우, 익금과 손금을 집계하여 이듬해 3월 한 달간 법인세를 신고납부합니다.

---

112 부가가치세법 제48조 제3항
113 부가가치세법 제46조 제1항 제1호 가목
114 법인세법 제40조 제1항

5. 상속세 기초다지기

(1) 서론

1) 상속세와 증여세의 특징

미술시장에는 3D법칙이 있다고 합니다. 고급 미술품이 한꺼번에 시장에 쏟아져 나오는 사건을 말하는데, 죽음(DEATH), 빚(DEBT), 이혼(DIVORCE)입니다.

2020년 10월에는 이건희 회장님이 돌아가시면서 23,000점에 달하는 이건희 컬렉션이 세상에 나왔습니다. 또 죽음을 계기로 세상에 소개된 세계적 컬렉션으로 이브생로랑 컬렉션, 엘리자베스 테일러 컬렉션 등이 있습니다. 자산가들이 세상을 떠나면 그들이 남긴 재산에 관심이 쏠리고, 미술품도 세상의 주목을 받게 됩니다.

이처럼 미술품은 생전에도 컬렉터에게 만족을 주고, 사후 상속 수단으로 주목받고 있습니다. 그 이유는 무엇일까요? 무엇보다 미술이 가지고 있는 뛰어난 아름다움에서 기인한 것도 있고, 투자 가치도 있고, 소장자로서 사회적인 지위와 명예를 더해주며, 세법상 적잖은 메리트가 있기 때문입니다. 미술품은 부동산처럼 등기를 하지 않고, 주식처럼 명부를 만들지도 않고, 자동차나 배처럼 등록을 하는 것도 아니어서 비밀이 유지된다는 점도 이유 중 하나입니다. 그러다 보니 미술품은 선망과 애정의 대상이 되기도 하면서 탈세나 비자금의 온상처럼 오도되기도 하는 복합적인 시선을 받고 있습니다.

이번엔 미술품과 관련된 상속세 및 증여세를 배워보겠습니다. 상속과 증여는 항상 함께 거론됩니다. 그 이유로,

① 우선 상속과 증여는 목적이 비슷합니다. 재산이 무상으로 이전되는 것에 대해서 부과되는 세금이며, 부의 대물림을 조정하는 효과가 있습니다. 다만 상속은 사망을 원인으로 재산이 이전되고, 증여는 생전에 증여계약을 원인으로 재산이 이전된다는 차이가 있을 뿐입니다.

② 다음으로 세율이 똑같습니다. 그래서 다른 세목들은 세목 하나에 법률 하나로 규정된 경우가 대부분이지만, 상속세와 증여세는 하나의 법률인 상속세 및 증여세법으로 엮여 있습니다. 보는 사람에 따라 증여란, 사망 전에 미리 상속하는 것으로 보고 증여세가 상속세를 보완하는 세금이라고도 표현합니다. 그러니 상속과 증여를 따로 생각하지 마시고 취지에 초점을 두고 공부하시면서 큰 그림을 그리시기 바랍니다.

상속세와 증여세를 익힐 때는 아래 특징을 기억하시면 이해가 쉽습니다.

① 재산이 무상으로 이전되므로 재산을 받은 자에게 불로소득이 발생합니다. 따라서 받은 자(상속인, 수증인)에게 납세의무가 부과됩니다. 부가가치세에서는 재화 또는 용역을 공급하는 자, 소득세와 법인세에서는 소득을 얻은 자가 납세자였습니다. 그들은 대부분 물건을 넘긴 자들이었습니다. 하지만 상속과 증여는 재산을 받은 사가 납세의무를 집니다.

② 재산이 무상으로 이전되므로 대가가 없습니다. 상속세는 더욱이 피상속인이 이미 고인이기 때문에 대가를 받는다는 개념이 나올 수 없습니다. 만약 대가가 오가는 매매나 교환에는 소득세가 부과됩니다. 따라서 상속, 증여라고 이야기할 수 있으려면 대가가 없어야 합니다.

③ 재산에 대한 대가가 없으므로 그 재산의 가액을 특정하기 어렵습니다. 그래서 상속세 및 증여세법에서는 재산을 어떻게 평가할 것인시 상세규정을 두었습니다. 때로는 평가액이 현실과 유리되어 있을지라도 세법규정에 따라 평가하여 과세합니다.

④ 상속과 증여는 부의 대물림을 조정하는 것이 목적입니다. 그래서 세대 내에서 수평적으로 부가 이동하는 경우에는 세부담이 적습니다. 배우자에게 상속하는 경우에는 상속재산에서 5억원~30억원을 공제하며, 배우자에게 증여하는 경우에는 6억원까지 증여재산공제가 적용됩니다.

반대로 한 세대를 뛰어넘어 손주 세대로 부가 이전되는 경우에는 상속세와 증여세가 30% 할증됩니다. 미성년자 손주가 20억 이상 이전받는 경우 40% 할증됩니다. 단, 아들 세대가 없어서 손주 세대로 넘어가는 상속(대습상속)은 할증을 적용하지 않습니다.

⑤ 부의 대물림을 제어하는 것이 목적이기 때문에, 부의 대물림이 아닌 다른 목적의 상속 및 증여, 예를 들어 공익적인 목적의 상속과 증여는 비과세 등 특례를 두어 세부담을 줄였습니다.

이 책의 지면과 목적 한계상, 미술과 관련된 세무를 설명하는 데 집중합니다. 하지만 여기에 있는 내용이 결코 상속세와 증여세의 전부가 아니므로, 반드시 세무사와 상담하시기 바랍니다.

2) 상속의 개념

상속이란 무엇일까요? 상속이란, 사망을 원인으로 피상속인의 권리·의무를 상속인에게 포괄적으로 승계시키는 것입니다.[115] 세법은 여기에 더해 유증, 사인증여, 특별연고자에 대한 분여도 상속세를 부과합니다. 유증이란, 유언에 따른 재산이전을 말합니다. 사인증여는 살아생전에 증여하되 사망을 조건으로 증여하는 것입니다. 특별연고자에 대한 분여란, 피상속인에게 헌신해준 인연이 있는 사람에게 주는 상속을 말합니다.[116]

누가 얼마나 상속을 받을까요?

① 우선, 유언이 있다면 유언을 따릅니다. 유언장에는 재산을 분할하는 힘이 있기 때문에 형식이 매우 엄격합니다. 그렇지만 아무리 유언이라도 유류분을 침해할 수는 없습니다.

② 유언이 없지만 상속인들끼리 재산분할 방식에 뜻이 합치한 경우, 유언이 있어도 상속인들끼리 유언과 다르게 재산분할하는데 협의된 경우, 협의한 대로 분할합니

---

115 민법 제997조
116 상속세 및 증여세법 제2조, 상속세 및 증여세 집행기준 2-0-1

다. 그 증거로 상속재산분할협의서를 씁니다. 참고로 미성년자가 자기에게 불리한 협의를 강요당하는 점을 방지하기 위한 제도도 마련되어 있습니다.

③ 협의가 안 되는 경우에는 민법에서 정한 비율(법정상속비율)대로 합니다. 협의가 안 되는 경우를 가정하므로, 나중에라 상속인들끼리 협의하여 분할하면 소급하여 인정됩니다.[117]

먼저 법정상속순위를 보겠습니다. 민법에 따르면 상속은 직계비속이 1순위, 직계존속이 2순위, 형제자매가 3순위 상속인입니다.[118] 피상속인의 배우자는 1순위 상속인이 있으면 1순위 상속인과 공동상속인이 되고, 1순위 상속인 없이 2순위 상속인이 있으면 2순위 상속인과 공동상속인이 됩니다. 2순위 상속인마저 없으면 단독상속인입니다.[119]

1순위 직계비속은 아래 세대로 이어지는 핏줄, 자녀와 손주를 말합니다. 그 중에서 최근친인 자녀가 먼저이고 촌수가 2촌인 손주는 후순위입니다. 자녀가 2명 이상이면 나이 무관하게 모두 동친으로 1순위 상속인이 됩니다.[120] 한편 자녀가 사망하면, 자녀의 배우자 및 자녀의 자녀(손주)가 순위를 물려받게 되는데 이것은 대습상속이라고 합니다. 드라마에서 피상속인의 자녀가 먼저 세상을 떠났는데, 갑자기 알려지지 않았던 자녀의 자녀(손주)가 나타나 상속 1순위가 되기도 합니다.[121] 심지어 태어나지도 않은 배속의 아이(태아)도 1순위입니다.[122]

2순위 직계존속은 망인의 위 세대로 이어지는 핏줄을 말합니다. 마찬가지로 부모, 조부모, 외조부모가 직계존속이며, 부모가 최근친입니다. 자녀가 후대 없이 부모보다 먼저 떠나는 경우에는 보통 1순위가 없어 2순위 부모가 상속인이 되기도 합니다.

---

117 민법 제1013조, 민법 제1015조
118 민법 제1000조 제1항
119 민법 제1003조
120 민법 제1000조 제2항
121 민법 제1001조
122 민법 제1000조 제3항

선순위 상속인들이 상속을 포기하면 후순위 상속인에게 순위가 넘어갑니다.[123] 만약 상속 순위를 어떻게 해보려고 선순위나 동순위의 가족을 해치는 자는 상속결격자가 되도록 되어 있습니다.

다음으로 법정상속비율을 보겠습니다. 상속인의 자격이 있다면, 그 지분비율은 어느 정도일까요? 원칙적으로는 균등하게 가져갑니다.[124] 하지만 피상속인의 배우자가 있다면 배우자는 1.5배를 가져갑니다.[125]

4인 가족의 아버지가 돌아가시는 경우를 예로 들어보겠습니다. 직계비속(자녀)가 2명이면, 이들은 형제자매사이 동친에 해당하여 1순위입니다. 그리고 배우자는 1순위 상속인이 있는 경우에 공동상속인이 됩니다. 결국 어머니와 형제자매가 모두 동순위 상속인입니다. 이때 형제자매는 1을 가져간다면, 어머니는 1.5를 가져갈 수 있습니다. 합은 1+1+1.5=3.5입니다. 즉, 형제들은 각각 1/3.5를 갖고, 어머니는 1.5/3.5를 갖습니다.

위는 아버지 유언이 없었을 때입니다. 미술애호가였던 아버지가 미대생 첫째를 너무 아낀 나머지, 모든 미술품을 첫째에게 남기겠다고 유언장을 써놓고 돌아가셨다고 합시다. 이 경우 어머니와 동생은 아무것도 받지 못할까요? 이때 유류분이라는 제도가 있습니다. 만약 유언이 법정상속분의 50%도 보장하지 않는 경우 첫째로부터 보전받을 수 있습니다.[126] 아까 예에서 어머니는 0.75/3.5를, 동생은 0.5/3.5를, 첫째에게 유류분반환청구소송을 통해 청구할 수 있습니다. 유류분 제도는 가족들 사이에서 어느 정도 불화를 잠재우는 기능도 하지만, 생전에 교류가 없었던 가족이 갑자기 상속을 받게 되는 역기능도 있어 종종 회자됩니다. 최근에는 형제인 상속인이 유류분을 갖는 것과, 자격없는 가족이 유류분을 갖는 것에 대해, 헌법재판소가 위헌 또는 헌법불합치를 선언한 적도 있습니다.

---

123 민법 제1004조
124 민법 제1009조 제1항
125 민법 제1009조 제2항
126 민법 제1112조, 민법 제1115조

(2) 납세자

1) 자연인

상속세는 상속인 또는 수유자가 납세자입니다.[127] 상속인은 위에서 설명드린 직계비속과 배우자 등을 말하고, 수유자는 유언이나 사인증여로 재산을 취득하는 자를 말합니다. 결국 상속재산을 얻은 개인들이 납세자입니다.

이때 상속인들은 연대납세의무를 집니다. 왜냐하면 민법에서 상속재산은 상속인들의 공유재산으로 정하고 있는데, 공유재산에 대한 납세의무는 공유자가 연대하여 지는 것이 원칙이기 때문입니다.[128] 따라서 상속인이 공동으로 상속받았으나 한 사람이 상속세를 내지 않고 있는 경우, 국세청에서는 세액 전체에 대해서 공동상속인 누구에게라도 고지할 수 있습니다. 다툼이 생겨도 상속인들끼리 알아서 정리해야 합니다. 다만 받은 것도 없이 상속세만 내거나, 받은 것 이상으로 세금을 낼 수는 없기 때문에, 받았거나 받을 재산을 한도로만 연대납세의무를 집니다.[129]

만약 상속인끼리 다툼이 길어져, 상속비율을 정하지 못하고 있으면 어떡할까요? 상속세 납세절차도 연기될까요? 개인들 다툼 때문에 국가가 세금을 안 걷고 기다려줄 수는 없기 때문에, 그냥 상속인들이 법정비율대로 상속받았다고 보고 상속세를 계산합니다.[130] 어차피 연대납세의무이기 때문에 국세청은 상속인 중 1인에게 세액 전부를 고지하면 됩니다. 그러니까 상속개시 사실을 몰라서 그랬든, 상속인들끼리 다퉈서 그랬든, 피상속인이 사망하면 일단 상속세 신고기한이 다가오며, 상속세는 부과됩니다.[131] 그리고 나중에 재산분할이 확정되어 세금이 달라지면 상속인들끼리 알아서 정산합니다.

---

127 상속세 및 증여세법 제3조의2 제1항
128 민법 제1006조, 국세기본법 제25조 제1항
129 상속세 및 증여세법 제3조의2 제3항
130 국세기본법 제82조 제5항
131 상속세 및 증여세 집행기준 2-0-2

2) 법인

만약 피상속인이 평생을 기업가로 살아왔고, 회사를 모든 걸 바친 나머지 회사에 모든 컬렉션을 남기기로 했다고 합시다. 회사는 기업가의 자식 같은 존재이기는 하지만 실제 자녀는 아니므로, 순위에 따른 상속은 불가능하고 유언, 특별연고로 만 상속을 받을 수 있겠습니다.

회사는 상속세를 낼까요? 언뜻 생각하기에는 회사도 얻은 재산이 있으니 당연히 상속세를 내야 하지 않을까 싶겠지만, 법인세에서 배운 순자산증가설이 생각납니 다. 이유를 불문하고 순자산을 증가시키는 거래는 익금이고, 이는 법인세 과세표 준을 증가시켜 법인세가 부과됩니다.[132] 그러면 법인세랑 상속세 중 무엇이 우선 일까요? 법인세 먼저입니다. 따라서 영리법인은 자산수증이익을 익금으로 하여 법 인세를 납부하는 것이고, 상속세는 내지 않습니다. 법에서 영리법인을 상속세 납 세자에서 제외하고 있습니다.[133]

그런데 상속인이 회사를 사랑한 줄 알았지만, 알고 보니 회사를 물려받은 대주주 아들을 사랑했던 것이고, 회사에 막대한 미술품이 유입되어, 대주주인 아들의 주 식 가치가 껑충 뛰었다면 어떨까요? 이처럼 법인이 증여를 받았는데 망인의 배우 자, 자녀, 손주가 회사 주주인 때는, 우회 상속 의도가 있다고 봅니다. 그래서 상 속재산의 상속세 상당액에 법인세 중복분(10%)만큼을 빼고 주주에게 상속세를 과 세합니다.[134]

한편 법인이 상속받으면 상속세 대신 법인세를 낸다고 했지만, 법문을 자세히 보 면, 납세의무자에서 [영리법인은 제외한다고 표현합니다. 그렇다면 비영리법인은 상속세 납세의무가 있다는 것처럼 들립니다. 맞습니다.

비영리법인은 고유목적사업에 대해서는 법인세를 과세하지 않고 수익사업에는 법 인세를 과세합니다. 따라서 수익사업에는 상속세를 부과하면 법인세와 이중과세

---

132 법인세법 제15조, 법인세법 시행령 제11조
133 상속세 및 증여세법 제3조의2 제1항
134 상속세 및 증여세법 제3조의2 제2항

가 되겠지만, 비영리법인의 고유목적사업에는 법인세가 부과되지 않기 때문에 이 중과세 문제가 없이 상속세를 부과할 수도 있습니다. 단, 비영리법인이 요건을 갖춰 공익사업에 재산을 쓰는 경우 다시 상속세 비과세, 과세가액 불산입 조항을 두어 상속세를 없애는 식으로 법을 만들었습니다. 너무 어려우면 넘어가도 됩니다.

3) 비거주자

우리나라 상속세는 납세의무를 상속인들이 지더라도 세액계산은 피상속인 단위로 하기 때문에, 피상속인이 거주자인지가 중요합니다. 피상속인이 거주자였다면 피상속인에게 속하는 모든 상속재산을 과세합니다. 하지만 비거주자였다면, 피상속인의 국내재산만 과세하고 피상속인의 국외재산은 상속세를 과세하지 않습니다.

예를 들어 돌아가신 분이 주로 미국에 가족, 직업, 재산을 두는 분이었을 수 있습니다. 그러면 고인이 한국에 두었던 상속재산에는 우리나라가 상속세를 과세하지만, 미국에 두었던 상속재산에 대해서는 한국이 과세하지 않는다는 것입니다. 남은 가족이 아니라, 고인이 비거주자였는지를 묻는다는 점에 주의해야 합니다.

(3) 과세물건

상속세는 상속개시일 현재 상속재산에 대해 부과됩니다. 상속재산이란, [피상속인에게 귀속되는 모든 경제적 가치 있는 물건, 권리를 비롯한 모든 재산을 말합니다.[135] 귀속된다는 것은 실소유주인지가 중요하고 명의는 중요하지 않다는 것을 말합니다. 미술품은 등기, 등록제도가 없어서 명의자와 실소유주가 달라지는 경우도 많기 때문에 특히 중요한 의미가 있습니다.

미술과 관련해서는 회화, 조각, 사진, 골동품 등 형체 있는 작품은 물론이고, 미술저작물에 대한 저작재산권 일체, 캐릭터 2차적저작물작성권, 심지어는 NFT도 모

---

135 상속세 및 증여세법 제2조, 상속세 및 증여세법 제3조, 상속세 및 증여세 집행기준 2-0-4

두 상속재산이 될 수 있습니다.[136] 새롭게 도입될 재판매보상청구권과 인격표지영리권도 현행 법체계에서 자연스럽게 상속재산에 속하게 될 것으로 봅니다. 다만 저작권 중에 저작인격권에 해당하는 성명표시권, 공표권, 동일성유지권은 일신에 전속하는 권리이므로, 사망으로 소멸하여 상속재산이 될 수 없습니다.[137]

• 조심2017서4132, 2018.10.24

청구인은 쟁점수장고미술품을 피상속인의 소유로 볼 증거가 없고, 쟁점수장고미술품의 가액이 잘못 평가되었다고 주장하나, ○○○그룹에서 미술품 관련 업무를 담당하였던 직원들의 문답서에 따르면, ○○○그룹 계열사뿐만 아니라 청구인 일가의 개인 소장 미술품까지 작품리스트를 작성하여 비서실에서 관리하고, 각 작품별로 사진을 찍어 그림파일을 보관하고 있다고 진술하였으며, 청구인 또한 확인서를 통해 쟁점수장고미술품이 피상속인의 소유라고 확인한바 있으므로, 쟁점수장고미술품을 피상속인의 상속재산에 포함하는 것은 타당하다고 판단된다.

[해설]
위 판례에서는, 상속재산인 미술품이 법인 명의로 되어 있어도 실제로는 피상속인에게 귀속된다고 보아, 상속재산가액에 포함시켜 상속세를 계산했습니다.

---

(4) 과세표준과 세율

민법상 상속재산이란, 적극 재산(본래의 상속재산)과 소극 재산(채무)을 말합니다. 이것이 과세물건입니다. 그런데 세법은 본래의 상속재산가액에서 채무를 빼되, 몇 가지 요소를 추가로 가감한 뒤 비로소 상속세 과세표준을 도출합니다.

---

136 저작권법 제39조 제1항
137 저작권법 제10조, 제11조, 제12조, 제13조, 제14조 제1항

1) 과세표준에 더하는 요소

① 간주상속재산

피상속인의 사망으로 인하여 받게되는 보험금,[138] 피상속인의 재산 중 수탁자에게 가 있던 신탁재산,[139] 피상속인이 받을 자격이 있었던 퇴직금[140] 등도 상속재산으로 봅니다. 고유의 상속재산은 아니지만, 상속인들의 부가 늘어난 건 맞기 때문입니다. 이걸 과세하지 않으면 돌아가시기 전에 전 재산을 보험회사에 갖다주는 일이 일어날 수 있기 때문에 상속세를 과세하고 있습니다. 이런 재산들을 간주상속재산이라고 합니다.

② 사전증여재산

상속세는 상속개시일 현재의 재산을 모두 합해 10~50%의 누진세율을 적용하고 있습니다. 그러면 상속개시일에만 재산이 없으면 되는거 아닐까? 라고 생각하면서, 끝이 임박했다는 것을 느끼면 누진율을 피해 상속재산을 미리 분산 증여하여 자식들 상속세 부담을 덜어주고 싶은 마음이 듭니다.

이러한 조세회피를 방지하고 조세부담에 있어서의 상속세와 증여세의 형평을 유지하기 위하여,[141] 상속개시일 전 10년 이내에 상속인이 피상속인한테 증여받은 재산가액은 죽기 전 사전 상속으로 보고, 상속세 과세가액에 가산하여 상속세를 계산합니다.[142] 세금을 다시 한 번 내는 만큼, 예전에 냈던 증여세는 세액공제합니다. 그래야 이중과세되지 않습니다.[143]

---

138 상속세 및 증여세법 제8조 제1항
139 상속세 및 증여세법 제9조
140 상속세 및 증여세법 제10조
141 대법93누8092
142 상속세 및 증여세법 제13조
143 상속세 및 증여세법 제28조

③ 추정상속재산

사전증여에 대하여는 10년치가 소급되어 상속세로 과세됩니다. 그랬더니 미리 재산을 팔아서 상속인이 현금이나 금괴로 몰래 상속받도록 하거나, 미리 예금을 인출하여 현금으로 넘겨주거나, 재산이 없으면 빚을 진 다음, 몰래 재산은 물려주고 빚은 상속포기하도록 만드는 일이 생겼습니다. 이를 방지하기 위해 상속개시 전에 인출된 자금 사용용도에 따라 구분하여, 인출목적이 증여인지 여부가 불분명하더라도 일정한 금액을 초과하는 재산은, 일단 상속재산으로 추정하는 것이 상속재산가액을 합리적으로 산정하는 방법입니다.[144]

피상속인 계좌에서 재산 처분 금액/인출 금액/채무금액이 재산 종류별로 상속개시일 전 1년 이내에 2억원, 상속개시일 전 2년 이내에 5억원 이상 사라진 것이 발견되면, 상속되었다고 추정합니다.[145] 추정은 반증이 있으면 받아 주기 때문에 상속인이 소명하면 됩니다. 하지만 돌아가신 분이 남몰래 기부를 하거나 하면 상속인들도 고인이 재산을 어디다 쓰셨는지 모르는 경우도 있습니다. 그래서 융통성을 발휘하여 20%(최대 2억원)까지는 소명을 하지 못해도 추정상속재산가액에서 제외합니다.[146] 상속인들은 추정상속재산가액의 80%를 소명하기 위해 노력하게 됩니다.

2) 과세표준에 빼는 요소

① 비과세/과세가액 불산입

사망을 원인으로 무상이전된 재산인 것은 맞지만, 공익적 목적에 따라 상속세를 비과세하는 재산들이 있습니다.[147] 그러면 과세표준에서 제외합니다. 이 내용은 공익법인을 설명하면서 더 자세히 설명하겠습니다.

---

144 조심2018소3619
145 상속세 및 증여세법 제15조 제1항
146 상속세 및 증여세법 시행령 제11조 제4항
147 상속세 및 증여세법 제11조, 제12조

② 채무

재산과 채무를 상속하는 경우, 채무만큼은 상속인들이 인수하여 갚아야 되기 때문에 부가 이전되었다 할 수 없습니다. 따라서 상속세를 과세하면 안됩니다.[148] 마찬가지로 그렇다면 국가에 대한 채무, 즉 피상속인이 살아있었다면 내야 했을 국세, 지방세, 공과금 등도 결국 상속인이 물려받아서 납부해야 하므로 상속세를 과세하면 안 됩니다. 그래서 상속재산가액에서 뺍니다.

③ 실비

우리나라 정서상 가족이 세상을 떠나면 정성껏 장례를 치러드리는 것이 마지막 도리입니다. 여기에 쓰고 없어질 비용은 상속세 과세대상에서 제외하고 있습니다. 기본적으로 최소 500만원부터 최대 1,000만원까지 공제하며, 봉안시설을 이용하거나 자연장지하는 경우를 장려하기 위해 추가 500만원까지 공제할 수 있습니다.[149]

한편 미술품이나 부동산, 주식을 평가하느라 전문가에게 감정을 의뢰하는 경우가 있습니다. 감정평가 수수료는 상속세 신고를 성실하게 하기 위한 부대비용 성격이 있고, 국세청도 감정전문가 의견을 듣는 것이 분쟁방지에 좋습니다. 따라서 상속세 신고를 위해 감정평가 수수료를 지출하면 상속세 과세가액에서 공제해줍니다.[150] 한도는, 미술품 아닌 재산의 감정 수수료는 도합 500만원까지, 미술품 감정 수수료는 따로 500만원까지 가능합니다. 비상장주식은 의뢰한 기관 수 별로 1,000만원을 공제합니다.[151]

④ 상속공제

상속세에 대해 이야기하고 있지만, 상속은 피상속인의 사망을 전제로 합니다. 사랑하는 가족이 세상을 떠나면 남은 가족은 슬픔에 빠지기도 하고, 경제적 어려움

---

148 민법 제1005조
149 상속세 및 증여세법 시행령 제9조 제2항
150 상속세 및 증여세법 제25조 제1항
151 상속세 및 증여세법 시행령 제20조의3 제1항, 제3항

에 처하기도 합니다. 그럼에도 불구하고 무상의 이익이 발생했다고 모든 상속재산을 과세하는 것은 불합리합니다. 그래서 소액재산을 상속하는 경우에는 상속세를 부과하지 않도록 상속공제를 마련해 두었습니다.

우선 누구라도 상속공제는 5억원(일괄공제) 등을 받을 수 있습니다.[152] 더하여, 배우자는 특히 피상속인의 사망으로 인하여 심리적, 경제적 어려움을 겪게 될 가능성이 큽니다. 게다가 상속세는 부의 대물림을 방지하자는 취지가 있으므로, 수평적 이동인 배우자 상속시에는 법정상속분에 해당하는 전액을 상속공제합니다. 단, 최소 5억에서 최대 30억을 범위로 하고, 재산 중 법정상속비율(예 : 1.5/3.5)을 한도로 합니다.[153]

그 밖에도 금융재산으로 상속하는 경우를 장려하기 위하여 금융재산상속공제, 무주택자 효자효녀 상속인을 보호하기 위하여 동거주택상속공제, 재해를 입은 자를 위한 재해손실공제, 가업을 상속하는 자가 직원들의 고용을 유지하고 사회에 기여할 수 있도록 하는 가업상속공제가 마련되어 있습니다. 그리고 비슷한 취지로, 상속세액이 500,000원을 넘지 않으면 아예 과세하지 않습니다.[154] 실제로는 내용이 훨씬 복잡하지만 이 책의 목적상 이 정도만 아서도 충분합니다.

3) 상속세 세율

과세표준을 도출했다면 세율을 곱하여 세액을 산출해야 합니다. 우리나라 상속세 세율은 다음과 같습니다. 누진율 체계로 되어 있습니다.

---

152 상속세 및 증여세법 제21조 제1항
153 상속세 및 증여세법 제19조
154 상속세 및 증여세법 제25조 제2항

과세표준	세율
1억원 이하	과세표준의 100분의 10
1억원 초과 5억원 이하	1천만원＋(1억원을 초과하는 금액의 100분의 20)
5억원 초과 10억원 이하	9천만원＋(5억원을 초과하는 금액의 100분의 30)
10억원 초과 30억원 이하	2억4천만원＋(10억원을 초과하는 금액의 100분의 40)
30억원 초과	10억4천만원＋(30억원을 초과하는 금액의 100분의 50)

상속세 세율의 특징을 조금 더 말씀드리면, 상속세에는 소득세나 법인세와는 달리 지방세가 부가되지 않습니다. 그래서 소득세에서는 항상 10%의 지방소득세를 생각하면서, 22% 또는 3.3% 등 11의 배수로 표현을 했지만, 상속세는 그런 부가되는 세금이 없습니다.

상속세 세율은 항상 논란거리입니다. 피상속인이 살아 생전에 상속재산을 모으는 과정에서 세금을 냈을 것인데 이중과세가 아니냐는 것입니다. 또, 세목마다 취지가 달라서 어쩔 수 없다 해도 상속세율이 지나치게 높다는 것입니다. 특히 주식 상속에는 최대주주 할증평가가 있어서 세율이 최대 65%까지 상승하기도 하는데요, 이 때문에 기업 후계자들 상속세를 내기 위해 회사를 팔아야 하는 상황에 내몰리기도 합니다.

한편 상속세 목적이 부의 대물림 방지다 보니, 세대를 건너뛰어 손주에게 유언상속하는 경우 상속세가 30% 할증됩니다.[155] 손주가 미성년자이면서 20억 초과하여 상속하는 경우는 40%가 할증됩니다. 그러나 자식 세대가 먼저 세상을 떠난 대습상속일 때는 어쩔 수 없는 경우라 할증과세하지 않습니다.

그 밖에 세액공제 제도가 있습니다. ① 사전증여재산을 상속재산에 가산한다면, 사전에 납부한 증여세는 세액공제한다는 내용은 앞에서 설명드렸습니다. ② 국외

---

155 상속세 및 증여세법 제27조

자산에 대해서 외국 정부가 과세하는 경우에는 이중과세를 방지하기 위해 그 세액을 공제합니다.[156] ③ 상속이 10년 안에 연달아 일어나는 경우에는, 세부담을 줄이기 위해 재상속의 대상이 되는 재산 비중만큼 상속세에 100~10%를 곱해 재상속의 상속세 계산에서 공제합니다.[157] ④ 마지막으로 기한 내 성실한 신고를 유도하기 위해 신고기한 내에 상속세를 신고하면 3%의 세액을 공제합니다.[158]

(5) 상속세 신고와 납부

낼 세액이 정해지고 나면, 그것을 어떻게 신고하고 납부할지도 중요합니다. 신고 납부는 상속개시일이 속하는 달의 말일부터 6개월 뒤까지 합니다. 만약에 4월 5일에 돌아가신 경우, 10월 30일까지입니다.

원칙은 일시에 금전납부입니다. 그러나 총 세액이 1천만원을 초과하는 경우, 세액 절반에는 납부기간 2개월을 추가 부여하는 분납도 있습니다. 여기까지는 거의 모든 세목에서 보장되는 제도입니다.

상속세에는 다른 세목에 없는 3가지 납부 방법이 더 있는데요, 일반적인 상속은 최대 10년, 가업상속은 최대 20년에 걸쳐서 세금을 납부하는 [연부연납], 금전이 아닌 현물로 세금을 납부하는 [물납], 요건을 갖춘 한 납부가 유예되는 [징수유예] 입니다. 자세한 내용은 컬렉터 편에서 설명합니다.

---

156 상속세 및 증여세법 제29조
157 상속세 및 증여세법 제30조
158 상속세 및 증여세법 제69조 제1항

6. 증여세 기초다지기

(1) 서론

민법에서 증여란, [당사자 일방이 무상으로 재산을 상대방에 수여하는 의사를 표시하고 상대방이 이를 승낙하는 계약]을 말합니다.[159] 그런데 상속세 및 증여세법에서는 민법상 증여보다 훨씬 포괄적으로 별도의 증여개념을 마련해 놓았습니다. 상속세 및 증여세법에서 증여란, [그 행위 또는 거래의 명칭·형식·목적 등과 관계없이 직접 또는 간접적인 방법으로 타인에게 무상으로 유형·무형의 재산 또는 이익을 이전(현저히 낮은 대가를 받고 이전하는 경우를 포함)하거나 타인의 재산가치를 증가시키는 것을 말합니다.[160] 일방과 상대방 의사표시가 있는지, 목적과 방법이 무엇인지를 불문하고 타인에게 재산이나 이익을 이전하면 증여로 봅니다. [완전포괄주의]라고도 합니다.

예를 들어 만약 갑자기 어떤 사람의 재산이 몰라보게 불어났는데, 증여자를 밝히지 않거나 증여자를 특정할 수 없으면 어떻게 될까요? 만약 민법 규정(쌍무계약)에 근거했다면, 증여자가 없으므로 증여로 보지 않았을 겁니다. 그런데 세법에서도 이런 것을 증여가 아니라 하여 과세하지 않으면, 세상 사람들은 아무도 증여자를 밝히지 않겠고, 증여세는 무용지물이 됩니다. 따라서 증여한 사실을 밝힐 수 없는 경우에는 심지어 가까운 증여자(대체로 부모)로부터 증여를 받은 것으로 추정하여 과세하기도 합니다. (재산취득자금의 증여추정)

이처럼 상속의 정의는 민법을 차용하는데 증여의 정의는 특별히 범위를 넓힌 이유는 뭘까요? 민법상 증여로 한정하면 기상천외한 방법들로 증여세를 피해가기 때문입니다. 그래서 증여세의 역사는 탈세와 공방의 역사나 마찬가지입니다. 지금은 아예 빈틈없이 증여 개념을 정의하여 탈세할 수 없게 만들었습니다. 국세기본법의 실질과세의 원칙이 가장 많이 적용되는 곳도 여기 증여의 세계입니다.[161]

---

159 민법 제554조
160 상속세 및 증여세법 제2조 제6호

일각에서는 법이란 사람들에게 안정감을 줄 수 있도록 분명하게 써 있어야 하는데, 법을 너무 광범위하고 모호하게 정해 재산권을 지나치게 침해한다고 비판합니다. 언제 세무조사가 나올까 걱정에 발 뻗고 잘 수가 없습니다. 하지만 반대의견에도 불구하고 현재는 증여세의 목적을 달성하기 위해서 우리나라에서는 완전포괄주의를 채택하고 있습니다.

(2) 납세자

1) 법인

앞에서 법인세가 부과되면 이중과세 방지를 위해 영리법인에게는 상속세가 부과되지 않는다고 했습니다. 비영리법인의 고유목적사업에는 상속세를 부과할 수 있되, 공익목적이 있으면 상속세 과세대상에서 제외하도록 법이 설계되어 있다고 했습니다.

증여세도 똑같습니다. 영리법인이 자산을 증여받으면 자산수증이익, 채무를 면제받으면 채무면제이익이라고 하여 익금으로 보고 법인세를 과세합니다. 증여세는 과세하지 않습니다.[162] 다만 비영리법인이 고유목적사업을 위하여 증여받는 경우에는 법인세가 과세되지 않아 이중과세 문제 없이 증여세로 과세 가능하지만, 공익목적에 쓰면 증여세를 비과세(과세가액 불산입)합니다.

예를 들어 작가 A의 업적을 기리기 위하여 설립된 비영리법인 미술관이 있다고 합시다. 후원자 B가 미술관에 에코백 100만 장을 기증했는데, 미술관이 작가의 그림을 프린팅하여 에코백으로 수익사업을 했다고 합시다. 이 경우에는 수익사업에 쓰인 재산을 증여했으므로 에코백 재산가치만큼 증여세가 아닌 법인세가 부과됩니다. 한편 후원자 C가 A의 미공개 작품을 기증하는 경우가 있습니다. 미공개 작품은 고유목적사업에 쓰이는 재산이니까 법인세는 부과되지 않고, 대신 증여세가 부

---

161 국세기본법 제14조
162 상속세 및 증여세법 제4조의2 제3항

과될 수 있고, 다시 미술관이 공익법인인 경우 증여세를 비과세합니다. 자세한 내용은 [미술관편]을 참고합니다.

한편 법인이라고 부를 수 있는 규모나 체계가 갖추어지지 않은 법인 아닌 단체도 증여를 받을 수 있는데, 법인 아닌 단체는 거주자나 비영리법인 중 하나로 보고 증여세를 부과합니다.[163]

2) 비거주자

증여세 납세자는 재산을 증여받은 수증자입니다. 상속세는 피상속인의 거주자 여부가 중요했지만, 증여세는 수증자의 거주자 여부가 중요하므로 차이에 주의합니다. 만약 수증자가 거주자인 경우에는 국내 소재 재산, 국외 소재 재산을 통틀어 증여세 납세의무가 있습니다. 그러나 수증자가 비거주자인 경우에는 국내에 있는 증여재산을 받았을 때만 과세합니다.[164]

그렇다면 수증자가 비거주자이면서 국외 재산을 증여받은 경우 세금이 없는가 하면 그렇지는 않습니다. 이때는 상속세 및 증여세법이 아니라 국제조세조정에 관한 법률에 따라 증여세를 납부할 의무가 있습니다.[165] 다만, 아무래도 외국 거주자의 외국 재산이다 보니 외국 정부가 먼저 과세할 수도 있는데요, 이때는 외국 정부 과세권을 존중하여 한국에서 과세하지 않거나, 한국에서 과세하되 외국에 납부한 세액을 전부 공제(즉, 한국과 외국의 차이만큼만 추가과세)해줍니다.

예를 들어, 부모가 자녀에게 미술품을 증여한다고 합시다. 자녀가 국내 거주자인 경우에는 미술품 소재지가 한국이든 외국이든 간에 상속세 및 증여세법에 따라 증여세가 과세됩니다. 그러나 자녀에 정착한 미국 거주자라면 어떨까요? 그러면 한국 소재 미술품을 자녀에게 증여하면 우리나라 상속세 및 증여세법에 따라 과세되는 것이고, 미국 소재 미술품을 자녀에게 증여하면 국제조세조정에 관한 법률에 따라 한국에서 증여세를 과세하되, 미국이 과세한 부분은 제외하고 과세합니다.

---

163 상속세 및 증여세법 제4조의2 제8항
164 상속세 및 증여세법 제4조의2 제1항
165 국제조세조정에 관한 법률 제21조 제1항

(3) 과세물건, 과세표준과 세율

증여세는 무상으로 이전받은 재산 또는 이익 등에 대하여 과세합니다. 증여재산은 상속재산과 정의가 거의 같지만, 물건, 권리뿐만 아니라 이익까지도 포함합니다. 상속재산과 마찬가지로 회화, 조각, 사진, 골동품, 저작권 모두 증여재산이 될 수 있습니다.[166] 증여세 과세표준도 증여재산가액에 몇 가지 요소를 더하고 몇 가지 요소를 뺀 뒤 도출합니다.

1) 과세표준에 더하는 요소

① 사전증여재산

증여세도 상속세와 같이 10~50%의 누진세율을 적용하고 있습니다. 그래서 증여를 잘게 쪼개서 하면 누진세율을 피할 수 있게 됩니다. 그런 조세회피를 방지하기 위해, 증여일 전 10년 이내에 동일인([아버지와 어머니] [할아버지와 할머니]는 동일인으로 보아 합산과세)에게 받은 증여재산가액이 1천만원 이상이면, 사전증여한 내용을 합산해서 증여세를 계산합니다.[167] 이렇게 가산하면, 예전에 냈던 증여세는 기납부세액으로 세액공제해줍니다.[168]

② 증여추정

상속세에서는 인출금액의 행방을 알 수 없을 때 현금 상속했을 것으로 추정하는 추정상속이 있었습니다. 증여세에서는 증여자가 누구인지는 모르겠지만, 스스로의 능력으로 재산을 손에 넣은게 아니라고 생각될 때는 증여로 추정하는 경우가 있습니다. 이때는 출처를 소명하지 않으면 증여받은 것으로 보고 증여세를 부과합니다.[169] 재산취득자금의 증여추정이라고 합니다.

---

166 상속세 및 증여세법 제4조 제1항, 상속세 및 증여세법 제2조
167 상속세 및 증여세법 제47조 제2항
168 상속세 및 증여세법 제58조 제1항
169 상속세 및 증여세법 제45조

③ 증여의제(간주)

증여세에는 증여 의제라는 내용도 있습니다. 다른 사람 명의(차명)로 재산을 옮겨놓는 경우 그 사람이 증여받은 것으로 보는 명의신탁 증여의제, 법인끼리 일감을 몰아주는 특정법인 증여의제 등의 내용입니다. 미술품과는 큰 관련이 없습니다.

2) 과세표준에 빼는 요소

① 인수하는 채무

증여를 받으면서 채무를 인수할 때가 있습니다. 이런 증여를 부담부증여라고 합니다. 이때 수증자는 빚을 떠안았고 이는 결국 수증자가 대가를 치르는 것이나 마찬가지기 때문에, 채무승계액 만큼은 재산의 무상이전이 있었다고 볼 수 없습니다. 그래서 채무는 증여재산가액에서 뺍니다. 반대로 증여자 쪽에서는 단순 증여를 했으되, 빚을 털어낸 이익이 있습니다. 증여자에게는 양도소득세가 부과됩니다. 이때 채무는 증여재산을 담보로 받은 채무이거나, 증여재산과 관련된 채무여야 합니다. 부동산을 증여할 때, 부동산 담보 융자를 한꺼번에 넘기거나, 세입자에 대한 보증금 반환채무를 넘길 때 이런 일이 일어납니다.

지금으로서는 미술품과 부담부증여가 관련이 별로 없지만 한국에서도 점점 미술시장이 커지면서, 미술품을 담보로 대출을 받는 상품도 늘어나고 있습니다. 아트파이낸스(ART FINANCE)라고도 합니다. 앞으로는 미술품을 증여하면서 미술품과 관련된 채무를 한꺼번에 넘기는 일도 일어날 수 있습니다. 이때는 미술품 가액에서 채무만큼은 제외하고 세금을 계산해야 합니다.[170]

② 증여공제

상속세처럼 증여세도 증여재산공제를 통해 소액 증여에 대한 세부담을 덜어주고 있습니다. 부모 자녀 사이에는 아래로 증여하든 위로 증여하든 5,000만원까지 공

---

170 상속세 및 증여세법 제47조 제1항

제됩니다. 단 미성년자가 직계존속으로부터 증여받으면 2,000만원까지만 공제됩니다. 배우자끼리 증여하는 경우에는 6억원이 공제됩니다. 그 밖에 형제자매나 사위, 며느리, 시부모, 빙부모 등 친척 사이에서는 1,000만원이 공제됩니다.[171] 이 공제액은 사람마다 공제되는 것이 아니라, [직계존속], [직계비속], [형제자매], [배우자] 그룹별로 10년에 1번만 적용됩니다.

③ 감정평가 수수료

감정평가 수수료는 상속세와 같이 증여세 신고를 성실하게 하기 위한 비용 성격이 있으므로 증여세 과세가액에서 공제해줍니다. 미술품 아닌 감정평가에 대해서는 도합 500만원까지, 미술품 감정에 대해서는 따로 500만원까지 가능합니다.[172]

3) 증여세 세율

과세표준이 정해졌다면 세율을 곱할 차례입니다. 증여세 세율은 아래처럼 상속세와 같습니다.[173] 누진율 체계로 되어 있고 지방세가 부가되지 않습니다. 세대를 건너뛰는 증여에 대해 증여세 할증도 있습니다.[174] 상속세와 같이 기본 30%가 할증되며, 수증인이 미성년자이면서 20억 초과하여 수증하는 경우는 40%가 할증됩니다. 한편, 증여세도 상속세처럼 재산을 모으는 과정에서 세금을 냈는데 왜 또 증여세를 내냐는 논란도 있습니다.

---

171 상속세 및 증여세법 제53조
172 상속세 및 증여세법 제55조 제1항
173 상속세 및 증여세법 제56조
174 상속세 및 증여세법 제57조 제1항

과세표준	세율
1억원 이하	과세표준의 100분의 10
1억원 초과 5억원 이하	1천만원+(1억원을 초과하는 금액의 100분의 20)
5억원 초과 10억원 이하	9천만원+(5억원을 초과하는 금액의 100분의 30)
10억원 초과 30억원 이하	2억4천만원+(10억원을 초과하는 금액의 100분의 40)
30억원 초과	10억4천만원+(30억원을 초과하는 금액의 100분의 50)

증여세 세액공제도 있습니다. 사전증여재산이 있을 때 사전 납부한 증여세를 세액공제한다는 내용은 설명드렸습니다.[175] 국외자산에 대해서 외국 정부가 과세하는 경우 이중과세를 방지하기 위해 그 세액을 공제합니다.[176] 누구라도 신고기한 내에 증여세를 신고하면 3% 세액을 공제합니다.[177]

(4) 증여세 신고와 납부

증여세 신고납부는 증여일이 속하는 달 말일부터 3개월 뒤까지 합니다. 만약에 4월 5일에 증여한 경우, 7월 31일까지입니다. 원칙은 일시에 금전납부이고, 상속세처럼 일시납, 세액이 1천만원을 초과하는 경우 최대 50%에 대해 2개월의 기간을 부여하는 분납이 있습니다. 최대 5년에 걸쳐서 세금을 납부하는 연부연납도 가능합니다. 다만, 증여세에서 물납은 불가합니다.

---

175 상속세 및 증여세법 제58조 제1항
176 상속세 및 증여세법 제59조
177 상속세 및 증여세법 제69조 제2항

7. 취득세 기초다지기

(1) 납세자, 과세물건

취득세는 지방세의 일종으로 자산 취득 행위에 대한 세금입니다. 취득세는 재화의 이전이라는 사실 자체를 포착하여 거기에 담세력을 인정하고 부과하는 유통세의 일종이지, 취득자가 재화를 사용·수익·처분함으로써 얻을 수 있는 이익을 포착하여 부과하는 세금이 아닙니다.[178] 이익이 나든 안 나든 이익이 목적이든 아니든 재산을 취득하면 취득세가 부과됩니다. 부동산을 매매해보신 분들에게는 익숙하면서도 부담스러운 세금입니다.

취득에는 다양한 종류가 있습니다. 원인에 따라 매매, 증여, 기부, 현물출자, 건축 등으로 구분되기도 하고, 타인의 권리에 기하여 취득했는지 여부에 따라 원시취득 또는 승계취득으로 구분되며, 대가관계에 따라 유상취득 또는 무상취득이 있습니다. 이러한 취득 행위가 모두 취득세 과세물건입니다.[179] 한편 취득세는 과세대상 자산을 취득한 자가 납세자입니다.[180]

취득세를 아시는 분들은, 미술품을 설명하면서 취득세 이야기를 꺼내는 것이 의아하실 수도 있습니다. 취득세 과세대상자산으로는 부동산, 차량, 선박, 회원권 등이 있고, 미술품은 열거되어 있지 않습니다. 그래서 현행법상 미술품은 아무리 취득해도 취득세가 부과되지 않습니다. 그렇지만, 취득세를 생각해야 하는 때도 있습니다. 건물을 건축할 때 건물과 토지를 취득하는 경우, 문화예술진흥법에 따라 미술품을 취득하는 경우입니다.

---

178 대법2005두13360, 2007.05.11
179 지방세법 제6조 제1호
180 지방세법 제7조 제1항

(2) 과세표준과 세율

취득세의 과세표준은 취득 당시의 가액입니다. 취득 당시의 가액이란, 취득자가 [신고한 가액]을 말합니다.[181] 그런데 법인이 건축물을 건축하여 법인장부에 따라 취득가격이 증명되는 경우에는, 신고가액이 아니라 [사실상의 취득가액]을 과세표준으로 합니다.[182] 취득가액이 객관적으로 확인되기 때문입니다. 사실상의 취득가액이란, 취득시기 이전에 해당 물건을 취득하기 위하여 지급하는 직접비용과 간접비용의 합입니다. 건물을 취득하는 경우에는 설계비, 허가비, 자재비, 공사비 등이 직접비용이라 할 수 있고, 미술작품의 설치비, 붙박이 시설비, 정원 설치비 등이 간접비용에 해당합니다.[183] [법인 컬렉터편]에서 더 자세히 설명합니다.

취득세율은 표준세율이 원칙입니다. 부동산 취득의 표준세율은 원시취득의 경우 2.3~2.8%, 무상승계취득의 경우 4~12%, 유상승계취득의 경우 1~12%입니다. 여기에 지방교육세와 농어촌특별세가 함께 부과됩니다. 취득세 중과세도 있습니다. 과밀억제권역(대체로 수도권을 말합니다) 내의 본점이나 주사무소의 사업용으로 신축, 증축하는 건축물과 부수토지의 취득은 표준세율에 4%를 더하여 중과합니다.[184] 주택의 취득세는 유무상취득에 대해 1~12%까지 중과되는데, 미술과는 관계없어 생략합니다.[185]

---

181 지방세법 제10조 제1항, 제2항
182 지방세법 제10조 제5항
183 지방세법 시행령 제18조 제1항
184 지방세법 제13조 제1항
185 지방세법 제13조의2 제1항

8. 국세징수 기초다지기

지금까지 본 것처럼 다양한 세목이 각기 정한 과세요건에 따라 부과됩니다. 이렇게 원래 납세의무가 확정되면, 세금을 내든지 국가가 징수를 포기하든지 세법이 정한 절차를 거치지 않으면 납세의무는 사라지지 않습니다. 국세징수권이 소멸하는 경우는 드물기 때문에 결국 납세를 해야만 납세자의 신분에서 벗어날 수 있습니다.

그런데 만약 납세를 하지 않으면 어떻게 될까요? 징수공무원들 이야기가 드라마나 영화소재로 제작되기 때문에, 여러분도 어느 정도는 알고 계실 것입니다.

① 신고가 안 된 경우에는 맨 처음 [납부고지]합니다. 신고납부세목을 신고한 경우 고지서는 이미 발부된 상태입니다.[186]

② 고지서 기한까지도 납부하지 않으면 정식으로 [체납] 상태에 돌입합니다.[187] 다시 한 번 독촉합니다.[188] 독촉은 강제징수를 하겠다는 통지행위의 성격도 있습니다.

③ 독촉도 통하지 않으면, [강제징수]에 돌입합니다. 재산을 압류 후 공매처분하여 세액을 징수하고 남은 금액은 돌려줍니다.[189]

이 과정에서 많은 가산세가 붙기 때문에 웬만하면 신고납부기한까지 세금을 내시는 것이 좋습니다. 그래서 국세청의 모토가 [최선의 절세는 지금 내는 것]이라고 합니다.

그러면 압류 이전에 재산을 빼돌리면 어떻게 될까요? 그런 행위에 대해서 적절한 제재가 없다면, 세금 낼 사람이 아무도 없을 것입니다. 이때는 체납자가 재산을

---

186 국세징수법 제6조 제1항
187 국세징수법 제2조 제1항 제2호
188 국세징수법 제10조 제1항
189 국세징수법 제24조

빼돌리지 못하도록, 빼돌리는 행위의 법률효과 자체를 취소(사해행위의 취소)시키는 [채권자취소권]을 국세청이 행사하여, 재산을 원상복구 시킨 뒤에 징수합니다.[190]

만약 압류한 재산 중에 예술적·역사적 가치가 있어 가격을 일률적으로 책정하기 어렵고, 그 매각에 전문적인 식견이 필요하여 직접 매각하기에 적당하지 아니한 물품(예술품등)이 있는 경우에는, 전문매각기관에 매각 대행을 의뢰합니다.[191] 이 때 전문매각기관은 미술품 경매회사가 맡는 경우가 대부분입니다. 직전 2년 동안 예술품등을 경매를 통하여 매각한 횟수가 연평균 10회 이상이고, 온라인 경매가 가능해야 전문매각기관의 자격이 있습니다.[192]

다음 사례들은, 각종 세금을 체납한 자들이 미술품을 사들여서 재산을 은닉했다가, 결국 압류된 사례입니다.

수색 사례 ①	전직 학원 이사장, 자녀 명의 임차 주택에 거주하며 고가의 미술품·명품가방·귀금속 등 은닉, 총 3억원 징수

■ 강제징수 회피 실태
• 체납자는 전직 학원 이사장으로서 학교 운영권 매각대가로 수령한 사례금에 대해 종합소득세를 납부하지 않아 □□억 원 체납 발생
 － 거액의 사례금을 수령하여 납부능력이 충분함에도 세금은 납부하지 않은 채, 사례금 일부를 가족에게 이체하고 아들 소유의 주택으로 위장 전입하는 등 강제징수를 어렵게 만듦

■ 수색집행 결과
• 총 9회에 걸쳐 잠복·탐문한 결과, 체납자는 주민등록상 주소지가 아닌 딸 명의로 임차한 고가 아파트에 거주하는 것으로 확인함
• 실거주지 수색을 통해 해외 유명 화가의 미술품(약 2억원 상당), 명품가방(H사 등), 귀금속, 상품권 등 압류하여 총 3억원을 징수함

---

190 국세징수법 제25조
191 국세징수법 제104조 제1항
192 국세징수법 시행령 제75조 제1항

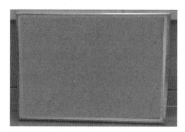

해외 고가 미술품

명품가방과 귀금속 등

수색 사례 ②	지인 명의로 미술관에 은닉·보관해 놓은 그림 수십 점을 찾아내어 10억원 상당 압류

■ **강제징수 회피 실태**
• 체납자는 조세 회피 목적으로 비상장주식을 차명으로 취득·보유, 세무조사로 부과된 증여세 등 □□억 원을 납부하지 않아 체납 발생
• 현장정보 수집, 금융조회 등을 실시하여 체납자의 자금이 관련인들을 경유해 미술품 구매에 사용된 혐의를 파악함

■ **수색집행 결과**
• 체납자와 자금거래가 있었던 관련인들에게 질문·검사를 실시하여 체납자의 자금으로 취득된 미술품들이 ○○미술관에 지인의 명의를 이용해 은닉·보관되고 있는 사실을 확인함
• 명의자인 지인에 대한 추가 질문검사를 통해 미술품의 실제 소유자가 체납자임을 확인, ○○미술관을 수색하여 총 10억원 상당의 그림 수십 점을 압류함

미술관에 지인명의로 은닉한 그림

미술품 압류 조치

9. 미술의 법적개념

이 책의 제목이 [미술과 세금]이니, 미술에 대해서도 말씀드리겠습니다. 사실 미술은 가장 오래된 예술이라고 불러도 좋을 만큼 핵심적인 예술 장르입니다. 그래서 미술이 무엇인지를 말하는 건 예술이 무엇인지를 말하는 것만큼 어렵고, 미학자들조차도 무엇이 예술이고 미술인지를 명쾌하게 말하지 못합니다. 어쩌면 그런 모호함이 미술의 정체성인지도 모릅니다.

그러나 법을 집행할 때는 미술이 뭔지 모르겠다는 말로 넘어갈 수 없습니다. 그래서는 법을 안정적으로 집행할 수 없습니다. 따라서 불완전한 줄 알면서도, 미술에 대해서 규정한 법들이 있습니다. 물론 그 규정들도 모호한 개념을 담고 있지만, 그래도 어느 정도 판단기준이 됩니다. 그 기준을 소개해보겠습니다.

① [문화예술진흥법]에서는 문화예술이란, 미술과 응용미술 등, 지적, 정신적, 심미적 감상과 의미의 소통을 목적으로 개인이나 집단이 자신 또는 타인의 인상, 견문, 경험 등을 바탕으로 수행한 창의적 표현활동과 그 결과물을 말한다고 합니다.[193]

② [미술진흥법]에서는 미술이란, 작가의 사상·감정이나 예술적 경험 등을 회화, 조각, 판화, 미디어아트, 설치미술, 행위예술, 응용미술 등 시각적 매체를 이용하여 표현하는 것을 말한다고 합니다.[194]

③ [예술인복지법 – 예술활동증명운영지침]에서는 미술은 공간 및 시각의 미를 표현하는 예술로 공간 예술, 조형 예술 등으로 부르기도 하며, 응용미술은 실제적인 효용에 목적을 둔 미술로 도안, 장식 따위가 있고, 미술 분야 범주로는 그림, 판화, 조각, 공예, 서예, 디자인, 미디어아트, 설치미술, 프랙탈 아트, 행위예술 등의 세부 장르와 미술 비평이 있으며, 대표적인 직종으로는 창작, 비평, 기술지원(조명, 음향, 장치, 도구 등), 기획 등이 있다고 합니다.[195]

---

193 문화예술진흥법 제2조 제1항 제1호
194 미술진흥법 제2조 제1호

④ [저작권법]에서 저작물이란 인간의 사상 또는 감정을 표현한 창작물을 말하고, 저작물의 예시에는 회화 · 서예 · 조각 · 판화 · 공예 · 응용미술저작물 그 밖의 미술저작물이 있다고 합니다.[196]

⑤ [박물관 및 미술관 진흥법]에서는 미술관 자료란, 미술관이 수집 · 관리 · 보존 · 조사 · 연구 · 전시하는 예술에 관한 자료로서 학문적 · 예술적 가치가 있는 자료를 말한다고 합니다.[197]

⑥ [국립현대미술관 미술자료 관리 규정]에서는 미술자료라 함은 미술관계 전문도서, 연속간행물, 학위논문집, 브로슈어, 리플릿, 포스터, 사진, 행정자료, 미술관련 기사 등의 인쇄물 자료와 필름, 슬라이드, 테이프, 비디오, 음반 등의 시청각 자료, CD-ROM, 온라인 자료 등 전자매체 자료, 미술인의 생애 및 미술작품의 창작과 관련된 작가의 서신, 일기, 문서, 드로잉, 메모 등을 통칭한다고 합니다.[198]

⑦ [외교부 미술품 관리규정]에 따르면, 미술품은 본부 및 재외공관이 구입, 임차, 수증, 관리전환 등의 방법으로 취득하여 보존 및 관리하고 있는 한국화(병풍, 족자 포함), 서양화(판화 포함), 서예, 조각, 도자기, 사진, 공예품 등 보존가치가 있는 예술작품으로서, 취득(추정)가격이 50만원 이상인 미술품을 말한다고 합니다.[199]

⑧ [문화예술진흥법 시행령]에서 건축물에 대한 미술작품 설치 내용 중 미술품장식에는, 회화, 조각, 공예, 사진, 서예, 벽화, 미디어아트 등 조형예술물, 분수대 등 건축물미술작품으로 인정할 만한 공공조형물이 속합니다.[200]

---

195 예술활동증명 운영지침 제18조 제1항, 제2항
196 저작권법 제2조 제1호, 제4조 제4호
197 박물관 및 미술관 진흥법 제2조 제4호
198 국립현대미술관 미술자료 관리규정 제2조 제1호
199 외교부 미술품 관리규정 제2조
200 문화예술진흥법 시행령 제12조 제1항

작가편

1. 작가의 소득구분

(1) 서론

[예술인복지법]에 따르면 예술인은 예술을 업으로 하여 국가를 문화적, 사회적, 경제적, 정치적으로 풍요롭게 만드는 데 공헌하는 사람입니다. 예술인은 문화국가 실현과 국민의 삶의 질 향상에 중요한 공헌을 하는 존재로서 정당한 존중을 받아야 한다고 합니다.[1]

동법에서 예술인으로 증명 받으려면 공표된 저작물을 보유하거나 예술활동으로 얻은 소득이 있어야 합니다.[2]

① 저작물이 있다고 말할 수 있으려면, 지난 5년 사이에 5회 이상 작품 발표 및 비평 발표를 하거나, 1회 이상 개인전 또는 작품집, 비평집 출간을 하여야 합니다.

② 예술활동으로 얻은 소득(판매대금, 임금, 인세, 저작권료, 보조금, 상금 등)이 있다고 말하려면 지난 5년 동안 예술 활동으로 얻은 소득이 600만원 이상 또는 전체 소득의 50% 이상이거나, 작년 1년간 예술활동으로 얻은 소득이 120만원 이상이어야 합니다.[3] 그 소득은 소득세를 신고한 소득으로 산정하는 것이므로, 소득세에 대한 공부가 [예술활동 증명기준]으로 이어지기도 하겠습니다.

이제 작가의 소득세를 공부해보겠습니다. 작가는 자신의 예술세계를 표현하기 위해 대부분 개인 단위로 작품활동을 하는 경우가 많습니다. 따라서 작가는 대부분 소득세를 내게 되므로, 소득세는 작가에게 가장 중요한 세금입니다.

기초다지기편에서 소득세에는 9가지의 소득종류가 있다 하였습니다. 소득세 공부의 첫 단추는 소득구분입니다. 특히 실무에서 작가들이 입을 모아 당황스러움을

---

1 예술인복지법 제2조 제2호, 제3조 제1항, 예술인의 지위와 권리의 보장에 관한 법률 제2조 제2호 가목, 제3조 제2항
2 예술인복지법 시행령 제2조 제1항
3 예술 활동 증명에 관한 세부 기준(제2조 관련)

호소하는 부분이 있습니다. 돈을 주는 사람이 3.3%를 떼고 줄지, 8.8%를 떼고 줄지 물어볼 때, 즉 사업소득과 기타소득에 대해 구분해달라고 할 때 당황스럽다고 하십니다. 그게 무슨 뜻인지 모르는 분도 계시고, 어느 정도는 알고 있지만 내 선택이 어떤 결과를 가져올지 몰라서 걱정하는 분도 있습니다. 내가 잘 알아도, 지급하는 사람이 잘 몰라 설득이 어려운 때도 있습니다. 그래서 가장 먼저 소득구분 방법과 소득구분이 왜 중요한지 정리해보겠습니다.

(2) 사업소득

1) 사업소득 판정

소득세는 [소득원천설]을 취하고 있고, 소득의 종류를 구분한 뒤, 총수입금액, 필요경비, 원천징수 세율, 분리과세 방법을 달리 적용한다고 하였습니다. 따라서 작가의 소득세를 계산하기 위해서는 제일 먼저 소득종류를 구분해야 합니다.

사업소득이란 영리를 목적으로 자기의 계산과 책임 하에 계속적 · 반복적으로 행하는 활동을 통하여 얻는 소득입니다. 작가는 미술품을 창작이 본인의 업이기 때문에, 작품을 팔아서 생계를 유지합니다. 따라서 작가는 예술 창작업에서 소득을 얻고 있는 자이며, 영리를 목적으로 자기의 계산과 책임으로 계속 반복적으로 미술품 창작활동을 하는 사람입니다.[4] 그러므로 작품을 팔아 얻은 소득은 대부분 사업소득입니다.

작가활동을 위해 국고보조금을 신청하는 경우도 있습니다. 정부가 작가활동에 대해 지급하는 보수(Artist Fee)는 미술작가 보수제도에 기초하여 지급되며 전시회 개최 수, 창작기간, 참여율 등을 기초로 산정됩니다. 이때도 작가가 받는 국고보조금은 영리를 목적으로 자기의 계산과 책임으로 계속 반복적으로 행하는 활동의 대가이므로 사업소득입니다.

---

4 소득세법 제19조 제1항 제17호

요즘에는 회화, 조각, 피규어 등 작품 제작 과정을 유튜브로 보여주는 크리에이터 작가도 많아졌습니다. 크리에이터들은 영상을 제작하여 업로드하여 플랫폼 운영자로부터 얻는 광고수익(애드센스), 시청자로부터 받는 후원금, 기업의 의뢰를 받고 홍보를 함으로써 얻는 홍보수익을 얻고 있습니다. 크리에이터가 수입을 얻기 위해서는 [누적 시청시간 조건]과 [연속 업로드 조건]이 있어서, 대부분 계속 반복성을 갖출 수밖에 없어 사업소득으로 판정됩니다.

작가에게 작품 판매 소득만큼이나 중요한 소득으로 저작권 소득이 있습니다. 아다시피 작가가 저작물을 판매한다고 하여 저작권까지 판매한 것이 아니므로, 저작물 판매소득과 저작권 소득은 별도로 발생할 수 있습니다. 저작권 소득도 영리를 목적으로 저작자의 계산과 책임으로 계속 반복적으로 창출되는 소득이므로 대체로 사업소득입니다. 자세한 내용은 뒤에서 설명합니다.

실무에서는 [여태까지 영리를 목적으로 작업활동을 계속 반복적으로 해왔다. 그런데 사업자등록은 하지 않았다. 사업자등록 없이 벌어들인 소득도 사업소득이 되나]는 질문을 자주 하십니다. 물론입니다. 사업자등록은 협력의무에 불과하지, 소득에 대한 과세여부를 결정하는 변수가 아닙니다. 만약 사업자등록이 과세의 요건이라면 아무도 사업자등록을 하지 않겠지요. 단지 사업자등록을 마치지 아니하였거나 사업소득세를 납부한 일이 없다는 것만으로 사업소득이 아니라고 단정할 것이 아닙니다.[5]

> • 서면1팀-1268, 2004.09.14
> 자영예술가인 조각가가 독립된 자격으로 작품을 제작하고 지급받는 대가는 인적용역으로서 소득세법 제19조 규정의 사업소득에 해당하는 것이며, 당해 사업소득의 수입시기는 같은법시행령 제48조 제8호 규정에 의하여 용역대가를 지급받기로 한 날 또는 용역제공을 완료한 날 중 빠른 날이 되는 것입니다.

---

5 서울행법2012구합33119

● 소득-1429, 2009.09.17

[질의] 한국문화재보호재단은 국가로부터 국고보조금을 받아 전액을 무형문화재에 지정된 자에게 교부하고 있음(보조금의 예산 및 관리에 관한 법률 제22조에 의하여 교부목적 이외 다른 용도로 사용이 불가함) 무형문화재에 지정된 자들의 전시, 작품 출품, 대여 등으로 사례비를 지급하고 있으며 1년 동안 꾸준히 지급되지는 않고 전시나, 강연, 출품 개인적인 소득활동을 재단 주최로 할 경우 지급되고 있음 (생략) 본 재단과는 무형문화재 보유자는 고용관계는 없으며 전승지원금으로 공연·시연비, 강습·강사료, 전시 작품 출품대여료 등을 지급함. 무형문화재로 지정된 자가 공연·시연비, 강습·강사료 대가로 지급받는 금원의 과세 여부 및 소득구분

[회신] 귀 질의의 경우, 「문화재보호법」 제2조에 따라 무형문화재로 지정된 거주자가 고용관계 없이 독립된 자격으로 한국문화재보호재단의 요청에 의하여 다수인에게 공연·강습 등의 용역을 제공하고 해당 재단으로부터 지급받은 대가는 「소득세법 시행령」 제184조에 따른 원천징수대상 사업소득에 해당하는 것입니다.

2) 계속 반복성

사업소득의 요건 중 영리목적, 자기의 계산과 책임은 비교적 쉽게 판정됩니다만, 항상 계속 반복성이 문제가 됩니다. 계속 반복의 명확한 기준이 없기 때문입니다. 주로 용역기간(작품제작기간), 반복성, 소득의 크기가 판단 기준입니다. 어떤 판례에서는, 일용근로자의 기준인 3개월을 차용하기도 하였습니다. 판례를 통해 더 자세히 알아보겠습니다.

● 소득-550, 2013.09.12

[질의] (사실관계) 거주자 甲은 씨엠사업을 하는 법인의 대표이사로 2011년 ○○공사 △△본부에 미술장식품(아파트 단지 등에 설치하는 상징물)을 전문가의 도움을 받아 1회 설치한 바 있음
(질의내용) 미술장식품 설치 관련 소득이 사업소득인지 기타소득인지 여부

[회신] 귀 질의의 경우, 사업소득과 기타소득은 소득세법 제19조 및 소득세법 제21조를 참조하시기 바라며, 사업소득인지 기타소득인지 여부는 규모, 횟수 등에 비추어 그 활동이 수익을 목적으로 하고 있는지 여부와 사업활동으로 볼 수 있을 정도로 계속성·반복성 여부 등을 고려하여 사실판단하는 것입니다.

[질의] 법인이 공동주택(아파트)을 건축할 때 주택단지 내에 문화예술진흥법 제9조 및 동법 시행령 제12조에 따른 미술장식품을 설치해야 하므로 동 장식품을 공모하여 선정·계약하여 이를 설치하는바, 선정된 자는 개인이 대부분으로서 직업적인 교수·화가·조각가뿐만 아니라 일반 개인도 있음. 미술장식품 관련 분야를 전공으로 하는 대학교수가 독립적으로 미술장식품을 제작하여 법인에 설치하고 받는 대가를 사업소득 중 인적용역소득으로 보아 원천징수하는 것인지? 작가·조각가·화가·그 밖의 거주자가 독립적으로 미술장식품을 제작하여 법인에 설치하고 받는 대가에 대한 소득세를 원천징수할 때 기타소득 또는 사업소득으로 구분하는 방법?

[회신] 고용관계 없이 독립된 자격으로 계속적으로 미술장식품 제작 및 설치 등의 용역을 제공하고 받는 대가는 사업소득에 해당하고, 고용관계 없이 독립된 자격으로 일시적으로 용역을 제공하고 받는 대가는 기타소득에 해당하는 것이며, 사업자등록증이 없는 자가 용역을 제공하고 받는 대가가 사업소득 또는 기타소득에 해당하는지 여부는 위와 같은 기준에 따라 판단할 사항이고 용역제공기간이 3개월 이상인 경우로서 일시적인 용역의 제공이라고 볼 만한 특별한 사정이 없는 때에는 이를 계속적인 용역의 제공으로 보아 사업소득으로 구분하는 것임.

이상의 사실관계 및 관련 법령 등을 종합하여 살펴보건대, 청구인은 2020년에 양도한 쟁점미술품은 1970년대 및 1990년대에 본인이 창작한 작품으로 최근에 창작한 작품을 양도하여 얻은 소득은 없는바, 쟁점수입금을 계속적·반복적인 사업활동이 아닌 일시적·우발적 활동에 따라 발생한 기타소득으로 보는 것이 타당하다고 주장하나, 전문 미술작가인 청구인이 독립된 자격에서 용역을 제공하고 받는 소득이 기타소득에 해당하는지 또는 사업소득에 해당하는지 여부는 당사자 사이에 맺은 거래의 형식·명칭 및 외관에 구애될 것이 아니라, 그 거래의 한쪽 당사자인 당해 납세자의 직업, 활동의 내용, 그 활동기간, 횟수, 태양, 상대방 등에 비추어 그 활동이 수익을 목적으로 하고 있는지 여부와 사업활동으로 볼 수 있을 정도의 계속성과 반복성이 있는지 여부 등을 고려하여 사회통념에 따라 판단하여야 할 것(조심 2010서1686, 2010.6.23)으로, 청구인이 쟁점미술품을 판매하고 받은 쟁점수입금이 미술창작에 대한 대가에 해당한다고 하더라도, 그 규모, 계속성 및 반복성 등을 감안하여 사업성이 인정되는 경우에는 먼저 사업소득으로 과세하고 사업성이 없는 경우에만 기타소득으로 과세하여야 할 것인바, 청구인은 1970년대부터 미술품 창작활동을 하였던 전문 미술작가로 그동안 다른 업종에 종사한 사실이 나타나지 아니하고, 2015~2020년 귀속 사업소득지급명세서 및 종합소득세 신고 내역 등으로 보아 쟁점수입금이 전문 미술작가의 지위에서 계속적·반복적으로 발생한 사업소득이 아닌 일시적 · 우발적인 기타소득에 해당한다하기 어려워 보이므로 쟁점수입금이 기타소득에 해당한다거나 기타소득임을 전제로 한 청구주장을 받아들이기 어렵다고 판단된다.

• 조심2010서1686, 2010.06.23

청구인의 미술품 판매소득이 미술창작에 대한 대가에 해당한다고 하더라도, 그 규모, 계속성 및 반복성 등을 감안하여 사업성이 인정되는 경우에는 먼저 사업소득으로 과세하고 사업성이 없는 경우에만 기타소득으로 과세하여야 할 것인바, 청구인은 그동안 다른 업종에 종사한 사실이 없는 전문화가이고, 2004~2008년 기간동안 청구인의 미술품을 일본인 제자 ○○를 통해 일본에서 판매하고 135회에 걸쳐 쟁점금액을 송금받은 양태 등에 비추어 볼 때, 쟁점금액은 사업소득에 해당한다고 봄이 타당하다고 할 것이므로 처분청의 이 건 처분에는 잘못이 없는 것으로 판단된다.

• 조심2010전1454, 2010.10.04

이 건의 경우 청구인은 2001년에 2차례에 걸쳐 80,000,000원, 2004년에 1차례에 걸쳐 80,000,000원, 2008년에 2차례에 걸쳐 112,000,000원 상당의 미술장식품 및 조각품을 제작 · 설치한 점으로 보아 그 거래 태양이 우발적 · 일시적으로 발생하는 문예 · 창작소득인 기타소득으로 보기는 어려운 점, 2004년에는 미술장식품 제작 · 설치와 관련하여 수령한 80,000,000원을 사업소득으로 신고 · 납부한 점, 청구인이 2008년에 미술장식품 및 조각품의 제작 · 설치의 대가로 받은 쟁점금액 112,000,000원은 같은 해 청구인의 근로소득인 50,358,420원의 2배 이상인 점, 미술장식품 한 작품을 제작 · 설치하는 데 5개월 이상의 기간이 소요되는 점 등을 감안할 때, 청구인이 한 미술장식품 등의 제작 · 설치에 대한 거래가 사업성이 없다고 보기는 어려운 측면이 있는 바, 쟁점금액을 사업소득으로 보아 이 건 종합소득세를 과세한 처분은 잘못이 없다고 판단된다.

3) 학술 비과세

소득세법에 따르면 사업소득으로 판명되었어도, 공익목적으로 수행되는 사업으로서, 농업이나 임업, 학교교육업, 사회복지업, 학술연구업 등에 대해서는 사업소득을 과세하지 않고 있습니다.[6] 미술작품도 학술연구업의 산물이 될 수 있는지를 문의한

---

6 소득세법 제19조 제1항 제13호, 소득세법 시행령 제33조

판례가 있었는데요, 판례에서는 연구 및 개발업은 주로 자연·인문 및 사회과학분야에 대한 기초연구·응용연구 및 실험개발을 말한다며 기각했습니다. 미술을 위한 학술 및 연구도 장려할 이유가 충분한데, 안타까움이 느껴지는 판례입니다.

• 감심2000-67, 2000.05.02

[원처분의 요지와 청구이유] 청구인은 ○○대학교 미술대학의 교수로 재직하면서 같은 대학 부설 ○○연구소의 소장이사 책임연구원으로서 청구외 ○○보험주식회사에 서양화 1점을 제작공급하고 위 연구소로부터 1996년에 60,000,000원과 1997년에 40,000,000원을 받았으나 각 연도의 종합소득세 신고 때 사업소득의 수입금액으로 신고하지 아니하였다. (생략) 위 연구소는 「○○대학교 미술대학부설 ○○연구소 규정(생략)」에 의하여 설립된 조형에 관한 연구업무를 수행하는 학술연구단체이므로 위 연구소에 근무하는 책임연구원은 미술품을 제작공급하고 개인적으로 그 대가를 받는 부분에 대하여는 과세소득으로 보아 종합소득세를 신고납부하였으나 위 연구소를 경유하여 미술품을 제작공급하고 받는 연구비는 위 연구소가 1985.10.2 개설된 이후부터 학술연구용역으로 보아 종합소득세를 신고하지 아니하였다. 일반적으로 과학 및 저술에 관한 학술연구용역도 그 연구소를 통하여 책임연구원의 책임하에 기술발명 및 저술이 이루어지고 있는바 해당 연구용역이 미술품이라 하여 학술연구용역이 아니라고 보는 것은 모순이다.

[판단] 구 소득세법시행령 제29조에서 사업소득에 대한 사업의 범위는 특별한 규정이 없는 한 한국표준산업분류를 기준으로 하도록 규정되어 있고 위 산업분류에 따르면 학술연구용역은 연구 및 개발업(분류번호 73)에 해당하나 연구 및 개발업은 자연·인문 및 사회과학분야에 대한 기초연구·응용연구 및 실험개발을 주로 하여 활동하는 업종으로 분류하고 있고 서양화 등 미술장식품을 제작하는 사업은 오락, 문화 및 운동관련산업 중 자영예술가(분류번호 92143)로 분류하고 있어 청구인이 받은 미술장식품 공급대가는 위 산업분류상 학술연구용역의 대가로 볼 수 없고 자영예술가의 사업소득으로 소득세법 제19조 제1항 제15호의 사회 및 개인서비스업의 사업소득에 해당된다 할 것이므로 청구주장은 받아들일 수 없는 것이라 할 것이다.

---

(3) 기타소득

작가의 자격은 따로 있는 것이 아닙니다. 예를 들어, 취미로 그림을 그리는 자가 친구에게 돈 받고 팔 수 없는 습작을 선물했고 친구가 고마움으로 실비를 챙겨주었다고 합시다. 이렇게 벌어들인 소득은 영리 목적이 아니거나, 계속 반복성이 없어 사업소득이라 할 수 없습니다. 기타소득에 해당합니다.

기타소득과 사업소득의 구분 중에서 가장 중요한 것이 계속 반복성입니다. 횟수로만 따질 수는 없습니다. 단 한 번 활동했을 뿐이어서 그 활동만 놓고 보면 계속 반복성이 없지만, 만약 그 활동이 사업의 첫 단추라면 사업소득으로 보는 경우도 있으니 주의해야 합니다.

또, 아래 판례에서는, 서예학원을 계속 반복적으로 운영하던 사람이 서예학원에서 벌어들이는 소득은 사업소득으로 보았지만, 그가 일회적으로 창작한 작품에 대하여는 기타소득으로 볼 수 있다고 하였습니다. 따라서, 작품 창작이 아닌 다른 사업활동(교육활동)을 계속 반복적으로 수행하여 다른 분야의 사업자인 경우라도, 작품활동의 계속 반복성 여부는 작품활동만 놓고 판단한다는 걸 알 수 있습니다.

한편 작가든 일반인이든 공모전에 입상하여 상금을 받은 경우에는 기타소득으로 봅니다. 작가가 받은 상금이 사업소득 아닌 기타소득인 이유는, 영리를 목적으로 계속 반복적으로 공모전에 도전한다 해도 공모전이 늘 있는 것도 아니고, 입상한다는 보장이 없기 때문입니다.[7]

• 소득1264-2349, 1983.07.07

문예창작소득 중에서 독립된 자격으로 계속적이고 직업적으로 창작활동을 하고 얻는 소득 즉, 교수 등이 책을 저술하고 받는 고료 또는 인세, 문필을 전문으로 하는 사람이 전문분야에 대한 기고를 하고 받는 고료, 미술·음악 등 예술을 전문으로 하는 사람이 창작활동을 하고 받는 금액, 정기간행물 등에 창작물(삽화·만화 등 포함)을 연재하고 받는 금액, 신문·잡지 등에 계속적으로 기고하고 받는 금액, 전문가를 대상으로 하는 문예창작 현상모집에 응하고 받는 상금 등은 <u>사업소득에 속하며</u>, <u>일시적인 창작활동의 대가</u> 즉, 문필을 전문으로 하지 아니한 사람이 신문·잡지 등에 일시적으로 기고하고 받는 고료, 신인발굴을 위한 문예창작 현상모집에 응하고 받는 상금 등은 <u>기타소득에 속하는 것입니다.</u>

---

7 소득세법 제21조 제1항 제1호, 제15호

[질의] 인터넷디지털 사진인화서비스를 제공하는 사업자가 판촉행사의 일환으로 소정고객 및 회원확보 차원에서 "가족사진 공모전" 등의 사진공모전을 실시하여 입상자에게 지급하는 상품 등의 소득구분

[회신] 귀 질의의 경우 인터넷디지털 사진인화서비스를 제공하는 사업자가 판촉행사의 일환으로 소정고객 및 회원확보 차원에서 "가족사진 공모전" 등의 사진공모전을 실시하여 입상자에게 지급하는 상품 등은 소득세법 제21조 제1항 제15호의 규정에 의한 기타소득에 해당하는 것입니다.

[처분개요] 청구인은 미술장식품 1건을 제작·설치(이하 "쟁점용역"이라 한다)하는 계약을 2007.12.18 체결하고 계약금 2,414만원(2007.12.31), 중도금 1억7,072만원(2008.6.3, 2008.7.29) 및 잔금 9,658만원(2009.2.8)을 각각 수령한 후 각 해당연도에 이를 기타소득으로 하여 근로소득에 합산하여 종합소득세를 신고하였다.

[사실관계 및 판단] 청구인은 대학원 재학시절 수행한 용역을 포함하여도 17년간 3건의 용역을 수행한 것에 불과한 것으로 쟁점용역은 사업장의 사업진행일정에 따라 계약기간이 결정된 것으로 실제 제작기간은 단기간으로 계속성·반복성이 있다고 볼 수 없고, 지인의 소개로 근로소득자로서 우발적으로 발생한 것이므로 이와 관련하여 발생한 소득은 사업소득으로 아닌 기타소득이라며, 미술장식품 제작 및 설치계약서(2007.12.18 쟁점용역분, 2005.9.8, 2004.7.23 작성분), 미술장식품 사진 및 설명서 3건, 졸업증명서(대학교), 수료증명서(대학원) 등을 제시하였다. 위 사실관계를 종합하여 보면, 청구인은 근로소득자로서 햇수로는 3년의 기간이지만 실제 용역수행기간은 1년 2개월이고 단 1건의 용역을 수행한 것에 불과한 점 및 거주자가 독립된 자격으로 계속적 반복적으로 용역을 제공하고 그 대가를 받는 것에 대하여 사업소득으로 보고 있는 점에서 쟁점용역은 사업소득에 해당하지 아니하고 기타소득으로 보인다.

청구인의 사업이력을 보면, 1989.10.15부터 1998.3.27까지 ○○○에서 ○○○서예학원(면세)을 운영하였고, 1998.11.1부터 2010.3.30까지 ○○○에서 ○○○서예학원(면세)를 운영한 사실이 나타난다. 청구인은 쟁점전각품을 영리적인 사업을 목적으로 제작한 것이 아니며, ○○○에 기증하고 실비성격으로 쟁점금액을 지급받은 것이므로 사업소득이 아닌 기타소득으로 인정하여야 한다고 주장하면서, 기증서, 쟁점전각품에 대한 신문

기사, ○○○의 쟁점전각품 작품평가의견서(2016.3.7) 등을 제시하였다. ○○○의 작품평가의견서에 의하면, 쟁점전각품은 법화경 전권 7만여자와 불화 등으로 구성된 작품으로서 작품의 구성내용이 독창적인 점, 작품의 규모가 매우 방대한 점, 유사작품이 사실상 거래된 사실이 없는 점 등을 고려할 경우 작품가격을 산정하기 어려우나, 현 시점에서 미술작품 시장에서 거래될 수 있는 가격을 추산할 경우 약 ○○○원 수준에서 가격이 형성될 것으로 사료된다는 의견을 제시하였다.

이상의 사실관계 및 관련 법령 등을 종합하여 살피건대, 처분청은 청구인이 서예학원을 운영한 서예가로서 6년여 동안 쟁점전각품을 제작한 것은 계속성·반복성이 있고 전각활동은 서예활동과 분리할 수 없어 사업성이 있다고 보았으나, 청구인이 쟁점전각품을 기증하고 받은 쟁점금액이 사업소득에 해당하는지 또는 기타소득에 해당하는지의 여부는 당사자 사이에 맺은 거래의 형식·명칭 및 외관에 구애될 것이 아니라 그 실질에 따라 평가한 다음, 그 거래의 일방 당사자인 당해 납세자의 직업활동의 내용, 그 활동기간, 횟수, 태양, 상대방 등에 비추어 그 활동이 수익을 목적으로 하고 있는지 여부와 사업활동으로 볼 수 있을 정도의 계속성과 반복성이 있는지 여부를 고려하여 사회통념에 따라 판단하여야 할 것이다(조심 2010전1454, 2010.10.4 같은 뜻임).

이러한 관점에서 살펴보면, 청구인은 쟁점전각품을 제작하는 동안에는 서예학원을 운영하였고 반복적인 대학 강의 등으로 사업소득이 발생한 사실이 있으나, 서예를 가르치는 행위와 작품(판매) 행위를 동일한 활동으로 보기는 어려운 점, 쟁점전각품은 불교 경전으로 당초 판매목적이 아닌 개인적으로 정신적인 치유 및 수양을 목적으로 전각한 것으로 보이는 점, 청구인이 쟁점전각품을 ○○○에 기증하고 받은 쟁점금액은 별도의 용역계약을 체결하고 받은 금액이 아니라 기증행위에 대한 고마움의 표시로 실비 차원으로 받은 것으로 보이는 점, 법화경 7만여자의 하이퍼전각은 6년여간에 걸쳐 완성한 것으로 계속적·반복적으로 작업을 하였다 하더라도 판매행위는 단 1회에 불과하여 사업성이 있다고 보기 어려운 점 등에 비추어, 청구인이 쟁점전각품을 ○○○에 기증하고 받은 쟁점금액은 우발적·일시적으로 발생하는 기타소득으로 보는 것이 타당하다 할 것이다.

(4) 근로소득

자기의 계산과 책임으로 활동하지 않고, 복무 규정의 종속을 받으며, 시간과 공간의 제약을 가지고 일한다면, 그 작가는 근로소득을 얻고 있는 것입니다. 예를 들어 작가가 패션 회사에 소속되어 회사의 지시에 따라 의류 디자인을 하는 경우를 말합니다.

[질의] 당법인은 예술품(그림, 사진)을 창작 판매하는 부가가치세 면세 법인이며 국내 유명화가와 사진작가를 회사 임직원으로 채용하여 창작활동을 하도록 한 후 완성된 예술품은 법인이 소유하며 법인 명의로 판매하고 있음. 상기 임직원인 화가 및 사진작가에게 매월 일정급여를 지급하고 있는 경우 소득구분

[회신] 귀 질의 화가 및 사진작가가 고용관계나 이와 유사한 계약에 의하여 일정한 고용주에게 고용되어 근로를 제공하고 지급받는 대가는 그 지급방법이나 명칭 여하를 불구하고 소득세법 제20조의 규정에 의하여 근로소득에 해당하는 것이며, 고용관계 없이 독립된 자격으로 계속적·반복적으로 인적용역을 제공하고 일의 성과에 따라 지급받는 수당·기타 유사한 성질의 대가는 같은법 제10조 제1항의 규정에 의하여 사업소득에 해당하는 것입니다.

[사실관계] 질의자는 ○○대학교 예술대학 회화조소과에서 교수로 재직중인 자로서 2018년 소속대학교와 대학 사료 및 홍보물로 활용할 사진집 제작을 위해 학교의 여러 풍경 사진을 촬영하여 제출하는 업무 협약을 맺고 업무를 수행함

[질의] 위 사실관계에서 교수가 소속 대학교에 교수의 본업인 교육과 연구 이외의 업무를 수행하고 지급받는 대가의 소득구분

[답변내용] 귀 사전답변 신청의 경우, 고용관계나 이와 유사한 계약에 의하여 근로를 제공하고 지급받는 대가는 「소득세법」 제20조의 규정에 의한 근로소득에 해당하고, 고용관계 없이 독립된 자격으로 계속적으로 용역을 제공하고 일의 성과에 따라 지급받는 수당·기타 유사한 성질의 금액은 같은 법 제19조에 의하여 사업소득에 해당하는 것이며, 일시적으로 용역을 제공하고 지급받는 수당·기타 유사한 성질의 금액은 같은 법 제21조에 의한 기타소득에 해당하는 것으로, 어느 경우에 해당하는지 여부는 사실관계를 종합하여 사회통념에 따라 판단할 사항입니다.

(5) 필요경비

소득구분은 비과세, 필요경비, 원천징수에 영향을 끼친다고 하였습니다. 필요경비를 복습해봅니다. 필요경비란 해당 과세기간의 총수입금액에 대응하는 비용으로서 일반적으로 용인되는 통상적인 것의 합계액입니다.[8]

사업소득으로 판정되는 경우, 실제로 번 돈을 총수입금액으로 하고, 실제로 지출한 경비를 필요경비로 하여 사업소득금액을 계산하게 됩니다. 사업소득의 경비는 구체적으로는 매출원가(캔버스, 물감, 화구 등 원재료), 교육훈련비(강의료, 참고서적, 전시관람 등), 광고선전비, 인건비, 여비교통비, 기업업무추진비 등이 있겠습니다. 이러한 필요경비 유무는 납세자가 입증하지만 입증 못하는 경우에는 추계의 방법을 사용하는데 뒤에서 설명합니다.

근로소득에서 필요경비는 근로소득공제라고 합니다. 사업소득처럼 납세자가 일일이 입증하는 것이 불가능하므로 적절한 공식을 통해 도출하도록 만들어 놓았다고 했습니다. 2,000만원을 한도로 하여, 70%~15%를 차감해줍니다.

기타소득의 필요경비는 사업소득처럼 실제로 입증되는 필요경비를 빼도록 하는 것이 원칙이지만, 어떤 소득들은 일정 수준의 필요경비를 일괄적 인정한다고 했습니다. 기타소득 종류에 따라 필요경비를 얼마나 의제해 주는지 다시 복습해보겠습니다.

① 1호 [상금 중 공익법인이 주무관청의 승인을 받아 시상하는 상금 및 부상과 다수가 순위 경쟁하는 대회에서 입상자가 받는 상금 및 부상]은 총수입금액의 최소 80%를 필요경비로 봐줍니다.

② 15호 [일시적 창작소득], 19호 [일시적 인적용역]에 대한 소득은 총수입금액의 최소 60%를 필요경비로 봐줍니다. 과거 필요경비를 80%까지 인정되던 시절도 있었지만, 현행 세법은 의제 필요경비를 60%만 인정합니다.

③ 21조 2항 [개인 컬렉터 미술품 양도소득]의 필요경비는 80%~90%를 의제한다고 하였습니다.

④ 5호 [저작자 외의 자의 저작권소득], 8호 [일시적 물품대여], 10호 [위약금 소득], 16호 [알선 수수료], 17호 [사례금]에는 필요경비 의제가 없기 때문에, 실제로 소요된 필요경비만 인정합니다.

이제 예시를 들어보겠습니다. 작가가 작품 활동을 통해 10,000,000원을 벌었다고

---

8 소득세법 제27조 제1항

합시다. 그리고 실제 들어간 경비는 3,000,000원이라고 합시다.

사업소득인 경우, 사업소득금액은 총수입금액 10,000,000원에서, 실제로 들어간 경비 3,000,000원을 뺀 나머지 7,000,000원입니다.

근로소득인 경우, 근로소득금액은 총수입금액 10,000,000원에서, 근로소득공제 산출식에 따라 공제액 [5,000,000×70%＋5,000,000×40%＝5,500,000원]을 뺀 나머지 4,500,000원입니다.

기타소득인 경우, 기타소득금액은 총수입금액 10,000,000원에서, 필요경비 [MAX(3,000,000, 10,000,000×60%)＝6,000,000원]을 뺀 나머지 4,000,000원입니다.

현실은 이렇게 단순하지 않지만, 소득종류가 무엇인지에 따라 번 돈과 쓴 돈이 같더라도 소득금액이 달라집니다. 또 늘 예시처럼 기타소득이 유리한 것은 아니지만 현실에서는 기타소득의 필요경비 의제규정이 납세자에게 대부분 유리하게 작용합니다.

● 대구고법2013누1127, 2014.10.24

한편, 기타소득금액은 기타소득 총수입금액에서 필요경비를 공제하여 계산하게 되는데, 기타소득의 필요경비는 기타소득 총 입금액에 대응하여 지출된 비용을 말하고, 기타소득 중 필요경비를 입증하기 어려운 경우에는 총수입금액에 일정률을 곱한 금액을 필요경비로 인정하는 법정필요경비제도를 두고 있다.
기타소득 중 앞서 본 바와 같은 사진 창작품의 대가를 비롯한 원작자의 원고료 등은 작품 등에 대한 가치가 정해진 것이 없어 이를 양수하는 양수인 등의 주관적 평가에 따라 그 가격이 결정되고 그에 따라 소득이 발생하며, 동시에 원작자 등 작가가 그 작품을 창작하는 것은 어디까지나 그 원작자의 능력에 따르는 것인 만큼, 그 소득에 대응하는 필요경비를 정확히 산출할 수 없는 문제점이 있으므로, 그와 같은 창작품에 대하여는 법정필요경비를 공제하도록 하고 있다.

(6) 소득 수입시기

그렇다면 작가의 소득이 발생하면 언제 세금을 낼까요? 즉, 기초다지기에서 소득의 귀속시기는 소득의 실현가능성이 높은 정도로 성숙 확정되어야 한다고 했는데 그때가 언제일까요?

작가가 미술품을 매도하는 경우에는 작가가 직접 작품을 인도하거나 갤러리가 작품을 인도하는 때9 비로소 상대가 물건을 지배하면서 소유권을 행사하게 되므로, 판매자는 대가를 받을 가능성이 상당히 높아집니다. 기간내 반품조건이 있다면, 반품이 가능한 기간에는 상대가 얼마든지 거래를 물릴 수도 있으므로 소득의 실현가능성에 불확실함이 있는데, 이때는 반품가능기간이 끝나는 때 소득의 실현가능성이 성숙 확정되었다고 할 수 있고, 회계상으로도 수익으로 인식하게 됩니다. 한편 의뢰를 받아 작품 제작, 설치 용역을 제공하는 경우, 계약에 따라 용역을 마쳤을 때, 또는 중간중간에 완성도에 따라 대가를 받기로 한 날이 되면 소득의 실현가능성이 상당히 높은 정도로 성숙 확정되었다고 할 수 있습니다.

● 서면1팀-1268, 2004.09.14

[질의] 발주자와 미술장식품 제작, 설치에 관하여 2003.8월에 80,000천원에 공급하기로 계약을 하고 2004.3.31까지 제작 완료하기로 하여, 2003.11.5에 계약금 54,000천원을 수취하고 잔금은 제작·설치 후 받기로 약정함. 이 경우 2003년 귀속 수입금액으로 54,000천원을 소득세 확정신고하여야 하는지.

[회신] 자영예술가인 조각가가 독립된 자격으로 작품을 제작하고 지급받는 대가는 인적 용역으로서 소득세법 제19조 규정의 사업소득에 해당하는 것이며, 당해 사업소득의 수입시기는 같은 법 시행령 제48조 제8호 규정에 의하여 용역대가를 지급받기로 한 날 또는 용역제공을 완료한 날 중 빠른 날이 되는 것입니다.

---

9 소득세법 시행령 제48조

2. 작가의 기장의무

작가가 작품활동을 하다 보면, [장부], [기장], [복식부기] 등 단어를 듣게 됩니다. 사업을 하는 사람들은 세무사에게 의뢰하여 장부를 만든다는데, 작가들도 장부를 만들어야 하는지, 장부 안 만들고 있다가 세금폭탄을 맞는 것은 아닌지 걱정이 됩니다. 또 신고가 너무 어렵기도 하다 보니 종합소득세 신고를 안 하면 어떻게 되는지도 자주 묻습니다. 이번 주제는 기장의무와 신고절차에 관련된 것입니다.

(1) 기장의무

1) 기장의 개념

회계의 관점에서, 장부는 사업의 재무상태를 훤히 보여줍니다. 개인은 장부를 토대로 경영판단을 하고, 신용을 평가받고, 외부의 투자자를 설득하고, 은행에서 대출을 받고, 국가 사업에 참여하기도 합니다. 경제활동을 하는 자에게 장부는 건강진단서이기 때문에 중요합니다.

세금의 관점에서도, 사업자가 자기의 세금을 신고할 때 장부에 기초해야 합니다. 또, 사업자가 세금신고를 하지 않는 경우, 국세청이 납세자의 세금을 결정할 때 원칙적으로 장부나 그 밖의 증명서류를 근거로 해야 합니다. 장부나 그 밖의 증명서류가 있는데 무시하고 국세청 마음대로 세금을 매길 수 없습니다. 그래서 신고를 하든 안 하든 장부의 존재는 매우 중요합니다.

그러나 장부를 쓰기는 쉽지는 않습니다. 상행위를 하는 사람들이 특별한 언어(회계기준)를 합의해놓았기 때문입니다. 그래야 분야와 국가를 초월해서 장부의 뜻을 파악할 수 있기 때문입니다. 따라서 처음부터 회계기준에 따라 작성해야 하고, 그 언어를 알아야 장부를 해독할 수 있습니다. 우리나라에서는 [국제회계기준 IFRS]와 로컬 회계기준 [일반기업회계기준], [중소기업회계기준]을 씁니다. IFRS, 일반기업회계기준, 중소기업회계기준은 복식부기로 장부를 쓰라고 합니다. 복식부기란 이중기록으로 장부를 만드는 복잡한 회계라고 생각하시면 됩니다.[10] 반대말은 단식부기입니다. 현금의 출납만 기록하는 회계입니다.

당연히 예술가에게도 기장은 필요합니다. 이왕이면 복식부기가 많은 정보를 보여주는 회계니까 그렇게 기장하면 더할 나위 없이 좋을 것입니다. 하지만 아무리 장부가 중요해도 장사하고 예술해야 하는 사람한테 자기 일 제치고 회계공부를 하도록 강요할 수는 없는 것 아니겠습니까? 대다수 예술가분들도 회계를 이해하는 데 어려움을 겪고 있습니다. 그래서 세법에서는 기준을 두어, 엄격하게 장부를 작성해야 하는 사람과, 조금 간결하게 장부를 작성해도 되는 사람을 정하고 있습니다.

장부를 복식부기 기준에 따라 작성해야 하는 사람을 복식부기의무자라고 합니다. 매출이 복식부기의무자 기준을 충족한다면 복식부기에 따른 기장을 해야 합니다.[11] 매출이 복식부기의무자 기준에 미달하는 경우, 복식부기로 장부를 기장하지 않고 간편하게 장부를 기장해도 됩니다. 간편장부란 단식부기로 현금출납만 기록하고 영수증만 잘 보관하는 정도를 말합니다.[12] 그런 사람을 간편장부대상자라고 합니다.[13]

예술가 복식부기를 하는 기준은 직전 연도 총수입금액 75,000,000원입니다.[14] 2024년을 기준으로 하면, 2023년에 매출액이이 75,000,000원이 넘어갔다면, 2024년 새해 첫 날부터 복식부기로 장부를 만들어야 되겠다고 생각해야 합니다. 비용을 얼마를 썼든, 적자를 봤든 매출액 기준입니다.

2) 가산세와 세액공제

복식부기의무자가 복식부기를 하지 않으면 (간편장부를 기록하거나 기장 안 함)

---

10 소득세법 시행령 제208조 제1항
11 소득세법 제160조 제1항
12 소득세법 시행령 제208조 제9항
13 소득세법 제160조 제2항
14 소득세법 시행령 제208조 제5항

무기장가산세를 내야 합니다. 가산세는 세액의 20%나 되기 때문에 꽤 비쌉니다.

간편장부대상자도 복식부기는 아니지만 간편장부를 기록하지 않으면, 무기장가산세가 부과됩니다.[15] 하지만 간편장부대상자 중에서도 특히 영세한 소규모사업자들은 장부를 기록하지 않아도 무기장가산세를 매기지 않기로 했습니다.[16] 그러므로 소규모사업자는 간편장부사업자 안에 포함되는 개념입니다. 예술가 소규모사업자의 기준은 직전 과세기간 총수입금액 48,000,000원입니다.

가산세와는 반대로 세액공제도 있습니다. 일단 복식부기의무자는 복식부기 기장이 당연하므로 세액공제 혜택은 없습니다. 그러나 간편장부대상자가 만약 복식부기까지 성실히 하는 경우, 노력을 인정해서 세액공제 혜택을 부여합니다.[17] 세액공제는 가산세와 정반대로, 100만원을 한도로 세액의 20%를 세액공제합니다. 실무에서 적지 않은 혜택입니다. 그러니까 간편장부대상자가 복식부기능력이 있으면 복식부기 기장을 하는 것이 유리합니다.

① 정리하면, 직전 연도 총수입금액이 75,000,000원이 넘어가면, 다음 과세기간부터는 복식부기로 장부를 기장해야 합니다. 장부기장을 하지 않으면 무기장가산세를 내야 합니다. 세액공제의 혜택은 없습니다.

② 직전 연도 총수입금액이 48,000,000 ~ 75,000,000원 사이인 경우, 복식부기 장부를 기록하지 않아도 되지만 간편장부는 기록해야 합니다. 간편장부가 없으면 가산세를 물게 되지만, 반대로 복식부기 장부를 기록하는 경우 세액공제의 혜택을 받습니다.

③ 직전 연도 총수입금액이 48,000,000원에 미달하는 경우, 복식부기 장부를 기록하지 않아도 되는 것은 물론 간편장부를 쓰지 않아도 가산세는 없습니다. 복식부기 장부를 기록하면 세액공제의 혜택이 주어집니다.

---

15 소득세법 제81조의5
16 소득세법 시행령 제132조
17 소득세법 제56조의2 제1항

(2) 추계

1) 추계의 의미

장부를 쓸 때는 크게 보아 [매출(유입금액, 번 돈, 총수입금액)]과, [비용(유출금액, 쓴 돈, 필요경비)]을 기록하게 됩니다. 그런데 [매출]을 잘 기록한다는 것과, [비용]을 잘 기록한다는 것은 의미가 좀 다릅니다.

사실, 작가가 소득을 얻었다는 건 누군가가 소득을 지급했다는 뜻입니다. 누군가가 작가에게 사업소득, 근로소득, 기타소득을 지급했다면서 원천징수도 하고, 원천징수이행상황을 신고도 합니다. 그래서, 작가가 누군가로부터 원천징수 당하고 소득을 얻었다면 작가의 [매출]은 거의 빠짐없이 전부 노출됩니다. 따라서 작가가 [매출]을 잘 기록한다는 것의 첫 번째 의미는, 이미 노출되어 있는 [매출]을 잘 집계한다는 뜻입니다.

작가가 [매출]을 잘 기록한다는 것의 두 번째 의미는, 노출되어 있지 않은 매출에 대해 자진하여 신고한다는 것을 의미합니다. 매출이 많을수록 작가의 소득세는 늘어나기 때문에, 노출되지 않은 매출을 신고서에서 누락시키고 싶은 유혹이 있게 됩니다. 하지만 국세청은 그런 누락을 적발하는 시스템을 점점 발전시켜가고 있기 때문에, 나중에 매출누락이 드러나는 경우 막대한 가산세를 감수해야 합니다.

[비용]을 잘 기록한다는 것은, 정반대의 의미를 가집니다. [비용]은 작가의 세금을 줄여주는 작용을 합니다. 빠짐없이 챙겨서 장부에 반영해야 합니다. 이때 작가는 사업과 관련없는 비용까지 반영시키고 싶은 유혹이 있게 됩니다. 국세청은 그런 업무와 무관한 비용을 적발하는 시스템을 갖추고 있습니다. 나중에 업무무관비용이 드러나는 경우 역시 막대한 가산세를 감수해야 합니다.

그렇다면 장부를 기록하지 않아서 장부가 없으면 어떡할까요? 추계란, 복식부기의 무자든 간편장부대상자든 장부를 기장하지 않았다(장부가 없다)는 것을 전제로, 국세청이 세금을 추측하여 계산하는 과정입니다.

앞의 복식부기의무자 기준은, 장부를 복식부기 기장해야 하는지 간편하게 기장해도 되는지, 그에 따른 제재와 혜택은 무엇인지를 말하는 기준이었습니다. 여기서부터는 그런 장부마저도 없다는 것을 전제로 세금을 추계하는 과정이므로 완전히 따로 생각해야 합니다. 실무에서 복식부기의무자 기준과 추계 기준을 혼동하는 경우가 많아서 특히 강조합니다. 2단계로 나누어 생각하면 실수할 일이 없습니다.

추계의 방법은 다시 [수입금액 추계]와 [필요경비 추계]로 나뉩니다. 그래야 순수익을 도출하고 과세표준을 추산할 수 있기 때문입니다.

2) 수입금액의 추계

만약 작가가 장부도 만들지 않고 신고도 하지 않았다면, 국가는 작가가 돈을 얼마 벌었는지 어떻게 알 수 있을까요? 사실 생각보다 웬만큼 알고 있습니다. 왜냐하면, 돈이란 돌고 도는바, 관계 속에서 수입금액이 파악되기 때문입니다. 작가가 수입을 얻었다는 건 아래의 경우입니다.

① 국가에서 국고보조금을 준 경우일 수 있습니다. 그러면 국가가 준 돈이므로 당연히 국가가 작가의 수입을 알고 있습니다.

② 기업이 인건비로 지급한 돈일 수 있습니다. 그렇다면 기업은 인건비 지출을 필요경비로 인정받아 세금을 줄여야 합니다. 또한 소득을 지급하는 자에게는 원천징수의무가 있기도 합니다. 따라서 작가의 소득에서 일정액을 원천징수하고, 국세청에 신고했을 것입니다. 그러면 국가가 여러분의 수입을 알게 됩니다. 뒤에서 설명하겠지만 원천징수제도의 목적 중 하나가 이것입니다.

③ 소비자나 고객, 거래상대방이 지불한 돈일 수 있습니다. 그렇다면 대개 신용카드, 현금, 계좌이체 셋 중 하나를 이용했을 것입니다. 어떤 경우든 국세청에 정보가 전송됩니다. 현금영수증을 발급해도 바로 알게 됩니다.

바꿔 표현하면, 예술가가 돈을 벌었는데 국가가 소득을 모르는 경우란, ① 기업이 인건비로 지급하면서 원천징수도 하지 않고 비용으로 신고도 하지 않고 기업이 감당하는 경우 ② 소비자 등이 현금이나 계좌이체를 통해 지불하면서 아무런 증빙을 요구하지 않은 경우입니다. 요즘 세상에 자주 있는 일이 아닙니다.

만약 완전히 현금장사로 하여 소득이 노출되지 않은 경우, 국세청은 소득세법에 따라 수입을 추계합니다.[18] 수입의 추계란, 예술가를 예로 들면 다른 비슷한 예술가의 소득을 참고하거나, 작가업의 통상적인 수익률(마진율)을 참고합니다. 사실 예술 서비스업은 통상수익률을 구하는 것이 거의 불가능하지만, 제조업, 숙박업, 도소매업 등은 비율을 꽤 합리적으로 구할 수 있습니다. 어떨 때는 공무원이 직접 관찰하여 추계(입회조사 기준 추계)합니다. 예를 들면 갤러리 로비에 앉아서 하루에 작품이 몇 점이나 팔리는지 계산해보고 결정하는 방법입니다.

3) 필요경비의 추계

다음은 경비를 추계하는 방법입니다. 경비의 추계는 어렵지 않습니다. 총수입금액에 경비율을 곱하여 도출합니다. 각 경비율은 %로 표현됩니다. 당연히 경비율이 높을 수록 소득금액(순수익)이 줄어들게 되니까, 세금도 적게 나옵니다. 여기서 여러분들이 많이 들어본 기준경비율이냐 단순경비율이냐 하는 문제가 등장합니다.

[단순경비율]은 모든 비용에 대한 단일추정치로 투박한 추정방법입니다.[19] 그렇지만 경비를 하나도 입증하지 않아도 단순경비율만큼 비용으로 인정받기 때문에 입증책임이 적고 유리한 방법입니다.

[기준경비율]은 매입비용, 임차료, 인건비라는 주요 경비를 제외한 나머지 기타 경비의 추정치입니다.[20] 매입비용, 임차료, 인건비는 납세자에게 입증책임을 지워 본인이 입증하지 않으면 0원으로 처리하고 나머지만 추정치로 적용합니다. 단순경비율보다는 정교합니다. 여기서 매입비용은 재고자산의 매입이나 외주가공비,

---

18 소득세법 시행령 제144조 제1항
19 소득세법 시행령 제143조 제3항 제1의2호
20 소득세법 시행령 제143조 제3항 제1호

운반비의 합을 말합니다.[21] 작가업이라면 캔버스나 화구의 구매비를 말합니다. 만약 기준경비율 적용대상자 중에 원한다면 [단순경비율 방법의 추계소득금액]에 2.8배를 곱한 값을 소득금액으로 선택할 수도 있습니다.

기준경비율은 납세자에게 입증책임이 많은 점, 단순경비율 추계소득금액의 2.8배와 비교하도록 하는 점에 비추어 단순경비율보다 많이 불리합니다. 불리함은 더 있습니다. 만약 복식부기의무자인데도 장부를 안 썼다면 기준경비율을 더 혹독하게 적용합니다. 기준경비율을 1/2로 줄일 뿐 아니라, 단순경비율과의 비교도 3.4배로 늘어납니다. 복식부기의무자는 장부를 복잡하게 만드는 것은 물론, 장부를 안 만들었을 때 제재도 심하다고 이해하면 되겠습니다.

그러면 미술과 관계된 단순경비율과 기준경비율을 개괄해보겠습니다. 경비율이 높을수록, 순수익을 적게 본다는 의미입니다.

코드번호	세분류	세세분류	단순 경비율	기준 경비율
523952	예술품, 기념품 및 장식용품 소매업	예술품 및 골동품 소매업	87.6	8.9
	○화랑 • 화랑에서의 창작성 예술품 • 화랑대관수입 포함 • 화랑임대, 개인화랑, 갤러리경영업			
523961	예술품, 기념품 및 장식용품 소매업	기념품, 관광 민예품 및 장식용품 소매업	89.9	9.2
	○각종 기념품, 조화, 관광 민예품 및 장식용품 등을 소매하는 산업활동을 말한다. 〈예 시〉 • 기념품 및 기념 메달 소매 • 모조 장식품 소매 • 크리스마스 트리 장식품(전구 제외) 소매 • 선물가게 • 조화 소매 • 휘장(귀금속제 제외) 소매 • 액자(그림, 사진 등 내장품) 소매 • 박제(동물) 소매 • 칠기공예품(나전칠기 포함) 소매			

---

21 매입비용 · 임차료의 범위와 증명서류의 종류 고시 제2조 제1항

코드번호	세분류	세세분류	단순경비율	기준경비율
809020	예술학원	미술학원	83.3	22.7

ㅇ 소묘(스케치, 데생 등), 수채화, 정물화 등 미술에 관한 이론과 실기 등을 교습하는 산업활동을 말한다.

〈예 시〉

• 미술학원

〈제 외〉

* 독립된 자격의 과외교습(미술실기지도)(→ 809007)

221104	서적출판업	만화출판업	94.3	20.2

ㅇ 만화를 출판하는 산업활동을 말한다.

〈예 시〉

• 만화책 출판   • 인터넷 웹툰 출판

921504	영화, 비디오물 및 방송 프로그램 제작업	애니메이션 영화 및 비디오물 제작업	87.3	9.1

ㅇ 실사 또는 컴퓨터 그래픽 등을 이용하여 애니메이션 영화 및 비디오물을 제작하는 산업활동을 말한다.

〈예 시〉

• 애니메이션 영화 제작   • 만화 영화 제작

749910	전문 디자인업	시각 디자인업	78.8	21.2

ㅇ 특정 메시지, 이미지 또는 개념을 시각적으로 전달하거나 가상 현상 등을 시각적으로 명확하게 전달 또는 표현하기 위한 시각 전달 매체를 기획, 디자인 및 관리하는 산업활동을 말한다. 비디오물 및 영상 화면 구성, 기업 로고 등의 디자인, 기술적인 정확성 또는 해석 기술이 요구되는 설명도 및 삽화를 제작하는 사업체도 포함한다.

〈예 시〉

• 상업 미술   • 메디컬 일러스트레이션
• 그래픽 디자인   • 실크스크린 디자인
• 기업 로고 디자인   • 캐릭터 디자인
• 각종 제품 및 상품 패키지(용기, 라벨, 제품 박스 등) 디자인
• 타이포그래피 디자인   • 아이덴티티 디자인(CI, BI)
• 출판물 편집 디자인   • 영상 디자인

코드번호	세분류	세세분류	단순 경비율	기준 경비율
	〈제 외〉 • 애니메이션(만화) 영화 제작(921504) • 만화 및 시각 예술을 제작하는 자영 예술가(940200) • 광고물 제작 대리(743001～743005)			
749914	전문 디자인업	인테리어 디자인업	81.5	23.0
	○ 건축관련 법규, 안전성, 기계 및 전기적 특성, 내부 부착물 및 가구 등을 고려하여 사용상의 안전성, 편의성 및 미적 요소 등을 충족시키는 실내 공간 구성을 기획, 설계 및 관리하는 산업활동을 말한다. 이 사업체는 식당 및 호텔, 의료기관, 공공건물, 상업 및 기업 건물, 주택 등의 설계 분야에서 인테리어 디자인 및 자문을 제공한다. 실내 공간 설계와 관련하여 미적인 디자인만 제공하는 실내 장식 전문가도 포함한다. 〈예 시〉 • 실내 장식 디자인　　　　　• 실내 장식 자문 서비스 〈제 외〉 • 가구 및 실내설비를 판매하면서 실내 장식 서비스를 제공(해당 산업활동으로 분류) • 실내 장식공사(452105～452107)　• 전시시설 기획 및 행사 대행(749907)			
749915	전문 디자인업	제품 디자인업	78.9	20.7
	○ 제품의 기능, 사용, 가치 및 외관 등을 최적화 하도록 사양을 기획 및 디자인하는 산업 디자인 서비스 활동을 말한다. 이 서비스에는 안전성, 시장성 및 생산의 효율성, 유통, 사용 및 수리 측면 등을 고려하여 제품의 재료, 공정, 작동 방식, 외관, 색, 표면 처리 등을 결정할 수 있다. 〈예 시〉 • 자동차 디자인　　　　　　• 제품 디자인 자문 서비스 • 가구 디자인　　　　　　　• 모형 디자인 • 기계 및 수공구 디자인　　• 포장산업 디자인 • 전기 및 전자제품 디자인　• 생활 및 환경용품 디자인 • 운송 기기 디자인 〈제 외〉 • 패션 관련 제품, 텍스타일(섬유류) 및 기타 전문 디자인업(749916) • 기계, 재료, 구축물 및 시스템의 공학적인 설계 및 개발(742104, 742106, 742109, 742110)			

코드번호	세분류	세세분류	단순 경비율	기준 경비율
749916	전문 디자인업	패션, 섬유류 및 기타 전문 디자인업	78.8	21.9

○ 패션 제품, 텍스타일 제품 및 기타 전문 디자인을 수행하는 산업활동을 말한다.

〈예 시〉
- 패션 제품(의복, 가죽, 가방 및 액세서리) 디자인
- 텍스타일(섬유류) 패턴(pattern) 디자인
- 귀금속 및 보석 디자인　　　　• 구두 디자인
- 모피 디자인　　　　　　　　　• 의류 디자인

코드번호	세분류	세세분류	단순 경비율		기준 경비율
			기본율	초과율	
940200	화가 및 관련 예술가	화가 및 관련 예술가	68.0	55.2	16.0

○ 회화, 서예가, 조각가, 만화가, 삽화가, 도예가

코드번호	세분류	세세분류	단순 경비율	기준 경비율
923200	박물관 및 사적지 관리 운영업	박물관 운영업	89.6	19.7

○ 일반 대중에게 미술 공예품, 조각품, 순수 과학물, 응용 과학물, 문화재 등을 진열하여 관람시키는 일반 또는 전문 박물관 시설을 운영하는 산업활동을 말한다.

〈예 시〉
- 천문관　　　　　　• 과학관　　　　　　• 미술관
- 예술품 전시관　　　• 역사 박물관

〈제 외〉
- 미술품을 소매하는 화랑(523952)

보시다시피 단순경비율은 단일추정치이므로 기준경비율보다 훨씬 큽니다. 어떨 때는 단순경비율의 경비가 진짜 소요된 경비보다 더 클 때도 있습니다. 그래서 현실에서는 장부 작성을 일부러 하지 않는 경우도 있습니다. 그러나 너도나도 단순경

비율을 적용받고자 한다면, 장부를 제대로 작성하는 사람이 별로 없을 것입니다. 예술가 중에 단순경비율을 적용받는 기준은 2개입니다.

① 직전 과세기간 총수입금액 36,000,000원입니다.[22] 기준은 순수익이 아닌 총수입금액(총매출) 기준이고, 직전 과세기간 기준입니다. 비용을 얼마를 썼건, 적자를 봤건, 직전연도 1년간 벌어들인 돈이 36,000,000원 기준입니다.

② 거기에 더하여 해당 연도에도 총수입금액이 75,000,000원을 넘지 말아야 합니다. 직전 과세기간에 36,000,000원을 벌지 못했어도, 올해 75,000,000원을 벌 정도로 성장했다면 단순경비율이 아닌 기준경비율을 적용해야 합니다.

직전 기준, 해당 기준이 섞여 나와서 헷갈릴 텐데, 장부기장은 하루하루 기장을 하는 방식을 결정하는 문제이기 때문에 직전 과세기간을 보고 미리 정해져야 합니다. 그러나 추계신고는 한 해가 다 끝나고 이듬해 5월에 신고할 때 불거지는 문제이기 때문에 해당 과세기간 기준도 쓸 수 있습니다.

예를 들어봅니다. 2023년 번 돈이 36,000,000원도 안 되면, 2024년 새해를 맞으면서, [올해 장부가 없으면 단순경비율을 적용받겠네] 안심해도 되는가 하면 그렇지도 않습니다. 2024년에 급격히 성장해서 총수입금액이 75,000,000원이 넘으면, 단순경비율을 적용받지 못합니다. 75,000,000원은 복식부기의무자 기준에서도 나오는 수치인데, 기장의무기준과 추계기준을 혼동하지 마세요.

2023년에 번 돈이 36,000,000원을 넘어가면, 2024년에 [내가 올해 장부를 안 만들면 추계할 때 기준경비율이 적용되어 세금 좀 나오겠구나] 생각해야 합니다. 장부를 안 만들면 [기준경비율 적용값]과 [단순경비율 추계소득금액 2.8배] 중에 결정되겠지요.

그런데 만약 2023년에 번 돈이 75,000,000원도 넘어서 2024년에 복식부기의무자로 된 경우, [1/2로 줄어든 기준경비율 적용값]과 [단순경비율 추계소득금액의 3.4배] 중 결정됩니다.

---

22 소득세법 시행령 제143조 제4항

(3) 요약

기장의무 판단은 장부를 어떻게 작성하느냐의 차원(1단계)이고, 경비율 판단은 아예 작성하지 않은 경우에 어떻게 세금이 계산되는지(2단계)의 차원입니다. 단계가 완전히 나뉘어 있지만, 경비율 기준에서 복식부기의무자 기준을 빌어쓰는 바람에 혼동하기 쉽습니다. 예술가가 신고를 어떻게 할 것인가는 다음과 같이 판단하도록 하도록 합니다.

1) 신규 사업자

① 1단계 기장의무

신규 사업자는 1단계에서 간편장부대상자 중 소규모사업자에 해당합니다.

예를 들어 2024년에 새롭게 프리랜서 예술가로 활동을 시작했다고 해보겠습니다. 그러면 신규사업자인 이상 2024년 한 해 하루하루 장부를 기장할 때는 간편장부를 기장해도 됩니다. 간편장부를 갖추지 않고 있어도 무기장가산세가 부과되지 않습니다. 복식부기하는 경우 기장세액공제를 받을 수 있습니다.

② 2단계 추계

2024년에 한 해 장부를 안 썼다고 칩시다. 2025년 5월에 종합소득세 신고를 하는데 제출할 장부가 없습니다.

일단은 단순경비율 대상자일 가능성이 높습니다. 2024년에 개업했으니 2023년에 총수입금액이 0이었기 때문입니다. 하지만 2024년 신규사업자라 할지라도 [2024년 개업 첫 해 총수입금액 75,000,000원 미달] 기준도 충족해야 합니다. 2024년 개업 첫 해 총수입금액이 75,000,000원 이상이면 기준경비율이 적용됩니다.

단순경비율 적용을 위해서 2024년에 총수입금액 75,000,000원을 넘는지 물어보고 있지만, 그렇다고 이 작가는 개업 첫해 2024년에 복식부기의무자는 아닙니다. 2025년 5월에 2024년 세금을 따지는데 이제와서 2024년 1년치 장부를 복식부기로 기장할 수는 없는 것입니다. 그러니 [기준경비율 1/2], 또는 [비교 단순경비율 추계소득금액 3.4배] 패널티는 없습니다.

2) 계속 사업자 – 복식부기의무자

① 1단계 기장의무

2023년 총수입금액이 75,000,000원을 넘은 계속사업자는 2024년 새해부터 복식부기의무자로 되어 있습니다. 까다롭게 장부기장을 해야 하고, 기장을 안 하면 무기장가산세가 부과됩니다.

② 2단계 추계

2024년에 이미 복식부기의무자로 되어 있으니, 단순경비율은 적용받을 수 없습니다. 기준경비율을 적용받습니다. 게다가 2024년 기준 복식부기의무자이기 때문에, 장부를 쓰지 않는다면 추계의 방법으로 과세되겠고, [기준경비율 1/2], 또는 [비교 단순경비율 추계소득금액 3.4배] 중에 선택하게 되겠습니다.

3) 계속 사업자 – 복식부기의무자 아닌 경우

① 1단계 기장의무

2023년 과세기간의 총수입금액이 0~48,000,000원이었다면, 2024년에는 1단계에서 간편장부대상자이므로 간편장부를 작성해도 됩니다. 2023년 총수입금액이 48,000,000원도 안 되니까 2024년에는 소규모사업자에 해당하여 2024년에 가계부를 작성하지 않아도 무기장가산세는 없습니다. 반대로 세무사에게 맡겨 복식부기로 기장하는 경우 세액공제를 받습니다.

2023년 과세기간의 총수입금액이 48,000,000~75,000,000원이었다면, 2024년에 그래도 복식부기의무자는 아니고 간편장부대상자이므로 복식부기하지 않고 간편장부만 작성해도 됩니다. 하지만 간편장부도 작성해두지 않으면 무기장가산세를 물게 되고, 반대로 복식부기로 기장하는 경우 세액공제를 받습니다.

② 2단계 추계

2024년에 복식부기의무자는 아니지만, 장부기장을 안 하면 추계를 적용합니다.

2023년 총수입금액이 36,000,000원 이하였다면 2024년 종합소득세 신고에서 단순경비율을 적용합니다.

2023년 총수입금액이 36,000,000원 이상이었다면 2024년 종합소득세 신고에서 단순경비율 아닌 기준경비율을 적용합니다. 그렇다고 2024년 복식부기의무자는 아니므로 기준경비율 1/2배, 비교배수 3.4배 패널티는 없습니다.

실무에서는 2024년 종합소득세 신고를 할 때, 작가가 복식부기의무자인지, 단순경비율 대상인지를 판정하여 알려줍니다. 보시다시피 판정이 매우 까다롭기 때문입니다.

또, 위에서 설명하지는 않았지만 신고를 하지 않는 경우 기본적인 소득공제와 세액공제만 받아야 하거나, 장부가 없으면 적자가 나는 해에 이월결손금을 기록할 수 없는 등의 문제가 있으므로, 단순히 경비율만 보고 신고를 판단할 것도 아닙니다. 자세한 내용은 반드시 세무사를 찾아서 판단을 구하시기 바랍니다.

(4) 성실신고확인제도

지금까지는 작가 중에 75,000,000원 내외의 사업소득 총수입금액을 올리시는 분들에게 중요한 이야기를 했다면, 여기에서는 5억원 이상의 사업소득 총수입금액을 올리시는 작가들에게 중요한 이야기입니다. 이 분들은 마치 기업이 회계사에게 감사를 받듯이, 세무사에게 성실신고확인서라는 것을 받아서 제출해야 합니다.[23] 이렇게 성실신고확인서를 제출할 의무가 있는 사업자들을 성실신고확인 대상사업자

---

23 소득세법 제70조의2 제1항

라고 합니다. 아무래도 규모가 있다 보니, 전문가에게 검증을 받아 적정성을 갖추어 신고하라는 의미가 있고, 세무사에게도 규모가 큰 사업자는 전문가의 시각에서 제대로 살펴보고 책임을 지라는 취지가 있습니다. 예술계에 종사하시는 분들이 성실신고확인대상이 되는 규모 기준은 총수입금액 5억원입니다.[24]

그런데 세무사가 성실신고신고확인서를 발급했는데 허위사실이나 오류, 탈세가 뒤늦게 발견되면, 세무사도 함께 직무정지 등 징계를 받습니다. 그래서 세무사에게 성실신고확인업무는 상당히 부담스러운 업무입니다. 그러다 보니 성실신고확인대상이라고 별개 세법이 적용되는 것은 아니지만, 세무사가 가장 보수적인 관점에서 세금을 계산합니다. 자격증이 걸려있기 때문에 위험수당도 요구할 수밖에 없게 됩니다. 그래서 성실신고확인대상자 규모에 가까워지면 납세자와 세무사가 전부 긴장하고, 피할 수 있는 방법을 찾기도 합니다.

성실신고확인대상자는 검토할 것이 많아 확정신고납부기한이 5/1~6/30로 연장되기도 하고,[25] 세무사의 노고를 감안하여 성실신고확인비용 지출에 대하여는 그 60%를 120만원 범위 내에서 세액공제해주기도 합니다.[26] 원래 사업소득자가 받지 못하는 의료비, 교육비 세액공제도 해줍니다.[27] 그래도 대부분 납세자들이 성실신고확인대상이 되는 것에 부담을 느낍니다. 이 이상은 책의 목적을 넘어서기 때문에 마무리하겠습니다. 만약 여러분이 성실신고확인대상이 되는 경우에는 반드시 세무사를 만나서 이야기를 나눠보시기를 권합니다.

---

24 소득세법 시행령 제133조 제1항

25 소득세법 제70조의2 제2항

26 조세특례제한법 제126조의6 제1항

27 조세특례제한법 제122조의3

3. 작가의 원천징수

(1) 원천징수 개념

작가들과 일하다 보면, 보수를 지급할 때 3.3%, 8.8%, 2.97%를 떼고 줘야 하고, 다음 달 10일까지 국세청에 신고납부해야 한다는 이야기를 듣게 됩니다. 작가들이 일하다 보면, 막상 보수를 받을 때가 되면, 약속했던 금액이 아닌 3.3%, 8.8%, 2.97%를 떼인 채로 받으며 어리둥절 할 때가 있습니다. 왜 그럴까요? 이번에는 원천징수에 대해 설명합니다.

원천징수란, [소득을 지급하는 자(클라이언트)]가 소득금액을 지급할 때, 그 [지급을 받는 자(작가)]가 부담할 세액을 일정부분 미리 징수하여, 국가에 대납하는 제도를 말합니다.[28] 원천징수는 [소득을 지급받는 자의 소득세]를, [소득을 지급하는 자가 대신 징수하여 납부하는 과정입니다. 클라이언트 입장에서 원천징수하여 납부하는 세금은 본인의 세금이 아니며, 작가의 세금입니다. 작가가 클라이언트의 힘을 빌려 세금을 미리 내고 있는 것입니다.

이 제도는 두 사람을 위한 제도가 아니라 국가의 징수 편의를 위한 제도입니다.

① 탈세 방지

원래는 작가가 1년간 자기 소득을 집계하고 소득세를 계산해서 신고납부하면 됩니다. 그런데 국가에서는 작가가 제때 세금을 낸다는 확신이 없습니다. 그래서 원천징수제도를 통해 소득 지급자에게 제대로 원천징수를 하지 않으면 가산세도 내고 인건비도 인정받지 못하게 하니, 소득 지급자는 불이익을 피하기 위하여 원천징수를 성실하게 하게 되고, 소득을 지급하는 단계에서 소득이 완전히 노출되고, 일정액 징수까지 됩니다.

---

28 소득세법 제127조 제1항, 소득세법 제128조

② 세수 조기 확보

소득세는 이듬해 5/31까지 신고납부하는 것이 원칙이니까 1년에 한 번입니다. 그러다보니 세수가 너무 단기간에 집중됩니다. 원천징수를 통해 세금을 평탄하게 징수하면, 국가도 꾸준히 안정적으로 사업을 할 수 있습니다. 또, 연중 세수를 확인하면서 추가경정예산 및 내년도 예산계획도 짤 수 있고, 세수를 늘리거나 줄이는 정책도 고민할 수 있습니다.

③ 행정 비용 절감

원래 납세자가 세금을 체납하면, 고지하고, 독촉하고, 압류하고, 매각하고, 청산하여 세금을 징수합니다. 장기체납자에게는 징수하지 못하는 상황도 생깁니다. 그러나 원천징수제도가 있으면 소득 지급자가 세금을 걷어서 가져다주기 때문에 행정력을 아낄 수 있습니다.

④ 납세 협력 편의

사실 작가 입장에서도 나쁠 것은 없습니다. 어차피 내야 할 세금이라면, 나한테 돈 주는 사람이 잘 계산해서 원천징수한 다음에 국세청에 납부해주면, 작가도 할 일이 많이 줄어 상당히 편리합니다.

(2) 원천징수 종류

1) 예납적 원천징수

엄밀하게 하면, 원천징수에도 2가지 유형이 있습니다. 원천징수는 원래 세액을 좀 미리 낸 것에 불과합니다. 내년 5월 신고 때 내가 낼 최종 세액의 일부를 미리 국세청에 맡겨두었다는 것입니다. 일종의 예치금, 보증금 정도로 생각해도 좋습니다. 그래서 예납적 원천징수라고 부릅니다. 예납적 원천징수에서 원천징수 세율은 진짜 세부담이 아니고 보증금 요율입니다.

생각해보면 당연합니다. 원천징수로 세액납부 의무가 끝난다고 하면, 내가 적용받는 최종세율이 3.3% 또는 8.8%로 끝이라는 이야기일까요? 그럴 것 같으면, 과세표준을 굳이 10억원까지 구간을 나누어서 49.5%까지 세율을 정했을까요? 부자들은 세금을 좀 더 부담하는 것이 합의된 사회인데, 부자도 3.3%를 내고 끝이라는 이야기가 됩니다. 또 어떤 분들은 원천징수로 세금을 한 번 내고, 종합소득세 신고 때 세금을 한 번 더 낸다고 생각하시는 분들도 있습니다. 하지만 그렇게 되면 이중과세 문제가 불거집니다. 보증금이라고 생각하면 잘 이해가 될 것입니다.

보증금이다 보니, 만약 진정한 세액이 원천징수 세액보다 적으면, 과다원천징수된 만큼 돌려줍니다. 이걸 두고 여러분은 2월 연말정산이나, 5월 종합소득세 신고 때 세액을 환급받는다고 표현합니다. 실은 [보증금 반환]의 뉘앙스에 더 가깝습니다. 보증금을 미리 내놓고, 월세가 체납되었을 때 보증금에서 충당하고 나머지만 돌려주는 것과 같은 원리입니다. 여러분이 소득이 적은 사람이어서 세금을 돌려주는 게 아니라, 여러분이 연중 내 놓은 보증금(원천징수세액)이 최종 세액보다 많기 때문에 돌려주는 것입니다. 만약 소득을 지급하면서 원천징수된 것이 없다면, 작가는 아무것도 돌려받지 못합니다. 보증금으로 내둔 것이 없어서 돌려줄 것도 없기 때문입니다.

원천징수 세액보다 최종 세액이 많으면 어떨까요? 최종 세액 중에서 원천징수 세액을 넘어서는 부분만 더 납부하면 됩니다. 이때 원천징수 세액은 국가 입장에서는 이미 받은 돈이라고 하여 [기납부세액]이라고 합니다. 최종 세액에서 기납부세액을 차감하고, 나머지 금액을 추납합니다.

2) 완납적 원천징수

원천징수로 세액납부 의무가 끝난다면 납세자가 적용받는 세율이 3.3% 또는 8.8%로 끝이라는 이야기가 되는 거냐고 물었습니다. 그런데 그렇게 세액의 납부 의무를 끝내 버리고, 최종 세액을 도출하지 않는 경우들도 가끔 있습니다. 특정 소득에 대해 분리하여 원천징수 세율만큼만 받고 끝내주기로 한 분리과세 소득이기 때문입니다.[29] 이때의 원천징수를 완납적 원천징수라고 합니다. 분리과세 및 완납적 원천징수를 하는 이유는,

① 종합소득세로 합산신고하는 부담을 덜어주고 원천징수 단계에서 편리하게 납세의무를 끝내주기 위해서입니다.

예를 들어, 여러분이 은행에서 이자 10,000원을 받았다고 합시다. 이 이자 10,000원 때문에 내년 5월에 종합소득신고를 해야 할까요? 그건 너무 번거롭습니다. 이자소득과 배당소득은 합하여 20,000,000원까지는 분리과세하도록 되어 있습니다. 원천징수 세율은 15.4%로 정해져 있습니다. 그 정도 세금만 내고 편하게 납세절차를 끝내라는 것입니다.

또, 공사현장에서 일하는 일용근로자가 하루 일당으로 200,000원을 받았다고 합시다. 이 사람은 언제 일하고 얼마를 받았는지 일일이 기록하고 내년 5월에 종합소득신고를 해야 할까요? 고된 일을 하면서 돈을 벌고 있는 일용근로자를 세법이 배려하고 있습니다. 일용근로자의 근로소득도 150,000원을 뺀 금액에, 다시 55%를 줄인 뒤 6.6%의 세율로 분리과세하고 납세의무를 끝내도록 되어 있습니다.

② 그 소득에 대해서만큼은 원칙적인 소득세율보다 높은 세율을 적용해야 하거나 낮은 세율을 적용해야 할 이유가 있기 때문입니다.[30] 국가가 장려하는 소득은 기본세율보다 낮은 세율로, 국가가 제재하는 소득은 기본세율보다 높은 세율로 정해서 그렇게 내고 끝내도록 합니다. 미술과 관련된 내용으로는 서화 골동품의 양도소득이 저율 분리과세 대상이고, 완납적 원천징수로 끝내도록 합니다.

요약해보겠습니다. 작가가 1,000,000원의 소득을 올리면서 3.3% 원천징수 세율을 적용받았다고 합시다. 그러면, 작가는 클라이언트로부터 33,000원을 원천징수당하고 967,000원을 받게 됩니다.

예납적 원천징수라면, 작가는 이듬해 5월에 1년치 종합소득에 대해서 6.6%~49.5%의 세율을 적용해 세금을 계산하여 신고하고, 그 세금 중에 33,000원을 기납부세액으로 공제합니다. 그러니 원천징수되었던 33,000원은 보증금에 불과했고, 진정한 세부담이 아니었습니다. 3.3%는 작가의 최종세율이 아닌 보증금 비율이었습니다. 작가는 최종 세액을 도출하는 별도의 신고절차를 밟아야 합니다.

---

29 소득세법 제14조 제3항
30 소득세법 제129조

완납적 원천징수라면, 작가가 클라이언트에게 33,000을 두고 오는 순간 작가의 모든 납세 절차가 끝납니다. 작가는 돈 받고는 더 이상 할 일이 없습니다. 클라이언트는 이 금액을 국세청에 대납할 것입니다. 그렇다면, 작가의 최종 세부담은 3.3%입니다. (실제 분리과세 완납적 원천징수하는 경우 중 원천징수율이 3.3%인 경우는 없습니다)

(3) 원천징수 세율

1) 사업소득

그렇다면 원천징수세율은 어떻게 정할까요? 이것 역시 작가의 소득이 무엇인지에 따라 다릅니다.

작가가 얻은 소득이 인적용역인 사업소득이라면, 소득을 지급하는 자는 사업소득 총수입금액의 3.3%를 원천징수합니다. 소득세법에 따른 세율이 3%, 지방세법에 따른 지방소득세율이 0.3%입니다.[31] 3.3% 원천징수세액은 예납적 원천징수입니다. 사업소득 중에는 완납적 원천징수가 없습니다. 그러므로 작가는 이듬해 5/31까지 소득세를 따로 신고납부 하여야 합니다. 이때 원천징수되었던 세액은 [기납부세액]이 되어 있습니다.

하지만 사업소득 얻는 자에게 소득을 지급한다고 해서 무조건 원천징수를 하는 건 아닙니다. 예술계에는 인적용역인 사업소득이 많아서 3.3%가 익숙하지만, 사실 현실에서 인적용역인 사업소득보다 그렇지 않은 사업소득의 모습이 훨씬 많습니다.

① 소득을 지급하는 자 역시 사업자일 때만 원천징수를 합니다. 단순 소비자가 프리랜서에게 소득을 지급할 때는 원천징수 하지 않습니다.[32] 예를 들어 손님이 캐리커처 화가에게 3만원 주고 그림을 살 때, 소비자는 3.3%를 떼지 않습니다. 소비자에

---

31 소득세법 제129조 제1항 제3호
32 소득세법 제127조 제1항 제3호, 소득세법 시행령 제184조 제1항, 제3항

게 그런 의무는 없습니다.

② 사업자 중에서도 부가가치세법상 면세되는 인적용역을 제공하는 사업자, 즉 프리랜서에게 소득을 지급할 때만 사업소득에 대해 원천징수합니다.[33] 소득세법에서 부가가치세법의 기준을 잠깐 빌려왔습니다.

프리랜서가 아닌 사업자와의 거래를 떠올려봅시다. 여러분 중 누구라도 돈가스집 사장님에게 3.3%를 떼고 주지 않으셨을 것입니다. 사업자등록을 하고 있는 사업자에게 소득을 지급할 때는 원천징수하지 않습니다. 전액을 지급하고 현금영수증(세금계산서/계산서)를 발행받습니다. 돈가스집 사장님은 스스로 장부를 작성하여 알아서 세금을 신고합니다.

● 재소득 22601-269, 1991.03.02

그림을 그리는 것을 업으로 하는 자가 독립된 자격으로 창작활동을 하고 지급받는 대가는 소득세법 시행령 제38조 제1호(→ 법§19 ①15호)의 규정에 의해 자유직업소득에 해당되는 것이므로 소득세법 제142조(→ 법§127) 제1항 제3호의 규정에 의해 그 대가를 지급하는 자에게 원천징수의무가 있는 것임.

● 기준-2022-법무소득-0076 [법무과-3794], 2022.08.03

[요지] 미술품 양도 소득이 사업소득에 해당하는지 여부는 사실 판단할 사항이며, 사업소득에 해당하더라도 부가가치세법 제26조제1항15호에 따른 용역의 공급에 해당하는 경우에 한해 소득세법 제127조에 따라 원천징수의무가 발생하는 것임

1. 사실관계
   • 화랑 아트가는 화가에게 작품 매입대금(6천만원 미만) 지급 시 원천징수 대상 사업소득으로 판단하여 원천징수 후 지급
   • 2020.3월 화가인 신△△은 화가 및 관련 예술가로 사업자등록을 하였으나, 2021.5월 신고폐업함

2. 질의내용
   • 미술품 양도소득이 소득세법상 사업소득인지 기타소득인지 여부, 사업소득에 해당하는 경우 소득세법 시행령 제184조 소정 원천징수대상 사업소득인지 여부

---

33 부가가치세법 제26조 제1항 제15호

[회신] 화가가 화랑에 미술품을 여러 차례 양도하여 발생한 소득이 소득세법 제19조의 규정에 의한 사업소득에 해당하는지 또는 동법 제21조의 기타소득에 해당하는지 여부는 사업 활동으로 볼 수 있을 정도의 계속성과 반복성이 있는지 여부, 판매규모, 보유기간, 거래 및 사업의 형태, 소득창출을 위한 자산과 근로의 결합여부, 그 밖의 활동 전후의 모든 사정 등에 비추어 그 활동이 영리를 목적으로 하고 있는지 여부 등을 종합적으로 고려하여 사회통념에 따라 사실 판단할 사항이며, 해당 소득이 소득세법 제19조의 규정에 의한 사업소득에 해당하더라도 미술의 양도가 부가가치세법 제26조제1항15호에 따른 용역의 공급에 해당하는 경우에 한해 소득세법 제127조에 따라 원천징수의무가 발생하는 것입니다.

2) 근로소득

작가가 얻은 소득이 근로소득일 수도 있습니다. 복습하면, 자기의 계산과 책임이 아닌 다른 사람의 계산과 책임으로 일하고 있어 종속적 지위에서 얻는 소득이 근로소득입니다. 근로자 중에는 상시근로자와 일용근로자가 있습니다. 작가가 상시근로자이든 일용근로자이든, 지급자는 원천징수를 합니다.

상시근로자는 회사에 속해 있는 사람입니다. 그러면 상시근로자 소득의 원천징수의무자는 회사가 됩니다. 회사가 상시근로자에게 근로소득을 지급하는 때 원천징수를 합니다.[34] 여러분들이 급여를 받을 때는 회사가 급여명세서라는 것을 주는데, 여기에 소득세가 원천징수되었다는 사실이 나타납니다.

2023년 11월 급여명세서				
사원코드 : 부서 :		사원명 : 직급 :	입사일 : 호봉 :	
지급내역	지급액	공제내역		공제액
기본급 식대 자가운전보조금	4,000,000 100,000 200,000	국민연금 건강보험 장기요양보험 고용보험 **소득세** **지방소득세**		180,000 122,400 8,010 26,000 **76,060** **7,600**
		공제액 계		420,060
지급액 계	4,300,000	차인지급액		3,879,930
귀하의 노고에 감사드립니다.				

---

34 소득세법 제127조 제1항 제4호

사업소득자는 3.3%를 원천징수한다고 했는데, 상시근로자는 얼마를 원천징수할까요? 사업소득처럼 몇 %라고 정해져 있지 않고, [근로소득 간이세액표]에 따라 원천징수하도록 되어 있습니다.[35] 그 표에는, 근로소득 총수입금액과 부양가족을 고려해서 원천징수할 금액이 나열되어 있습니다.

상시근로자의 원천징수는 예납적 원천징수이고 완납적 원천징수는 없습니다. 따라서 원칙적으로 종합소득세 신고가 필요합니다. 단, 대부분 연말정산 제도를 통해 종합소득세 신고까지 가지 않고 회사 선에서 마무리합니다. 이때 원천징수세액이 최종세액보다 많았다면, 환급이 나오게 됩니다.

(단위 : 원)

월급여액(천원) [비과세 및 학자금 제외]		공제대상가족의 수										
		1	2	3	4	5	6	7	8	9	10	11
1,670	1,680	12,430	7,930	–	–	–	–	–	–	–	–	–
1,680	1,690	12,640	8,140	–	–	–	–	–	–	–	–	–
1,690	1,700	12,840	8,340	–	–	–	–	–	–	–	–	–
1,700	1,710	13,050	8,550	–	–	–	–	–	–	–	–	–
1,710	1,720	13,260	8,760	–	–	–	–	–	–	–	–	–
1,720	1,730	13,460	8,960	1,040	–	–	–	–	–	–	–	–
1,730	1,740	13,670	9,170	1,240	–	–	–	–	–	–	–	–
1,740	1,750	13,880	9,380	1,440	–	–	–	–	–	–	–	–
1,750	1,760	14,080	9,580	1,640	–	–	–	–	–	–	–	–
1,760	1,770	14,290	9,790	1,830	–	–	–	–	–	–	–	–

반면 일용근로자는 원천징수 세율이 정해져 있습니다. 일용근로자 원천징수 세율은 6%입니다. 단, 번 돈의 6.6%를 바로 떼는 것이 아니고, 일당에서 150,000원을 빼고 다시 55%를 깎은 뒤에 6.6%를 원천징수합니다. 그리고 지방소득세가 붙습니다. 따라서 계산해보면, [일급여－150,000원]×2.97%입니다.[36]

일용근로자의 근로소득은 분리과세 대상입니다. 완납적 원천징수에 해당하므로,

---

35 소득세법 제129조 제3항, 소득세법 제134조
36 소득세법 제134조 제3항, 소득세법 제47조 제2항, 소득세법 제59조 제3항, 소득세법 제129조 제1항 제4호, 소득세법 제134조 제3항

원천징수하여 납부하면 납세의무가 끝납니다. 일용근로자는 이듬해 5월에 종합소득세를 신고할 필요가 없습니다.

3) 기타소득

기타소득의 원천징수는 조금 복잡합니다. 기타소득을 원천징수할 때는 국세 20%에 지방소득세 2%까지 [기타소득금액]의 22%를 원천징수하는 것이 원칙입니다.[37] 사업소득도, 근로소득도, 총액에 해당하는 [총수입금액]에서 시작하여 원천징수세율을 도출했는데, 기타소득은 순액에 해당하는 [소득금액]에서 원천징수세율을 도출하고 있다는 점이 다릅니다.

앞서 [기타소득금액]은 [기타소득 총수입금액]에서 수입을 얻기 위해 들어간 [필요경비]를 뺀 값이라고 말씀드렸습니다.[38] 그리고 [필요경비]를 입증하지 않아도, [60%~80%]를 경비로 인정해주기도 한다 말씀드렸습니다. 실무에서 총수입금액의 60%~80%를 실제로 지출하는 일도 잘 없거니와, 경비를 입증하는 것도 손이 많이 가기 때문에, 필요경비 의제조항이 있으면 대부분의 납세자들은 필요경비 입증 없이 60% 의제필요경비를 적용합니다.

작가의 기타소득은 대부분 15호 [일시적 창작소득], 19호 [일시적 인적용역]에 대한 소득을 말하므로 총수입금액의 60%가 필요경비입니다. 결국 일시적 인적용역 기타소득에 대한 원천징수는, [총수입금액×(100%−60%)]×22%, 다시 말해 [총수입금액×8.8%]로 합니다. 실무에서는 거의 공식처럼 씁니다.

같은 원리로 필요경비가 80%까지 의제되는 소득(상금과 부상)은 4.4%를 원천징수하고, 필요경비가 의제되지 않는 소득(저작권소득 등)은 22%를 원천징수하게 됩니다.

한편 작가 입장에서는, 기타소득으로서 원천징수된 세액은 예납적 원천징수일까

---

37 소득세법 제129조 제1항 제6호
38 소득세법 제21조 제2항

요, 아니면 완납적 원천징수일까요? 전자라면 내년 5월에 종합소득세 신고를 해야 하는 것이고, 후자라면 돈 받을 때 원천징수 당하는 것으로 납세의무가 끝나게 될 것입니다.

기타소득의 경우 원천징수의 성격도 복잡합니다. 경비를 뺀 [기타소득금액] 기준으로 3,000,000원 이하는 분리과세를 선택할 수 있고, 3,000,000원을 초과하는 경우에는 종합소득에 합산하여 신고해야 합니다.39 분리과세를 선택하는 경우, 자연스럽게 완납적 원천징수가 되고, 실효세율은 22%가 됩니다.

종합소득은 6.6~49.5%의 세율을 따른다고 했습니다. 그렇다면 작가가 한 해에 얻은 기타소득금액이 3,000,000원 이하인 경우, 어떻게 하는 것이 유리할까요? 작가의 다른 종합소득과세표준이 6.6%, 16.5% 구간에 있다면, 즉, 과세표준이 50,000,000원에 미달하는 경우에는 기타소득을 합산하여 22%보다도 낮은 세율을 적용받을 수 있으니 합산과세가 유리합니다. 반면에 과세표준이 50,000,000원이 넘어가는 사람은 합산과세하면 26.4%의 세율을 적용받기 때문에, 분리과세가 유리합니다.

(4) 원천징수 절차

1) 원천징수, 영수증 발급

클라이언트가 작가에게 물어봅니다. "당신은 자기 책임 하에, 계속 반복적으로 이 일을 하고 있습니까?" 만약 그렇다고 한다면, 사업소득으로 보아 3.3%를 원천징수하고 사례비를 지급합니다. 만약 작가가 "저는 원래 이 일이 본업이 아니고 그냥 어쩌다보니 일시적으로 이 일을 하게 되었습니다."라고 대답한다면 기타소득이 됩니다. 그렇다면 지급액이 125,000원을 초과하는지 아닌지 확인합니다. 125,000원 이하라면, 그냥 전액을 지급합니다. 125,000원을 초과한다면, 8.8%를 원천징수하고

---

39 소득세법 제14조 제3항 제8호 가목

지급합니다.

작가 입장에서는 만약 이 일을 자기 책임 하에, 계속 반복적으로 하고 있었다면, 사업소득으로 1,000,000원의 소득을 얻은 것입니다. 33,000원이 원천징수되어 967,000원의 금전만 지급받게 되었지만, 33,000원은 보증금처럼 국세청에 보관되어 있으니까 걱정 안 해도 됩니다. B는 다음 해 5월말까지 1,000,000원의 사업소득을 신고합니다. 신고하면서 최종세액이 33,000원보다 많았다면, 이미 낸 금액을 넘어서는 범위만 추납하면 되고, 최종세액이 33,000원보다 적다면 환급(환불)받습니다.

일회적으로 소득을 올린 것이라면, 작가는 이번에 1,000,000원의 기타소득을 얻은 것입니다. 클라이언트가 88,000원을 원천징수하고 차액인 912,000원을 줬습니다. 이때 작가는 고민합니다. 올해 기타소득금액의 합이 3,000,000원에 미치지 못하면, B에게 선택권이 있습니다. 여기서 납세의무를 끝낼 것인가, 다른 소득과 합산 과세할 것인가? B가 올해 다른 기타소득을 얻어 기타소득금액 액수가 3,000,000원을 넘기게 된다면 선택권 없이 이듬해 5월말까지 기타소득을 종합소득에 합산하여 신고해야 합니다. 미리 낸 88,000원의 세금은 기납부세액이 되어 있습니다.

작가는 클라이언트에게 소득을 지급받으며 일정액의 세율을 원천징수당했기 때문에, 영수증이 필요합니다. 예납적 원천징수라면, 나중에 신고할 때 기납부세액으로 공제받아야 하기 때문이고, 완납적 원천징수라면 납세의무를 다했다는 증명을 하기 위해서입니다. 이때 클라이언트가 발급해주는 서류가 [원천징수영수증]입니다. A는 B의 소득세액을 원천징수했다는 사실을 적어 B에게 영수증을 발급합니다.[40]

---

40 소득세법 제143조, 제144조, 제145조

귀속 연도	2020 년	[V]　　거주자의 사업소득 원천징수영수증 [ ]　　거주자의 사업 소득 지급 명세서 ([V] 소득자 보관용　 [ ] 발행자 보관용)	내 · 외국인	내국인1 외국인9	
			거주 지국	대한민국	거주지국 코 드　KR

징 수 의무자	① 사업자등록번호		② 법인명 또는 상호		③ 성명
	④ 주민(법인) 등록번호		⑤ 소재지 또는 주소		

소득자	⑥ 상　　호		⑦ 사업자등록번호
	⑧ 사업장소재지		
	⑨ 성　　명		⑩ 주민등록번호
	⑪ 주　　　소		

⑫ 업종구분 (940305) 성악가　　※ 작성방법 참조

⑬ 지 급			⑭ 소득귀속		⑮ 지급 총액	⑯세율	원 천 징 수 세 액		
연	월	일	연	월			⑰ 소 득 세	⑱ 지방소득세	⑲ 계
2020	11	30	2020	11	200,000	3.0%	6,000	600	6,600

위의 원천징수세액(수입금액) 을 정히 영수(지급) 합니다.

　　　　　　　　　　　　　　　　　　　　　　　　　　　　　　년　　　　월　　　　일

　　　　　　　　　징수(보고) 의무자　　　　　　　　　　　(서명 또는 인)

　　　　귀하

작성방법

1. 이 서식은 거주자가 사업소득이 발생한 경우에 한하여 작성하며, 비거주자는 별지 제23호서식(5) 을 사용하여야 합니다.
2. 징수의무자란의 ④주민(법인) 등록번호는 소득자 보관용에는 적지 않습니다.
3. 세액이 소액부징수에 해당하는 경우에는 　⑰ · ⑱ · ⑲ 란에 세액 「0」으로 기재합니다.
4. ⑫ 업종구분란에는 소득자의 업종에 해당하는 아래의 업종구분코드를 기재하여야 합니다.

업종코드	종목	업종코드	종목	업종코드	종목	업종코드	종목	업종코드	종목
940100	저술가	940305	성악가	940904	직업운동가	940910	다단계판매	940916	행사도우미
940200	화가관련	940500	연예보조	940905	봉사료수취자	940911	기타모집수당	940917	심부름용역
940302	작곡가	940600	자문 · 고문	940906	보험설계	940912	간병인	940918	퀵서비스
940303	배우	940901	바둑기사	940907	음료배달	940913	대리운전	940919	물품배달
940303	모델	940902	꽃꽂이교사	940908	방판 · 외판	940914	캐디	851101	병의원
940304	가수	940903	학원강사	940909	기타자영업	940915	목욕관리사		

210㎜×297㎜(신문용지54g/㎡(재활용품))

2) 원천징수이행상황신고, 지급명세서 제출

클라이언트는 소득을 지급한 다음 달 10일까지 원천징수세액을 국세청에 납부해야 합니다. 국세는 홈택스로, 지방세는 위택스로 신고납부합니다. 납부할 때 작성하는 문서가 [원천징수이행상황신고서]입니다. 그런데 이 문서에는 인원수와 원천징수 총액만 써 있습니다. 국세청은 일단 원천징수세액을 받지만, 누구의 소득에 대한 원천징수인지 알지 못합니다. 이렇게 놔두면 문제가 생깁니다.

① 사업하는 사람은 인건비를 필요경비로 하여 세금을 줄이므로, 반대쪽에서는 인건비를 소득으로 얻은 자가 세금을 신고해줘야 대조가 됩니다. 어떨 때는 소득자의 최종세액이 적어 소득자가 환급을 받을 일이 생기는데, 원천징수의무자가 원천징수세액 정보를 제출해줘야 더블체크가 됩니다.

② 1년에 2회 저소득자 근로를 장려하는 근로장려금이라는 제도[41]가 있는데, 거주자의 총소득합계액이 1인 가구 기준 2천만원 미만이어야 합니다. 따라서 국세청은 소득 집계가 필요합니다. 또한 사업소득자의 경우 2021년 7월 1일부터 특수형태근로종사자(특고) 고용보험 가입 의무가 시작되면서 소득 집계가 더 중요해졌습니다.

따라서 사업소득과 일용근로소득을 원천징수한 원천징수의무자는, 매월 [간이지급명세서]를 제출합니다. 상시근로소득을 원천징수한 원천징수의무자는 반기에 1회 [간이지급명세서]를 제출합니다. 기타소득을 원천성수한 원천징수의무자는 연중 제출할 문서는 없습니다. 그리고 1년이 지나면 모든 소득에 대해 총괄집계표 개념의 [소득지급명세서]를 제출합니다.

---

41 조세특례제한법 제100조의2~제100조의13

① 신고구분						원천징수이행상황신고서 원천징수세액환급신청서	② 귀속연월	2020년 11월
매월	반기	수정	연말	소득처분	환급신청 √		③ 지급연월	2020년 11월

원천징수의무자	법인명 (상호)		대표자 (성명)		일괄납부 여부	여 , 부
	사업자(주민) 등록번호		사업장 소재지		사업자단위과세여부	여 , 부
					전화번호	
					전자우편주소	

1. 원천징수 명세 및 납부세액 (단위 : 원)

소득자 소득구분			코드	원천징수명세						⑨ 당월 조정 환급세액	납부 세액	
				소득지급 (과세미달,일부비과세 포함)		징수세액					⑩ 소득세 등 (가산세 포함)	⑪ 농어촌 특별세
				④인원	⑤총지급액	⑥소득세 등	⑦ 농어촌 특별세	⑧가산세				
개 인 (거 주 자 · 비 거 주 자)	근로소득	간이세액	A01									
		중도퇴사	A02									
		일용근로	A03									
		연말정산 합계	A04									
		연말정산 분납금액	A05									
		연말정산 납부금액	A06									
		가감계	A10									
	퇴직소득	연금계좌	A21									
		그외	A22									
		가감계	A20									
	사업소득	매월징수	A25	17	7,380,000	221,400						
		연말정산	A26									
		가감계	A30	17	7,380,000	221,400					221,400	
	기타소득	연금계좌	A41									
		종교인소득 매월징수	A43									
		종교인소득 연말정산	A44									
		그외	A42									
		가감계	A40									
	연금소득	연금계좌	A48									
		공적연금(매월)	A45									
		연말정산	A46									
		가감계	A47									
		이자소득	A50									
		배당소득	A60									
		저축 등 해지추징세액등	A69									
		비거주자양도소득	A70									
법인		내・외국법인원천	A80									
		수정신고 (세액)	A90									
		총합계	A99	17	7,380,000	221,400					221,400	

2. 환급세액 조정 (단위 : 원)

전월 미환급 세액의 계산			당월 발생 환급세액					⑱ 조정대상 환급세액 (⑭+⑮+ ⑯+⑰)	⑲ 당월 조정 환급세액계	⑳ 차월 이월 환급세액 (⑱-⑲)	㉑ 환급 신청액
⑫ 전월 미환급세액	⑬ 기환급 신청세액	⑭ 차감잔액 (⑫-⑬)	⑮ 일반환급	⑯신탁재산 (금융 회사등)	⑰ 그밖의환급세액						
					금융회사등	합병 등					

원천징수의무자는 「소득세법 시행령」 제185조제1항에 따라 위의 내용을 제출하며, 위 내용을 충분히 검토하였고 원천징수의무자가 알고 있는 사실 그대로를 정확하게 적었음을 확인합니다

2020 년 12 월 10 일

원천징수의무자 (서명 또는 인)

세무대리인은 조세전문자격자로서 위 신고서를 성실하고 공정하게 작성하였음을 확인합니다.

세무대리인 (서명 또는 인)

세무서장 귀하

신고서 부표 등 작성 여부 ※ 해당란에 '○' 표시를 합니다.		
부표(4-5) 쪽	환급(7쪽-9쪽)	승계명세 (10쪽)
세무대리인		
성명		
사업자 등록번호		
전화번호		
국세환급금계좌신고 ※ 환급금액 2천만원 미만인 경우에만 적습니다		
예입처		
예금종류		
계좌번호		

210mm×297mm[백상지80g/㎡(재활용품)]

| 귀속
년도 | 2020 년 | 거주자의 사업소득 지급명세서 (발행자 보고용)
(사업소득 원천징수영수증 발행자 보관용 소득자별 연간집계표) | | 관리
번호 | |

❶ 원천징수의무자 인적사항 및 지급내용 합계사항

① 법인명 (상호, 성명)	② 사업자(주민) 등록번호	③ 소재지 (주소)	④연간 소득 인원	⑤연간 총지급 건수	⑥ 연간 총 지급액 계	⑦세액 집계현황		
						⑧소득세	⑨지방 소득세	⑩계
			2	3	2,468,240	74,040	7,400	81,440

❷ 소득자 인적사항 및 연간소득내용

일련 번호	⑪ 업종 구분코드	⑫ 소득자 성명(상호)	⑬ 주민(사업자) 등록번호	⑭ 내외국인 (1·9)	⑮ 지급 년도	⑯ 지급 건수	⑰ (연간) 지급총액	⑱ 세율	⑲ 소득세	⑳ 지방 소득세	㉑ 계
	소득자별 연간소득 내용 합계					3	2,468,240		74,040	7,400	81,440
	소액 부징수 연간 합계										
1	940909				2020	1	206,820	3%	6,200	620	6,820
2	940909				2020	2	2,261,420	3%	67,840	6,780	74,620

작성방법

1. 이 서식은 거주자가 사업소득이 발생한 경우에만 작성하며, 비거주자는 별지 제23호서식(5)를 사용하여야 합니다.

2. 건별 소액 부징수되는 건수·금액은 " 소액 부징수 연간합계" 란에 적으며, 원천징수의무자가 지급하는
" 연간총지급액 계" 와 " 소득자별 연간소득내용(소액 부징수 포함) 합계" 는 일치하여야 합니다.

3. ④연간 소득인원란은 ⑫ 소득자 성명의 인원을, ⑤ 연간 총지급건수란은 ⑯지급건수(소액 부징수를 포함합니다) 의
합계를 각각 적으며, 소득자를 기준으로 합계하여 제출합니다.

4. ⑪ 업종코드란에는 소득자의 업종에 해당하는 아래의 업종구분코드를 적어야 합니다.

5. ⑭내·외국인란에는 내국인인 경우는 "1" 을, 외국인인 경우는 "9" 를 적습니다.

업종코드	종목	업종코드	종목	업종코드	종목	업종코드	종목	업종코드	종목
940100	저술가	940305	성악가	940904	직업운동가	940910	다단계판매	940916	행사도우미
940200	화가관련	940500	연예보조	940905	봉사료수취자	940911	기타모집수당	940917	심부름용역
940301	작곡가	940600	자문, 고문	940906	보험설계	940912	긴병인	940918	퀵서비스
940302	배우	940901	바둑기사	940907	음료배달	940913	대리운전	940919	물품배달
940303	모델	940902	꽃꽃이교사	940908	방판, 외판	940914	캐디	851101	병의원
940304	가수	940903	학원강사	940909	기타자영업	940915	목욕관리사		

210mm×297mm(신문용지 54g/ ㎡(재활용품))

3) 가산세

한편 원천징수를 안 하면 어떻게 될까요? 원천징수가 아무리 최종 세부담이 아닌 보증금에 불과하다고 해도, 법률이 정한 의무입니다. 원천징수의무자 입장에서는 내 소득도 아닌데 이런 번거로움을 감수하는 것이 이해하기 어려울 수도 있지만, 원천징수가 국세행정에 기여하는 바가 크기 때문에 엄격하게 의무를 부여하고 있습니다.

① 기한까지 원천징수이행상황신고 및 세액납부를 하지 않는 경우, 원천징수의무자에게 원천징수 세액의 3% 가산세가 부과됩니다. 그리고 원천징수가 늦어질수록 매일 원천징수세액의 22/100,000, 연 8.030% 수준이 가산되어, 최대 원천징수세액의 10%까지 가산세로 납부하게 됩니다.[42] 제출기한 내에 간이지급명세서를 제출하지 않는 경우에는 지급액의 0.25%(단 기한경과 후 1개월 내 제출시 0.125%), 지급명세서를 제출하지 않는 경우에는 지급액의 1%가 가산세로 부과됩니다.[43] 기한 경과 후 3개월 내에 제출하는 경우에는 0.5%로 합니다. 원천징수세액의 1%가 아니라 지급액의 1%기 때문에 가산세가 생각보다 많습니다.

② 조세범처벌법에 따르면 원천징수의무자가 원천징수하지 아니하면 1천만원 이하의 벌금, 원천징수했음에도 불구하고 원천징수액을 납부하지 아니하는 때에는 2년 이하의 징역 또는 2천만원 이하의 벌금을 ·부과합니다.[44]

4) 실무 질문

① 소득 구분을 잘못한 원천징수

실무에서는, 클라이언트가 작가에게 설명없이 원천징수액을 정하거나, 작가의 의사에도 불구하고 기타소득으로만 원천징수하는 경우가 있습니다. 왜 클라이언트가 기타소득으로 원천징수를 할까요? 사업소득과 기타소득은 원천징수할 세액이

---

42 국세기본법 제47조의5 제1항
43 소득세법 제81조의11 제1항
44 조세범처벌법 제13조

다르고 기타소득일 때 원천징수세율이 8.8%로 더 많다고 설명했습니다. 만약 세법을 잘못 알고 원천징수를 적게 하면 클라이언트가 가산세를 냅니다. 반대로 원천징수를 지나치게 많이 하는 경우는 작가가 일단 자금 경직을 겪겠지만, 이듬해 5월이면 환급이 일어나게 되어 바로잡힙니다. 그러면 클라이언트 입장에서는 소득을 지급할 때 보수적으로 원천징수를 많이 하는 기타소득으로 원천징수를 하고자 합니다.

그럴때도 걱정하지 않아도 됩니다. 소득구분은 소득활동을 영리를 목적으로 계속 반복적으로 했는지에 달려 있고, 판단은 작가 스스로 하는 것입니다. 종합소득신고를 하면서 작가 스스로 기타소득을 사업소득으로 바로잡을 수 있습니다.

② 벌지 않은 소득을 원천징수

내가 벌지도 않은 소득인데, 어느 누군가가 나에게 소득을 지급하고 원천징수를 했다고 신고하는 경우가 있습니다. 5월이 되어 내가 원천징수 당한 소득을 열람할 때, 그 사실을 알아차리게 됩니다. 그 원인은 오류일 수도 있고, 인건비를 줄여보려고 일부러 소득이 적은 사람에게 소득을 떠넘기기 하는 경우도 있습니다. 상대 몰래 하는 경우도 있지만, 탈세를 목적으로 부탁을 하는 경우도 있습니다.

만약 내가 벌지 않은 소득에 대해서 원천징수이행상황신고가 되어 있고, 나는 그것을 내 소득으로 인정하지 않고자 한다면, [소득부인신청]을 제출하면 됩니다. 그러면 세무서에서 진위를 확인하고, 소득 정보를 취소해주게 됩니다.

4. 작가와 부가가치세 면세

(1) 프리랜서 인적 용역 부가가치세 면세

1) 서론

부가가치세 면세의 기초개념은 [부가가치세 기초다지기]를 참고해주세요. [미술과 세금]의 내용 중에 부가가치세 면세를 논한다면, 가장 중요한 것은 [예술창작품 부가가치세 면세]와 [프리랜서 인적 용역 부가가치세 면세]입니다. 하지만 [예술창작품 부가가치세 면세]는 실무상으로는 갤러리에게 중요할 때가 많고, [프리랜서 인적 용역 부가가치세 면세]는 작가에게 중요할 때가 많습니다. 그러니 여기서는 [프리랜서 인적 용역 부가가치세 면세]를 설명하고, [예술창작품 부가가치세 면세]는 [갤러리편]을 참고해주시기 바랍니다.

프리랜서 인적 용역 부가가치세 면세는, 사무실 없이 인적 용역을 제공하는 모든 개인에게 중요합니다. 작가, 아트딜러/갤러리스트, 전시기획자, 감정사, 비평가까지도 모두 적용받을 수 있는 면세조항입니다.

부가가치세법에 따르면 저술가·작곡가나 그 밖의 자가 직업상 제공하는 인적 용역으로서 개인이 기획재정부령으로 정하는 물적 시설 없이 근로자를 고용하지 아니하고 독립된 자격으로 용역을 공급하고 대가를 받는 인적 용역은 면세됩니다. 인적 용역의 종류에는 다음이 있습니다.[45]

> 개인이 기획재정부령으로 정하는 물적 시설 없이 근로자를 고용하지 아니하고 독립된 자격으로 용역을 공급하고 대가를 받는 다음 각 목의 인적 용역
> - 저술·서화·도안·조각·작곡·음악·무용·만화·삽화·만담·배우·성우·가수 또는 이와 유사한 용역
> - 건축감독·학술 용역 또는 이와 유사한 용역

---

[45] 부가가치세법 제26조 제1항 제15호, 부가가치세법 시행령 제42조

- 저작자가 저작권에 의하여 사용료를 받는 용역
- 고용관계 없는 사람이 다수인에게 강연을 하고 강연료·강사료 등의 대가를 받는 용역
- 개인이 일의 성과에 따라 수당이나 이와 유사한 성질의 대가를 받는 용역

2) 면세 요건

① 개인이

인적용역 면세는 오직 개인만 적용받을 수 있습니다. 따라서 같은 인적용역이라도 법인이 (직원을 통해) 인적 용역을 제공하고 대가를 수령하면 부가가치세가 과세 됩니다.

개인의 인적용역만 면세해주는 이유는 무엇일까요? 판례에 따르면 프리랜서는 업무의 속성상 대부분 영세하고, 당해 용역은 순수한 자기 노동력으로서 그 외에 특별히 부가되는 가치를 찾기 어렵다는 점,[46] 근로자를 고용함이 없이 개인이 독립적으로 용역을 제공하고, 일의 성과에 따라 대가를 받는 경우 그 용역은 순수한 노무용역으로서 근로용역과 유사한 점, 사업자등록 및 부가가치세 신고 등에 따른 납세협력비용 및 과다한 행정비용을 축소하기 위한 점[47]에 취지가 있습니다.

> **• 간세1235-2488, 1977.08.11**
> 개인이 독립된 자격으로 초상화를 그려주고 대가를 받는 경우에는 부가가치세법시행령 제35조 제1호 (가)목의 규정에 의하여 부가가치세가 면제된다.

② 물적 시설 없이

물적 시설 없이 제공하는 인적용역이어야 합니다. 물적시설이란, 계속적·반복적으로 사업에만 이용되는 건축물·기계장치 등의 사업설비(임차한 것을 포함한다)

---

46 대법 1983.6.28, 선고 82누312 판결
47 심사부가2009-174, 2009.12.22

를 말합니다.[48] 다만 인적용역의 실현에 있어 보조적 수단에 불과한 것이라면 물적시설을 갖춘 것으로 보지 아니합니다.[49]

－법에서는 사업설비의 예시로 건축물과 기계장치 등을 말하고 있습니다. 인스타그램이나 유튜브를 기반으로 활동하는 갤러리스트는 어떨까요? 사견으로는 인터넷을 활용한 가상 공간은 건축물이나 기계장치는 아니고, 아직까지 가상 공간을 사업설비로 본다는 말은 없지만, 온라인 소비가 대중화되어 있기 때문에 언제라도 해석을 내려 사업설비로 볼 수도 있을 것 같습니다. 부가가치세법에서는 아니지만, 소득세법에서 이미 사업장의 범위에 인터넷 가상 사업장을 포함시킨 전례가 있습니다.

물적 시설이 있는 것이 중요하지, 자가보유냐 임차냐는 불문합니다. 임차한 경우 임차료가 얼만지도 불문합니다.

－계속 반복적으로, 사업에만, 이용되어야 합니다. 작가에게 [아틀리에, 레지던시], 아트딜러에게 [갤러리, 수장고] 아트컨설턴트와 감정사 등에게 [전용 사무실]이 있다면 사업에만, 계속 반복적으로, 사용하는 물적시설이 있어 인적 용역이 면세되지 않습니다. 반면 고객 의뢰로 고객 본사 회의실을 독자적으로 사용하지는 못하고 일시적으로 작업공간으로 이용한다면, 회의실은 본래 프리랜서의 사업에만 쓰이는 물적시설이 아닙니다.

이때 자택은 사업장으로 보지 않습니다. 인적용역을 제공하는 자가 개인인 이상, 자택을 사업장으로 보면 자택 없는 사람이 없어 면세받을 사람이 아무도 없게 됩니다. 또 자택은 사람이 거주하는 곳이므로 사업에만 이용하는 장소로 될 수도 없습니다.

－실무에서는 이 조항에 따라 면세를 받는 사람들은 둘 중 하나의 모습을 하고 있습니다.

대부분 사업자등록증이 없는 프리랜서입니다. 왜냐하면 사업자등록을 할 때에는

---

48 부가가치세법 시행규칙 제29조
49 부가가치세법 집행기준 26-42-1

사업장 소재지를 물으면서 임대차계약서를 제출하도록 되어 있는데, 임대차계약서를 제출한다는 것은 물적시설이 있다는 뜻이 되므로, 이 조항에 따른 면세를 적용받을 수 없게 되는 것입니다.

만약 면세사업자 사업자등록증을 가지고 있다면 대부분 사업자등록증의 소재지가 자택으로 되어 있습니다. 그래야 물적시설이 없는 것으로 보기 때문입니다.

이러한 부가가치세 면세사업자라면, 종합소득세 신고를 할 때도, [지급임차료]의 경비는 넣지 않도록 합니다. 물적시설이 있다는 뉘앙스를 주기 때문입니다. 소득세에서 한 행동 때문에, 부가가치세가 영향을 받는 경우가 있습니다.

• 부가-4584, 2008.12.03

[질의] "A"는 프리랜서 강사로서 대학강당에서 강의도 하고 기업체나 타 기관의 의뢰를 받아 강의를 하기도 함. 그 동안은 사업소득으로 원천징수를 해 왔으나, 매출액이 점점 커져 사업자등록을 내려 함. 사업장은 아시는 분의 사업장에 5평정도 무상임대해서 사용할 예정임. 위 경우 강의 용역에 대하여 면세 규정이 적용이 되는지 여부, 만약 안 된다면 사업장을 자택으로 하여 면세사업자등록이 가능한지 여부

[회신] 개인이 「부가가치세법 시행령」 제35조 제1호의 규정에 따라 계속적·반복적으로 사업에 이용되는 건축물·기계장치 등의 사업설비(임차한 것을 포함한다) 없이 근로자를 고용하지 아니하고 독립된 자격으로 강의용역을 공급하는 경우에는 「부가가치세법」 제12조 제1항 제13호의 규정에 따라 부가가치세가 면제되는 것임. 귀 질의의 경우 사업장을 무상으로 임차하여 용역을 공급하는 경우에는 물적 시설이 있는 것이므로 면세 규정이 적용되지 아니하고 면세사업자등록을 할 수 없는 것임. 다만, 사업장 등 물적 시설이 없는 경우에는 주소 또는 거소를 사업장으로 하여 면세사업자등록을 할 수 있는 것임.

• 조심2012서1084, 2012.05.11

청구인은 청구외법인에게 쟁점용역을 제공한 2008.9.1부터 2010.12.14까지 대외적으로 사업자임을 표방한 사실이 없으며, 근로자를 고용하지 아니하였고, 청구외법인의 사무실을 무상으로 사용하기는 하였으나 그 사무실은 임차한 사업장이라기보다는 청구외법인이 단순히 편의를 제공한 것으로 청구외법인이 요구할 경우 언제든지 비워주어야 할 것으로 보이는 바, 적어도 사업장이 되려면 청구인이 사무실을 독자적으로 사용할 수 있어야 하는데 본 건은 그런 정황이 보이지 않는 점 등을 감안할 때, 쟁점용역은 「부가가치세법」상 과세대상에 해당하지 아니한다고 판단된다.

• 서삼46015-10664, 2002.04.24

[질의] 인적·물적 사업설비를 갖추지 아니한 개인이 다른 사업자의 사업장에서 계약에 의하여 <u>독립적으로</u> 판매대행용역을 제공하고 <u>그 판매실적에 따라 일정 수수료를 받는 경우</u> 2001.12.31 개정된 부가가치세법시행령 제35조 제1호 타목의 규정에 의하여 부가가치세가 면제되는지 및 원천징수대상 사업소득에 해당하는지 여부

[회신] 인적·물적 사업설비를 갖추지 아니한 개인이 다른 사업자의 사업장에서 계약에 의하여 독립적으로 판매대행용역을 제공하고 그 판매실적에 따라 일정 수수료를 받는 경우 당해 용역은 부가가치세법시행령 제35조 제1호 타목(2001.12.31, 대통령령 제17460호로 개정된 것)의 규정에 의하여 <u>부가가치세가 면제되는 것</u>이며, 소득세법시행령 제184조 제1항의 원천징수대상 사업소득(원천징수세율 3%)에 해당하는 것입니다.

• 부가22601-1767, 1988.10.11

<u>화랑을 경영하는 자가 예술창작품을 구입하여 판매하는 경우 동 예술창작품의 판매에 대하여는 부가가치세법 제12조 제1항 제14호의 규정에 의하여 부가가치세가 면제되며, 화랑을 경영하는 자가 화가 또는 예술창작품의 소유자로부터 당해 예술창작품의 판매를 위탁받아 동 예술창작품을 판매하여 주고 수수료를 받는 경우 그 판매수수료에 대하여는 부가가치세가 과세된다.</u>

③ 근로자 또는 근로자와 유사하게 노무를 제공하는 자를 고용하지 아니하고, 독립된 자격으로 용역을 공급

인적 용역으로 면세를 적용받으려면 근로자를 고용하지 아니하여야 합니다. 근로자를 고용하거나 근로자와 유사하게 노무를 제공하는자를 고용하면 면세를 적용할 수 없습니다. 근로자 또는 근로자와 유사하다 함은 사용종속관계를 전제합니다.

여러 명의 작가나 프리랜서가 공동프로젝트를 진행하는 경우에는 비록 함께하고 일하고 있지만 사용종속관계로 볼 수 없으므로, 면세 적용 여지가 있습니다. 따라서 작가나 프리랜서가 프로젝트를 진행하면서 그 일부를 외주를 주었어도 사용종속관계가 없으면 면세가 적용됩니다.

가족이랑 같이 일하면 사용종속관계가 성립할까요? 동거 친족을 사용하는 경우 그 동거 친족은 일반적으로 사업의 손익이 귀속되는 자로서 일종의 공동경영주

또는 무급 가족종사자에 해당하는 것으로 볼 수 있고, 이들간에는 사용종속관계를 인정하기 어렵습니다. 따라서 부가가치세 면세대상인 인적용역에 해당할 수도 있습니다.[50]

한편 인적용역 제공과 직접 관련없이 보조역할만 수행하는 업무보조원을 고용한 경우는 근로자를 고용하지 아니한 것으로 봅니다.[51]

• 부가-1330, 2009.09.18

[질의] 개인이 물적시설 없이 근로자를 고용하지 아니하고 독립된 자격으로 "교과서, 참고서, 자습서 등 도서의 전쪽에 대한 레이아웃 및 디자인 디렉션 용역"을 공급하고자 함. 위 경우 부가가치세가 면제되는지 여부

[회신] 개인이 물적시설없이 근로자를 고용하지 아니하고 독립적으로 도서에 모양·색채·배치 등에 관한 것을 종합적으로 설계표현하여 그리는 용역을 공급하는 것은 「부가가치세법」 제12조 제1항 제13호 및 같은 법 시행령 제35조 제1호 제가목의 규정에 따른 도안용역 공급에 해당하여 부가가치세가 면제되는 것이나, 귀 질의의 "도서에 대한 레이아웃 및 디자인 디렉션 용역"이 위 도안용역에 해당하는지 여부는 사실판단할 사항임.

• 서울고법2011누39853, 2012.06.12

따라서, 위와 같이 개인적 인적용역에 대한 면세제도의 취지에 비추어 볼 때, 개인 사업자가 독립된 자격으로 용역을 제공한다 하더라도, 그 과정에서 자신의 전속적인 노동력만을 제공하는 것이 아니라 별도로 인력을 고용한 후 그들의 전문적 지식이나 노동력을 취합하여 용역을 제공한다거나 건축물과 같은 물적시설의 사용이 그 용역 제공에 필수적으로 부수되어 주요한 내용을 구성하는 경우라면, 그러한 용역은 더 이상 부가가치세가 면세되는 '개인적·인적용역'으로 보기는 어렵다 할 것이다.

• 서면3팀-1879, 2004.09.13

인적·물적 사업설비를 갖추지 아니한 개인이 독립된 자격으로 출판사에 저술 및 삽화 용역을 제공하고 그 대가를 받음에 있어 작업의 사정상 일부를 자기 책임하에 다른 저술가 등에게 외주에 의하여 동 용역을 공급하는 경우에도 부가가치세법 제12조 제1항 및 같은법 시행령 제35조 제1호의 규정에 의하여 부가가치세가 면제되는 것입니다.

---

50 심사부가2009-174, 2009.12.22
51 부가가치세법 집행기준 26-42-1

(2) 용역의 무상공급, 국가 용역 부가가치세 면세

1) 용역의 무상공급 면세

요즘에는 열정페이라고 지적이 많아 그런 일이 거의 없어졌지만, 작가라면 자의든 타의든 한 번쯤은 무상으로 용역을 제공한 경험이 있습니다. 특히 예술업계에서 대가 없이 작품이나 인적 용역이 오가는 경우가 많습니다.

이처럼 특수관계인 사이에서는 재화의 공급이나 용역의 공급에 대해 제3자 가격보다 깎아줄 수도 있고, 아예 돈을 안 받을 수도 있습니다. 거래를 그렇게 하는 것은 자유지만, 그렇다고 세금까지 깎아줄 수는 없다는 것이 세법의 태도입니다. 따라서 특수관계인 사이에서 조세 부담을 부당하게 감소시킬 목적으로 낮은 대가를 받거나 대가를 받지 않으면, 실제 오간 금액 아닌 시가를 공급가액으로 보고 과세표준을 계산하도록 정해놓았습니다.[52] 무엇이 부당한 정도인지 기준은 따로 정해져 있지는 않고 지나치게 불합리한지가 중요하다고 합니다.

그런데 이때에도 재화든 용역이든 [저가 공급]은 시가로 과세하지만, [무상 공급]은 재화만 시가로 과세하고 용역을 무상 공급하면, 공급가액을 0으로 하여 과세하지 않습니다.[53] (부동산 무상 임대만 과세) 무상 공급에서 재화와 용역의 차이를 둔 이유는 무엇일까요? 용역은 재화와 달리 시가를 평가하는 것이 어렵기도 하고, 재화처럼 물리적인 흔적이 없는 경우가 많아서, 대가가 오가지 않는 용역을 국가가 알아차리는 것이 거의 불가능하기 때문입니다. 따라서 특수관계인을 위하여 무상으로 용역을 공급해주는 경우는 부가가치세가 아예 없습니다.

> **• 헌재2000헌바81, 2002.05.30**
> 먼저 과세대상이 될 것인지에 대한 과세납세자의 예견가능성에 대하여 본다. "부당하게 낮은 대가"란 것은 "정당하지 않거나 이치에 맞지 않게 낮은 대가(가격)" 혹은 "현저하게 낮은 대가"라는 의미로 일상생활에서 사용되는 용어이다. 이 사건 조항은 일반인의 관점

---

52 부가가치세법 제29조 제4항
53 부가가치세법 제12조 제2항

에서 보았을 때 비록 그 구체적인 수치는 드러나지 않는다고 하여도 부가가치세법이 부당행위계산의 대상으로 예정하고 있는 행위의 범위를 상당 정도 예측할 수 있다고 할 것이다. 즉 통상의 상거래에서 있을 수 있는 시가와의 편차를 넘어서서 훨씬 더 낮은, 즉 거래관행에 비추어 객관적으로 조세회피의 의도가 인식될 정도의 것으로서, 합리적인 경제적 관점에서 볼 때 지나치게 낮은 것을 의미한다고 볼 수 있을 것이다. 한편 이 사건 조항은 "부당하게 낮은 대가"라고 하여 "조금 낮은"이라는 것보다도 훨씬 강한 "부당하게 낮은"이라고 규정하여, 위에서 본 바와 같이, 통상적인 합리적 거래에서 있을 수 없는 특수한 상황을 전제하고 있는 것이며, 그러한 예외적 상황에서만 과세관청이 납세자에게 적용할 수 있는 것이라 보여지므로, 자의적인 적용가능성은 크지 않다고 보여진다. 나아가 법원은 객관적 상황을 고려하여 "부당하게 낮은" 가격 여부를 판단하고 있으므로, 행정청의 여하한 자의적 적용은 사법심사에 의해 걸러질 수 있고, 또한 법원의 판례가 집적됨에 따라 이 사건 조항이 적용되어야 할 상황에 대한 예측가능성이 더 확보될 수도 있다고 보여진다.

● 대법2007두2364, 2007.06.14

원심은, 원고가 1998년부터 2002년까지 매월 원고 소속의 임직원들에게 50%가 할인되는 피자할인쿠폰을 1인당 1~5장씩 지급한 것에 대하여, 그 할인쿠폰의 수량·지급목적 및 국세심판원이 이를 법인세법의 부당행위로 보지 않은 점 등의 사정과 피자의 실제 매출원가는 그 판매비를 제외하면 재무제표상에 나타난 판매금액의 74.5%보다 적은 점 등의 사정을 함께 고려하여 보면, 그 할인쿠폰 제공에 있어서 원고가 조세의 부담을 부당하게 감소시킬 만큼 현저하게 낮은 대가를 받아 왔다거나, 건전한 사회통념이나 상관행에 비추어 경제적 합리성을 결한 비정상적인 것이라고 보이지는 아니하고, 따라서 피고가 원고의 이 사건 쿠폰에 의한 용역제공행위가 부당행위계산 부인의 대상이 된다고 보고 한 이 사건 부가가치세 부과처분은 위법하다고 판단하였다. 기록에 비추어 살펴보면 원심의 위 판단 역시 수긍이 되고, 거기에 피고가 상고이유에서 주장하는 바와 같이 심리를 다하지 아니하거나 부가가치세법의 법리를 오해한 위법이 있다 할 수 없다.

2) 국고보조금의 공급가액 제외

예술업에 종사하다 보면, 한 번쯤 국가 지원사업에 도전하여 경험을 쌓게 됩니다. 저 역시 기획자로 활동할 때 국가의 도움을 많이 받았습니다. 국가는 왜 작가나 기획자 등에게 지원금을 줄까요? 시민문화복지, 예술실험 등 국가의 목적을 달성해주기 때문입니다.

그러면 작가, 기획자 등은 보조금을 대가로 재화 또는 용역을 공급하는 자입니다. 그러면 재화 또는 용역을 공급하고 대가를 받았으니, 부가가치세도 10% 내야 할까요? 법에는 부가가치세의 모수가 되는 공급가액에 대해, [공급가액은 재화 또는 용역을 공급받는 자로부터 받는, 금전적 가치 있는 모든 것을 포함한다]며 과세대상으로 삼고 있습니다.

그런데 국가가 공익적인 목적을 위해 보조금을 주면서도, 다시 부가가치세를 부과한다는 것이 조금 이상합니다. 그래서인지 법에서는 [재화 또는 용역의 공급과 직접 관련된 국가보조금은 공급가액에 포함]하여 과세하고, [재화 또는 용역의 공급과 직접 관련되지 않는 국가보조금은 공급가액에 포함되지 않고 과세표준에도 포함되지 않아 과세하지 않는다는 조항을 만들었습니다.[54]

여기서 국가보조금이 재화 또는 용역과 직접 관련된다는 뜻은, 공급받는 자가 국가 당사자라는 뜻입니다. 국가보조금이 재화 또는 용역과 직접 관련되지 않는다는 뜻은, 예술가, 기획자가 국가 사업의 보조 수행자라는 뜻입니다. 다시 말해, 국가가 재화나 용역을 공급받으면 과세, 국가 사업을 보조하면서 보조금을 받는 경우 부가가치세 면세입니다.

말이 어려우니 예를 들어 보겠습니다. 어느 큐레이터가 한국문화예술위원회의 전시해설인력 지원사업에 자원하여 미술관에서 전시해설용역을 납품했다고 합시다. 이 경우 큐레이터는 시민을 대상으로 전시 해설용역을 제공하고 있어, 시민들이 해설용역을 공급받고 있습니다. 큐레이터는 국가가 이루고자 하는 목적에 따라 보조수행자로서 역할하고 있습니다. 그러므로 전시해설용역에 대한 대가로 받은 국고보조금은 부가가치세 과세표준에서 제외합니다. 그래서 모수 자체가 없어 부가가치세가 없습니다.

반대로 정부미술은행이 작가로부터 소장품을 구입한다고 합시다. 이 경우에는 작가가 정부미술은행에 미술품 재화를 공급하는데, 공급받는 자는 정부미술은행 본인입니다. 이 경우 국고보조금은 재화의 공급과 직접 관련되어 있어 부가가치세 공급가액을 구성합니다. 물론 예술창작품은 면세되므로, 그쪽으로 빠져나가게 됩니다.

---

54 부가가치세법 제29조 제5항 제4호

부가가치세법 제13조 제2항 제4호는 부가가치세의 과세표준에 포함하지 아니하는 것의
하나로 국고보조금을 들고 있는바, 위 규정은 재화 또는 용역을 공급함으로써 부가가치
세 납세의무를 지는 사업자가 국고보조금의 교부대상이 되는 보조사업의 수행자로서 재
화 또는 용역을 공급하고 국고보조금을 지급받은 경우에는 당해 사업자가 재화 또는 용
역의 공급에 따른 부가가치세 과세표준에 위 국고보조금 상당액을 포함시키지 않는다는
것으로 해석된다.

사업자가 보조금의예산및관리에관한법률에 의해 보조금의 교부대상이 되는 보조사업의
수행자로서 당해 보조사업을 수행하고 부가가치세법 제13조 제2항 제4호에 규정하는 국
고보조금을 지급받는 경우 동 국고보조금은 부가가치세 과세표준에 포함되지 아니하는
것입니다.

[질의] 당 지방자치단체(이하 '갑')는 드라마 제작자 '을'법인과 KBS 드라마 제작협찬계약
을 체결하고 제작 협찬비를 지원함. 제작협찬지원금의 부가가치세 과세 여부?
[드라마 제작 협찬 계약서]
제4조(계약의 조건)
① '갑'은 제작지원 및 PPL 관련 '을'법인과 합의한 제작협찬지원금을 지원한다.
② '을'법인은 드라마 속에서 '갑'의 주요명소 및 특산물을 주요배우를 통해 대사로 언급
및 여과없이 노출한다.
③ '을'법인은 '갑'의 관광지를 드라마의 주요 촬영배경으로 활용하고 드라마가 '갑'의 홍
보활동에 활용될 수 있도록 적극 협조한다.
제6조('을'법인의 권리와 의무)
② '을'법인은 드라마 공식 홈페이지, 포스터, OST 등에 '갑'의 협찬을 명시하며, 촬영장
소개, 특산품 홍보에 적극 협조한다.
③ 드라마에 '갑'의 문화관광자원과 지역특색이 자연스럽게 노출될 수 있도록 하며 매회
방송종료시 "제작지원 : '갑'"을 고정 단독자막으로 고지키로 한다

[회신] 드라마를 제작하는 사업자가 지방자치단체와 협찬계약서에 따라 보조금을 지원 받
아 드라마 제작 방영시 지방자치단체의 제작지원 배너광고를 삽입하고 해당 사업자의 드라
마 홈페이지 등에 지방자치단체 협찬 명시, 특산품 홍보등을 하도록 하는 경우 해당 보조금
은 「부가가치세법」 제29조 제1항에 따라 부가가치세 과세표준에 포함되는 것입니다.

5. 작가와 상속세

작가가 세상을 떠나는 경우 상속이 개시됩니다. 이때 작가에게 귀속되는 모든 경제적 가치 있는 물건, 권리가 상속됩니다. 그러므로 작가의 유작, 작가 사후 70년간 존속하는 저작재산권도 상속세 과세대상입니다.

이 중에서 미술품과 관련된 상속세는 [개인 컬렉터편]에서 다루는 것이 더 적절하다고 판단되어, 뒤에서 자세히 설명합니다.

작가의 저작권과 관련된 상속세는 [저작권편]에서 다루는 것이 더 적절하다고 판단되어, 뒤에서 자세히 설명합니다.

저작권편

1. 저작권 기초개념

작가에게는 작품의 양도만큼이나 중요한 소득원천이 있습니다. 바로 저작권 소득입니다. 특히 현대에 들어서는 캐릭터 하나를 잘 만들어 내는 것만으로도 엄청난 부가가치를 창출하는 사례가 등장하고 있습니다. 일본에서는 [주식회사 산리오]가 그런 기업이며, 우리나라에서는 [카카오프렌즈]가 대표적입니다.

작가편과 저작권편을 따로 둔 이유는, 작가에 있어 [작품의 양도(로 얻어지는 소득)]과 [저작재산권의 이용허락 및 양도(로 얻어지는 소득)]은 똑같이 중요하면서도 완전히 별개로 다뤄지기 때문입니다. 작가가 작품을 팔았다 하여 그 작품에 대해 저작재산권까지 양도한 것이 아니고, 고객이 작품을 사 갔다 하여 작가의 저작재산권까지 갖는 것이 아닙니다. 작품의 소장자라도 작품을 복제하거나 굿즈를 만들 수 없습니다.

이번에는 저작권의 기초적인 개념과, 저작권과 관련된 세무를 알아봅니다. 이 부분은 내용이 많이 어려워서 이해하려면 여러 번 공부해야 합니다. 실무상 저작권을 다루지 않는 분은, 가볍게 보고 넘어가셔도 됩니다. 또, 저작권법을 잘 설명하는 것이 이 책의 목적은 아니므로, 저작권과 관련된 세무를 이해하는데 필요한 정도만 소개하겠습니다. 저작권에 더 관심이 가는 분들은 저명한 교과서를 참고해주시기 바랍니다.

(1) 저작권법 목적

● 대한민국헌법 제22조
① 모든 국민은 학문과 예술의 자유를 가진다.
② 저작자·발명가·과학기술자와 예술가의 권리는 법률로써 보호한다.

• 저작권법 제1조(목적)

이 법은 저작자의 권리와 이에 인접하는 권리를 보호하고 저작물의 공정한 이용을 도모함으로써 문화 및 관련 산업의 향상발전에 이바지함을 목적으로 한다.

우리나라 헌법은 저작자의 권리를 법률로서 보호합니다. 이에 근거하여 우리나라 법체계에는 저작권법이 마련되어 있습니다. 여기서 저작권법 제1조를 살펴보면, 저작권법은 [문화 및 관련 산업의 향상발전]을 목적으로 하고 있다 합니다. 그리고 목적에 도달하기 위한 수단으로서, [저작자의 권리 보호], [저작인접권자의 권리보호], [저작물의 공정한 이용을 도모]라는 3가지 수단을 제시하고 있습니다.

하지만 사실, [저작자/인접권자의 권리보호]는 [저작물의 공정한 이용을 도모]와 상충되는 면이 있습니다. 공정한 이용의 대표적인 예시가, 저작권 보호기간을 저작자 사후 70년으로 둔 것입니다. 만약 어떤 부동산을 사면, 자녀에게 물려주더라도 70년이 지나면 국가가 재산을 회수한다고 해봅시다. 이것을 받아들일 사람은 아무도 없을 것입니다. 하지만 저작권은 사후 70년까지 보호되고, 그 이후에는 누구라도 자유롭게 사용할 수 있게 해놓았습니다. 왜 그럴까요? 저작권을 강하게 보호하는 것도 중요하지만, 저작물을 자유롭게 사용하여 창작을 편하게 해주는 것도 중요하기 때문입니다.

사실 문화라는 것은 하늘 아래 새로운 것이 없어 무(無)에서 유(有)로 태어나는 것이 아닙니다. 반드시 기존에 있던 것의 응용 또는 극복에서 태어납니다. 저작권은 예술가가 작품을 열심히 창작할 수 있도록 물심양면으로 돕지만, 새로운 창작을 어렵게 하기도 합니다. 저작권이 강하게 보호될수록 새 저작물을 창작하기 위해서 눈에 띄는 중요한 차이를 만들어야 하는데 그것이 쉽지 않습니다. 자칫하면 표절 시비에 휘말립니다. 저작권 침해를 피하기 위해서는 기존 저작권자에게 대가를 지불해야 하므로 자유로운 창작이 저해됩니다. 그렇다고 저작권을 약하게 보호하면, 창작의 동기가 약해지고 무임승차(free rider)가 쉬워지는 문제가 발생합니다. 결국 저작권을 어느 강도로 보호하는 것이 최적인가 하는 중요한 문제입니다.

저작권법을 공부할 때는, [문화 및 관련 산업의 향상발전]이라는 목적을 위해, [저작권 보호]와 [저작권의 제한]이라는 두 축을 이해해야 합니다. 두 가지 수단은 양립하기 어렵기 때문에, 한쪽을 취하면 한 쪽은 희생됩니다. 저작권법의 역사는 시대에 맞게 어느 쪽을 더 중시하여 변화시켰는지에 대한 역사라고도 할 수 있습니다. 하지만 이 책에서는 저작권과 관련된 소득을 다루어야 하므로, [저작권의 제한] 내용은 다루지 않습니다.

(2) 저작권의 기원

저작권법의 기원은 1710년 4월에 영국에서 제정된 [앤 여왕 법]으로 보고 있습니다. 주로 출판업자들의 권리를 보호해주는 내용이었습니다. 이후로 [저작자/인접권자의 권리 보호]는 2가지 철학을 토대로 전개되었습니다.

① 유럽 대륙법계에서는 주로 저작자의 권리와 명예를 중요하게 생각합니다. 그래서 저작권을 저작자의 권리(Droit d'atueur)라고 부릅니다. 저작물이란 저작자의 분신이자 인격의 확장이라고 봅니다. 저작물로부터 발생되는 경제적 이익을 누릴 수 있는 것도, 로크의 소유권 개념에 따라, 사람은 자신의 신체에 대해 소유권을 가지고 있고, 자연에서 신체 노동을 더해 얻어낸 결과물은 그 사람의 소유라는데서 기인합니다. 이것을 천부인권이자 자아 실현의 방법으로 여깁니다. 그래서 저작인격권을 강하게 보호하는 특징이 있고, 저작자의 개성이 드러나기 어려운 [법인 저작자 개념]도 좀처럼 인정하지 않습니다. 이러한 유럽 대륙법계 저작권법의 성격을 가장 극단으로 보여주는 예시는 추급권(Droit de suite)입니다. 이것은 이번 장 후반부에서 자세히 다루겠습니다.

② 반면 영미법계에서는 저작권의 재산적 가치를 중요하게 생각합니다. 그래서 저작권(copyright)은 어원상 복제할 수 있는 권리를 의미합니다. 만약 저작권법이 없다면, 아무런 대가 없이 저작물만 즐기는 무임승차자가 나타나고 아무도 창작을 안 하려고 하므로, 부정적인 외부효과가 나타난다고 봅니다. 따라서 예술가의 이익을 보호해서 시장을 만들어주고 경제적 인센티브에 따라 창작 의욕을 고취시키면, 사회 전체적으로도 효용이 늘고 문화발전을 촉진하게 된다고 합니다. 이러한

영미법계 저작권법의 성격을 가장 극단으로 보여주는 예시는 퍼블리시티권입니다. 이 내용도 이 책 마지막에서 자세히 다루겠습니다.

어느 나라든지 정도의 차이는 있지만, 현대에 와서는 양쪽 철학을 모두 받아들이고 있습니다. 우리나라도 마찬가지입니다. 우리나라는 1957년에 처음 저작권법을 제정했고, 여러 차례 개정을 거듭하여 지금에 이르고 있습니다. 저작자의 인격과 명예를 보호하는 [저작인격권]과, 저작자의 재산적 이익을 보호하는 [저작재산권]이라는 권리를 핵심으로 하고 있습니다.

(3) 저작자

1) 무방식주의

> ● **저작권법 제2조(정의)**
> 이 법에서 사용하는 용어의 뜻은 다음과 같다.
> 1. "저작물"은 인간의 사상 또는 감정을 표현한 창작물을 말한다.
> 2. "저작자"는 저작물을 창작한 자를 말한다.

> ● **저작권법 제10조(저작권)**
> ① 저작자는 제11조 내지 제13조의 규정에 따른 권리(이하 "저작인격권"이라 한다)와 제16조 내지 제22조의 규정에 따른 권리(이하 "저작재산권"이라 한다)를 가진다.
> ② 저작권은 저작물을 창작한 때부터 발생하며 어떠한 절차나 형식의 이행을 필요로 하지 아니한다.

저작권은 인간의 사상 또는 감정을 표현한 창작물입니다. 따라서 인간이, 사상 또는 감정을, 표현하였고, 그것이 창작물인 순간, 저작물과 저작권은 탄생합니다. 창작 이외에 특별한 법률행위가 필요하지도 않고, 부동산처럼 등기나 주식처럼 명의개서를 필요로 하지도 않습니다. 이것을 무방식주의라고 합니다.

실무에서 저작자에 관해 몇 가지 혼동스러운 점을 소개합니다.

① 저작물을 창작한 자이기만 하면 저작자가 되는 것입니다. 이것을 창작자 원칙이라고 합니다. 창작을 하면 되는 것이지 성별, 나이, 학력, 국적은 중요하지 않습니다. 창작을 대리인이 한다는 개념은 불가능하므로, 대리인에 의한 창작행위는 존재하지 않습니다. 저작물을 영리를 목적으로 창작했는지도 중요하지 않습니다. 우연히 일시적으로 창작했는지 또는 계속 반복적으로 창작했는지 여부도 중요하지 않습니다.

하지만 세법에서는 저작권 소득에 대해 영리목적성, 계속반복성에 따라 소득을 구분하므로 주의합니다.

② 저작자는 저작물을 창작하는 순간 [저작인격권]과 [저작재산권]을 갖습니다. 따라서 최초에는 [저작자＝저작인격권자＝저작재산권자]입니다. 하지만 저작재산권은 양도가 가능하고, 상속이나 증여도 가능하기 때문에, 세월이 흐르면 [저작자]와 [저작재산권자]가 일치하지 않는 경우도 생겨납니다.

세법에서는 [저작자가 얻는 소득]과 [저작자 외의 자가 얻는 소득]을 구분하고 있으므로 주의합니다.

③ 저작자라고 하려면 자신의 사상 또는 감정을 창작적으로 표현한 자여야 합니다. 창작이라고 평가하기에 충분한 정신적 활동에 관여해야 하며, 단순히 창작의 힌트나 테마를 제공한 정도, 아이디어나 소재를 제공함에 그친 경우에는 저작자가 될 수 없습니다. 창작을 타인에게 의뢰한 자도 저작자가 될 수 없습니다. 창작에 관여하지 않고 보조적인 작업을 행한 것에 불과한 경우에도 저작자가 될 수 없습니다.

세법에서는 [저작권으로 인한 소득]과 [사례비, 프리랜서 소득]을 구분하고 있으므로 주의합니다.

한편 저작권법의 저작자는 저작물을 창작한 자를 가리키는 것으로(저작권법 제2조 제2호) 단순히 창작의 힌트나 테마를 제공한 것에 불과한 자가 저작자라고 할 수 없다. 또한 공동저작물이라 함은, 2인 이상이 공동으로 창작한 저작물로서 각자가 이바지한 부분을 분리하여 이용할 수 없는 것을 말하는 것이므로 어떤 저작물이 공동 저작물에 해당하기 위해서는 2인 이상의 복수의 사람이 모두 창작이라고 평가하기에 충분한 정신적 활동에 관여하는 것이 필요하고, 또 저작물을 작성함에 창작적 행위를 행한 사람들 사이에 공동으로 저작물을 작성하려고 하는 공통의 의사가 있어야 한다. 그러므로 저작물의 작성에 2인 이상의 복수의 사람이 관여한 경우라고 하더라도 그중에서 한 사람만이 창작적인 요소에 관한 작업을 담당하고, 다른 사람은 보조적인 작업을 행한 것에 불과하거나, 다른 사람은 아이디어나 소재를 제공함에 그친 때에는 창작적 작업을 담당한 사람만이 그 저작물의 저작자가 되고 다른 사람은 저작자로 되지 아니한다(대법원 2009.12.10, 선고 2007도7181 판결 참조).

원고는 2009년 초경 이 사건 검토팀에서 활동하면서 환경교재 초안을 검토하였고 그 과정에서 "특정 내용을 추가하는 것이 좋겠다", "이것은 수정하는 것이 좋겠다"는 등으로 의견을 제시하는 한편 삽화담당자(AU)에게 "어떤 배경과 요소들을 넣어서 그려야 학생들이 교육적, 환경적으로 이해가 잘 될 수 있다"는 등으로 의견을 제시하여 삽화 작업을 진행하게 하거나 수정하게 한 사실 등을 인정할 수는 있다. 그러나 그러한 사실들을 포함하여 원고가 제출하는 증거들만으로는 원고가 1, 2학년용 환경교재의 작성에 조언 등을 한 것을 넘어 창작적인 표현형식 자체에 다른 사람과 공동으로 기여하였다고 단정하기 어렵고, 달리 이를 인정할 증거가 없다. 따라서 원고가 1, 2학년용 환경교재의 공동 저작자임을 전제로 하는 원고의 주장에 나머지 점에 관하여 더 살펴볼 필요 없이 모두 이유 없다.

2) 저작권의 등록

① 저작자는 다음 각 호의 사항을 등록할 수 있다.
1. 저작자의 실명 · 이명(공표 당시에 이명을 사용한 경우로 한정한다) · 국적 · 주소 또는 거소

2. 저작물의 제호·종류·창작연월일
3. 공표의 여부 및 맨 처음 공표된 국가·공표연월일
4. 그 밖에 대통령령으로 정하는 사항
② 저작자가 사망한 경우 저작자의 특별한 의사표시가 없는 때에는 그의 유언으로 지정한 자 또는 상속인이 제1항 각 호의 규정에 따른 등록을 할 수 있다.
③ 제1항 및 제2항에 따라 저작자로 실명이 등록된 자는 그 등록저작물의 저작자로, 창작연월일 또는 맨 처음의 공표연월일이 등록된 저작물은 등록된 연월일에 창작 또는 맨 처음 공표된 것으로 추정한다. 다만, (생략)

저작권은 창작하는 때에 발생하지만, 저작권법에 따르면 저작자나 상속인은 한국저작권위원회의 저작권등록부에 저작자의 이름과 저작물, 공표일 등에 관한 사항을 등록할 수 있도록 제도를 마련하고 있습니다. 그 이유는,

① 저작권등록부에 이름이 등록되어 있으면, 저작자로 추정되기 때문에, 향후 다툼이 생겼을 때 유리한 지위에서 권리를 주장하기가 편리합니다. 본인이 저작자가 아니라고 주장하는 자가 있다면, 그 자가 입증책임을 져야 합니다. 특히 최초의 저작자가 아닌데, 저작권을 양도받은 경우에는 사람들이 내가 새로운 권리자가 되었다는 것을 잘 모를 때도 있습니다. 이때야말로 등록부에 제대로 기록을 해놓아야 시비가 없습니다.

② 등록된 창작연월일/공표일을 등록해놓으면 그때부터 보호기간이 기산되므로, 나중에 유족이 보호기간을 가지고 다투는 일을 방지합니다. 다른 사람이 저작권을 이용하고자 할 때도 저작자가 누군지 몰라서 우왕좌왕하지 않고 신속하게 저작권자를 찾아와서 협상에 이를 수 있다는 것도 장점입니다. 저작권 변동이 있는 경우에는 누구에게서 누구에게로 언제 이동했는지가 중요한데, 그것을 확인하는 근거도 될 수 있습니다.

(4) 저작물

저작물 요건을 분설하면 [인간의 사상 또는 감정]을 [표현]한 [창작물]입니다.

1) 인간의 사상 또는 감정

① 저작물이 되려면 [인간의 사상 또는 감정]을 표현하여야 합니다. 그러므로 따라서 인간(자연인)이 아닌 동물이 만든 것, 자연현상으로 인해 만들어진 것은 저작물이 아닙니다. 역사적 사실이나 사건 사고와 같은 진실도 저작물이 아닙니다.

최근 미드저니(MIDJOURNEY)와 같이 이미지를 생성하는 인공지능 서비스가 화제가 되고 있습니다. [스페이스 오페라]라는 작품을 보면 완성도가 상당히 높습니다. AI 서비스는 영어로 텍스트를 입력하기만 하면 다양한 이미지를 생성해냅니다. 그런데 저작권법에 따르면 저작물은 인간의 사상 또는 감정을 표현해야 하므로, 현재 AI는 인간의 창작을 보조하는 도구로 취급됩니다. 하지만 AI가 점차 똑똑해지면서 AI가 표현한 작품에 대해 저작권 논쟁이 벌어지고 있습니다.

② [사상 또는 감정]을 표현하여야만 저작물이 됩니다. 이때 사상 또는 감정이 얼마나 고차원적인지, 심오한지, 추상적인지는 중요하지 않습니다. 비도덕적이거나, 불온하거나, 반사회적인 것도 중요하지 않습니다. 그러므로 음란물이나, 이적표현물과 같은 것들도 저작물로 보호됩니다. 다만, 그런 것들은 형법 등 다른 법률로 인하여 행사하는데 제약이 따를 뿐입니다.

판단하건대, 저작권법의 보호대상인 저작물이라 함은 사상 또는 감정을 창작적으로 표현한 것으로서 문학, 학술 또는 예술의 범위에 속하는 것이면 되고 윤리성 여하는 문제되지 아니하므로 설사 그 내용 중에 부도덕하거나 위법한 부분이 포함되어 있다 하더라도 저작권법상 저작물로 보호된다 할 것이다.

어문저작물인 서적 중 제호(title) 자체는 저작물의 표지에 불과하고 독립된 사상, 감정의 창작적 표현이라고 보기 어려워 저작물로서 보호받을 수 없으므로 이 사건 제호 역시 저작물로 보호받을 수 없다고 판시하였다. 이 사건은 원칙적으로 어문저작물의 제호는 저작권법으로 보호받을 수 없고 또한 설사 현대 사회에서 제호가 갖는 사회적·경제적 중요성 등을 고려하여 제호의 저작물성을 일률적으로 부인하지 않고 제호 중 창작성 사상 또는 감정을 충분히 표현한 것을 선별하여 독립된 저작물로 보호하는 입장에 선다고 하더라도, 완성된 문장의 형태가 아닌 불과 두 개의 단어로만 구성되어 있는 이 사건 제호가 독자적으로 특정의 사상이나 감정 혹은 기타의 정보를 충분히 표현한 것으로 보기 어렵다는 것을 확인한 사안이다.

③ 인간이 사상 또는 감정을 표현해야 하므로, 실체가 없어 사상 또는 감정을 가질 수 없는 법인이 저작권자가 될 수 있는지가 문제됩니다. 법인을 저작자로 인정하는 나라도 있고 아닌 나라도 있습니다. 우리나라 민법에 따르면 법인은 권리와 의무의 주체가 될 능력은 부여되어 있습니다. 그래서 예외적인 경우에 법인이 [업무상저작물]의 저작자가 되기도 하는데, 이것은 업무상저작물을 이야기하면서 자세히 설명합니다.

2) 아이디어의 표현

① 저작물이 되기 위해서는 인간의 사상 또는 감정인 것(아이디어)에 그치지 않고, 이것이 표현되어야 합니다. 표현되지 아니한 아이디어는 저작물로 보호받지 못합니다. [아이디어와 표현의 이분법(idea-expression dichotomy)]이라고 합니다.

예를 들어 A가 B와의 술자리에서 독특한 세계관 아이디어를 B에게 말했습니다.

B가 그 아이디어를 가지고 소설을 써서 대박이 났다고 합시다. A는 B에게 [그거 내 아이디어잖아]라고 말할 수는 있지만, 저작물로 보호받는 것은 B의 작품입니다. 저작권도 B가 갖습니다. A의 아이디어는 보호받지 못합니다. 사실 보호해주는 것도 무리가 있습니다. 만약 아이디어를 보호해주기 시작하면, 세상 사람들 너도나도 저작물이 자기 아이디어라고 주장할텐데, 분쟁에 끝이 없게 됩니다.

저작물이 보호받으려면, 아이디어 차원이 아니라 다른 사람이 인지할 수 있도록 표현의 형태를 띠어야 합니다. 이때 표현이라 하면, 문자, 기호, 소리, 영상, 이미지 등을 말하며, 인간의 오감을 통해 인지할 수 있다는 걸 의미합니다.

만약 문서, 음원 파일, 영상 파일, 이미지 파일 등 유형물에 고정되어 있으면 표현된 점을 인정받기 쉽습니다. 하지만 이렇게 유형물에 고정하는 것이 필수는 아닙니다. 베른협약에서는 저작물이 고정되어야 저작물로 인정하는지 여부를 각국의 자유로 하고 있습니다. 나라에 따라서는, [고정 여부]를 저작물성의 요건으로 삼는 경우도 있지만, 우리나라 저작권법에서는 형태가 고정 여부를 묻지 않고 아이디어가 표현된 것은 저작물이 됩니다. 강사의 강연은 자료로 남아 있지 않아도 청중을 향해 표현되었기 때문에 강사의 저작물입니다. 안무가의 아이디어가 몸짓으로 표현된 안무는, 기록하기 힘들지만 안무가의 저작물입니다.

아이디어 표현 이분법을 악용하여, 공모전이나 회의과정에서 알게 된 참신한 아이디어를 가져다가 다른 예술가로 하여금 표현만 하게 하여 저작권을 갈취하는 경우도 있습니다. 그래서 실무에서는 아이디어를 말하기 전에 [아이디어 제공계약]이라는 것을 체결하여 부정한 사용을 원천차단하거나, 손해배상을 청구하여 보호를 기합니다.

그러면 세법이 보기에 이것은 저작권으로 창출되는 이익이 아니고 계약의 위약으로 인한 배상금으로 보아 기타소득으로 구분합니다.

② 아이디어 표현 이분법은, [아이디어 자체는 보호되지 못한다]는 의미도 있지만 [표현되었다는 이유로 아이디어가 항상 보호받는 것은 아니다]는 두 번째 의미도 담겨 있습니다. 달리 표현하면, 누군가 아이디어를 독점했을 때 이익보다 사회적

비용이 더 크다면 아이디어가 표현되었어도 보호받지 못합니다.

첫째로 보호의 이익보다 보호의 비용이 더 큰 경우 중에, [필수장면 이론]이라는 것이 있습니다. 연극, 영화, 소설의 분야에서 자주 등장합니다. 어떤 주제를 다룰 때, 반드시 필요한 기초적인 장면이 들어가 있으면, 그 구조가 다른 저작물에서 등장한다고 해도, 독점적인 권리를 주장할 수 없습니다.

둘째로, 만약 어떤 아이디어를 표현하는 방법이 한정적이어서 그 [표현]을 보호하는 경우 그 [아이디어]를 독점하는 결과가 되는 경우가 있습니다. 이때는 아무리 독창적인 아이디어가 표현되었더라도 보호받지 못합니다. 이것을 [아이디어와 표현의 융합(merger doctrine)]이라고 합니다. 예를 들어, 수학 공식은 인간의 사상을 표현한 아이디어이면서 기호(그리스 문자 등)와 숫자로 표현되어 있습니다. 하지만 수학 공식은 그렇게 표현할 수밖에 없는 것이므로 기호를 보호하면 수학적인 관념 자체를 표현할 수 없게 됩니다.

정리하면, ① 아이디어 중에 표현된 것, ② 아이디어와 표현이 분리될 수 있는 것, ③ 표현된 아이디어를 보호하는 것이 비용보다 사회적 이득이 더 큰 경우, 비로소 저작물성이 인정됩니다.

• 대법원 2000.10.24. 선고99다10813

저작권의 보호 대상은 학문과 예술에 관하여 사람의 정신적 노력에 의하여 얻어진 사상 또는 감정을 말, 문자, 음, 색 등에 의하여 구체적으로 외부에 표현한 창작적인 표현형식이고, 표현되어 있는 내용 즉 아이디어나 이론 등의 사상 및 감정 그 자체는 설사 그것이 독창성, 신규성이 있다 하더라도 원칙적으로 저작권의 보호 대상이 되지 않는 것이므로, 저작권의 침해 여부를 가리기 위하여 두 저작물 사이에 실질적인 유사성이 있는가의 여부를 판단함에 있어서도 창작적인 표현형식에 해당하는 것만을 가지고 대비하여야 할 것이며(대법원 1999.11.26. 선고 98다46259 판결 참조), 소설 등에 있어서 추상적인 인물의 유형 혹은 어떤 주제를 다루는 데 있어 전형적으로 수반되는 사건이나 배경 등은 아이디어의 영역에 속하는 것들로서 저작권법에 의한 보호를 받을 수 없다고 할 것이다.

3) 창작물

우리는 무엇을 두고 독창적(ORIGINALITY)이라거나 창작적이라고 할까요? 복제물에 대응하는 원작의 개념, 유일성의 개념은 어쩌면 철학적이거나 미학적이기까지 합니다. 하지만 법정에서 철학을 근거로 판결을 내릴 수는 없는 것이므로, 창작성에 대해서 분명한 판단 기준을 제시하고 있습니다. 창작물의 요건은 2가지입니다. ① 남의 것을 베끼지 않았다는 것과 ② 최소한도의 창작성이 있다는 것입니다. 그러면 원저작물이 됩니다.

> ● 대법원 1997.11.25, 97도2227 판결
>
> 여기에서 창작물이라 함은 저자 자신의 작품으로서 남의 것을 베낀 것이 아니라는 것과 최소한도의 창작성이 있다는 것을 의미한다. 따라서 작품의 수준이 높아야 할 필요는 없지만, 저작권법에 의한 보호를 받을 가치가 있는 정도의 최소한의 창작성은 요구되므로, 단편적인 어구나 계약서의 양식 등과 같이 누가 하더라도 같거나 비슷할 수밖에 없는 성질의 것은 최소한도의 창작성을 인정받기가 쉽지 않다 할 것이다.

① 남의 것을 베끼지 않았다는 것

[남의 것을 베끼지 않았다는 것]의 첫 번째 의미는, 남의 작품과 내 작품이 서로 다르면 말할 것도 없지만, 어쩌다 보면 모양새가 비슷할 수도 있는데(실질적 유사), 그래도 남의 작품을 베낀 것이 아니라 나 역시 독자적으로 내 사상과 감정을 표현한 것이다, 인과관계가 없다, 비슷하게 보이는 이유는, 같은 아이디어/비보호 저작물로부터 비롯된 것일 수도 있고, 우연일 수도 있다는 주장입니다. 즉, [남의 것에 베이스를 두었나?]에 초점을 두는 것입니다. 이것을 [의거/접근]의 문제라고 합니다.

법원은 피고가 원고의 작품에 [의거/접근]했는지 다음과 같이 판단합니다. 원고의 작품이 시간순으로 빨랐나? 시간의 물리법칙상 먼저 만들어진 작품이 나중 것을 베낄 수는 없기 때문입니다. 원고의 작품이 얼마나 유명한가? 유명한 작품일 수록 피고가 원고의 작품을 알았을 가능성도 높아지기 때문입니다. 실제로 작품을 봤는

가? 봤다고 다 베낀 것은 아니지만, 봤다면 영향을 받았을 가능성이 높습니다.

[남의 것을 베끼지 않았다는 것]의 두 번째 의미는, 남의 작품이 있다는 걸 알지만, 그것을 베낀 적이 없다, 특정 부분이 비슷할 수는 있으나, 확실히 그것과 내 것은 다른 작품이다, 라는 의미입니다. 즉, [비슷한가?]에 초점을 두는 것입니다. 이것을 [실질적 유사성]의 문제라고 합니다.

[실질적 유사성]은 두 작품을 비교하면서 얼마나 비슷한지 판단하는 것이므로, 당사자들 이야기를 들을 것 없이 판사님이 직접 작품들에 드러난 특징들을 비교하면 됩니다. 실질적 유사성에는 두 가지 종류가 있습니다. 하나는 [부분적, 문언적 유사성]이고 다른 하나는 [포괄적, 비문언적 유사성]입니다. 전자는 저작물 속의 특정한 행이나 절 또는 기타 일정한 부분이 그대로 일치하는 것을 말하고, 후자는 문장 대 문장으로 대응되는 유사성은 없어도 근본적인 본질 또는 구조를 복제함으로써 전체적으로 포괄적인 유사성이 있는 경우를 말합니다. 둘 중 하나에 해당하면 실질적으로 유사하다고 합니다.

> • 의정부지방법원 고양지원 2016.2.18, 선고 2015가단73718 판결
>
> 원고와 피고의 작품은 일견 보기에 같은 옛 그림 위에 크리스탈이 부착되어 있다는 점에서 상당한 유사성을 가지는 것으로 보이나, 동일한 옛 그림을 차용하는 것 자체는 독창성을 가질 수 없고, 크리스탈을 부착하는 것 역시 작품에 오브제를 부착, 표현하는 방법은 현대 미술에서 매우 흔한 표현방법이며, 크리스탈 역시 미술 작가들 뿐 아니라 일반 대중들에게까지 익숙하고 보편적인 표현 수단이라는 점에서 위 두 가지만으로 원, 피고 각 작품들의 독창성을 논할 수는 없는 것으로 판단된다. (중략) 실제 이 법원의 검증 결과, 위와 같은 작품 방식의 차이로 인하여, 두 작가의 작품들이 구분될 수 있음을 확인하였는바, 이러한 점에 비추어 보면, 원고와 피고가 옛 그림에 크리스탈을 부착하는 작업을 언제 시작하였는지는 불문하고, 원고의 작업은 피고의 작업과는 별개의 독창성을 지닌 것으로, 피고의 독창성을 도용하였다고 보기 어렵다.

② 최소한도의 독창성

저작물이려면 최소한도의 독창성을 갖추어야 합니다. 독창성이면 독창성이지, 최소한도라는 건 뭘까요? 이는 저작권이 보호되기 위해서 높은 수준의 창작성까지

갖출 필요는 없고, 저작자 자신이 나름대로의 정신적 노력의 소산이기만 하면 충분하다는 입장입니다. 특허의 보호 요건이 선행기술로 쉽게 발명할 수 없는 진보성을 요구하는 것에 비하여는 상당히 완화된 요건입니다. 반대로 표현하여 누가 하더라도 같은 결과로 될 수밖에 없어 저작자의 개성이 드러날 수 없는 산출물은 저작물이 되지 못합니다.

음식점 내부 공간을 촬영한 사진은 독창성이 있을까요? 저작자의 개성이 드러나는 나름의 정신적 소산인지를 봐야 할 것이고요, 누가 하더라도 같은 결과가 나오는 것은 아닌지를 살펴야 합니다. 판례에 따르면, 단순히 깨끗하게 정리된 음식점 내부의 사진은 누가 찍어도 비슷한 결과로 될 수밖에 없어 저작물에 해당하기 어렵지만, 업소의 장점을 부각하기 위해 시간대와 각도, 이미지 창출을 위한 창작적인 고려가 나타난 사진은 저작물이 될 수 있다고 합니다.

● 대법원 2003.10.23, 선고 2002도446 판결

저작권법에 의하여 보호되는 저작물이기 위하여는 문학 · 학술 또는 예술의 범위에 속하는 창작물이어야 하므로 그 요건으로서 창작성이 요구되나, 여기서 말하는 창작성이란 완전한 의미의 독창성을 말하는 것은 아니며 단지 어떠한 작품이 남의 것을 단순히 모방한 것이 아니고 작자 자신의 독자적인 사상 또는 감정의 표현을 담고 있음을 의미할 뿐이어서 이러한 요건을 충족하기 위하여는 단지 저작물에 그 저작자 나름대로 정신적 노력의 소산으로서의 특성이 부여되어 있고 다른 저작자의 기존의 작품과 구별할 수 있을 정도이면 충분하다.

● 대법원 2006.12.8, 선고 2005도3130 판결

하지만 피해자의 광고사진 중 '(업소명 생략)' 내부 전경 사진에 관하여 원심이 적법하게 채택한 증거에 비추어 살펴보건대, '(업소명 생략)' 내부 전경 사진은 목욕을 즐기면서 해운대의 바깥 풍경을 바라볼 수 있다는 '(업소명 생략)' 업소만의 장점을 부각하기 위하여 피해자 소속 촬영담당자가 유리창을 통하여 저녁 해와 바다가 동시에 보이는 시간대와 각도를 선택하여 촬영하고 그 옆에 편한 자세로 찜질방에 눕거나 앉아 있는 손님의 모습을 촬영한 사진을 배치함으로써 해운대 바닷가를 조망하면서 휴식을 취할 수 있는 최상의 공간이라는 이미지를 창출시키기 위한 촬영자의 창작적인 고려가 나타나 있다고 볼 수 있고, 또한 '(업소명 생략)'의 내부공간은 어떤 부분을 어떤 각도에서 촬영하는가

에 따라 전혀 다른 느낌의 분위기를 나타낼 수 있으므로 <u>누가 촬영하여도 같거나 비슷한 결과가 나올 수밖에 없는 경우에 해당한다고도 보기 어렵다.</u> 그렇다면 '(업소명 생략)' 사진은 그 촬영의 목적 자체가 피사체의 충실한 재현에 있다거나 촬영자의 고려 역시 피사체의 충실한 재현을 위한 기술적인 측면에서만 행하여졌다고 할 수 없고, <u>광고대상의 이미지를 부각시켜 광고의 효과를 극대화하고자 하는 촬영자의 개성과 창조성이 있다고 볼 수 있다.</u>

(5) 저작물의 예시

1) 전형적인 저작물

● **저작권법 제4조(저작물의 예시 등)**

① 이 법에서 말하는 저작물을 예시하면 다음과 같다.
1. 소설·시·논문·강연·연설·각본 그 밖의 어문저작물
2. 음악저작물
3. 연극 및 무용·무언극 그 밖의 연극저작물
4. 회화·서예·조각·판화·공예·응용미술저작물 그 밖의 미술저작물
5. 건축물·건축을 위한 모형 및 설계도서 그 밖의 건축저작물
6. 사진저작물(이와 유사한 방법으로 제작된 것을 포함한다)
7. 영상저작물
8. 지도·도표·설계도·약도·모형 그 밖의 도형저작물
9. 컴퓨터프로그램저작물

인간의 사상과 감정을 표현한 창작물이기만 하면 저작물이 됩니다. 저작권법에서는 이해를 돕고자 저작물의 9가지 예시를 규정하고 있습니다. 물론 예시이므로, 9가지 유형에 해당하지 않아도 저작물이 될 수 있습니다.

저작권법에서는 저작물 9가지 예시를 들고 있지만, 부가가치세법상 예술창작품과는 차이가 있습니다. 부가가치세가 면세되는 예술창작품은 미술, 음악, 사진, 연극 또는 무용에 속하는 창작품으로 합니다. 그리고 도서는 따로 면세되는 재화로 합

니다. 그러니 건축저작물, 영상저작물, 도형저작물, 컴퓨터프로그램저작물은 상세한 판정이 필요합니다.

① 어문저작물

어문저작물은 소설, 시, 시나리오 등 문학적인 것은 물론이고, 논문, 강연, 연설, 수험서의 시험문제, 블로그 포스팅, 트윗 등 문학적인 요소가 없는 것도 어문저작물이 될 수 있습니다. 또, 꼭 문자로 표현되어야 하는 것은 아니며 구술로 된 것도 포함합니다. 하지만 현실적으로 스크립트나 녹음으로 남아 있지 않으면 다른 사람이 무단으로 베끼거나 차용할 때 대항하기는 쉽지 않습니다.

② 음악저작물

음악저작물은 리듬, 선율, 화성(음악의 3요소)으로 음악적 구조를 이루는 저작물입니다. 꼭 악기로 연주되거나 사람의 목소리로 표현될 필요는 없습니다. 음악저작물은 보통 악보나 녹음으로 고정되어 있습니다.

음악저작물에서는 음악과 가사를 분리할 수 있는가가 이슈입니다. 베른협약에는 음악저작물이 [가사가 있거나 또는 없는 작곡]이라고 하며 노래와 가사를 분리하지 않습니다. 미국도 입장이 같습니다. 반면 영국은 악곡만 음악저작물로 봅니다. 우리나라 다수설은 노래와 가사를 분리할 수 있다고 보고, 가사가 붙은 노래를 결합저작물로 봅니다. 그러니 작곡가와 작사가가 각자 저작권을 행사할 수 있습니다. 요즘에는 작사 따로 단행본으로 엮는 경우도 있고, 작사에 맞추어 작곡이 이루어지거나, 작곡이 먼저 있고 가사가 덧붙여지는 경우처럼 따로 만들어지는 경우도 많아 이해하기 어렵지 않습니다. 이때 가사는 어문저작물이 됩니다.

③ 연극저작물

연극저작물은 연극, 무용, 무언극를 말합니다. 연극은 보통 대본에 기초해서 연기와 연출이 더해져 이루어지는데, 대본은 어문저작물이고, 대사, 몸짓, 연기, 자세, 움직임은 연극저작물이 됩니다. 무용은 안무저작물이라고도 부르는데, 창작자가 생각해낸 자세, 움직임, 동작의 배열을 말합니다. 이때 독창성이 있다고 보기 어려운 단순한 동작이나 운동동작 같은 것들은 보호받기가 어렵습니다. 연극저작물 및 안무저작물이기 위하여는 저작물성을 갖추면 되고 유형물에 고정될 필요는 없지만, 타인에게 대항하기 위해서는 영상으로 녹화하여 고정하는 것이 일반적입니다.

> **• 서울중앙지방법원 2021.5.7, 선고 2019가합570905 판결**
>
> 그러나 핵심안무 1에서 골반을 흔들거나 손가락 일부를 접어 올리는 동작은 <u>댄스안무에서 전형적으로 보이는 춤 동작과 유사하고, 핵심안무 2는 '쉿'이라는 소리의 의미(소리를 내지 말라는 뜻을 나타내는 의성어)를 동작으로 표현하는 통상적인 동작에 불과하다.</u> 핵심안무 1, 2가 'E' 곡의 전체적인 흐름, 분위기, 가사 진행에 맞게 종합적으로 재구성되었다거나, 각 춤 동작들이 곡의 흐름에 맞게 완결되어 전체적으로 하나의 작품으로 인식된다고 보기도 어려우므로, 이 사건 안무가 안무가의 사상 또는 감정을 표현한 창작물에 해당한다고 볼 수 없다.

④ 미술저작물

미술저작물은 회화·서예·조각·판화·공예와 같이 도상, 색채, 형상, 질감 등의 요소로 표현된 저작물입니다. 예시에는 없지만 만화, 무대미술도 포함됩니다. 보통 시각예술을 지칭할 때는 사진이나 건축도 포함시킬 때가 많지만, 사진과 건축은 따로 규정되어 있습니다. 미술저작물은 응용미술저작물에 관한 이슈가 있는데 뒤에서 자세히 설명합니다.

⑤ 건축저작물

건축물 그 자체로도 건축저작물이기도 하고, 설계도도 건축저작물입니다. 실제 건축물을 축소시킨 모형도 건축저작물입니다. 이때 건축물은 건축법 상의 건축물에 한정되는 것은 아닙니다. 그렇지만 바닥에 고정은 되어야 하므로 이동하는 기계장치는 건축저작물이 될 수 없습니다. 외관뿐만 아니라 인테리어 요소도 건축저작물에 해당합니다. 허락없이 다른 건물과 유사한 건물을 짓거나, 건축사 허락 없이 건물 설계도를 토대로 건축을 하거나, 건축물을 축소시켜 모형으로 만드는 행위는 저작권 침해가 됩니다.

건축물이 그와 같은 일반적인 표현방법 등에 따라 기능 또는 실용적인 사상을 나타내고 있을 뿐이라면 창작성을 인정하기 어렵지만, 사상이나 감정에 대한 창작자 자신의 독자적인 표현을 담고 있어 창작자의 창조적 개성이 나타나 있는 경우라면 창작성을 인정할 수 있으므로 저작물로서 보호를 받을 수 있다. (중략) 강릉시(주소 1 생략)에 시공한 카페 '○○○○'의 건축물(이하 '피해자 건축물'이라 한다)은, 외벽과 지붕슬래브가 이어져 1층, 2층 사이의 슬래브에 이르기까지 하나의 선으로 연결된 형상, 슬래브의 돌출 정도와 마감 각도, 양쪽 외벽의 기울어진 형태와 정도 등 여러 특징이 함께 어우러져 창작자 자신의 독자적인 표현을 담고 있다. 이처럼 피해자 건축물은 일반적인 표현방법에 따른 기능 또는 실용적인 사상만이 아니라 창작자의 창조적 개성을 나타내고 있으므로, 저작권법으로 보호되는 저작물에 해당한다고 보아야 한다.

⑥ 사진저작물

사진은 빛의 물리적인 성질을 이용하여 피사체를 필름에 재현하는 것을 말합니다. 따라서 사진으로 찍은 것 같은 극사실주의 그림을 그린다고 해서 사진저작물이 되지는 않습니다. 이때 피사체 선정, 구도 설정, 빛의 방향과 양 조절, 카메라 각도 설정, 셔터 속도, 셔터찬스 포착, 기타 촬영방법, 현상 및 인화 등에서 개성이 드러날 수 있습니다. 반대로 사진에 독창성이 표현되어야만 사진저작물이 됩니다. 그러니 누가 찍어도 비슷하게 나올 수밖에 없는 사진은 저작물로 보호받지 못합니다. 앞의 독창성 파트에서 설명한 음식점 사진이 그런 경우입니다.

사진저작물은 때로는 2차적저작물의 성격을 갖기도 합니다. 원저작물인 미술품, 건축물, 소설 페이지, 안무장면, 악보 등을 찍으면 그렇게 됩니다. 그러면 사진저작물이 원저작자의 저작권을 침해한 것이 됩니다. 인물을 찍는 경우에는 원저작자의 초상권을 침해한 것이 됩니다. 그러나 그렇다고 해도 사진 자체에 창작성이 있기만 하면 2차적저작물로 성립하는 데는 문제없고 다만 원저작자에 대한 권리침해 문제만이 남습니다.

⑦ 영상저작물

영상저작물은 연속적인 영상이 수록된 창작물로서 그 영상을 기계 또는 전자장치에 의하여 재생하여 볼 수 있거나 보고 들을 수 있는 것을 말합니다. 영상저작물 만큼은 정의에 기계 또는 전자장치에 의하여 재생한다는 표현이 있어, 유형물에 고정되어야 합니다. 영상에 음은 수반되어도 되고 아니어도 됩니다. 그러므로 무성영화나 움짤(GIF파일)도 영상저작물입니다. 유명한 저작권 침해 중에는 영상저작물과 관련된 것이 많은데요, 뮤직비디오, 방송 프로그램의 포맷, 비디오 게임의 그래픽 화면의 연속도 영상저작물에 해당합니다.

• 대법원 2017.11.9. 선고 2014다49180 판결

원심 판시 원고 영상물은 리얼리티 방송 프로그램으로서 아래에서 보는 기존의 방송 프로그램과 구별되는 창작적 특성을 갖추고 있어 특별한 사정이 없는 한 저작물로서 보호 대상이 될 수 있다. 원고 영상물은 결혼적령기에 있는 일반인 남녀가 [애정촌]이라는 공간에 모여 일정 기간 함께 생활하면서 자기소개, 게임, 데이트 등을 통해 자신의 짝을 찾아가는 과정을 녹화한 리얼리티 방송 프로그램이다. (생략) 하지만 원고 영상물은 프로그램을 진행하는 사회자가 없이 출연한 남녀들이 한 장소에 모여 합숙 생활을 하면서 제작진이 정한 규칙에 따라 행동하도록 하고 그 과정에서 일어나는 상호작용을 대상으로 삼아 객관적으로 관찰할 수 있도록 한다는 점에서 기존에 존재하던 프로그램과는 구별되는 특징이 있다. (생략) 즉, 프로그램에 출연하는 남녀들이 상당 기간 동안 사회로부터 격리되어 합숙하면서 짝을 찾는 일에만 몰두하게 할 뿐만 아니라, 출연자의 나이와 직업을 제외하고는 나머지 신상정보가 드러나지 아니하도록 하고, 남녀별로 각각 통일된 유니폼을 입도록 하며, 출연자들을 좀 더 객관화된 대상으로 표현하기 위하여 남자 1호, 여자 1호 등과 같이 사회에서 일반적으로 사용하지 아니하는 호칭을 사용한다. 그리고 자기소개 시간을 통해 출연자가 자신의 매력을 드러내도록 하고, 같이 도시락을 먹을 이성 상대방을 선택하도록 하며, 원하는 이성 상대방과 데이트할 권리를 획득하기 위하여 동성 간에 경쟁을 하도록 하는 등의 장치를 통해 일반 사회에서 짝을 찾기 위한 경쟁의 모습을 좀 더 축소하여 상징적으로 보여주고 있다. 여기에 제작진과의 속마음 인터뷰나 가족과의 전화 통화 등의 요소를 프로그램 중간중간에 배치하여 출연자의 솔직한 모습과 속마음을 드러내어 시청자들에게 전달하도록 하고 있다. 나아가 이러한 전체적인 사건의 진행이나 출연자의 심리 등을 다큐멘터리 프로그램과 같이 평어체와 문어체를 사용하는 성우의 내레이션을 통해 시청자들에게 전달함으로써 짝을 찾아가는 남녀의 모습을 객관적으로 관찰하는 느낌을 극대화하고 있다. (생략) 원고 측의 축적된 방송 제작 경험과 지식을 바탕으로 위와 같은 프로그램의 성격에 비추어 필요하다고 판단된 요소들만을 선택하여 나름대로의 편집 방침에 따라 배열한 원고 영상물은 이를 이루는 개별요소들의 창작성 인정 여부와는 별개로 구성요소의 선택이나 배열이 충분히 구체적으로 어우러져 위에서 본 기존의 방송 프로그램과는 구별되는 창작적 개성을 가지고 있다고 할 수 있다.

⑧ 도형저작물

지도, 도표, 약도, 회로도, 흐름도 등이 도형저작물입니다. 그런데 도형저작물은 대부분 어떤 기능적 목적을 염두에 두고 만들어지게 되는데요, 그래서 도형저작물은 아이디어를 표현하는 한정적인 방법이 되는 경우가 많아 보호받기 쉽지 않습니다.

⑨ 컴퓨터프로그램저작물

특정한 결과를 얻기 위하여 컴퓨터 등 정보처리능력을 가진 장치 내에서 지시 명령으로 표현된 창작물입니다. 프로그램 언어로 코딩되어 작동하는 체계를 말합니다. 이렇게 설명하니까 어려운데요, 세무사들이 사용하는 회계장부 프로그램, 양도소득세 신고 프로그램, 일정과 거래처관리 프로그램, 자동이체 프로그램이 전부 컴퓨터프로그램저작물입니다. 다만, 컴퓨터프로그램저작물은 어떠한 아이디어를 한정된 방식으로 표현하고 있는 것이 많아, 보호를 못 받을 때가 있습니다.

2) 응용미술저작물

> **● 저작권법 제2조(정의)**
>
> 이 법에서 사용하는 용어의 뜻은 다음과 같다.
> 15. "응용미술저작물"은 물품에 동일한 형상으로 복제될 수 있는 미술저작물로서 그 이용된 물품과 구분되어 독자성을 인정할 수 있는 것을 말하며, 디자인 등을 포함한다.

미술저작물에는 응용미술저작물이라는 것을 특별히 언급하고 있습니다.

쉽게 말하면 ① 응용미술저작물은 미술저작물 중에서도 우선 대량생산이나 산업적 목적을 가진 것을 말합니다. 하지만 미술작품을 만들 때 항상 목적을 정해놓고 만드는 것은 아니기 때문에 적절한 기준이 아닙니다. 일본에서는 순수미술저작물이란 1회적으로 제작되는 것이고 응용미술저작물의 대량 생산 목적이라고 규정합니다. ② 다음으로 산업적 목적에서 예술(미술)적인 부분을 물리적으로든 개념적으로든 분리할 수 있어야 합니다. ③ 그러고 나면 예술적인 부분은 창작물로 보호하겠다는 것입니다.

미술저작물과 응용미술저작물을 왜 구분하는 걸까요? 디자인보호법에 따르면, 디자인은 [등록]으로부터 [20년간] 보호됩니다. 반면 저작권법에서는 저작인격권도 인정하고 저작재산권도 저작자 [생존한 기간과 사후 70년]까지 보호됩니다. 왜 디자인보호법은 보호기간을 20년 밖에 인정하지 않을까요? 오늘날 거의 모든 제품은 디자인이 핵심 요소입니다. 디자인보호법도 [디자인 창작이 원활해지는 것]과 [산업에서 독점을 방지]하는 2가지 목표를 동시에 추구하는데, 저작권보다는 훨씬 더 조기에 보호기간을 종료시키는 것이 바람직하다고 판단한 것입니다. 그러니 중첩적인 보호를 하게 되면 디자인보호법이 유명무실해져버리게 됩니다.

디자이너라면, 디자인을 디자인보호법에 의해 20년간 보호받고, 다시 저작권법상 응용미술저작물로 오랫동안 보호받고 싶어 할 것입니다. 프랑스는 디자인이 산업재산으로 보호받지 못해도 저작권으로 보호해줍니다. 호주는 디자인이 산업재산으로 등록되면 저작권 보호는 안 해줍니다. 우리나라는 케이스에 따라 다르게 보고 있습니다.

• 서울중앙지방법원 2005.2.4. 판결, 2004노2851

위 각 인정사실에 의하면, 판시 '히딩크 넥타이' 도안은 그 독특한 형상과 문양에서 미적인 요소를 지니고 있어 응용미술작품의 일종으로 '물품에 동일한 형상으로 복제될 수 있는 미술저작물'에 해당한다고 할 것이고, 또한 그 이용된 물품인 넥타이는 판시 '히딩크 넥타이' 도안을 직물에다가 선염 또는 나염의 방법으로 복제하는 방법으로 제작된 것으로서 위 도안은 얼마든지 다른 실용품의 디자인으로도 이용될 수 있다고 보이고, 넥타이의 실용적 기능이 위 도안의 그 미적인 요소보다 결코 주된 용도라고도 보이지 아니하여, 결국 판시 '히딩크 넥타이' 도안은 넥타이의 기능과 관념적으로 구분되어 그 독자성을 인정할 수도 있다고 할것이므로 저작권법의 보호대상인 저작물에 해당한다고 봄이 상당하다. 그럼에도 불구하고, 원심은 판시 '히딩크 넥타이' 도안이 저작물에 해당하지 않는다는 이유로 피고인에 대하여 무죄를 선고하였으니 이 점에 있어 원심판결은 위법하다고 할 것이고, 이에 관한 검사의 항소논지는 이유 있다.

3) 업무상저작물

저작물은 인간의 사상 또는 감정을 표현한 것이지만, 예외적으로 법인이 저작권을 취득하는 경우가 있습니다. 그것을 [업무상저작물]이라고 합니다. 우리나라 저작권법에서는 법인등(법인과 법인격 없는 단체)의 명의로 공표되는 [업무상저작물]의 저작자는 법인등이 된다고 하여, 법인이 저작권자가 될 수 있는 길을 열어놓고 있습니다. 이때 업무상저작물로서 법인이 저작자가 되기 위하여는 아래와 같은 요건이 필요합니다.

① 고용관계

법인등의 업무상저작물이 되기 위해서는 법인등이 고용한 자가 저작물을 작성해야 합니다. 근로계약이 고용계약의 가장 전형적인 형태입니다. 반대로 민법상 위임이나 도급 계약에 의해 작성된 저작물은 법인등의 업무상저작물이 될 수 없고 수임인 및 수급인이 저작자가 됩니다. 이때 고용과 위임, 도급의 차이를 설명하자면 너무 깊어지니 생략하고, 고용계약은 피용자가 종속적인 지위에서 사용자의 지시에 따라 노무를 제공한다는 점만 기억하시면 됩니다.

② 법인등의 기획

법인등이 피용자에게 저작물에 대한 기본적인 아이디어나 구상을 제시하고 지침을 제공하여야 합니다. 반대로 표현하면, 법인등의 피용자라고 하더라도 법인의 기획에 따르지 않고 본인의 생각을 표현하여 만든 저작물은 피용자에게 귀속됩니다.

③ 업무상 작성

법인등이 제시한 업무 범위 내에서 피용자가 업무수행 과정에서 저작물을 창작하는 경우여야 합니다. 따라서 피용자가 업무 외적인 상황에서 저작물을 창작하는 경우에는 개인이 저작자가 됩니다.

④ 법인등의 명의로 공표

법인등의 명의로 공표되거나, 공표 예정인 경우여야 합니다. 이때 공표라는 것은 저작물을 공연, 공중송신 또는 전시 그 밖의 방법으로 공중에게 공개하는 경우와 저작물을 발행하는 것을 말합니다.[1] 공표는 저작물이 세상에 처음 모습을 드러내는 것을 의미하고, 저작인격권 중 핵심 권리이기도 합니다.[2] 즉, 법인등이 법인등의 명의로 저작물을 세상에 처음 내놓았다는 것을 의미합니다.

실무에서는 법인이 저작권자가 되는 일이 흔하지는 않습니다. 저작권게임회사에 고용된 캐릭터 디자이너들이 창작한 창작물이나, 애니메이터들이 창작한 캐릭터 저작물 등 한정적인 상황에서만 법인이 저작권자가 됩니다. 심지어는 2020년 11월 2일에 발표된 [저작권법 전부개정안]에서는 업무상 저작물을 더욱 보수적으로 보려 하였습니다. 업무상저작물인 경우에도, 일단 개인 창작자를 원시저작권자로 보았다가, 법인등에게 이전된 것으로 간주하고자 하였습니다. 통과되지는 않았기 때문에 현행법은 아닙니다.

저작물의 가치를 고려하여, 업무상저작물인지 아닌지에 대한 다툼도 자주 일어납

---

1 저작권법 제2조 25호
2 저작권법 제11조

니다. 아래 판례는, 웹툰 작가와 그를 고용했던 한의원의 다툼을 다루고 있습니다.

● 서울중앙지방법원 2021.6.1. 선고 2021고정101 판결

위와 같은 사실관계에 비추어 보면, D은 이 사건 웹툰 제작 당시에는 프로 웹툰 작가가 아니라 미술학원 강사 일을 하면서 간간히 만화 제작에 외주 작업을 하고 있었고, 그러한 외주 작업의 일환으로 이 사건 웹툰 제작에 관여한 것이다. 피고인이 D에게 이 사건 웹툰 제작에 관하여 지급한 보수(1회당 15만 원)에 대해 일용근로소득으로 취급하여 원천징수를 하였다고 하더라도, 이로써 D이 피고인에게 일용근로자로 채용되었다고 볼 수는 없다.

그리고 피고인 운영의 한의원에는 이 사건 웹툰 제작에 관한 전문성을 가진 직원이 있었다고 보이지 않는 이 사건에서, D이 피고인의 요청에 따라 피고인의 두 아들을 캐릭터화 하였다거나 피고인 운영의 한의원 블로그에 있는 내용을 참작하여 스토리를 구성하였다거나 매회 제작할 때마다 웹툰에 대해 피고인 측의 검수를 받았다거나 피고인으로부터 다이어트에 관한 일반 상식이나 기타 정보를 제공받았다는 등의 사정을 들어, 피고인이 D에 대하여 이 사건 웹툰 제작에 관하여 실질적인 지휘감독을 하는 사용관계에 있었다고 볼 수는 없으므로, 이 사건 웹툰은 D이 피고인과의 용역계약에 따라 순수한 외주 작업으로서 제작한 D의 저작물일 뿐 D이 피고인의 기획 하에 피고인의 업무에 종사하는 자로서 그 업무상 작성한 저작물이라고 볼 수는 없다.

2. 저작인격권과 저작재산권

> ● 저작권법 제10조(저작권)
>
> ① 저작자는 제11조 내지 제13조의 규정에 따른 권리(이하 "저작인격권"이라 한다)와 제 16조 내지 제22조의 규정에 따른 권리(이하 "저작재산권"이라 한다)를 가진다.

(1) 저작인격권

저작권 중 세금과 밀접한 관련이 있는 [저작재산권]을 이야기하기 전에, [저작인격권]을 먼저 설명합니다. 저작인격권은 저작자의 인격적 이익을 보호하는 권리입니다. 경제적 이익을 추구하는 저작재산권과는 구별됩니다. 작가에게는 중요하지만 세금과는 큰 관련이 없습니다. 저작인격권에는 크게 3개의 권리 [공표권], [성명표시권], [동일성유지권]이 포함되어 있습니다.

① [공표권]은 저작물을 세상에 내놓을 수 있는 권리를 말합니다. 저작물을 세상에 내놓지 않을 권리, 저작물이 세상에 나와도 될 정도의 완성도를 갖추었는지를 판단할 권리, 사회적 맥락을 살펴 저작물이 세상에 공개되는 시점과 방법을 결정할 권리, 그로 인해 저작물은 물론 저작자 자신의 평판에도 영향을 줄 수 있는 권리이기도 합니다. 만약 저작자의 허락을 받지 않고 미공표저작물을 공표하는 경우, 공표권 침해가 되어 민사, 형사상 책임을 져야 합니다.

② [성명표시권]은 저작물에 창작자의 이름을 표시할 수 있는 권리입니다. 이로서 저작자는 저작물의 주인으로 세상의 인정(추정)을 받고, 저작물이 저작자 자신의 인격의 발현, 자아의 실현임을 표현할 수 있게 됩니다. 이때 이름은 주민등록된 자기 진짜 이름도 괜찮고, 가명이나 별명(이명)도 관계 없습니다. 반대로 이름을 익명으로 표시하는 것도 저작자의 성명표시권에 해당합니다. 여러 사람이 관여한 저작물인 경우 이름과 역할을 제대로 병기해주는 것도 성명표시권에 해당합니다.

③ [동일성유지권]은 저작물이 저작자가 창작한 그대로의 모습으로 이용되도록 하는 권리입니다. 공표된 저작물은 저작자의 의도를 가장 잘 표현하고 있는 형태이기 때문에 저작물이 동일성을 잃는 경우 저작자의 의도가 왜곡되고 심지어 저작자의 평판에 영향을 줄 수도 있습니다. 그래서 저작자가 만든 저작물을 저작자의 허락 없이 변경을 하면 안 됩니다.

저작인격권에는 중요한 특징이 있습니다. 내 인격을 다른 사람에게 양도하는 것이 불가능하듯이 저작인격권도 양도, 이용허락할 수 없습니다. 또 저작자가 사망하면 인격을 보호해줄 사람이 없어지기 때문에 저작인격권은 소멸합니다. 상속될 수 없습니다. 이것을 저작인격권의 일신전속성(一身全屬性)이라고 합니다. 하지만 아무리 저작자가 사망하더라도 그가 생존했더라면 저작인격권의 침해가 될 행위를 해서는 안 됩니다. 저작자의 유족이 침해 정지를 청구하거나, 손해배상, 명예회복을 위해 필요한 조치를 할 수 있습니다. 저작자 사망 후에 저작자의 인격적 이익이 침해되었는지 여부는 사회통념에 비추어 판단합니다.

세법에서는 피상속인에게 귀속되는 모든 재산에 대해서 상속세 과세대상으로 삼지만, 일신에 전속하여 사망으로 인하여 소멸하는 것은 상속세 과세대상이 아니라고 합니다. 그러므로 저작인격권은 상속세 과세대상이 되지 않습니다.

(2) 저작재산권의 종류

이제 저작권법의 핵심이자, 세금과도 밀접한 관련이 있는 저작재산권을 설명드립니다. 저작재산권은 저작자의 경제적 이익을 보호하는 권리입니다. 통상 [판권]이라고 부르는 것도 저작재산권을 말합니다.

저작재산권은 저작인격권과 다른 점이 있습니다. 저작재산권은 이용허락이라는 전형적인 방법 외에도 양도(매매, 교환, 증여), 포기도 가능하고, 저작재산권자가 사망하는 경우 상속도 가능합니다. 따라서 최초에는 저작자가 저작재산권을 가지고 있지만, 여러가지 원인으로 인해 저작자 아닌 사람이 저작재산권을 갖는 일도 잦습니다. 따라서 저작권의 이전은 소득세, 법인세, 증여세, 상속세의 대상도 됩니다. 저작인격권은 포기도 불가하고 양도, 증여도 불가하고 사망으로 소멸하여 일신전속성을 갖는 것과 대조됩니다.

저작재산권에는 7가지의 권리가 포함되어 있습니다. [복제권], [배포권], [전시권], [대여권], [공연권], [공중송신권], [2차적저작물작성권]입니다. 그래서 저작자가 작품을 창작하는 때에는 3개의 인격권과 7개의 재산권이 동시에 탄생하게 되는데요, 이것을 비유적으로 권리의 다발(Bundle of rights)라고 부르기도 합니다.

1) 복제권

● 저작권법 제2조(정의)

이 법에서 사용하는 용어의 뜻은 다음과 같다.
22. "복제"는 인쇄·사진촬영·복사·녹음·녹화 그 밖의 방법으로 일시적 또는 영구적으로 유형물에 고정하거나 다시 제작하는 것을 말하며, 건축물의 경우에는 그 건축을 위한 모형 또는 설계도서에 따라 이를 시공하는 것을 포함한다.

● 저작권법 제16조(복제권)

저작자는 그의 저작물을 복제할 권리를 가진다.

복제권은 저작재산권 중에서도 가장 중요한 권리입니다. 저작권이 copyright인 것도, 그 핵심이 복제가능성에 있기 때문입니다. 복제가 왜 중요할까요? 미술의 원작은 기본적으로 하나 밖에 없습니다. 루브르미술관의 모나리자를 생각해보면, 원작을 동시에 볼 수 있는 사람 수는 500명도 안 될 것입니다. 그런데 만약 모나리자를 완벽하게 복제할 수 있다고 하면, 동시에 많은 사람들이 작품을 접할 수 있게 됩니다. 즉, 복제는 예술작품의 확장을 가능하게 합니다. 경제적인 관점에서도 복제는 중요합니다. 가수가 무대공연뿐만 아니라 노래를 녹음하고 복제해서, 스트리밍할 수 있게 하면 더 큰 보상을 얻을 수 있습니다. 즉, 출판, 음악, 영상 등 분야에서 복제는 전형적인 예술의 이용행위이자, 다른 이용 행위의 기본 조건이 됩니다.

저작권법에서 복제란, 인쇄·사진촬영·복사·녹음·녹화 그 밖의 방법으로 일시적 또는 영구적으로 유형물에 고정하거나 다시 제작하는 것을 말합니다. 건축물의 경우에는 그 건축을 위한 모형 또는 설계도서에 따라 이를 시공하는 것을 포함합니다. 우리에게 가장 유명한 복제는 영상저작물을 녹화하는 것, 웹툰을 그림파일로 저장하는 것, 누군가의 저서를 복사/제본하는 것, 음악을 파일로 저장하는 것입니다. 하지만 꼭 전체를 복제하는 것이 아니더라도, 소설의 일부 구절을 그대로 가져다 쓴다든지, 음악의 일부분을 그대로 차용하는 것도 복제입니다.

2) 공연권

> **● 저작권법 제2조(정의)**
> 이 법에서 사용하는 용어의 뜻은 다음과 같다.
> 3. "공연"은 저작물 또는 실연·음반·방송을 상연·연주·가창·구연·낭독·상영·재생 그 밖의 방법으로 공중에게 공개하는 것을 말하며, 동일인의 점유에 속하는 연결된 장소 안에서 이루어지는 송신(전송을 제외한다)을 포함한다.

> **● 저작권법 제17조(공연권)**
> 저작자는 그의 저작물을 공연할 권리를 가진다.

공연이란, [저작물 또는 실연, 음반, 방송]을 [상연, 연주, 가창, 구연, 낭독, 상영, 재생의 방법으로], [공중에게 공개]하는 것입니다. 스타벅스에서 음악을 트는 행위, 영화관에서 영화를 트는 행위, 연극, 무용, 뮤지컬을 공연하는 행위가 모두 포함됩니다. 구연이나 낭독은 보기 쉽지 않은데요, 실무에서는 연극, 뮤지컬을 본격적으로 제작하기 전, 투자자들 앞에서 쇼케이스 낭독회를 하는 경우가 있습니다. 게임회사나 프로그램 회사들이 박람회에서 시연을 보이는 것도 공연입니다. 하지만 노래방에서 혼자 또는 한정된 사람 앞에서 노래를 부르는 것은 공중에게 공개하는 것이 아니므로 공연이 아닙니다.

공연은 복제와 더불어 창작물 이용의 대표적인 행위이면서 공연 예술에서 특히 중요한 권리입니다. 음악, 연극, 안무, 영상저작물에서 공연권이 중요합니다. 공연권은 어떻게 행사될까요? 가수가 콘서트에서 타인이 작곡한 노래를 부르고자 하는 경우, 그 작곡가의 공연권 이용허락을 구해야 합니다. 어느 분위기 좋은 카페에서 시 낭송회를 여는 경우, 시인의 공연권 이용허락을 얻어야 합니다.

3) 공중송신권

> ● 저작권법 제2조(정의)
>
> 이 법에서 사용하는 용어의 뜻은 다음과 같다.
> 7. "공중송신"은 저작물, 실연·음반·방송 또는 데이터베이스(이하 "저작물등"이라 한다)를 공중이 수신하거나 접근하게 할 목적으로 무선 또는 유선통신의 방법에 의하여 송신하거나 이용에 제공하는 것을 말한다.
> 8. "방송"은 공중송신 중 공중이 동시에 수신하게 할 목적으로 음·영상 또는 음과 영상 등을 송신하는 것을 말한다.
> 10. "전송(傳送)"은 공중송신 중 공중의 구성원이 개별적으로 선택한 시간과 장소에서 접근할 수 있도록 저작물등을 이용에 제공하는 것을 말하며, 그에 따라 이루어지는 송신을 포함한다.
> 11. "디지털음성송신"은 공중송신 중 공중으로 하여금 동시에 수신하게 할 목적으로 공중의 구성원의 요청에 의하여 개시되는 디지털 방식의 음의 송신을 말하며, 전송을 제외한다.

> ● 저작권법 제18조(공중송신권)
>
> 저작자는 그의 저작물을 공중송신할 권리를 가진다.

공중송신이란, [저작물 또는 실연, 음반, 방송, 데이터베이스]를 [공중이 수신하거나 접근하게 할 목적으로], [무선 또는 유선통신의 방법으로 송신, 제공하는 것]입니다. 공연과는 약간 뉘앙스가 다른데요, 주로 유무선 인터넷, 케이블 신호, 전파 등의 방법을 활용하는 것을 말합니다. 공중송신에는 방송, 전송, 디지털음성송신의 하위개념이 있습니다. 이 부분을 정교하게 구별하려면 이 책의 주제를 벗어나게 되니, 여기서 그치겠습니다.

저작물을 TV나 라디오로 방송하게 하는 것, 인터넷 사이트에 저작물을 게시하는 것, 저작물을 저장하여 보내주는 것이 전통적인 공중송신입니다. 요즘 시대에는 저작물을 유튜브나 OTT를 통해 송출하는 것, 멜론을 통해서 음악을 스트리밍하는 것(웹캐스팅), 아프리카TV나 트위치를 통해 실시간으로 저작물을 송출하는 것이 공중송신의 예입니다.

4) 전시권

> ● 저작권법 제19조(전시권)
> 저작자는 미술저작물등의 원본이나 그 복제물을 전시할 권리를 가진다.

> ● 저작권법 제35조(미술저작물등의 전시 또는 복제)
> ① 미술저작물등의 원본의 소유자나 그의 동의를 얻은 자는 그 저작물을 원본에 의하여 전시할 수 있다. 다만, 가로·공원·건축물의 외벽 그 밖에 공중에게 개방된 장소에 항시 전시하는 경우에는 그러하지 아니하다.
> ③ 제1항의 규정에 따라 전시를 하는 자 또는 미술저작물등의 원본을 판매하고자 하는 자는 그 저작물의 해설이나 소개를 목적으로 하는 목록 형태의 책자에 이를 복제하여 배포할 수 있다.

전시권은 미술저작물, 건축저작물, 사진저작물(미술저작물등)의 전형적인 이용형태입니다. 원본이나 복제물을 게시하여 일반 공중이 주로 육안으로 직접 볼 수 있게 공개하는 것을 말합니다. 그러므로 공연, 공중송신과는 구분됩니다.

전시권에는 특별한 규정이 있는데요, 이것은 저작권자와 소유권자의 권리를 중재하기 위한 것입니다. 만약 A가 미술작품을 B에게 팔았는데도 [전시권은 여전히 나한테 있으니까 나한테 허락받고 감상하세요]라고 할 수는 없습니다. 또, 화랑 C에 작품을 팔았는데 [전시권이 나한테 있으니까, 화랑에 걸지 말아주세요]라고 할 수 없습니다. 그런 조건이라면 B, C는 작품을 사지 않습니다.

그래서, 미술저작물등의 원본 소유자(컬렉터, 갤러리)와 원본 소유자의 동의를 얻은 자는 제한된 전시권을 갖게 됩니다. 비교적 편안하게 작품을 전시해도 됩니다. 그러다가 작품이 팔릴 수도 있겠지요? 전시나 원본판매를 위해 저작물의 해설이나 소개 목적의 팜플렛도 만들 수 있습니다. 하지만, 길거리나 공원 등에 공개적으로 항시 전시하는 것은 좀 지나치다 하여 허용되지 않습니다.

5) 배포권

> **● 저작권법 제2조(정의)**
> 이 법에서 사용하는 용어의 뜻은 다음과 같다.
> 23. "배포"는 저작물등의 원본 또는 그 복제물을 공중에게 대가를 받거나 받지 아니하고 양도 또는 대여하는 것을 말한다.

> **● 저작권법 제20조(배포권)**
> 저작자는 저작물의 원본이나 그 복제물을 배포할 권리를 가진다. 다만, 저작물의 원본이나 그 복제물이 해당 저작재산권자의 허락을 받아 판매 등의 방법으로 거래에 제공된 경우에는 그러하지 아니하다.

정의에 따르면, 배포는 저작물을 양도 또는 대여할 수 있는 권리를 말합니다. 그러므로 복제권과 더불어 전통적인 저작권의 행사방법입니다. 유상이어도 되고 무상이어도 됩니다. 공중에게 배포한다는 것은, 최종 소비자를 염두에 두었다는 뜻이므로 가족이나 직원에게 전달하는 것은 배포가 아닙니다. 요즘에는 인터넷이 발달하여, 저작물의 배포보다는 파일을 전송하는 경우가 훨씬 많은데요, 이것은 배포가 아니라 공중송신에 해당합니다.

배포권에는 특별한 규정이 있는데 이것 역시 저작권자와 소유권자의 권리를 중재하기 위한 것입니다. 예를 들어 작가 A가 창작물을 창작하는 순간 배포권을 최초로 갖게 되었고, B에게 작품 또는 복제품을 판매했다고 하겠습니다. 그렇다면 B도 사유재산에 대해 자유롭게 매도하거나, 빌려줄 수 있어야 합니다. 그런데 B가 C에게 작품을 다시 팔 때, A가 배포권을 주장하면서 이의 제기를 한다면 어떨까요? 작품이 유통될 때마다 A의 허락을 구하다 보면 유통에 차질이 생길 수 있습니다. 그래서 A가 작품을 B한테 팔았으면, A의 배포권은 사라집니다. 이것을 [권리소진]이라고 합니다. 결국, 배포권은 A에게 있어 사실상 작품을 최초로 배포할 권리입니다. (공중송신의 경우에는 공중송신권이 소진되지 않습니다)

6) 대여권

● 저작권법 제21조(대여권)
제20조 단서에도 불구하고 저작자는 상업적 목적으로 공표된 음반(이하 "상업용 음반"이라 한다)이나 상업적 목적으로 공표된 프로그램을 영리를 목적으로 대여할 권리를 가진다.

양도와 대여가 모두 배포에 해당한다고 방금 설명해놓고는, 다시 대여권을 설명하는 것이 의아할 수 있습니다. 일반적으로 생각하는 대여할 권리는 모두 배포권에 해당합니다. 저작권법상 대여권은 오직 상업용음반, 상업용프로그램에 대하여만 해당하는 특별한 권리라고 생각해도 됩니다. 실무에서 잘 없습니다.

7) 2차적저작물작성권

● 저작권법 제5조(2차적저작물)
① 원저작물을 번역·편곡·변형·각색·영상제작 그 밖의 방법으로 작성한 창작물(이하 "2차적저작물"이라 한다)은 독자적인 저작물로서 보호된다.
② 2차적저작물의 보호는 그 원저작물의 저작자의 권리에 영향을 미치지 아니한다.

● 저작권법 제22조(2차적저작물작성권)
저작자는 그의 저작물을 원저작물로 하는 2차적저작물을 작성하여 이용할 권리를 가진다.

무라카미 다카시&루이비통, 키스 해링&리복, 데미안 허스트&리바이스, 제프 쿤스&돔페리뇽, 몬드리안&입생로랑, 이 제품들의 공통점이 있습니다. 기존 제품이 시각예술로부터 새로운 매력을 얻었다는 것입니다. 저작권법에서는 이런 것을 2차적저작물이라고 합니다. 원저작물을 변형 각색 등 하여 작성한 창작물이라는 뜻입니다.[3]

2차적저작물이기 위해서는 원저작물에 번역, 편곡, 각색, 변형 등의 독창적인 방법이 더해져야 합니다. 즉, 원저작물이 있고, 그것을 베이스로 하였으며, 독창적이어야 합니다. 반대로 표현하면, 저작물이 아닌 것(아이디어, 비보호저작물)을 베이스로 했거나, 원저작물을 베이스로 하지 않고 만든 독창적인 산출물은 2차적저작물이 아니라 별개 저작물입니다.

① 번역은 서로 다른 언어로 표현하는 것입니다. 하지만 문자만 바꾸거나(Seoul을 서울로 표기하는) 부호만 바꾸는 것은 번역이 아닙니다. 번역이 창작적이라는 것은 외국어를 우리말로 옮길 때에 적절한 어휘, 구문, 문장을 선택하고, 문체, 문장의 배열 등에 번역자의 정신적 노력이 드러나기 때문입니다.

② 편곡은 음악저작물에서 자주 보입니다. 편곡은 본래의 악곡을 변조하여 다른 형태로 연주할 수 있도록 원곡에 새로운 부가가치를 발생시키는 것을 말합니다. 독주를 합주로 하거나, 기악을 성악으로, 클래식을 재즈나 EDM으로 바꾸면 편곡이 됩니다.

③ 각색은 소설을 희곡으로, 만화를 영화 시나리오로 만드는 것입니다. 윤태호 작가님의 [미생]을 드라마로 각색한 것이 2차적저작물에 해당합니다. 원문 소설을 청소년판이나 축약판으로 만드는 것도 각색에 해당합니다. 비슷한 개념으로 소설의 배경을 고대에서 현대로, 외국에서 우리나라로 바꾸는 번안도 포함됩니다.

④ 변형은 미술저작물에서 자주 보입니다. 회화, 건축을 조각, 사진으로 바꾸는 것을 말합니다.

2차적저작물은 독자적인 저작물로 보호됩니다. 2차적저작물이 저작물로서 보호되는지 여부는 원저작자에게 허락을 받았는지 여부에 영향받지 않습니다. 허락을 받

---

3 저작권법 제5조 제1항

지 않고 탄생한 2차적저작물이어도 보호받습니다. 다만, 원저작자의 2차적저작물 작성권을 침해하였으므로, 민사, 형사상의 책임을 질 뿐입니다. 그래서 2차적저작물을 사용하고자 하는 자는, 원저작자와 2차적저작물의 저작자에게 각각 허락을 받아야 합니다.

세법에서는 2차적저작물작성권을 부여하여 배분받는 로열티도 저작권 수익으로 봅니다. 저작자로부터 2차적저작물작성권을 부여받아 2차적저작물을 만들어 수익을 창출하는 사업자는 예술창작품을 공급한 것으로 인정받아 부가가치세 면세를 적용할 수도 있습니다.

• 대법원 1995.11.14. 선고 94도2238 판결

가사 공소외 1의 저작이 원저작물과의 관계에서 이것을 토대로 하였다는 의미에서의 종속성을 인정할 수 있어 소위 2차적 저작물에 해당한다 할지라도 원저작자에 대한 관계에서 저작권 침해로 되는 것은 별문제로 하고 저작권법상 2차적 저작물로서 보호되는 것이라 할 것이다.

2차적저작물과 비슷한 개념으로 편집저작물이 있습니다. 저작물이나 부호, 문자, 음, 영상, 그 밖의 자료의 집합물로서 소재의 선택, 배열, 구성에 창작성이 있는 것을 말합니다. 즉, 소재를 선택하는 자가 선택의 주제를 정하고, 선별하고 취사선택하고, 순서를 정하는 데서 정신적 노력을 가하여 개성이 드러난다는 것을 말합니다. 예를 들어, 백과사전, 교과서, 논문집, 명곡집, 연대표, 주소록 등이 있습니다.

편집저작물도 2차적저작물처럼 독자적인 저작물로 보호되며, 편집저작물을 사용하려면 원저작자의 허락을 받아야 합니다. 만약 A, B, C의 그림을 무단으로 짜깁기한 그림집을 D가 만들었다고 하겠습니다. 이 그림집을 E가 무단으로 베꼈다고 하겠습니다. 이때, E의 행위는 그림집 저작자인 D와, A, B, C 모두의 저작권을 침해한 것이 되며, D는 D대로 A, B, C의 저작권을 침해한 것이 됩니다.

편집물이 편집저작물로서 보호를 받으려면 일정한 방침 혹은 목적을 가지고 소재를 수집, 분류, 선택하고 배열하여 편집물을 작성하는 행위에 창작성이 있어야 함은 소론이 지적하는 바와 같다. 기록에 의하여 살펴보면, 피고인이 낸 이 사건 논문집은 피고인 자신의 위 1편의 논문만이 단순하게 게재된 이른바 별쇄본의 형식으로 되어 있고, 그 표지에 "A"라는 표시와 "B대학교 부설 C연구소"라는 표시가 있어 마치 B대학교 부설 C연구소가 언론에 관한 학술논문을 선별, 게재하여 부정기적으로 발행하여 온 학술논문집에 피고인의 논문이 일정한 기준에 의하여 신별되어 게재된 것으로 보이는 외관을 가지고 있으므로, 피고인이 편집한 이 사건 논문집은 소재의 선택에 있어 창작성이 있어 편집저작물이라고 할 수 있을 것이다.

(3) 저작재산권의 행사 - 양도

여기서부터는 저작재산권의 행사에 대해 설명드릴텐데요, 이 부분이야말로 작가들에게 소득을 발생시키는 원천에 해당합니다. 그래서 세법하고도 가장 밀접한 관련이 있습니다. 저작권법에는 양도에 관한 조항(제45조), 이용허락에 관한 조항(제46조) 질권에 관한 사항(제47조), 배타적발행권 설정에 관한 조항(제57조) 등을 기초로 저작재산권 행사방법을 정하고 있습니다. 이 책에서는 양도와 이용허락만 설명합니다. 먼저 양도에 대해서 알아봅니다.

1) 양도의 개념

① 저작재산권은 전부 또는 일부를 양도할 수 있다.
② 저작재산권의 전부를 양도하는 경우에 특약이 없는 때에는 제22조에 따른 2차적저작물을 작성하여 이용할 권리는 포함되지 아니한 것으로 추정한다. (생략)

소유자가 소유물을 처분할 권리가 있듯이, 저작재산권을 가진 사람은 자신의 저작권을 양도할 수 있습니다. 저작권법에서 양도란, 저작재산권 이전의 대가로 금전을 받는 [매매], 금전 아닌 재산으로 대가를 받는 [교환], 대가 없이 무상으로 이전하는 [증여] 등 원인을 불문하고 저작재산권자의 지위가 남김없이 이전됨을 뜻합니다. 세법에서 양도는 유상이전만을 뜻하는 것과 차이가 있어 용어를 혼동하지 않도록 합니다. 하지만 이렇게 저작재산권을 양도한다 해도, 저작인격권은 저작자에게 일신전속하여 이동할 수 없습니다.

다시 한 번 강조드리는데, 미술품의 경우 [작품의 양도]와 [저작재산권의 양도]를 구분하여야 합니다. 둘은 별개입니다. 작가가 작품을 팔았다고 하여, 그 작품에 대해 저작재산권까지 양도한 것이 아닙니다. 고객이 작품을 사 갔다고 하여 그가 작가의 저작재산권까지 가지는 것이 아닙니다. 작품의 소장자라도 함부로 작품을 복제하거나 굿즈를 만들 수 없습니다. 그런 행위를 하려면 저작재산권을 행사할 수 있어야 합니다.

① 양도는 저작재산권 전부에 대하여 해도 되고, 7가지 권리 중 일부 특정권리만 양도해도 됩니다. 다만, 2차적저작물작성권은 경제적 파급효과를 고려하여 특약이 있어야만 양도됩니다. [모든 저작권을 양도], [저작권을 포괄적으로 양도]라는 문구로는 부족하며, [2차적저작물작성권도 양도한다]는 특정이 있어야만 양도될 수 있습니다.

② 하나의 권리라도, 조건을 붙여 양도할 수도 있습니다. 대가를 지급하라는 것도 조건 중에 하나입니다. 저작재산권이 이용될 장소의 범위를 한정하여 양도하거나, 이용되는 시간의 범위를 한정하여 양도할 수도 있습니다. 7가지 중 하나의 권리를 다시 쪼개어 양도할 수도 있습니다. 예를 들어 어문저작물의 복제권을 양도한다고 할 때, 책으로 복제하는 권리만 양도, 오디오북으로 녹음하여 복제하는 권리만 양도한다고 할 수도 있습니다.

③ 권리의 목적 범위를 정할 수도 있습니다. 출판사에게는 출판을 위한 목적으로만 복제권과 배포권을 양도하고, 영화사에는 영화제작을 위한 목적으로만 저작재산권 일체를 양도하고, 캐릭터사업자에게는 캐릭터 머천다이징을 사업 목적으로만 2차적저작물작성권 양도를 할 수도 있습니다.

④ 저작자는 창작만 하면 아무 조건 없이 저작재산권을 취득하지만, 저작재산권을 양도받아 저작권자가 된 경우에는 주의해야 합니다. 매수인이 저작재산권을 취득한 것은 맞기는 맞지만, 제3자에게 대항하기 위하여는 등록까지 마쳐야 합니다.

2) 매절계약

저작재산권은 일단 양도되면 되돌릴 수 없습니다. 자식과도 같은 저작물에 대한 권리를 모두 잃어버릴 수가 있습니다. 그래서 실무에서 저작자들이 저작재산권을 통째로 양도하는 일은 웬만해서는 없습니다. 저작재산권을 보유한 채 이용허락의 방법으로 사업을 합니다. 특히 저작재산권 중에서도 2차적저작물작성권은 경제적 파급효과가 큰 권리이기 때문에, 다른 권리를 전부 넘긴다고 해도 2차적저작물작성권을 넘길 때는 작가의 특약이 있어야 합니다.

반대로 권리를 사용하고자 하는 사업자의 입장에서는 양도받는 것이 더 편합니다. 이용허락은 권리를 완전히 인수하는 것이 아니므로, 범위, 시간, 목적에 따라 제약이 따르기 때문입니다. 또 사업자가 자본을 투입하여 저작권의 경제적 가치를 높여놓아도, 저작권 이용기간이 만료되면 남는 것이 없기 때문입니다.

실무에서는 협상력과 대가에 따라 결과가 정해집니다. 저작권의 양도가 일어나는 경우는 보통, ① 협상력이 약하여 내 작품이 이 사업자가 아니면 빛을 못 보겠다고 생각되어 차라리 양도하는게 낫겠다 싶은 경우, ② 사업자가 쾌적한 작업환경을 만들어주기로 약속했으므로 이번 저작물에 대한 권리는 포기하고 일단 평판을 얻어 다음 작업에 집중하고자 하는 경우, ③ 저작권이 미래에 창출할 것으로 예상되는 가치의 합을 훨씬 뛰어넘는 대가를 약속받는 경우 ④ 잘 모르고 실수를 했거나, 경제적인 이유 외에 그럴만한 사정이 있는 경우 등이 있습니다.

저작권자가 어떤 이유인지는 몰라도 저작권을 상대방에게 모두 양도하는 계약을 체결하는 경우, 완전히 잘라 팔았다는 의미로 [매절계약]이라고도 부릅니다. 유명한 사례로는, 조용필 매절계약 사건, 구름빵 사건, 검정고무신 사건 등이 있습니다.

앞서 든 증거들 및 원고 본인신문 결과에 의하면, 이 사건 캐릭터는 고양이를 의인화하여 성별과 나이를 알 수 없는 '나와 동생'의 관계를 설정한 점, 고양이 얼굴에 사람 몸을 가지고 있고 눈 크기와 형태, 입술모양 등에 웃음 가득한 어린아이의 모습이 나타나는 점, 이 사건 캐릭터는 H을 먹고 날아다니는데 이러한 특징은 원고가 현실에 존재하지 않는 동작을 창의적으로 도안한 것으로 보이는 점 등의 사정을 알 수 있는바, 이 사건 캐릭터는 원고의 정신적 노력의 소산인 인간의 사상 또는 감정을 표현한 창작물로 저작권법의 보호대상이 된다.

그러나 이 사건 캐릭터 저작권이 이 사건 저작물의 저작권과 별개로 원고에게 유보되어 있는지에 관하여 보건대, 앞서 인정한 사실에 을나 제2호증의 기재를 더하여 알 수 있는 다음과 같은 사정, 즉

① 이 사건 저작물은 글과 그림(사진)으로 구성되고 이 사건 캐릭터는 그림을 통해 시각적으로 표현된 것이므로 이 사건 캐릭터는 이 사건 저작물의 일부로서 이 사건 계약 제5조에 따라 피고 B에게 양도되었다고 보는 것이 타당한 점,

② 이 사건 저작물과 같은 그림책의 경우 어문저작물, 미술저작물, 캐릭터저작물 등이 결합된 것이므로 원고와 피고 B은 이 사건 계약을 통해 개별 저작물이 결합된 이 사건 저작물 전부를 양도·양수하기로 하였다고 봄이 당사자들의 의사에 부합하는 점,

③ 따라서 원고가 이 사건 캐릭터 저작권을 자신에게 유보하였다는 특별한 사정이 없는 한 이 사건 캐릭터 저작권도 원저작물의 저작권을 양수한 피고 B에게 귀속한다고 보이는 점,

④ 이 사건 캐릭터 저작권이 양도대상에 포함되지 않을 경우 피고 B은 이 사건 저작물을 그대로 복제, 출판하는 것 외에 달리 저작권을 행사할 수 없는바, 이는 계약 당사자들이 예정하거나 예상하였다고 보기 어려운 내용인 점,

⑤ 원고는 H 만화가 방영된 이후에도 상당기간 이 사건 캐릭터 저작권 침해를 주장한 바 없고, 오히려 원고가 피고 D 등을 저작권 침해로 고소한 사건의 불기소결정(춘천지방검찰청 2017 형제9391호) 내용에 의하면 원고는 이 사건 계약으로 인해 이 사건 캐릭터를 포함한 이 사건 저작물의 저작재산권 일체가 피고 B에게 양도되었음을 인식하고 있었다고 보이는 점 등이 사건 계약이 체결된 동기와 경위, 이를 통해 달성하려는 목적, 당사자의 진정한 의사를 종합하여 보면, 이 사건 캐릭터 저작권은 이 사건 저작물의 일부로서 피고 B에게 양도되었다고 보는 것이 타당하다. 따라서 이 사건 캐릭터 저작권이 이 사건 계약 제5조에 따른 양도대상에서 제외되는 것을 전제로 하는 원고의 주장은 이유 없다(생략).

협상력이 약한 예술가들이 매절계약으로 인해 저작권을 잃는 사례가 반복되자, 2020년 11월 문화체육관광부에서 [저작권법 전부개정안]에 개정사항을 포함시켰

습니다. 개정안에 따르면, 매절계약 자체를 없던 것으로 할 수는 없지만, ① 저작재산권을 양도하며 대가를 받았고, ② 양도 이후 저작물 이용에 따라 취득한 수익이 최초의 양도 대가와 현저한 불균형이 발생하는 경우, ③ 계약일로부터 10년 이내에 청구권을 행사하면, 추가적인 보상을 청구할 수 있도록 하려 했습니다. 하지만 통과되지 않았습니다. 현행법이 아니니 주의합니다.

(4) 저작재산권의 행사 – 이용허락

1) 이용허락의 개념

> **● 저작권법 제46조(저작물의 이용허락)**
> ① 저작재산권자는 다른 사람에게 그 저작물의 이용을 허락할 수 있다.
> ② 제1항의 규정에 따라 허락을 받은 자는 허락받은 이용 방법 및 조건의 범위 안에서 그 저작물을 이용할 수 있다.
> ③ 제1항의 규정에 따른 허락에 의하여 저작물을 이용할 수 있는 권리는 저작재산권자의 동의 없이 제3자에게 이를 양도할 수 없다.

① 이용허락이란 저작재산권을 상대방에게 이전하지 않은 채 활용하는 방법입니다. 가장 전형적인 저작재산권의 행사 방법이고, 저작권자들은 대체로 저작재산권 이전 없이 이용허락으로 수익을 창출합니다. 이용허락도 민법상 계약의 일종입니다.

양도가 그랬던 것처럼, 이용허락도 저작재산권 전부에 대하여 해도 되고, 7가지 권리 중 일부 특정권리만 이용허락해도 됩니다. 하나의 권리라도, 조건을 붙여 이용허락할 수도 있습니다. 주로 장소, 이용허락기간, 목적, 이용방식에 조건을 붙입니다.

가끔 계약서의 조항이 모호하여 이용허락의 범위가 어디까지인지 불분명한 때가 있습니다. 그럴 때는 대체로 좁게 보는 경향이 있으며, 이용허락 계약의 목적, 동기, 경위, 목적, 거래관행, 당사자의 지식, 경험, 경제적 지위, 대가의 크기 등을 토대로 종합판단합니다.

저작권법 제42조 제2항은 저작재산권자로부터 저작물의 이용허락을 받은 자는 허락받은 이용방법 및 조건의 범위 안에서 그 저작물을 이용할 수 있다고 규정하고 있는바, 음반 제작자와 저작재산권자 사이에 체결된 이용허락계약을 해석함에 있어서 그 이용허락의 범위가 명백하지 아니한 경우에는 당사자가 그 이용허락계약을 체결하게 된 동기 및 경위, 그 이용허락계약에 의하여 달성하려는 목적, 거래관행, 당사자의 지식, 경험 및 경제적 지위, 수수된 급부가 균형을 유지하고 있는지 여부, 이용허락 당시 당해 음악저작물의 이용방법이 예견 가능하였는지 및 그러한 이용방법을 알았더라면 당사자가 다른 내용의 약정을 하였을 것이라고 예상되는지 여부, 당해 음악저작물의 이용방법이 기존 음반시장을 대체하는 것인지 아니면 새로운 시장을 창출하는 것인지 여부 등 여러 사정을 종합하여 그 이용허락의 범위를 사회 일반의 상식과 거래의 통념에 따라 합리적으로 해석하여야 한다.

② 양도와는 달리 이용허락에서는 독점적인 이용허락인지, 비독점적인 이용허락인지도 중요한 조건 중 하나입니다. (양도는 항상 독점적입니다) 독점적 이용허락은, 저작재산권을 이용허락받은 자가 하나의 사업자인 경우를 말합니다. 비독점적 이용허락은, 동시에 여러 사업자가 저작재산권을 활용할 수 있다는 뜻입니다.

사업자 입장에서는 대체로 독점적인 이용허락을 요구하는데요, 왜냐하면 사업자가 경제적 가치를 창출하기까지 자본을 투자할 수도 있는데, 그 과실을 다른 사업자가 공짜로 누리는 일이 있으면 안 되기 때문입니다. 계약서에는 [다른 이용자에게는 이용허락을 하지 않겠다]고 약속하는 방식으로 표현됩니다.

독점적 이용허락은 그 자체로도 경제적 가치 있는 권리가 됩니다. 예를 들어 유명한 웹툰 작가가, 특정 플랫폼에만 독점적인 이용허락을 했다고 합시다. 그 자체로도 경제적 파급효과가 크며, 그러한 [독점적 이용허락권] 자체를 탐내는 사업자도 있게 됩니다. 이때 이용허락권은 저작자 동의 없이 함부로 양도할 수 없습니다. 저작자 입장에서는 상대가 가장 저작물을 잘 활용할 것 같다고 생각하여 이용허락한 것이므로, 상대가 바뀔 때는 반드시 저작권자의 동의가 있어야 합니다.

특히 세법에서는 [이용허락받은 권리]를 양도하는 경우 개인에게는 영업권의 기타소득 문제, 법인에게는 무형자산 취득가액 인식의 문제가 불거지게 됩니다.

비슷한 원리로, 사업자는 [이용허락 기간이 끝나는 경우에 재협상을 우선적으로 할 수 있는 권리]를 요구하기도 합니다. [다른 사업자와 같은 조건이라면 기존 사업자와 계약을 연장할 의무]를 요구하기도 합니다. 저작물의 잠재력이 넓어져 속편, 프리퀄, 스핀오프 작품과 같은 [파생 작품이 개발될 때 협상을 먼저 할 수 있는 우선협상권]을 요구하기도 합니다. [이용허락 기간이 끝나더라도 사업이 완전히 종료될 때까지 저작권을 추가 사용할 수 있도록] 허락해달라는 경우도 있습니다. 저작자가 보기에 적절하다고 생각하면 부여하기도 합니다.

③ 영화 [보헤미안 랩소디]에서, 퀸 음악의 저작권자인 프레디 머큐리가 재미있는 대사를 하는 장면이 나옵니다. 퀸의 변호사이자 매니저였던 짐 비치에게, [당신은 내 이미지와 내 음악을 가지고 리믹스, 릴리즈, 원하는 어떤 것이든 마음대로 해도 돼]라고 말합니다. 즉, 저작자가 무상으로 이용허락을 한 것입니다. 하지만 현실에서는 저작자가 무상으로 상대에게 저작권의 이용허락을 하는 경우도 없지는 않겠지만 대체로는 대가가 주어져야 합니다.

이때 실무상 대가 산정방법에는 크게는 [매출기준법]과, [순수익기준법]이 있습니다.

[매출기준법]은 저작권의 이용허락을 토대로 창출한 매출의 일정비율을 지급하는 계약입니다. [매출기준법]의 장점이라면 분쟁의 여지가 적다는 점이 있습니다. 매출수치는 회계, 부가가치세, 소득세/법인세법와 직접적으로 연관되어 있으므로, 매우 엄격하게 관리됩니다. 따라서 매출을 누락한다든가 매출자료를 조작할 수 있는 여지가 거의 없습니다. 그래서 저작권자가 선호하는 편입니다. 반면 [매출기준법]의 단점이라면, 사업자 입장에서는 매출이라고 다 순수익이 아닌데, 순수익이 적다면 로열티 부담이 클 수 있습니다. 그래서 사업자는 매출에서 제반비용을 차감하고 난 후 순수익이 도출되면, 그제서야 로열티를 배분하는 [순수익기준법]을 더 선호하는 편입니다.

[순수익기준법]은 사업자와 저작권자가 위험을 분담하므로 사업자에게는 선호되지만, 저작권자는 선호하지 않습니다. 사업자가 효율적으로 비용을 지출하는지 통제가 어렵고, 비용자료는 직접비용만을 포함하는지, 간접비용도 다 포함하는지 등 표현하기에 따라서 다툼이 생길 수도 있습니다. 정산서가 올바른 것인지 검증도

쉽지 않습니다. 따라서 저작권자는 [순수익기준법]으로 계약할 때는 비용의 범위를 명확하게 하는데 주의해야 합니다.

한편 매출 또는 순수익에 기초하여 %로 비례하여 대가를 정하는 것 말고도, 매월 정액의 대가를 정할 수도 있고, [최소보장 로열티＋비례 로열티]를 혼합하기도 합니다. 최소보장 로열티는 작가의 안정적인 소득을 보장하고, 비례 로열티는 더 인기 있는 작품을 만드는 동기가 됩니다. 실무에서는 혼합비례로 하는 경우가 많습니다. 정산은 주로 매월 지급, 분기 지급, 반기 지급으로 하고, 아주 큰 사업에서는 1년 단위 정산도 있습니다.

● **서울고등법원 2020.1.31, 선고 2019나2034976 판결**

따라서 원고와 피고 사이의 투명하면서도 성실한 수익 분배는 위와 같은 신뢰관계의 존속을 위한 필수적인 전제조건이므로, 피고에 의하여 이루어지는 수익 분배가 적정한지 여부의 판단을 위하여 이 사건 전속계약에서 규정하고 있는 피고의 정산자료 제공의무는 피고의 정산의무와 동일한 수준의 중요한 의무이고, 정산의 결과 피고가 원고에게 실제 지급할 금액이 있는지 여부와 관계없이 피고는 원고에게 그 정산자료를 제공하여야 할 의무를 부담한다고 봄이 타당하다. (중략) 또한 이 사건 전속계약에 따라 피고가 원고에게 제공하여야 하는 정산자료는 '총 수입과 비용공제내용 등을 증빙할 수 있는 자료'이고, 원고는 정산자료를 수령한 후 '정산내역에 대하여 공제된 비용이 과다 계상되었거나 원고의 수입이 과소 계상되었다'는 등 피고에게 이의를 제기할 수 있으므로(생략), 피고는 원고에게 피고가 지출한 비용과 취득한 수입 중 상당 부분을 차지하거나 원고가 비용의 존재나 범위에 관하여 의문을 제기할 수 있는 내역에 관하여는 원고가 이의제기 여부를 판단할 수 있을 정도로 구체적인 정산근거를 제공하여야 한다.

---

2) 법정허락

● **저작권법 제50조(저작재산권자 불명인 저작물의 이용)**

① 누구든지 대통령령으로 정하는 기준에 해당하는 상당한 노력을 기울였어도 공표된 저작물의 저작재산권자나 그의 거소를 알 수 없어 그 저작물의 이용허락을 받을 수 없는 경우에는 대통령령으로 정하는 바에 따라 문화체육관광부장관의 승인을 얻은 후 문화체육관광부장관이 정하는 기준에 의한 보상금을 위원회에 지급하고 이를 이용할 수 있다.

사업자가 저작물을 활용하고 싶고, 정당한 대가도 지불할 의사가 있지만, 저작권자가 누군지 알 수 없는 경우가 있습니다. 저작권이 등록이라도 되어 있으면 저작권자가 누군지는 알텐데, 앞서 말했듯이 저작권은 저작물의 창작만 있으면 발생하므로, 등록이 안 된 저작권이 훨씬 많습니다. 저작권자 입장에서도, 저작권을 통해 수익을 창출할 수 있는 기회를 잃는 것이 됩니다.

이럴 때는 문화체육관광부의 승인을 얻어서 저작권을 이용할 수 있고, 이 경우는 저작권 침해가 아니게 됩니다. 이것을 법정허락이라고 합니다. 그런데 정당한 권리자가 엄연히 있는데도 협상을 벌일 생각도 하지 않고 이 제도를 악용하는 경우도 있을 수 있습니다. 그래서 법정허락을 하기 전에는, 저작권등록부 열람, 신탁관리업자에 확인 요청, 신문에 공고 등을 거쳐야 합니다.

법정허락된 저작권을 이용할 때는 저작권 이용료(보상금)는 한국저작권위원회에 공탁합니다. 요율은 위원회가 저작물의 이용형태, 방법, 기간, 횟수에 따라 시장의 통상요율을 고려하여 결정합니다. 나중에 저작권자가 나타나면 그에게 보상금을 지급하고, 10년간 저작권자가 나타나지 않으면 공익 목적의 재원으로 충당합니다.

3) 양도와 이용허락의 구분

지금까지 본 것처럼 저작재산권의 양도와 이용허락은 전혀 다른 개념입니다. 하지만 이용허락을 하려다 양도가 되는 경우도 있습니다. 잘 모르고 그런 경우도 있고, 계약서상의 문장이 모호해서 그런 경우도 있습니다. 저작자는 빌려준다고 계약을 체결했는데, 사업자는 완전히 넘겨받았다고 생각하는 것입니다. 이럴 때 다툼이 생깁니다. 실무에서는 모호한 경우에는 일단 권리는 넘어가지 않은 것으로 보는 경향이고, 구체적인 의미를 살필 때는 거래 관행, 당사자의 지식, 행동 등을 종합하여 해석하고 있습니다.

원고들이 피고공사의 주문에 의하여 위 극본을 저작하였거나 또는 피고공사가 방송승인을 얻은 원작을 개작의 방법으로 극본화하였거나 간에 위 극본저작자인 원고들은 그들이 저작한 극본에 대하여 위 저작권법의 규정에 따라 원시적으로 저작권을 취득한다 할 것이고, 한편 원고들이 피고공사로부터 댓가를 받고 위와 같이 저작한 극본을 피고공사에게 제공하였다 하더라도 다른 특별한 사정이 없는 한 이는 저작권자인 원고들이 피고공사에게 저작물인 위 극본의 이용권을 설정해 준데 불과할 뿐 이로써 원고들의 극본저작권을 상실시키기로 한 것이라고 볼 수는 없다 하겠으므로 위 극본저작자인 원고들로서는 위 극본에 대하여 저작권법에 따른 저작권을 그대로 보유한다 할 것이다.

(5) 저작재산권의 행사 – 배타적발행권, 출판권

① 저작물을 발행하거나 복제·전송(이하 "발행등"이라 한다)할 권리를 가진 자는 그 저작물을 발행등에 이용하고자 하는 자에 대하여 배타적 권리(이하 "배타적발행권"이라 하며, 제63조에 따른 출판권은 제외한다. 이하 같다)를 설정할 수 있다.
③ 제1항에 따라 배타적발행권을 설정받은 자(이하 "배타적발행권자"라 한다)는 그 설정행위에서 정하는 바에 따라 그 배타적발행권의 목적인 저작물을 발행등의 방법으로 이용할 권리를 가진다.

① 저작물을 복제·배포할 권리를 가진 자(이하 "복제권자"라 한다)는 그 저작물을 인쇄 그 밖에 이와 유사한 방법으로 문서 또는 도화로 발행하고자 하는 자에 대하여 이를 출판할 권리(이하 "출판권"이라 한다)를 설정할 수 있다.
② 제1항에 따라 출판권을 설정받은 자(이하 "출판권자"라 한다)는 그 설정행위에서 정하는 바에 따라 그 출판권의 목적인 저작물을 원작 그대로 출판할 권리를 가진다.

독점적 이용허락을 하고자 할 때, 상대방을 보다 강하게 보호하기 위해서, [배타적 발행권]을 부여할 수 있습니다. 보통 3년간 지속합니다. 배타적발행권을 부여받은 자는 저작권 침해행위에 대하여, 저작권자를 대신하는 방법을 취하지 않고 직접 문제제기를 할 수 있습니다. 배타적발행권은 등록부에 등록할 수도 있습니다. 출판권도 거의 같은 개념입니다.

그냥 독점적으로 이용허락해도 되는데, 저작물에다 이름도 올리고 저작자 대신 저작권 침해 손해배상까지 할 수 있는 정도의 권리를 부여하는 이유는 뭘까요? 저작권을 이용허락받은 자 입장에서 그만한 대가를 약속하거나, 저작권을 이용하기 위해서 그만큼 투자가 많이 필요하거나 하기 때문입니다. 배타적발행권(출판권)은 출판사, 웹툰, 웹소설, 음원, 영상유통을 하는 사업자들이 저작자에게 요구하는 경우가 많습니다. 플랫폼이 독점적으로 컨텐츠를 공급하기 위해서이거나, 플랫폼 구축비용이 많이 들었거나 하기 때문입니다.

배타적발행권은 복제, 전송에 관한 권리를 의미하므로, 2차적저작물작성권까지 부여받는 것은 아닙니다. 그러므로 원저작물 형태 그대로만을 복제 전송할 수 있습니다.

배타적발행권 역시 경제적으로 가치 있는 권리입니다. 배타적발행권도 저작자 동의 없이 함부로 양도할 수 없습니다. 저작자 입장에서는 상대가 가장 저작물을 잘 활용할 것 같다고 생각하여 배타적발행권을 부여한 것이기 때문입니다. 또한, 배타적발행권은 세법에서는 무형자산으로 인식됩니다.

3. 저작권과 부가가치세

(1) 저작권 양도(매절계약)

재화란 재산 가치가 있는 물건 및 권리를 말하고, 권리에는 저작권 등 무체재산권이 포함됩니다. 그러므로 저작권을 양도하는 경우 부가가치세가 과세됩니다.

① 다만 부가가치세의 납세의무자는 사업자입니다. 따라서 사업자가 아닌 자 (계속 반복성이 없는 자)가 저작권을 양도하는 경우에는 부가가치세를 과세하지 않습니다.

● 서면3팀-451, 2008.02.29

사업자가 자기소유의 재산적 가치가 있는 권리를 양도하는 경우에는 「부가가치세법」 제1조 및 동법 시행령 제1조 제2항의 규정에 의하여 부가가치세가 과세되는 것이나, <u>사업자가 아닌 자가 직접 고안하여 특허청에 등록한 특허권을 양도하는 경우에는 부가가치세가 과세되지 아니하는 것입니다.</u>

---

② 한편, 부가가치세법에는 부수되는 재화와 용역에 관한 규정이 있습니다. (주된 재화나 용역에) 부수되는 재화나 용역은, 주된 재화나 용역의 성격을 따르도록 하여 일일이 과세 면세를 판단하는 부담을 덜어주고 있습니다. 부수된다고 말할 수 있으려면, 그 대가가 주된 재화 또는 용역의 대가에 포함되든지, 통상적으로 판매에 필수적으로 부수되어야 합니다.[4] 반대로 표현하면 꼭 같이 팔지 않아도 되는 것들은 통상적으로 함께한다고 할 수 없습니다.

저작권의 양도는 원래 부가가치세 과세 대상이지만, 만약 부가가치세 면세품인 도서에 부수하여 사용되던 저작권과 출판권을 양도하는 경우에는, 부가가치세가 면세되기도 합니다.

---

4 부가가치세법 제14조 제1항, 부가가치세법 제26조 제2항

• 서면3팀-2213, 2005.12.07

[질의] 서적(비소설류)을 저술한 A(저작자, 비사업자등록)가 B(출판사, 출판업등록, 면세사업자등록 필함)에게 출판권만을 준 상태로 C(출판과 무관한 비영리법인)에게 저작자는 저작권을 분리해서 C에게 양도하고 출판사는 출판권만을 C에게 양도할 경우 저작권 양도 및 출판권 양도시 부가가치세 과세여부?

[회신]

1. 귀 문의의 경우 개인 또는 법인이 사업상 독립적으로 재화(재산적 가치가 있는 권리를 포함)를 공급하거나 재화·시설물 또는 권리를 사용하게 하고 그 대가를 받는 경우에는 공급주체의 사업자등록 및 거주자 여부에 관계없이 부가가치세법 제1조의 규정에 의해 부가가치세가 과세되는 것이나,

    부가가치세법 제12조 제1항 제7호에 규정하는 도서를 공급하거나 부가가치세법 제12조 제1항 제13호 및 같은법 시행령 제35조 제1호 아목에 규정하는 용역(저작자가 저작권에 의하여 사용료를 받는 용역)을 공급하는 때에는 부가가치세가 면제되는 것이며,

2. 부가가치세가 면제되는 재화 또는 용역의 공급에 필수적으로 부수되는 재화 또는 용역의 공급은 부가가치세법 제1조 제4항 및 제12조 제3항의 규정에 의해 부가가치세가 면제되는 것으로서, 귀 문의의 경우 면세의 적용범위 및 면세되는 재화 또는 용역의 공급에 필수적으로 부수되는지 여부는 계약내용과 행위 또는 거래의 구체적인 사실관계를 종합적으로 고려하여 판단할 사항입니다.

③ 저작권을 양도한 것이 아니라, 지자체로부터 영화촬영을 위한 보조금을 받아 건물을 건설하고, 건물을 지자체에 기부채납한 대가로 저작권을 취득한 경우, 저작권이 창출하는 대가에 비례하여 부가가치세가 과세된 사례도 있습니다. 엄밀히는 건물에 대한 부가가치세입니다.

• 국심2006서1981, 2007.04.20

살피건대, 재화의 공급은 부가가치세의 과세대상이 되는 과세거래의 한 형태로서 계약상 또는 법률상의 모든 원인에 의하여 재화를 인도 또는 양도하는 것으로 한다고 부가가치세법 제6조 제1항에서 규정하고 있고, 청구법인이 쟁점건물을 ○○시에 귀속시키기 전에 쟁점건물의 독점적·배타적 사용권을 가지고 영화를 촬영하고 위 저작권을 소유하고 있는 것은 이 건 기부채납에 대한 대가성이 있다고 보여지므로 처분청이 이를 무상공급에 해당하지 아니한다고 보아 청구법인에게 부가가치세를 과세한 이 건 처분은 잘못이 없는 것으로 판단된다.

(2) 저작권 이용허락

용역의 공급이란 [역무를 제공하거나 시설물, 권리를 사용하게 하는 것을 말합니다. 이때 권리에는 저작권이 명시되어 있습니다.[5] 그러므로 저작권을 사용하게 하는 것은 용역의 공급으로써 부가가치세 과세 대상입니다.

① 면세를 받지 못하고 과세되는 저작권 사용료라면, 설령 [상금]의 명목으로 지급되는 경우에도 부가가치세 과세대상이 됩니다.

● 부가-4662, 2008.12.09

[질의] 당사는 ○○토지공사에서 주최한 "인천청라지구 시티타워 국제공모전"에 참가하여 당선이 되었음. 주최측의 첨부1. 공모규정 15조에 의하면 상금에 "제세금 포함"이라고 명시되고 추가로 "상금에 대한 세금은 한국 세법을 적용한다"와 "상금에는 저작권 사용료가 포함된다"라는 사항이 명기되었음. 첨부2. 질의응답서 5조에 의하면 이 공모는 공모당선에 의한 설계권이 부여되지 않는 1회성의 공모라고 명시되어 있음. 위와 같은 조건이 있을 시 공모전 상금에 부가가치세가 적용되어 제세금으로 인정되어 과세되는지 여부

[회신] 사업자가 재화 또는 용역을 공급하고 금전으로 대가를 받는 경우에 부가가치세 과세표준에는 거래상대자로부터 받은 대금·요금·수수료 기타 명목 여하에 불구하고 대가관계에 있는 모든 금전적 가치 있는 것을 포함하는 것으로, 귀 질의의 저작권 사용료가 포함된 상금의 경우에 있어 과세표준은 거래상대방으로부터 금전으로 지급받은 전체대가로 하는 것임.

---

② 저작권을 양도할 때도, 사업자가 아니라면, (계속 반복성이 없다면) 부가가치세를 과세하지 않았습니다. 마찬가지로 저작권을 대여할 때도, 사업자가 아니라면 부가가치세를 과세하지 않습니다.

● 적부2020-58, 2020.06.17

「부가가치세법」상 납세의무자에 해당하는지가 다툼 대상인 이 사안에서 청구인이 쟁점특허권을 □□□(주)에 7개월 동안 대여한 것이 계속·반복적으로 용역을 공급한 것으로 볼 수 있는지 여부에 관한 것인바,

---

5 부가가치세법 시행령 제2조 제2항

(1) 특허권의 경우 양허로 인한 효과가 비교적 장기에 걸쳐 나타난다는 속성을 가지는 것을 감안하면, ① 청구인은 쟁점 특허권의 양허 행위가 1회에 불과한 점, ② 대여 기간이 7개월에 불과하여 그동안의 심판례 등에 따르면 일시·우발적으로 봄이 타당한 점, ③ 청구인의 쟁점 특허권 양허는 청구인이 특수제강분진 자원화 사업 공장 건설을 위한 목적일 뿐이므로 계속·반복적인 의사가 있다고 보기 어려운 점 등에 비추어 볼 때 청구인의 쟁점 특허권 양허행위를 계속·반복적으로 이루어지는 것으로 볼 수 없어 사업성이 없는 행위이므로 부가가치세 과세 대상에 해당하지 않는 것으로 판단함이 타당하다.

③ [작가편]에서 개인이, 물적 시설 없이, 근로자를 고용하지 아니하고, 독립된 자격으로 프리랜서 용역을 공급하는 경우, 부가가치세가 면세된다고 말씀드렸습니다. 이때 프리랜서 용역 중에는, 저작권을 사용하게 하는 용역이 나열되어 있습니다.[6] 그래서 개인이, 물적 시설 없이, 근로자를 고용하지 아니하고, 저작권을 사용하게 하여 수취하는 대가는, 부가가치세 면세입니다.

만약 법인이 저작권료를 수취하거나, 물적 시설을 두고 저작권료를 수취하거나, 근로자를 두고 저작권료를 수취하면, 그때는 원칙에 따라 부가가치세 과세입니다.

• 부가46015-1210, 1993.07.13

[질의] 자유직업에 종사하고 있는 사람들로서 년간 사용료의 합계가 2천만원에도 못 미치고, 사진 원고 제작에 들어가는 실경비를 제외하면 실제 소득이 1천만원도 안 되는 영세한 직업 사진작가들입니다. 그러나 간혹 세법상의 법률해석의 차이로 자유직업소득자로 분류하는 데에 다른 의견이 발생하기에 다음과 같은 질의를 드리는 바입니다. 부가가치세법 제35조 아항에 해당되어 부가가치세 면제의 혜택을 받을 수 있는지 여부. 현재까지 사진원고대여중계업체에서는 판매대금의 10%를 사용자로부터 징수하여 부가가치세로 납부해오고 있으며, 작가들에게는 소득세만을 공제하고 나머지 금액을 지불해오고 있는데 이것이 적법한지 여부

[회신] 귀 질의의 경우 저작자가 저작권에 의하여 사용료를 받는 용역은 부가가치세법 시행령 제35조 제1호 (아)의 규정에 의하여 부가가치세가 면제되는 것입니다.

---

6 부가가치세법 시행령 제42조 1호 아목

공인어학시험을 주관, 운영하는 법인이 시험에 사용하였던 저작물에 대하여 출판권 설정계약을 체결하여 다른 사업자에게 독점적이고 배타적으로 출판할 수 있는 권리를 부여하고 그 대가를 받는 경우 「부가가치세법」 제4조 및 제9조에 따라 부가가치세가 과세되는 것임

④ 면세되는 저작권 용역과, 과세되는 재화나 용역이, 한꺼번에 일괄공급되는 경우에도, 저작권 용역만큼은 면세가 적용됩니다.

위 심사결정에서, 쟁점금액을 교재와 관련된 저작활동의 대가, 발명자에 대한 실시보상금, 강연료 등으로 판단하였고, 교재와 관련된 저작활동의 대가 및 강연료 등은 「부가가치세법」상 면세대상이고, 발명자에 대한 실시보상금은 「부가가치세법」상 과세대상이 아닌 점, 처분청은 청구인이 쟁점법인으로부터 수령한 쟁점금액을 특허권 사용료라고 주장하며 그 근거로 계약서를 제시하였으나, 그 계약서에는 로열티에 대하여 특허권 사용료 뿐만 아니라 인세, 저작권료, 실시 보상금, 강연료 등 일체의 비용으로 나타나므로 쟁점금액을 특허권 사용료로 한정하기 어려운 점, 위 심사청구사건과 이 심판청구사건에서 사실관계에 변화가 없는 것으로 확인되므로 위 심사결정의 판단을 유지하는 것이 합리적인 점 등에 비추어 청구인이 쟁점법인으로부터 수령한 쟁점금액을 부가가치세 과세대상으로 보아 이 건 부가가치세를 부과한 처분은 잘못이 있다고 판단된다.

(3) 저작권 국외 공급

1) 저작권 국외 양도

저작권을 외국법인에게 양도하는 경우에는 재화의 공급(수출)로 봅니다. 이때는 부가가치세 영세율이 적용됩니다.[7] 저작권 로열티에 대해 부가가치세를 내지 않습니다.

---

7 부가가치세법 제22조

> ● 서면부가2020-4201, 2021.02.26
>
> 사업자가 국내에서 국내사업장이 있는 국외의 외국법인과 직접 계약하여 특허권, 상표권, 영업비밀 산업 디자인 및 기술 노하우(이하 "무형자산")를 양도하고 동 무형자산을 외국법인으로부터 다시 대여받아 당해 사업자의 과세사업에 사용하는 경우로서 동 무형자산의 양도 대금을 해당 외국법인으로부터 외국환은행에서 원화로 받거나 「부가가치세법 시행규칙」 제22조에서 정하는 방법으로 받는 경우 동 무형자산의 양도는 같은 법 제24조 제1항 제3호에 따라 영의 세율을 적용하는 것으로 기존 해석사례를 보내 드리니 참조하시기 바랍니다.

2) 저작권 용역의 국외공급

저작권을 사용하게 할 때, 저작권이 국외에서 사용될 수도 있습니다. 국외에서 사용된다 함은, 용역의 중요하고 본질적인 부분이 국외에서 이루어진다는 것을 의미합니다. 이때는 부가가치세 영세율이 적용됩니다.[8] 국외로부터 받은 저작권 대가에 대하여는 부가가치세가 과세되지 않습니다.

이때 영세율이 적용되기 위하여는, 저작권을 사용하게 하는 자(저작권자)의 사업장이 국내에 소재하고 있기만 하면 되고,[9] 국외에서 용역을 제공받는 자가 누구인지, 대금결제수단이 무엇인지에 관계없이 영세율이 적용됩니다.[10] 영세율 대상인지 여부는, [외화입금증명서] 또는 [저작권 이용허락 계약서]로 증명합니다.[11]

> ● 부가-1103, 2009.08.04
>
> 개별원시특허권을 보유한 사업자가 원시특허권사용계약에 의하여 국외에 소재하는 통합특허권자에게 당해 특허권에 대한 사용용역을 국외에서 제공하고 그 대가를 받는 경우 당해 용역의 제공은 「부가가치세법」 제11조 제1항 제2호에 따라 영의 세율을 적용하는 것이며, 귀 질의가 이에 해당하는지 여부는 당사자 간 계약내용, 특허권 사용 방법 등을 종합적으로 고려하여 사실판단 하여야 하는 것임

---

8 부가가치세법 제22조
9 재소비22601-1333(1989.12.08.)
10 부가가치세 집행기준 22-0-1
11 부가가치세 기본통칙 22-101-1

(4) 저작권의 관리, 보호 용역

개인이 물적 시설 없이 근로자를 고용하지 아니하고 제공하는 저작권 용역은 면세입니다. 그러나 저작권을 관리, 보호하는 용역은 면세라고 한 적이 없습니다. 과세대상입니다. 대가를 직접 받아도 그렇고, 저작권 사용료/합의금 청구권을 대신 받아도 그렇습니다.

● 부가-507, 2009.02.09

[질의] 당사는 원저작권자의 지적재산권(오프라인, 온라인상에서 불법으로 공유, 판매되고 있는 소프트웨어, 음반, 도서 등의 지적재산권)을 보호하는 서비스를 제공하고 수수료를 받고 있으며, 그 서비스 내용에는 원저작권자가 저작권법을 위반한 개인 또는 법인에게 피해보상성격의 합의금을 받도록 하는 등 법률행위를 대리하고 있음. 원저작권자가 자신의 지적재산권을 보호해주는 서비스에 대한 대가로서 당사에 수수료를 직접 지급하는 대신 자신이 받아야 할 합의금을 받아가도록 하는 경우 부가가치세 과세 여부

[회신] 사업자가 원저작권자의 지적재산권을 보호해 주는 등의 용역을 공급하고 그에 대한 대가를 지급받는 대신 공급받는 자의 제3자에 대한 채권을 양수하는 경우에는 「부가가치세법」 제7조 제1항의 규정에 의하여 부가가치세가 과세되는 것임

하지만, 그러한 저작권 관리, 보호용역을 국외에 공급하는 경우는 영세율입니다. 영세율은 저작권 용역에 한정하는 것이 아니라, 용역의 국외공급에 폭넓게 적용되기 때문입니다.

● 국심2000서2122, 2001.01.05

청구인은 국외저작권자의 대리인으로서 그 법적·업무적 책임하에 국내출판사와 계약체결 및 사후관리를 수행하고 국외저작권자로 부터 중개수수료를 지급받는 것임을 알 수 있다. 그렇다면, 청구인은 국외 저작권자를 대리하여 저작권사용에 관한 계약을 국내출판사와 체결하고 국외저작권자로부터 그 수수료를 받는 서비스업을 영위하는 자이고, 국내출판사가 사용료 총액에서 청구인이 수령할 중개수수료를 차감한 잔액을 송금하였다 하여 그 용역을 제공받는 자나 그 수수료를 지급하는 자를 달리 볼 이유가 없으므로, 쟁점 ②거래는 부가가치세법 시행령 제26조 제1항 제1호의 규정에 의하여 영의 세율 적용대상에 해당됨에도, 처분청이 국내출판사로 부터 사용료총액을 수령하지 않고 중개수

수료 등을 차감한 잔액을 청구인이 송금하지 아니하였다 하여 영의 세율 적용을 배제하고 과세한 처분은 부당하다고 판단된다.

(5) 저작권위탁관리업자

저작권위탁관리업자는 저작권법상의 저작재산권 이용에 관한 이용료 징수, 이용료 배분, 법적 대응을 대리하는 단체로, 음악, 영상, 출판 등에 종사하는 분들에게는 이미 익숙합니다.[12] 이들은 모두 문화체육관광부의 설립허가를 받을 뿐 아니라, 설립 목적에 비영리를 추구한다고 되어 있습니다.[13]

한국음악저작권협회 등 저작권위탁관리업자가 실비 또는 무상으로 제공하는 신탁관리 용역은 부가가치세 면세 대상입니다. 현재로서는 미술을 위한 저작권위탁업 단체는 알려진 바가 없습니다. 하지만 미술진흥법에 따르면, 작가는 작품이 팔릴 때마다 재판매보상청구권을 갖게 됩니다. 현실적으로 작가가 일일이 재판매청구를 할 수 없기 때문에, 재판매보상청구권을 위탁받아 행사하고 금액을 분배하는 단체를 지정할 수 있도록 하고 있습니다. 이를 미술진흥전담기관 또는 지정단체라고 합니다.[14] 이러한 단체가 설립된다면 그 단체가 작가에게 제공하는 저작권위탁관리업 용역은 면세가 적용될 것으로 보입니다.

(6) 용역의 공급시기

저작권 사용 용역의 공급시기는 권리가 사용되는 때[15]이며, 공급단위를 구획할 수 없는 용역을 계속적으로 공급하는 경우, 매 로열티를 받기로 한 때가 공급시기가 됩니다.[16] 그 공급시기에 맞추어 부가가치세 확정신고서에 반영합니다.

---

12 부가가치세법 시행규칙 제34조 제3항
13 저작권법 제105조 제1항, 제2항
14 미술진흥법 제25조
15 부가가치세법 제16조 제1항 제2호

(7) 부가가치세 대리납부

1) 원리

저작권자가 국내에 사업장을 두고, 국외에 저작권을 [양도]하거나 저작권을 [이용허락] 하면 용역의 국외공급으로서 영세율이 된다 하였습니다. 저작권을 관리하는 용역을 국외에 공급하여도 영세율이라 하였습니다.

반대로 외국 비거주자나 외국법인의 저작권이 국내에서 사용될 수도 있습니다. 국내에서 사용된다 함은, 역무의 중요하고 본질적인 부분이 국내에서 이루어진다는 것을 의미합니다.[17] 이것은 영세율하고는 아무 관련이 없습니다. 일단은 과세 대상입니다.

과세대상인 것은 알겠는데, 어떻게 세금을 걷을까요?

뒤에 [갤러리의 국제거래편]에서 다시 설명하겠지만, 외국 [재화]가 우리나라에 수입되는 경우, 통관절차 중에 세관이 나서서 10% 부가가치세를 징수하면 됩니다.

그런데 비거주자나 외국법인이 우리나라에 들어와서 용역을 공급하면, [너는 부가가치세 납세의무가 있으니까 돈 가지고 나가기 전에 세무서에 가서 부가가치세를 잘 내라], 라고 하면 그만일까요? 우리나라에 일단 들어와 용역을 공급하는 순간을 포착하는 것부터가 쉽지 않습니다.

포착한다고 한들, 그들에게 우리나라 부가가치세법에 따라 소비자(우리나라 회사, 문화재단, 갤러리)에게 10% 거래징수도 잘 하고, 신고납부도 잘 하라고 강제하기도 어렵습니다. 그렇다고 부가가치세를 면제해줄 수도 없습니다. 우리나라 사업자가 공급하는 용역이 상대적으로 10% 비싸지기 때문입니다.

그래서 생긴 것이 부가가치세 대리납부 제도입니다.

---

16 부가가치세법 시행령 제29조 제1항 제4호
17 대법원 2021.12.30. 선고 2021두51416 판결

용역에 대한 대가와 부가가치세액을 외국 비거주자, 법인에게 아예 주지 말고, 소비자가 가지고 있다가 직접 국세청에 내라고 정하는 것입니다. 재화의 수입에서 비거주자나 외국법인 대신에 세관이 나서서 징수한 것처럼, 용역의 수입에서는 돈 주는 사람이 국세청에 직접 내는 방식입니다.

법문의 표현은 [공급받는 자는 대가를 지급하는 때에 대가를 받은 자로부터 부가가치세를 징수한다]고 합니다.[18] [공급받는 자＝소비자]이고, [대가를 받는 자＝사업자]입니다. 돈 주는 사람을 관리할테니, 비거주자와 외국인은 그냥 용역대가만 받고 부가가치세는 신경쓰지 마라는 것입니다.

예를 들어 보겠습니다. 외국에서 유명한 디자이너가 한국에 왔는데, 과세되는 디자인 용역을 한국 가구회사에 공급합니다. 용역은 3,000원짜리입니다. 디자이너가 우리나라 부가가치세법에 따른다면 사업자로서 가구회사에게서 3,300원을 받아갈 것입니다. 그리고 디자이너가 가구회사에게 세금계산서를 발행하고, 300원을 국세청에 낼 것입니다. 가구회사는 300원짜리 세금계산서를 가지고 매입세액 공제를 받을 것입니다.

그런데 그 외국인 디자이너가 우리나라 부가가치세나, 세금계산서 따위를 알 리가 없습니다. 그렇다고 10%를 부과하지 않으면, 우리나라 디자이너가 부가가치세 포함 3,300원에 공급하는 용역과 역차별이 일어납니다.

따라서 대리납부 제도에 의해, 한국 가구회사가 디자이너에게 3,300원을 주면서, 다 주지 않고 3,000원만 외국 디자이너에게 주고 300원은 보관하라는 것입니다. 외국 디자이너는 세금계산서 발행이나 부가가치세 신고에 신경쓰지 않고 그 길로 출국해도 됩니다. 한국 가구회사가 300원을 국세청에 낼 것이기 때문입니다.

2) 대리납부 예외

그러나 대리납부에도 예외가 있습니다.

---

18 부가가치세법 제52조 제1항

① 과세 사업을 하는 사업자인 소비자는 대리납부를 생략할 수 있습니다.

한국 가구회사가 대리납부한 이후를 곰곰이 생각해보면 조금 이상합니다. 한국 가구회사는 외국 작가의 디자인을 구입하여 가구를 제조하고 판매하겠죠? 한국 회사는 가구라는 재화를 공급하는 자이므로, 부가가치세법상 납세의무를 집니다. 그러면 가구를 공급한 매출세액에서, 분명히 디자인 용역 매입세액을 공제할 것입니다.

그런데 한국 가구회사는 대리납부 규정 때문에 자기가 외국인 디자이너의 부가가치세액 300원을 가지고 있다가 국세청에 대납했습니다. 그러고 보니, 결과적으로 내가 내 손으로 디자이너의 부가가치세 300원을 내고 다시 내가 300원을 매입세액공제받는 꼴이 됩니다. 국세청 입장에서는, 외국인 디자이너의 납세를 위해 한국 가구회사한테 대리납부를 부탁했습니다. 그런데 한국 가구회사한테서 세액을 받자마자 다시 한국 가구회사에 돌려주게 된 꼴입니다.

그래서 원래는 대리납부를 하는 게 맞지만, 번거로움을 피하기 위해서 과세사업자는 대리납부를 하지도 말고, 매입세액 공제를 받지도 않도록 해주었습니다.

예를 들어, 가구회사가 3,000의 디자인 용역을 받아 가구를 5,000원에 팔고 있다고 합시다. 대리납부 규정이 없었다면, 소비자에게는 5,500원을 받고, 디자이너에게는 3,300원의 용역을 매입합니다. 가구회사는 500의 매출세액에서 300원의 매입세액을 공제하여 최종 200의 부가가치세액을 냈을 것입니다. 디자이너는 300을 매출세액으로 부담했을 것입니다. 국가는 도합 500원을 징수하게 됩니다.

대리납부 규정을 따른다면, 가구회사는 소비자에게는 5,500원을 받고, 디자이너에게는 3,300원을 지급하되, 300원은 디자이너 대신 국세청에 일단 대납합니다. 그리고 신고기간이 되면 500원을 매출세액으로 하고 300원을 매입세액으로 하여 200원을 납부합니다. 대리납부와 정식납부(?)를 각각 처리한다는 것입니다. 국가의 최종 징수액은 똑같이 500원입니다.

가만 생각해보면, 가구회사는 300원, 200원을 나누어 낼 것 없이 500원을 한 번에 내도 되는 거 아닐까요? 외국인 디자이너에게 3,000원만 주고 거래징수 자체를 하지 않는 것입니다. 매입세액을 0으로 하고, 매출세액을 500으로 해도 되지 않느냐는 것입니다. 세법에서는 그렇게 하도록 만들어놓았습니다. 그래서 [공급받은 용역 등을 과세사업에 제공하는 경우는 대리납부 의무가 제외됩니다.[19] 내지도 말고 받지도 말라고 정해두었습니다. 괜히 300원을 미리 내어 자금이 묶이지 않도록 편의를 봐준 것입니다.

② 면세되는 용역은 대리납부할 것이 없습니다.[20]

비거주자가 제공하는 용역이 원래 국내에서 면세되는 용역이라고 합시다. 그러면 아까 걱정했던 가격경쟁력 문제 자체가 발생하지 않습니다. 비거주자가 국내 사업자랑 똑같은 세법을 따라도, 소비자에게 10%의 부가가치세액을 징수하지 않았을 것입니다. 이 경우에는 세액 자체가 등장하지 않으니, 대리납부할 것도 없습니다.

이 부분은 착오가 많아서 중요한데요.

국내의 소비자가 국외로부터 제공받고 있는 이 용역이 과세되는 용역이라고 생각했다면, 내가 10%를 대리납부해야 된다는 것도 알게 되고, 그것을 감안하여 적절한 가액을 외국에 요구했을 것입니다. 그리고 대리납부를 제때 처리했을 것입니다.

반면 국외로부터 제공받고 있는 용역이 면세되는 용역이라고 생각했다면, 나는 10% 대리납부할 것도 없다고 생각하고, 세액을 계약금액에 반영하지도 않았을 것이고, 별다른 걱정 없이 신고도 하지 않았을 것입니다.

만약, 당연히 면세되는 용역이라고 생각하고 대리납부를 손 놓고 있다가, 과세되는 용역으로 판명나면 그때는 뒤늦게 대리납부의무가 발생하여 크게 곤란하게 됩니다. 이때는 소비자는 이 용역이 면세되는 용역임을 적극적으로 항변하게 될 것입니다.

---

19 부가가치세법 제52조 제1항
20 부가가치세법 기본통칙 52-95-1

3) 판례

① 국내의 소비자가 외국 저작권자와 저작권 계약을 맺고, 저작권을 사용하였습니다. 그런데 계약 당사자가 외국출판사이기는 했으나, 그는 개인 저작권자의 단순한 대리인에 불과했습니다. 그래서 개인이랑 거래한 것이나 마찬가지였습니다. 개인이, 물적시설 없이, 근로자를 고용하지 아니하고 제공하는 저작권 용역인바, 면세되는 용역이고, 부가가치세 대리납부 의무는 발생하지 않았습니다.

> ● 서면법규-983, 2013.09.10
> 출판업을 영위하는 국내사업자가 국내사업장이 없는 저작자인 개인(이하 "저작권자") 및 저작권자의 대리인인 외국출판사(이하 "외국출판사")와 저작권 사용계약을 체결하고 외국출판사에 저작권 사용료를 지급함에 있어 외국출판사가 저작권자로부터 저작권을 양수하지 아니하고 저작권자의 단순한 대리인인 경우 해당 저작권 사용료는 「부가가치세법」 제52조에 따른 대리납부의 대상에 해당되지 아니하는 것임

② 국내의 소비자가 외국 저작권자와 저작권 계약을 맺고, 저작권을 사용하였습니다. 그런데 계약 당사자가 외국출판사(법인)이면서, 개인으로부터 아예 저작권을 양수하거나, 저작권 사용에 관한 권리(출판권)를 수여받아 스스로가 저작권자였습니다. 개인이, 물적시설 없이, 근로자를 고용하지 아니하고 제공하는 저작권 용역이 아닙니다. 그러니 과세되는 용역이고, 부가가치세 대리납부 의무는 발생합니다.

> ● 2018법령해석부가3688, 2018.12.18
> 출판업을 영위하는 국내사업자가 국내사업장이 없는 비거주자인 해외저작권자 및 해외저작권자의 단순한 대리인에 불과한 고용 대리인, 외국법인, 해외 출판사와 출판계약을 체결하고 해외저작권자 및 외국대리인에 저작권 사용료를 지급하는 경우, 해외저작권자로부터 부가가치세가 면제되는 용역을 공급받은 경우에 해당하여 대리납부의무가 없으나, 해외저작권자로부터 저작권을 양수하거나, 저작권 사용에 관한 권리를 포괄적으로 위임받은 외국대리인과 출판계약을 체결하고 외국대리인에게 저작권 사용료를 지급하는 경우 해당 저작권 사용료는 대리납부의무가 있다.

③ 우리나라 회사가 일본에 지급한 저작권료에 대해 대리납부 의무 위반으로 세무조사를 받았습니다. 쟁점별로 살펴보면,

(일본인 작가) 개인이 물적시설 없이 근로자를 고용하지 아니하고 제공한 저작권 사용 용역이므로 부가가치세 면세이다, 라는 주장에 대해,

판사님은, 저작권 사용용역의 제공자가 법인 (법인이 저작재산권 - 출판권을 보유) 이라면서 면세를 부인했습니다.

일본인 작가/법인이 우리나라에 제공한 것은 도서이고, 도서의 공급은 면세이므로, 국내 유통을 위해 저작권료를 지급한 것은 면세 재화 도서에 부수되는 용역이므로 역시 면세이다, 라는 주장에 대해,

판사님은, 일본 도서의 공급 부수되는 권리가 아닌, 국내에 번역출판할 권리를 부여받은 것이고, 일본 법인은 [일본에 출판할 권리]와 [국내에 번역출판을 허용할 권리]를 별개로 다룰 수 있어 부수 재화 또는 용역이 아니어서, 별개 판정(과세 판정)이 가능하다고 했습니다.

결론은, 외국법인이 제공한 부가가치세 과세 용역에 대한 대리납부 의무 위반입니다. 혹시 이제서라도 대리납부를 하고, 그만큼 매입세액공제를 받으면 본전이 아닌가 생각할텐데, 우리나라 회사는 출판사로서 부가가치세를 면세받는 법인이었을 것입니다. 그래서 매입세액공제를 받을 수 없어서, 본전이 아니라 손해를 보게 됩니다.

● 국심1999서2647, 2000.08.14

[처분개요]
청구법인은 일본의 출판사인 주식회사 ○○○(○○○, 이하 "일본법인"이라 한다)와 일본 만화서적을 한국어판으로 번역출판계약을 체결하고 번역출판하면서 1996∼1999년 사이에 일본법인에 저작권사용료로 614,557,800원을 송금하였다. 처분청은 청구법인이 일본법인에 송금한 저작권사용료가 부가가치세 과세대상이므로 부가가치세를 대리납부하여야 한다는 감사원의 시정요구에 따라 (생략)을 부과하였다. 청구법인은 이에 불복하여 1999. 8.28 심사청구를 거쳐 1999.12.8 심판청구를 제기하였다. (중략)

청구법인은 일본법인이 저작권자를 대리하여 번역출판계약을 체결하고 계약과 관련된 업무를 대리하고 지급받은 저작권료 중 수수료를 제외한 전액이 저작권 소유자인 만화 작가에게 지급되었으므로 부가가치세 면제대상이라고 주장하고 있으나 위 계약서에 나타난 바와 같이 일본만화 번역출판계약당사자는 만화 저작자가 아니라 원서권리자인 일본법인이므로 청구법인이 일본만화를 한국어로 번역출판하면서 지급한 저작권사용료는 전액 일본법인에 귀속된 것으로 부가가치세 과세대상이라고 인정된다.

또한 청구인은 일본법인이 청구법인에게 공급한 용역의 인적용역이 아니라고 하더라도 일본법인이 부가가치세 면세사업인 만화출판업을 주된사업으로 하면서 이와 관련된 용역인 저작권을 부수적으로 대여한 것으로 주된 재화의 공급이 면세공급에 해당되므로 부수용역공급인 번역출판할 수 있는 권리인 용역의 공급도 부가가치세 면세대상으로 보아야 한다는 주장이나, 전시 부가가치세법 제14조 제4항 및 제12조 제3항에서 주된 재화 및 용역의 공급에 필수적으로 부수되는 재화 또는 용역의 공급은 면세되는 재화 또는 용역의 공급으로 본다고 규정하고 있는 바, 일본법인이 출판한 만화책을 한국어로 번역출판할 수 있는 권리의 용역제공이 만화출판업에 필수적으로 부수되는 용역의 공급으로 볼 수 없을 뿐만 아니라 주된 사업과 관련하여 우발적 또는 일시적으로 공급된 용역이라고도 할 수 없고 일본법인이 만화 출판업과는 별도로 언제라도 독립적으로 공급이 가능한 독립된 용역의 공급으로 인정된다.

전시법령에서 국내에 사업장이 없는 비거주자 또는 외국법인으로부터 용역의 공급을 받아 과세사업에 공하지 아니하는 경우에는 그 대가를 지급하는 때에 부가가치세를 징수하여 관할세무서장에 납부하여야 한다고 규정하고 있는 바, 청구법인은 일본법인으로부터 일본서적을 한국어로 번역출판할 수 있는 권리인 독립된 용역을 제공받고 그 대가를 외국법인에 송금한 것은 부가가치세 과세대상이므로 그 대가를 지급할 때에 부가가치세를 징수하여 관할세무서장에게 납부하여야 함에도 이를 이행하지 아니하였으므로 처분청이 청구인에게 이 건 부가가치세를 부과한 처분은 달리 잘못이 없다고 판단된다.

4. 저작권과 소득세

작가가 저작권을 이용허락 또는 양도하면, 작가는 거래상대방에게 대금을 받을 권리가 생깁니다. 그러면 소득이 발생하여 소득세 문제가 불거집니다.

(1) 저작자의 사업소득

저작권을 사용하게 하고 얻은 소득은 무슨 소득일까요, 사업소득일까요, 기타소득일까요? 누구든지 자신의 사상과 감정을 표현하기만 하면 저작권이 생겨나기 때문에, 어떤 작품에 대한 저작권을 가졌다고 해서 반드시 계속 반복적으로 창작을 했다고 단언할 수는 없습니다. 영리목적성, 계속반복성, 자기의 계산과 책임 등 소득구분 기준에 비추어 사업소득과 기타소득을 판단해보아야 합니다. 사업소득성이 발견되면, 사업소득으로 보아야 합니다.

• 원천-756, 2010.09.29

[질의] 대학의 학술교재 중 일부 공동집필자로 참여하고 있는 저작자는 근로소득자로서 출판사와 집필계약 상 사용기간은 5년으로 하여 매년 연 1회 인세를 지급받기로 함. 집필계약기간동안 교재내용에 대한 개편·수정이 가능함. 대학출판부는 위의 저작권사용료인 인세액에 대해 그 동안 사업소득으로 분류하여 소득세를 원천징수하여 왔으며 저작자는 근로소득외 다른 소득은 없음. 학술교재를 집필한 저작자가 저작권 사용료로써 5년간 매년 1회 인세를 지급받는 경우 인세의 소득구분

[회신] 문예·학술에 관한 저술을 전문적·직업적으로 하는 저작자가 「저작권법」에 의한 저작권사용료로서 받는 인세는 「소득세법」 제19조의 사업소득에 해당하는 것입니다. 다만, 이 경우 저술을 전문으로 하지 아니하는 거주자가 일시적으로 지급받는 때에는 같은 법 제21조 제1항 제15호에 따른 기타소득에 해당하는 것입니다.

[질의] 서적(비소설류)을 저술한 A(저작자, 비사업자)가 B(출판사, 출판업 등록한 면세사업자)에게 출판권만을 준 상태로 C(출판과 무관한 비영리법인)에게 저작권자는 저작권을 분리해서 C에게 양도하고 출판사는 출판권만을 C에게 양도할 경우, 저작권자가 저작권 양도시 소득구분 및 기준경비율 코드와 출판사가 출판권을 양도시 소득구분 및 기준경비율 코드 여부?

[회신] 저작자가 저작권을 타인에게 전부 양도하고 그 권리행사포기의 대가로 받는 금품은 저작자의 저작권 사용료에 대한 대가수령의 한 방법으로서 당해 저작자가 저작물의 창작을 계속·반복적인 업으로 영위하는 경우에는 소득세법 제19조의 사업소득에 해당하는 것이고, 이때 적용할 기준경비율·단순경비율 코드번호는 940100(저술가)이며, 그 외의 경우에는 소득세법 제21조의 일시적인 문예창작소득인 기타소득에 해당하는 것입니다.

이때 저작재산권자가 직접 이용허락하지 않고, 법정허락의 보상금을 전달받는 경우에도, 영리목적성, 계속반복성, 자기의 계산과 책임 등 소득구분 기준에 비추어 사업소득과 기타소득을 판단해보아야 합니다.

[질의] AAA위원회는 어문저작물에 대한 법정허락을 받은 이용자 A로부터 「저작권법」 제50조 제1항에 따라 '22.0월 법정허락 보상금을 수령함. 위 어문저작물에 대한 법정허락 사실을 인지한 저작자 B는 '23.0월 같은 조 제5항 등에 따라 AAA위원회에 보상금 청구를 신청하였으며 AAA위원회는 신청자가 해당 저작물의 권리자인지를 확인하기 위한 조사를 거쳐 보상금을 지급하여야 함. 「저작권법」 제50조에 따라 AAA위원회가 지급받은 법정허락 보상금을 보상금 보상금청구인인 저작재산권자에게 지급하는 경우 그 소득구분 및 원천징수의무의 존부

[회신] 귀 사전답변신청의 경우, AAA위원회(이하 "위원회")가 「저작권법」 제50조 제1항에 따라 지급받은 보상금을 저작재산권자가 같은 법 시행령 제23조의2에 따라 위원회로부터 수령하는 경우에, 해당 금원은 「소득세법」 제21조 제1항 제5호 또는 제15호에 따른 기타소득에 해당하는 것이며, 이를 지급하는 자는 같은 법 제127조 제1항 제6호에 따라 원천징수의무를 부담하는 것입니다. 다만, 해당 금원이 저작재산권자가 영리를 목적으로 자기의 계산과 책임 하에 계속적·반복적으로 행하는 활동을 통하여 지급받은 대가에 해당하는 경우에는 같은 법 제19조 제1항에 따른 사업소득에 해당하는 것이며, 이에 해당하는지 여부는 종합적인 사실관계를 고려하여 판단할 사항입니다.

(2) 저작자의 기타소득

사업성이 없는 경우에는 기타소득이 됩니다. 전문 작가가 아닌 자가 저작권으로 얻는 소득은 대부분 기타소득입니다.

① 기타소득은 필요경비를 몇 %까지 인정해주는지 중요합니다. 저작자의 일시적 창작소득은 창작에 소요된 노력과 비용을 감안하여 필요경비를 60%까지 인정합니다. 반면, 저작자가 아닌 자의 저작권소득은 필요경비를 의제해주지 않습니다. 그러므로 최초의 저작자가 얻은 소득인지, 저작자 외의 자로서 얻은 소득인지를 분명히 해야 할 때가 있습니다.

또한 저작권에 대한 대가가 아닌 단순 사례금으로 판명되는 경우에도 필요경비를 의제해주지 않습니다. 그러므로, 소득이 저작권에 대한 대가인지, 사례금인지를 분명히 해야 할 때도 있습니다.

● 조심2012서3367, 2012.12.26

「소득세법」상 기타소득금액은 당해 연도의 총수입금액에서 이에 소요된 필요경비를 공제한 금액으로 하는 것이 원칙이나, 「소득세법」 제21조 제1항 제15호의 기타소득으로 80%의 필요경비를 인정하도록 「소득세법 시행령」 제87조 제3호에서 규정한 것은 원작자가 저작권 등을 생애 최초로 창작하여 저작권을 양도하는 경우에 그 동안의 창작에 소요된 노력과 비용 등을 감안한 것으로 볼 수 있는 바,
2002.10.23자 ○○○의 정기주주총회 의사록에 의하면 ○○○은 소유한 출판영업권 등을 ○○○원에 청구인에게 양도하기로 의결한 것으로 되어 있고, 청구인이 2005.7.15 ○○○글로벌에게 쟁점저작권을 양도한 것으로 매매계약서상에 기재되어 있어 청구인이 최초의 저작권자가 아닌 것으로 보이는 반면, ○○○세무서장의 과세전적부심사 결정은 쟁점저작권을 ○○○의 영업권이 아닌 청구인의 저작권이라고 결정하였는 바, 청구인이 쟁점저작권의 저작자인지 여부가 불분명하다 할 것이다.
따라서, 처분청은 쟁점저작권을 청구인이 ○○○으로부터 취득하여 저작자 외의 자로서 ○○○글로벌에게 양도한 것인지, 아니면 당초부터 ○○○이 아닌 청구인의 저작권을 양도한 것인지 여부를 청구인이 과세전적부심사 청구시 ○○○세무서장에게 제출한 서류, ○○○의 법인세 신고자료 등을 재조사하여 그 결과에 따라 과세표준 및 세액을 경정하는 것이 타당한 것으로 판단된다.

이상 검토한 바와 같이, ① 이 사건 합의 대상인 이 사건 사진 등에는 원고가 촬영한 원고 소유의 사진이 일부 존재하고, ② 그 중 일부는 이 사건 카탈로그 등에서 창작성이 인정된 사진이거나 혹은 이 사건 카탈로그 등에 있는 사진이 아니라고 하더라도 사진으로서의 창작성이 인정되는 사진이며, ③ BBB로서는 이 사건 합의를 하면서 그와 같은 창작성이 인정되는 원고의 사진이 다소라도 존재함을 전제로 사료적 가치가 있다는 판단 하에 그에 관한 저작권을 인정하여 그 대가를 포함시킨 후 원고의 기자재, 소취하 대가를 감안한 이 사건 대금을 합의금으로 원고에게 지급하였다고 봄이 상당하다. 따라서 이 사건 대금 가운데 적어도 일부는 소득세법 제21조 제1항 제15호 다목에서 정하고 있는 「사진에 속하는 창작품에 대한 대가」로 지급된 것이고, 그 부분에 관하여 발생한 소득의 범위 내에서 원고의 이 부분 주장은 이유 있다.

② 저작권자가 저작권을 침해한 자를 형사고소하고, 이를 취하하는 대가로 합의금을 받을 때가 있습니다. 현실에서는 합의금을 목적으로 저작권법의 침해를 계속 반복적으로 주장하는 경우도 있습니다. 이러한 합의금 소득은 설령 영리를 목적으로 하였고 계속 반복적으로 이루어졌다 하더라도, 기타소득으로 보고 있습니다.

원고가 장기간에 걸쳐 다수의 피고소인들을 상대로 고소를 하였고 그 고소사건과 관련하여 합의금 명목의 금원을 지급받은 사실은 당사자들 사이에 다툼이 없다. 그러나 아래와 같은 사정을 모두 종합하여 보면, 원고가 피고소인들로부터 지급받은 합의금이 소득세법 제19조 소정의 사업소득에 해당한다고 볼 수는 없다. 피고의 두 번째 주장도 받아들일 수 없다.
① 소득세법에서 규정하는 사업소득은 영리를 목적으로 독립된 지위에서 계속·반복적으로 하는 사회적 활동인 사업에서 발생하는 소득을 뜻한다(대법원 2017.7.11 선고 2017두36885 판결 참조). 그런데 이 사건의 경우, 원고가 피고소인들로부터 합의금 명목으로 지급받은 금원은 재산상 손해의 증명이 사실상 불가능한 상황에서 저작권 침해의 태양과 정도, 피고소인의 나이, 신분, 자력 등을 고려하여 지급받은 위자료의 성격을 가지는 것으로 보인다. 따라서 원고가 피고소인들로부터 합의금 명목의 금원을 수령하였다고 하더라도 그로 인하여 원고의 순자산이 증가된다고 볼 수는 없다. 사정이 이와 같다면, 원고가 저작권을 침해한 사람들을 상대로 형사고소를 하고 합의금을 수령하는 행위를 계속·반복하여 행하였다는 사정만을 들어 그것이 '영리를 목적으로' 하는 사회적 활동에 해당한다고 볼 수는 없다.

② 소득세법 제19조 제1항은 "사업소득은 해당 과세기간에 발생한 다음 각호의 소득으로 한다."라고 규정하면서 "(생략) 제1호부터 제19호까지의 규정에 따른 소득과 유사한 소득으로서 영리를 목적으로 자기의 계산과 책임 하에 계속적·반복적으로 행하는 활동을 통하여 얻는 소득"이라고 규정하고 있다. 그런데 저작권을 침해한 사람들에 대하여 형사고소를 한 다음 그들로부터 수령한 합의금은 그 문언상으로도 소득세법 제19조 제1항 제1호 내지 제19호에 규정된 소득에 해당하지 아니함이 명백하다. 또한 위와 같은 합의금이 소득세법 제19조 제1항 제1호 부터 제19호까지의 규정에 따른 소득과 유사한 소득이라고 볼 수도 없으므로, 그것이 소득세법 제19조 제1항 제20호 소정의 사업소득에 해당한다고 볼 수도 없다.

③ 소득세법 제19조 제3항은 "제1항 각호에 따른 사업의 범위에 관하여는 이 법에 특별한 규정이 있는 경우 외에는 통계법 제22조에 따라 통계청장이 고시하는 한국표준산업분류에 따른다."라고 규정함으로써 사업소득의 원천이 되는 '사업'의 범위를 한국표준산업분류에 따르도록 정하고 있다. 그런데 형사고소를 한 다음 피고소인들로부터 합의금을 수령하는 행위는 통계청장이 고시한 한국표준산업분류에서 정하고 있는 어떠한 종류의 '사업'에도 해당하지 않는 것으로 보인다.

그렇다면 원고의 이 사건 청구는 이유 있으므로 이를 인용할 것인바, 제1심판결은 이와 결론을 같이하여 정당하므로, 피고의 항소는 이유 없어 이를 기각한다.

(3) 저작자 외의 저작권자의 기타소득

저작자가 아닌 자가 저작재산권을 갖게 되는 경우가 있습니다. 우선 저작재산권은 양도나 증여가 된다고 하였으므로 저작권을 양도, 증여받은 자가 있겠고요, 저작재산권자가 사망하면 저작재산권은 저작자 사후 70년까지 존속하므로[21] 상속인도 저작재산권자가 될 수 있습니다.

세법에서는 저작자 등(저작자, 실연자, 음반제작자, 방송사업자 등을 말합니다.) 외의 자가 저작권, 저작인접권의 이용허락, 양도로 소득을 얻는 경우는, 계속 반복성을 따지지 않고 기타소득으로 봅니다.[22]

[저작자 외의 자의 기타소득]은 [저작자의 기타소득]처럼 60%의 필요경비 의제가

---

21 저작권법 제39조 제1항
22 소득세법 제21조 제1항 제5호, 소득세법 시행령 제41조 제1항

적용되지 않는 소득입니다. 그러니까 실제로 지출한 경비만이 반영됩니다. 저작권 구입비, 저작권 등록비, 저작권을 관리하는 전담직원의 인건비, 저작권 관련 변호사 상담비 등이 예시입니다.

● 소득-572, 2012.07.20

[질의] 신청인은 2년 전 타계한 자녀 A교수의 저작권을 상속받아 B조합에서 인세를 59 백만원 수령하였음. 상속받은 저작권 인세수입에 대하여 기타소득의 필요경비 80% 적용할 수 있는지 여부

[회신] 귀 질의의 경우 저작자 외의 자가 저작권을 타인에게 사용하게 하고 받는 대가는 「소득세법」 제21조 제1항 제5호에 따른 기타소득에 해당하는 것이며, 그 기타소득의 필요경비는 같은 법 제37조 제2항에 따라 해당 과세기간의 총수입금액에 대응하는 비용으로서 일반적으로 용인되는 통상적인 것의 합계액으로 계산하는 것으로 같은 법 시행령 제87조는 적용할 수 없는 것입니다.

● 소득-889, 2011.10.28

[질의] A는 작고한 가수의 배우자로서 고인에 관한 모든 권리를 가지고 있는 거주자임. A는 20××.×.× 국내 광고사와 고인의 공연실황 영상을 이용한 CF광고(사용기간 : ×개월) 계약을 체결하고 고인의 영상 사용에 대한 대가 즉, 초상권과 모델 사용료를 국내 광고사로부터 ○○원을 지급 받았음. 국내 광고사는 동 금액을 필요경비 없는 기타소득으로 보아 세율 20%를 적용한 후 기타소득세 ○○원을 원천징수함. 생존배우자가 고인의 공연실황 영상을 국내 광고사에 대여하고 이에 대한 대가로 사용료를 받은 경우, 그 사용료의 기타소득 해당 여부와 필요경비 계산 방법

[회신] 귀 질의의 경우, 배우자가 사망한 남편의 공연실황 영상을 국내 광고사에게 사용하게 하고 받은 사용료는 소득세법 제21조 제1항 제5호에 따른 기타소득에 해당하는 것이며, 그 기타소득의 필요경비는 같은 법 제37조 제2항에 따라 해당 과세기간의 총수입금액에 대응하는 비용으로서 일반적으로 용인되는 통상적인 것의 합계액으로 계산하는 것입니다.

(4) 저작권을 무상양도

저작권법에서 양도는 매매, 교환, 증여 등 대가 여부를 불문하고, 저작재산권이 남김없이 이전되는 것을 의미한다 했습니다. 그렇다면 저작권을 상대방에게 무상으로 양도하는 것도 가능하겠습니다.

이때 저작권을 특수관계있는 자에게 무상으로 양도(증여)하는 경우, 이는 부당행위가 될 수 있습니다. 소득세를 면하기 위해 저가양도했다고 보고, 저작권자에게 시가로 소득세가 과세되어 버립니다. 실무상 개인이, 자기가 지배하는 법인에 무상으로 저작재산권을 넘길 때 이런 일이 많이 생깁니다. 시가는 상속세 및 증여세법의 시가산정방식을 차용합니다. 이것은 뒤에서 설명합니다.

• 서울고법2018누51760, 2019.01.11

① 원고 주○○은 원고 회사에 이 사건 저작권을 무상으로 양도하면서 아무런 대가를 받지 않았고, 이러한 무상양도 행위는 소득세법 제41조 제1항, 법인세법 제52조 제1항에 정해진 부당행위계산의 부인의 대상이 된다. 이러한 경우 부당행위계산 부인에 따른 원고 주○○의 소득세 및 부가가치세, 원고 회사의 법인세 산정을 위한 이 사건 저작권의 시가는 (생략)에 따라 각 연도의 수입금액이 확정되지 아니한 것으로 보아 평가기준일전 3년간의 각 연도 수입금액의 합계액을 평균한 금액이 된다. 원고들은 (생략) 효력이 없다고 주장한다. 원고들의 위와 같은 주장은 시간이 지남에 따라 저작권으로부터 얻는 수입이 급격하게 떨어진다는 전제에서 비롯된 것인데, 갑 제1호증의 기재에 의하면 원고들은 저작권협회로부터 받은 수입이 매년 증가한 사실이 인정되는 점에 비추어 원고들이 제출한 증거 및 주장하는 사정만으로 이러한 전제가 성립된다고 단정할 수 없다. 따라서 위 주장은 나아가 살펴볼 필요 없이 이유 없다.

(5) 저작권 소득 수입시기

저작권 양도/이용허락 계약이 체결되고 저작권자의 소득의 실현가능성은 매우 높은 정도로 성숙 확정되었다면, 소득의 수입시기가 도래한 것입니다.[23] 정확히는 [용역대가를 지급받기로 한 날], [또는 해당 용역의 제공을 완료하기 전에 그 대가를 지급받은 경우에는 그 지급받은 날]입니다.

그런데 아래 판례에서는 저작권을 거의 영구 양도하다시피 하고 그 대가를 한 번에 수취하였으면서도, 마치 여러 기간에 걸쳐 수입하는 것처럼 계약하였습니다. 소득을 여러 기간에 분산시켜 누진율을 회피하고자 하는 의도로 보입니다. 이는 인용되지 않았습니다.

● 조심2019서3723, 2020.04.16

저작자가 저작권의 사용료를 지급받는 경우 그 소득은 인적용역의 제공대가로서 「소득세법」 제19조의 사업소득에 해당하고, 같은 법 시행령 제48조 제8호는 그 소득의 수입시기를 '용역대가를 지급받기로 한 날 또는 용역의 제공을 완료한 날 중 빠른 날'로 규정하고 있으므로 저작자가 해당 용역의 제공을 완료하기 전에 그 대가를 지급받은 경우에는 그 지급받은 날을 수입시기로 보아야 할 것이다.

이 건의 경우, 청구인과 ○○○작성한 저작권 사용 허락 계약서에는 소설 ○○○해외 저작권 사용기간이 국내 저작권의 존속 기간(70년)으로 되어 있으므로 사실상 청구인이 저작권 중 일부를 ○○○양도한 것과 다름이 없고, 추후 위 확인서의 내용과 같이 저작권의 사용기간을 10년으로 변경하였다고 하더라도 쟁점금액은 저작권의 사용대가로서 당초 약정대로 용역 제공이 완료되기 전에 수수된 것이므로 그 수입시기를 달리 적용하기는 어렵다고 하겠다. 따라서 처분청이 쟁점금액을 2016년의 수입금액으로 하여 종합소득세를 부과한 처분은 잘못이 없는 것으로 판단된다.

---

23 소득세법 시행령 제48조 제10의4호

5. 저작권과 법인세

원래 저작물은 인간의 사상 또는 감정을 표현한 창작물이고, 저작물을 창작한 자를 저작자라고 하기 때문에, 그는 자연인일 수밖에 없습니다.[24] 법인은 사상이나 감정을 표현할 수 없습니다. 하지만, 법인이 저작권자가 되는 경우가 2가지 있습니다. 우선, 우리나라를 포함한 몇몇 국가들이 인정하는 [업무상저작물]을 취득하는 경우입니다. 다음으로 저작권을 승계취득하는 경우입니다.

(1) 저작권 취득

1) 업무상저작물 원시취득

법인이 업무상저작물에 대한 저작권을 원시취득하는 경우, 저작재산권은 법인이 직접 제조 등에 의하여 취득한 무형자산입니다. 이때는 이 자산에 투입된 원재료비, 노무비, 수수료, 공과금 등 비용의 합계액을 자산가액으로 인식합니다. 예를 들어 업무상저작물을 생산하기까지 디자이너의 인건비 50,000,000원이 들었다면, 법인은 재무상태표에 50,000,000짜리 저작권을 인식합니다.[25]

2) 저작권 승계취득

저작재산권은 양도(매매, 교환, 증여)가 가능합니다. 그러면 법인이 얼마든지 저작재산권자가 될 수 있습니다.

① 법인이 대금을 지급하고 저작권을 매수하는 경우, 매수가액과 부대비용으로 자산가액을 인식합니다.[26]

---

24 저작권법 제2조 제1호, 제2호
25 법인세법 시행령 제72조 제2항 제2호

② 법인이 저작권을 매수하면서 대금 대신 주식을 신규발행하여 교부하는 경우, 이는 현물출자입니다. 그 금액은 시가로 측정하여 인식합니다.[27]

③ 법인이 저작재산권을 수증받는 경우, 그 자산의 취득 당시 시가만큼 자산으로 인식합니다.[28]

④ 법인이 저작권을 매수하는 것은 아니지만, 저작권을 이용허락 받기로 하거나, 법인이 저작권에 대한 배타적발행권을 설정받는 경우, 이 역시 무형자산의 일종이며, 대가로 지급하는 계약금액만큼 자산가액이 됩니다.

• 조심2018서1182, 2018.08.29

먼저, 쟁점①에 대하여 살피건대, 청구법인은 쟁점상표사용계약에 따라 한국 내에서 영구적·독점적으로 'ㅇㅇㅇ' 상표권을 무상사용할 수 있는 권리를 취득하였으므로, 「법인세법」 제15조 및 같은 법 시행령 제11조 제5호에 따라 무상으로 받은 자산의 가액을 청구법인의 익금으로 보는 것이 타당한 점, 한국회계기준원에서도 쟁점상표사용권을 ① 식별 가능성, ② 자원에 대한 통제, ③ 미래경제적 효익의 존재를 모두 충족하는 무형자산에 해당한다고 해석한 점 등에 비추어 청구법인이 쟁점상표사용권을 무상으로 취득한 것으로 보아 그에 상당하는 무형자산을 익금산입한 처분은 달리 잘못이 없는 것으로 판단된다.

• 법규-1326, 2010.08.19

온라인게임 유통회사가 온라인게임 개발회사로부터 개발중인 게임 및 게임과 관련된 부가사업에 대한 배포·판매권 및 영업권 등의 권리를 독점적으로 보유하기 위한 계약을 체결하고 지급한 계약금[이니셜 피(Initial fee)]은 무형고정자산(영업권)의 취득가액에 해당하는 것

---

26 법인세법 시행령 제72조 제2항 제2호
27 법인세법 시행령 제72조 제2항 제3호 나목
28 법인세법 시행령 제72조 제2항 제8호

(2) 저작권과 익금, 귀속시기

법인이 저작권료를 수취하는 경우, 익금이 됩니다.

① 계약을 시작하자마자 받은 정액 저작권료는 계약 체결일에 익금으로 인식합니다.

② 매출 또는 순수익에 비례하여 저작권료를 수취하는 경우에는, 지급할 금액이 확정되는 날에 익금으로 인식합니다.

③ 정액 저작권료를 준 것은 맞지만, 매출 또는 순수익에 비례하여 지급하는 저작권료의 선지급 성격이면, 기간안분하여 인식합니다.

④ 그 밖에 우발적으로 지급받는 저작권료는, 저작권료 정산기준일에 인식합니다.

> ● 법인-725, 2009.02.20
>
> 법인이 수수하는 이니셜피(Initial fee)가 게임판권 부여대가로 지급받은 경우에는 판권계약 체결일이 속한 사업연도의 익금에 산입하는 것이며, 미니멈게런티가 게임상용화 후 매출액의 일정비율로 지급받게 되는 런닝로열티의 최소보장 성격인 경우에는 계약기간 별로 안분하여 익금에 산입하는 것임

> ● 법인-1207, 2010.12.30
>
> 법인이 거래처와 캐릭터 등 사용대가에 대한 라이선스 계약을 체결하고 각 분기별로 수입하는 로열티 이외에 계약조건상 정산하여 추가 지급받기로 한 로열티는 정산기준일이 속하는 사업연도의 익금에 해당되는 것임

(3) 저작권과 손금

1) 저작권 무형자산 상각비

저작재산권을 가진 경우, 저작재산권은 무형자산입니다. 저작재산권은 감가상각
할 수 있습니다. 같은 원리로 저작인접권자(실연자)의 저작인접권도 감가상각할
수 있습니다. 감가상각 내용연수는, 5년으로 판단됩니다.[29]

● 서면법인2018-2152, 2018.09.21

[질의] 질의법인은 건축업을 영위하는 법인과 협업을 준비 중으로 건축 및 인테리어 설
계 업종 추가 및 제3자인 개인(특수관계 없음)으로부터 건축설계 저작권*을 인수할 예정
으로* 「저작권법」 제4조 및 제53조부터 제55조에 따라 한국저작권위원회에 등록하여 저
작권에 대한 법적 보호를 받음. 질의법인은 저작권법에 따른 건축설계저작권을 취득하
고 지급한 금액을 무형자산으로 계상하고 감가상각을 통해 손금산입하는 것인지와 감가
상각 기간에 대하여 질의함

[회신] 귀 질의의 경우 아래 회신사례를 참고하시기 바랍니다. 내국법인이 「저작권법」에
따른 저작인접권을 타인으로부터 취득하는 경우 그 취득가액을 「법인세법」 제23조에 따
라 무형고정자산의 감가상각 방법에 의하여 손금에 산입하는 것임

● 사전법령해석법인2017-569, 2017.09.22

[질의] 신청법인은 201×년 ××월 ××일에 음반기획·제작, 유통업 및 저작인접권 권리사
업 등을 목적으로 설립되었으며, 서울시 ○○구에 본사 및 사업장을 두고 있음. 신청법
인은 201×년 ×월 타사가 보유하고 있는 음원과 그에 관한 저작인접권 등을 매입하였음.
내국법인이 저작권법에 따른 저작인접권을 취득하고 지출하는 금액의 세무처리방법?

[회신] 내국법인이 「저작권법」에 따른 저작인접권을 타인으로부터 취득하는 경우 그 취
득가액을 「법인세법」 제23조에 따라 무형고정자산의 감가상각 방법에 의하여 손금에 산
입하는 것임.

---

29 법인세법 시행령 제28조 제1항 제1호, 시행규칙 제15조 제2항 별표 3

2) 저작권료 지급

① 저작재산권을 가진 법인은 아니고, 기간이 정해진 독점적 이용허락을 받았거나 배타적발행권을 설정받고 일시금을 지급한 경우, 먼저 무형자산으로 인식하고 감가상각합니다. 이때 감가상각 내용연수는, 계약기간 동안 균등하게 합니다.

• 서이 46012-11876, 2002.10.14

[질의] 당사는 프로그램 제작 및 공급업을 영위하는 법인으로서 영화, 드라마등의 사용이용권(방영권 또는 판권)을 구입하여 일정기간동안 유선 케이블사에 무료방영하여 일정광고를 통하여 광고수입을 주요 수입원으로 하고 있으며 방영권은 2~3년 계약기간동안 방송하므로 수익은 일정기간동안 지속되나 모든 비용은 첫해연도에 발생되는 바 기업회계기준에 의하여 수익·비용 대응원칙을 준용하여 상품이용권(판권)의 원가반영 방법 ☞ 판권 초기에는 50%, 2차연도에는 30%, 3차연도에는 20% 순으로 원가를 반영하는지? VS 무형고정자산 상각 처리로 반영하는지?

[회신] VTR 원판을 외국에서 제공받고 판권료(royalty)를 지급하는 경우 각 사업연도 소득금액계산상 동 판권료는 판권사용계약기간 동안에 균등상각한 금액을 손금으로 계상하는 것임

---

② 권리를 일시금으로 구입하는 것이 아니라, 매출 또는 순수익에 비례하여 지급하기로 하는 경우, 지급할 금액이 확정되는 때마다 지급액을 손금으로 인식합니다.

• 법규법인2012-267, 2012.08.08

또한, 해당 내국법인이 해외 배급사와 라이선스 계약을 체결하고 그 내국법인 매출액의 일정비율을 해외 배급사에게 Products 사용에 대한 로열티로 매월 지급하기로 한 경우 동 로열티는 내국법인의 매출액에 따라 해외 배급사에게 지급할 금액이 확정되는 날이 속하는 사업연도의 손금으로 하는 것임

---

③ 이때 저작권료를 현금 지급하는 것이 일반적이겠지만, 저작권을 활용하여 만들어낸 결과물을 조금 선물해주는 것도 저작권료입니다. 현금 대신 현물로 지불하고 있는 것으로 봅니다. 대응하여 상대방은 그런 현물을 수입한 것도 저작권 수입

으로 봅니다.

④ 저작권을 침해하는 결과로 되어 손해배상금을 지급하는 경우에도 어쨌든 저작권 사용에 대한 대가입니다. 그러므로 손금입니다. 대응하여 상대방 또한 수입을 얻고 있는 것입니다. 이때 지급되는 금액 중, 저작권 사용료 성격이 있는 것은 저작권 수입이 되고, 사용료를 초과하는 부분은 배상금 기타소득으로 됩니다. 참고로, 형사합의금은 기타소득이라고 앞서 설명하였습니다.

3) 저작권 기부

저작권을 소유한 법인은 이를 사업에 활용하는 것이 일반적이겠지만, 공익에 기여하고자 하는 의사를 가지고, 저작재산권을 기부할 수도 있습니다. 이때 기부는 저작권법상 양도(세법상 증여)입니다. 저작권을 기부한 법인은 이를 기부금으로 손금산입할 수 있습니다. 기부금의 크기는 장부가액만큼입니다. 기부금의 크기를 늘리기 위해 시가평가를 하는 것은 허용되지 않습니다.

> **• 서면법인2017-2684, 2017.11.30**
>
> **[질의]** 질의법인은 법정기부금 단체로 저작권을 가지고 있는 개인 또는 법인으로부터 저작권을 기부받는 모금사업을 추진중임. 기부자에게 세제혜택을 제공하기 위해 기부금 영수증에 기재할 저작권 기부금가액을 「상속세 및 증여세법 시행령」 제59조 무체재산권 평가의 산술식의 적용이 가능한지? 법정기부금단체가 저작권을 기부받은 경우 기부금영수증에 기재할 기부금가액의 산정방법
>
> **[회신]** 내국법인이 법인세법 제24조 제2항 각호에 따른 법정기부금을 금전 외의 자산으로 제공하는 경우 해당 자산의 가액은 장부가액으로 하는 것이며, 이 때 해당 기부금을 수령하는 법정기부금단체는 해당 장부가액을 기부금가액으로 기부금을 지출한 법인에게 기부금영수증을 발급하여야 하는 것입니다.

4) 저작권을 상여로 지급

저작권(현물자산)을 기부하는 것이 가능하듯이, 저작권을 상여 대신 양도하거나, 채무에 갈음하여 대물변제하는 것도 다 가능합니다.

만약 법인 명의의 저작권을 대표자 이름으로 등록하는 경우, 그 저작권이 법인의 것이었다가, 실질적으로 대표자에게 이전된 것이 확인된다면, 상여로 볼 수 있습니다. 적절한 회계처리를 하지 않는 경우 인정상여로 처리할 수도 있습니다. 인정상여란, 법인의 자산이 대표자에게 적절한 회계처리 없이 유실되는 경우, 그것을 대표자에게 상여금을 준 것으로 보아, 대표자에게 소득세를 물리는 조치를 말합니다.

[질의] 법인의 기획 하에 법인업무에 종사하는 자가 업무상 저작한 저작물을 저작권법 제9조(단체명의 저작물의 저작자)에 의거 법인명의로 저작권등록을 하지 않고 저작권법 제98조에 반하여 당해 법인의 대표이사 개인명의로 저작권 등록을 할 경우 대표이사 개인에 대한 인정상여로 계상, 법인소득금액에 합산하여야 하는지?

[회신] (생략) 저작권법 제98조에 반하여 대표자 개인명의로 저작권 등록을 할 경우 저작권 계정으로 계상하기 위해서는 기업회계기준서 3호의 무형자산의 요건에 해당되어야 하며 이 경우에 향후 추정이익에 따라 상각이 이루어지는 것이며 대표자 개인에 대한 인정상여로 처분하여야 하는지는 저작권에 관한 구체적인 계약사실과 기업회계기준서 3호 요건에 대한 검토 후 실질내용에 의하여 판단할 사항입니다.

6. 저작권과 상속세, 증여세

상속과 증여는 상대방으로부터 대가를 받지 않는 부의 무상이전입니다. 오가는 대가가 없으니 그 재산이 얼마짜리인지 알기가 어렵습니다. 그러므로 재산을 평가하는 규정이 마련되어 있다 하였습니다. 미술품 등 자산의 평가 규정은 [컬렉터편]에서 자세히 소개해드리고, 여기서는 저작권의 평가방법만을 소개합니다.

[상속세 및 증여세법]에서 저작권은 무체재산권(無體財産權)이라고 합니다. 저작권의 평가방법은,

① 평가기준일 이내에 저작권을 매절계약으로 매매하거나, 수용, 경매, 공매되거나, 저작권을 감정평가받은 경우 그 가액이 1순위입니다.

② 유사한 저작권의 가액이 있다면, 그 가액으로 적용해볼 수도 있습니다.

③ 그러고도 없으면, 다음 중 큰 것으로 합니다.[30]

─법인이 가지고 있던 저작권은, [재산의 취득가액에서 평가기준일까지 감가상각비를 뺀 금액]

─장래의 경제적 이익 등을 고려하여 평가방법에 따라 평가한 금액

[장래의 경제적 이익으로 평가하는 방법]이란, 장래에 매년 얻게 될 수입을 장래 20년간 얻는다고 가정하고 평가하며, 대신 매년 10%의 할인가치를 적용하여 합한 금액입니다. 저작권의 내용연수는 저작자 사후 70년간 존속하지만, 평가는 20년으로 짧게 끝냅니다.[31]

매년 얻게 될 수입이 정해진 경우도 있지만, 대부분은 알 수 없습니다. 이때는 평가기준일 전 3년간 수입의 평균액을 적용합니다. 최근 3년간 수입이 없거나, 장래

---

30 상속세 및 증여세법 제64조
31 상속세 및 증여세법 시행규칙 제19조

에 수입금액이 하락세일 것 같을 때는, 세무서장(조사관)이 감정평가사나 전문가 의견을 듣고 적정하게 평가합니다.

● 서면4팀-333, 2004.03.24

[질의] 상속재산인 저작권을 상속세 신고기한 이내에 2 이상의 감정기관에 의뢰하여 작성한 감정가액의 평균액으로 평가할 수 있는지 여부

[회신] 상속세 및 증여세법 제60조 제2항 및 같은 법 시행령 제49조 제1항 제2호의 규정에 의하여 상속개시일 전후 6월의 기간 중에 2이상의 감정평가법인이 지가공시및토지등의평가에관한법률 및 감정평가에관한규칙에서 정하는 적정한 방법으로 상속재산인 저작권을 평가한 감정가액이 있는 경우 그 감정가액의 평균액은 시가로 인정될 수 있는 것입니다.

상속재산인 저작권에 대하여 상속개시일 전후 6월 이내의 감정가액 등 시가로 인정되는 가액이 없는 경우에는 같은법 시행령 제59조 제5항 및 같은법시행규칙 제19조 제2항 내지 제4항의 규정에 의하여 평가하는 것이며, 이 경우 최근 3년간 수입금액이 없거나 저작권자의 사망 등의 사유로 장래에 받을 각 연도의 수입금액이 하락할 것이 명백하다고 인정되는 경우에는 같은법 시행규칙 제19조 제4항 후단의 규정에 의하여 세무서장등이 2 이상의 감정평가법인 또는 전문가의 감정가액 및 당해 권리의 성질 기타 제반사정을 감안하여 적정한 가액으로 평가할 수 있는 것입니다.

● 재산46014-2899, 1996.12.31

저작권을 평가함에 있어서 장래 받을 각 연도의 인세, 기타 보상금 등이 확정되어 있지는 않는 경우에는 증여일 전에 취득한 보상금액 범위 내에서 그 저작권의 내용에 비추어 그 저작권에 기대되는 경상적 수입으로 인정되는 금액을 기초로 하여 그 저작권의 수요 및 지속성을 감안한 금액을 각 연도의 보상금액으로 한다.

7. 저작권과 기타세법

(1) 취득세, 등록면허세

결론부터 이야기하면, 지방세법은 저작권을 취득세 과세대상 중 하나로 열거하지 않습니다. 따라서 저작권을 취득했어도 취득세는 부과되지 않습니다. 저작권을 원시취득한 자, 저작권을 상속으로 취득한 자, 저작권을 증여 또는 양도받은 자 모두 마찬가지입니다. 개인이든 법인이든 모두 마찬가지입니다.

하지만 편의를 위하여 저작권을 등록하는 경우, 등록면허세는 발생합니다. 원시저작권자의 등록은 지방교육세 포함 3,600원, 상속인의 저작권 등록은 7,200원입니다. 권리변동(양도, 처분제한, 질권설정)의 등록은 48,240원입니다. 출판권, 배타적발행권, 프로그램의 등록은 24,000원입니다.[32]

(2) 저작권의 압류

① 세금을 체납하면 독촉 이후에 압류에 들어간다 했습니다. 하지만 재산이 국가에 압류된다고 해도, 침구류나 3개월치 식료품, 월급 중 최저생계비는 압류를 못합니다. 그런데 압류할 수 없는 재산에는 세상에 공표되지 않은 저작물이 포함되어 있습니다.[33] 원래 저작권법에는 저작인격권 중에 공표권이라는 권리가 포함되는데, 공표권은 작품이 세상에 나갈지 말지를 결정하는 권리입니다.[34] 이 권리를 존중하는 차원인지는 몰라도, 공표되지 않은 저작물은 압류에서 제외한다고 합니다.

② 미공표 저작물은 압류하지 않지만, 저작재산권을 비롯한 무체재산권 자체는 압류의 대상이 됩니다. 이때 무체재산권을 압류하는 사실을 등록하거나 할 필요는

---

32 지방세법 제28조 제1항 제10호
33 국세징수법 제31조 제10호
34 저작권법 제11조

없고, 저작권자에게 압류처분의 통지만 하면 됩니다. 그때부터는 저작재산권은 압류상태가 되어 함부로 행사할 수 없게 됩니다. 함부로 양도하거나 하면 사해행위 또는 무효가 됩니다.

저작권법 제10조 제2항은 '저작권은 저작물을 창작한 때부터 발생하며 어떠한 절차나 형식의 이행을 필요로 하지 아니한다'고 규정하고 있고, 국세징수법 제51조 제1항은 '세무서장은 무체재산권 등을 압류하였을 때에는 그 사실을 해당 권리자에게 통지하여야 한다'고 규정하고 있을 뿐이므로, 피고가 미등록 상태의 이 사건 저작권을 압류함에 있어 소외 회사에게 압류사실을 통지하는 것 외에 별도의 등록 절차를 거쳐야 한다고 볼 수 없다.

그리고 앞서 본 처분의 경위와 인정사실에 의하면, 원고는 소외 회사가 체납처분의 효력을 회피하기 위해 설립한 법인으로 보이는 점, 원고가 2014.7.17 피고로부터 이 사건 처분사실을 통지받은 점, 그럼에도 원고가 이 사건 저작권에 대한 압류 등록이 없음을 기화로 이 사건 소 제기 이후인 2016.3.15과 2016.4.5 이 사건 저작권의 설정 및 양도등록을 한 점 등의 사정을 알 수 있는바, 이러한 사정들을 종합하면 설령 원고가 이 사건 처분 이후에 소외 회사로부터 이 사건 저작권을 양도받았다고 하더라도 이는 피고의 압류권을 침해하기 위한 것으로서 공서양속에 반하여 무효로 볼수 있고(대법원 2013.10.11, 선고 2013다52622 판결 등 참조),따라서 원고는 위 압류처분에 관하여 피고가 압류등록 없이는 대항할 수 없는 저작권법 제54조 규정의 제3자에 해당한다고 할 수도 없다(대법원 2006.7.13, 선고 2004다10756 판결 등 참조).

갤러리의
국내거래편

1. 갤러리의 개업

(1) 서론

요즘 컬렉터들이 신진 작가와 직접 접촉하는 일도 많아졌다고는 하나, 여전히 컬렉터와 작품은 갤러리에서 처음 만나는 경우가 대부분입니다. 이렇게 작품이 처음으로 세상에 나오는 현장을 1차 시장이라고 합니다. 이미 검증된 작품이 나오는 2차 시장에 비해, 1차 시장에서는 작가 역량이나 작품 가치를 정확하게 판단하기가 쉽지 않습니다. 그래서 1차 시장에서는 컬렉터들이 갤러리의 안목을 신뢰하며 구매를 결정하게 되므로 갤러리의 역할이 매우 중요합니다.

갤러리스트는 보석 같은 작가를 발굴하고, 작가를 홍보하여 작가의 운명을 바꾸고, 작품의 매매에 관한 모든 일을 관장하는 미술시장의 중요한 한 축입니다. 작가에게는 어떤 갤러리스트나 딜러를 만나느냐에 따라 운명까지 달라진다고 할 수 있습니다. 예를 들어 데미안 허스트(Damien Hirst)를 스타로 만든 것은 갤러리스트 찰스 사치(Charles Saatchi)라고 할 정도입니다. 반대로 갤러리스트에게도 어떤 작가를 만나는지는 중요한 문제입니다. 갤러리스트는 작품 수익을 작가와 나누는 것으로 사업을 유지하고, 작품을 팔기 위해 갤러리 유지비, 보험료, 임차료, 인건비, 아트페어 참가비 등 경비를 감당합니다. 제대로 된 안목과 실력이 없는 갤러리스트나 아트딜러는 시간과 돈만 허비하고 작품 매매를 성사시키지 못해 도태됩니다. 그러니까 작가와 갤러리스트, 아트딜러는 공생관계에 있습니다.

한편 작품이 명성을 얻기 시작하면, 이미 다른 컬렉터가 가지고 있는 작품인데도 갖고 싶어하는 사람들이 생겨납니다. 그러면 작품이 시장에 다시 나옵니다. 미술시장에서 중고거래는 일반적인 중고거래와 완전히 다른 의미를 갖습니다. 그만큼 찾는 사람이 많아졌고 가치가 높아졌다는 것입니다. 이 거래현장을 2차 시장이라고 합니다. 2차 시장은 아트딜러와 갤러리도 참여하지만 경매회사도 참여합니다. 경매사들은 작품의 거래를 책임지고 매도인과 매수인을 모두 만족시키는 거래의 스페셜리스트이자 미술시장의 꽃입니다. 경매회사는 10~30%의 수수료를 받는 것으로 알려져 있습니다.

2022년 미술시장의 규모가 연간 1조원까지 성장했다는 소식, 프리즈와 같은 유명한 아트페어, 많은 메가 갤러리들이 한국에 진출했다는 소식만 들어도 그렇지만, 특히 저로서는 신규 갤러리를 개업했다면서 연락을 주시는 분들이 부쩍 많아진 걸 느끼면서, 우리나라 미술시장 저변이 확대를 실감합니다. 이제부터는 갤러리업을 처음 시작하시는 갤러리스트를 위한 이야기를 시작합니다. 가장 먼저 갤러리를 처음 시작하는 분들이 반드시 챙겨야 할 내용을 소개합니다.

(2) 갤러리 개업과 신고

실무에서 갤러리업이라고 하지만, 각 법률에서는 고유 명칭을 사용하고 있습니다.

[미술진흥법]에서는 작가를 발굴 또는 양성하고 미술전시를 통하여 미술품을 중개, 대여하거나 판매하는 업을 [화랑업]이라고 하고, 화랑업 및 미술품 경매업 이외의 방법으로 미술품(미술품에 대한 권리를 포함한다)을 중개, 대여 또는 판매하는 업을 [미술품 대여, 판매업]이라고 합니다.[1]

[세법]에서는 갤러리업을 [예술품, 기념품 및 장식용품 소매업－예술품 및 골동품 소매업]라고 합니다. 따라서 법인이 최초 목적사업을 정관에 쓰고 등기할 때나, 법인 및 개인이 사업자등록을 할 때, 위 업종으로 등록하게 됩니다. 사업자등록은 사업개시일 전에 하거나, 늦어도 사업개시일부터 20일 이내에 세무서에서 합니다.[2]

갤러리를 개업하려면 별도의 인허가나 등록이 필요할까요? 요식업의 경우, 사업자등록과는 별개로 [식품위생법]의 영업허가와 [주류 면허 등에 관한 법률]의 주류 판매업 면허를 얻어야 합니다. 일정 이상 규모의 건설업의 경우, 사업자등록과는 별개로 [건설산업기본법]에 따른 등록을 해야 합니다. 학원업의 경우 사업자등록

---

1 미술진흥법 제2조 제6호, 제9호
2 소득세법 제168조, 부가가치세법 제8조

과는 별개로 [학원의 설립 운영 및 과외교습에 관한 법률]에 따라 등록을 해야 합니다.

지금까지는 갤러리를 개업할 때 별도 절차가 없었습니다. 하지만, 2024년 7월 26일부터 시행되는 미술진흥법에 따르면 신고가 필요하게 됩니다. 미술서비스업(화랑업, 미술품대여판매업 포함)을 하려는 자, 기존에 미술서비스업을 하고 있었던 자는 구청장에 신고하고 신고증을 발급받아야 합니다. 신고증을 영업장이나 인터넷 홈페이지에 게시해야 합니다. 무신고 영업하는 경우 영업정지나 영업폐쇄 처분을 받을 수 있습니다.[3] 미술품의 유통을 관리하겠다는 정부의 의도가 확인됩니다.

(3) 사업장

갤러리를 어디에 차릴지를 고민할 때는, 물론 많은 변수가 있습니다. 갤러리를 운영하기에 적절한 공간이 확보되어야 하고, 온도, 습도, 주차장 등 기타 시설도 고려합니다. 매월 지불해야 하는 월세도 중요합니다. 전반적인 동네 분위기도 중요하고, 손님들이 방문하기에 용이해야 하고, 구매력 있는 손님을 만날 수 있어야 합니다. 갤러리 대표가 출퇴근하기에 어떤지도 중요할 것입니다. 처음에는 위험을 줄이기 위해 파트너와 함께 공간을 꾸릴 수도 있을 것입니다.

세법상으로는 사업장이 어디에 소재하는지에 따라 혜택이 달라질 때가 있습니다. 대표적인 것이 [창업중소기업 세액감면]입니다. 원래 갤러리는 소매업의 일종이기 때문에 [창업중소기업 세액감면]의 대상이 아닙니다. 하지만 갤러리 중에서 오프라인 매장을 두지 않고 작품을 온라인을 통해서만 판매하는 갤러리는 대상이 됩니다.

[수도권과밀억제권역 밖]에서 청년이 창업하는 경우, 5년간 소득세/법인세가 100% 감면됩니다. [수도권과밀억제권역 안]에서 창업하더라도 청년이 창업하는 경우, 5년간 소득세/법인세가 50% 감면됩니다. 청년이 아니라면 [수도권과밀억제권역 밖]의 지역에서 창업하면 50% 감면됩니다.

---

3 미술진흥법 제18조, 제19조

[수도권과밀억제권역]은 서울특별시, 인천광역시 일부, 경기도의 일부를 말합니다. 경기도이면서 [수도권과밀억제권역이 밖]인 대표적인 지역으로는, 인천 강화, 파주시, 화성시, 남양주 별내, 화성, 평택, 오산, 안산 등이 포함됩니다. 청년의 기준은 만 15세~만 34세를 말하고, 병역을 이행한 경우에는 6년까지 연장가능합니다. 자세한 내용은 세무사에게 상담받으시기 바랍니다.

창업 때에는 [창업중소기업 세액감면]을 받을 수 있지만, 그게 아니어도 중소기업이기만 하면, [중소기업 특별세액감면]을 적용받을 수 있습니다. 중복적용은 안 됩니다. [중소기업 특별세액감면]은 소득세와 법인세에 다음과 같은 감면율을 적용합니다.

	수도권		수도권 외	
	도소매업	외의 업	도소매업	외의 업
소기업	10%	20%	10%	30%
중기업	×		5%	15%

갤러리업은 도소매업에 해당합니다. 소기업의 경우 지역에 따라 차이가 있지 않지만 중기업은 [수도권 외]에 소재하여야만 5% 감면을 적용할 수 있습니다. 또한 도소매 외의 사업을 하는 갤러리에게는 소재지가 중요하게 됩니다.

여기서 수도권은 서울특별시, 인천광역시, 경기도 전체를 말합니다. 앞의 [과밀억제권역]하고는 다릅니다. 중기업은 도소매업 기준 매출 50억원 이상인 기업을 말합니다.

(4) 사업자 등록

뒤에서 다시 설명드리겠지만, 갤러리가 취급하는 예술창작품은 부가가치세가 면세됩니다. 그렇다면 갤러리를 설립할 때는 [면세사업자]로 사업자등록을 하면 될 것 같습니다. 하지만, 실무에서는 [과세사업자]로 등록하는 경우가 더 많습니다. 왜 그럴까요?

요즘 갤러리들은 작품만 취급하지 않고, 다변화된 수익원을 가지고 있습니다. 갤러리가 도록을 취급하는 경우에는 부가가치세가 면세됩니다. 하지만 갤러리가 굿즈, 식음료를 취급하면 부가가치세가 과세됩니다. 미술품을 대여하는 경우, 갤러리 공간을 대여하는 경우에도 부가가치세가 과세됩니다.

세법에서 [면세사업자]로 등록한다는 것의 의미는, 면세품만을 100% 취급한다는 뜻을 가지고 있습니다. 반대로 과세품을 단 1%라도 취급하는 경우부터, 과세품을 100% 취급하는 사업자는 [과세사업자]로 등록하게 됩니다. 과세품과 면세품을 함께 취급하는 자를 겸영사업자라고도 합니다.

갤러리가 처음에는 작품의 매매만을 취급할 계획으로, 100% 면세품만을 취급한다 하여 [면세사업자]로 등록할 수도 있습니다. 하지만 과세품을 조금이라도 취급하게 되면, [과세사업자]로 바꾸어야 합니다. 이때 사업자등록번호가 한 번 변하기 때문에, 거래처에게 불편을 주거나, 폐업과 개업 처리를 하는 번거로움이 있다는 것이 문제입니다.

따라서 실무상 오로지 작품만을 취급하는 갤러리라면 처음부터 [면세사업자]로 등록해도 되나, 작품 이외에 과세되는 품목도 취급할 갤러리라면 [과세사업자]로 등록하는 것이 일반적입니다.

> **• 부가가치세 기본통칙 8-11-2【겸업 사업자의 사업자등록】**
>
> 부가가치세의 과세사업과 면세사업을 겸업하는 사업자는 법 제8조에 따른 사업자등록증을 발급받아야 한다. 이 경우 해당 사업자는 「소득세법」 제168조 또는 「법인세법」 제111조에 따른 사업자등록을 별도로 하지 아니한다.

(5) 현금영수증/신용카드가맹점

또 하나 놓치지 말아야 할 것이 있습니다. 개인이든 법인이든, 규모와 관계없이, [예술품 및 골동품 소매업]은 [현금영수증가맹점 가입대상자]입니다. 따라서 사업을 개시하는 날부터 60일 이내(법인은 3개월 이내)에 현금영수증가맹점으로 가입해야 합니다.[4] 그리고 작품을 판매하고 현금을 수취할 때마다 [(면세)계산서]나 [현금영수증]을 발행해야 합니다. 건당 구매금액이 10만원 이상인 때에는 상대방이 요청하지 않아도 발행해야 합니다. 이때 작품을 판매하고 현금을 수취한 것 뿐만 아니라 무통장입금을 받은 경우도 당연히 [(면세)계산서]나 [현금영수증]을 발행합니다.

외국 컬렉터에게 외국통화로 결제받는 경우도 현금영수증 발행 대상입니다. 외국 컬렉터는 주민등록번호나 사업자등록번호가 없기 때문에 [010-000-1234]를 향하여 발행합니다.

한편, 가상화폐로 결제받은 것은 현금영수증 발행대상이 아니라고 합니다. 현금영수증 발행을 하지 않는 것이지 매출에서 누락시켜도 된다는 의미로 받아들이면 곤란합니다. 또, 오픈마켓을 통해 작품을 판매하여, 오픈마켓이 결제를 받아 증빙을 발행한 경우는, 이중발행할 필요가 없어 가산세 적용대상이 아닙니다.

● 서면전자세원2022-773, 2022.03.03

[질의] 온라인에서 의류를 판매하는 통신판매업자로 오픈마켓 등을 통해 제품을 판매하고 있음. 고객이 오픈마켓에서 무통장입금 등 기타 결제를 할 경우 실제 판매자에게 현금영수증 발급의무가 있는지 여부

[회신] 실제 판매자인 통신판매자에게 현금영수증 발급의무가 있으며, 현금영수증 미발급 시 가산세 적용을 받습니다. 다만, 조세특례제한법 제121조의3 제12항에 따라 통신판매업자가 부가통신사업자가 운영하는 사이버몰을 이용하여 재화를 공급하고 그 대가를 부가통신사업자를 통하여 받는 경우 부가통신사업자가 통신판매업자에 갈음하여 현금영수증을 발급할 수 있으며, 이 경우 현금영수증 미발급에 대한 가산세를 적용받지 않습니다.

---

4 소득세법 제162조의3 제1항, 법인세법 제117조의2 제1항

귀 서면질의의 경우, 「소득세법 시행령」 별표 3의3에 따른 업종 중 전자상거래 소매업을 영위하는 사업자(현금영수증가맹점인 개인사업자)가 건당 거래금액(부가가치세액을 포함)이 10만원 이상인 재화를 소포우편을 이용하여 해외로 공급하고 그 대금을 현금으로 지급받는 경우에, 부가가치세 신고서에 「부가가치세법 시행령」 제101조 제1항에 규정하는 소포수령증 등을 첨부하여 제출하더라도 현금영수증을 발급하여야 하는 것으로, 소비자의 신분인식수단이 확인되지 않는 경우에는 국세청장 지정번호(010-000-1234)로 현금영수증을 발급할 수 있는 것입니다.

[질의] 질의인은 가상화폐인 ○○코인을 이용하여 가맹점인 편의점에서 재화를 구입하였음 (결제 서비스업체인 ㈜@@에서 만든 블록체인 기반의 가상화폐) 휴대폰 또는 신용카드 결제로 @@코인을 충전한 후 해당 @@코인을 ○○코인으로 전환하여, ○○코인 가맹점에서 상품등을 구매함. 재화 또는 용역을 공급받은 자가 가상화폐인 페이코인으로 대금을 지급한 경우 현금영수증 발급 대상인지 여부?

[회신] 재화나 용역을 구입하고 가상화폐로 결제한 경우 현금영수증 발급대상에 해당하지 아니함

현금영수증가맹의무를 어기는 경우의 제재는 혹독합니다. 그러니 사업자등록과 동시에 필수로 처리해야 된다고 생각하는게 편합니다.

일단 현금영수증가맹점을 가입하지 않는 경우, 미가입상태가 유지되는 동안의 수입금액의 1%가 가산세로 부과됩니다. (계산서나 세금계산서를 발행한 분은 제외)[5]

다음으로 갤러리를 포함한 [현금영수증가맹점 가입대상자]가 현금영수증을 미발행하면 미발행금액의 무려 20%가 가산세로 부과됩니다. [현금영수증가맹점 가입대상자] 아닌 자의 제재－미발행금액의 5%에 비해 4배나 무겁습니다. 게다가 현금영수증을 미발행했다는 건 매출을 누락했을 가능성도 높기 때문에, 세무조사를 받아 종합소득세 추징으로 이어집니다.[6] 이런 세무조사를 받으면 추징액이 억 단위를 넘는 경우도 허다합니다.

---

5 소득세법 제81조의9 제2항 제1호, 법인세법 제75조의6 제2항 제1호
6 소득세법 제81조의9 제2항 제3호, 법인세법 제75조의6 제2항 제3호

마지막으로 갤러리를 포함하여 웬만한 중소기업이 다 받는 [조세특례제한법 제7조 제1항 – 중소기업 특별세액감면 10%]를 받을 수 없게 됩니다.[7] 이 불이익도 생각보다 클 수 있습니다.

한편 갤러리업은 소매업의 일종이므로, [현금영수증가맹점 가입대상자]일 뿐만 아니라 [신용카드가맹점 가입대상자]이기도 합니다. 신용카드가맹은 사장님들이 놓치는 경우는 잘 없습니다. 요즘 손님 중에 신용카드가 없는 손님이 없기 때문에, 세법에서 강제하지 않더라도 사업을 위해서 필요하기 때문입니다. 신용카드 거래를 거부하는 경우에는 5%의 가산세가 부과됩니다.[8] (세금계산서/계산서/현금영수증 발행하는 경우에는 제재 없음) 그리고 위의 중소기업 특별세액감면도 배제됩니다.

(6) 사업용계좌 신고

작가가 직전연도 총매출액이 75,000,000원을 초과하면 복식부기의무자가 되듯이, 개인이 갤러리업을 하다가 직전연도 총매출이 3억원을 초과하면 복식부기의무자가 됩니다. 법인은 탄생하는 즉시 복식부기의무자가 됩니다. 복식부기에 관한 내용은 앞의 [작가편]을 참고해주세요.

세법에 따르면 복식부기의무자는, 사업과 관련하여 재화 또는 용역을 공급받거나 공급하는 거래를 할 때, [사업용계좌]를 등록하고 사용해야 합니다. 복식부기의무자가 되는 과세기간 개시일부터 (시작부터 복식부기의무자이면 다음 과세기간부터) 6개월 이내 (6월 30일까지)에 사업용계좌를 신고해야 합니다.[9]

사업용계좌를 사용하지 아니한 경우에 미사용금액의 0.2%를 가산세로 부과하게 됩니다.[10] 그리고 위의 중소기업 특별세액감면도 배제됩니다.[11]

---

7 조세특례제한법 제128조 제4항 제2호, 제3호
8 소득세법 제81조의9 제1항, 법인세법 제75조의6 제1항
9 소득세법 제160조의5
10 소득세법 제81조의8 제1항
11 조세특례제한법 제128조 제4항 제1호

2. 갤러리의 수익과 비용

(1) 서론

갤러리는 작가의 작품을 팔아 사업을 영위합니다. 사업의 목적은 이윤을 남기는 것이고, 이윤(순수익)이란, 수익(익금, 총수입금액)에서 비용(손금, 필요경비)을 차감하여 도출합니다. 그래서 소득을 과세물건으로 삼고 있는 소득세와 법인세는, 순수익을 모수로 하여 세금을 매깁니다.

이번 장에서는 갤러리의 법인세와 소득세를 설명하겠습니다. 주로 법인세법의 용어를 사용하여 설명하겠지만, 개인사업자에게도 거의 차이가 없으니 같이 이해하셔도 됩니다. 그리고 갤러리의 운영은 종합소득 중에서 사업소득에 해당하게 되므로, 소득구분은 할 필요가 없습니다.

법인세법 익금과 손금 규정을 비교해보면 중요한 특징이 눈에 띕니다. 익금은 법인에 귀속되는 일체의 경제적 이익입니다. 매우 포괄적으로 규정되어 있습니다. 어렵게 생각할 것 없습니다. 벌었으면 익금입니다.

경제적 이익이기만 하면 폭넓게 익금으로 포함하므로 현실에서 익금인지는 비교적 명백합니다. 그래서 매출을 누락하지 않는 이상 익금을 축소할 여지는 없습니다. 기껏해야 귀속시기를 조절하는 정도입니다.

손비는 사업과 관련하여 발생하거나 지출하여야 하고 (사업관련), 일반적으로 인정되는 통상적인 것이거나 (통상성), 수익과 직접 관련된 것(수익관련)[12]입니다.

손금은 익금보다 한정적으로 표현합니다. 소득세법에서도 필요경비에 산입할 금액은 해당 과세기간의 총수입금액에 대응하는 비용으로서 일반적으로 용인되는 통상적인 것의 합계액으로 한다고 하여 비슷하게 한정적으로 표현하고 있습니다.

왜 익금은 포괄적으로 규정하면서도 손금에 대해서는 범위를 좁히고 있을까요?

---

12 법인세법 제19조 제1항, 제2항

익금은 법인세를 높이므로, 납세자가 줄이고 싶은 대상입니다. 그러니 세법에서는 익금에 대해서는 범위를 가능한 한 넓혀서 대응하고 있습니다. 반대로 손금은 각 사업연도 소득을 줄여 법인세를 낮추므로 납세자는 어떻게 하면 손금을 더 많이 인정받아 법인세를 줄일지에 몰두합니다. 그러니 세법에서는 가능한 한 제한을 두어, 납세자와 줄다리기를 하고 있는 것입니다.

심지어는 어떤 손금들은 명백히 사업과 관련이 있는데도 불구하고, 세금이 지나치게 줄어들지 않도록, 한도를 정해서 한도를 넘는 부분은 잘라내어 버리고, 법인세/소득세 계산할 때 없는걸로 칩니다. 그러면 세금이 늘어납니다. 기업업무추진비나 기부금이 대표적이고 이것들을 어려운 말로 [손금불산입(필요경비불산입)]이라고도 합니다. 그냥 그런 게 있다는 정도만 알아둡시다.

이번에는 갤러리의 매출(총수입금액, 익금)과 비용(필요경비, 손금)에 대해 전반적으로 살펴보도록 하겠습니다.

● 수원지법2017구합67774, 2018.02.13

일반적으로 인정되는 통상적인 비용이라 함은 납세자와 같은 종류의 사업을 영위하는 다른 법인도 동일한 상황 아래에서는 지출하였을 것으로 인정되는 비용을 의미하고, 그러한 비용에 해당하는지 여부는 지출의 경위와 목적, 그 형태·액수·효과 등을 종합적으로 고려하여 판단하여야 하는데, 특별한 사정이 없는 한 사회질서에 위반하여 지출된 비용은 여기에서 제외된다(대법원 2009.11.12 선고 2007두12422 판결 참조).
(생략) 원고들이 WWW의 직원들에게 지급한 리베이트는 사회질서에 위반하여 지출된 비용으로 일반적으로 인정되는 통상적인 것이라고 할 수는 없기에 손금에서 제외되어야 할 것인바, 원고들의 위 주장은 이유 없다.

● 조심2016서311, 2016.08.03

[청구법인 주장]
(6) (쟁점①-6광고선전비) 청구법인은 2011년 광고 목적으로 ○○을 구입하였다. ○○은 ○○ 회장의 작품으로서 분량은 4박스이고 박스당 총 160여 점의 작품으로 구성되어 있다. 처분청은 해당 작품이 ○○이라는 이유만으로 실물의 존재 여부와 관련 없이 업무와 무관하게 ○○ 회장에게 자금을 지원한 것으로 판단하였지만, 동 작품

은 거래처에 선물하기 위한 목적으로 합리적이고 저렴한 가격에 구매한 것으로 일부는 회사의 미관과 업무 능률 차원에서 액자화하여 복도 혹은 사무실에 걸어 두었다.

(7) (쟁점②고가매입액) 처분청은 청구법인이 구입한 사진작품에 대해서 고가로 매입하였다 하여 그 시가 초과분에 대해서 소득 처분을 하였으나, 시가를 어떤 것으로 보았는지 근거를 전혀 제시하지 않고 과세하였다.

[처분청 의견]

(6) (쟁점①-6광고선전비) 청구법인이 ○○ 구입비용을 손금으로 인정받기 위해서는 사업과 관련하여 일반적으로 용인되는 통상적인 비용인지를 입증해야 하는 것이나, 아무런 근거 없이 ○○을 저렴한 가격에 구매한 것이라는 주장과 ○○ 일부(1SET)만을 환경미화 목적에 사용하였다는 주장만으로는 「법인세법」 제19조의 손금의 요건을 인정하기는 어렵고, ○○ 4SET 중 3SET는 장기간 미사용상태로 보관한 것으로 보아 ○○을 어떤 구체적 목적을 가지고 구매한 것이라고 보기 어려우며, ○○의 해외전시회 비용마련을 위해 경제적 합리성 없이 구매한 것에 불과하다.

(7) (쟁점②고가매입액) 청구법인은 조사청이 ○○의 사진작품에 대한 시가 산출근거를 제시하지 못하고 있다고 주장하나, 청구법인이 ○○ 사진의 시가에 대한 어떠한 자료도 제출하지 아니하여, 조사청은 부득이 ○○ 작품의 거래경위, 가격결정 구조 등에 대하여 ㈜○○의 대표이사, 직원 등을 조사하면서 확인할 수밖에 없었고 이 과정에서 청구법인이 ○○의 해외전시회 비용자금을 지원하기 위하여 ○○ 사진을 고가 매입한 것이라고 판단하였다.

[사실관계 및 판단]

쟁점광고선전비와 관련하여, ○○의 사진첩인 ○○은 ○○이 ○○으로부터 ○○에 국내로 수입하여 ㈜○○를 통해 ○○ 관련 계열법인과 신도들에게 ○○에 판매되었으며, 청구법인은 ㈜○○로부터 ○○ 4SET를 구입하여 1SET는 복도나 사무실에 걸어두었고, 3SET는 장기간 미사용상태로 보관하는 등 청구법인이 구체적 목적을 가지고 ○○을 구매한 것으로는 보이지 않으므로, 쟁점광고선전비를 청구법인의 사업과 관련된 통상적 비용으로 인정하기 어렵다. (중략) 다음으로 쟁점②에 대하여 살피건대, 청구법인은 조사청이 ○○의 사진작품에 대한 시가의 산출근거를 제시하지 못하였다고 주장하나, 조사청은 「상속세 및 증여세법」 제62조 및 같은 법 시행령 제52조 제2항 제1호에 따라 전문가의 감정을 통해 ○○ 및 사진작품의 '재취득가액'을 산정하기 위하여 전문가 6인으로 두 개의 팀을 구성하여 ㈜○○ 안성창고에서 연구소의 실무자를 동참시켜 실사를 통한 감정을 실시하였고, 두 팀의 평균가격을 시가로 산정하는 등 객관적 기준에 따라 산출하였으므로 청구주장을 받아들이기 어렵다.

(2) 갤러리의 수익(익금, 총수입금액)

1) 미술품 도소매업

갤러리의 전형적인 수익은 미술품 판매로부터 창출됩니다. 수익은 소득세법에서는 총수입금액으로, 법인세법에서는 익금으로 표현되어, 세금이 부과됩니다.

하지만 갤러리가 [도소매업자]로서 작품을 파는 경우와, [중개업자]로서 작품을 파는 경우, 어디까지를 갤러리의 수익으로 보아야 하는지 차이가 나므로 구분이 필요합니다.

[미술품 도소매업자]는 1차 거래에서 매매계약의 당사자로서 갤러리나 컬렉터로부터 미술품을 매입을 완료합니다. 도소매업자는 그 작품이 나중에 팔릴 가능성, 작품이 재고로 남는 위험부담도 감수합니다. 미술품 도소매업자는 미술품을 매수하여 지배하에 놓이기까지의 과정을 스스로 관리하며, 이 과정에서 문제가 발생하는 경우 1차 거래의 매도인과 스스로 문제를 해결해야 합니다.

미술품 도소매업자는 2차 거래에서도 매매계약의 당사자로서 손님에게 미술품을 판매합니다. 2차 거래는 1차 거래와는 구분되며 미술품에 대하여 매입가격 대비 얼마의 차익을 거둘지, 또는 매입가격 이하로 판매하여 손해를 감수할지도 스스로 결정합니다. 미술품 도소매업자는 2차 거래에서 책임지고 손님에게 작품을 전달하게 되며, 그 과정에서 파손, 멸실 등의 문제가 생기는 경우 당사자가 되어 문제를 해결할 책임(하자담보책임)이 있습니다.

현실에서는 특히 해외 작가의 작품을 다룰 때 갤러리가 미술품 도소매업자의 포지션을 취하는 경우가 많습니다. 해외의 작가 작품을 국내로 들여오기 위해서는 해상 또는 항공으로 운송하므로, 작품의 파손 위험이 높고 비용이 많이 듭니다. 작품 가격 외에도, 포장비, 검수비, 통관비, 운송 및 선적비, 보험료, 하치비, 보관료와 이용료, 제증명발급비, 중개수수료, 환위험이 추가됩니다. (이 모든 것은 손금이 됩니다) 작품이 팔리지 않았다고 하여 해외로 다시 돌려보내는 것도 어렵고, 해외 작가(갤러리)에 대한 신용 문제도 있고 하여 해외 작가의 작품을 들여올 때는 대체로 갤러리가 아예 책임지고 사들이는 것으로 하는 경우가 많습니다.

가끔은 초고가 작품이어서 국내 갤러리가 작품을 완전히 인수하는 것이 부담스러울 때가 있습니다. 그럴 때는 제반비용에도 불구하고, 갤러리는 중개업자의 지위에 머무릅니다. 아트페어에 가면 해외 갤러리가 초고가 작품을 가지고 왔다가, 팔리지 않으면 가지고 떠나는 모습을 볼 수 있습니다.

가끔 미래에 시세차익이 기대되거나, 매수인이 저가에 급하게 매도를 원하여 안전마진이 확보된 경우, 갤러리가 먼저 나서서 작품을 사들이기도 합니다. 예상대로 매도되면 큰 차익을 얻게 되나, 악성 재고로 남는 경우도 있습니다. 그런데 현실에서는 이런 찬스가 오면 대체로 개인 컬렉터 자격으로 매수하는 경우가 더 많은데, 컬렉터의 기타소득이 세무상 더 유리하기 때문입니다. 뒤에서 자세히 설명합니다.

2) 미술품 매매 중개

한편 갤러리가 [미술품 중개업자의 지위에 머무를 때는, 매도인과 매수인의 미술품 매매에 갤러리가 관여하지만, 당사자는 아니게 됩니다. 마치 부동산 공인중개사가 작품 매매에 관여하지만, 그렇다고 중간에서 부동산을 한 번 샀다가 파는 것이 아니라, 매도인과 매수인을 연결만 해주는 것과 비슷한 원리입니다.

그러므로 매도인의 위임으로 작품을 인도할 때도, 매수인 위임으로 작품 대금을 치를 때도, 갤러리는 대리인에 불과합니다. 거래 현장에서 매도인 또는 매수인 대신 미술품 중개업자가 나와서 행위하더라도, 대리인의 지위에서 매도인 또는 매수인을 위하는 법률행위임을 밝히는 경우, 매매계약의 법률효과는 매도인 또는 매수인에 귀속됩니다.

작품을 제 때에 인도하지 않거나, 파손된 작품을 인도하는 경우, 매수인은 매도인에게 클레임을 제기할 수 있는데요, 이때도 매도인이 하자 담보책임을 지며, 미술품 중개업자는 책임이 없습니다. 그에 따른 분규도 매도인과 매수인이 직접 처리해야 합니다. 미술품 중개업자가 제공하는 것은 거래의 알선, 정보 제공, 작품의 홍보, 컨설팅 등의 용역 뿐입니다. 물론 갤러리가 가끔 포장, 운송, 인도에 이르는 업무를 의뢰받을 수도 있습니다. 그렇다면 그 부분에 대해서는 책임이 있을 것입니다.

작품을 매수 후에 작품이 악성재고로 되더라도 미술품 중개업자는 책임이 없습니다. 매수한 아파트에 하자가 있다고 하여 공인중개사가 책임을 지지 않는 것과 같습니다.

미술품 중개업자는 미술품의 매매차익을 추구하는 자가 아니며, 알선, 정보 제공, 컨설팅 등의 용역에 대한 보수를 청구하는 자입니다. 그 보수는 매도인 또는 매수인과 협의하며, 정액일 수도 있고, 매매가액에 비례할 수도 있습니다.

현실에서 국내 작가 작품을 갤러리 공간에 게시하고 매매하는 경우, 갤러리는 대체로 중개업자의 지위에 있습니다. 따라서 실제 계약의 법률효과는 작가과 손님에게 귀속되고, 이후 갤러리는 작가로부터 수수료를 받아 매출로 인식하는 것이 원칙입니다. 갤러리는 작가 작품을 성실하게 판매할 의무가 있기는 하지만, 작품이 안 팔린다고 갤러리가 작품을 떠안아야 하는 것은 아닙니다. (그런 조건도 가끔 있기는 합니다) 작가는 갤러리가 마음에 들지 않으면 자기 작품을 회수하여 다른 판매루트를 찾기도 합니다.

가끔은 작가가 아니라 컬렉터의 의뢰를 받아 작품을 게시하고 (2차)위탁판매하는 경우도 있습니다. 갤러리가 미술품 매도의 전문가이므로 협상력을 발휘하여 더 좋은 조건으로 작품을 매도할 수 있고, 작품 매매에 적합한 전시환경을 갖추고 있기 때문입니다. 그 의뢰인은 갤러리와 사적으로 아는 사이일 수도 있고, 갤러리에서 작품을 사 간 손님일 수도 있습니다. 이때도 갤러리의 지위는 미술품 중개업자입니다. 따라서 실제 계약은 매도인 컬렉터와 매수인 컬렉터 사이에 체결되고, 다시 갤러리는 매도인 손님으로부터 중개수수료를 받아 그만큼만 매출로 인식하는 것이 원칙입니다.

이론은 여기까지입니다. 하지만 실무에서는 조금 난처한 점이 있습니다. 갤러리가 중개업자의 포지션을 취하고 있다고 하여, 손님에게 [저는 중개인에 불과합니다. 작품 구매를 결정하시면 진짜 주인이 나타나서 손님과 계약을 체결할겁니다라고 말할 수 있을까요? 그러면 손님은 당황합니다. 갤러리의 이름을 보고 여러 책임을 져줄거라고 믿고 작품을 구입하는 것인데, 갑자기 빠지겠다고 하면 불안합니다. 또 매도인도 당황합니다. 갤러리를 믿고 판매를 위탁하면서 수수료를 지불하는 건 그 명성을 빌리고자 한 것도 있기 때문입니다.

그래서 실무에서는 갤러리가 중개업자의 지위를 원하더라도, 손님에게 신뢰를 제공하기 위해 갤러리가 미술품을 책임지고 공급하는 것처럼 합니다. 중개수수료만 큼만 인식하지 않고, 일단 총액 기준으로 계산서나 신용카드매출전표, 현금영수증 등을 발행해주게 됩니다.

이렇게 되면, 일단 갤러리가 손님에게 작품 매매가액 총액을 매출해버렸기 때문에, 갤러리의 회계는 중개업자가 아니라 도소매업자처럼 흘러갑니다. 갤러리는 자기의 중개수수료만 남긴 채로 작가에게 수익을 밀어내어야만, 중개수수료만큼만을 순수익으로 인식하게 됩니다.

예를 들어 매도인이 작품을 1억원에 팔기를 원했고, 갤러리에게 1천만원을 중개수수료로 제시한 경우라고 합시다. 원칙대로라면 매도인 손님과 매수인 손님이 서로 1억원에 매매계약을 맺고, 갤러리는 별도로 매도 의뢰인으로부터 1천만원만을 중개용역 수입으로 인식해야 합니다. 부동산 매매거래가 그런 식입니다.

하지만 실무에서는 갤러리가 손님에게 신뢰를 제공하기 위해, 1억원에 대해서 계산서 등을 전액 발행해주고 일단 1억원을 인식합니다. 그리고 9천만원을 매도인에게 밀어내어, 1천만원의 순수익만이 남도록 처리하게 됩니다.

이때 가끔 매도 의뢰인이 자기 소득이 노출되는 것을 꺼려하여, 갤러리가 그냥 1억을 다 번 것으로 하고 중개 수수료를 2천만원으로 올려줄테니 나머지 8천만원을 증빙 없이 송금해달라는 요구를 할 때도 있습니다. 수수료를 많이 준다는 말에 혹할 수 있지만 거절해야 합니다. 1차적으로는 매도인의 매출누락에 동조하는 탈세행위이므로 처벌될 수가 있고, 2차적으로는 갤러리가 2천만원을 받았더라도 대외적으로는 1억원을 다 번 것처럼 큰 법인세/소득세를 내게 되어 실제로 갤러리에게 득이 되지도 않기 때문입니다.

3) 구분 실익

① 매출과 매출원가

미술품 도소매업과 중개업을 구분하는 이유는 매출과 매출원가를 기록하는 방법 때문입니다. 1억원짜리 작품이 유통되면서, 갤러리의 순수익이 1천만원 책정되었다고 할 때,

미술품 도소매업자는 [매출 : 1억원], [매출원가 : 9000만원], [순수익 : 1000만원]으로 인식합니다.

미술품 매매중개업자는 [매출 : 1000만원], [매출원가 : 0원], [순수익 : 1000만원]으로 인식합니다.

즉, 순수익은 같고, 세금도 같게 되나, 미술품 도소매업은 총액 기준으로 회계를 인식하는 반면, 미술품 중개업은 중개수수료만을 수입으로 인식합니다. 순수익은 같지만 약간의 차이가 있습니다.

이러한 차이는, 실질적인 변화를 만들기도 합니다.

순수익은 같지만 매출 기준으로 평가를 받는 상황, 예를 들어 매출 규모를 기초로 대출 심사를 받을 때는 미술품 도소매업이 매출이 커보이므로 유리하겠습니다.

반면, 세법에서는 매출이 높을수록 장부 작성 의무를 무겁게 하거나 중기업 소기업을 구분하여 혜택을 줄이기도 하고, 외부감사법에서는 매출이 크면 외부감사 대상의 기준으로 삼기도 합니다. 따라서 매출이 클수록 의무가 무거워지는 경우가 있습니다.

② 부가가치세

부가가치세에서는 더 유의미한 차이가 나타납니다. 뒤에서 자세히 설명할텐데 부가가치세법에 따르면, 예술창작품은 부가가치세가 면세되는 재화입니다.

따라서, 미술품 도소매를 하는 자는 예술창작품을 공급하고 있어 부가가치세를 내지 않아도 됩니다. 그러니 손님에게 부가가치세 상당액 10%를 받을 필요도 없습니다. 그러므로 같은 미술품을 손님에게 싸게 공급하여 경쟁력을 갖추거나, 반대로 같은 값을 받아도 세금유실이 없게 되어 유리합니다. 부가가치세 수수가 없으니, 세금계산서를 발행하지 않고 (면세)계산서를 발행합니다.

반면 미술품 중개업자로서 갤러리가 매도인 또는 매수인에게 제공하는 것은 정보제공 혹은 홍보 서비스이지, 예술창작품이 아닙니다. 이 경우 부가가치세 10%가 과세되므로, 매도 의뢰인에게 10%를 더 받아내야 하며, 세금계산서를 발행해야 합니다.

4) 갤러리의 부수 사업

미술품의 도소매업과 중개업 이외에도 갤러리에서는 아래의 수익도 발생합니다.

① 미술품의 대여

② 미술품의 도록, 굿즈 판매, 갤러리 내 식음료 사업

③ 갤러리의 공간대여

④ 작가에게 전시기획 서비스, 매니지먼트 서비스 제공

⑤ 전속작가의 갤러리로서 다른 갤러리로부터 배분받는 수수료

⑥ 작품에 대한 자문, 아트 컨설팅, 미술품 감정의견 제공

⑦ 작가와 함께 저작권 사업을 전개하여 저작권 수익을 배분받는 경우

종류를 불문하고 모든 매출은 갤러리의 총수입금액이나 익금을 구성합니다. 그러니 법인세 및 소득세의 부과 대상이 됩니다. 부가가치세에 대한 취급은 조금씩 다른데, 이것은 뒤에서 더 자세히 설명합니다.

(3) 갤러리의 비용(손금, 필요경비)

1) 매출원가와 작품 관련 비용[13]

이번에는 갤러리의 비용에 대해 알아봅니다. 일반기업회계기준에서는 비용의 성격에 따라 크게 [매출원가], [판매비와관리비], [영업외비용]으로 구분합니다. 세법에서는 순수익을 줄이는 요소인지만이 중요하므로, [손금/필요경비]라고 묶어 표현하되, 한도를 두어야 하는 항목에는 별도의 명칭을 붙입니다.

갤러리가 미술품을 직접 매입하여 고객에게 판매하는 도소매업자의 지위에 있는 경우, 미술품 매입가액(매출원가)은 대표적인 손금 항목입니다. 판매가 성사되는 순간에 사업과 관련하여 자산이 유출되기 때문입니다. 가령 9,000만원에 취득한 작품을 1억에 매출했다면, 1억이 익금, 9,000만원이 손금, 각 사업연도 소득(순이익)은 1,000만원입니다.

미술품이 손님에게 판매되기 전까지는 갤러리에 보관하거나 전시합니다. 작품이 적으면 미술품 캐비닛에 보관하고 작품이 많으면 수장고를 임차합니다. 임차료도 전부 손금입니다. 그 밖에도 다과비, 도록 제조비, 명함 인쇄비, 구매확인서 인쇄비, 봉투비, 작품 완충재 구입비, 운반비도 판매부대비용으로 전부 손금입니다.

---

13 법인세법 시행령 제19조 제1호, 제1의2호, 제4호, 제9호, 제18호

갤러리와 화가, 작품에 관심을 가지는 고객들을 위해 소정의 판촉물, 카탈로그를 제공할 수도 있을 것입니다. 이러한 광고선전비도 모두 손금이 됩니다. 그러나 1인당 3만원을 넘지 않아야 하고, 3만원을 넘는 광고선전비는 기업업무추진비나 기부금으로 보아 한도판정을 합니다.

만약 작품에 흠이 생기면 그 제품의 흠을 보수 또는 보완하기 위하여 소요된 수선비는 손금으로 합니다.(자산계상했다가 매출원가처리)[14] 전시 기간, 대여 기간동안 작품에 대해 화재보험을 드는 경우 보험료도 손금입니다.

만약 갤러리에 보관 중인 작품이 훼손되어 도저히 손님에게 팔 수 없을 정도로 된경우는 어떨까요? 수해나 화재가 나면 그런 일이 생기기도 합니다. 아깝지만 작품을 폐기처분해야 합니다. 그러면 법인은 자산을 잃게 되는데, 폐기처분손실(감모손실)도 손금입니다.[15]

만약 운송의 과정에서 미술작품의 파손되는 경우 처리는 어떻게 될까요? 원래는 멀쩡했던 작품이 운송과정 중에 멸실, 훼손 등으로 되는 경우, 운송인이 손해를 배상해줍니다. 갤러리가 수취하는 손해배상금은 익금(총수입금액)으로 하고,[16] 대응하여 멸실된 자산가액만큼은 손금(필요경비)로 처리합니다.

아래 판례는, 운송인이 운송 중에 일어난 파손이 아님을 증명하여 손해배상책임을 벗어나고 있는 사례입니다. 갤러리가 운송 과정상의 손해를 보상받으려면, 운송시작 전 정상적인 상태였다는 것을 알 수 있는 자료를 꼼꼼하게 챙겨야 합니다.

• 서울서부지방법원 2014.2.13. 선고 2013가합669 판결 [손해배상]

1) 운송인의 손해배상책임에 관한 판단
가) 상법 제135조는 '운송인은 자기 또는 운송주선인이나 사용인, 그 밖에 운송을 위하여 사용한 자가 운송물의 수령, 인도, 보관 및 운송에 관하여 주의를 게을리하지 아니하였음을 증명하지 아니하면 운송물의 멸실, 훼손 또는 연착으로 인한 손해를 배상할 책임이 있다'고 규정하고 있으므로, 운송인은 자신이 고용하거나 운송을 위임한 이행

---

14 법인세법 기본통칙 19-19…4
15 법인세법 제42조 제3항 제1호, 제2호
16 법인세법 기본통칙 15-11-1

보조자의 행위에 대해서도 책임을 진다. 다만, 이는 어디까지나 운송물의 멸실, 훼손 또는 연착으로 인한 손해가 운송인의 책임 있는 운송구간 중에 발생한 것을 전제로 하는 것이므로, 이 사건 손해배상책임을 구하는 원고로서는 이 사건 작품에 발생한 손상이 운송인의 책임있는 운송구간 중에 발생한 손해라는 점을 입증하여야 할 것이다.

나) 먼저, 피고 □□□이 원고에 대해 상법 제135조의 손해배상책임을 부담하는 운송인에 해당하는지에 관하여 살펴 보건대, (생략), 이에 따르면 피고 □□□은 이행보조자인 E, 피고 ★★★를 사용하여 이 사건 작품을 운송한 자로서 상법 제135조에서 정하는 운송인에 해당한다고 할 것이다. (생략)

다) 다음으로, 이 사건 작품에 발생한 손상이 피고 □□□이 E와 피고 ★★★를 통하여 <u>위 작품을 운송하는 중에 발생한 것인지에 관하여 살펴 본다.</u>

이 사건 작품은 E에 의해 자사 창고에 의해 보관되다가 위 창고에서 스위스 바젤항으로 운반된 후 네덜란드를 거쳐 대한민국 부산항까지 운송된 사실은 앞서 인정한 것과 같으므로, 피고 □□□은 이 사건 대여계약에 따른 운송인임에도 불구하고 실제 원고로부터 이 사건 작품을 수령하여 운송을 개시한 것은 아니었기 때문에 피고 □□□은 운송 개시 당시 이 사건 작품의 상태를 직접 확인해 볼 기회가 없었다. 한편, 원고는 이 사건 <u>대여계약 체결 당시 이 사건 작품에는 손상이 전혀 없는 상태였다고 주장하면서 이에 관한 증거로 이 사건 작품을 보관해 오던 E가 발송 당시에 이 작품이 담긴 운송상자를 열어 작품 상태가 정상적임을 확인한 다음 작성하였다는 이 사건 작품에 관한 상태보고 서(CONDITION REPORT, 갑제 15호증)를 제출하고 있고, 위 상태보고서 외에는 계약 체결 당시 이 사건 작품의 상태를 확인할 수 있는 객관적 자료는 보유하고 있지 않다고 자인하고 있다.</u>

따라서 이 사건에서 대여계약 체결 당시 이 사건 작품의 상태를 확인할 수 있는 자료는 위 상태보고서가 유일한 증거이므로 위 상태보고서를 당시 작품 상태가 정상적이었음을 확인해주는 객관적 자료로 볼 수 있는지에 관하여 살펴 보건대, (생략) E가 작성하였다는 위 상태보고서를 이 사건 내여계약 체결 당시의 작품 상태를 확인할 수 있는 객관적 자료로 보기 어렵고, 갑제 21호증의 기재 및 증인 F의 증언만으로는 위 인정을 뒤집기에 부족하다.

따라서 달리 이 사건 대여계약 체결 당시 이 사건 작품의 상태가 정상적이었음을 인정할 만한 증거가 없어 이 사건 작품이 피고 □□□의 운송과정에서 손상을 입게 되었음을 인정할 수 없는 이상, 이를 전제로 피고 □□□에게 운송인으로서의 손해배상책임을 묻는 원고의 청구는 더 나아가 살펴 볼 필요 없이 이유가 없다.

2) 인건비,[17] 복리후생비[18]

사업 비용 중 가장 중요한 것이 인건비입니다. 인건비는 당연히 손금입니다. 임원, 직원, 아르바이트생, 일용노동자, 프리랜서 누구에게 지급해도 손금이고, 월급, 상여금, 퇴직금, 일당, 주급, 시급, 스톡옵션 어떤 형태로 주어도 손금입니다. 갤러리에 소속된 아트딜러, 갤러리스트는 거래 성사 여부에 따라 상여금을 받을 수도 있는데, 상여금도 법인에게 모두 손금입니다. 인건비와 유사한 성격으로, 사정이 어려운 직원에게 지급하는 생계비,[19] 직원 본인 학비, 직원의 자녀 학자금,[20] 임직원의 사망 이후 유족에게 지급하는 학자금도 손금입니다.

임직원이 실수로 고객에게 손해를 입히는 경우도 있습니다. 그러면 회사가 고객에게 손해를 배상해야 합니다. 직원이 업무 수행 중이었고, 고의나 중과실이 아니었던 경우 손해배상지출도 손금입니다.[21]

그러나 인건비를 무제한 인정하게 되면 인건비를 스스로 정할 수 있는 임원(이사, 감사 등) 지위를 이용하여 법인의 재산을 빼돌리는 경우가 발생합니다. 따라서 인건비에 제한을 두고, 제한을 넘어서는 부분은 [손금불산입]처리하는 경우가 있습니다. 직원에 대한 급여에는 제한이 없는데, 법인의 임원에 대한 급여는 손금산입의 제한이 있습니다.

임원에게 과도한 인건비가 지급되는 것을 막기 위해 [임원 기본급]이 아닌 [임원 상여금]은 주주총회의 결의, 이사회의 결의, 정관에 지급기준이 있어야 줄 수 있습니다.[22] [임원 퇴직금]을 주려면 정관에 내용이 근거 규정이 있어야 하고, 정관에 내용이 없으면 연봉의 1/10에 근속연수를 곱한 값을 한도로 하여 초과분은 손금불산입합니다.[23] 한편, 주주와 특수관계에 있는 임직원이 있다면, 동일 직위에 있

---

17 법인세법 제19조 제3호, 제21호
18 법인세법 시행령 제45조 제1항
19 법인세법 기본통칙 19-19…6
20 법인세법 기본통칙 19-19…37
21 법인세법 기본통칙 19-19…14
22 법인세법 시행령 제43조 제2항
23 법인세법 시행령 제44조 제1항, 제4항

는 임직원보다 인건비를 정당한 사유 없이 많이 줘서도 안 됩니다.[24] 과다지급분은 손금불산입 처리됩니다.

법인을 운영하면서 복리후생비도 사업을 위해 필요한 비용입니다. 직원 체력단련비,[25] 사내동호회 지원금 및 직원야유회 비용,[26] 직원 복리후생을 위한 문화비용, 직원 회식비, 직장어린이집 운영비용, 직원 경조사비, 직원의 장례비[27] 및 상조상품 가입비[28]도 전부 복리후생비로서 손금입니다.

법인소속 아트딜러나 갤러리스트들은 화가나 고객들과 자주 전화도 하고 직접 만나러 가야 하기도 하고, 아트페어나 미술관, 다른 갤러리와 만나야 할 때도 있습니다. 이러한 업무에 사용하기 위한 통신비는 복리후생비로 손금산입합니다.[29] 임직원 개인 명의 차량을 업무와 관련하여 사용했을 때 유류비나 주차비를 보전해 주는 것[30]도 손금산입 됩니다.

때로는 아트딜러나 갤러리스트들은 작품 발굴, 작가 발굴 및 세계 동향을 알아보기 위해 국내 해외를 누비게 됩니다.[31] 이때의 여비도 당연히 손금에 해당합니다.[32] 전문가를 고용하여 임직원과 동반시키는 경우에는 동반자 여비도 손금이 됩니다.[33] 현실에서는 해외출장을 가는 경우 어느 정도 관광 목적도 있을 수밖에 없는데요, 이때는 업무상 필요한 수준까지는 여비교통비로 하고, 수준을 넘어서는 여행비는 임직원 급여로 봅니다.[34] 임직원 급여도 손금이 맞지만, 그 임직원이 근로소득을 내게 됩니다.

---

24 법인세법 시행령 제43조 제3항
25 법인-614(2011.08.25)
26 법인 22601-1865(1992.09.01)
27 사전법령해석법인2017-814(2018.06.20)
28 법인-509, 2011.07.25
29 서이46012-11470(2003.08.09)
30 법인세법 제27조의2 제2항, 법인22601-2104(1991.11.06)
31 법인세법 기본통칙 19-19…36, 법인세법 기본통칙 19-19…25
32 법인세법 제19조 제14호
33 법인세법 기본통칙 19-19…24 제3호
34 법인세법 기본통칙 19-19…23

원고는 법인 골프회원권의 관리 및 경비 집행의 투명성 확보를 위하여 법인 골프회원권 관리(운영) 지침(갑 제3호증)을 제정하여 시행하고 있는데, 이에 의하면 골프회원권은 일 직원 복리후생 증진을 위한 여가활동, 각종 사내행사와 관련한 단체 체육활동, 법인의 업 무 수행을 위하여 필요하다고 인정되는 경우에만 이용하여야 하며 어떠한 경우에도 개인 적인 용도의 이용을 금하고 있는 사실, 원고의 세무회계팀에서 작성하는 골프회원권 사 용내역(갑 제4호증)으로 볼 때 이 사건 골프회원권은 협력행사, 중역행사, 각종 단합대 회, OP 총괄행사, 생산담당 모임, 업무협의, 대리점 간담회 등 사내 행사 또는 임직원 복 리후생 목적으로 이용되거나, 업체 활동, 거래처 및 협력사 접대, 산학협력 워크샵, 교수 초청 골프행사 등 대외업무 내지 영업활동의 일환으로 이용된 사실, 위 사용내역 작성시 임직원들이 정식으로 품의를 받고 이용한 경우는 계정과목을 복리후생비로 하고 정식 품 의 없이 팀원들이 사업부 부문장의 구두 승인을 받고 이용한 경우는 주로 접대비로 처리 한 사실(계정과목에 접대비로 기재되었으나 적요란에는 접대가 아닌 중역활동 단합대회 등으로 기재된 경우가 다수 있다), 이 사건 골프회원권이 기명식으로 원고 임직원 중 팀 장급 이상의 명의로 등록되어 있어 그 이하 직원이나 외부인이 이용하기 위해서는 등록 명의자인 팀장과 동행하여야 하는 사실, 한편 원고는 이 사건 골프회원권을 회계상 투자 자산으로 계상 하지 않고 기타비유동자산으로 회계처리한 사실을 인정할 수 있다.

위 인정 사실에 더하여, ① 이 사건 처분의 과세기간 동안 이 사건 골프회원권을 원고 임직원들 간에 이용한 경우가 영업상 원고 임직원들이 외부인과 함께 이용한 경우보다 훨씬 많은 것으로 보이는 점, ② 약 6,000명의 직원을 두고 있는 원고 법인의 규모에 비 추어 원고가 임직원들에게 이 사건 골프회원권과 같은 체육시설 이용권을 제공하는 것 은 복리후생(사기진작) 차원에서 통상적으로 인정될 수 있는 지출로 볼 수 있는 점, ③ 이 사건 골프회원권이 접대 용도로 일부 사용되었다고 하여 임직원 복리 후생 등의 목 적이 전부 부인될 수는 없는 점 등에 비추어 보면, 원고가 이 사건 골프 회원권을 매입 한 것은 사업 관련성이 있다고 할 것이고, 이와 달리 위 매입이 사업과 직접 관련이 없 는 지출에 해당한다고 볼 만한 자료가 없다.

3) 사업장 유지비

손님들이 보시기에는 갤러리가 우아하고 멋진 공간이지만, 법인에게는 신경써서 가꾸고 관리해야 하는 사업장입니다. 구매력 있는 고객들 근처에 소재하면 좋겠 고, 민감한 작품을 보관하기 위한 온도와 습도조절 장치를 갖추어야 합니다. 귀중 한 작품이 도난당하지 않도록 철저한 보안시스템도 갖추어야 합니다. 이러한 공간

에 쓰는 공간임차료, 전기료, 수도료, 가스료, 보안시스템 사용료는 모두 손금입니다.[35]

만약 아트페어에 참가하면서, 부스 입점료, 추가 부대비용이 발생한다면 이것도 당연히 손금입니다.

만약 갤러리나 초기 작품 재고를 확보하기 위해 금융기관 등으로부터 대출을 받아 이자를 내고 있다면 이자 역시 손금입니다.[36]

갤러리들이 미술업계 공익에 기여하고 미술시장을 발전시키기 위해 각종협회 등의 회원으로서 협회비를 낼 수도 있습니다. 이러한 협회비도 손금입니다.[37] 세금과 공과금도 원칙적으로 손금입니다.[38] 법인의 취득세, 등록세, 주민세가 손금이고, 4대보험료도 손금입니다. 그러나 법인세/소득세, 원천징수한 세금, 부가가치세는 손금이 되지 못합니다. 자세한 설명은 이 책의 범위를 벗어나므로 생략합니다. 가산세, 벌금은 손금에 산입하지 않습니다. 사업과 관련한 통상적인 비용이 아니라 법인의 귀책사유 있는 비용이기 때문입니다. 잘못해서 벌금을 내는데, 그 벌금이 세금을 줄여주는 것은 어폐가 있다는 것입니다.

• 조심2013서3596, 2014.02.26

[처분개요]

청구법인은 국·내외 유명작가의 미술품 도·소매업을 영위하는 법인으로, 2002년 7월경 수입하여 이○○에게 판매한 ○○○ 작(作) ○○○(이하 "작품①"이라 한다)을 2003년경 이○○로부터 ○○원 이상의 가격으로 재판매해달라는 위탁을 받고 ○○ 경매장에서 ○원에 판매하게 되었으나 이○○가 판매가액에 대한 불만으로 그 판매대금을 받기를 거부하자, 이○○에게 2004년경 ○○○ 작(作) "○○○"(이하 "작품②"이라한다)와 2006년경 ○○○ 작(作) "○○○"(이하 "작품③"이라 한다)을 인도하였다가, 2010.2.26 이○○가 요구하는 ○원을 지급하고 작품②·③을 돌려받았다. ○○지방국세청장은 청구법인에 대한 법인세 통합조사를 실시하여 청구법인이 이○○에게 작품①의 최저 위탁판매가액인 ○원의 지급에 대한 담보로 작품②·③을 제공하였다가, ○원

---

35 법인46012-215(1998.01.26)

36 법인세법 제19조 제7호

37 법인세법 제19조 제11호, 법인세법 시행규칙 제10조 제2항

38 법인세법 제19조 제10호, 법인세법 제21조, 법인세법 21-0···3

에 정기예금 이자율에 의한 이자 ○원(이하 "쟁점금액"이라 한다)을 가산한 ○원을 지급하고 담보물인 작품②·③을 반환받은 것으로 보고, 청구법인이 이○○에게 쟁점금액 상당의 이자소득을 지급하고도 원천징수하지 아니한 이자소득세를 과세하라는 취지로 처분청에 과세자료를 통보하였다.

[청구법인 주장]

청구법인은 작품①의 위탁판매가액에 대한 이○○의 불만이 심하여 청구법인이 작품①을 이○○로부터 ○원에 매입하고 그 대가로 작품②·③을 대물변제(작품교환)하였다가 2010년에 가격협상을 통하여 작품②·③을 재매입하면서, 시가 산정이 어려운 미술작품의 특성상 작품②·③의 가격을 정함에 있어 작품②·③은 작품①의 대물변제로 제공한 것이므로 그 가치가 작품①과 같음을 전제로 이○○가 2002년 작품①을 취득한 가격인 ○원에 그 이후로의 이자상당액을 감안한 가치상승분을 더한 금액으로서 작품①의 현재가치추산액을 작품②·③의 가격으로 보고 그 가액으로 거래한 것뿐이다. 이와 같은 사실을 토대로 청구법인은 작품②·③을 판매하였다가 매입한 것으로 일관되게 회계처리하였고, 작품②·③을 이○○에게 판매한 이후로는 이에 대한 소유권을 행사한 사실이 없으며, 이○○도 청구주장과 같은 취지로 소명서를 제출하였다. 처분청은 위 ○원을 이자소득으로 보고 과세하였으나, 이자는 금전사용의 대가로 받은 것을 말하는데, 청구법인과 이○○는 금전거래를 할 의도도 없었고 어떤 형태로든 금전소비대차 약정을 체결한 바 없으므로 위 이자상당액이 금전사용의 대가인 이자액을 산출할 목적으로 계산된 것이 아님을 알 수 있고, 처분청도 청구법인과 이○○간 금전소비대차 관계가 있었음을 입증하지도 못하고 있다.

[처분청 의견]

청구법인의 대표 홍○○과 이○○가 처분청 조사시에는 수차에 걸쳐 청구법인이 이○○에게 작품①의 위탁판매대금 ○원의 지급을 담보하기 위하여 작품②·③을 인도하였다가 작품①의 가액인 ○원에 이자상당액을 가산한 ○원을 지급하고 작품②·③을 회수한 것이라고 진술한 점, 청구법인은 작품①의 가액인 ○원에 훨씬 못 미치는 ○원에 매입한 작품②·③을 이○○에게 인도한 것으로 보아 2004년과 2006년에 작품①과 작품②·③을 교환하였다고 보기 어려운 점, 청구법인이 2010년에 이○○로부터 작품②·③을 돌려받으면서 ○원을 지급한 직후 이를 다시 ○원에 판매한 것으로 보아 작품②·③의 매입대가로 ○원을 지급하였다고 보기도 어려운 점, 청구법인이 작품②·③을 인도받으면서 상품매입으로 계상한 것은 실제 매출에 대한 매출원가 계상을 위한 것에 불과하여 장부 기장만으로 그와 같은 거래가 이루어졌다고 단정할 수 없는 점(실제로 청구법인은 2010년 ○원에 매입한 것으로 처리한 작품③을 2011년에는 ○원으로 임의로 평가감하였다가 2012년에 ○원에 판매한 것으로 처리함) 등으로 보아 청구법인이 작품②·③을 인도받으면서 이○○에게 지급한 ○원은 작품①의 가액인 ○원에 대한 이자라고 보아 과세함이 타당하다.

[심리 및 판단]

이상의 사실관계 및 처분청과 청구인의 주장 등을 종합하여 보면, 처분청은 홍○○의 진술 등을 토대로 이○○가 청구법인으로부터 ○원의 이자소득을 얻었다고 보았으나, 청구법인은 이○○로부터 당초 매입가격인 ○원 이상의 가격으로 판매하는 것을 조건으로 작품①의 판매를 위탁받았으나 위탁 내용에 반하여 작품①을 저가판매하여 이○○가 손해를 입게 되자, 주요 고객인 이○○와의 거래관계 유지를 위해 작품②·③을 주었다가 보유기간의 가치상승액을 ○원으로 합의하여 총 ○원에 재매입하였다는 청구법인의 주장에 설득력이 있어 보이는 점, 청구법인이 위탁판매를 하고도 이○○에게 위탁판매대금 또는 그에 갈음하는 배상액 상당의 금원을 지급하지 아니하고 있다는 사정만으로 청구법인과 이○○ 사이에 동액 상당에 대한 금전사용대차 관계가 발생하였다거나 금전사용대차 관계로 전환하기로 하는 합의가 있었다고 단정하기는 어려운 점 등을 감안할 때, 쟁점금액은 「소득세법」 제16조 제1항 제11호의 비영업대금의 이익 또는 제12호가 규정하는 금전 사용 대가의 성격이 있는 이자소득으로 보기는 어려운바, 쟁점금액에 대한 소득의 구분과 관련하여 다른 소득으로 과세하는 것은 별론으로 하더라도 처분청이 청구법인이 이○○로부터 이자소득세를 원천징수하지 않았다고 하여 이자소득세를 부과한 처분은 잘못이 있는 것으로 판단된다.

[해설]

갤러리가 고객에게 의뢰를 받고 작품을 일정 가액 이상에 팔아주기로 약속한 금액이 있었는데, 그 가액보다 싼 값에 팔았습니다. 그러자 고객이 화를 내면서 돈을 받지 않았습니다. 그래서 법인이 그 사건 이후 1년 뒤에 작품 1점, 다시 2년 뒤에 작품 1점을 고객에게 넘겨주었습니다. 4년이 지난 후 처음 약속한 금액을 지급하고 2점의 작품을 되찾았습니다.

갤러리는 최초 판매가액에 대한 불만으로 돈 대신 그림 2점을 주었고(대물변제), 세월이 흘러 법인이 다시 2점의 그림을 되사왔다고 주장했습니다. 국세청은 법인이 고객에게 최초 판매가액을 주지 않은 것은 대출한 것과 같고, 그림 2점은 담보로 준 것이고, 4년 뒤 이자를 붙여 갚으며 담보를 회수했다고 보았습니다. 법인에는 이자비용 및 상대는 이자소득이 발생한 것으로 보았습니다. 판결에서는 이자로 보기에는 좀 과하다고 하여 법인 손을 들어주었습니다.

4) 감가상각비[39]

오랜 기간에 걸쳐 수익 창출에 기여하는 물건을 샀다면, 그 물건 값은 오랜 기간

---

39 법인세법 시행령 제19조 제5호, 법인세법 제23조 제1항

에 걸쳐서 비용으로 배분하는 것이 합리적입니다. 회계상으로는 수익과 비용이 적절히 대응시키기 위해 물건을 우선 자산으로 계상하고, 기간에 걸쳐서 안분하여 비용 배분합니다. 이 과정을 감가상각이라고 하고, 비용으로 바뀐 만큼 감가상각비로 계상합니다. 감가상각비는 원래 한 번에 손금처리하면 되는 걸 좀 더 합리적으로 처리해보겠다고 기간에 걸쳐서 손금화하는 것이므로, 당연히 손금입니다. 오랜 기간에 걸쳐서 사용되는 대표적인 것이 건물, 기계, 차량, 저작권 등입니다.

그러므로 갤러리가 건물을 사거나, 인테리어를 하거나, 복합기, 컴퓨터를 사거나, 저작권을 사는 경우, 그 비용은 자산으로 인식했다가 감가상각비로 천천히 배분합니다. 당연히 손금에 해당합니다.

그런데 감가상각에는 해당 자산이 일정 기간 동안 수익발생에 기여하고, 이후로는 수익창출력을 잃는다는 전제가 깔려 있습니다. 그 기간을 내용연수라고 합니다. 하지만 무한정 수익을 창출해낸다면 어떨까요? 예를 들어 토지는 소멸하지 않고 무한정 가치가 이어집니다. 이런 것은 자산으로 계상하되 감가상각하지 않습니다.[40] 미술품도 대표적으로 감가상각을 하지 않는 재화에 속합니다. 미술품은 날이 갈수록 가치가 더 커져가기 때문입니다. 따라서 갤러리가 가지고 있는 미술품은 감가상각비로 전환되지 않습니다. 손님이 가진 미술품도 감가상각비로 전환되지 않습니다.

• 법인22601-1633, 1991.08.26

[질의] 콘도사업영위법인의 미화조성(실내장식)용 유화미술품(고 미술품이 아님)이 1.유형고정자산 해당되는지 2. 유형고정자산인 경우 즉시상각가능여부 3. 유형고정자산인경우 내용연수는?

[회신] 로비 및 객실 등의 장식용으로 다량으로 보유하는 회화는 유형 고정자산에는 해당하는 것이나, 그 회화가 시간의 경과에 따라 감가되지 아니하는 경우에는 법인세법시행령 제54조에 규정하는 감가상각자산으로 볼 수 없는 것이므로 동령 제56조의 규정을 적용하지 아니하는 것입니다.

---

40 법인세법 시행령 제24조 제3항 제3호

5) 차량유지비[41]

갤러리 법인의 임직원이 업무상 차량을 필요로 하는 때가 있습니다. 작가나 컬렉터를 만나거나, 아트 페어에 참가하거나, 미팅을 가질 때입니다. 그래서 법인 명의로 차량을 보유할 때가 있습니다. 이때 차량유지비는 당연히 손금에 해당합니다. 자동차에 들어가는 비용으로는 자동차 구입 후 감가상각비, 리스비, 렌트비, 유류비, 통행료, 보험료, 수선비, 소모품비, 자동차세 등 (이하 "자동차 관련비용")이 있습니다.

하지만 다른 비용도 안 그런건 아니지만, 특히 차량이라는 것은 사업과 관련 없는 용도로 사용되기가 쉬운 재산입니다. 외근을 가다가 개인적인 용무를 볼 수도 있는 것이고, 휴가인지 접대인지 모르는 목적에 자동차를 쓸 수도 있습니다. 사업과 관련이 없는 용도로 차량유지비를 쓰는 경우에도, 법인세/소득세를 낮춰주는 것은 손금/필요경비 원칙에 맞지가 않습니다. 그렇다고 일일이 쫓아다니면서 감시할 수가 없는 부분입니다. 그래서 차량유지비는 독특한 규제를 두고 있습니다.

법인은 매출 규모 관계없이 규제에 따라야 합니다. 개인사업자는 [복식부기의무자]만 특별한 규칙에 따르게 하고, 소규모 사업자는 제재하지 않습니다. [복식부기의무자]의 예시로는, 매출이 3억이 넘는 도소매업자, 매출이 1.5억이 넘는 제조업자, 요식업자, 매출이 7,500만원을 넘는 서비스업자, 부동산임대업자가 있습니다.

① 승용자동차 비용처리
일단 규제 대상은 8인승 이하 승용자동차로 한정하기 때문에, [9인승 이상의 승합자동차], [화물자동차], [이륜자동차]는 자유롭게 비용처리하면 됩니다. 8인승 이하의 승용자동차 중에서도, 1,000cc 이하의 경형 승용자동차는 자유롭게 비용처리하면 됩니다.

---

41 소득세법 제33조의2, 법인세법 27조의2

② 업무전용자동차보험 및 전용번호판

법인의 경우, 먼저 [업무전용자동차보험]을 들었는지, [(대상자의 경우) 법인업무용 전용번호판]을 달았는지 확인하도록 합니다. 2가지 의무를 다하지 않았으면, 자동차 관련비용을 100% 잘라내어 전액 인정하지 않습니다. [업무전용자동차보험]이란, [사업자/법인의 임직원이 운전하는 경우에만 보상하는 보험]을 말합니다. 그런 보험을 들고 있다면, 사업 목적에 사용하고 있다고 본다는 논리입니다.

복식부기 개인사업자의 경우, 자동차가 가사용으로 쓰이는 경우를 부정할 수 없기 때문에, 최초 1대에 대해서는 [업무전용자동차보험]을 강요하지 않고, [전용번호판 부착의무]는 아예 없습니다. 하지만 2대째부터는 법인처럼 [업무전용자동차보험]을 가입해야 합니다. 가입하지 않으면 2025년까지는 자동차 관련비용 중에 50%를 잘라내며, 그 이후는 법인처럼 100%를 잘라냅니다. [복식부기의무자 − 성실신고확인대상자/전문직]의 경우, 2023년까지는 자동차 관련비용 중에 50%를 잘라내며, 그 이후 2024년부터는 법인처럼 100%를 잘라냅니다.

③ 업무사용비율

1년간의 자동차 관련 비용을 모두 집계합니다. 이제 업무사용비율을 곱하여, 업무용으로 사용된 비용만 구분해냅니다. 업무용 사용이란 출퇴근, 시설 방문, 거래처 방문, 회의 참석, 판촉 활동 등 직무와 관련된 활동을 말하며, 업무사용비율은 자동차운행일지에 매번 거리를 기록하여 산출합니다. 현실적으로는 사업하기도 바쁜데, 자동차 타고 나갈 때마다 운행일지를 기록한다는 것이 여간 불편한 일이 아닙니다. 그래서 세법에서는 어느 정도 허들을 두고 있습니다.

1년간 자동차 관련 비용이 1,500만원보다 적은 경우 일지가 없어도 그냥 업무사용비율이 100%라고 치고 전부 인정해줍니다.

1년간 자동차 관련 비용이 1,500만원보다 클 때는 운행일지가 필요하지만 일지가 없어도 최소 1,500만원만큼은 업무사용금액으로 인정해줍니다. 실무에서 [1년에 자동차 관련 비용은 1,500만원까지만 된다]라고 표현하는 것의 정확한 의미가 이것입니다.

업무사용비율을 넘는 부분은 사업과 관련없는 비용입니다. 회계상으로는 지출일지는 몰라도, 법인세/소득세를 줄이는 손금/필요경비로는 인정하지 않으므로 [손금불산입/필요경비불산입] 처리합니다.

④ 감가상각비

자동차 관련 비용 중에 가장 큰 것은 감가상각비입니다. 원래 자산을 감가상각비로 기간 배분할 때는, 그 자산의 성격에 따라 [정액법], [정률법] 등의 방식이 있어서 그 재산에 어울리는 방식으로 자산을 감가상각비로 전환합니다. 그런데 그렇게 임의의 방법으로 자동차를 상각하도록 허용하면 저마다 자동차를 감가상각하는 법이 달라져 형평에 어긋나게 됩니다.

따라서 업무용승용차만큼은 감가상각 방법을 강제하고 있습니다. [5년에 걸쳐서 정액법으로 상각]해야 합니다. 예를 들어, 5,000만원짜리 자동차라면, 5년간 매년 1,000만원씩 상각합니다. 차키만 돌려도 반값이 된다며 첫 해에만 2,500만원을 상각하는 그런 것은 허용되지 않습니다.

감가상각비가 얼마인지 알았다면, 특별한 규칙이 하나 더 있습니다. 이번에 주의할 점은, [비용을 잘라서 버린다는 개념]이 아니라, [한도를 정해서 한 해에 너무 많은 비용이 들어오지 않도록 밀어내기(이월)를 하는 개념]이라는 점입니다.

1년에 산입할 수 있는 감가상각비 한도는 800만원입니다. 800만원이 넘는 금액은 이듬해로 이월합니다. 이듬해도 800만원이 넘으면 또 이월합니다. 이월하다 보면, 6년째에는 감가상각비가 없게 되는데, 그때는 800만원을 채워넣습니다. 예를 들어 1억원짜리 자동차를 5년에 걸쳐 2,000만원씩 정액 상각한다고 하면, 회계상으로는 5년간은 감가상각비가 2,000만원으로 기록되지만, 비용처리는 [12년간 800만원]씩만 하고, [13년째에 400만원]을 감가상각비로 처리합니다. 한참 감가상각비를 이월하던 중에 폐업을 하든지, 납세자가 사망하든지 하면, 이월하던 금액을 그 해에 몽땅 반영할 수 있습니다.

자동차가 완전히 내꺼라면, 총 취득가액을 5년간 20%씩 감가상각비로 하면 되는

데, [렌트]나 [리스]는 어떻게 할까요? 이때는 [감가상각비 상당액]이라는 개념으로 합니다. 리스의 경우, [리스비－보험료－자동차세－수선유지비]를 감가상각비 상당액으로 하는데, 수선유지비는 리스비의 7%로 할 수 있으므로, 실무에서는 그냥 리스비의 93%를 [감가상각비 상당액]으로 집계합니다. 렌트비의 경우에는 렌트비의 70%를 감가상각비로 합니다.

6) 판례

한 갤러리가 전속작가와 계약을 체결하면서 쓰게 된 손비를 언급하고 있습니다. 사례를 자세히 살펴봅니다.

① 법인의 작품 판매 수익은 추후 익금이 됩니다. 법인의 작품 구입비(재고자산 구입비)는 손금입니다. 이때 작품구입비는 시가의 40% 정도로 책정하면서 작가의 안정적인 활동을 보장하기 위하여, 생활비와 작품제작지원금명목으로 선급한다는 규정이 있습니다. 먼저 지급한 돈은 선급금 자산으로 인식하다가, 작품을 받으면 재고자산으로 변경됩니다.

참고로 법인의 작품구입비는 작가 입장에서 영리를 목적으로 독립된 지위에서 계속 반복적으로 활동한 소득으로 사업소득입니다. 사업소득에 대하여는 그 작가가 프리랜서인 경우 3.3%를 원천징수해야 합니다. 다만 원천징수는 [소득을 지급하는 때]하게 되어 있으므로, 회수될 가능성이 있는 선급금 단계에서는 원천징수하지 않고, 작품을 받아서 그 소득이 확정되는 때(상계되는 때)에 원천징수하면 됩니다.

② 법인은 작가에게 작업실을 제공하고, 전시회 개최와 광고를 보장합니다. 이것은 판매부대비용입니다. 그 밖에도 법인은 화랑을 운영하고 있기 때문에 작품과 관련한 부대비용, 인건비, 복리후생비, 통신비, 여비교통비, 임차료, 세금과 공과금, 이자비용, 협회비 등을 지출하고 있을 것으로 예상됩니다. 다만 답변에서는 혹시 법인이 아니라 작가가 낼 비용이었는데 법인이 대신 내준 것이라면 그것도 작가의 프리랜서 소득이 될 수 있다고 합니다.

특히 이 법인에는 전속작가이면서 갤러리 임원인 작가도 있는데, 해당 임원에게 지급되는 보수가 다른 일반적인 전속작가에 비해 많으면 과다인건비가 되는 점은 주의해야 합니다.

• 서면2팀-2211, 2005.12.29

[질의] A사는 건설업과 부동산임대업을 주된 사업으로 영위하는 회사로서 2002년경 대표이사 갑이 소장하고 있던 서화, 조각 등을 감정평가 후 취득하여(약 ○○억원) 화랑 및 미술관업을 시작하였음. 그 이후 A사는 지속적으로 국내외 작가들의 서화와 조각을 취득(약 ○○○억원)하였으며, 회사가 보유한 화랑에서 작품전시회를 지속적으로 개최하고 미술품을 판매하는 등 적극적으로 화랑사업을 운영하고 있음. 한편, A사는 2005년부터 국내외 유망한 화가들을 발굴하여 전속작가 계약을 체결하고, 전속작가(8명)가 제작한 미술품을 염가(시가의 40%)로 구매한 후 판매하고 있는데, 전속작가와 체결한 계약서의 내용이 다음과 같은 경우 선급금 및 해외작품제작비·여비·작품판매와 관련한 전시회 개최비용 등에 대하여 원천징수(사업소득)하여야 하는지 여부

[선급금 지급(선급금은 회수가능한 금액이며, 별도로 관리되어 향후 작가가 제작한 작품가액으로 정산됨)]
• 생활비 지원 성격으로 매월 300만원을 고정적으로 지급
• 작가가 요청할 경우 1인당 연간 5천만원 이내에서 작품제작지원금을 별도로 지급

[작품에 대한 권리 및 선급금 정산]
• 전속작가가 제작한 작품에 대해서는 전량 A사에서 배타적인 권리를 가지게 됨(A사가 매입할 수도 있으나 매입하지 않고 판매를 위하여 소장할 권리, 매입할 수 있는 권리, 판매할 수 있는 권리)
• 작품을 매입시 작가에게 지급한 선급금이 남아있을 경우 선급금을 우선 공제하고 잔여금액만을 지급함.
• A사가 작품을 매입하지 않고 단순히 소장하다가 외부에 판매할 경우 판매가액의 60%는 A사에 귀속되고, 판매가액의 40%는 작가에게 귀속되는데, 선급금이 남아 있을 경우 선급금을 우선 공제하고 잔여금액만을 작가에게 지급함.

[A사의 의무(작가로부터 별도로 회수하지 않은 경비 지원)]
• 국내에서의 기술력 부족 등 사유로 해외에서 작품제작을 하여야 할 경우 여비, 해외작품제작비는 A사가 이를 부담
• A사는 작가들에게 작업실을 제공하여야 함.
• 작품 판매와 관련한 전시회 개최비용, 광고비 등은 A사가 부담함.
문의1) 전속작가들에게 지급하는 선급금(고정지원금 매월 3백만원 및 연간 5,000만원 한

도의 작품제작지원금)에 대하여 <u>사업소득에 대한 원천징수를 하여야 하는지 여부</u>

문의2) <u>선급금과 별도로 A사의 부담으로 지출하는 경비</u>(광고비, 전시회개최비, 해외작품제작비·여비 등)에 대하여 <u>세무상 손비로 인정받을 수 있는지 여부</u> 및 당해 경비 지급시 사업소득세를 원천징수하여야 하는지 여부?

문의3) 출자임원인 작가 갑과 <u>전속작가계약 체결 후, 지원하는 선급금 및 기타 경비에</u> 대하여 다른 국내작가들과의 계약을 달리 처리되어야 할 부분이 있는지와 관련하여 갑에게 지급하는 선급금(월 고정지원금 및 작품제작지원금)을 <u>업무무관가</u> <u>지급금으로 보아야 하는지 여부, 갑이 제작하는 미술품과 관련, A사가 직접 부담</u> <u>하는 경비</u>(광고비, 전시회개최비 등)를 업무무관경비 또는 지급기준 없이 임원에 지급하는 상여금으로 보아야 하는지 여부

문의4) A사가 <u>해외 현지작가들과 전속작가계약 체결하고 제작지원금을 지급할 경우 국</u> <u>내작가들과의 계약과 달리 처리되어야 할 부분이 있는지와 관련하여 해외작가에</u> 게 지급하는 선급금(월 고정지원금 및 작품제작지원금)과 해외작가가 제작하는 미술품과 관련하여 A사가 직접 부담하는 경비(광고비, 전시회개최비용 등)를 단 순히 업무와 관련없는 지출액으로 보아야 하는지 여부

[회신]

1. 귀 문의 1)의 경우, 소득세법 제144조의 규정에 의하여 원천징수 대상 사업소득에 대한 수입금액을 지급하는 때에 원천징수하여야 하며, <u>원천징수대상 수입금액을 채권과</u> <u>상계하거나 면제받은 때에는 상계한 날 또는 면제받은 날을 지급한 때로 하여 원천징</u> <u>수하여야 합니다.</u>

2. 귀 문의 2)의 경우, <u>독립된 자격으로 원천징수대상 사업소득에 해당하는 용역을 제공</u> <u>받고 그에 대한 대가를 지급하는 경우에는 지급하는 금액의 명칭(해외작품제작비·여</u> <u>비·전시회개최비용 등)에 관계없이 당해 지급금액 전체에 대하여 사업소득세를 원천</u> <u>징수하여야 하는 것이고</u>, 법인이 판매촉진 등 법인의 사업을 위하여 전시회 등을 개 최하면서 지출하는 비용이 당해 법인의 필요에 의하여 실시하는 것으로, 그 비용이 사회통념상 전속작가에게 부담시킬 수 없는 성격의 것으로 일반적으로 타당하다고 인 정되는 범위인 경우에는 이를 당해 법인의 소득금액 계산상 손금에 산입할 수 있는 것인데, 그 지출하는 비용이 <u>전속작가가 부담하여야 하는 성격인 경우는 사업소득세</u> <u>원천징수하여야 하는 것</u>으로 본 문의의 경우가 이에 해당하는지 여부는 전시회·광고 등의 내용, 지출비용의 성격, 금액 등을 종합하여 사실판단할 사항입니다.

3. 귀 문의 3)의 경우 건설업, 부동산임대업, 화랑, 미술관업을 영위하는 내국법인이 각 사업연도에 출자임원에게 지출한 비용 등이 법인세법 제27조의 업무무관비용 등에 해당하는지 여부는 당해 법인과 특수관계 없는 전속작가와의 계약내용과 유사한 상황 및 계약조건, 위험부담관계에서 지급하였는지를 전속작가 계약내용을 토대로 종합적 으로 고려하여 사실판단할 사항입니다.

(4) 미술품 대여수익

1) 의의

미술품이 매력적인 이유 중 하나는, 투자가치도 있지만, 감상가치도 있다는 점입
니다. 감상을 위해서 꼭 미술품을 사지 않고, 대여하는 것도 가능합니다. 소비자
에게는 큰 돈 들이지 않고 미술품을 즐기는 방법이 되기도 하고, 작가에게는 대여
업체를 통해 자신을 알아봐 주는 컬렉터들을 찾아나서는 기회도 될 수 있습니다.
컬렉터는 미술품을 대여하면서 대중에 컬렉션을 공유하기도 하고, 소유권을 유지
하면서도 작품으로 수익을 창출할 수도 있습니다.

근래에는 갤러리가 미술품 렌탈 비즈니스를 하는 경우가 많아지고 있습니다. 갤러
리가 직접 미술품을 대여하여 수익을 올리거나, 소장자로부터 대여를 위탁받아 수
익을 올리고 소장자에게 배분해주는 방식입니다.

미술품을 일시적으로 대여하고 얻는 소득은 기타소득에 해당합니다.[42] 일시적이
라는 것은, 빌려주려고 산 것이 아닌데 누군가의 부탁으로 그냥 잠깐 빌려준 정도
를 생각하면 되겠습니다. 반면 갤러리가 미술품 대여 비즈니스를 본격적으로 하면
사업소득이 됩니다.[43]

---

42 소득세법 제21조 제1항 제8호
43 소득세법 제19조 제1항 제17호

[질의] 문화관광부에서 아시아문화중심도시 조성사업과 관련하여 홍보관을 운영하고 있으며, 2006년부터 개인 미술품 수집가로부터 그림을 임차하여 홍보관에 게시하고 있음. 이와 관련하여 홍보관에 게시된 그림에 대한 임차료(대여료)를 지급함에 있어 미술품 수집가는 그림 임대사업자가 아니며, 사업자등록이 없는 개인으로 일시적으로 대여를 하고 있는바, 이 경우 과세 여부(소득구분)

[회신] 화가가 아닌 거주자가 소장하고 있는 미술품을 일시적으로 대여하고 사용료로서 받는 금품은 「소득세법」 제21조 제1항 제8호의 규정에 의한 기타소득에 해당하는 것이며, 이를 지급하는 자는 같은 법 제127조 및 129조의 규정에 따라 기타소득세를 원천징수 하여 징수일의 다음달 10일까지 관할세무서에 신고 납부하여야 하는 것임.

2) 판례

갤러리가 본격적으로 작품 대여업을 하려면, 작품 풀이 넓어야 하고, 작품의 운반, 수선, 수수료 수취의 시스템이 필요합니다. 이 사업에서 얻어지는 대여수익은 모두 익금/총수입금액이 됩니다. 사업과 관련하여 지출하는 비용은 모두 손금/필요경비가 됩니다. 만약 개인 화가나, 컬렉터의 작품을 위탁받아 대여했고, 작품의 주인에게 대여수익을 배분하는 경우 그것도 손금입니다.

다음 판례는 소득세법과 관련된 것은 아니지만, 미술품 렌탈에 관한 계약조건을 담고 있어서 소개하겠습니다. 화가는 법인과 계약을 맺고 법인에게 작품을 대여하고, 법인은 미술품을 대여를 원하는 고객에게 작품을 다시 대여하여 렌탈료를 수수합니다. 렌탈료의 70%는 법인의 몫이고, 30%는 작가 몫입니다. 계약 마지막을 보면 미술품의 소유권은 작가에게 있으므로, 이것은 매매가 아닌 대여사업입니다. 판례에서는 법인이지만, 만약 그가 법인이 아닌 개인이라면, 영리를 목적으로 미술품 대여 주선을 계속 반복적으로 하는 사업소득자입니다.

작가는 영리를 목적으로 자기의 계산과 책임으로 계속 반복적으로 작품을 대여하여 월 렌탈료의 30%를 수령하기 때문에, 이것은 사업소득이 됩니다.

"작가 등록 계약" 및 "미술품 렌탈서비스 계약" 중 신청법인과 관련된 중요사항은 다음과 같음

- 신청법인에게 미술품 온라인 전자상거래에 대한 독점계약체결 권한이 부여되어 "작가"의 미술품 온라인 전자상거래에 대한 배타적인 권리를 가지며, "작가"는 신청법인의 사전승인 없이는 신청법인을 제외한 다른 업체에 미술품을 대여할 수 없고
- 미술품 대여료는 작가가 제공한 미술품 정보에 기반하여 신청법인이 결정을 하여, 고객으로부터 매 30일 단위로 월 대여료를 청구하여 지급받으며
- 미술품 렌탈서비스와 관련된 모든 수입은 전액 신청법인이 수령하고, 미술품 월 대여료 (신청법인의 홈페이지에 게시된 해당 미술품의 월 대여료)의 30%를 작가에게 지급하며
- 신청법인이 작가로부터 미술품을 인도받는 경우, 미술품의 분실, 훼손, 멸실 등에 대한 책임은 작가가 신청법인에게 미술품을 인도하고 미술품 인수 확인서에 서명하기 전까지는 작가에게, 미술품 인수 확인서에 작가가 서명한 후에는 신청법인에게 그 책임이 있고 미술품의 인도 및 반환에 따른 운송방법도 신청법인이 책임짐
- 또한, 신청법인은 미술품 대여기간 동안 작가에 대해 미술품의 보관 및 관리에 대한 책임을 부담하고
- 대여기간 중 미술품의 소유권은 작가에게 있으며, 신청법인은 렌탈서비스 목적 외에는 작가의 승낙없이 미술품을 다른 용도로 사용할 수 없음

3) 소득 수입시기

미술품을 대여하는 경우에는 기간에 걸쳐 수익이 발생합니다. 만약 미술품을 대여하면서 1개월에 1회 대여료를 수취하기로 했다면, 1개월이 지나는 시점에서 소득의 실현가능성이 높은 정도로 성숙 확정되었다고 말할 수 있을 것입니다. 그러면 회계에서도 그 시점에 정액기준으로 수익을 인식하고, 소득세법상으로도 총수입금액이 귀속된 것으로 볼 수 있습니다.[44]

---

44 소득세법 시행령 제48조 제10의4호

4) 고객의 비용처리

고객이 미술품을 대여할 때는 미술품을 즐기기 위한 목적이 가장 클 것입니다. 하지만 사업자 고객에게는 렌탈 비용을 경비처리하여 세금을 줄일 수 있는지도 중요한 관심사입니다. 특히 고율의 소득세를 납부하고 있는 의사 선생님들께서 이 부분을 자주 여쭤십니다.

법인의 1천만원 이하 미술품 손금산입과 같은 확실한 규정이 있으면 좋겠지만, 렌탈 비용에 관하여는 확실한 규칙은 없습니다. 필요경비의 원칙인, [총수입금액에 대응하는 비용으로서 일반적으로 용인되는 통상적인 비용]에 따릅니다. 실무에서는, 작품 렌탈이 사업에 어떻게 기여하고 있는지, 그 절대치 금액은 적절한지, 매출에 비해 상대적인 크기는 어떤지를 두루 살핍니다. 따라서 갤러리가 손님들에게 렌탈사업에 관해 설명할 때는, 과감한 표현은 삼가는 것이 좋습니다.

> **서면소득2022-3658(2023.02.20)**
>
> **[제목]** 미술품 렌탈비용의 사업소득 필요경비 산입 여부
>
> **[요약]** 개인병원 내 게시할 목적으로 구입한 미술품 렌탈비용이 사업소득 필요경비에 해당하는지 여부는 사업 관련성, 지출의 통상성 등 사업의 형태 등에 비추어 제반사정을 종합적으로 고려하여 사실판단사항임
>
> **[질의]** 질의인은 전남 00시 00면에서 보건업(가정의학과)을 영위하고 있는 개인사업자로서 병원을 내방하는 환자의 치료 목적으로 ○○렌탈에서 미술품을 장기로 렌탈하여 치료실에 게시하고 있으며(월 렌탈료 000만원) 해당 미술품은 렌탈기간 종료 시 렌탈서비스 이용자인 질의인이 저가로 구입할 수 있는 권리가 있음. 개인병원 내 게시할 목적(환자 치료효과)으로 구입한 미술품 렌탈비용이 사업소득 필요경비에 해당하는지 여부
>
> **[회신]** 귀 질의의 경우 보건업을 영위하는 개인사업자가 사업장 내 게시목적으로 지급하는 미술품 렌탈비용이 사업소득금액을 계산함에 있어 필요경비에 산입할 수 있는지 여부는 사업 관련성, 지출의 통상성 등 사업의 형태 등에 비추어 제반사정을 종합적으로 고려하여 사실판단할 사항에 해당합니다.

3. 예술창작품 등 부가가치세 면세

(1) 예술창작품 면세

문화기본법에 의하면, 문화는 국민 개인의 삶의 질을 향상시키는데 가장 중요한 영역이고, 따라서 모든 국민은 차별없이 문화를 창조하고 문화활동에 참여하며 문화를 향유할 권리, 즉 문화권을 갖습니다.[45] 따라서 경제적 수준과 관계없이 예술에 접근하는 정도가 동등할 수는 없겠지만, 노력을 통해 문화권을 널리 구현할 필요가 있습니다. 그런 의미에서 세법에서는 미술, 음악, 사진, 연극 또는 무용에 속하는 창작품 (골동품 제외)의 공급에 대하여 부가가치세를 면제하고 있습니다.[46] 저작권의 9가지 저작물 예시와는 조금 차이는 있다고 말씀드렸습니다.

특히 미술품은 면세를 받을 수 있는 대표적인 예술창작품이라 하겠습니다. 예술창작품이라는 물적 속성은 처음 작가의 손에서 탄생하여 컬렉터나 갤러리의 손에 들어가는 1차 시장, 다시 컬렉터들 사이에서 재판매되는 2차 시장, 3차 시장을 불문하고 계속 유지됩니다. 그러므로, 작가, 딜러/갤러리, 컬렉터를 통틀어서 중요한 내용이라 하겠습니다.

1) 예술창작품

예술창작품이어야만 면세됩니다. 무엇이 예술이고 창작인지는 미학자들조차 답하기 어려운 질문입니다. 세법 판례에서는 창작자, 창작과정, 창작방법 등을 종합적으로 고려하여 판단해야 한다고 하면서도, 주로 저작권법의 독창성 개념을 차용하여 창작품 여부를 판정하기도 합니다. 저작권법에서는 창작물이란 저자 자신의 작품으로서 남의 것을 베낀 것이 아니라는 것과 최소한도의 창작성이 있는 것을 의미합니다. 따라서 작품의 수준이 높아야 할 필요는 없지만 저작권법에 의한 보호

---

45 문화기본법 제2조, 문화기본법 제4조
46 부가가치세법 제26조, 제1항 제16호, 부가가치세법 시행령 제43조

를 받을 가치가 있는 정도의 최소한의 창작성은 요구되므로, 단편적인 어구나 계약서의 양식 등과 같이 누가 하더라도 같거나 비슷할 수밖에 없는 성질의 것은 최소한도의 창작성을 인정받기가 쉽지 않다 합니다.[47]

전통 기법을 계승하여 비슷하게 반복적으로 만들어진 공예품도 예술창작품의 요건을 갖추면 면세될 수 있습니다. 단, [관세율표 번호 제9706호−제작 후 100년을 초과한 골동품]은 예술창작품 면세에서 제외됩니다.

• 부가 46015-804, 2001.05.30

미술·음악 또는 사진에 속하는 창작품(관세율표번호 제9706호의 골동품은 제외)은 예술창작품으로서 부가가치세법 제12조 제1항 제14호의 규정에 의하여 부가가치세가 면제되는 것으로서 창작품인 그림은 면세되는 예술창작품에 해당하는 것입니다. 다만 귀 질의의 그림이 창작품인지의 여부는 창작자, 창작과정, 창작방법 등에 따라 사실판단할 사항인 것입니다.

• 부가 46015-2147, 1998.09.22

예술창작품을 구입하여 건축물의 장식품으로 판매하는 경우에는 부가가치세법 제12조 제1항 제14호의 규정에 의하여 부가가치세가 면제되는 것이나 당해 건축물의 장식품이 예술창작품인지 여부는 제작가, 제조과정 등을 고려하여 사실판단할 사항입니다.

• 부가22601-432, 1985.03.05

[질의] 올해 80고령으로서 대한민국의 민속공예이며 전통공예인 나전칠기에 60평생을 보내온 중요 무형문화재 ○○호 나전장 ○○○입니다. 그러던 중 문화공보부 등록단체인 ○○회에서 이러한 딱한 사정을 알고 강남구 학동에 조그마한 장소를 마련하여 남·녀 7명의 견습생까지 모집해주어 현재는 나전칠기 전수 교육에 여념이 없습니다. 그런데 제가 제작한 작품들을 시장에 내다 팔 수도 없고 하여 조그마한 장소를 마련하여 전시 주문을 받고 있는데 주변 친지 동료들이 찬조출품을 해주고 있는데 주로 갓, 도자기, 왕골, 자수, 매듭, 토기, 목기, 활, 연, 옻 등 민속토산품이며 제작자는 주로 무형문화재 또는 전수생들입니다. 한 가지 문제점은 이러한 것을 팔아 겨우 전시장 운영을 하오나 국민의 한사람으로서 납세의무가 문제입니다. 이러한 것도 부가가치세 신고를 해야 하

---

47 대법원 선고97도2227, 1997.11.25

며 특히 나전칠기 같은 것은 특별소비세품목이라는데 어느 선까지 세금을 내야 하는지 질의함.

[회신] 미술에 속하는 예술창작품(골동품은 제외함)에 대하여는 부가가치세법 제12조 제1항 제14호 및 동법시행령 제36조 제1항의 규정에 의하여 부가가치세가 면제되는 것이나, 귀 질의의 경우 민속토산품이 예술 창작품에 해당되는지 여부는 <u>당해 재화의 미적 창조성, 제작자, 제작과정, 판매과정 등 구체적인 사실을 조사하여 판단할 사항임.</u>

창작성과 관련된 예규, 판례 4개를 통해 좀 더 자세히 살펴보겠습니다.

① 회사와 사진촬영 및 홍보물 제작 계약을 맺고 사내촬영업자로 지정된 상태에서 제품 사진, 공정 사진, 단체 사진 등을 찍었는데도 불구하고, 창작성을 인정한 판례입니다. 소득세 판례이기는 하나, [사진에 속하는 창작품]이라는 용어가 등장하는바, 부가가치세 면세를 받을 수 있습니다.

• 대구고법2013누1127, 2014.10.24

이 사건 사진 등 중 위 카탈로그 등에 실린 사진이 아닌 나머지 대부분의 필름에 관하여 보건대, 피고가 그 중 일부를 인화하여 제출한 사진에 의하면 그 주장과 같이 <u>대부분 작업·건설공정사진, 제품사진, 단체사진, 기념사진, 관련업체 작업사진 등 이어서 그것들이 사진에 있어서의 창작성 인정 요건을 충족하지 못한다고 볼 여지가 있는 점 또한 사실이다. 그러나 저작권법에 의하여 보호되는 저작물에 해당하기 위해서는 문학·학술 또는 예술의 범위에 속하는 창작물이어야 할 것이고, 그 요건으로서 창작성이 요구되므로, 사진저작물의 경우 피사체의 선정, 구도의 설정, 빛의 방향과 양의 조절, 카메라 각도의 설정, 셔터의 속도, 셔터 찬스의 포착, 기타 촬영방법, 현상 및 인화 등의 과정에서 촬영자의 개성과 창조성이 인정되어야 그러한 저작물에 해당한다고 볼 수 있는 바</u>(대법원 2006.12.8 선고 2005도○○○○ 판결, 대법원 2001.5.8 선고 98다○○○○○ 판결 등 참조), 을 제28호증의 1 내지 916의 각 사진영상에 의하면, 그 사진들은 이 사건 사진 등에서 일부 필름만을 임의로 선택하여 인화한 것인데, 이는 원고가 촬영한 사진들로써(일부 혹은 대부분을 원고가 고용한 사진사가 촬영하였다고 가정하더라도, 최소한 원고가 촬영한 사진이 일부 존재한다고 볼 수밖에 없고, 그 중 원고가 촬영한 사진이 전혀 없다는 점을 인정할 근거도 없다) 피고의 주장처럼 <u>실용목적으로 피사체를 충실히 표현하기만 한 사진 등 창작품으로 인정할 수 없는 사진들이 주를 이루기는 하나, 그 중 일부는 전체적으로 풍경을 대상으로 한 배경사진들(생략)로써</u> 제1심 법원의 감정대상 사진 중 창작성이 인정된 사진과 유사할 정도로 피사체와 주변 대상에 대한 배치나 설정, 촬영 각도, 빛의 방향과 양의 조절, 셔터의 속도, 셔터찬스의 포착, 기타 촬영방법, 현상 및 인화 등의 과정에서 촬영자의 개성과 창조성이 인정될 여지가 다분한 사진에 해당한다고 할 수 있고, 이를 두고 누가 찍어도 동일하거나 유사한 결과가 나올 수밖에 없는 사진이라고는 할 수 없으며, 피고 제출의 위 사진들은 나머지 이 사건 사진 등의 극히 일부에 불과하여 그밖에 창작성이 인정될 만한 사진들이 더 많이 존재할 가능성 또한 배제할 수 없는 점(피고는 오히려 전체 필름을 인화하면 대부분 그와 유사하게 창작성 없는 사진들일 것이라고 하나, 그 반대 가능성을 배제할 수 없고, 그와 같은 추측만으로 일부라도 창작성 있는 사진이 전혀 없을 것이라고 단정하기 어렵다)에서, 비록 그에 관한 명확한 감정이 이루어지지 않았다 하더라도, 창작성을 완전히 배제하기 어려워 이에 관한 피고의 주장 역시 받아들이기 어렵다.
(생략) 따라서 이 사건 사진 등의 일부에는 창작성이 인정되고, 그에 해당하는 범위 내에서 이 사건 대금 중 일부는 소득세법 제21조 제1항 제15호 다목에서 정하고 있는 「사진에 속하는 창작품에 대한 원작자로서 받는 소득」에 해당하므로, 그 금액의 80%에 상당하는 금액은 필요경비로 인정되어야 할 것임에도 불구하고, 이를 인정하지 아니한 피고의 이 사건 처분은 창작품에 대한 사진 대금 부분에 관하여 위법하다.

② 고인은 1년에 1,000~1,200점을 만들만큼 다작을 했는데, 다작이라고 하여 창작성이 없는 것이 아닙니다. 뒤에 나올 대량생산과는 분명한 차이가 있다는 걸 알 수 있습니다.

• 심사부가2016-46, 2016.06.10

2) 국세통합전산망상 피상속인은 도자기관련 사업자등록 외의 사업이력은 없는 것으로 나타난다.
4) 청구인이 예술창작품이라고 주장하면서 제출한 자료는 아래와 같다.
가) 청구인들은 피상속인이 도예가로 청자와 백자가 주요 작품을 이루고 있고, 작품들은 직원이나 타인의 도움 없이 피상속인 혼자의 힘으로 만들었으며 똑같은 작품은 없다고 주장하면서 아래 자료를 제출하였음
  ① 인터넷(블로그)에서 확인할 수 있는 피상속인의 작품들
  ② 인터넷(블로그)에서 확인할 수 있는 피상속인의 가마 불 때는 모습
  ③ 피상속인의 작품 구입자의 확인서 3부
나) 청구인들은 피상속인의 창작활동과 창작품은 방송, 신문, 인터넷, 블로그 등에서 확인이 가능하다고 주장하면서 피상속인의 작품을 평가하는 방송매체 등의 자료를 제출하였음

① 2012.9.21 방영 KBS

② 2013.1.24 방영 SBS

③ 2005년 소설가 정++의 저서

④ 2001.10.8. 이천시誌

⑤ 인터넷 블로그 "김○○ 작가는 흙을 직접 채취해 반죽하고 물레 위에서 형태를 만들어낸 뒤 문양을 더해 장작가마에서 구워내는 모든 과정을 혼자 했다"

⑥ 그 외 다수의 인쇄매체 게재내용과 피상속인이 출연했던 방송(2001년, 2002년, 2005년) 목록, 인터넷에 있는 피상속인관련 글 등을 제출함

다) 청구인들은 처분청이 과세근거로 본 블로그의 글*을 보아도 피상속인이 대량생산하여 판매했다는 내용이 없고, 작업량이 많은 것과 판매목적으로 대량생산하는 것은 다름에도 피상속인이 다기류를 만듦에 따라 개수가 많은 것을 두고 판매목적의 기계화된 대량생산으로 보아 피상속인의 작품이 창작품이 아니라고 본 것은 부당하다고 주장함

* 블로그의 글 : 피상속인의 1년 작업량은 1,000점에서 1,200여점, 잔을 많이 만들기 때문에 숫자가 많다. 가마는 주로 가을에 한 번 땐다. 예전에는 봄가을에 땠지만 기후가 변화하면서 봄에는 잘 때지 않게 되었다. 얼마 전까지만 해도 항아리를 많이 만들었지만 요즘에는 아무래도 다기류가 많다. 자기, 분청, 청자를 모두 작업한다. 다만 개인적으로 좋아하는 도자기는 백자다.

[판단] 먼저 청구인은 피상속인이 만든 도자기는 부가가치세가 면세되는 예술창작품에 해당한다고 주장하고 있어 이에 대하여 살펴보면, 예술창작품에 해당하는지는 창작자, 창작과정 등에 따라 종합적으로 판단할 사항으로, 이 건의 경우 각종 언론매체, 서적, 인터넷 블로그 등에 나오는 글들을 볼 때 피상속인 김○○는 예술가로 인정받고 있는 점, 판매목적으로 타인의 작품을 모방하거나 기계 또는 타인의 도움으로 대량생산한 것이 아니라 피상속인 혼자서 모든 작업을 한 것으로 보이는 점 등으로 보아 피상속인이 만든 도자기는 부가가치세가 면세되는 예술창작품으로 보여 진다.

③ 고객에게 서예 작품 제작의뢰를 받아 표구하여 판매했는데 예술창작품에 해당하지 않는다는 판단을 받았습니다. 우리나라에서는 과거부터 미술품을 '서화'라고 부르고 있는데, '서'는 서예를 뜻하고, '화'는 그림을 뜻합니다. 따라서 서예라고 하여 예술이 아닌 것은 아닙니다. 왜 창작품이 아니라고 했을까요?

사견으로는 문자를 표현하는 행위에 배타적인 지위를 인정하기 어렵다고 생각했거나, 고객으로부터 의뢰받은 대로 만들어서 창작적 요소가 없었거나, 표구에만 초점을 둔 것은 아니었는지 생각됩니다. 이미 30년이 넘은 해석이고, 캘리그라피,

서체, 폰트 디자인이 예술로 인정받고 있는 현실에는 맞지 않는 해석으로 생각합니다.

• 부가22601-921, 1986.05.14

[질의] 서예가로서 고객들로부터 제작의뢰를 받아 작품을 만들어 표구시설을 갖춘 자신의 표구실에서 표구를 하여 완성된 작품을 공급하고 그 대가를 받으려고 하는데, 이 경우 부가가치세법시행령 제36조 제1항의 예술창작품 등의 범위에 속하여 부가가치세가 면세되는지

[회신] 귀 질의의 경우는 부가가치세법시행령 제36조 제1항에 규정하는 예술창작품에 해당하지 아니하므로 부가가치세가 과세됩니다.

---

④ 개인 얼굴을 청동 초상 조형물로 만들어주는 사업이었습니다. 한국미술협회 소속 작가가 작품을 제작하였지만, 사람의 얼굴을 본 떠 만든 작품은 누가 하더라도 똑같을 수밖에 없이 독창성이 있다고 보기 어려워 창작성을 부여하지 않은 것으로 추측됩니다.

• 서면3팀-2502, 2004.12.09

[질의] A사는 개인의 얼굴을 3D 스캐너를 이용하여 정밀한 원형작업을 거쳐 초상조각을 만드는 사업을 하고 있으며, 먼저 흙이나 석고보드로 원형을 만든 후 청동을 재료로 주물로 만든 이 초상 조형물은 각 개인의 영전이나 학위취득 그리고 개인 사무실 오픈시 기념목적으로 본인의 의뢰에 따라 A사가 제작하여 납품하고 있음. 제작은 한국미술협회 소속 작가를 직원으로 고용하여 작품을 제작하고 있으나 특별히 바쁠 때에는 전업작가에게 의뢰(외주)하여 제작하기도 함. 이와 같은 초상 조형물이 부가가치세법상 부가가치세 면제대상인지 여부

[회신] 부가가치세법상 부가가치세가 면제되는 예술창작품이라 함은 미술·음악 또는 사진에 속하는 창작품으로 하는 것이며, 예술적 가치가 있는 작품을 처음으로 생각하여 독창적으로 제작한 조형물의 경우에는 예술창작품으로서 부가가치세법 제12조 제1항 제14호의 규정에 의하여 부가가치세가 면제되는 것입니다. 다만, 이 경우 예술창작품을 모방하여 대량으로 제작하는 작품은 예술창작품으로 보지 아니하는 것이며, 동 규정에 의한 예술창작품을 공급하는 경우에는 공급자가 누구인지 여부를 불문하고 부가가치세가 면제되는 것이나, 귀 질의의 조형물이 창작품인지 여부는 창작자, 창작과정 등에 따라 종합적으로 고려하여 사실판단할 사항입니다.

2) 대량생산과 판화

예술창작품을 모방하여 대량으로 제작하는 작품은 예술창작품이 아닙니다. 따라서 부가가치세가 면세되지 않습니다. 이때 어느 정도로 많아야 대량인지는 말하지 않으나, 복수의 에디션이 있으면 세심하게 판단해보아야 합니다. 특히 요즘에는 아트토이에 대한 관심이 부쩍 많아지고 있는데, 아트토이라도 대량생산되는 것이 있고 아닌 것이 있습니다. 에디션이 몇 작품이나 만들어지는지 알아보아야 합니다.

• 부가가치세 기본통칙 26-43-1 모방 제작한 미술품 등

사업자가 미술품 등의 창작품을 모방하여 대량으로 제작하는 작품은 예술창작품으로 보지 아니한다.

• 부가22601-566, 1987.03.28

[질의] 본 협회는 전국의 미술작가(동양화 · 서양화 · 조각 · 공예 · 서예 · 판화 · 평론 · 디자인 등 8개 분과)로 구성된 국내 유일한 미술전문단체입니다. 본 협회 회원(미술작가)의 창작활동에 대한 사업자등록증을 발급받아야 하는지

[회신] 순수예술창작품은 부가가치세법 제12조 및 동법 시행령 제36조의 규정에 의거 부가가치세가 면제되는 것이나, 예술창작품을 모방하여 대량으로 제작하는 작품이나 골동품은 부가가치세가 과세되는 것입니다.

• 부가22601-1592, 1992.10.21

[질의] 부가가치세법 제12조 1항 14호의 규정에 의한 예술창작품의 범위에 대한 질의입니다. 작가의 창작품으로 판화(프레스기로 제작)를 다수 제작(20～100매)하여 다시 작가의 싸인을 받아 판매할 경우 이를 창작품으로 보아 면세가 가능한지의 여부를 질의합니다.

[회신] 사업자가 미술품 등의 창작품을 다량으로 복사 제작하여 판매하는 것은 부가가치세법 제12조 제1항 제14호 및 동법시행령 제36조 제1항의 규정에 의한 예술창작품에 해당하지 아니하는 것이므로 부가가치세가 과세되는 것입니다.

대량생산 판정에서는 항상 판화가 논란입니다. 판화는 기본적으로 복제를 전제하고 있기 때문입니다. 하지만 판화도 미술의 고유한 장르로서 인정받고 있습니다. 작가가 사인과 함께 작품 하단에 일련번호를 표기한 경우, 단순한 복제품으로 볼 수 없습니다. 특히 작가 보관용 판화(Artist's Proof)는 희소성을 인정받습니다. 아래는 판화에 대해 언급한 예규들입니다. 예술가의 손에 의하여 직접 제작된 판화는 예술창작품으로 보되, 대량생산 여부는 종합적으로 판단합니다. 예술가가 판화를 얼마나 찍기로 했는지 매수, 작가 사인, 낙인, 넘버 등이 기준이 됩니다.

사진은 판화보다 더 복제품의 성격이 강하지만, 사진도 마찬가지로 필름 하나당 찍어내는 사진 매수를 통제하는 경우에는 오리지널리티를 인정받을 수 있습니다.

• 부가46015-3245, 2000.09.19

[질의] 사업자가 오리지널 판화 및 석판화를 다량으로 복사 제작하여 판매하는 경우 부가가치세가 과세되는 것인지 및 예술 창작품의 범위에 관하여 질의함

[회신] 사업자가 원판을 이용하여 복제한 판화를 공급하는 경우에는 예술 창작품으로 보지 아니하므로 부가가치세가 과세되는 것입니다. 사업자가 예술가의 손에 의하여 직접 제작된 판화를 구입하여 판매하는 경우에 동 예술창작품인 판화에 대하여는 부가가치세법 제12조 제1항 제14호의 규정에 의하여 부가가치세가 면제되는 것입니다. 다만, 동 판화가 예술창작, 제작방법·시설하청 제작여부, 다량의 기계적 복사·복제여부 등의 사실에 따라 종합적으로 판단할 사항입니다.

• 부가46015-1971, 1993.08.11

[질의] 부가가치세법 제12조 제1항 제14호 규정에 의한 예술창작품 중 판화에 대한 부가가치세 과세 여부
(갑설) 작가가 미술품 등의 창작품을 한정판으로 복사 제작하여 판매하는 것은 예술창작품에 해당하지 아니하므로 부가가치세 과세대상입니다.
(을설) 미술품에 대한 판화 제작은 한정된 제작으로 작품 하나하나에 작가의 창의성이 포함되어 창작품으로 보며, 1993년 수출입 총람에서도 오리지널 판화에 대한 관세율적용에 있어서도 무세이고 한국미술협회의 판화에 대한 정의, 기타 참고자료를 토대로 분석해 볼 때 판화도 창작품으로 해석되므로 판화에 대한 부가가치세는 면세를 적용합니다.

[회신] 예술가가 예술창작품으로 제작한 원판화를 판매하는 경우에는 부가가치세법 제12

조 제1항 제14호의 규정에 의하여 부가가치세가 면제되는 것이나, 사업자가 그 원판을 이용하여 복제한 판화를 공급하는 경우에는 예술창작품으로 보지 아니하므로, 부가가치세가 과세됩니다.

• 부가46015-2158, 1994.10.25

[질의] 1. 1993.0811(부가 46015-1971)에 회신된 답변자료 중 원판화라 함은
(갑설) 예술가가 판화를 찍어 내기 위하여 작업한 것을 원판화라 한다.
(을설) 예술가가 드로잉작업한 원판으로 소량의 한정판을 직접 제작 날인한 것을 원판화라 한다.
2. 1의 나)에 의하여 제작한 판화를 사업자가 구입하여 공급하는 경우의 부가세 과세 여부

[회신] 화랑을 경영하는 자가 예술가의 손에 의하여 원판으로부터 직접 제작된 흑백 또는 채색의 판화를 구입하여 판매하는 경우에 동 예술창작품인 원판화의 판매에 대하여는 부가가치세법 제12조 제1항 제14호의 규정에 의하여 부가가치세가 면제되는 것입니다. 다만, 동 판화가 예술창작품에 해당하는지 여부는 창작자, 제작방법, 시설, 하청제작 여부, 다량의 기계적 복사, 복제 여부 등의 사실에 따라 판단할 사항입니다.

3) 그 밖에 요건 불문

일단 예술창작품에 해당하기만 하면 부가가치세는 면세되고, 최초 공급, 2차, 3차에 걸쳐 유통되는 경우에도 전부 면세됩니다. 파는 사람이 개인 아트딜러이든, 갤러리이든, 경매회사이든 상관없습니다. 파는 사람이 영리를 목적으로 하는지, 자선을 목적으로 하는지도 묻지 않습니다. 예술창작품이 갤러리가 아닌 백화점이나 유통센터를 통해 판매된다고 해도 상관없습니다. 국내에서 유통하든 해외로 반출하든 상관없습니다. 오직 예술창작품 여부만 중요합니다.

• 서면3팀-2861, 2007.10.19

[질의] 당 법인은 예술창작품인 그림을 소장가들에게 판매하는 법인으로, 최근 명성이 높은 화가 K씨를 직원(임원)으로 채용하여 그림을 창작하고 있으나 화가 K씨의 법적 신분은 종업원에 불과하므로 창작된 그림은 법인 명의로 판매되고 있음. 위와 같이 법인이 화가를 직원으로 고용하여 창작한 그림을 법인 명의로 판매할 경우 부가가치세법 제

12조 제1항 제14호의 규정에 의해 면세적용 여부

[회신] 부가가치세가 면제되는 예술창작품은 미술·음악 또는 사진에 속하는 창작품을 말하는 것으로, 당해 예술창작품을 공급하는 경우에는 공급자가 누구인지 여부를 불문하고 부가가치세 면제되는 것임

• 부가22601-1729, 1988.10.04

[질의] 당사는 근간 ○○○○사 ○○○○○에 전시 중인 동양화 1점을 화랑을 통하여 구입한바, 당사가 구입한 동양화는 현재 생존 중인 현역 화가의 창작품으로 판매처인 화랑에서는 영리사업자인 화랑이 판매한 창작품은 부가가치세가 과세된다는 주장을 하고 있습니다. 이에 대해 부가가치세법 제12조 제1항 제14호에 예술창작품의 거래는 면세로 한다고 한 바, 고가인 창작예술품 판매에 부가가치세를 면제한 것은 개인 등 소장가의 경제적 부담을 경감시켜 창작예술품의 판로를 확충함으로써 예술가가 작품판매에 어려움 없이 창작활동에만 전념케 하기 위한 문예진흥책인 것으로 알고 있습니다. 동법에 정한 면세 거래의 판단기준은 거래물건이 순수창작예술품인지 아니면 모조품인지 구분이 있을 뿐 판매처의 영리성 유무는 무관한 것으로 사료되는 바, 이에 대한 여부

[회신] 화랑을 경영하는 사업자가 창작품인 그림을 공급하는 경우에는 부가가치세법 제12조 제1항 제14호의 규정에 의하여 부가가치세가 면제되는 것입니다. 다만, 귀 질의의 동양화가 창작품에 해당하는지 여부는 사실판단할 사항입니다.

• 서삼46015-11689, 2003.10.28

[질의] 법인사업자가 예술작가(비사업자)들의 창작품(도자기, 그림)을 매입하여 중소기업 유통센터 및 백화점에서 소비자에게 판매한 바, 이러한 작품들은 대량 제작된 것이 아닌 유일한 창작품으로 모조품이 아니고 작가들의 순수 창작활동에 의하여 만들어진 예술작품으로 당해 작품판매시 면세여부

[회신] 귀 질의의 경우에는 유사사례(부가46015-1004, 1994.05.20 및 부가22640 -566, 1987.03.28)를 참고하시기 바랍니다. 화랑업을 경영하는 자가 예술창작품을 구입하여 판매하는 경우에는 부가가치세법 제12조 제1항 제14호의 규정에 의하여 부가가치세가 면제(골동품은 제외)되는 것임. 다만, 화랑을 경영하는 자가 작가등으로부터 구입한 작품이 예술창작품인지 여부는 사실판단 사항임. ※ 골동품 : 제작 후 100년을 초과한 것 (관세율표 제9706호)

4) 부수 면세

부수되는 재화나 용역은, 주된 재화나 용역의 성격을 따르도록 합니다. 부수적인 재화 또는 용역까지 일일이 과세 면세를 판단하는 부담을 덜어주기 위해서입니다. 부수된다고 말할 수 있으려면, 그 대가가 주된 재화 또는 용역의 대가에 포함되든 지, 통상적으로 판매에 필수적으로 부수되어야 합니다.[48] 반대로 표현하면 꼭 같이 팔지 않아도 되는 것들은 통상적으로 함께한다고 할 수 없습니다.

그림과 함께 팔리는 액자 및 표구/설치 용역은 꼭 필요할 수도 있고 아닐 수도 있습니다. ① 있는 그대로 전시해야 하는 작품이라면, 액자나 표구용역이 '부수되는 재화와 용역'이라고 말하기 어렵습니다. 그러면 액자나 표구용역은 과세됩니다. ② 액자에 끼워진 채로 유통하지 않으면 훼손 위험이 큰 작품도 있는데 그럴 때는 액자가 꼭 필요합니다. 이때는 액자가 작품을 따라서 면세됩니다. ③ 영상미술이나 설치미술 같이 별도 설치가 필요한 작품은 작가의 설치용역이 필수적으로 부수되어야 합니다. 이때는 설치용역도 면세됩니다.

• 부가46015-358, 1997.02.19

[질의] 화랑업을 경영하고 있는 사업자입니다. 문화예술진흥법에 의거하여 새로이 건축물을 준공할시 1%에 상당하는 환경조형물을 설치하여야 하는 법적근거에 따라서, 화랑업 사업자등록을 이용하여 한국미술협회에 등록되어 있는 작가들의 순수 창작품만을 구입하여(구입시 자유직업자 원천징수필) 건축물을 짓는 건축주와 계약에 의거하여 환경조형물 및 미술장식품을 납품, 설치 작업을 하고 있습니다. 이 과정에서 공급받는 자가 계산서를 요구하는데 부가세 과세 여부

[회신] 화랑을 경영하는 자가 예술창작품을 구입하여 판매하는 경우 동 예술창작품의 판매에 대하여는 부가가치세법 제12조 제1항 제14호의 규정에 의하여 부가가치세가 면제되는 것이며, 동 사업자의 예술창작품 판매에 필수적으로 부수되는 설치용역은 동법 제12조 제3항의 규정에 의하여 부가가치세가 면제되는 것입니다.

---

48 부가가치세법 제14조 제1항, 부가가치세법 제26조 제2항

• 서면부가2017-2415, 2017.09.28

[질의] 우리청은 '○○○○ ○○문화공간 시설물 정비사업'을 추진하고자 입찰 공고 중에 있음. 동 사업은 협상에 의한 계약으로서 조형물 등을 제작·구매하는 사업으로 법인회사 및 미술작가를 대상으로 조형물 제안서를 받아 심사 후 1순위 대상자와 계약을 체결하는 사업임. 1순위 대상자인 업체와 작가가 공동수급 지분율대로 계약을 체결하고자 할 경우 예술창작품은 면세이고 시설공사는 과세인데 사업목적물의 계약금액 중 70%는 조형물에 해당하는 금액이고 30%가 시설공사업에 해당하는 경우 조형물 부분 금액은 면세이고, 시설공사부분은 과세인지 여부. 분담이행방식에 따라 업체와 작가기 공동수급할 경우, 작가와 작가가 공동수급할 경우, 업체와 업체가 공동수급할 경우 면세여부

[회신] 국가기관이 조형물 제작·구매 사업과 관련하여 미술작가 및 시설공사업자가 공동계약을 체결하여 미술작가는 국가기관에 조형물을 제작하여 납품하는 것으로 업무가 종결되고, 시설공사업자는 해당 조형물에 대한 설치용역만을 제공하는 경우, 미술작가의 해당 조형물은 「부가가치세법 시행령」 제43조에 따라 부가가치세를 면제하고 설치용역은 부가가치세가 과세하는 것입니다. 다만, 시설공사업자에게 조형물 설치에 관한 일괄도급계약에 따라 시설공사업자의 계산과 책임하에 조형물을 공급받아 설치하는 경우에는 조형물가격이 포함된 일괄도급금액이 시설공사업자의 공급가액이 되는 것으로 해당 계약의 체결내용, 책임의 범위, 대금지급관계 등을 종합하여 사실판단할 사항입니다.

• 조심2017서4708, 2018.10.16

[청구법인 주장]

쟁점미술공사는 전적으로 작가책임으로 이루어진 예술창작품의 공급으로서 부가가치세 면제대상에 해당하고, 청구법인은 이에 부수된 용역으로 심의, 시공설치, 사후관리 등을 대행한 것에 불과하므로 처분청이 청구법인에게 부가가치세를 과세한 이 건 처분은 부당하다.

(1) 청구법인은 병원 신축건물의 외부 벽면에 LED 미디어 작품 전광판 제작·설치 용역을 수주하고 미술작가 12명을 선정하여 미디어 디스플레이를 제작하였는 바, 청구법인은 작가들과 별도의 작품제작계약을 체결하였고 작품 저작권은 해당 작가에게 귀속되어 있음을 전제로 작품제작 콘텐츠 비용을 지급하였으므로 쟁점미술공사는 전적으로 작가의 주도하에 진행된 것이 분명하다.

(2) 청구법인이 쟁점미술공사와 관련하여 작가들에게 지급한 금액(○○○원)이 전체 공사금액(○○○원)의 절반을 차지하는 점을 볼 때, 청구법인이 미술작품 설치에 관한 전반적인 사항을 자기의 책임 하에 독립적으로 대행용역을 제공한 것이라는 처분청의 주장은 불합리하다.

청구법인이 건축주와 체결한 쟁점미술공사 계약서상 업무의 범위는 <u>작품의 기획, 작품</u>
<u>설치에 관한 컨설팅, 작품 제작 설치 대행, 작가 관리, 건축물 미술작품의 준공 인허가</u>
<u>등으로, 청구법인이 쟁점미술공사와 관련된 전반적인 사항을 자기책임 하에 독립적으로</u>
<u>대행하는 용역을 제공한 것으로 보이는 점,</u> 청구법인이 예술창작품 용역비로 작가들에
게 지급한 작품비(○○○천원)가 쟁점미술공사 용역비(○○○천원)에서 차지하는 비중
은 47%에 불과한 점, <u>쟁점미술공사를 위한 대행용역은 건축주의 선택에 따른 것으로</u> 부
가가치세가 면제되는 용역에 통상적으로 부수되는 용역으로 보기 어려운 점 등에 비추
어 청구주장을 받아들이기는 어렵다고 판단된다.

(2) 미술품 매매 중개의 면세 판정

앞에서 전형적인 갤러리의 수입에는 [미술품 도소매업]과 [미술품 매매중개업]의 2
종류가 있다고 하였습니다. 지금까지 살펴본 바와 같이, [미술품 도소매업]의 경우
는 예술창작품이 유통되는 모든 거래과정을 면세로 처리하면 됩니다. 하지만 [미
술품 매매중개업]은 부가가치세를 어떻게 판정해야 할까요?

예술창작품의 [공급]에 대해서 부가가치세를 면세한다고 했습니다. 이때 공급이라
함은, 계약상 또는 법률상의 모든 원인에 따라 재화를 인도하거나 양도하는 것을
말합니다.[49] 따라서, 예술창작품을 공급하는 것이 아니라, 공급에 관한 알선 서비
스를 제공하는 것은 부가가치세 면세가 아닙니다. 갤러리의 알선 수수료는 원칙적
으로 부가가치세가 과세됩니다.

① 다만, 개인이 물적시설 없이 근로자를 고용하지 아니하는 프리랜서 면세용역
에 해당한다면 그쪽으로 빠져나갈 수는 있습니다. 사무실 없이 혼자 움직이는 프
리랜서 아트딜러를 말합니다. 자세한 내용은 [작가편]을 참고해주세요.

② 만약 일선 갤러리에서 손님의 위탁을 받아 소액의 작품을 공급할 때, 실질은

---

49 부가가치세법 제9조 제1항

알선을 하고 있는 것이면서도, 손님에게 신뢰를 주기 위해서 갤러리가 작품 전체를 공급한 것으로 처리한다면, 이때는 외관상 갤러리가 예술창작품을 공급하고 있는 것처럼 되므로, 부가가치세 면세로 됩니다. 다만, 손님은 갤러리에게 상품에 대한 책임을 물을 수도 있게 됩니다.

③ 알선수수료만을 수취하는 계약을 체결했다 칩시다. 매수인에게 [작품의 원래 주인(매도인), 작품의 원가, 작품의 알선수수료]를 구분해서 세세히 알려주는 계약을 체결하면, 금액 판단이 어렵지 않고, 알선 수수료만이 부가가치세 과세대상입니다.

그런데 매수인이 거래금액 전액에 대해 세금계산서를 발행해줘야 한다고 갤러리에 요구하는 경우, 그 말은 틀린 말입니다. 마치 부동산 공인중개사가 집값 전체를 현금영수증으로 발행하지 않고 중개수수료만 발행하는 것과 같습니다.

아래 판례는 손님, 면세품을 웨딩법인에 공급하는 협력업체, 사이에 웨딩법인(청구법인)이 낀 사례를 소개하고 있습니다. 웨딩법인이 면세품을 통째로 공급하는 형태를 취했어도, 알선수수료만이 과세대상이라는 판례입니다.

> **• 조심2014서2947, 2014.12.22**
>
> 이상의 사실관계 및 관련 법령 등을 종합하여 살피건대, 청구법인과 소비자 간의 고객약관에 실제 웨딩상품의 거래당사자는 소비자와 협력업체로 거래에 대한 책임과 권리가 양자간에 있다고 되어 있는 점, 청구법인과 협력업체 간 위탁판매거래 계약서에서 상품제공, 반품, 클레임에 대한 책임이 협력업체에게 있는 것으로 나타나는 점, 소비자 최종판매가격은 협력업체의 판매가격과 청구법인의 수수료로 구성되어 있으며 협력업체가 자신들이 제공하는 웨딩관련 상품의 판매가격을 결정하고 있어 청구법인에게 소비자 최종판매가격 결정권이 있다고 보기 어려운 점, 청구법인이 소비자에게 웨딩상품 개별가격을 공지하지 아니하고 수수료가 포함된 가격으로 일괄계약을 체결하기는 하나, 일반적으로 상품중개업자가 수수료를 반드시 소비자에게 공지하여야 하는 것은 아니며 웨딩상품의 개별가격을 공지하지 않는 것은 웨딩컨설팅업계의 영업전략에 해당하는 것으로 볼 수 있는 점, 처분청은 축하연주, 부케 등 면세용역에 해당함에도 청구법인이 소비자와 일괄계약을 체결함으로써 면세용역에 대하여도 부가가치세를 징수하고 있다는 의견이나, 청구법인이 소비자에게 수취하는 가격은 해당 면세용역을 직접 제공하는 협력업체가 제시한 가격이고, 청구법인은 해당 용역의 중개수수료에 대한 부가가치세를 납부하는 이상, 면세용역을 제공하는 협력업체의 가격에 부가가치세가 포함되었다고 하여

청구법인의 영업형태가 알선 또는 중개업이 아니라고 보기 어려운 점, 청구법인이 영위하는 웨딩컨설팅업은 여행알선업이나 홈쇼핑업과 거래형태가 유사한 것으로 보이는 점, 협력업체와 청구법인간의 계약서상 위탁판매거래로 되어 있으며 계약서의 내용도 위탁판매의 범위를 넘어서고 있는 것으로 보기 어려운 점 등에 비추어 청구법인이 웨딩 관련 재화와 용역을 청구법인의 책임과 계산으로 제공한 것으로 보기보다는 협력업체와의 유효한 계약에 따라 소비자에게 협력업체를 소개하는 등의 알선용역과 소비자와 협력업체 간의 계약체결에 따른 결제대행용역을 제공한 것으로 봄이 타당하다 할 것이다. 따라서, 소비자가 청구법인에게 결제한 총액을 과세표준으로 하여 부가가치세를 과세하고, 협력업체에게 지급한 금액을 매출원가로 보아 지출증명서류 미수취가산세를 가산하여 법인세를 과세한 처분은 잘못이 있는 것으로 판단된다.

(3) 갤러리 부수 사업의 면세 판정

1) 도서 등은 면세

부가가치세 면세 규정 중에는 예술창작품 면세와는 별도로, 도서에 대한 면세 규정이 있습니다.[50] 그래서 작품도록은 대체로 사업자가 복제하여 대량생산하는 것이므로 예술창작품은 될 수 없지만, 도서에 대한 면세 규정을 받아 부가가치세는 면세됩니다.

같은 원리로 미술 잡지를 취급하는 경우에도 부가가치가 면세됩니다. 미술잡지가 부가가치세 면세를 받으려면 [잡지 등 정기간행물의 진흥에 관한 법률]에 따른 정기간행물이어야 하는데, 그 요건이란, 문화에 관한 내용으로서 동일한 제호로 월 1회 이하 정기적으로 발행하는 책자를 말합니다.[51]

2) 굿즈, 식음료 공급은 과세

예술창작품이 아닌 재화는 부가가치세 과세대상입니다. 예술창작품일지라도 대량

---

50 부가가치세법 제26조 제1항 제8호, 부가가치세법 시행령 제38조 제1항
51 부가가치세법 시행령 제38조 제2항, 잡지 등 정기간행물의 진흥에 관한 법률 제2조 제1호 가목

생산하는 것은 부가가치세 과세 대상입니다. 그러므로 갤러리에서 취급하는 굿즈는 대체로 부가가치세 면세가 되지 않고 과세됩니다.

● 12-17-20 연하장, 청첩장이 면세되는 도서에 해당하는지 여부

사업자가 연하장 · 청첩장을 제작하여 판매하는 경우 당해 재화는 부가가치세법 제12조 제1항 제7호 및 동법시행령 제32조 제1항의 도서에 해당하지 아니하여 부가가치세가 과세된다.(서삼 46015-10822, 2003.5.19)

3) 미술품의 대여는 과세

예술창작품의 [공급]에 대해서 부가가치세를 면세한다고 했습니다. 이때 공급이라 함은, 계약상 또는 법률상의 모든 원인에 따라 재화를 인도하거나 양도하는 것을 말합니다.[52] 따라서, 미술품을 대여하는 것은 [공급]이 아닙니다. 따라서 부가가치세가 면세되지 않습니다.

● 사전법령해석부가2016-260, 2016.07.08

[질의] 작가와 미술품 대여에 대한 온라인 전자상거래 독점 계약을 체결하여 고객에게 미술품 렌탈서비스를 제공하고 대여료를 받는 경우 부가가치세 납세의무자 및 세금계산서 교부방법

[회신] 작가의 미술품을 "미술품 렌탈서비스 계약"에 따라 신청법인의 책임과 계산으로 고객에게 대여하고 대여료를 받는 경우 해당 렌탈서비스 용역의 공급자는 신청법인이 되는 것이며, 세금계산서는 「부가가치세법」 제32조에 따라 고객에게 발급하는 것임

4) 갤러리 공간 대여는 과세

개인 상가임대사업자가 미술품을 전시할 수 있도록 공간을 임대하는 것(대여 화랑)에 대한 대가는 과세됩니다. 이것은 예술창작품 공급이 아니기 때문입니다.

---

52 부가가치세법 제9조 제1항

● 부가46015-1004, 1994.05.2

화랑을 경영하는 자가 작가 또는 예술창작품의 소유자로부터 당해 예술창작품의 판매를 위탁받아 동 예술창작품을 판매하여 주고 수수료를 받는 경우와 작가등의 작품전시회를 위해 전시장을 대여하고 대여료를 받는 경우에는 부가가치세법 제7조 제1항의 규정에 의하여 부가가치세가 과세되는 것입니다.

5) 전시기획 서비스, 매니지먼트 서비스, 전속작가 갤러리가 배분받는 수익도 부가가치세 과세

갤러리는 작가를 위하여 전시 기획 아이디어를 제공하기도 합니다. 때로는 전시에 필요한 조달도 책임집니다. 이러한 서비스에 대한 대가를 작가로부터 제공받을 수 있습니다. 그 대가는 정액일 수도 있고, 전시에서 팔린 매출액의 일부로 할 수도 있습니다. 아무튼 이러한 서비스는 예술창작품의 공급이 아닌 바, 부가가치세 과세대상입니다.

또, 갤러리는 작가를 위하여 매매계약 자문을 제공하거나, 진품 여부에 관해 연대보증을 하거나, 옥션에 출품하는 과정을 컨설팅하거나, 작가를 대리하여 외국출품을 대행하기도 합니다. 이러한 매니지먼트 서비스 역시 예술창작품의 공급이 아닌 바, 부가가치세 과세대상입니다.

어떤 갤러리는 전속작가를 발굴하고, 독점적 작품유통권한을 가집니다. 그러나 실무에서는 전속작가의 작품이 다른 갤러리를 통해 팔리는 것을 완전히 금지하지는 않습니다. 그건 작가에게도 심한 제약이 되기 때문입니다. 대신 그러한 일이 생기면 다른 갤러리로부터 소정의 수수료를 배분받습니다. 이것 역시 예술창작품의 공급이 아닌 바, 부가가치세 과세대상입니다.

만약 이러한 갤러리의 서비스의 중요하고 본질적인 부분이 국외에서 이루어지는 경우에는 부가가치세 영세율이 적용됩니다.

(4) 문화행사 면세

1) 서론

갤러리와 아트딜러, 컬렉터들이 한자리에 모여 미술품을 거래하는 장소가 아트페어입니다. 갤러리 거래나 경매회사의 거래보다 개방적이고, 즉각적이며, 많은 작품을 한 번에 돌아볼 수 있는 것이 장점입니다. 또한 시장의 전반적인 트렌드를 한 눈에 볼 수 있다는 점도 편리합니다. 20세기 초 아모리 쇼를 시작으로 아트바젤, 테파프, 프리즈 등이 유명합니다.

우리나라에서는 한국국제아트페어(Korea International Art Fair, KIAF)가 유명합니다. 2020년에는 코로나 때문에 온라인 뷰잉룸으로 볼 수 있도록 하여 페어가 열렸는데, 처음인데도 불구하고 성공적으로 진행되었습니다. 2021년에는 코로나에 대한 대처가 조금씩 능숙해지면서, 다시 오프라인에서 페어가 열렸는데요, 한 해 거르면서 응축된 소비 심리가 폭발하면서 대성황을 이루었습니다. 2022년에는 KIAF와 프리즈와 공동개최되면서 대성공을 거두었고, 우리나라 미술시장 규모 1조원 달성에 도달하였습니다. 2023년에도 다시 한 번 프리즈와 공동개최되면서 탄탄하게 자리잡는 모습입니다.

비엔날레(미술제전)은 현대미술의 최전선에 있는 아방가르드 미술이 등장하는 곳입니다. 비엔날레는 미래의 트렌드를 예측하는 이정표 역할을 합니다. 베니스비엔날레, 휘트니비엔날레, 상파울루비엔날레가 유명합니다. 우리나라에서는 광주비엔날레가 20년 넘는 역사를 가지고 있습니다.

이번에는 문화예술행사의 면세[53]를 알아보겠습니다. 문화행사 면세는 주체가 영리조직이라도 문화예술행사가 영리를 목적으로 하지 않는 경우 면세됩니다. 취지는 문화예술행사를 지원하는 데 있습니다. 예를 들어 건설사가 공급하는 건설용역은 과세대상일지라도, 건설사가 미술품 자선행사를 여는 경우 부가가치세 면세가 적용됩니다.

---

53 부가가치세법 제26조 제1항 제16호, 부가가치세법 시행령 제43조 제2호, 제3호

2) 면세 요건

① 비영리 목적

문화예술행사가 면세되려면 영리를 목적으로 하지 않아야 합니다. 비영리 목적이라 하여 반드시 무료여야 한다는 건 아닙니다. 실비를 보전하기 위한 행사 수입, 기부를 위한 수입, 협찬을 위한 수입은 허용됩니다. 나아가 실비를 넘어서는 이익금을 얻었다 하더라도 분배하지 않고, 고유목적사업에 사용하거나, 전액을 기부하는 경우 비영리가 인정됩니다.[54]

그러나 비영리목적의 행사를 개최하면서 수익사업을 겸하고 있고 그 수익을 고유목적사업에 보태지 않으면 부가가치세가 과세됩니다. 이 경우에 해당 행사는 과세와 면세를 겸영하고 있는 것이 됩니다. 예를 들어 자선행사장 한 켠에서, 수익을 위해 식음료를 팔고 있다 할 때, 자선행사의 취지를 감안하여 식음료로 번 이익을 자선행사에 보태겠다고 하면 면세가 되지만, 식음료 사업 수익을 수취하는 경우에는 부가가치세가 과세됩니다.

문화예술행사에 공간을 빌려주는 임대인은 어떨까요? 예를 들어 KIAF도 갤러리에 부스공간을 내어주면서 입점료를 수취하지만, 또한 코엑스 홀을 빌리며 대관료를 내야 합니다. 이때 임대소득을 올린 코엑스의 납세의무는 어떻게 되느냐는 것입니다. 만약 임대업자도 문화예술행사의 취지에 공감하여 실비변상적인 범위에서만 대관료를 받았다면 비영리목적이라고 보아 면세됩니다. 그러나 임대업자가 영리를 목적으로 공간임대료를 책정하였다면, 임차인이 무엇을 하든 그 임대료는 과세되는 용역입니다.

> ● 부가46015-633, 1999.03.09
>
> [질의] 2000 고양세계 꽃박람회를 성공적 행사를 위하여 재단법인 고양세계꽃박람회 조직위원회를 구성, 본 박람회의 금전, 물자, 용역을 조달을 위하여 수익 사업을 추진함에 있어 부가가치세법시행령 제38조 제1항 제30호 내지 제32호 및 제2항에 '정부업무대행단체'의

---

54 부가가치세법 기본통칙 12-35-7 제2항

범위 내에 속하는지 여부 및 법 제12조 규정에 의거 면제대상인지에 대하여 질의함

[회신] 사업자가 영리를 목적으로 하지 아니하는 전시회 · 박람회 · 공공행사 등 문화행사를 개최하면서 받는 입장료 · 관람료 등에 대하여는 부가가치세법 제12조 제1항 제14호 및 동법시행령 제36조 제3항의 규정에 의하여 부가가치세가 면제되는 것이나, 동 문화행사의 명칭 · 휘장 등을 사용하게 하거나 행사장 내에 광고물 등을 설치하도록 하고 받는 대가 또는 행사장내 매점 · 식당 · 주차장 등 시설을 임대하거나 운영하고 받는 대가에 대하여는 부가가치세법 제1조의 규정에 의하여 부가가치세가 과세되는 것입니다.

• 조심2011서3166, 2012.09.17

[청구인 주장]

청구인은 국내외 미술지망생과 기성작가 지망생을 모집하여 아트 교육 및 미술평가회를 활성화할 목적으로 2005년 12월 ○○○(미술교육 겸 전시서비스)를 개업하여 2007.10.23 처분청으로부터 사업자등록증(면세)을 교부받은 면세사업자인 점, 「부가가치세법」상 면세제도를 둔 입법취지는 크게 산업정책상 목적(근로용역, 금융용역, 교육용역)과 문화 관련 용역 등(미술교육, 전시평가, 미술국제교류용역 포함)으로 구분할 수 있는데 청구인의 용역은 국가가 후원하는 행사에 해당하는 점 및 같은법 제12조 제1항 제14호 및 같은법 시행령 제36조에서 '서화, 미술품, 삽화' 등을 면세용역으로, '기획재정부령이 정하는 물적 시설 없이 또는 물적 시설에서 다수 예술인(제자 포함)들에게 강연을 하고 받은 강사료 등의 대가'는 부가가치세 면세대상에 해당하는 것으로 규정되어 있음에도 불구하고 마치 청구인이 미술관 건물 4, 5층에 대하여 독채 전세계약을 체결한 후 영세 화가들에게 임차료를 받은 것으로 보아 과세하는 것은 부당하다 할 것이므로 이 건 부가가치세는 취소되는 것이 타당하며, 특히, 예술창작품 및 순수예술 행사용으로 미술교수인 청구인이 홍익대, 성신여대 등에서 강의한 제자들을 중심으로 그들 회비 모금으로 이루어진 예술 행사 비용에 대하여 금융실명제 때문에 대표지도교수인 청구인의 통장 명의만을 대여한 것에 불과함에도 사기 강박 내지 엄포에 의하여 강요된 확인서를 근거로 청구인의 수입금액으로 보아 과세한 처분은 부당하다.

[심리 및 판단]

살피건대, 청구인은 쟁점대관료는 면세대상에 해당한다고 주장하나 영리목적으로 예술 창작품 등을 전시하고 대관료 등을 수수한 행위는 「부가가치세법」 제7조 제1항의 규정에 의하여 부가가치세 과세대상에 해당한다고 보아야 할 것(국세청 부가 46015-1004, 1994.5.20 참고)이고 달리 쟁점대관료가 실비변상적인 성격을 가진다거나 영리성이 없다고 인정할 만한 정황이 보이지 아니하므로 부가가치세 과세대상으로 보아 과세한 처분은 잘못이 없다고 판단된다.

② 주최, 금액 불문

비영리 목적이 중요하지, 문화행사 주최가 누구인지 원래 무슨 일을 하는 사람인
지도 관계없습니다. 비영리 목적에만 해당하면, 입장료나 관람료 액수도 묻지 않
습니다.

③ 부수 면세

영리를 목적으로 하지 아니하는 문화예술행사를 개최하는 경우 관람료 등은 면세
입니다. 그런데 행사장 내부에 가족 관객을 위하여 놀이시설을 구비한 경우, 박람
회에 필수적으로 부수되는 용역으로 보아 면세가 적용되기도 하였습니다.

④ 매입세액 불공제

부가가치세란 [매출－매입]×10%＝[매출×10%]－[매입×10%]입니다. 그러므로 부가가치세 면세라는 뜻은, [사업자가 10%의 부가가치세를 거래징수할 의무도 면제]되지만, [10% 매입세액 공제도 못 받는다]는 걸 의미합니다.

아래는 문화행사 용역과, 부수되는 용역을 모두 면세로 판단하고, 따라서 매입세액도 전액 공제받을 수 없는 것으로 결론짓는 판례입니다.

> **• 심사부가2007-332, 2008.02.05**
>
> 청구법인은 만화·영상관련 산업의 진흥을 위한 서울**만화애니메이션 페스티벌 개최와 우리 만화산업의 국제화 및 기획·창작력 개발도모를 설립목적으로 XX번지를 사업장 소재지로 하여 ○○○○○장관의 법인설립허가를 받아 공연관련산업 서비스업으로 1998.11.27 설립한 후, (생략)
> 조사청은 당초 청구법인에 대한 환급조사를 실시한 결과, 청구법인은 실질적으로 **시와 ○○○○○ 등의 보조금(81.9%)으로 운영되며 고유목적사업의 진행과정에서 운영비에

충당할 목적으로 ○○○○○장관의 승인을 받아 입장료·광고·부스임대료 등의 수입금액이 발생하고 (생략)

청구법인이 ****시로부터 "2006년 1/4분기 민간경상보조금 교부"건에 대한 통보받은 문서(**지원과-970, 2006.1.27)에 의하면 사업목적과 교부조건에 적합하게 사용한 후 사업완료 후 사업결과와 사업비 정산서를 제출하도록 하여 반드시 고유목적사업에만 사용하도록 하였음이 확인된다. (생략)

청구법인이 제10회 서울**만화애니메이션 페스티벌 2006년 사업계획 중 보조금 신청관련 세부내역에 의하면 영화제작비, 전시행사비, 이벤트사업비, 홍보인터넷사업비, 용역대행비 등 구체적인 사용 용도가 지정되어 있음이 확인된다. 청구법인의 정관 제5조에서 수익사업을 영위하고자 하는 경우에는 ○○○○○장관의 승인을 얻어야 가능하도록 하였음이 확인된다. 더구나 서울**만화애니메이션페스티벌 행사는 청구법인이 주최하되 후원은 ****시 및 ○○○○○로 되어 있다.

(생략) 따라서 부가가치세가 면제되는 문화행사는 행사 주체 및 관람료의 과다에 관계없이 영리를 목적으로 하지 아니하는 문화행사를 말하는 것으로 위 사실관계에서 살펴본 바와 같이 청구법인은 주무관청의 허가를 받아 설립된 비영리단체이며, 청구법인의 정관은 부가가치세법 제12조의 면세사업자 규정과 유사한 것으로서 수익사업을 영위하고자 하는 경우에는 반드시 주무장관의 승인을 얻도록 한 규정을 통해서도 확인됨을 알 수 있다.

따라서 처분청이 고유목적사업의 일환으로 서울**만화애니메이션페스티벌 행사를 개최하는 과정에서 얻은 수익 중 입장료는 '영리를 목적으로 하지 아니하는 전시회·박람회·공공행사 등 문화행사를 개최하면서 받는 입장료·관람료 등'에 해당하여 부가가치세법 제12조 제1항 제14호 및 동법시행령 제36조 제3항의 규정에 의하여 부가가치세가 면세되는 것은 물론이고, 그 밖의 행사수입은 전부 고유목적사업과 관련된 일시적인 재화나 용역의 공급으로써 이를 부가가치세가 면세되는 수입으로 보아 공통매입세액 전액을 매입세액 불공제한 당초 처분은 정당한 것으로 판단된다.

4. 세금계산서, 계산서, 영수증

(1) 세금계산서 개념

비즈니스를 하려는 사람은 [세금계산서]에 대해 알아야 합니다. 세금계산서는 세법상 중요할 뿐 아니라, 사업의 기초자료가 되기도 하고, 거래대금 청구서가 되기도 하고, 거래 품목 송장 기능도 합니다. 나중에 소유권을 증명하는 근거가 되거나, 컬렉터에게는 보유기간 10년 여부의 증거도 됩니다. 매수인이 그림 원가를 파악하여 정당한 비용으로 인정받기 위한 근거도 됩니다. 그래서 세금계산서를 모르고서 비즈니스를 할 수가 없습니다.

저는 세금계산서를 쉽게 설명할 때, 이것은 세금 10%를 받았거나 받을 것이라는 영수증이라고 설명합니다. 사업자가 고객으로부터 물건 값뿐만 아니라 더해서 10%까지 받아갔다는 증명서라고 생각하면 된다고 말합니다. 여기에 몇 가지 의미가 들어있습니다.

① 세금계산서는 돈을 받은 사업자가 돈을 낸 고객에게 끊어주는 서류입니다. 식당에서 주인은 밥을 내어주고, 고객은 돈을 지불하고, 식당 주인은 신용카드매출전표를 발행해주는 것과 똑같습니다. 사업자가 재화나 용역을 공급하고, 고객은 물건값(공급가액)과 부가가치세를 지불하고, 사업자는 세금계산서를 발급합니다. 세금계산서는 사업자가 발행하는 서류이지 고객이 발행하는 서류가 아니고, 고객이 손에 넣는 서류입니다. [세금계산서를 끊어달라]는 말은 고객 입에서 나오는 말입니다.

② 세금계산서가 세금에 대한 영수서라면, 사업자 중에서 10%를 거래징수하는 과세사업자만이 세금계산서를 발급할 수 있다는 이야기가 됩니다. 고객에게 10%를 거래징수하지 아니하는 면세사업자는 세금계산서를 발급할 수 없습니다. 예술창작품을 공급하는 작가와 갤러리, 개인이 근로자를 고용하지 아니하고 물적시설 없이 인적 용역을 공급하는 경우의 프리랜서는 면세사업자입니다. 따라서 면세사업

자들은 [(면세)계산서]를 발급하게 됩니다.

③ 사는 사람 입장에서 보면 사업자에게 10%를 거래징수당했기 때문에, 본인도 과세사업자라면 거래징수당한 매입세액을 공제받아야 합니다. 그래서 [세금계산서]는 본인이 상대 사업자에게 10%를 거래징수당했다는 증거가 되고, 매입세액 공제를 받을 수 있는 증거입니다. 반대로 말하면 내가 [(면세)계산서]를 가지고 있다는 것은, 내가 산 품목이 면세여서 내가 10% 세액을 낸 바 없다는 뜻입니다. 그러니 매입세액 공제를 받을 세액 자체가 없습니다. 그래서 예술창작품을 공급하는 작가, 갤러리, 프리랜서 면세사업자로부터 재화나 용역을 산 소비자는 그것으로 자기의 부가가치세를 줄이지 못합니다. 정확히는, 처음부터 부가가치세를 주지 않고 싸게 샀습니다. 단, 법인세/소득세는 줄입니다.

미술품을 거래하다 보면, 사업자 아닌 컬렉터, 학생 작가로부터 작품을 살 때도 있습니다. 이런 경우 판매자가 사업자가 아니기 때문에 [세금계산서], [계산서] 등 적격 증빙서류를 발행하기 어렵습니다. 그래도 사는 사람에게는 적격 증빙서류가 꼭 필요합니다. 이 경우, 판매자 사이에 체결한 매매계약서, 송금(이체)영수증, 기타소득세 지급명세서 등이 적격 증빙의 역할을 하게 됩니다. 따라서 미술품을 판매하는 쪽이 사업자가 아니어서 증빙에 대해 난색을 표하는 경우, 위 자료를 구비하시는 것으로 충분합니다.

갤러리가 [중개업자]의 지위에 있어 [위탁 매매의 수탁자], [매매의 대리인]에 불과한 경우에는, 갤러리나 딜러가 작품을 넘기더라도 작가나 매도인 컬렉터가 공급하는 것으로 보아[55] 세금계산서나 계산서도 [위탁자(의뢰인)]의 명의로 발급할 수 있습니다.[56] 하지만 실무에서는 신뢰가 중요하기 때문에 갤러리가 자기 명의로 손님에게 (면세)계산서를 발행하는 경우가 대부분입니다.

그렇다고 갤러리가 중개업자의 지위에 머물러 계산서를 발행하는 경우(매도인과 매수인이 직거래)가 없지는 않습니다. 이때는 중개수수료는 부가가치세 과세대상이므로 세금계산서를 발행합니다. 특히 갤러리가 오픈마켓을 통해 그림을 매매하

---

55 부가가치세법 제10조 제7항
56 부가가치세법 시행령 제69조 제1항

는 경우, 오픈마켓은 철저히 중개업자의 지위에서 행위하므로, 우리 갤러리에게 알선수수료만큼만 세금계산서를 발행합니다.

• 서울고법2009누31351, 2010.06.22

그런데 이 사건에서 갑 제4호증의 1 내지 40, 을 제4, 7, 8호증의 각 기재 및 변론 전체의 취지에 의하면 ① 원고 등 개인판매자들은 인터넷상의 오픈마켓 운영자인 AA에 고용되거나 위임을 받음이 없이 스스로 판매할 상품이나 그 가격을 결정하여 구매자와 매매계약을 체결하고 구매자에게 상품을 배송하는 등 계속·반복적으로 독립적인 판매행위를 하여 왔고, 인터넷 포털사이트에 소호몰로 입점하는 경우와는 달리 매달 일정한 사용료를 지급하지 않고 자유롭게 회원으로 등록하여 자신의 물건을 판매하고 AA 운영자에게 판매 건당 수수료를 지급하여 온 사실, ② 오픈마켓 운영자인 AA은 회원 각자의 자기결정에 의하여 회원 상호 간에 물품매매거래가 이루어질 수 있도록 사이버상의 거래장소와 시스템만을 제공하고 관리할 뿐, 회원에게 물품을 판매하거나 회원으로부터 물품을 구매하지 않으며, 단지 회원 간 거래의 안전성 및 신뢰성을 증진시키는 도구만을 제공하고 그러한 시스템이용료로서 수수료만을 받을 뿐 물품에 관한 대금을 취득하지 않는 사실, ③ AA의 약관에서는 판매물품의 등록, 경매진행과정의 관리, 낙찰받은 구매자에 대한 거래이행, 물품배송, 청약철회 또는 반품 등의 사후처리를 판매자의 의무로 규정하면서, 오픈마켓 운영자인 자신은 회원 상호 간의 거래와 관련된 사항이나 반품, 물품하자로 인한 분쟁 등에 대하여 관여하지 않고 어떠한 책임도 부담하지 않는다고 명시하고 있는 사실, ④ 비록 AA에서 매매보호서비스라는 이름으로 결제대금예치제도를 시행하고 있으나, 이는 오픈마켓에서 발생하는 피해를 예방·구제하여 회원 상호간의 거래의 안전성과 신뢰를 도모하고 구매자를 보호하기 위한 목적에서 둔 대금보관제도에 불과하고 정상적으로 거래가 종료된 경우 수수료를 제외한 나머지 판매대금은 판매자에게 귀속되며, 약관에서도 매매보호서비스를 통하여 또는 구매자를 대리하거나 보조하는 것은 아니라고 명시하고 있는 점, ⑤ 오픈마켓 운영자는 전자상거래 등에서의 소비자보호에 관한 법률상 통신판매업자가 아니라 통신판매중개업자에 해당하는 사실 등이 인정된다. 이러한 사실들을 종합하여 보면, 오픈마켓 AA에서 사업상 독립적으로 재화 또는 용역을 공급하는 자는 원고 등 판매업자일 뿐 오픈마켓 운영자인 AA이 아니라고 보아야 하고…

• 사전법령해석부가2016-260, 2016.07.08

작가의 미술품을 "미술품 렌탈서비스 계약"에 따라 신청법인의 책임과 계산으로 고객에게 대여하고 대여료를 받는 경우 해당 렌탈서비스 용역의 공급자는 신청법인이 되는 것이며, 세금계산서는 「부가가치세법」 제32조에 따라 고객에게 발급하는 것임

(2) 세금계산서 내용

1) 필요적 기재사항

세금계산서는 공급가액과 세액에 대한 내용도 나오지만, 이 거래의 당사자들이 누구인지, 이 거래가 언제 일어났는지, 상대방 사업자등록번호(주민등록번호)가 무엇인지 빠짐없이 적도록 되어 있습니다.[57] 이것을 필요적 기재사항이라고 합니다.

실무를 하다 보면, 손님이 사업자가 아닌데 어떻게 세금계산서를 끊느냐고 말씀하

---

[57] 부가가치세법 제32조 제1항

시는 분들이 계신데 틀린 말씀입니다. 세금계산서는 재화와 용역을 공급하는 사업자라면 발급하는 것이지, 상대방이 누군지 묻지 않습니다. 이때 상대방이 사업자이면 사업자등록번호를 적어서 발급하고, 상대방이 일반 소비자이면 주민등록번호로 발행하는 것입니다. 홈택스에도 주민등록번호 방식으로 발행하는 버튼이 있습니다.

2) 공급시기에 발급

세금계산서는 재화 또는 용역의 공급시기에 발급하는 것이 원칙입니다.[58] 하지만 실무상으로는 하루에도 여러 번 거래를 하는 사업자들도 있기 때문에, 공급시기마다 번거롭게 세금계산서를 발급하지는 않습니다. 세법에서는 다음 달 10일까지 거래를 한꺼번에 모아서 세금계산서를 발행하는 경우도 허용하고 있습니다.[59] 실무에서는 다음 달 10일까지 세금계산서를 발급하는 것이 원칙인 것처럼 알려져 있습니다.

하지만 어디까지나 편의를 봐 준 것에 불과합니다. 공급시기는 고정되어 있고, 편의상 세금계산서를 다음 달 10일까지 발급할 수도 있다는 것이지, 공급시기가 변하는 건 아닙니다. 6월에 있었던 거래에 대해 7월 10일까지 세금계산서를 발급했다고 해서 그 거래가 7월에 속하는 것이 아니라는데 주의합니다.

---

58 부가가치세법 제34조 제1항
59 부가가치세법 제34조 제3항

(3) 계산서

전자계산서 일반(사업자)

세금계산서(영세율포함)	계산서(면세)

• 재화 또는 용역의 공급이 부가가치세법 제21조~제24조에 따른 영세율에 해당하는 경우 전자세금계산서의 영세율을 선택하여 발급하시기 바랍니다.
입력하신 이메일로 전자계산서가 전송되며, [발급목록조회]에서도 확인 할 수 있습니다.
여러 건의 전자계산서 발급 시 [발급보류]를 선택하면 당일(하루) 임시저장되며, '발급보류 목록조회'에서 일괄발급할 수 있습니다.
발급보류 목록조회 바로가기']

[발급목록 조회]

* 종류   ● 일반   ○ 위수탁 [선택]   * 공급받는자구분 ● 사업자등록번호 ○ 주민등록번호 ○ 외국인 [선택]
* 위 '종류'와 '공급받는자 구분'을 변경하신 후 [선택]버튼을 누르시면 아래 서식이 변경됩니다.

[거래처 관리] [거래처 조회]

공급자	* 등록번호	108-25-66162	종사업장번호			공급받는자	* 등록번호		확인	종사업장번호	
	* 상호	세무사 권민 사무소	* 성명	권민			* 상호			* 성명	[주소변경]
	사업장	서울특별시 동작구 흑석한강로 27, 상가 ,		[주소변경]			사업장				[주소변경]
	업태	전문, 과1 [업태변경]	종목	세무사업			업태		[업태변경]	종목	
	이메일	MK	@ mktax.co.kr 직접입력 ∨ [조회]				이메일		@	직접입력 ∨ [조회]	
							이메일		@	직접입력 ∨ [조회]	

* 작성일자 2024-02-17 ▦ ※작성일자는 공급 연월일을 의미함   비고 [   ] [조회]
공급가액

※ 아래 '품목'의 '월'은 상단 '작성일자'의 '월'이 자동 반영됩니다.

[품목추가] [품목삭제] 품목은 최대 16개까지 추가, 삭제 가능   [거래처품목 관리] [거래처품목 조회]

월	일	품목	규격	수량	단가	공급가액	비고	삭제
02		[조회]						[삭제]
		[조회]						[삭제]
		[조회]						[삭제]
		[조회]						[삭제]

현금	수표	어음	외상미수금	
				이 금액을 (● 청구 ○ 영수)함

[발급미리보기] [발급보류] [발급하기]   [초기화]

예술창작품을 공급하는 작가, 갤러리, 프리랜서 면세사업자는 소비자에게 부가가치세 10%를 받지 않는다고 했습니다. 그래서 [세금계산서]가 아닌 [(면세)계산서]를 발행한다 했습니다. 면세인 것을 과세로 착각하여 [세금계산서]를 발행해버리는 경우, 국세청에서는 갤러리가 10%를 받아 가지고 있는 줄 알고, 나중에 10%를 내라고 하니, 주의합니다.

(겸영사업자가) 세금계산서가 아닌 면세계산서를 발행하기 위해서는 발행 탭을 [계산서(면세)]로 전환합니다. 세금계산서와 거의 똑같이 생겼지만, 10% 세액을 쓰는 칸이 없는 것이 특징입니다.

(4) 영수증

과세사업자는 부가가치세를 냅니다. 부가가치는 [매출−매입]이므로, 부가가치세는 [매출−매입]×10%＝[매출×10%]−[매입×10%]입니다. 그런데 매입액의 10%를 공제하기 위해서는 반드시 세금계산서가 있어야 합니다. 내가 상대방에게 거래 징수당한 10%가 세금계산서에 적혀있기 때문입니다. 세금계산서가 없으면 매입가액의 10%에 달하는 매입세액 공제를 포기해야 되기 때문에 손해가 막심합니다.

그런데 현실에서 세금계산서가 흔하기는 하지만, 문방구에서 볼펜 한 자루 살 때조차 세금계산서가 오가는 것은 아닙니다. 그 이유는 과세사업자가 [세금계산서] 대신 발행하는 [신용카드매출전표]나 [현금영수증]을 받아두어도, 세금계산서와 똑같은 효력을 가지면서[60] (사업자인)소비자로서는 매입세액 공제를 받을 수 있기 때문입니다.[61] 신용카드매출전표, 현금영수증을 자세히 살펴보시면 세금계산서의 필요적 기재사항과 같이 공급자의 사업자등록번호, 상호, 작성연월일, 공급가액과 세액, 공급받는자(카드소유자)의 정보가 빠짐없이 기재되어 있음을 알 수 있습니다.[62]

그러나 신용카드매출전표와 현금영수증은 엄밀한 의미로 세금계산서 아닌 [영수증]입니다. 원래 세금계산서로만 매입세액 공제를 받을 수 있고, 영수증으로는 매입세액 공제를 받을 수 없지만, 세금계산서를 발행할 수 있는 과세사업자가, 세금계산서 대신에, 신용카드매출전표와 현금영수증을 발행한 경우, 예외적으로 매입세액 공제를 인정하는 구조로 되어 있습니다.

이런 점을 이용해서 부가가치세법에서는, 특정 업종들은 부가가치세 10%를 거래 징수하면서도 아예 세금계산서를 발행하지 못하게 하고 영수증만 발행하도록 하여, 손님이 매입세액 공제를 못 받게 만들어 놓은 것도 있습니다. 이렇게 되면 과세사업자가 세금계산서 대신 영수증을 발행한 것이 아니라서, (사업자인) 소비자는 10%를 내놓고도 매입세액공제를 못 받습니다. 이런 업종들을 영수증 발행업종

---

60 부가가치세법 제33조 제2항, 부가가치세법 제71조 제2항
61 부가가치세법 제39조 제1항, 부가가치세법 제46조 제3항
62 부가가치세법 시행령 제73조 제7항

이라고 부릅니다. 영수증 발행업종에게 받은 자료로는 매입세액공제를 못 받는다고 생각해도 됩니다. 무슨 잘못을 했길래 매입세액 공제공제를 원천봉쇄할까요?

영수증발행업종은 대부분 사업자보다는 일반적인 소비자를 대상으로 하는 업종에 해당하여 그 소비는 매입세액공제를 받아서는 안 되는, 사업과 관련 없는 사적경비일 가능성이 높아서 그렇습니다. 그 업종은 다음과 같습니다.[63]

- 목욕 · 이발 · 미용업
- 여객운송업(「여객자동차 운수사업법 시행령」 제3조에 따른 전세버스운송사업은 제외한다)
- 입장권을 발행하여 경영하는 사업
- 제35조 제1호 단서의 용역을 공급하는 사업(의료보건용역)
- 제35조 제5호 단서에 해당하지 아니하는 것으로서 수의사가 제공하는 동물의 진료용역
- 제36조 제2항 제1호 및 제2호의 용역을 공급하는 사업(무도학원, 자동차운전학원)

목욕, 이발, 미용, 여객운송, 입장권 발행업, 의료업, 동물병원, 자동차학원 같은 업종을 천천히 뜯어보시면, 이런 용역을 매입했으면 아무래도 사업보다는 사적 목적에 쓰일 가능성이 높은 업종입니다. 물론 어디까지나 가능성이 높은 것이지, 사업상으로 얼마든지 쓰일 수 있습니다. 예를 들어, 여객운송을 이용하는 경우에는 사적 목적이 아니더라도 사업상 출장일 수도 있습니다. 작가가 전시회 입장권을 구매하여 작품을 감상하는 것은 영감을 받는 과정이거나 훈련 과정일 수도 있습니다. 그래도 위 업종으로부터 수취한 영수증은 매입세액 공제를 받지 못합니다.

항공편 이용료를 매입세액공제 받거나, 국내 연예기획사들이 연예인들의 미용용역을 매입하면서 매입세액 공세를 받았다가, 영수증발행업종이라는 이유로 대대적으로 매입세액이 추징된 적도 있으므로 잘 기억합니다.

---

63 부가가치세법 시행령 제88조 제5항

미용용역의 경우 거래상대방이 최종소비자이기 때문에 매입세액 전가의 필요성이 없는 거래로서 「부가가치세법」상 세금계산서 대신 영수증을 교부하도록 규정하고 있고 현재까지 영수증 발급대상으로 계속 유지되어 왔으며 이러한 미용용역에 대하여 세금계산서에 의한 매입세액공제를 허용할 경우 사업과 사적 이용 구분이 어려워 부당공제의 위험성이 있는 점, 청구법인과 쟁점미용용역을 공급받은 고객들 사이에 체결된 계약서에서 쟁점용역이 영수증 발급대상인 미용용역이고 청구법인은 세금계산서 발급대상이 아닌 쟁점미용업체들로부터 쟁점세금계산서를 수취한 것이므로 쟁점세금계산서는 정당한 세금계산서에 해당하지 않아 매입세액을 공제받을 수 없는 점, (생략)

미술계에 종사하시는 여러분은 영수증발행업종 중에 특히 입장권을 발행하여 경영하는 사업에 눈이 가셨을 겁니다. 미술계 사업자 중 박물관/미술관 입장용역, 아트페어 입장용역, 비엔날레 입장용역을 공급하는 사업자는 티켓을 팔게 되는데, 이때 세금계산서를 발급하지 못하고 영수증만 발급할 수 있습니다. 이렇게 티켓을 구입한 관객은 아무리 사업상 목적으로 왔다고 해도 매입세액 공제를 받지 못합니다.

따라서 이런 업종에서 실무를 보실 때는 우리는 손님으로부터 부가가치세액 10%를 거래징수하지만, 세금계산서를 발행할 수 없다는 걸 잘 기억해야 합니다. 손님이 요구해도 발행해줄 수 없고, 손님은 영수증으로 매입세액 공제를 받지 못합니다. 손님이 티켓을 사면서 매입세액 공제가 되냐고 물으면 안 된다고 해야 합니다. 물론 대부분의 티켓발행 사업은 부가가치세 면세로 빠져나갈 길이 있기 때문에, 현실에서 흔하게 볼 수 있지는 않습니다.

[질의] 당사는 공연(뮤지컬, 연극, 콘서트) 티켓판매대행 및 공연 협찬 등을 사업으로 하고 있으며, 기업이 당사로부터 티켓을 구매하면서 세금계산서(계산서) 발행을 요구하면 판매대행업체로서 발행하고 발행해준 만큼 제작자에게 세금계산서를 요청하고 있음. 은행이나 기업에서 공연협찬이 되고 협찬 금액에 대하여 세금계산서를 발행하고 있으며, 기업에서 문화행사 일체를 당사에 의뢰하여 전관행사를 진행하면서 대관을 하여 공연을 하고 공연사가 이 부분의 공연료를 당사에게 세금계산서를 발행하여 청구하며, 당사는

행사 전체에 대한 대행금액을 기업에게 세금계산서를 발행하여 청구하고 있음. 공연(입장권을 발행하는 사업)에 대해 세금계산서 교부가 가능한지/공연 협찬금에 대해 세금계산서 교부가 가능한지/기업 문화 전관 행사 청구 및 지급할 공연료에 대하여 세금계산서 교부가 가능한지

[회신] 귀 질의의 경우에는 사실관계가 불분명하여 명확한 답변을 드리기가 어려움을 양해하시기 바라며, 입장권을 발행하여 사업을 영위하는 경우 세금계산서 발급 여부 등과 관련하여서는 기존 유사 해석사례(부가-1405, 2009.09.29 및 부가46015-2776, 1999.09.10)를 참조하기 바람. 사업자가 입장권을 발행하여 사업을 영위하는 경우에는 부가가치세법 제32조 제1항의 규정에 의하여 영수증을 교부하여야 하는 것이며, 동법 제16조 제1항의 규정에 의하여 세금계산서를 교부할 수 없는 것임.

• 서삼46015-11882, 2003.12.01

[질의] 사업자가 사업의 목적으로 일회에 수백장씩의 극장입장권을 극장으로부터 구입하고 동 입장권에 포함된 부가가치세액을 공제받기 위하여 세금계산서를 교부받고자 하는 바, 이 경우 입장권을 발행하는 극장이 세금계산서를 교부할 수 있는지 여부

[회신] 귀 질의의 경우에는 붙임 관련 참고자료의 유사사례(부가 46015-2776, 1999.09.10)를 참고하시기 바랍니다. 사업자가 입장권을 발행하여 사업을 영위하는 경우에는 부가가치세법 제32조 제1항의 규정에 의하여 영수증을 교부하여야 하는 것이며, 동법 제16조 제1항의 규정에 의하여 세금계산서를 교부할 수 없는 것임.

(5) 발급시기

세금계산서든 계산서든 영수증이든 재화나 용역의 공급시기에 발급해야 합니다. 여기서는 재화나 용역의 공급시기를 복습합니다.

1) 공급시기 원칙

기초다지기에서 재화의 공급시기는 재화가 인도되는 때라고 하였습니다.[64] 움직

---

64 부가가치세법 제15조

일 수 없는 재화를 공급하는 경우에는 상대방이 재화를 이용가능하게 되는 때가 공급시기입니다.

용역의 공급시기는 역무의 제공이 완료되는 때입니다.[65] 역무의 제공이 완료되었다는 건, 역무를 제공받는 자가 역무제공의 산출물을 사용할 수 있는 상태에 놓이게 된 시점을 말합니다.[66] 사용할 수 있는 상태이면 되고, 상대가 늦게 사용한다고 해서 내 공급시기가 늦어지는 것은 아닙니다.

공급시기를 판단할 때 대가 수령 여부는 중요하지 않습니다. 재화가 인도되는 때나, 역무 제공이 완료되는 때가 공급시기이므로, 세금계산서를 발급하고 해당 과세시간의 과세표준에 더해서 신고해야 합니다.

2) 외상판매, 할부판매

거액의 계약이라 상대방이 대금을 분할지급하는 경우가 있습니다. 그러면 작가 입장에서는 작품이 먼저 넘어가고, 대가를 여러 번에 나누어 받는다고 인식하며, 고객 입장에서는 물건 먼저 받고 값은 여러 번에 걸쳐서 지불한다고 생각합니다. 이것을 할부판매라고 부릅니다. 이럴 때도 원칙에 따라, 재화 또는 용역을 공급하는 때가 공급시기입니다. 즉, 물건이 넘어갈 때 물건 값을 다 못받았더라도 전액에 대해 계산서를 발행합니다.

그런데 할부판매 중에서도 [장기할부판매]라는 것이 있습니다. 대가를 2회 이상으로 분할하여 받으면서, 재화의 인도 또는 역무의 제공 완료의 다음 날부터 최종 할부대금을 받는 날의 기간이 1년 이상인 것을 말합니다.[67] 이때는 물건을 넘기는 때 전액 부가가치세를 내는 것이 좀 과하기 때문에 [대가의 각 부분을 받기로 한 때]로 공급시기가 변합니다.[68] 여기서도 [받기로 한 때]이므로, 할부대금을 실제 받는 날짜가 아닌, 계약서 등에서 [받기로 정한 날]가 공급시기입니다.

---

65 부가가치세법 제16조 제1항
66 대법2008두5117
67 부가가치세법 시행규칙 제17조, 부가가치세법 시행규칙 제19조
68 부가가치세법 시행령 제28조 제3항, 부가가치세법 시행령 제29조

[장기할부판매]라는 걸 알면서도 실무에서는 할부금을 받을 때마다 세금계산서를 끊는 것이 번거로워서, 편의상 돈을 다 받지 않았는데도 물건을 넘기면서 물건가액 전부에 대해서 세금계산서를 선발급하기를 원하는 경우도 있습니다. 틀리지 않았습니다. 이때는 공급시기가 [대가의 각 부분을 받기로 한 때]에서 [세금계산서를 발급하는 때]로 다시 앞당겨집니다.[69]

예를 들어 고가의 그림을 공급하면서 카드로 대금을 결제받았고, 1년이 넘지 않는 할부거래를 했다면, 그림이 인도되는 때가 공급시기입니다. 1년이 넘는 장기 할부 거래를 한다면 원래 대금이 들어오기로 한 때마다 공급시기입니다. 이에 대해 대금을 받기도 전에 [계산서]를 전부 발행하면 그때로 공급시기가 당겨집니다.

3) 완성도지급조건, 중간지급조건

장기할부판매는 그림이 완성되어 있는 상황에서 판매한 뒤, 대금을 천천히 받는 경우였습니다. 그런데 반대로 작가가 착수 전부터 의뢰를 받을 수도 있습니다. 예를 들어, 새로운 빌딩에 들어가게 될 설치미술을 의뢰받았다고 해봅시다. 계약하기를, 일이 진행 중인데도 완성도에 비례하여 대금을 지급받거나, 시일을 정해 대금을 지급받기로 했다고 합니다. 이것은 장기할부와는 완전히 반대로, 돈을 먼저 받고 마지막에 물건을 넘겨주는 거래입니다. 주로 부동산을 살 때 이런 계약을 합니다. [완성도지급조건부판매], [중간지급조건부판매]라고 부릅니다.

[완성도지급조건부판매]와 [중간지급조건부판매]의 공급시기는 재화를 인도하는 때가 아닙니다. [대가의 각 부분을 받기로 한 때]가 재화의 공급시기입니다.[70] 따라서 완성도지급조건부로 계약했다면 대가의 각 부분을 받기로 한 때마다 여러 번 계산서를 발급해야 합니다. 마지막에 물건이 완성되는 때 한꺼번에 세금계산서를 발급하는 경우, 여러 번에 걸쳐서 발급해야 했던 걸 뒤늦게 발급한 것이 되어 가산세를 내게 됩니다.

---

69 부가가치세법 제34조 제2항, 부가가치세법 제17조 제4항, 부가가치세법 시행령 제30조
70 부가가치세법 시행령 제28조 제3항, 부가가치세법 시행령 제29조

중간지급조건부 요건이란, 계약금을 받기로 한 날의 다음 날부터 재화/용역의 완료하는 날까지 기간이 6개월 이상이고, 계약금 포함 최소 3회로 나눠 받아야 합니다.[71] 계약금을 착수금 또는 선수금 등의 명칭으로 받는 경우도 계약금 성질이 있으면 됩니다.[72] 반대로, 6개월도 안 되는 계약, 대가 지급을 3번도 나누지 않는 계약은 원칙적인 공급시기에 따라 재화가 인도되는 때나, 역무의 제공이 완료되는 때를 공급시기로 봅니다.

4) 공급단위를 구획할 수 없는 경우

소유권을 넘기지 않더라도 기간을 정해서 그림을 대여할 수도 있습니다. 또는 작가가 저작권을 기간을 정해 이용허락할 수도 있습니다. 위의 할부판매나 조건부판매는 재화와 용역에 통용되는 이야기였지만, 대여는 재화나 권리를 사용하게 하는 것으로 용역의 공급입니다.

만약 2년의 기간을 정해서 그림 또는 저작권을 대여한다면, 대여라는 용역은 연속적으로 제공되며, 공급단위를 구획하기가 어렵습니다. 역무의 제공이 완료되는 시점이 존재하지 않아, 원칙을 적용하기 어렵습니다. 이때는 언제 대가를 지불할 지 대여조건을 결정했을 것입니다. 1개월에 1회일 수도, 분기별로 1회일 수도, 1년에 1회일 수도 있습니다. 대가의 각 부분을 받기로 한 때를 용역의 공급시기로 합니다.[73]

그러나 이 경우에도, 대가의 각 부분이 도래하기도 전에 전체 금액에 대해서 세금계산서를 발급하는 경우에는 장기할부판매의 경우와 같이, 여러 번에 걸쳐서 도래할 공급시기가 발행일로 앞당겨집니다.[74]

---

71 부가가치세법 시행규칙 제18조, 부가가치세법 시행규칙 제20조
72 부가가치세 집행기준 15-28-3
73 부가가치세법 시행령 제29조 제1항 제4호
74 부가가치세법 제17조 제4항, 부가가치세법 시행령 제30조

5) 미술패스

대여나 이용권리에 대한 대가를 선불로 전부 받는 경우도 있습니다. 네덜란드에는 뮤지엄카드라는 것이 있는데 카드를 한 번 구입하게 되면 그때부터 1년 동안 박물관 미술관에 무제한으로 입장할 수 있다고 합니다. 우리나라에서 미술과 관련해서 제가 아직까지 본 적은 없지만, 롯데월드 연간회원권, 헬스클럽 회원권이 여기에 속합니다.

이렇게 선불로 전액을 받고 장기간에 걸쳐 용역을 제공하면, 대가를 이미 다 받았기 때문에 대가의 각 부분을 받기로 한 때가 존재하지 않습니다. 그렇다고 선불 받는 때를 공급시기로 하기도 부적절합니다. 장기간에 걸친 용역의 대가인데 한 번에 인식하기에 너무 많기 때문입니다. 이 때는 예정신고기간, 과세기간의 종료일을 공급시기로 합니다.[75] 3/31, 6/30, 9/30, 12/31을 공급시기로 하거나, 그 전에 폐업하는 때에는 폐업일을 공급시기로 하여 세금계산서를 발급하면 됩니다.

6) 대가를 먼저 받는 경우

거래조건이 특별하지 않은 경우에도, 공급시기가 되기 전에 대가를 전부 받고, 받은만큼 세금계산서를 먼저 발급한다면, 세금계산서를 발급하는 때로 공급시기가 당겨집니다.[76]

이 케이스는 보통 전시회, 비엔날레, 미술관 입장권을 공급할 때 많이 일어납니다. 전시회에 입장하기 위해서는 입장하기 전에 티켓을 사야 합니다. 이것은 전시를 감상할 수 있는 용역의 공급에 해당합니다. 티켓을 구매할 때 이미 사무직원이 신용카드매출전표나 현금영수증을 발행할 것입니다. 그러면 그때, 용역을 공급하기 전 대가의 전부를 받고 세금계산서/영수증을 발행한 것이 되어, 공급시기는 전표 발행 시점이 됩니다. 그리고 그림 감상 용역은 추후에 일어나게 되는 것입니다.

---

75 부가가치세법 시행령 제29조 제2항
76 부가가치세법 제17조 제1항

5. 갤러리 법인과 가업상속

(1) 가업상속 개념

갤러리 법인이 번창하다 보면, 대를 잇는 가업으로 발전하게 될 수도 있습니다. 이럴 때 가업상속공제라는 제도가 적용되기도 하는데, 내용이 매우 어렵고 예민하기 때문에 이 책에서는 그런 것이 있다는 정도만 소개하도록 하겠습니다.

상속재산에는 모든 경제적 가치 있는 재산이 포함되므로, 돌아가신 분이 소유하던 주식도 당연히 상속재산으로서 상속세 과세대상이 됩니다. 소액투자 개념으로 가진 주식이야 팔면 그만입니다만, 피상속인이 법인을 지배하기 위해 보유하던 주식이 상속되면 문제가 생깁니다. 가업을 이어받아야 할 후계자가 상속세 낼 돈이 없어서 주식을 팔게 되고, 그러면서 지배권을 잃게 됩니다. 혹은 주식을 나라에 물납함으로써 지분을 잃게 됩니다.

과거 게임회사 넥슨의 회장님이 돌아가셨을 때, 지분가치가 15조원으로 평가되었는데요, 상속세 6조원 이상으로 전망되어, 유족들이 넥슨 주식의 30%를 물납했습니다. 그래서 넥슨의 30%를 기획재정부가 지배한 적도 있습니다.

이런 것을 그냥 두면, 후계자가 잘 이어갈 수 있었던 회사가 외국으로 넘어가버리기도 하고, 외부세력의 간섭을 받아 경영이 위태로워질 수도 있습니다. 그러면 장기적으로 일자리가 줄어드는 결과가 됩니다.

창업자가 살아생전이라도, 회사를 오래 경영할 생각을 일찌감치 접기도 합니다. 급기야는, 상속세를 줄여보겠다고 회사의 재무상태를 일부러 망가뜨리는 경우도 생깁니다. 정말이지 심각한 부작용입니다.

그래서 고안된 것이 [가업상속공제]입니다. 일정한 요건을 충족하는 경우, 최대 600억원어치까지 세금을 매기지 않는 것입니다.

• 대법2018두39713, 2018.07.13

가업상속공제제도는 상속인이 과도한 상속세 부담으로 인하여 피상속인이 생전에 영위하던 가업의 상속을 포기하는 것을 방지함으로써 경제의 근간이 되는중소기업의 원활한 승계를 지원하고 이를 통하여 경제발전과 고용유지의 효과를 도모하기 위하여 도입된 제도인바

(2) 가업상속공제 요건

1) 가업 요건

① 가업이란, 피상속인이 10년 이상 계속하여 경영한 기업을 말합니다.[77] 개인 사업이어도 되고 법인 사업이어도 됩니다. 규모로는 중소기업 또는 예외적인 중견기업이어야 합니다. 2 이상의 서로 다른 사업을 영위하는 경우 중소기업 중견기업 여부는 사업수입금액이 큰 사업을 기준으로 판단합니다.[78] 갤러리업(도매 및 소매업)의 경우, 평균 매출액 1000억원 이하를 중소기업이라고 합니다.

② 10년을 따질 때는 중간에 한국표준산업분류 중 대분류 범위 내에서 업종을 변경한 기간도 합칩니다.[79] 사업장을 중간해 이전해도 됩니다. 개인 사업의 현물출자나 포괄양수도 방법으로 법인전환하면, 개인 사업과 법인 사업 기간을 합산합니다.[80]

③ 주된 업종이 가업 요건을 만족하는 경우 주된 업종에 대해서 가업상속공제를 적용할 수 있고, 가업 요건을 충족하지 못하는 부업종이 있어도 됩니다. 다만 그 부업종에 해당하는 분은 기업상속공제를 적용할 수 없습니다.[81] 가업상속공제 여부는 각 사업장별로 판단하기 때문입니다.[82]

---

77 상속세 및 증여세법 제18조의2 제1항
78 재산-435 (2011.09.20.)
79 상속세 및 증여세법 시행령 제15조 제3항 제1호 나목
80 상속세 및 증여세법 기본통칙
81 재재산-70 2021.1.21, 상속증여세과-731 2018.8.7.

④ 가업상속공제가 적용되지 않는 업종도 있지만, 대부분 가능합니다. 갤러리업과 관련해서는, 한국표준산업분류 [47841 − 예술품 및 골동품 소매업(갤러리 경영업)], [46107 − 그 외 기타 특정 상품중개업(미술품 중개)]으로서 가능합니다.

2) 가업상속재산 요건

가업에 사용되던 재산이 상속될 때, 가업상속공제 적용대상입니다.

개인 기업의 경우, 가업에 사용되었던 토지, 건축물, 기계장치 등 사업용 자산에서, 해당 자산에 담보된 채무가액을 뺀 순자산입니다. 이때 주의할 점은, 사업용 자산은, 비유동자산 중 유형자산과 무형자산을 말하는 것입니다. 그래서 갤러리가 소유하던 재고자산은 포함되지 않고, 갤러리가 소유하는 저작재산권은 포함될 수 있습니다.

> ● 서면상속증여2020-3741, 2021.03.31
> 귀 질의의 경우 「상속세 및 증여세법 시행령」 제15조 제5항 제1호의 사업용 자산은 상속재산 중 가업에 직접 사용되는 토지, 건축물, 기계장치 등 사업용 비유동자산으로 유형자산 및 무형자산을 말하는 것입니다.

> ● 서면-2022-상속증여-3996 [상속증여세과-733], 2022.12.26
> [요지] 박물관 운영업에 사용되는 소장품은 가업상속 재산가액에 해당하지 아니함
> 1. 사실관계
>   • 1995.8.1 박물관 개인사업자를 개관하여 1996.4.22 「박물관 및 미술관 진흥법」 제16조에 따라 등록 박물관으로 등록되어 27년 이상 운영 중임
>   • 토지, 건물은 개인사업자 재무상태표상 유형자산으로 계상되어 있으나, 박물관 소장품은 박물관 운영업에 사용되고 있으나, 자산으로 계상되어 있지 아니함
>   • 박물관 소장품 중 약 1,100여점은 「박물관 및 미술관 진흥법」에 따른 박물관자료로 등록되어 있으나, 일부는 미등록 되어 있음
> 2. 질의내용
>   • (질의1) 박물관 운영업에 사용되는 소장품이 가업상속 재산가액에 해당하는지 여부

---

82 재산-1253 (2009.06.23.)

법인 기업의 경우, 가업상속재산이란, 가업에 해당하는 법인의 주식을 말합니다. 이때 법인의 총자산가액 중 사업무관자산 등(과다현금, 대여금)이 차지하는 비율만큼은 제외합니다. 여기서 총자산가액은 유형자산, 무형자산만 말하는 것이 아닙니다. 예를 들어 법인의 순자산 중에 사업무관자산 등이 10% 포함되어 있었다면, 법인의 주식 중 90%만이 가업상속재산이 됩니다.

만약 법인 갤러리의 경우, 갤러리 운영에 쓰이던 토지, 건축물은 물론이고 재고자산인 작품도 총자산가액으로 보고 일단 가업상속공제의 대상이 될 수 있는 것이 특징입니다.

3-1) 피상속인 요건 – 개인 기업

① 피상속인이 거주자로서 10년 이상 계속하여 가업을 영위해야 합니다.

② 대표자로 전체기간의 반 이상, 또는 상속개시일부터 소급하여 10년 중 5년, 또는 10년 이상(미리 승계하여 상속인이 상속개시일까지 계속 재직한 경우) 중 하나를 충족해야 합니다.

3-2) 피상속인 요건 – 법인 기업

① 피상속인이 거주자로서 10년 이상 계속하여 가업을 영위해야 합니다.

② 피상속인과 특수관계인이 50% 이상(중소기업)의 지분을 가진 최대주주여야 하고, 그 지분이 10년 이상 계속 유지되었어야 합니다.

③ 대표이사로 전체기간의 반 이상, 또는 상속개시일부터 소급하여 10년 중 5년, 또는 10년 이상(미리 승계하여 상속인이 상속개시일까지 계속 재직한 경우) 중 하나를 충족해야 합니다. 이때 대표이사란, 법인등기부에 등재되어 대표이사직을 수행하는 경우를 말합니다.[83]

③ (법인인 경우) 피상속인이 10년 이상 계속하여 최대주주였어야 합니다.

4) 상속인 요건

① 상속인은 상속개시일 현재 18세 이상이어야 합니다.

② 상속개시일 전 2년 이상 직접 가업에 종사해야 합니다. (천재지변 등 사유 제외) 꼭 전업으로 해야 하는 것은 아니며, 다른 직업이나 직장이 있더라도, 가업의 경영과 의사결정에 있어서 중요한 역할을 담당함을 의미합니다.[84] 만약 종사하다가 퇴사했다가 다시 입사하면, 재입사 전의 종사기간도 포함하여 카운트합니다.[85] 실무에서는 가업으로부터 근로소득을 지급받은 사실이 유용하게 쓰입니다.

③ 상속세과세표준 신고기한까지 임원으로 취임하고, 신고기한부터 2년 이내에 등기 대표이사로 취임하여 직을 수행해야 합니다.

④ 하나의 가업을 공동상속 받아도 되고, 2개 이상의 가업을 각각 다른 상속인이 받아도 됩니다.[86]

---

83 재산-197, 2010.3.30.
84 서울행법2014구합59832
85 상속세 및 증여세법 기본통칙 18의2-15-2
86 서면상속증여2016-3616, 2016.05.17

귀 질의의 경우 「상속세 및 증여세법 시행령」 제15조 제5항 제1호의 사업용 자산은 상속재산 중 가업에 직접 사용되는 토지, 건축물, 기계장치 등 사업용 비유동자산으로 유형자산 및 무형자산을 말하는 것입니다.

(3) 사후관리 요건

가업상속공제는 경제의 근간이 되는 중소기업의 원활한 승계를 지원하고 이를 통하여 경제발전과 고용유지의 효과를 도모하기 위하여 도입된 제도입니다. 그러니, 그에 걸맞는 사후관리를 요구합니다. 5년간 다음의 행위를 해서는 안 됩니다. 만약 하는 경우, 가업상속공제액이 추징됩니다.

① 가업용 자산의 40% 이상을 처분하면 안 됩니다. 단 예외적인 경우는 제외합니다. 개인은 사업용 자산을 말하며, 법인의 경우 사업용 고정자산을 말합니다. 단 사업무관자산은 가업상속공제 대상이 아니었으니 마음대로 해도 됩니다.

② 가업에 종사하지 않게 되는 경우가 생기면 안 됩니다. 대표이사를 그만둔다든지, 대분류를 넘어서 업종을 완전히 바꾸어버린다든지, 1년 이상 휴업하거나 실적이 없거나 폐업하는 경우입니다.

③ 법인 기업의 경우, 주식을 상속받은 상속인의 지분이 감소되면 안 됩니다. 단 예외적인 경우는 제외합니다.

④ 고용유지 요건을 위반하면 안 됩니다. 5년간 평균하여 정규직 근로자 수와 급여액이 10% 이상 감소하면 안 됩니다. AND 조건이므로 둘 중 하나의 10% 감소는 괜찮습니다. 기준은 상속개시일 직전 2개 기간의 평균입니다.

⑤ 상속개시일 전 10년 이내~상속개시일부터 5년 이내에 조세포탈, 회계부정행위로 징역형 또는 벌금형을 선고받은 경우에도 추징됩니다.

갤러리의
국제거래편

1. 외국 작가의 소득세

(1) 비거주자와 국내원천소득

1) 서론

미술시장은 지구 단위로 움직입니다. 런던, 뉴욕, 홍콩의 3대 도시를 기반으로, 바젤, 마이애미, 도하와 두바이 등이 유기적으로 연결되어 있고, 국내에서도 외국 작가 작품이 유통되는 경우가 매우 흔합니다. 그러다 보니 비거주자인 외국 작가가 우리나라를 방문하거나, 갤러리가 비거주자 작가 작품을 들여오는 일도 자주 일어납니다. 세법에서 비거주자에 관련 내용은 거주자와 별도로 규정해 놓았기 때문에 따로 익혀야 합니다. 왜 그럴까요?

① 비거주자와의 거래는 우리나라 세법만 정한다고 되는 것이 아니라 국가 사이에 조율이 필요하기 때문입니다. 세금은 국가 운영의 원천입니다. 그렇기 때문에 조세를 징수할 수 있는 권능은 국가의 가장 예민한 부분입니다. 미국 독립의 첫 단추였던 보스턴 차 사건도 영국이 차에 부과했던 관세가 원인이었습니다. 따라서, 국가 간에 조세부과권이 충돌하는 경우, 물러설 수 없는 싸움이 됩니다.

② 한편 각 국가는 실정에 맞게 세금제도를 운영하고 있기 때문에 서로 존중이 필요합니다. 예를 들어 우리나라 세법에는 유교 문화를 반영하여, 상속재산 중에 묘토와 제구(제사용 그릇 등)에 대해 비과세하는 조항이 있습니다.[1] 마찬가지로 다른 나라도 실정에 맞게 조세제도를 운영합니다.

③ 어떤 나라는 세금이 획기적으로 적어서 조율이 필요합니다. 우리나라 세법에서는 법인세 실효세율이 15%에 미치지 않으면 특정국가로 별도 취급합니다.[2] 다른 말로 조세피난처라고 합니다. 다국적 기업이나 외국을 자주 오가는 사람은 세

---

1 상속세 및 증여세법 시행령 제8조 3항
2 국제조세조정에 관한 법률 제17조 제1항

금이 적은 곳으로 조세피난을 합니다. 따라서 국제거래가 있는 경우, 각 국가는 국세부과권의 조정, 국가 간의 조세행정협조에 관한 내용을 협의해야 합니다. 그런 내용을 담은 법률이 [국제조세조정에 관한 법률]입니다.

이제 비거주자에 대해서 설명하겠습니다. 이 책이 다루는 범위 내에서 비거주자에 적용되는 세법은 외국법인에도 거의 똑같이 적용되므로, 함께 이해하시면 좋겠습니다. 필요하다면 용어의 이해를 돕기 위해 한미조세조약의 영단어를 병기하겠습니다.

2) 주소와 거소

국내에 주소를 두거나 183일 이상 거소를 둔 개인은 국적이 외국이더라도 거주자 (resident of Korea)로 보고 우리나라에서 과세하고 있습니다.[3] 가령 한국에서 왕성히 활동하시는 타일러 씨는 미국 국적인데, 실제로 국내에 얼마나 머무르는지는 모르겠으나 국내에 주소를 두거나 183일 이상 거소를 두고 있다면 거주자로서 우리나라가 과세합니다. 당연히 미국 정부도 양해를 했으니까 가능한 것입니다. 반대로 미국에서 장기간 거주하는 사람은 우리나라 국적이라도 미국의 거주자가 되어 미국에 납세의무가 있습니다. 어쨌든 우리나라 세법은 국적이 아닌 거주자 여부를 기준을 사용하고 있다는 점이 제일 중요합니다.

거주자는 국내외에서 벌어들이는 모든 소득에 대하여 대한민국이 과세합니다. 하지만 비거주자는 외국에서 벌어들이는 소득은 외국이 과세하고, 국내원천소득에 대해서만 대한민국이 과세합니다.[4] 그런데 생각해보면 이상합니다. 우리나라 비거주자는 반대로 어느 한 나라에게는 거주자일텐데, 그 나라에서는 그나라 관점에서 국내외소득을 모두 과세하여 들텐데, 그러면 비거주자는 자기 조국과 우리나라에서 2번 세금을 낼까요? 실제로는 한쪽에만 내거나, 중복과세분을 제거하는 규정을 둡니다. 그 협의를 조세조약이라고 합니다.

---

3 소득세법 제2조 제1항 제2호
4 소득세법 제3조 제2항

국내에 주소 또는 183일 이상 거소를 두면 비거주자가 된다고 하는데, 여기서 주소는 무엇일까요? 우리가 일반적으로 생각하는 주민등록법상 주소를 말하는 것이 아닙니다. 훨씬 본질적인 개념입니다. 주거(permanent home)를 두고 있다는 점도 중요하고요, 생계를 같이 하는 가족과 주요 자산, 직업(personal and economic relations)이 어디에 있는지도 중요합니다.[5] 주소가 있으면 즉시 거주자로 됩니다. 실무에서 주소 개념은 굉장히 포괄적이어서, 판단하는 것이 쉽지 않고, 납세자나 세무사의 생각과 판사님의 생각이 다른 일도 많습니다.

국내에 주소가 없어도, 국내에 183일 이상 거소(habitual abode)를 두면 거주자로 됩니다. 거소는 주소지 외의 장소, 주소와 같이 밀접한 생활관계가 형성되지 않은 장소로서 상당기간 걸쳐서 거주하는 장소를 말합니다.[6] 183일이 되는 날부터 거주자로 신분이 바뀝니다.[7]

그런데 이렇게 거주자를 판정하다 보니, 우리나라 회사들이 우수한 외국인들을 데려올 때 외국인들이 부담을 느끼는 경우가 많아 논란이 되기도 합니다. 우리나라에서 일하면서 버는 돈이야 우리나라에 세금을 낸다 쳐도, 우리나라 거주자가 되면 고국에 있는 재산을 팔아도 우리나라에서 과세하기 때문입니다. 그래서 우리나라 세법은, 국적은 외국인인데 우리나라 거주자가 된 사람 중 지난 10년간 국내에 주소/거소를 둔 기간이 5년에 미치지 못하면, 국외소득 중, 국내로 송금된 금액, 국내에서 지급한 국외소득에 대해서만 과세하기로 범위를 축소하였습니다.[8]

따라서 외국인 예술가와 일하게 된다면, 가장 먼저 그 사람이 한국에서 어떤 형태로 살고 있는지 물어야 합니다. 국내에 주소를 둔 자라면 거주자로 보아야 합니다. 거주자라고 한다면, 한국에 언제 들어왔는지 물어보아야 합니다. 5년이 안 되는 경우 특례가 적용될 수도 있기 때문입니다. 반면 우리나라 회사 초청으로 잠깐 입국하여 호텔에 머무르며 일을 보는 디자이너가 있다면, 그 사람은 국내에 주소나 거소가 없어 비거주자로 보아야 합니다.

---

5 소득세법 시행령 제2조 제1항, 제3항
6 소득세법 시행령 제2조 제2항
7 소득세법 시행령 제2조의2 제1항
8 소득세법 제3조 제1항

3) 국내원천소득

비거주자에게는 국내원천소득만 과세합니다. 국내원천소득이란 국내에 소득의 원천이 있다는 것입니다. [국내에 소득의 원천이 있음을 어떻게 판정하는지는 법문대로 합니다. 거주자에게 이자, 배당, 사업, 근로, 연금, 기타, 금융투자, 퇴직, 양도 9개의 소득이 있는 것처럼, 비거주자에게 과세되는 국내원천소득도 법문에 열거되어 있습니다. 미술관련소득은 대부분 [국내원천 인적용역소득], [국내원천 사업소득], [국내원천 사용료소득], [국내원천 기타소득] 중 하나에 속합니다.

[국내원천 인적용역소득] : 국내에서 배우·음악가 기타 연예인이 인적용역을 제공함으로써 발생하는 소득을 말합니다. 미술 관련해서는 비거주자 작가의 미술품 양도소득, 해외 유명작가의 심사위원 용역이 여기에 속합니다. 이때 인적용역을 제공받는 자가 인적용역 제공과 관련하여 항공료 등 대통령령으로 정하는 비용을 부담하는 경우에는 그 비용을 제외한 금액을 말합니다.9 절을 바꿔 좀 더 자세히 설명합니다.

[국내원천 사업소득] : 비거주자가 국내에서 사업장을 경영하며 얻는 소득을 말합니다. 국내사업장이란, 비거주자가 사업을 꾸준히 하는 고정된 장소가 있거나, 비거주자를 위해서 활약하는 대리인이 있는 장소를 말합니다.10 가령 외국에 거점을 두고 있는 개인사업자 A갤러리가 있다고 합시다. A갤러리가 KIAF 개최기간에 맞추어 한국에 출장을 나와 딜을 추진하고 수입을 얻는 경우, 비거주자가 국내사업장 없이 소득을 일는 것입니다. 그러면 [국내원천 인적용역소득]입니다. 만약 그 비거주자가 한국에 출장소를 차리고 일을 하거나, 한국인 대리인을 두고 활동하게 하면서 계약까지 체결할 권한을 준다면11, 국내사업장을 둔 것이 되어 [국내원천 사업소득]으로 분류합니다.

[국내원천 사용료소득] : 예술과 관련된 저작물의 저작권, 모형, 도면, 그 밖에 이와 유사한 자산이나 권리를 국내에서 사용하거나, 그 대가를 국내에서 지급하는

---

9 소득세법 제119조 제6호, 소득세법 시행령 제179조 제6항 제4호
10 소득세법 제120조
11 소득세법 제119조 제5호, 소득세법 시행령 제179조 제2항

경우 그 대가 및 그 권리등의 양도로 발생하는 소득을 말합니다.[12] 국내원천 사용료소득은 [대가를 국내에서 지급했는지]를 따지기도 하니 주의합니다.

[국내원천 기타소득] : 다른 국내원천소득 외의 소득으로서 국내에서 지급하는 상금, 현상금, 포상금을 포함합니다.[13]

실무에서는 여러 대가가 한꺼번에 지급되는 경우도 많기 때문에, 어떤 소득에 해당하는지 구분해야 하는 경우도 많습니다.

> ● 기획재정부국제조세-710, 2018.07.23
>
> 내국법인이 해외공연사인 외국법인에게 지급하는 내한 뮤지컬 공연대가와 관련하여 합리적인 기준에 따라 배우 등에게 지급하는 공연대가, 장비임차대가, 저작권 사용대가 등으로 구분하여 계약을 체결한 경우에는 해당 소득구분에 따라 「법인세법」 제98조 및 조세조약을 적용하는 것이며, 해당 뮤지컬 공연대가가 합리적 기준에 따라 공연대가, 장비임차대가, 저작권 사용대가 등으로 각각 구분되었는지 여부는 사실판단할 사항입니다. 끝.

(2) 국내원천 인적용역소득

비거주자가 국내에서 얻은 미술품 양도소득, 국내에서 비거주자 작가가 심사위원 용역이나 자문용역을 제공한 경우 국내원천 인적용역소득으로 봅니다. 국내원천 인적용역소득은 [국내에서 용역이 제공되었는지 여부]에 따라 판단합니다. 예시를 통해 더 자세히 알아보겠습니다.

1) 국제도예전시 행사를 하면서 외국 작품을 초청하고, 구입하는 경우

미국, 캐나다, 영국 등 자국에서 직접 제작한 미술 작품을 서울에서 구입하는 케이스였습니다. 이것은 인적용역소득입니다. 인적용역소득은 대가지급 장소를 불

---

12 소득세법 제119조 제10호
13 소득세법 제119조 제12호

문하고 [국내에서 인적용역이 제공되는 경우]인지를 따집니다. 미술의 경우, 인적용역의 제공이란 [작품을 어디서 창작했는지]를 말합니다. 따라서 우리나라에서 대가를 지급했더라도 외국에서 작품이 제작된 이상 국내원천 인적용역소득은 아니어서 과세하지 않았습니다. (외국이 과세했을 것입니다)

• 국일46017-694, 1997.11.04

[질의] 이에 따른 작품구입 대가를 외국화가에게 지급할 때, 소득세법 제119조에 의거 비거주자에 대한 국내원천소득징수를 함에 있어 외국에서 그림을 그리는 대가의 지불이므로 동법 제119조 제6호의 인적용역소득으로 사료되는바.

[회신] 서울특별시가 서울국제도예 비엔날레 행사에 출품된 외국화가의 미술작품(공예)이 예술성이 뛰어나 영구소장 할 목적으로 구입하는 경우 외국화가가 서울특별시로부터 지급받는 미술작품 대가는 소득세법 제119조 제6호에 규정한 인적용역소득에 해당되는 것이나 귀 질의서에 기재된 국가(13개국)는 우리나라와 조세조약이 체결되어 있는 국가로서 그 거주자가 한국내에서 인적용역을 제공하지 않은 경우에는 당해 조세조약의 규정에 의하여 국내에서 과세되지 않는 것입니다.

2) 비거주자가 국내에서 제작한 공예품을 판매하고 지급받는 대가

국내에 주소나 183일 이상 거소를 두어도 비거주자인 특수한 경우도 있는데, 외교관과 가족입니다. 아무튼 비거주자가 국내에서 공예품을 만들어 파는 경우, 작품의 창작이 국내에서 이루어진바, 국내원천 인적용역소득이고, 비거주자에게 우리나라가 소득세를 과세한다는 내용입니다. 이 케이스에서는 우리나라에서 대가를 지급하기도 했지만, 그건 판정에 영향을 주지 않습니다.

• 서면2팀-997, 2008.05.21

[질의] 주한 미국대사의 배우자는 공예전문가로 한국 및 외국에서 조달한 재료로 수공예 보석 장신구 및 전시용 순수 예술작품을 제작함. 동 장신구 및 예술작품은 한국 및 미국, 러시아 등에서 제작된 것임. 국내 갤러리에서 동 장신구 등을 전시 및 판매하고 그 대가를 수령함. 주한 미국대사의 배우자가 금속공예 전문가로서 자신이 제작한 공예품을 국내에서 전시 및 판매하고 받는 대가의 과세 여부

[회신] 「소득세법 기본통칙」 1-3 [외교관 등 신분에 의한 비거주자]의 규정에 따라 주한 외교관의 세대를 구성하는 가족으로 대한민국 국민이 아닌 자는 비거주자에 해당하는 것입니다. 국내사업장이 없으며 비거주자인 주한 미국외교관의 배우자가 공예전문가로서 자신이 제작한 공예품 등을 판매하고 지급받는 대가는 「소득세법」 제119조 제6호 및 「한·미 조세조약」 제18조의 규정에 따라 인적용역 소득에 해당하는 것입니다. 인적용역소득에 해당하는 동 판매대가 중 국외에서 제작한 공예품에 대한 부분은 비거주자의 국외원천소득에 해당하는 것으로 우리나라에서 과세되지 아니하는 것이나, 국내에서 제작한 공예품에 대한 부분은 국내원천소득에 해당하는 것

3) 한국 국적 비거주자가 외국에서 제작하였으나, 한국에 일시 체제하면서 미술품 양도한 경우

원래 한국인인 작가가 프랑스에서 장기간 거주하며 비거주자였던 기간이 있었습니다. 이때 제작한 작품을 한국에 일시 귀국한 시점에 양도하였습니다. 그리고 작가는 한국에 영구정착했습니다. 그래도 작품이 창작된 시점에는 비거주자였기 때문에, 인적용역을 국외에서 제공한 것이고, 국내원천 인적용역소득으로 보지 않은 경우입니다. 이 사례를 통해, 인생을 통틀어 거주인 기간이 길더라도, 작품을 제작하는 때에 비거주자인지가 중요하다는 걸 알 수 있습니다.

● 국일46017-91, 1998.02.21

[질의] 본인은 서양화를 전공한 서양화가로서 국내에서 일시 작가생활을 하다가 1992년 10월 본인의 처와 함께 프랑스(파리)로 출국하였습니다. 이후 1997년 7월 한국에 영구귀국, 정착하기까지 프랑스정부에서 체류허가를 받고 프랑스미술협회에서 화가로서 인증을 받고 미술작품 창작 및 전시회 등 예술활동을 해 왔으며 매년 이를 통해 얻은 소득에 대해서도 프랑스세무당국에 관련 세금을 납부하여 왔습니다. 그러던 중 일시귀국 체재하면서 이를 전후하여 프랑스로부터 국내로 들어온 작품중 일부를 국내수요자들에게 양도(이때 양수자는 작품대금의 1%를 사업소득세로 원천징수)한 사실이 있습니다. 그런데 이와 같은 본인의 그림판매대금에 대하여 원천징수한 사업소득세는 양수자 측이 잘못 원천징수한 것으로 본인의 경우에는 환급을 받을 수 있다는 의견이 있어 이를 질의함. 즉, 외국에서 계속 거주, 작품활동을 해오다가 국내전시회 관계로 일시 입국, 체재하면서 외국에서 국내로 들여온 작품을 양도하고 받은 대가에 대하여, 비거주자인 외국화가가 미술작품을 내국인에게 양도하고 지급받는 대가는 인적용역소득에 해당되며 이러

한 인적용역소득은 조세조약이 체결(한국과 프랑스는 한·불조세협약이 체결되어 있다)되어 있는 국가의 거주가가 지급받는 인적용역소득은 용역수행지국(본인의 경우는 프랑스)에서만 과세한다고 합니다.

[회신] 프랑스에서 가족과 함께 1년 이상 거주하면서 예술활동에 종사하던 내국인 화가가 국내에서 개최된 미술품전시회에 그림을 출품하여 그 중의 일부를 국내실수요자에게 양도한 경우, <u>당해 화가는 생계를 같이 하는 가족과 생활의 근거가 국외에 있는 것이므로 소득세법상 비거주자에 해당되며, 당해 화가가 지급받는 미술품 양도대가는 한·프랑스 조세조약 제14조 및 소득세법 제119조 제6호에서 규정하는 인적용역소득에 해당되므로 당해 미술품이 프랑스에서 완성된 것이라면 국내에서 과세되지 않는 것입니다.</u> 상기 미술품을 양도하는 때에 양수자가 미술품 대가에 대하여 사업소득세(1%)를 잘못 원천징수한 경우에는 소득세법시행규칙 제93조의 규정에 따라 원천징수의무자가 원천징수세액환급신청서를 관할세무서장에게 제출하여 과오납부된 세액의 환급을 신청할 수 있습니다.

4) 비거주자 국내 제작 예술작품의 대가와 무상 기증, 심사

아래 예규에서는 국내에서 작품이 창작되었기 때문에 국내원천 인적용역소득으로 보인다는 내용입니다. 이 예규에는 재밌는 내용이 2가지 더 나오는데요, 첫째로 작품을 국가기관에 무상으로 기증한 때에는 소득 자체가 없는 것으로 보았습니다. 둘째로는 비거주자 예술가들이 외국에서 개최된 행사 개막식에 참석하고 작가를 선정하는 용역을 제공한 것에 대해, 우리나라에서 대가가 지급되었는데, 이것은 인적용역소득이 맞지만 국외에서 용역 제공이 이루어진 바 [국내원천 인적용역소득]은 아닙니다. 그래서 우리나라에 과세하지 않았습니다.

> • 국일 46017-711, 1995.11.13
>
> 고정사업장이 없는 미국의 비거주자에게 개인 예술작품의 제작, 운송, 보험등의 순수비용을 지급하는 대가는 당해 작품 제작이 국내에서 수행된 경우 소득세법 제134조 제6호의 인적용역소득에 해당하여 대가지급액의 20%를 원천징수해야 함 또한 당해 작품을 전시 후 국가기관 등에 무상으로 기증한 때의 동작품대가는 소득세법 제134조의 국내원천징수에 해당되지 아니함. 고정사업장이 없는 비거주자(미국, 영국, 폴란드, 프랑스)에게 국외에서 작가 선정, 작가들의 개막식 참석 등을 위한 업무를 수행하게 하고 지급하는 대가는 국외원천소득에 해당됨

(3) 국내원천 사용료소득

다음으로 국내원천 사용료소득을 살펴보겠습니다. 대표적으로는 비거주자가 미술품을 대여하고 얻은 소득과, 비거주자의 저작권에 대해 지급한 소득이 사용료소득입니다. 그리고 [미술품의 대여나 로고의 사용이 국내에서 이루어졌거나], 또는 [사용의 대가를 국내에서 지급하는 경우]에는 국내원천 사용료소득입니다. 대가의 명칭이 [기부금]으로 되어 있다고 하더라도 마찬가지입니다. 예시를 통해 더 자세히 알아보겠습니다.

1) 서울시가 전시를 하면서 외국작가들에게 지급한 금전

미국, 독일, 캐나다, 일본 등의 작가에게 대여비, 구입비, 편집비 등을 지급한 케이스입니다. 이 경우 대여비를 국내원천 사용료소득으로 과세했습니다. 국내원천 사용료소득은 자산이 국내에서 쓰이는지 여부, 대가를 국내에서 지급하는지 여부가 국내원천의 판정기준입니다. 여기서는 외국인의 작품이 국내 전시에 쓰였던 점, 작품 제작에 대해서 국내로부터 대가를 받은 점이 핵심이었습니다.

• 국업46017-372, 2000.08.10

[질의] 서울시에서는 서울시 출연기관인 서울산업진흥재단과 공동으로 「media_city seoul 2000」이라는 미술전시 행사를 준비하고 있습니다. 전시 행사에 출품되는 외국작가들의 작품과 관련되어 외국인에게 지급되는 제작비, 편집비, 구입비, 대여비 등에 대한 과세 문제를 다음과 같이 질의합니다.
가. 국가별로 작품 비용에 대한 과세 여부

[회신] 서울시와 서울시 출연기관인 서울산업진흥재단이 공동으로 개최하는 미술전시 행사인 「미디어시티 서울 2000」에 참가하는 외국인 등에게 작품 대가를 지급하는 것과 관련하여 국내사업장이 없는 외국작가 또는 미술관 등으로부터 미술작품을 대여 받아 전시하고 지급하는 대가는 소득세법 제119조 제11호 또는 법인세법 제93조 제9호의 저작권 사용료에 해당하며(이하 생략)

내국법인이 국내사업장이 없는 미국의 비영리법인(International Center of Photography)으로부터 로버트 카파 사진작품을 임차하여 국내에서 전시하고 임차료 명목으로 지급하는 대가는 「법인세법」 제93조 제8호 및 「한·미 조세조약」 제14조의 규정에 의한 사용료 소득에 해당하는 것이므로 그 지급금액의 10%를 법인세(지방소득세 10% 별도)로 원천징수하여야 하는 것임

2) 미국 작가의 작품을 국내에 전시하고 지급하는 전시료

위와 거의 같은 케이스인데 외국인 개인이 아니라 외국법인에게 지급했습니다. 이 때도 국내원천 사용료소득으로 과세되었습니다.

이 질의에서는 [국내사업장이 없는 미국의 비영리법인]이라고 표현하는데, 사용료소득의 원천이 국내에 있는지는 [국내에서 미술품을 사용하거나 국내에서 대가를 지급하는지]만 놓고 판단하는 것이지 국내사업장을 두는지 묻지 않습니다. 그래서 전시 대가는 과세되었습니다. 뒤에 나올 사업소득을 판단할 때는 국내사업장이 중요합니다.

한편 이 판례에는 전시료는 물론 체재비용도 원천징수의 대상이 된다고 말하고 있는데 이 부분도 중요합니다. 만약 [국내원천 인적용역소득]이었다면, 체재비는 제외되었을텐데, 사용료소득으로 분류되었기 때문에 이런 일이 일어났습니다. 뒤에서 더 자세히 설명합니다.

[질의] 우리 미술관은 미술작품의 수집·보존·전시 및 조사연구 등의 사무를 관장하고 있는 문화체육부 소속 국가기관입니다. 우리 미술관에서 국제 문화예술 교류활동의 일환으로 외국의 우수미술작품을 유치하여 전시할 경우, "외국의 미술관에게 지불하는 전시기획료에 대한 원천징수 여부"에 관하여 다음과 같이 질의함. 국립현대미술관은 국내 언론사 및 미국의 위트니미술관과 공동으로 국립현대미술관에서 미국작가의 미술작품전시회 개최를 추진하고자 하는바, 국내 언론사가 동 전시개최에 대한 전시기획료 명목으로 소요비용(미화 65만$)을 위트니미술관(국내사업장이 없는 미국의 비영리법인)에게

지불할 경우

1. 동 기획료가 원천징수대상 소득인지, 또는 미국법인의 인적용역소득으로 보아 한.미 조세협약 제8조 제1항의 규정에 따라서 면세가 되는지 여부

2. 원천징수대상이 되는 경우, 동 기획료는 법인세법 제55조에서 열거하고 있는 외국법 인의 국내원천소득 중 어느 한 종류의 국내원천소득으로 간주되는지, 또는 동 기획료 의 세부내역에 따라 여러 종류의 국내원천소득으로 구분되는지 여부

[회신] 귀 질의 내용과 같이 내국법인이 미국법인인 미술관(이하 '미국법인'이라 한다)과 공동으로 미국작가의 미술작품 전시회를 국내에서 개최하고 내국법인이 미국법인에게 지급하는 전시료는 법인세법 제55조 제1항 제9호 (가) 및 한·미조세협약 제14조에 규 정하는 저작권 사용료에 해당하는 것입니다. 원천징수대상이 되는 금액은 내국법인이 전시 관련 계약조건에 따라 미국법인을 위하여 지급하는 일체의 비용을 말하며 직접적 인 전시료는 물론 이에 부수된 미국법인의 직원을 위한 체재비, 항공료 및 작품운송료와 보험료 등을 모두 포함하는 것입니다.

3) 노르웨이 미술관에 지급하는 미술작품 전시대가

노르웨이 뭉크미술관에 지급한 대가입니다. 이 판례에서는 전시에 대한 대가뿐 아 니라, 로고의 사용허여, 작품의 복제권 사용허여, 뭉크 미술관 표기 허용, 디지털 이미지 복제 및 사용허여는 물론이고, 작품 관리 경험을 제공받는 것까지 모두 포 함한 대가를 지급하는 것으로 계약했습니다. 그래도 전부 사용료소득으로 판정되 었다는 점이 특징입니다. 작품이 국내에서 사용되었고 대가를 국내에서 지급하였 으므로 이것은 국내원천 사용료소득입니다.

> • 서면법령해석국조2014-21448, 2015.04.01
>
> [질의] 내국법인이 미술품 전시 기획사로 노르웨이의 뭉크미술관과 계약을 체결하고 국 내 미술품 전시회와 관련하여 작품 대여료를 뭉크미술관에 지급
>
> [회신] 내국법인이 노르웨이 뭉크 미술관과 뭉크작품 전시회를 개최하면서 뭉크미술관 로고 의 사용허여, 전시도록(圖錄) 등의 복제권 허여 및 뭉크작품의 소유권자를 나타내는 표기 허용 등이 포함된 작품에 대한 대여료 명목으로 뭉크미술관에 지급하는 대가는 「법인세법」 제93 조 제8호 및 「한·노르웨이 조세조약」 제12조의 규정에 의한 사용료 소득에 해당하는 것임 (아래)

① "The Munch Museum, Norway"라는 뭉크미술관 로고의 사용허여

② 전시 홍보, 전시 도록, 포스터 및 엽서 제작 등에 복제권 사용허여

③ 뭉크작품의 소유권자로써 "Munch Museum, Olso"의 표기 허용

④ 뭉크관련 저작권표기법에 따른 이미지*제공 허여

* "The Munch Museum/The Munch-Ellingsen Group/BONO), Olso 2014"로 표기
    (BONO : 노르웨이 미술작가 저작권협회)

⑤ "에드바르 뭉크 작품의 복제를 위한 뭉크 미술관 측의 디지털 이미지 사용에 대한 계약" 등에 따른 복제 및 사용허여 등

⑥ 뭉크미술관의 작품운반·복원·수복 및 관리전문가〈꾸리에(Courier) 및 쿠레이터(Curator)〉 등의 인력을 통한 전시관련 경험에 관한 정보 및 자료의 습득 등

4) 사진을 대여받아 정기간행물에 게재한 경우

이번에는 사진작품으로서, 전시가 아닌 정기간행물에 게재된 케이스입니다. 역시 국내에서 작품이 사용되었고, 국내에서 대가를 지급하였으므로 국내원천 사용료 소득입니다.

• 국일46017-101, 1995.02.23

[질의] 당사는 정기간행물을 발행하는 출판사로서 국내사업장이 없는 비거주자인 일본의 Imperial Press라는 슬라이드 대여회사에서 슬라이드(사진 2컷)를 대여받아 당사에서 발행하는 정기간행물에 게재하고 그 대가를 지급하는 경우의 원천징수에 관하여 다음과 같이 질의함(단, 슬라이드는 당사가 발행하는 정기간행물에 게재 후 슬라이드 대여회사에 반환하게 되고 동 슬라이드에 대해서 당사가 발행하는 정기간행물 이외에는 당사 임의대로 사용할 수 없음)

1. 당사가 지급하는 대가는 사용료소득인지 아니면 기타소득인지

2. 1항에 해당되는 소득에 원천징수세율은 어떻게

[회신] 국내사업장이 없는 비거주자인 일본인으로부터 슬라이드(사진 2컷)를 대여받아 내국법인이 발행하는 정기간행물에 게재하고 지급하는 대가는 소득세법 제119조 제11호와 한·일조세협약 제11조의 사용료소득에 해당함으로 동 제11조 제1항의 규정에 따라 12% 세율을 적용하여 동법 협약 제156조의 규정에 따라 소득세를 원천징수하여야 하는 것입니다.

5) 외국 저작권자의 저작권을 침해하여 손해배상금을 지급하는 경우

국내에서 저작권을 사용하고 국외에 저작권료를 지급하는 경우, 저작권 사용료는 대체로 [국내원천 사용료소득]인데, 저작권침해로 인하여 지급하는 소득도 마찬가지입니다. 그런데 지급하는 금액에 손해상당액을 초과하는 금액부분은 [국내원천 기타소득]이 되기도 합니다.

3-9-40 저작권 · 특허권 등 권리의 침해에 대한 보상
2. 내국법인이 외국법인의 지적소유권을 침해하여 손해배상금을 지급하는 경우의 소득 구분은 동 외국법인과의 지적소유권 라이센스계약의 유무가 아니라 내국법인이 지급하는 손해배상금의 실질적 구성내역에 따르는 것이다.
3. 국내에 고정사업장이 없는 영국 및 일본국 법인에 상기 손해배상금을 지급할 경우 사용료소득에 대하여는 각국간 조세조약상의 제한세율을 적용하여 원천징수 하는 것이며, 기타 소득에 대하여는 조세조약상 관련규정이 없으므로 국내세법에 따라 과세한다. (국일 46017-353, 1995.6.1)

(4) 국내원천 사업소득

[국내원천 사업소득]인지 여부는 국내사업장에서 경영하는 사업으로부터 소득이 창출되었는지가 중요합니다. 국내사업장이란, 비거주자가 사업을 꾸준히 하는 고정된 장소, 비거주자를 위해서 활약하는 대리인이 있는 장소를 말합니다.

아래에서는 일본 미술관으로부터 작품을 구입하고 저작권 이용허락을 받았습니다. 이 경우 ① 상대방이 일본 내에 미술관이라는 사업장을 두고 활동을 하기 때문에 일단 사용료소득이나 인적용역소득이 아니라 사업소득으로 판단되고, ② 그러나 국내에 사업장 없이 일본에만 사업장을 둔 미술관이기 때문에, 국내원천이 아닌 [국외원천 사업소득]으로 보아 과세되지 않았습니다. 외국법인 아닌 비거주자가 갤러리를 경영하는 경우에도 똑같이 적용됩니다.

또, 앞의 노르웨이 뭉크미술관 사례에서는 미술품을 대여, 이미지 사용료, 저작권의 사용료를 지급하며 전부 사용료소득으로 구분했습니다만, 이번 판례에서는 미술품을 구입하며 극히 부수적으로 권리만을 가져왔고, 그 권리의 포함 유무에 따라 대가가 달라지지 않고 있는 바 별도 구분 없이 [국외원천 사업소득]으로 보고 있습니다.

• 서면법규-230, 2014.03.14

[질의] 국공립미술관인 ○○미술관은 영구소장목적으로 일본 화랑(법인)으로부터 일본인 작가의 미술품을 ***백만원에 구입하면서 미술관에서 시행하는 각종 사업에 작품의 이미지를 활용할 수 있도록 저작권자인 일본인 작가로부터 '미술저작물 이용 허락서'를 별도의 계약이나 대가 없이 제공받음. 해당 '미술저작물 이용 허락서'상 이용 범위로는 '미술관에서 기획·발행하는 출판물 및 도록(圖錄) 등, 미술관 홈페이지를 통한 인터넷 서비스 및 모바일 어플리케이션, 미술관의 작품사진 및 슬라이드, 디지털이미지 촬영 등'이 있으며, 이 중 도록(圖錄)은 실비 상당액의 가격으로 전시 관람객에게 판매될 수 있음. 미술품 구입대가에는 저작권 대가를 별도로 구분하고 있지 않으며 미술저작물 이용 허락 여부 또는 그 범위 등에 따라 구입대가가 달라지지 않음. 국내 미술관이 영구소장 목적으로 외국 화랑으로부터 외국인 작가의 미술품을 구입하고 지급하는 대가에 대한 과세여부. 미술품 구입시 저작권자인 외국인 작가로부터 포스터, 도록, 인쇄물 등에 이미지를 사용하기 위한 '미술저작물 이용 허락서'를 별도의 대가 없이 제공받은 경우 저작권 사용대가로서 사용료소득에 해당 여부

[회신] 국내 미술관이 일본 소재 화랑으로부터 미술품을 구입하고 지급하는 대가는 「법인세법」 제93조 제5호 및 「한·일 조세조약」 제7조에 따른 사업소득에 해당하는 것이며 일본 화랑이 국내에 사업장을 가지고 있지 아니한 경우 국내에서 과세되지 않는 것임. 이때, 미술품의 소유권자인 미술관이 저작권자인 작가로부터 별도의 대가 없이 전시에 필요한 범위 내에서 저작물을 이용할 수 있는 '미술 저작물 이용 허락서'를 제공받고 이를 영리목적에 사용하지 않는 경우 이에 대해서는 별도의 저작권 사용대가를 구분하지 않는 것임

(5) 비거주자 과세방법, 원천징수

1) 갤러리의 입장

소득세법이 비거주자 작가의 소득을 어떻게 다루는지는 알았습니다. 그렇다면 갤러리는 이것을 어떻게 다룰까요? 갤러리가 사업을 위하여 지급한 비용이라면, 상대가 거주자 작가이든, 비거주자 작가이든, 갤러리의 비용이 될 수 있습니다. 또한, 비용처리를 위해서 거주자 작가에게 소득을 지급할 때, 사업소득 3.3%, 기타소득 8.8% 등을 원천징수 했듯이, 비거주자에게 소득을 지급할 때도 원천징수를 하게 됩니다. 비거주자 과세 방법을 좀 더 자세히 알아봅니다.

2) 비거주자 과세방법

비거주자는 주로 납세의무 편의에 따라 합산과세 또는 분리과세를 결정합니다. 비거주자가 만약 국내에 사업장을 두고 꾸준히 활동하는 사람이라면, 하루이틀 소득을 얻고 말 사람이 아닙니다. 이런 사람은 거주자처럼 합산과세합니다. [국내원천 사업소득]은 합산과세 대상이므로 소득을 지급하는 국내 갤러리는 2.2%(지방세 포함)만 원천징수합니다.

하지만 국내사업장이 없거나, 국내사업장과 관련이 없는 소득을 얻은 사람은 언제 떠날지도 모르고, 떠나고 나면 소득 파악이 어려울 수 있습니다. 그래서 이런 비거주자는 분리과세로 정해 원천징수만으로 납세절차를 끝내고 있습니다.[14] 국세청은 소득을 지급하는 국내 갤러리로 하여금, [국내원천소득 중 인적용역소득, 사용료소득, 기타소득] 모두 22%(지방세 포함)를 원천징수하도록 합니다.

국내 갤러리(원천징수의무자)가 원천징수를 했으면, 갤러리는 거주자에 대한 원천징수와 같이, 원천징수영수증도 발급해주고, 지급명세서도 제출합니다.[15]

---

14 소득세법 제121조
15 소득세법 제156조 제1항, 제12항, 소득세법 시행령 제216조의2

3) 원천징수 디테일

① 이때 원천징수세율이 22%가 원칙이지만, 외국과 우리나라의 조세조약도 살펴보아야 합니다. 조세조약은 국내법 대비 특별법 지위에 있으므로, 우리나라 세법에도 불구하고 조세조약에서 제한세율을 정하면 그에 따라야 합니다. 제한세율이란, 각 국가가 부과할 수 있는 최고세율 상한선을 말합니다.[16] 우리나라가 22% 원천징수세율을 정했어도, 조세조약에서 10%로 정하는 경우에는 지방세 불문하고 10%의 세율이 적용됩니다. 따라서 실무에서 비거주자에 대해 원천징수를 하는 때에는 원칙적으로 2.2~22%로 원천징수한다고 생각하되, 반드시 국가간 제한세율을 확인해야 합니다.

한편 비거주자인 예술가가, 국내에 고정사업장 없는 외국법인의 소속으로 활동할 때가 있습니다. 그러면 우리 입장에서는 페이를 예술가가 속한 법인 소속사에 줄 때도 있습니다. 이때는 일단 제한세율을 따지지 않고 22%로 원천징수합니다. 그리고 외국법인이 소속 예술가에게 22% 세율로 원천징수합니다. 마지막으로 외국법인이 조세조약에 따라 환급받도록 하는 방법을 취하고 있습니다. 상당히 복잡한 특례인데, 참고로만 기억하도록 합시다. 이 특례는 예술가가 법인을 끼고 인적용역소득을 얻으면서 우리나라에 세금을 내지 않는 경우를 방지하기 위해 생겨난 제도입니다.[17]

② 비거주자가 페이를 외화로 달라고 하면 어떡할까요? 원천징수세액 신고 및 납부는 우리나라 원화로 이루어져야 하기 때문에, 환율이 문제됩니다. 현금으로 지급할 때는 현금지급일의 고객현찰매도율, 계좌이체하는 경우에는 이체일의 고객전신환매도율을 적용하여 환전하고 원천징수합니다.

> **• 국일46017-686, 1997.11.03**
>
> **[질의]** 비거주자의 국내원천소득에 대한 원천징수시 외화 과세표준에 적용할 환율은 어떤 환율인지 여부

---

16 국제조세조정에 관한 법률 제2조, 소득세법 제156조의6
17 소득세법 제156조의5, 소득세법 시행령 제207조의7

[회신] 국내사업장이 없는 비거주자에게 국내 원천소득을 외화로 지급(송금)하는 자가 소득세법 제156조 제1항 및 법인세법 제59조 제1항 규정에 의하여 당해 대가에 대해 원천징수를 하는 경우, 외화로 표시된 과세표준에 적용하여야 할 환율은 당해 대가를 현찰로 지급하는 경우에는 지급일의 외국환은행 대고객 현찰매도율(고객이 외화를 현찰로 살 때 적용되는 율)에 의하는 것이며, 전신환으로 송금하는 경우에는 송금일의 외국환은행 대고객 전신환매도율(TTS Rate)에 의하는 것입니다.

③ [국내원천 인적용역소득]을 원천징수할 때는 독특한 내용이 있습니다. 인적용역을 제공받는 자가 인적용역의 제공을 위해 항공료, 숙박료, 식사대 등 비용을 부담하거나, 인적용역을 제공하는 자가 부담한 비용을 인적용역을 제공받는 자가 보전해준 사실이 확인되는 경우에는 그 비용을 인적용역에서 제외한 후에 원천징수합니다.[18] 즉, 수입에서 비용을 빼고 순액으로 원천징수합니다. 따라서 비거주자 작가의 세부담이 줄어드는 효과가 있습니다. 이 특례는 오직 [국내원천 인적용역소득]에만 해당되고, 사용료소득이나 사업소득에는 해당사항이 없습니다.

실무에서 외국에서 예술가를 초청하게 되면 가장 먼저 비행기삯과 숙박비, 식비를 협상해야 합니다. 미술품만 운송받아 온다고 하더라도 물건 운송비와 보험료가 문제가 됩니다. 계약마다 다 조건이 달라서, 어떨 때는 초청하는 측에서 부담할 때도 있지만, 어떨 때는 예술가가 직접 부담하기도 합니다. 로열티보다 부대비용이 더 클 때도 있습니다. 참고로 한 예술가가 연속적으로 여러 나라를 순회하는 경우에는 여행경비를 분담하기도 하는데, 국제관행으로는 이를 프로-레이타 배분(pro-rata share)라고도 합니다.

특히 숙박과 식사문제는 가장 예민한 부분입니다. 제공 방식도 갖가지입니다. 주최측이 모든 것을 책임지고 예술가는 이에 따르는 방식, 주최측이 비용을 부담하되 예술가가 호텔 및 식사에 대해 지정하는 방식, 예술가가 자유롭게 체제비를 쓰고 사후 주최측에 청구하는 방식도 있습니다. 아예 퍼디엠(per diem)이라고 하여 고정된 경비를 시작부터 현금으로 주는 경우도 있습니다. 퍼디엠 규모 및 지급 방식은 각 나라, 또는 각 분야의 유니온(UNION)의 관례에 따라 달라지기도 합니다.

18 소득세법 제119조 제6호, 소득세법 시행령 제179조

과거에는 회사가 지급하는 부대비용에 대해서도 비거주자의 국내원천 인적용역소득에서 차감하지 않고 과세하던 때도 있었습니다. 그러면 비거주자는 자기가 지출하고 없는 비용분까지 세금을 내야 하고, 할 수 없이 세액을 로열티에 얹게 되고, 결국 국내 기획사에 부담을 주는 요인으로 작용해왔습니다. 따라서 2006년부터 이 부분을 개정하여, 비거주자가 부담하는 부대비용은 과세대상에서 빼는 것으로 개정되었습니다. 부대비용을 증명하기 위해서는 비거주자 본인이든, 주최측이든 지불사실을 증명해야 합니다.

2. 예술품 수입과 부가가치세

(1) 재화의 수입

부가가치세 신고는 사업자의 납세의무입니다. 소비자가 신고하지 않습니다. 세부담은 소비자가 할지언정 납세의무는 사업자가 지기 때문에 간접세입니다. 그러면 사업자는 부가가치세 신고를 하기 위해서 소비자로부터 부가가치세액을 거래징수하여 차곡차곡 모아두었을 것입니다. 그리고 신고기한까지 신고하고 그 세액을 납부할 것입니다.

사업자가 신고를 안 하면 어떻게 될까요? 국내사업자 같으면 막대한 가산세도 물리고, 압류와 공매처분도 합니다. 5천만원 이상 체납하면 출국이 금지되고,(출국금지 요청) 국가 사업에 입찰할 수 없고,(관허사업의 제한) 2억원 이상 체납되면 명단이 공개됩니다.[19] 그래서 국내 사업자들은 부가가치세 신고를 잘 합니다. 피할 수 없다는 걸 알기 때문입니다.

그런데 사업자가 비거주자나 외국법인이라면 어떨까요? 부가가치세법에서는 사업자를 납세의무자로 정했지, 거주자로 한정하지 않고 있어 그들도 우리나라에서 재화나 용역을 공급하면 부가가치세 납세의무가 있습니다. 그런데 그들이 부가가치세법에 따라 소비자로부터 세액을 성실히 거래징수하고 국세청에 신고납부 해줄까요? 물론 국내에 고정 사업장을 두고 사업을 한다면 우리나라 세법을 가급적 존중할거라고 생각되지만, 국내 고정사업장이 없는 비거주자 및 외국법인은 통제가 어렵습니다.

그래서 비거주자나 외국법인이 우리나라에 재화를 공급(우리 입장에서 수입)하는 경우 그들이 우리나라 소비자한테 재화의 공급가액과 부가가치세 10%를 받아가고, 비거주자나 외국법인이 그 10%를 우리나라 국세청에 내는 방식으로는, 하지 않습니다.

---

19 국세징수법 제113조, 제112조, 제114조

비거주자나 외국법인은 우리나라 소비자에게 재화의 공급가액만 받아가고, 대신 통관절차를 거칠 때 비거주자/외국법인 대신 우리나라 세관이 나서서 수입자에게 10%를 징수합니다.

따라서 [외국으로부터 국내에 도착한 물품을 국내에 반입하는 것]을 [재화의 수입] 이라 하면서, 부가가치세 과세대상으로 하고 있습니다.[20] 어렵게 생각할 것 없이 국경을 지우고 생각하면 수입이란 외국에 있는 사업자가 국내 소비자에게 10%를 거래징수하고 납부하는 것입니다. 다만, 외국 사업자 대신 세관이 소비자에게 10%를 징수하는 것입니다.

(2) 예술품 수입 관세, 부가가치세 면세

1) 요건

재화의 수입에 대해서도 부가가치세를 과세한다는 원칙은 알았습니다. 그런데 국내에 서는 예술창작품을 공급할 때는 부가가치세 면세로 정했습니다. 그렇다면 예술창작품 의 수입은 어떨까요? 국내 거래와 마찬가지로 예술품을 수입하는 경우에도 면세입니 다. 즉 세관이 10% 부가가치세를 징수하지 않습니다.

하지만 구조는 조금 독특합니다. [예술창작품을 수입할 때 부가가치세가 면세]라고 하지 않습니다. [관세의 기본세율이 무세(無稅)인 것은 부가가치세가 면세 → 예술품 은 관세가 무세 → 따라서 예술품 수입은 부가가치세도 면세] 3단논법입니다.[21] 관세에 결정권을 주는 모습입니다. 그러니까 부가가치세 판단 전에 관세법의 판단을 거쳐야 합니다. 부가가치세법의 기본 취지인 역진성 완화 같은 것도 중요하지만, 외교와 통상 관점에서 관세가 의도하는 국가우호, 안보, 통상전략 등의 목적이 더 중요할 수 있기 때문입니다. 만약 관세 면제가 아닌 일부 감면되는 경우에는 감면되는 비율만큼 만 부가가치세를 면세합니다.

---

20 부가가치세법 제4조
21 부가가치세법 제27조 제15호, 시행령 제56조 제17호, 제22호, 시행규칙 제43조

주의할 점은, [관세의 기본세율이 무세]가 정확한 워딩이지, 최종세율이 무세라고 하지 않았습니다. 관세의 기본세율이 무세가 아니다가 무역협정으로 관세가 없어진 경우, 부가가치세가 과세됩니다. 관세법에 의하면 관세가 무세인 예술품은, 손으로 그린 회화, 오리지널 판화, 오리지널 조각 등입니다. 또한, 대량생산된 복제품, 상업적 성격을 지닌 판에 박힌 기교의 작품은 관세가 무세인 예술품이 아니라고 합니다. 그럴 때는 관세가 무세가 아니므로 부가가치세도 과세됩니다. 이때는 주로 [인쇄된 서화 (관세율표 번호 491191)]로 분류하여 관세의 기본세율이 8%입니다.

■ 부가가치세법 시행규칙 [별표 3] 〈개정 2017.3.10〉

면세하는 품목(관세의 기본세율이 무세인 품목)의 분류표(제43조 관련)

구분	번호	품명
14. 예술품 · 수집품 · 골동품	9701	① 회화 · 데생 · 파스텔(손으로 직접 그린 것으로 한정하며, 관세율표 제4906호의 도안과 손으로 그렸거나 장식한 가공품은 제외한다), 콜라주(collage)와 이와 유사한 장식판
	9702	② 오리지널 판화 · 인쇄화 · 석판화
	9703	③ 오리지널 조각과 조상(彫像)(어떤 재료라도 가능하다)
	9706	④ 골동품

■ 관세법 [별표 관세율표]

[제21부] 예술품 · 수집품 · 골동품 [제97류] 예술품 · 수집품 · 골동품

2. 제9701호에는 모자이크 작품으로서 대량생산된 복제품, 주조품이나 상업적 성격을 지닌 판에 박힌 기교의 작품은 포함하지 않는다(이들 작품을 예술가가 디자인하거나 만들었는지는 상관없다).

3. 제9702호에서 "오리지널 동판화 · 목판화 · 석판화"란 한 개나 여러 개의 원판에 예술가의 손으로 직접 제작한 흑백이나 원색의 판화를 말하며, 어떤 제작공정과 재질이라도 상관없다. 다만, 기계적 방법이나 사진제판법으로 한 것은 포함하지 않는다.

4. 제9703호에는 대량생산된 복제품이나 상업적 성격을 지닌 판에 박힌 기교의 작품은 분류하지 않는다(이들 작품을 예술가가 디자인하거나 만들었는지는 상관없다).

5. 회화 · 데생 · 파스텔 · 콜라주(collage)나 이와 유사한 장식판 · 동판화 · 목판화 · 석판화 등의 틀은 이들 작품과 같이 분류한다(이들의 틀은 위의 물품에 비추어 가격이나 종류가 적정하여야 한다). 이 주에서 언급된 작품에 비하여 가격이나 종류가 적정지 않은 틀은 별도로 분류한다.

번호		품명	세율 (%)
호	소호		
9701		회화·데생·파스텔(손으로 직접 그린 것으로 한정하며, 제4906호의 도안과 손으로 그렸거나 장식한 가공품은 제외한다), 콜라주(collage)와 이와 유사한 장식판	
9701	10	회화·데생·파스텔 1. 회화 2. 데생 3. 파스텔	무세 무세 무세
9701	90	기타	무세
9702	00	오리지널 판화·인쇄화·석판화 1. 판화 2. 인쇄화 3. 석판화	무세 무세 무세
9703	00	오리지널 조각과 조상(彫像)(어떤 재료라도 가능하다) 1. 조각 2. 조상(彫像)	무세 무세
9704	00	우표·수입인지·우편요금 별납증서·초일(初日)봉투·우편엽서류와 이와 유사한 것(생략) 1. 우표 2. 기타	무세 무세
9705	00	수집품과 표본[동물학·식물학·광물학·해부학·사학·고고학·고생물학·민족학·고전학(古錢學)에 관한 것으로 한정한다]	무세
9706	00	골동품(제작 후 100년을 초과한 것으로 한정한다) 1. 도자기류 2. 악기류 3. 기타	무세 무세 무세

[질의] 미술품을 판매하는 화랑업 영위 사업자가 판매를 위하여 해외에서 사진작품을 수입하는 경우 부가가치세 면제여부

[회신] 미술품을 판매하는 화랑업을 운영하는 사업자가 판매목적으로 사진작품을 수입하는 경우 동 재화가 관세가 무세이거나 감면되는 경우에는 부가가치세법 제12조 제2항 제14호의 규정에 의하여 수입시 부가가치세가 면제되는 것입니다. 다만, 관세가 경감되는 경우에는 경감되는 분에 한하여 부가가치세가 면제되는 것입니다.

[질의] ○○○○(이하 "신청인")는 해외로부터 프린터로 칼라 인쇄한 그림(이하 "인쇄된 서화")을 수입하고 있으며 수입신고시 인쇄된 서화는 관세청 관세율표상 품목번호 HSK 4911.91-9000로 분류되어 관세의 기본세율은 8%이고 WTO 협정세율은 0%임. 현재 해외여행자가 미화 600불 이하의 인쇄된 서화(HSK4911. 91-9000)를 해외에서 구입한 후 귀국시 자가사용 목적으로 휴대 반입하는 경우에는 「관세법」 제96조(여행자 휴대품 및 이사물품 등의 감면세) 및 같은 법 시행령 제48조(관세가 면제되는 휴대품 등)에 근거하여 관세의 기본세율(8%)이 전부 감면되며 「부가가치세법」 제27조(재화의 수입에 대한 면세) 제15호 및 같은 법 시행령 제56조 제17호에 근거하여 부가가치세를 면제해 주고 있으며 관세청 블로그에도 해외여행자가 휴대반입하는 인쇄된 서화에 대해 부가가치세가 면제된다고 설명하고 있음. 한편, 국내수입자가 국내 판매목적으로 인쇄된 서화(HSK4911. 91-9000)를 수입하는 경우에는 인쇄된 서화에 대한 관세의 기본세율은 8%이나 관세의 WTO 협정세율이 0%이기 때문에, 수입신고시에는 관세에 대하여 둘 중에 낮은 세율인 협정세율(0%)을 적용받을 수 있음. 그러나 해당 서화에 대한 부가가치세 과세여부에 대하여는 일선 세관의 입장은 분명하지 아니함(수입통관시에 부가가치세가 과세된 사례도 있고 면세된 사례도 있음) 해당 서화가 부가가치세 과세대상이라고 주장하는 세관 담당자의 의견은 해당 서화는 관세가 무세가 아니며 관세가 감면되지도 않기 때문에 「부가가치세법」 제27조 제15호 및 같은 법 시행령 제56조에 따른 부가가치세 면제대상이 아니라는 것임.
사업자가 국내판매목적으로 인쇄된 서화를 해외로부터 수입하는 경우로서 수입신고시 관세의 기본세율이 8%나 WTO 협정세율이 0%이어서 관세 적용세율이 0%로 된 경우 부가가치세도 면제되는지 여부?

[회신] 사업자가 국내판매목적으로 인쇄된 서화를 해외로부터 수입하는 경우로서 해당 서화의 WTO 협정세율이 0%이어서 관세가 "0%"가 적용되는 경우에도 해당 서화가 「관세법」에 따른 관세율표 번호 제4911.91-9000호로 분류(관세의 기본세율이 8%)되는 경우에는 「부가가치세법」 제27조 제15호 및 같은 법 시행령 제56조에 따른 부가가치세 면제대상에 해당하지 아니하는 것입니다.

2) 실무와 판례

실무에서는 통관 절차에서 먼저 작품이 관세 무세 대상인지를 판정합니다. 그리고 작품이 관세 무세로 판정되면 자연히 부가가치세도 면세로 됩니다. 그러면 세관에서 [(면세)계산서]를 발행해줍니다.

어떨 때는, 작품을 들여오는데 세관에서 [(면세)계산서]가 아니라, [세금계산서]를 발행하는 경우가 있습니다. 그렇다면, 세관이 보기에 관세의 기본세율이 무세인 예술품이 아니라고 결론지었다는 뜻입니다. 일반적인 회화나 오리지널 판화, 오리지널 조각에서는 이런 일이 잘 생기지 않지만, 개념 미술, 판화라고 할 수 없을 정도의 복제품, 매우 개념화된 미술 등에서 이런 일이 일어납니다. 이 판단을 나중에 뒤집는 것은 매우 어렵기 때문에, 통관할 때에 서류를 제대로 제출해서 반드시 처음부터 관세 무세 예술품으로 인정받아야 합니다.

아래 판례에서는 설치미술작품이 예술품이 아닌 것으로 판단되어 관세 및 부가가치세 처분을 받았다가, 행정소송을 통해 다시 무관세 및 부가가치세 면세 처분을 받아낸 사례를 다루고 있습니다.

● 서울행정법원 2002구합39200

다. 이 사건 관세부과처분에 대한 판단

(1) 관세법 관세율표 중 관세율표의 해석에 관한 통칙 제4호는 "이 통칙 제1호 내지 제3호의 규정에 의하여 분류할 수 없는 물품은 당해 물품과 가장 유사한 물품이 해당하는 호에 분류한다."라고 규정하고 있고, <u>관세율표 제97류. 예술품 · 수집품과 골동품 9703호는 "오리지날 조각과 조상"을 무세로 규정하고 있다.</u>

(2) (생략), 이 사건 수입물품은 설치미술 작가인 〈삭제〉에 의하여 1999년에서 2000년 사이에 동경, 상하이, 델리, 뉴욕 4개 <u>도시의 번화가에서 비디오 카메라를 길 한복판에 설치하고 그 앞에 한참동안 서서 퍼포먼스를 벌이는 모습을 실시간 그대로 촬영하여 DVD로 제작한 "〈삭제〉"이란 작품으로</u>, 한 벽면의 길이가 10m인(출입이 가능하도록 한 벽면은 7m로 설치) 정사각형 공간의 정가운데에 4대의 projectors, 4대의 DVD players, 1대의 4-channel synchronizer를 설치하여 동시에 각 벽면의 스크린에 영상이 맺히게 하되, 각 벽면은 정중앙에 영상이 보이는 스크린 부분을 3.5m 크기의 흰색으로 처리하고 그 외의 벽면을 회색(중간색조)으로 처리하며, 1번 채널에는 동

경, 2번 채널에는 상하이, 3번 채널에는 델리, 4번 채널에는 뉴욕에서의 퍼포먼스 모습을 상영하도록 한 <u>설치미술작품인 사실,</u>

원고가 1995.10.경 〈삭제〉작품인 '〈삭제〉'라는 〈삭제〉의 작품을 수입한 적이 있는데, 위 작품은 버스, 모니터, CD Player로 구성된 비디오아트 분야의 설치미술이었고, 수입당시 HSK 9703으로 분류되어 무관세로 수입되었으며, 원고가 1996.9.경 '〈삭제〉' 및 '〈삭제〉'라는 〈삭제〉의 비디오아트 작품을 수입한 적이 있는데, <u>이들 작품도 Video-Sculpture, Mixed Media with Neon tubes, TV-set, Lazer Disk Player, Original Lazer Disk로 구성되어 있고, 위 각 부분품이 해체되어 수입된 후 국내에서 조립되어 로봇머리처럼 재구성되도록 구성되어진 것이었으며, 수입당시 HSK 9703으로 분류되어 무관세로 수입된 사실,</u>

원고가 1997.3.경 '〈삭제〉'라는 예술작품을 수입한 적이 있는데, 위 작품은 검정색 여행용 가방과 '〈삭제〉'라고 씌여진 페인팅, 홍합껍데기로 구성되어 있고, <u>홍합껍데기를 담은 여행용 가방이 그 자체로서 예술작품으로서 설치되는 것이었으며, 수입당시 HSK 9703으로 분류되어 무관세로 수입된 사실,</u> 국립현대미술관이 국가와 국민의 문화예술발전을 위한 목적으로 수입하는 설치작품 등 모든 작품은 HSK 9701, 9702, 9703으로 분류되어 관세 및 부가가치세를 부담하지 않은 사실을 인정할 수 있다.

(3) 위 〈삭제〉라는 설치미술작품은 관세율표 제97류 각주 각번호에서 규정하고 있는 예술품 분류에 개념적으로 포섭된다고 보기는 어렵다고 하더라도 비디오아트 분야의 설치미술작품으로서 예술품인 점은 인정되고, 설치미술이란 여러 가지 소재를 매체로 삼아 현장에서 이를 일정한 방법으로 설치·조립하여 형태를 완성하는 것으로서 전시공간을 환경화하는 방법 등으로 공간을 조형한다는 점에서 입체를 수단으로 공간에 표현하는 조형미술인 조각에 가장 유사하다고 할 수 있다. 또한, 위 인정사실과 같이 이 사건〈삭제〉와 유사한 설치미술작품이 HSK 9703호로 분류되어 수입되고 있다. 따라서, 예술가가 디자인하고 창작한 전시공간에서 예술가의 감각과 사상이 깃든 영상이 특정한 형태로 성형되어 제시되고 있는 위 〈삭제〉이라는 작품은 관세율표의 해석에 관한 통칙 제4호에 따라 이와 가장 유사한 오리지날 조각이 포함된 관세율표 <u>HSK 9703호로 분류함이 상당하다. 그렇다면 이 사건 수입물품을 HSK 8524호로 분류하여 부과한 이 사건 관세부과처분은 위법하다.</u>

라. 이 사건 부가가치세부과처분에 대한 판단

위와 같이 이 사건 수입물품은 관세법 제50조 관세율표 97류 9703호로 분류되어 관세가 <u>무세인 재화로서 조각 기타 이와 유사한 물품에 해당하므로, 부가가치세법 제12조 제2항 제14호, 같은법시행령 제46조 제16호, 제18호, 같은법시행규칙 제13조 [별표 6] 제13호 소정의 부가가치세 면제대상에 해당한다.</u> 따라서 이 사건 물품에 대하여 부과한 이 사건 부가가치세 부과처분은 위법하다.

원래는 [관세 무세/부가가치세 면세]를 받아야 할 작품인데, 통관 절차가 다 끝나고 나서야 뒤늦게 [관세 과세/부가가치세 과세]로 판정하여 [세금계산서]가 수취된 사실을 알아차렸다고 합시다. 또는 세관과 다투었지만 판단이 애매해서 결국 부가가치세 과세로 되었다고 합시다. 그러면 이 미술품의 태생이 과세품처럼 보이는 상황입니다.

① 그래도 예술창작품이니까 세관에서 부가가치세 과세로 세금계산서를 발행했어도, 매입은 과세처럼 보여도, 국내 공급할 때는 부가가치세 면세로 처리할 수 있습니다. 갤러리는 이 작품에 대해 세관에 지급한 부가가치세 10%는, 면세사업을 위한 매입세액으로서 매입세액 불공제 처리하게 됩니다.

② 세관에서 예술창작품이 아니라고 판단했다고 하니, 그 작품을 팔 때도 예술창작품이 아닌 것으로 보고, 부가가치세 과세로 처리할 수도 있습니다. [수입-유통-판매]에 걸쳐 과세품이라는 통일성을 추구하는 방식입니다. 그러면 손님에게 이 작품은 이만저만하여 부가가치세 10%를 주서야겠습니다, 라고 말해야 하는데, 손님이 의아하게 생각할 것입니다.

저는 갤러리 거래처에게 ①을 권유하는 편입니다. 예술품이 틀림없는데 왜 세관에서 판단미스가 났는지는 모르지만, 결국 갤러리 책임입니다. 손님에게 세액을 전가하면, 잘 아는 손님 같으면 작품 매매 자체가 무산될 수 있기 때문입니다.

(3) 그 밖에 사항

1) 도서 수입 면세

외국에서 제작된 외국 작가의 도록을 수입하여 취급하는 갤러리도 있습니다. 국내에서 도서의 공급이 면세인 것처럼, 해외에서 수입하는 도서도 면세됩니다.[22] (도서는 관세율표 제49류에서 무세로 정하고 있기도 합니다)

---

22 부가가치세법 제27조 제2호

2) 여행자의 휴대품 면세

대량생산된 예술품이어서 관세의 기본세율을 무세로 인정받지 못했다고 합시다. 그렇더라도 미화 800달러 이하의 범위에서, 자가사용 목적 여행자 휴대품으로서 관세가 면제된다면,[23] 그 루트로 부가가치세 면제를 받을 수도 있습니다.[24]

3) 미술품의 운송용역 영세율

해외에서 미술품을 받아 국내 갤러리로 운송하는 용역을 제공하는 업체가 있습니다. 이들은 부가가치세법상 [운송주선업자]라고 불리며, 미술품을 운송하는 용역은 [국제운송용역]이라고 합니다. 이 용역은 외국항행용역의 일종으로, 부가가치세법상 영세율의 적용대상입니다.[25]

그래서 운송주선업자들은 국제운송용역을 제공하면서 우리 갤러리에게 수수료를 청구할텐데요, 거기에는 부가가치세 10%가 포함되어 있지 않습니다. 그들은 우리 갤러리에 [영세율 세금계산서]를 발행합니다. 분명 (면세)계산서가 아니라 세금계산서인데, 부가가치세가 0으로 쓰여 있습니다.

여기서 주의할 점은, 해외에서 국내로의 운송 용역이 포함되어 있으니까 영세율로 처리하는 것입니다. ① 국내에서 국내로의 운송은 영세율이 아니므로, 그러한 운송용역을 제공하는 업자는 갤러리에게 10% 부가가치세를 청구하고 세금계산서를 발행합니다. ② 해외 운송이 포함되더라도 운송 용역이 아닌 운송 알선 용역을 제공하는 업자는 갤러리에게 10% 부가가치세를 청구하고 세금계산서를 발행합니다.

---

23 관세법 시행규칙 제48조
24 부가가치세법 제27조 제8호
25 부가가치세법 제23조, 시행령 제32조 제2항

• 재소비-213, 2004.02.25

운송주선업자가 국제복합운송계약에 의하여 국내출발지부터 도착지까지의 운송용역을 하나의 용역으로 연결하여 국제간의 화물을 운송하여 주고 화주로부터 그 대가를 받는 경우에는 부가가치세법 제16조 제1항의 규정에 의하여 영세율세금계산서를 교부하는 것이나, 국제복합운송용역과는 별도로 국내에서 국내로 화물운송용역을 제공하는 경우에 당해 국내운송용역에 대하여는 일반 세금계산서를 교부하여야 합니다.

• 부가-137, 2010.02.02

운송주선업자가 국제복합운송계약에 의하여 화주로부터 화물을 인수하고 자기책임과 계산 하에 타인의 선박 또는 항공기 등의 운송수단을 이용하여 화물을 운송하고 화주로부터 운임을 받는 국제운송용역은 「부가가치세법」 제11조 제1항 제3호의 규정에 의하여 영의 세율을 적용하는 것이나, 국제운송용역의 제공 없이 화주 등에게 단순한 중개용역을 제공하는 경우에는 당해 규정에 의한 영의 세율이 적용되지 아니하는 것으로서 귀 질의의 경우가 어느 경우에 해당하는지 여부는 사실판단 할 사항임

3. 예술품 수입과 개별소비세

보석/귀금속 가공품, 카지노, 유흥업소 등은 가격이 비싼 것이 특징입니다. 원가가 높은 것도 있지만, 세금이 무거워서 그렇기도 합니다. 그런데 보석 세공품, 시계, 가방, 가구 중 예술품으로 불리는 경우가 있습니다. 이런 작품들은 개별소비세를 함께 검토해보아야 합니다.

개별소비세는 부가가치세와 별개 세목이지만, 부가가치세를 보완하는 세목으로서 밀접하게 연결되어 있습니다. 지금은 개별소비세라고 부르지만 과거에는 특별소비세라고 불렀습니다. 면세나 영세율이 부가가치세의 역진성을 보완하는 장치라면, 개별소비세는 단일세율 10% 세금인 부가가치세에 더하여 무겁게 과세하려는 취지가 있습니다. 개별소비세의 목적은 사치성 물품의 소비억제, 사회에 부정적 외부효과를 주는 물품의 사용행위 억제입니다.

개별소비세와 부가가치세의 가장 큰 차이는, 개별소비세는 최초의 1회만 과세하는 단단계과세라는 점입니다. 그래서 최초의 과세가격을 모수로 하여 1번만 부과됩니다. 최초의 제조원가라고 생각해도 됩니다. 반면 부가가치세는 다단계과세이기 때문에, 공급될 때마다 과세됩니다. 대신, 중복과세가 안 되도록, [매출×10%]에서 [매입×10%]를 공제하여 중복분을 빼냅니다.

(1) 과세물건

먼저, 과세물건부터 살펴보겠습니다. 개별소비세는 [특정 물품], [특정 장소 입장행위], [특정한 장소 유흥음식행위] 및 [특정한 장소의 영업행위] 에 대하여 부과합니다.[26] 특정 장소는 경마장, 경륜장, 골프장, 카지노, 유흥주점 등을 말하는데 미술과 관련이 없어 생략합니다. 특정 물품만 중요합니다. 미술품과 관련된 특정 물품

---

26 개별소비세법 제1조 제1항

에는 다음과 같은 것들이 있습니다.

[별표 1] 중 3. 법 제1조 제2항 제2호 가목 1)·2)에 해당하는 물품

가. 보석[공업용 다이아몬드, 가공하지 않은 원석 및 나석(裸石)은 제외한다], 진주, 별갑, 산호, 호박 및 상아와 이를 사용한 제품(나석을 사용한 제품을 포함한다)

   1) 보석 및 보석을 사용한 제품

      가) 보석(합성 또는 재생의 것을 포함한다)

         다이아몬드, 루비, 사파이어, (생략)

      나) 보석을 사용한 제품-장신용구, 화장용구

   2) 진주 및 진주를 사용한 제품

      가) 진주

      나) 진주를 사용한 제품-장신용구, 화장용구

   3) 별갑(귀갑을 포함한다), 산호(흑산호는 제외한다), 호박 및 상아와 이를 사용한 제품

      가) 별갑(별갑 또는 귀갑을 피복한 것을 포함한다), 산호, 호박 및 상아

      나) 별갑, 산호, 호박 및 상아를 사용한 제품-장신용구, 화장용구, 끽연용구, 식탁용구

나. 귀금속제품(중고품인 귀금속제품을 사용하여 가공한 것과 국가적 기념행사용으로 특별히 제작한 것은 제외한다)장신용구, 화장용구, 끽연용구, 식탁용구, 우승배, 우승패, 실내장식용품, 기념품, 그 밖에 이와 유사한 용품

[별표 1] 중 4. 법 제1조 제2항 제2호 가목 4)부터 6)까지 및 나목에 해당하는 물품

나. 고급 시계[생략]

다. 고급 모피와 그 제품[생략]

라. 고급 융단(생략)

마. 고급 가방

   핸드백, 서류가방, 배낭, 여행가방, 지갑 및 이와 유사한 제품으로서 물품을 운반 또는 보관하기 위한 용도로 제조된 것(생략)

바. 고급 가구(공예창작품은 제외한다)

   1) 응접용의자, 의자, 걸상류

   2) 장롱, 장롱 외의 장류, 침대, 상자류, 화장대, 책상, 탁자류, 경대, 목조조각병풍, 조명기구, 실내장식용품, 보석상자, 식탁용품

법문에서 말하는 [고급]은 퀄리티가 좋다는 뜻이 아니라 가격이 비싸다는 걸 의미합니다. 생김새나 부피, 제작자 불문하고, 기준가격을 넘어서는 물품이 고급 물품

입니다. 보석, 귀금속 제품의 경우 5,000,000원이 넘으면 고급입니다. 고급 시계, 고급 융단, 고급 가방은 2,000,000원이 넘으면 고급입니다. 고급 가구는 개당 5,000,000원이면 고급인데, 조를 이루고 있다면 1개 조가 8,000,000원이 넘으면 고급입니다.[27]

단 하나, 공예창작품인 고급가구만은 가격을 불문하고 개별소비세 과세물품에서 제외됩니다. 공예창작품이란, 국가무형문화재 보유자의 작품, 전통적인 공예 기술로 옻칠을 하려 제작된 물품을 말합니다.[28]

(2) 납세자, 면세 판정

개별소비세는 과세물품을 제조하여 반출하는 자가 납세의무가 있습니다. 이것의 정확한 의미는 ① 최초로 제조하여 반출하는 최초의 주얼리 제조업체, 시계와 가구 제조업체가 최초로 반출하는 경우,[29] ② 시계, 가구에다가 미술품을 장식하여 기준가격 이상으로 가격을 높인 자가 반출하는 경우[30](제조의제) ③ 박람회에 출품시켰다가 박람회장에서 판매되는 경우 반출자[31](미납세반출 후 반입지에서 판매) ④ 관세가 부과되는 과세물품을 해외에서 국내로 들여오는 자[32]입니다.

갤러리에게 가장 중요한 것은 ④입니다. 갤러리는 과세물품을 제조하는 자가 아니고, 제조를 마친 작품들이 전시되어 판매되는 곳이기 때문에, 개별소비세의 납세자가 될 일은 별로 없습니다. 하지만, 해외에서 과세물품을 들여올 때, 관세가 부과되는 작품이라면 갤러리가 개별소비세를 내게 됩니다.

아까 예술창작품의 수입과 부가가치세를 판정할 때도 관세 판정이 우선이었습니다. 대부분의 예술품이 관세의 기본세율이 무세였어서, 부가가치세도 면세로 되었었

---

27 개별소비세법 시행령 제4조
28 개별소비세법 시행령 제1조 별표1 제4호 바목, 시행령 제2조 제1항 제7호
29 개별소비세법 제3조 제2호
30 개별소비세법 제5조 제1항 제1호 나목
31 개별소비세법 제10조의4
32 개별소비세법 제3조 제3호, 제4호

지요. 똑같이 관세의 기본세율이 무세인 작품이라면 개별소비세도 면하게 됩니다.

물품의 주요기능, 물품의 제작자, 해당물품의 전시이력, 관세율표상 품목분류 등을 종합적으로 고려하여 해당물품이 예술품인 경우에는 개별소비세법 제1조 제2항 제2호 나목 2)의 과세대상(고급가구)이 되지 않는 것이며, 특정물품이 이에 해당하는지는 사실 판단할 사항입니다.

개별소비세가 이슈가 되는 물품은 관세법에서 2가지 이상의 물품의 성격을 함께 가지고 있는 경우가 있습니다. 위 해석이 나오기 전에는, 고급가구와 예술품의 성격을 겸비하는 물품에 대해서 우선 고급가구로 판정하여 개별소비세를 과세하던 적도 있었습니다. 지금은 아닙니다. 지금은 우선 예술품으로 판정하여 개별소비세를 면해주는 경향입니다. 지금은 삭제된 과거 해석을 소개합니다.

[질의] ㈜○○(이하 "신청인"이라 함)는 국내 갤러리에서 일시 전시 후 신청인의 사내 비치용으로 미술품을 수입하였으며 쟁점 물품은 현대 설치미술작가가 이·미용실에서 사용되는 이동식 수납물품을 뼈대로 코바늘뜨개, 폴리에스테르, 플라스틱 구슬 등을 활용하여 표면을 장식한 설치미술에 해당함(가액 : 40백만원) 신청인은 2013.10.15 관세평가분류원으로부터 쟁점 물품은 관세율표 제97031000호*에 해당하는 '오리지널 조각'으로 분류된다고 회신받음. 현대 설치미술 작가가 이·미용실에서 사용되는 이동식 수납물품을 뼈대로 표면에 코바늘뜨개, 폴리에스테르, 플라스틱 구슬 등의 재료를 활용하여 만든 설치미술작품이 개별소비세 과세물품인 고급가구에 해당하는지 여부

[회신] 개별소비세법 시행령 제4조 제2호에 따른 기준가격을 초과하는 이동식 수납물품이 관세율품목분류 상 예술품(제9703호)으로 분류된다 하더라도 같은 법 시행령 [별표 1]의 '장롱', '장롱 외의 장류'에 해당하면서 실내장식용으로 사용되거나 사용가능한 경우에는 같은 법 제1조 제2항 제2호 제나목, 같은 법 시행령 제1조 및 [별표 1]에 따라 개별소비세가 과세되는 '고급가구'인 '실내장식용품'에 해당하는 것임. 다만, 해당 이동식 수납물품이 같은 법 시행령 [별표 1]의 '장롱', '장롱 외의 장류'에 해당하는지 여부는 사실 판단할 사항임

하지만, [관세의 기본세율이 무세인 100년 초과 골동품]의 성격과 [보석]의 성격을 겸비한 물품에 대해, [보석]인 점을 우선하여 개별소비세를 과세하는 해석은 삭제되지 않고 있으니, 주의합니다.

> **• 서삼 46016-11878, 2003.12.01**
>
> 특별소비세법 제1조 제2항 제2호 가목 및 같은법시행령 [별표 1] 제4호 가목에서 규정하는 보석류를 사용한 제품이라 함은 제작년도와 관계 없이 모든 장신용구, 화장용구를 규정하는 것으로, 질의물품이 보석류(다이아몬드, 사파이어, 에머랄드, 진주)가 장착되어 있는 장식용구인 팬던트(Pendant)·브로치(Brooch)로서 제작된 지 100년이 넘어 관세통계통합품목 분류표(HSK)상 골동품으로 분류된다 하더라도 특별소비세법에서 규정하는 보석·진주를 사용한 제품에 해당하는 경우에는 특별소비세 과세대상에 해당하는 것임

(3) 과세표준과 세율

마지막으로 과세표준과 세율을 설명하겠습니다. 보석 등 제품의 과세표준은 [기준가격을 초과하는 가액]입니다.[33] 즉, 일정 가액을 넘어갈 때부터 사치품 성격이 있다고 보고 개별소비세 과세대상으로 삼는 것입니다. 기준가격을 넘지 않으면 사치품으로 보지 않고 개별소비세를 부과하지 않습니다. 기준가격을 넘어서는 가격에 20%를 곱하면 개별소비세가 도출됩니다.[34]

---

33 개별소비세법 제8조 제1항
34 개별소비세법 제1조 제2항 제2호

4. 예술품 수출과 부가가치세

(1) 배경

국내에 거점을 둔 갤러리가, 외국에서 작품을 팔 때가 있습니다. 외국에 소재한 갤러리의 도움을 받아 외국 갤러리에 우리나라 작가를 소개할 수도 있고요, 외국에서 열리는 아트페어에 참가해서 우리나라 작가 작품을 소개하는 경우도 있습니다.

외국에서 작품을 팔아 수입을 거두어도, 소득세나 법인세 관점에서는 어려울 것이 없습니다. 갤러리의 주소는 우리나라에 있기 때문에, 거주자/내국법인으로 취급되는 것이고, 그래서 얼마를 벌었냐 만이 중요합니다. 그에 맞게 소득세나 법인세를 납부하면 됩니다.

어려운 것은 부가가치세와 개별소비세입니다. 외국으로 작품을 보내려면 배편이나 항공편을 통해 바다를 건너야 하는데, 수출에 따른 부가가치세법이 문제됩니다. 또, 작품이 주인을 못 찾고 국내로 회수되는 경우에는, 관세와 재화의 수입에 따른 부가가치세가 문제됩니다. 사치품인 작품이 나갔다 들어오는 경우에는 개별소비세가 문제됩니다.

(2) 작품 반출

1) 부가가치세 영세율

재화의 수출이란, 내국물품을 외국으로 반출하는 것을 의미합니다. 반출만 하면 수출로 되는 것이고, 대가를 받았는지는 중요하지 않습니다. 미술품을 외국으로 반출하는 것도 수출입니다. 재화를 수출하는 경우 영세율이 적용됩니다.[35]

---

35 부가가치세법 제21조

그런데, 예술창작품은 원래 태생부터 부가가치세 면세입니다. 그것을 수출한다고 영세율로 적용해주어도 어차피 부가가치세는 없습니다. 그러니까 별로 의미가 없는 것 아닐까요?

영세율은 면세와 비슷하지만 영세율 사업자는 매입세액공제를 받을 수 있다는 점에서 사업자에게 더 유리합니다. 원한다면 면세를 포기하고 영세율의 적용으로 하여, 매입세액 공제를 받을 수 있도록 하고 있습니다.[36]

2) 개별소비세

작품이 개별소비세 과세대상물품에 해당한다면, 작품을 최초로 제조하여 반출하는 자는 개별소비세 납부의무가 있습니다. 갤러리는 아닐 것이고, 귀금속 회사나 가구 제조 회사, 가구를 매입하여 예술작품으로 장식한 자입니다.

그러나 부가가치세에서 수출하는 재화에 대해 영세율을 적용하는 것처럼, 개별소비세에서도 수출하는 과세물품은 개별소비세 면세를 적용합니다.[37] 그래서 개별소비세 문제가 발생하지 않습니다.

(3) 작품 회수

1) 부가가치세

해외 갤러리 전시, 아트페어 참가를 위해 해외로 작품을 보냈다가, 작품이 주인을 찾지 못한 경우에는 작품을 다시 국내로 실어와야 합니다.

작품의 수출에 대해서는 그것이 예술창작품 면세품이든, 면세를 포기한 영세율품이든, 어쨌든 부가가치세가 0으로 귀결되었지만, 다시 들어올 때가 문제입니다.

---

36 부가가치세법 제28조
37 개별소비세법 제15조 제1항 제1호

[수출신고가 수리된 물품을 국내에 반입]하는 것은 [재화의 수입]이고, 부가가치세 과세대상이기 때문입니다.

이때, ① 예술품으로 관세의 기본세율이 무세이면 부가가치세가 면세될 것입니다. ② 또한, 예술품이 아니더라도 우리나라에서 수출되었다가 해외에서 사용되지 아니하고 2년 이내에 다시 수입되는 물품은 관세법에 따라 관세가 면세되므로, 이를 근거로 부가가치세법도 면세받을 수 있습니다.[38]

2) 개별소비세

예술작품이면서 개별소비세 과세물품인 것을, 해외 수출을 전제로 개별소비세를 면세했으나, 결국 수출이 되지 않고 돌아왔다면 제조, 반출에 대해 개별소비세를 납부해야 합니다. 다만, 갤러리는 과세물품을 최초로 제조하여 반출하는 자가 아니므로, 문제될 일이 없습니다.

---

38 관세법 제99조 제1호, 부가가치세법 제27조 제12호

개인
컬렉터편

1. 개인 컬렉터의 미술품 양도소득세

(1) 서론

작품이 경매 등을 통해 2차 시장에서 거래되기 시작하면, 작품은 명성을 얻습니다. 이후 작품이 컬렉터들의 손을 옮겨다니면서 여러 사람들에게 만족을 주기도 하고, 미술관에서 사들여 대중에 공개할 수도 있습니다. 작가나 작품이 빛을 보게 되는 순간입니다. 2차 시장에서 주목을 받는다는 것은 해당 작품의 가치가 크게 재평가되었다는 것이고, 작품의 값도 높아졌다는 걸 뜻합니다. 이 경우 컬렉터는 미술품으로 양도차익을 올리게 됩니다. 여기서는 개인 컬렉터들의 미술품 양도소득에 대해서 알아보겠습니다.

(2) 비과세요건[1]

12억 미만의 주택을 사고 팔 때, 1세대가 1주택만을 보유한 경우 양도소득세가 비과세됩니다. 우리나라 상장주식을 매매할 때 대주주 요건에 해당하지 않으면 양도소득세가 비과세됩니다. 마찬가지로 미술품 양도소득에 대해서도 비과세 규정이 마련되어 있습니다. 비과세 요건을 충족한다면, 세금을 논할 필요가 없게 됩니다.

소득이 있는데 과세하지 않는데는 이유가 있습니다. 비과세되면 가격이 낮아져 유통이 원활해지고 유통과정에서 소득을 얻는 아트딜러, 갤러리스트, 경매사들의 몫이 커집니다. 또한 컬렉터들도 세부담 없이 작품을 거래할 수 있기 때문에 전반적으로 미술시장이 활성화됩니다.

---

[1] 소득세법 시행령 제41조 제14항

1) 2013년 이후의 양도만 과세

미술품 양도소득에 대한 과세는 20년이 넘는 오랜 논란 끝에 2013년 1월 1일부터 시행되었습니다. 따라서, 2012년 12월 31일까지 미술품을 양도한 경우에는 세법에 열거되어 있지 않던 상태라 과세되지 않습니다. 지금은 세월이 많이 지나 큰 의미가 있지는 않습니다.

> ● 서면1팀-691, 2005.06.17
>
> **[질의]** 본인은 현재 무속(무당생활)인으로 10여년 전 외국인으로부터 외국그림(대한민국 국보급 그림이 아닌 외국그림)을 무속의 대가로 한점 소장하게 됨. 위 외국그림을 지금 외국에 판매를 할 경우 본인에게 적용되는 세금에 어떤 것인지와 몇 %의 세율이 적용되는지 여부?
>
> **[회신]** 미술품의 판매를 계속·반복적으로 수행하는 사업자가 아닌 거주자가 소장하고 있던 외국그림을 양도하고 얻는 소득에 대해서는 그 양도행위가 국내에서 이루어졌는지 또는 국외에서 이루어졌는지에 관계없이 현행 소득세법상 소득세가 과세되지 아니하는 것입니다.

> ● 법규소득2010-287, 2010.10.12
>
> 신청의 사실관계와 같이, 사업자가 아닌 거주자가 소장하고 있는 골동품(도자기)을 2010.12.31 이전에 양도하는 경우 해당 골동품의 양도로 발생하는 소득에 대해서는 소득세가 과세되지 아니하는 것임

2) 양도일 현재 생존해 있는 국내 원작자의 작품은 제외

양도일 현재 생존해 있는 국내 원작자의 작품은 과세대상에서 제외합니다. 이때 국내 원작자 개념에 주의합니다. 기획재정부 유권해석에 따르면, 국내 원작자란, 양도일 현재 ① 대한민국 국적자인 원작자로서 생존한 자와, ② 국적은 외국이지만 세법상 우리나라 거주자로서 국내에서 주로 작품활동을 하는 자를 말한다고 합니다.

● 기획재정부소득−84, 2020.02.12

「소득세법 시행령」 제41조 제14항 단서에서 '양도일 현재 생존해 있는 국내 원작자'는 양도일 현재 생존해 있는 대한민국 국적자인 원작자와 국내에서 주로 작품 활동을 하면서 양도일 현재 「소득세법」 제1조의2 제1항 제1호의 거주자인 외국인 원작자를 말하는 것입니다. 다만, 외국인 원작자가 국내에서 주로 작품 활동을 하는지 여부는 사실 판단할 사항입니다.

3) 열거한 작품만 과세

소득세는 소득원천설을 따르므로, 법문에 열거되어 있는지가 중요하다고 말씀드렸습니다. 법문에는 과세대상을 다음과 같이 열거하고 있습니다.

1. 서화·골동품 중 다음 각 목의 어느 하나에 해당하는 것
   가. 회화, 데생, 파스텔(손으로 그린 것에 한정하며, 도안과 장식한 가공품은 제외한다) 및 콜라주와 이와 유사한 장식판
   나. 오리지널 판화·인쇄화 및 석판화
   다. 골동품(제작 후 100년을 넘은 것에 한정한다)
2. 제1호의 서화·골동품 외에 역사상·예술상 가치가 있는 서화·골동품으로서 기획재정부장관이 문화체육관광부장관과 협의하여 기획재정부령으로 정하는 것

① 열거된 것이 아니면 과세되지 않는데, 위 내용을 자세히 보면 조각품이 열거되어 있지 않습니다. 따라서 컬렉터가 조각품을 양도하는 경우 과세대상이 아닙니다. 이는 미술품 양도소득 과세 초창기부터 이어져 온 해석입니다.

비슷한 원리로 비디오아트도 열거되어 있지 않습니다. 따라서 컬렉터가 비디오아트를 양도하는 경우 과세대상이 아닙니다. 같은 원리로 아트토이의 양도차익도 과세대상이 아닌 것으로 보입니다.

그러나 컬렉터가 아니라 작가나 갤러리가 조각을 매매하는 경우에는 사업성에 따라 [사업소득]이나 [기타소득−일시적 창작소득]으로 보게 됩니다. 조각이라고 전부 비과세되는 것이 아니라, 누가 매매하는지가 중요합니다.

귀 질의의 경우, 「소득세법」 제21조 제1항 및 같은 법 시행령 제41조 제12항에 따른 과세대상 서화·골동품에는 조각작품은 포함되지 아니하는 것입니다.

[질의] 질의인은 사업자가 아닌 개인으로부터 故 ○○○ 작가의 비디오 아트 작품을 취득하였으며, 해당 작품의 양도가액은 6천만원을 초과함. "비디오 아트"란 비디오를 표현 수단으로 하는 영상 예술, 조현 표현의 활동을 비디오테이프에 담아 그것을 영상으로 발표함으로써 작가의 조형 활동의 과정을 전달하려는 것을 의미함(국립국어원 표준대국어사전 참조) 故 ○○○ 작가의 비디오 아트 작품 양도로 발생한 소득이 소득세법 제21조 제2항의 서화, 골동품의 양도로 발생하는 기타소득에 포함되는지 여부
(제1안) 포함됨
(제2안) 포함되지 않음

[회신] 귀 질의의 경우에는 제2안이 타당합니다.

② 법문에 의하면 도안도 과세 제외됩니다. 도안이란 미술작품의 아이디어를 설계하여 나타낸 것을 말합니다. 특히 공공미술이나 개념미술을 하는 사람들은 페인팅이나 드로잉, 오브제를 판매하는 작가들처럼 작품을 팔 수가 없다 보니, 아이디어 스케치를 팔거나, 공공미술의 축소모형을 팔거나 하여 작품비를 마련합니다. 이 경우 개인 컬렉터들 사이의 도안의 매매는 기타소득으로 과세되지 않으므로 현행법상 과세대상이 아닙니다. 그러나 작가나 갤러리가 매매하는 경우는 역시 사업성을 따져보아야 합니다.

③ 회화, 데생, 파스텔화는 [손으로 그린 것에 한정하여 과세하고, [장식한 가공품]은 기타소득 과세대상에서 제외합니다. 이 문구는 위 조각이나 비디오아트처럼 비과세라는 의미보다, 사업소득으로 판단해보라는 취지로 풀이됩니다. 손으로 그린 회화 등이 아니라면 기계장치나 AI를 활용했다는 걸 의미하고, 그렇다면 물적시설이 있을 것이고 사업자일 가능성이 있습니다. 장식한 가공품도 단어 의미상 사업자가 생산할 가능성이 높습니다. 법 구조상 컬렉터의 세법에서 벗어나게 되므로 사업소득으로 과세할 수 있습니다.

④ 판화는 오리지널만 기타소득으로 과세합니다. 오리지널 판화란, 예술가의 손으로 만들어져 고유한 넘버를 부여받은 작품으로 해석됩니다. 그렇다면 복제 판화란 작가가 아닌 갤러리 등이 비즈니스 목적으로 생산해낸 작품으로 해석되어 사업소득 여부를 검토해야 합니다. 복제 판화 역시 사업성이 있으면 사업소득으로 과세될 수 있습니다.

⑤ 골동품은 제작 후 100년이 넘은 것을 기타소득 과세대상으로 봅니다. 골동품은 오래된 기물을 말하므로, 100년이 되지 않은 것은 기물의 속성에 주목하여 소득을 판단해야 할 것입니다. 한편 골동품은 50년이 기준이라고 아는 분도 있으실 텐데요, 50년 기준은 문화재보호법상 문화재매매업자가 매매에 대해 정부 심사를 받는 기준2으로 세법과는 다른 기준이므로 참고로 알아둡니다.

● 서면소득2015-1267, 2015.07.23

[질의] 질의자는 비사업자로서 오랫동안 수집해 온 골동품(고가구, 나막신, 절구통, 패랭이 등)을 일괄로 박물관에 양도, 비사업자인 거주자가 골동품을 박물관에 양도하는 경우 과세여부

[회신] 귀 질의의 경우, 비사업자가 양도하는 골동품이 소득세법 제21조 제1항 제25호와 같은법 시행령 제41조 제13항에서 기타소득으로 규정하는 것에 해당하는 경우에 한하여 과세되는 것이며 그 외의 경우 소득세법상 과세대상에 해당되지 않는 것입니다.

---

4) 양도가액 6천만원부터 과세

열거된 작품이라도 개당/점당/조당 양도가액이 6천만원이 넘는 것만 과세합니다. 이때 '조'라는 것은 개별소비세법에 따르면 2개 이상이 함께 사용되는 물품으로서 보통 짝을 이루어 거래되는 것을 말합니다. 미술의 세계에서는 작품 크기를 지칭할 때 '호'라는 단위를 쓰는데, 10호가 [53.0cm×45.5cm]정도입니다. 세법에서는 크기와 관계없이, 개, 점, 조의 단위를 쓰고 있습니다.

---

2 문화재보호법 제41조, 문화재보호법 제75조 제1항, 제2항

가액기준을 둔 것은 비교적 소액의 미술품이 컬렉터들 사이에서 원활하게 유통되도록 하는데 취지가 있는 것으로 생각됩니다. 양도가액 6천만원 미만의 작품은 개인 컬렉터가 계속 반복적으로 거래하더라도 과세하지 않겠다는 뜻입니다.

그러나 작가 및 갤러리의 사업소득에 해당하는 경우, 단돈 1만원이라도 계속 반복적으로 거래하는 한 사업소득으로서 과세대상입니다.

> **• 소득-111, 2011.01.31**
>
> 미술품, 공예품, 예술품 등 각종 창작예술품을 소매하는 산업활동에서 발생한 소득은 소득세법 제19조에 따른 사업소득에 해당하는 것이나, 거주자가 사업성이 없이 소장하고 있는 점당 6천만원 미만의 서화를 양도하고 발생한 소득은 같은 법 제21조에 따른 기타소득에 해당하지 아니하는 것이며, 사업성 여부는 구체적인 사실관계에 따라 판단할 사항입니다.

양도가액은 매매 당사자들이 정합니다. 그렇다면 매매 당사자끼리 합의하여 6천만원 아래로 가격을 정하면 그대로 인정할까요? 매매 당사자 사이에 특수관계가 없다면 서로 이해관계가 배치되는 중에 결정된 가격이기 때문에 그대로 인정합니다. 하지만 가족이나 경제적 연관관계가 있는 특수관계는 다릅니다. 납세자가 특수관계자와 거래로 인하여 그 소득에 대한 조세 부담을 부당하게 감소시킨 것으로 인정되는 경우에는 국세청이 세금을 다시 계산합니다.[3] 이것을 부당행위계산의 부인이라고 합니다.

그렇다면 어느 정도가 부당하지 않을까요? 시가와 거래가액의 차이가 3억 이상 나거나, 5% 이상 나는 경우 부당하다고 봅니다.[4] 시가는 얼마일까요? 시가는 다음을 차례로 적용합니다. ① 불특정다수(제3자) 사이에 일반적으로 거래되는 가격이 있으면 그 가격(정상가격), ② 감정평가사 자격증이 있는 감정평가업자가 감정한 가액이 있는 경우 그 가액. ③ 상속세 및 증여세의 평가방법, 순서입니다.[5] 상속세

---

3 소득세법 제41조 제1항
4 소득세법 시행령 제98조 제2항
5 소득세법 시행령 제98조 제3항, 법인세법 시행령 제89조 제1항, 제2항, 상속세 및 증여세법 시행령 제52조 제2항 제2호

및 증여세의 평가법은 뒤에서 자세히 설명합니다.

5) 문화재, 박물관/미술관 양도 비과세

기타소득인 경우, 미술품이 「문화재보호법」에 따라 국가지정문화재로 지정된 미술품이거나, 미술품을 박물관 또는 미술관에 양도함으로써 발생하는 소득인 경우는 소득세를 과세하지 않습니다.[6] 국가지정문화재는 대체로 국가가 사들이는 경우가 많고, 박물관이나 미술관이 작품을 사들이는 경우에도 공익적인 측면이 있습니다. 또 컬렉터의 뜻에 따라 작품을 모아 새로운 미술관을 세워서 사회에 환원하는 경우도 있습니다. 공익에 기여하는 점을 들어 비과세로 정했습니다. 이때 박물관이나 미술관을 [박물관 및 미술관 진흥법 제16조에 따른 등록된 박물관이나 미술관]이라고 지칭하지 않고 있으므로, 일반적인 박물관이나 미술관이어도 괜찮을 것으로 봅니다.

(3) 과세 방법

1) 무조건 기타소득

비과세 요건에 해당하지 않으면 과세대상입니다. 과세대상일 때도 미술품을 매매하여 얻은 소득에는 독특한 세법을 적용하여 세부담을 줄이고 있습니다.

① 매매가 계속반복적이지 않은 경우 원래 기타소득

소득세법 원칙으로는 영리를 목적으로 자기의 계산과 책임 하에 계속 반복적으로 미술품을 양도하여 얻는 소득이라면 사업소득이 됩니다.[7] 반면 사업성 없이 일시적인 미술품의 양도로 인한 소득은 기타소득입니다.[8] 그렇다면 개인 컬렉터

---

6 소득세법 제12조 제5호 바목, 사목
7 소득세법 제19조 제1항 제17호
8 소득세법 제21조 제1항 제25호

가 작품을 매매하는 경우 대체로 기타소득이 될 것 같습니다. 작품이 좋아서 구입했기 때문에 품에서 내놓는 일이 잘 없기도 하고 거액의 미술품이 자주 거래되기도 어렵습니다. 그래서 일시적 매매일 가능성이 높습니다.

> **● 소득, 기획재정부 소득세제과-596, 2019.10.24**
>
> 개인소장가가 미술품을 경매회사 등을 통해 여러 차례 위탁판매하여 발생한 소득이 그 횟수나 빈도를 이유로 소득세법 제19조의 규정에 의한 사업소득에 해당하는지 또는 동법 제21조 제1항 제25호의 기타소득에 해당하는지 여부는 사업활동으로 볼 수 있을 정도의 계속성과 반복성이 있는지 여부, 판매규모, 보유기간, 거래 및 사업의 형태, 소득창출을 위한 자산과 근로의 결합여부, 그 밖에 활동 전후의 모든 사정 등에 비추어 그 활동이 영리를 목적으로 하고 있는지 여부 등을 종합적으로 고려하여 사회통념에 따라 사실 판단할 사항입니다.

② 2021년부터는 매매가 계속반복적이어도 기타소득

하지만 컬렉터 중에는 미술품 매매를 계속 반복적으로 하는 분들도 있습니다. 이런 분들은 사업소득으로 과세될까요? 여기서 다른 소득에는 없는 미술품 양도소득만의 특별한 내용이 있습니다. 개인 컬렉터가 미술품을 양도하는 경우에는 영리를 목적으로 계속 반복적으로 매매하는 경우에도, 웬만하면 사업소득으로 보지 않고 반드시 기타소득으로만 봅니다.

원래 세법에서 기타소득이란, [이자소득 · 배당소득 · 사업소득 · 근로소득 · 연금소득 · 퇴직소득 및 양도소득 외의 소득으로서 다음 각 호에서 규정하는 것[9]이라고 표현하여, 사업소득 판정이 무조건 우선입니다. 그런데 같은 조에서 다시 특별히 예외를 두어 사업소득 판정과 관계없이 기타소득으로 보고 있습니다.

> **● 소득세법 제19조(사업소득)**
>
> ① 사업소득은 해당 과세기간에 발생한 다음 각 호의 소득으로 한다. (생략)
> 21. 제1호부터 제20호까지의 규정에 따른 소득과 유사한 소득으로서 영리를 목적으로 자기의 계산과 책임 하에 계속적 · 반복적으로 행하는 활동을 통하여 얻는 소득

---

9 소득세법 제21조 제1항

① 기타소득은 이자소득·배당소득·사업소득·근로소득·연금소득·퇴직소득 및 양도소득 외의 소득으로서 다음 각 호에서 규정하는 것으로 한다.
② 제1항 및 제19조 제1항 제21호에도 불구하고 대통령령으로 정하는 서화(書畵)·골동품의 양도로 발생하는 소득(사업장을 갖추는 등 대통령령으로 정하는 경우에 발생하는 소득은 제외한다)은 기타소득으로 한다.

이렇게 특이한 조항은 2021년부터 포함되었습니다. 소득세법 개정안의 취지에 따르면, 2013년 최초 과세 때부터 미술시장에 미치는 영향을 최소화하기 위해 원래 개인 컬렉터의 미술품 양도소득을 기타소득으로만 보려했다고 합니다. 그러나 규정을 불분명하게 정하는 바람에, 다른 소득처럼 마치 사업소득으로도 될 수 있는 것처럼 혼란이 초래되었고, 이를 바로잡은 것이라고 합니다.

2008년 「소득세법」 개정으로 개인소장가의 서화·골동품(미술품)양도차익을 기타소득으로 분리과세하도록 하였고, 시행 유예기간을 거쳐 2013.1.1부터 과세가 이루어지고 있음. 이는 당시까지 과세대상에 포함되지 아니하였던 개인소장가의 미술품 양도차익을 과세대상에 포함하되, 어느 경우에도 항상 기타소득 분리과세로 납세의무를 종결하도록 함으로써 미술시장과 미술계 종사자에게 미치는 영향 및 납세협력비용을 최소화하기 위한 것이었음. 그러나 당시 개정된 법률 규정이 다소 불분명하여 위와 같은 입법취지와는 달리 개인소장가의 미술품 양도차익이 기타소득이 아닌 사업소득으로 해석될 소지가 발생하여 혼란이 초래되고 있음. 이에 개인소장가의 미술품 양도차익은 어느 경우에도 항상 기타소득 분리과세로 납세의무가 종결된다는 2008년 「소득세법」 개정 당시의 국회 입법 논의취지에 맞게 법률을 보다 명확히 규정하려는 것임.

2021년의 개정 전에는 개인 컬렉터가 작품 매매 차익을 기타소득으로 신고했다가, 추후 세무조사를 통해 사업성(영리를 목적으로 계속 반복)이 드러나 사업소득으로 판정되며 세금이 추징되는 경우도 있었습니다. 이제는 법이 바뀌었지만, 세무조사를 통해 2020년까지의 미술품 양도에 대해 사업성을 적발한 경우, 여전히 사업소득으로 볼 수도 있을까요? 좀 더 지켜봐야 합니다. 사견으로는 납세자에게 유리한 소급입법은 인정될 가능성이 높습니다.

③ 무조건 기타소득은 컬렉터만 가능함

그렇다면, 혹시 갤러리나 작가도 이런 컬렉터의 세법을 주장해볼 여지는 없을까요? 그럴 수는 없습니다. 개정 취지에 비추어 이것은 컬렉터를 위한 세법이고, 작가나 갤러리의 작품판매소득은 [예술, 스포츠 및 여가 관련 서비스업]에서 발생하는 사업소득으로 판단하여야 한다는 것이 세법의 태도입니다.

● 사전법규소득2021-1877, 2022.03.30

[질의] 질의인은 생존한 작가로 서양화 작품을 1점당 6천만원 미만으로 화랑에 판매*하였고, 화랑은 작품대금을 질의인에게 지급시 사업소득으로 원천징수하여 지급함. 자영예술가인 화가가 미술품(서화)을 양도하여 발생한 소득의 소득구분 및 과세여부
* 사업자등록 및 별도의 판매시설등 사업장을 갖추지 아니함

[회신] 귀 사전답변신청 사실관계의 경우, 자영예술가인 화가가 자신의 창작품인 미술품을 양도함으로서 발생하는 소득은 「소득세법」 제19조 제1항 제7호 또는 제17호에 따른 사업소득에 해당하는 것입니다.

---

④ 사업소득으로 보는 경우

세법에는 컬렉터와 그 외의 자를 구분하기 위해, [사업장을 갖추는 등 대통령령으로 정하는 경우에 발생하는 소득은 (기타소득 판정에서) 제외한다]는 조항도 두었습니다. 이 조항의 적용을 받으면 기타소득이 아닌 사업소득으로 됩니다. 시행령에 따르면 개인 컬렉터의 미술품 양도소득을 기타소득 아닌 사업소득으로 보는 2가지 경우는 다음과 같습니다.[10]

① 첫 번째는 서화, 골동품 거래를 위해 사업장 등 물적시설을 갖춘 경우입니다. 소득세법에 물적시설이라는 용어의 정의는 없지만, 부가가치세법에서는 물적시설을 [계속 반복적으로 사업에만 이용되는 건축물 기계장치 등]으로 정의하고 있습니다. 이때 물적시설은 인터넷 등 정보통신망을 이용한 가상의 시설을 포함하는데, 거래를 위하여 홈페이지나 SNS에 작품 사진을 게재하거나 뷰잉룸을 마련한 상태를 의미하는 것으로 보입니다.

---

10 소득세법 시행령 제41조 제18항

반면 가정 집의 방 한 칸을 내어 수장고로 쓰거나, 수장고를 임차하고 있는 컬렉터는, 혹시 물적시설이 있다고 보는 건 아닌지 불안할 수 있는데요, 이는 물적시설은 맞지만, [거래를 위해] 쓰이는 시설은 아니기 때문에, 컬렉터에게 유리한 해석이 가능하지 않을까 생각합니다.

② 두 번째는 서화, 골동품을 거래하기 위한 목적으로 사업자등록을 한 경우입니다. 원래 사업자등록여부는 원활한 공무수행에 협력하는 차원에서 정보 제공을 하는 것에 불과하지, 사업자등록자체가 사업성 여부를 판단하는 요소는 아닙니다. 그럼에도 불구하고 사업자등록 여부에 따라 사업소득인지 기타소득인지 판단 기준으로 할 수 있다고 표현하였습니다. 만약 컬렉터였던 사람이 사업자등록을 내고 갤러리업을 시작할 예정이라면, 조심하는 것이 좋습니다. 갤러리를 운영하기 전에 가지고 있던 작품을 팔았을 때도, 컬렉터 아닌 사업자로 몰릴 수 있습니다.

그건 그렇고 왜 이렇게 기타소득인지 사업소득인지가 중요할까요? 미술품을 양도할 때 필요경비, 원천징수 세율, 원천징수 방법의 측면에서 기타소득이 사업소득보다 훨씬 유리하기 때문입니다. ① 필요경비 계산 방법, ② 무조건 분리과세, ③ 22% 원천징수세율, 이상 3가지에서 유리한 점이 나타납니다.

2) 필요경비 80%~90% 의제

예를 들어 1억에 작품을 구입하여 3억에 파는 경우, 매도대금 3억원이 총수입금액, 작품값인 1억원이 필요경비, 순수익인 2억원이 소득금액입니다. 이 차이가 과세되어야 마땅할 것 같습니다. 사업소득이면 그렇게 합니다.

그런데 개인 컬렉터의 미술품 양도소득은 실제 경비와 관계없이 총수입금액이 1억원 이하인 경우 무려 [90%의 필요경비]를 의제할 수 있다고 합니다. 즉, 얼마에 샀는지 묻지도 않고, 3억원×90%=2.7억을 경비로 보고, 순수익을 0.3억으로 할 수 있다는 것입니다. 2억을 남겼는데도, 0.3억만 과세합니다.

만약 총수입금액이 1억원을 초과하는 경우 [9천만원+1억원 초과분의 80%]를 필요경비로 인정하되, 미술품의 보유기간이 10년 이상인 경우에는 다시 전액의 90%

를 필요경비로 의제합니다. 미술품을 산지 오래되어 미술품 취득에 관한 객관적인 입증서류가 없는 경우는 1억 초과분에 대해 10년 보유를 인정할 수 없기 때문에 80%만 필요경비로 인정합니다. 물론 작품 취득원가가 수입금액의 90%를 넘거나 손해보고 파는 경우에는 실제 경비를 적용하는 것도 가능합니다. 표로 정리하면 다음과 같습니다.

미술품 양도가액	필요경비
1억원 이하	90%
1억원 초과 (10년 미만 보유)	1억원까지 90% 1억원 초과분 80%
1억원 초과 (10년 이상 보유)	90%
1억원 초과 (자료 없음)	1억원까지 90% 1억원 초과분80%

3) 무조건 분리과세

작가편에서 기타소득금액이 3,000,000원에 미달하는 경우 종합과세와 분리과세 중 유리한 것을 선택할 수 있지만, 3,000,000원을 초과하는 경우에는 종합과세된다고 말씀드렸습니다. 그러나 개인 컬렉터가 미술품을 양도하는 기타소득의 경우에는 고민할 것이 없습니다. 개인 컬렉터가 미술품을 양도하는 경우는 무조건 분리과세합니다.[11] 내가 본업에서 얼마를 어떻게 벌든, 합산하지 않습니다.

그 이유는 미술품 양도는 여러 해에 걸친 양도차익이 한 번에 실현되는 특성이 있어서, 다른 소득과 합산하여 누진과세하는 것이 불합리하기 때문입니다.[12] 비슷하게 분리과세하는 것으로, 주택/주식 양도소득세, 퇴직소득 등이 있습니다.

분리과세는 원천징수세율에 따라 유불리를 판단한다 하였습니다. 미술품 양도소

---

11 소득세법 제14조 제3항 제8호 다목
12 소득세법 제14조 제3항

득의 분리과세 원천징수세율은 지방소득세 포함 22%입니다.[13] 22%는 종합소득금액이 50,000,000~88,000,000원의 구간의 종합소득 세율인 26.4%보다도 적은 수준입니다. 컬렉터의 평균적인 경제력에 비추어, 대부분의 컬렉터에게 유리하게 작용합니다.

4) 완납적 원천징수

분리과세라는 것은, 원천징수 세액만 내면 납세의무가 마무리된다는 뜻입니다. 그러면 원천징수를 하지 않으면 아예 세금을 신고 납부하지 않는 것이 되므로 소득을 지급하는 자가 반드시 원천징수를 해야 합니다. 미술품 양도소득을 지급하는 원천징수의무자(매수인)는 기타소득 총수입금액에서 80~90%의 필요경비 의제규정을 적용하고, 22%를 원천징수하기 때문에 원천징수세율은 2.2~4.4%가 됩니다.

작가편에서, 사업소득 원천징수에서는 별도 규정을 두어 소득을 지급하는 자가 사업자 신분이거나 법인인 경우만 원천징수의무가 있고 일반 소비자에게 원천징수의무가 없었습니다. 하지만 기타소득은 그런 내용이 없습니다. 컬렉터들은 개인간 매매에서도 원천징수를 합니다.

만약 컬렉터가 해외에 작품을 파는 경우 그 매수인은 원천징수를 어떻게 할까요? 이때는 우리나라 세법을 잘 모르는 비거주자를 배려하여 우리나라 매도인이 스스로 기타소득을 원천징수해서 신고납부하도록 합니다.[14]

기타소득 원천징수를 마쳤다면 매수인은 다음 달 10일까지 [원천징수이행상황신고서]를 작성하여 원천징수세액을 국세청에 납부합니다. 그리고 1년에 1번 소득지급명세서도 제출합니다. 하지만 미술품 양도소득의 경우 소득지급명세서를 제출할 때 [서화·골동품 양도소득 명세서]를 함께 제출합니다.[15] 여기에는 매수인 매도인에 대한 정보는 물론이고 작품의 기법과 작가 이름, 재질, 크기, 제작연도까지 전부 쓰도록 되어 있습니다.

---

13 소득세법 제129조 제1항 제6호
14 소득세법 제155조의5, 소득세법 시행령 제206조의3
15 소득세법 시행규칙 별지 제23호서식

서화 · 골동품 양도소득 명세서

징수 의무자	①사 업 자 등 록 번 호					②법인명(상호)			③성명		
	④주 민(법인) 등 록 번 호					⑤소재지(주소)					

⑥일련 번호	⑦ 작품 코드	⑧지급 연월일			⑨ 총양도 가액 (매매가액)	⑩지급액	⑪양도자		⑫양수자		⑬작가	⑭작품명	⑮재질	⑯크기 가로(㎜) ×세로(㎜) 또는 작품호수 등	⑰제작 연도
		연	월	일			성명	주민등록 번호	성명 (상호)	주민(사업자) 등록번호					

작 성 방 법

1. 이 서식은 거주자에게 서화 · 골동품 양도소득(소득구분코드 64)을 지급하는 경우 작성하는 명세서입니다.

2. ⑦작품코드는 아래와 같습니다.

구분	서양화	동양화	데생	파스텔	콜라주	판화	인쇄화	석판화	골동품	기타
작품코드	1	2	3	4	5	6	7	8	9	10

3. ⑯제작연도가 불분명한 경우 작성하지 아니할 수 있습니다.

210mm×297mm(백상지 80g/㎡)

2. 미술품의 평가, 증여세, 상속세

(1) 서론

지금까지는 컬렉터가 작품을 매매하면서 얻은 차익을 소득세로 과세하는 것을 설명했습니다. 그런데 컬렉터는 작품을 매매하지 않고 가족에게 증여해줄 수도 있고, 작품을 마지막 순간까지 가지고 있다가 떠나는 경우 유족에게 상속되기도 합니다. 여기서부터는 컬렉터의 증여세와 상속세 이야기를 해보도록 합니다.

초반부에 상속세와 증여세를 설명하면서, 대가가 오가는 것이 아니다 보니 재산가치를 파악하기가 어렵다고 했습니다. 하지만 우리나라 모든 세금은 금전납부가 원칙이기 때문에 재산 가치가 반드시 숫자로 표현되어야, 거기에 %인 세율을 곱해 세액을 도출합니다. 그러니 파악이 어려워도, 어떻게든 과세대상 재산을 숫자로 환산해야 합니다. 바꿔 말하면, 미술품의 가치를 어떻게든 숫자로 표현만 할 수 있다면, 그 후에는 세법에서 정한 원리에 따라 세금은 일사천리로 도출됩니다. 그러므로 미술품 재산평가원리를 공부하는 것은 미술품 상속, 증여 공부의 첫 단추입니다.

하지만 부동산이나 주식처럼 널리 매매의 대상이 되는 재산들도 재산가치를 파악하기 쉽지 않은데, 예술적 가치까지 더해진 미술품을 숫자로 환산한다는 것은 정말로 어렵습니다. 그렇다고 법을 모호하게 해놓으면 납세자와 국세청이 서로 불만을 가집니다. 그래서 세법에서는 재산평가 규정을 마련해두었습니다만, 현실의 가치와 동떨어지게 되는 경우도 생겨납니다. 그래도 법에 따라야 합니다.

들어가기 전에 박지영 교수님 저서 [아트 비즈니스] 중 미술품의 가격형성 논리를 소개합니다. 시장에서 미술품은 일반적인 상품과 다른 독특한 세 가지 특성 때문에 가격도 달라진다고 합니다. ① 미술품은 이 세상에 단 하나 밖에 없는 유일한 상품이기 때문에 독점적 지위를 가지고 있고, ② 미술품은 교환가치 및 감상가치, 소장가치가 유동적이라 정해진 가격이 없고, ③ 미술품은 시간이 지날수록 가치가 상승하는 특성이 있습니다. 여기에다 상대적 희소가치, 소비자와 콜렉터의 애착 및 소유욕, 사회적 만족감 및 인정, 경매사의 진행 솜씨와 쇼맨십, 크게는 국가 브랜딩 파워, 문화 정책, 세금 체계까지 개입되면서 미술작품 특유의 가격을 형성한다고 합니다. 이 이상은 교수님의 저서를 참고해주시기 바랍니다.

(2) 시가

1) 다른 세목의 시가 개념, 상증세의 시가 대원칙

먼저 다른 세목이 시가를 어떻게 파악하고 있는지 알아보겠습니다.

① 부가가치세법의 시가는 [사업자가 특수관계인이 아닌 자와 해당 거래와 유사한 상황에서 계속적으로 거래한 가격 또는 제3자 간에 일반적으로 거래된 가격] 등입니다.[16]

② 법인세법과 소득세법에서 시가는 [건전한 사회 통념 및 상거래 관행과 특수관계인이 아닌 자 간의 정상적인 거래에서 적용되거나 적용될 것으로 판단되는 가격]입니다.[17]

③ 국제조세조정에 관한 법률에서 정상가격은 [국외특수관계인이 아닌 자와의 통상적인 거래에서 적용되거나 적용될 것으로 판단되는 재화 또는 용역의 특성·기능 및 경세환경 등 거래조건을 고려하여 가장 합리적인 방법으로 계산한 가격]을 말합니다.[18]

법마다 표현이나 뉘앙스는 약간 다르지만 몇 가지 공통점을 발견할 수 있습니다. ① 우연하거나 일시적이거나 특수한 상황이 아니라, 계속적, 유사한 상황, 일반적 거래 가격일 것 ② 특수관계자 사이의 거래가 아닌, 다수 제3자와 거래한, 정상적인, 자유로운 거래 하에서 성립된, 합리적인 가격일 것 ③ 대가를 주고받은 그 가

---

16 부가가치세법 제62조 제1항
17 법인세법 제52조 제2항, 법인세법 시행령 제89조 제1항, 소득세법 시행령 제98조 제3항
18 국제조세조정에 관한 법률 제5조 제1항

액으로 할 것이라는 점입니다.

불특정 다수인이란, 상대방과 나와 어떤 특별한 관계가 있어서 그 관계가 가격에 영향을 주는 경우가 아니어야 한다는 걸 말합니다. 예를 들어 부모-자식이나 친척 사이의 매매가액이 있어도, 계약 당사자 사이에 특별한 관계성이 가격에 감안되었으므로, 그것을 시가라 부르기는 어렵습니다.

일반이고 자유로운 거래여야 합니다. 자유롭다는 뜻은, 협상력이 비슷한 수준이라는 것을 말합니다. 매도인이 급매를 하거나, 매수인이 급매를 하는 등의 상황에서 이루어지는 가격은 자유로운 상황이 아니라는 뜻입니다. 또, 작품이 상하거나 하는 경우에는 그 물건이 통상적인 상태가 아니라는 것입니다.

상속세 및 증여세법에서도 [불특정 다수인 사이에 자유롭게 거래가 이루어지는 경우에 통상적으로 성립된다고 인정되는 가액]이 있다면 이를 시가로 합니다. 다만 가격은 상시 변하기 때문에, 상속개시일 또는 증여일 현재(평가기준일)의 시가여야 합니다.[19] 예를 들어 신진작가 작품은 호당 100,000원이라든지 미술계의 통상적인 가격 관행이 있다면, 그것이 시가가 될 수도 있습니다.

• 법인, 서면-2018-법인-2241 [법인세과-3064], 2018.11.27

[질의] 질의법인은 박물관업을 영위하는 법인으로 대표자 개인이 소장하고 있는 유물과 대표자 가지급금을 상계하기 위해 유물의 시가를 평가하고자 함. 한편, 질의법인은 대표자 개인이 소장하고 있는 유물을 지방자치단체 등에 기증할 시 H대학교 자연사 박물관장에게 의뢰하여 평가하여 왔으며 질의법인이 대표자로부터 유물을 취득할 때에도 동일한 평가방법에 따른 유물의 시가가 인정되는지 여부를 질의함.

[회신] 법인이 대표자로부터 판매용이 아닌 유물을 취득하는 경우 해당 유물의 취득가액이 특수관계인이 아닌 자간의 정상적인 거래에서 적용되거나 적용될 것으로 판단되는 가격인 경우에는 「법인세법」제52조 제2항 및 같은 법 시행령 제89조 제1항의 규정에 의한 시가로 인정되는 것이며, 그 시가가 불분명한 경우에는 감정평가법인의 감정가액과 「상속세 및 증여세법」의 규정을 준용하여 평가한 가액을 순차적으로 적용하여 계산한 금액으로 하는 것입니다.

---

19 상속세 및 증여세법 제60조 제1항, 제2항

2) 시가로 인정되는 것

각 작품이 고유한 가치를 가지고 있는 미술품에는 시가 적용이 쉽지 않은 것이 사실입니다. 그래서 상속세 및 증여세법에서는 시가의 예시로서 매매사실이 있는 경우의 가액, 감정가액, 유사매매사례가액을 제시합니다.[20] 그리고 시가가 불분명한 경우에는 보충적 평가방법을 따르도록 하여 어떻게든 계량화를 할 수 있도록 근거를 마련했습니다.

시가로 인정되는 것을 따지는 기간이 너무 넓으면, 신빙성이 없습니다. 법에서는 평가기준일 전후 6개월(증여는 전 6개월, 후 3개월) 안에 포함된 것에 의미를 두면서, 이 기간을 평가기간이라고 부릅니다. 예를 들어, 7월 1일에 상속이 개시된 경우, [그 해 1월 1일~이듬해 1월 1일]까지 평가기간입니다. 증여는 [1월 1일~10월 1일]이 평가기간입니다.

① 그 재산의 매매, 수용, 경매, 공매가

바로 그 자산을, 특수관계인 아닌 자와 매매계약을 체결한 사실이 있으면 그 가격을 시가로 인정합니다.[21] 이것만큼 확실한 시가는 없을 것입니다. 예를 들어 산지 6개월도 안 된 작품을 증여할 때는 산 가격이 시가이고, 상속받은지 6개월 안에 작품을 팔게 되었다면, 그 가격이 시가입니다.

이때 매매라는 것은 타인과 일반적으로 계약을 체결하는 매매는 물론, 국가가 공익사업을 위해 보상금을 주고 수용한 경우, 채무변제를 위해 경매에 부치거나 국가가 세금을 징수하기 위해 공매에 부친 경우 모두 가능합니다.

② 감정가액

또 시가로 인정되는 것은 감정가액입니다.[22] 평가기간 내 감정가액이 있다면 그

---

20 상속세 및 증여세법 제60조 제2항
21 상속세 및 증여세법 시행령 제49조 제1항
22 상속세 및 증여세법 제60조 제5항, 상속세 및 증여세법 시행령 제49조 제1항

가액으로 합니다. 이때 감정가액이란 국토교통부에 등록되어 공인된 감정평가법인 또는 감정평가사가 감정한 가격을 말합니다.[23]

감정가액은 아무리 발달된 가격산출기법을 거치더라도, 감정평가사의 주관이 일정부분 반영될 수밖에 없습니다. 그래서 변동폭을 줄이기 위해 감정가액은 둘 이상의 감정기관의 가액을 거쳐 평균액을 내는 것이 원칙입니다. 그러고도 감정가액이 지나치게 낮다고 판단되면, 국세청이 심의를 거쳐서 감정평가업자를 블랙리스트에 올리기도 하고, 국세청이 직권으로 다른 감정평가사에게 다시 의뢰를 맡기기도 합니다. 이렇게 되면 납세자에게는 불리한 방향으로 감정가액이 도출될 수 있습니다. 참고로 [기준시가 10억 이하이면서, [부동산]인 재산은 감정을 한 번만 거쳐도 된다는 법도 있는데, 미술품과는 무관합니다.[24]

감정가액을 도출하며 평가 수수료를 지출했다면, 상속세 신고를 성실하게 하기 위한 비용 성격이 있기 때문에, 500만원까지 상속세 과세가액에서 공제가 가능합니다. 세액을 공제해주는게 아니라, 모수인 과세표준에서 공제합니다.

참고로 시가로 인정되는 것들 사이에서 경합이 일어나는 경우에는 평가기준일에 가까운 가액을 채택합니다.[25]

③ 평가기간의 확장

전후 6개월(3개월)이라는 시간적 범위를 정했습니다만, 이조차 짧을 수 있습니다. 특히 미술품 거래는 가치가 상승하고 그 가치를 알아보는 상대방을 만나기까지 시간이 오래 걸릴 수도 있습니다. 그래서 평가기간을 [평가기준일 전 2년~평가기준일이 속한 달 말일부터 15개월(9개월)]로 확장하는 경우가 있습니다.

작가편에서 신고납부세목과 정부부과세목을 설명드린 적 있는데 기억하시는지요? 신고납부세목은 납세자가 신고하면 그로서 납세의무가 확정되고, 납부로 인하여

---

23 상속세 및 증여세법 시행규칙 제15조 제1항
24 상속세 및 증여세법 시행령 제49조 제6항
25 상속세 및 증여세법 시행령 제49조 제2항

납세의무가 소멸되는 세목입니다. 쉽게 말해 신고한대로 믿어주는 세목입니다. 그러나 상속세와 증여세는 정부부과세목입니다. 상속세와 증여세는 신고에 확정력이 없고, 공무원이 신고 내용을 살펴보고 최종 결정을 해야만 납세의무가 확정되는 세목입니다. 확정력이 없지만 성실 납세 유도, 행정 효율을 위하여 미리 신고하는 것입니다. 신고는 상속일(증여일)이 속하는 달의 말일부터 6개월(3개월) 이내에 하고,[26] 공무원이 신고기한부터 9개월(6개월) 이내에 신고를 검토한 뒤 세액을 결정합니다.[27] 그러니까, 평가기간이 지났어도 조사관님 검토기간 중에 가격정보가 있다면, 참고될 수 있습니다.

그런데 납세자 생각도 해야지요. 신고도 다 끝났는데, 아직도 세금이 변할 수 있다고 하면 불안해서 잠을 잘 수 없습니다. 그래서 평가기간 확장은, 첫째, 시간의 경과와 환경 변화를 고려할 때 가격변동의 특별한 사정이 없었으면서, 둘째, 평가심의위원회의 심의를 거치는 경우에만 허용됩니다. 이때 미술품을 평가심의신청할 때는, 각 전문가가 감정한 가액 간의 차이가 현저하거나, 감정한 가액이 취득가액보다도 낮아 저평가로 보이는 경우여야 합니다.[28]

평가심의위원회는, 국공립박물관/미술관의 학예사, 문화재청 문화재전문위원, 기타 전문지식과 학식을 겸비한 자 등으로 위촉합니다. 위원들은 서류와 출장을 통해 감정을 실시합니다.[29]

④ 유사매매사례가액

해당 재산을 매매, 경매, 감정한 적은 없지만, 해당 재산과 면적·위치·용도·종목 및 기준시가가 동일하거나 유사한 다른 재산에 대한 가액(유사매매사례가액)이 있다면 그것도 시가로 볼 수 있습니다.[30] 똑같은 작품이 잘 없는 미술의 세계에서는 적용이 쉽지 않지만, 멀티플 제작이나 판화 등의 작품, 또는 같은 작가/같은 크

---

26 상속세 및 증여세법 제67조 제1항, 제68조 제1항
27 상속세 및 증여세법 제76조 제1항, 제3항, 상속세 및 증여세법 시행령 제78조
28 서화 골동품 등 감정평가심의회 설치 및 운영규정 제9조 제1항
29 서화 골동품 등 감정평가심의회 설치 및 운영규정 제4조 제1항, 제8조, 제9조 제2항
30 상속세 및 증여세법 시행령 제49조 제4항

기/비슷한 도상인 연작 시리즈 등을 거래하는 경우에는 적용 가능합니다. 하지만 매매사실이 있거나 감정가가 있으면 유사매매사례가는 적용하지 않습니다.[31] 더 정확한 가격데이터가 있기 때문입니다. 그러니까 2순위로 사용하는 가액입니다.

3) 보충적 평가방법

이렇게나 따져보아도 미술품은 시가가 없는 경우가 많습니다. 전후 6개월(3개월) 이내에 해당 작품이 거래된 적도 없고, 해당 작품과 유사한 작품이 거래된 적도 없을 수 있습니다. 본인이 감정을 의뢰하지 않으면 감정가액도 없습니다. 이럴 때 쓰는 규정이 보충적 평가방법입니다. 보충적 평가방법은 어디까지나 시가를 산정하기 어려운 경우에만 쓸 수 있습니다.[32]

미술품의 보충적 평가방법이란, 미술품 감정업을 전문으로 하는 전문분야별로 2개 이상의 전문기관이 감정한 가액의 평균액을 말합니다. 그러나 국세청에서 위촉한 3인 이상의 감정 전문가로 구성된 감정평가심의위원회에서 측정한 가액이 더 크면 그것으로 합니다.[33] 실무에서 전문가는, 화랑 대표, 옥션 소속 연구원, 교수님, 작가의 유명한 후원자, 작가의 동업자인 매니저/프로듀서 등이 있습니다.

이런 분들이 항상 감정평가사 자격증을 가지고 계신건 아닌데요, 감정평가사 자격이 있는 자가 평가한 가격과, 감정평가사 자격 없는 감정업자가 평가한 가격이 경합하는 경우, 세법에서는 전자를 우선순위에 놓고 있습니다. 감정평가사 자격 없는 감정업자의 평가가액은 보충적 평가방법에 속하기 때문입니다. 그런데 실무에서 미술품을 감정하려면 미술사, 작가, 머티리얼, 시장, 위작 등 풍부한 지식이 필요합니다. 자격증 있는 감정평가사들도 전문 감정사 선생님 또는 교수님의 자문을 구하는 경우가 많습니다. 따라서, 현실적으로 미술품 감정가들의 조언이 어떤 식으로든 영향을 끼치게 됩니다.

---

31 상속세 및 증여세법 시행령 제49조 제2항
32 상속세 및 증여세법 제60조 제3항
33 상속세 및 증여세법 제62조 제2항, 상속세 및 증여세법 시행령 제52조 제2항

• 서면상속증여2017-3216, 2018.08.14

[질의] (사실관계) 질의 의료원의 교직원이 의과대학 박물관에 X-ray 및 현미경 등 근대 의학 유물을 기증함. 기증자에게 해당물품 취득관련 증빙(장부가액)이 없어 평가위원 2인을 선정하여 가치 감정을 준비 중에 있음. 위와 같이 기증된 유물의 평가 방법은

[회신] 골동품의 경우 시가를 산정하기 어려운 경우 「상속세 및 증여세법」 제62조 제2항 및 같은 법 시행령 제52조 제2항 제2호에 <u>전문분야별로 2인 이상의 전문가가 감정한 가액의 평균액에 의하며</u>, 그 가액이 국세청장이 위촉한 3인 이상의 전문가로 구성된 감정평가심의회에서 감정한 감정가액에 미달하는 경우에는 그 감정가액에 의하는 것입니다. 다만, 귀 질의의 기증한 유물이 골동품에 해당하는지 여부는 관련 전문가의 감정, 관련 증빙, 희소성 등 관련 사실을 확인하여 사실판단 할 사항입니다.

4) 질권이 설정된 재산의 평가

요즘에는 미술품을 담보로 대출(ART FINANCE)을 해주는 경우도 많은데요, 이런 경우에는 평가에 감안해야 합니다. 우선 대출기관에서는 그 미술품이 얼마짜린 줄 알고 대출금액을 정했을까요? 아마도 대출기관에서 자체적으로 작품에 대한 감정을 거쳤을 것입니다. 그러면 납세자가 모를 뿐이지 감정가액이 존재하고 있는지도 모릅니다. 그래서 감정가액이 있는지를 꼭 조사해보아야 합니다.

또, 대출기관에서 미술품을 상대로 질권이나 양도담보권을 행사하고 있는 상황이라면, 그 미술품은 적어도 채권금액만큼의 가치는 있다는 뜻이 되므로, 채권액이 위 재산의 평가가액보다 큰 경우에는 채권액을 재산가액으로 해야 합니다.[34]

예를 들어 은행에서 작품을 10억으로 평가하고 처분금액을 고려하여 대출액을 3억으로 정하여 미술품을 담보로 3억원을 대출해주고, 질권을 설정할 수 있습니다. 이 경우, 10억이라는 감정가액이 있는지를 알아보아야 하고, 그게 아니더라도 그 작품은 적어도 3억원의 가치는 있다는 의미입니다. 미술품을 담보로 자금을 융통하는 일도 점차 낯설지 않은 일이 되어가고 있으므로 중요합니다.

---

34 상속세 및 증여세법 제66조, 동법 시행령 제63조 제1항

(3) 판례

중요한 판례 3개를 살펴보겠습니다.

● 조심2017서4132, 2018.10.24

[청구인 주장]

처분청의 쟁점수장고미술품 가액 평가에는 명백한 위법이 존재하므로, 동 미술품의 가액을 ○○○백만원으로 수정하여야 한다.

처분청은 쟁점수장고미술품의 평가와 관련하여 한국미술감정원 및 한국미술시가감정협회를 감정기관으로 선정하였고, 이들 감정기관의 약식감정 결과(실제 미술품을 살펴보고 감정을 한 것이 아니라, 쟁점수장고미술품의 리스트만을 보고 감정함)의 평균액인 ○○○백만원을 상속재산가액으로 확정하였다.

그러나 쟁점수장고미술품이 흩어져 보관되어 있다는 이유만으로 이를 직접 살피지 않고 취득일, 제목, 작가, 크기 및 전시장소 등이 간략하게 기재된 미술품 리스트만을 보고 약식감정을 하였다는 점, 양 감정기관 사이에 동일한 미술품에 대하여 20배 이상의 평가액 차이가 발생하는 점에 비추어 감정 결과의 신뢰성이 현저히 낮다. 특히, 쟁점수장고미술품 중 앤디 워홀(Andy Warhol)의 작품 '○○○○(이하 "쟁점작품"이라 한다)의 경우 한국미술감정원은 ○○○억원, 한국미술시가감정협회는 ○○○억원으로 감정하였다. 이와 관련하여 청구인이 한국미술시가감정협회에게 질의한 결과, 한국미술시가감정협회는 동일한 크기의 '유화 작품'의 경매결과를 근거로 감정하였다고 회신하였으나, 쟁점작품은 'Mixed Media(판화의 일종)'이므로 이는 명백한 감정오류이다. 이에 한국미술시가감정협회는 종전 감정의 오류를 인지한 다음, 출장을 통하여 쟁점작품의 현물을 확인하고 감정가액을 ○○○백만원으로 정정하였다. 이러한 명백한 오류를 정정하면, 쟁점수장고미술품의 상속재산 가액은 ○○○백만원과 ○○○백만원(=○○○백만원－○○○백만원)의 평균액인 ○○○백만원으로 수정되어야 한다.

[처분청(국세청) 의견]

상속재산은 「상속세 및 증여세법」 제60조에 따라 상속개시일 현재의 시가에 의한다고 규정하고 있으며 같은 법 시행령 제49조에서는 2 이상의 공신력 있는 감정기관이 평가한 감정가액이 있는 경우에는 그 감정가액의 평균액을 시가로 한다고 규정하고 있는바, 조사청은 쟁점수장고미술품의 평가를 위해 전문 감정평가업체 2곳에 감정을 의뢰하였고, 감정결과는 아래 〈표 2〉와 같다.

청구인은 당초 상속재산가액에서 누락한 962점 미술품리스트를 조사청에 제출하면서 미술품 구입가액(추정가액 포함)을 ○○○백만원으로 기재하였으나, 이에 따른 금융증빙은 제출하지 못하였고, 청구인이 자체적으로 서울옥션에 감정의뢰하여 감정한 가액은 ○○○백만원으로 조사청에서 의뢰한 1차 감정가액 ○○○백만원과 차이가 커서 조사청에서 또 다른 감정평가기관에 감정의뢰를 하였으며, 두 개 업체의 감정평균가액인 ○○○백만원을 상속재산가액으로 확정하였다. 쟁점수장고미술품의 보관 장소는 동탄수장고 및 과천수장고뿐 아니라 김천공장, 여수공장, 구미공장, 천안공장 등 전국 각지의 공장, 여러 군데의 ○○○계열법인, 사주자택 등에 보관되어 있어 출장감정 또는 한 곳으로 모아 감정하기가 어려워 미술품의 리스트를 보고 약식감정을 하였고, 쟁점수장고미술품의 리스트는 ○○○그룹에서 체계적으로 관리하여 이미지(사진), 취득연월일, 작품제목, 작가, 작가국가, 작품종류, 작품크기 등이 표시되어 있어 약식으로 진행하여도 큰 무리가 없었으며, 평가방법에 대하여 청구인 측에서도 동의하였다. 청구인은 쟁점작품의 감정이 잘못되었다고 주장하나, 조사청은 예치조사 당시 청구인 측으로부터 확보한 파일인 미술품리스트를 바탕으로 감정의뢰를 하였고, 한국미술시가감정협회에서 감정을 총괄하였던 김○○○ 교수(성신여대)에 따르면, 미술품리스트상 쟁점작품의 종류는 Mixed Media로 판화가 아닌 유화이며, 기존 경매가액을 참고하여 감정한 평가액 ○○○억원은 정확하다고 진술하였다. 쟁점작품은 조사 당시 강남구 ○○○ ○○○ 계열 법인에 비치되어 있었고, 비교적 소형(100×150)으로 언제든지 이동이나 교체가 가능하다. 더욱이 쟁점작품은 2009.11.19. 취득한 고액 작품인바, 평가액이 과다하게 산정되었다면 금융증빙을 통하여 충분히 거래금액을 입증할 수 있음에도 불구하고, 청구인은 구체적인 입증자료 없이 과대평가되었다고 주장하고 있다.

[심리 및 판단]
다만, 쟁점수장고미술품 중 쟁점작품의 평가액과 관련하여서는 처분청이 한국미술감정원의 감정가액 ○○○억원 및 한국미술시가감정협회의 감정가액 ○○○억원을 평균하여 상속재산가액을 결정하였는바, 한국미술시가감정협회는 당초 쟁점작품을 유화로 보아 ○○○억원으로 평가하였으나, 출장을 통하여 쟁점작품의 현물을 확인한 후 평가액을 ○○○백만원으로 재감정하면서 재감정의 사유를 '작품바탕 재료 및 제작기법 변경(Mixed Media → 종이 위에 판화기법, 혼합재료)'으로 명시한 점, 청구인의 대리인이 조세심판관회의(2018.8.28)에 참석하여 제시한 쟁점작품의 원본이 유화로 보이지 아니하는 점 등에 비추어 감정기관의 평가 과정에서 오류가 있었을 가능성이 있는 것으로 보이므로, 처분청은 쟁점작품의 평가액을 재조사하여, 그 결과에 따라 상속세 과세표준 및 세액을 경정하는 것이 타당한 것으로 판단된다.

[해설]
한국미술감정원과 한국미술시가감정협회, 서울옥션의 감정가액으로 서로 가격 다툼을 하고 있다는 걸 알 수 있습니다. 우열없이 감정가액으로 다투는 것을 보아, 이들 모두가 자격증 있는 감정평가법인 또는 감정평가사에 해당한다는 사실을 알 수 있습니다. 감정가액이 20배까지 차이나고 있어서 인상적입니다. 하지만 판례에서는 적절한 절차로 감정했다면, 전문가의 감정가액을 전부 인정하면서 평균치를 적용하고 있습니다. 법원이 이렇게 전문가의 시각을 존중하는 것을 어려운 말로 '사법자제의 원칙'이라고 합니다.

• 조심2015서1636, 2015.10.21

사진작품은 국조법에서 자주 사용하는 전통적 방법으로는 비교대상재화, 비교대상거래, 비교대상기업 등을 확인할 수 없어 정상가격을 산정하기 어려운바, 관련업계의 거래구조 및 관행을 잘 알고 있는 전문가의 감정을 통한 가격산정이 유일한 방안에 해당한다. 상증령 제52조 제2항 제2호에서 '서화·골동품 등 예술적 가치가 있는 유형재산의 평가는 전문분야별 2인 이상의 전문가가 감정한 가액의 평균액'으로 한다고 규정되어 있고, 관련 유권해석(서면2팀-2030, 2004.10.5)에서 국외비상장주식의 정상가격을 찾을 수 없는 경우 상증법상 보충적평가방법을 준용하여 평가할 수 있는 것으로 해석하여 동 사례에서도 상증법상 보충적 평가방법을 '그 밖의 합리적이라고 인정되는 방법'이라고 할 수 있으며, 대법원이 '시가는 원칙적으로 정상적인 거래에 의해 형성된 객관적인 교환가치를 말하는 것이지만, 그와 같은 시가를 확인하기 어려울 때는 객관적이고 합리적인 방법으로 평가한 가액도 포함하는 개념'이라고 판결(대법원 2012.5.24 선고 2010두28328 판결 외 다수)하면서 과세관청의 감정가격을 인정해 준 것은, 감정가격이 사진작품의 정상가격을 확인할 수 없는 경우 그 대안으로 인정되는 유일하고 합리적인 방법임을 나타내고 있는 것이다. 이상의 사실관계 및 관련 법령 등을 종합하여 살펴보건대, 청구법인은 특수관계인과의 거래에 있어 쟁점미술품의 시가를 원가이익률을 적용하여 산정한 방법이 부적정하다고 주장하나, 「법인세법 시행령」 제89조 제2항 제2호 및 「상속세 및 증여세법 시행령」 제52조 제2항 제1호에 따라 상품의 시가가 불분명한 경우에는 해당 상품을 처분할 때에 취득할 수 있다고 예상되는 가액(단, 그 가액이 확인되지 아니하는 경우 장부가액)으로 시가를 산정하도록 규정하고 있는바, 이 건의 경우, 청구법인의 미술품 거래는 사업적으로 일정한 고객들에게 신뢰를 바탕으로 원가에 일정한 마진을 더하여 판매하는 구조로서 사업성 없는 개인의 우발적 거래와는 현저한 차이가 있고, 고객이 변심하거나 상품가치가 하락할 것으로 예상되는 경우에도 청구법인은 당초 판매한 가격으로 고객으로부터 원가를 보장하여 미술품을 다시 매입한다는 특징이 있는 점, 쟁점미술품의 시가로 볼 만한 불특정다수인과의 거래가격이나 감정가격이 형성되어 있지 아니하여 「상속세 및 증여세법 시행령」 제52조 제2항 제1호에 의한 '재취득가액'을 적용하는 것이 타당해 보이는 점, 쟁점미술품 시가평가와 관련하여 세무조사 당시 청구법인의 요청을 최대한 수용하여 원가이익률을 적용한 것으로 나타나는 점 등에 비추어 처분청이 원가이익률을 적용한 재취득가액으로 쟁점미술품의 시가를 산정한 것은 잘못이 없다 할 것이므로 청구주장을 받아들이기 어려운 것으로 판단된다.

[해설]

국제조세 판결에서 미술품 시가를 알 수 없다고 인정하고, 상속세 및 증여세법의 보충적 평가방법을 적용한 사례입니다. 특이하게도 원래 미술품에는 적용되지 않고 선박, 항공기, 차량 등에 적용되는 가격평가법을 유추적용하였습니다. 추측하건대, ① 미술품 자체를 원가에 일정한 마진을 더하여 판매하고 있고, 고객이 변심하거나 상품가치가 하락할 것으로 예상되는 경우 당초 판매한 가격으로 고객으로부터 원가를 보장하여 미술품을 재매입한다는 방침이 있고, ② 상속세나 증여세가 아닌 국제조세를 정하기 위해서였기 때문에 융통성을 발휘한 것으로 보입니다.

[청구 이유]

○○가 보유하고 있는 동양화 및 서양화 등 서화류 80점(이하 「이 사건 상품」이라 한다)은 구 상속세법및증여세법 제62조 제2항과 구 같은 법 시행령 제52조 제2항의 규정에 따라 처분할 때 취득할 수 있다고 예상되는 가액으로 평가하여야 하고, 청구인들이 이 사건 상품에 대하여 주식회사 ○○○○○○과 사단법인 ○○협회 예술품감정평가위원회에 감정 의뢰한 결과 상속개시일 시점으로 소급평가한 평균 감정가액이 9,392,500원으로 확인되는데도 이 사건 상품의 가액을 ○○의 장부가액인 1,702,467,000원으로 하여 1주당 순자산가치를 평가하고 이에 따라 상속세를 결정함은 부당하다.

[우리 원의 판단]

상속재산인 비상장주식 평가시 그 법인이 소유한 상품인 서화류에 대한 자산가액을 장부가액에 의할 것인지 전문감정기관의 소급 감정가액에 의할 것인지 여부

청구인들은 위 상속세 추가 부과·고지가 있은 후 서울특별시(생략)에 있는 ○○○○감정원과 같은 시(생략)에 있는 사단법인 ○○○○협회에 ○○ 소유 이 사건 상품을 상속개시일인 1999.3.8을 감정시점으로 소급 감정 의뢰하여 각각 9,675,000원과 9,110,000원으로 평가한 감정평가결과를 2002.10.24과 같은 달 22일 통보받고 이를 근거로 상속재산인 ○○ 소유의 주식가액을 다시 계산하여 이 사건 부과처분된 상속세에 대한 경정결정을 바라는 심사청구를 같은 달 25일 감사원에 제출하였다.

한편 청구인들은 이 사건 부과처분이 있은 후인 2002.10.24 경에 이 사건 상품의 감정가액은 900여만 원에 불과하므로 이를 재취득가액으로 보아야 한다고 주장하고 있으나 이는 이 사건 심사청구를 위하여 3년 7개월 전으로 소급하여 감정한 가액 이라는 점, 그 감정가액 또한 청구인들이 상속세 신고시 스스로 평가한 가액의 18분의 1에 불과하다는 점, 그 감정자가 청구인이 임의로 선정한 민간 감정단체라는 점, 상속받은 날로부터 3년 7개월이 경과된 시점에서 위 감정자들이 감정한 서화가 바로 이 사건 상품이라는 확인이 어려운 점 등을 감안할 때 청구인들이 주장하는 감정가액을 이 사건상품의 재취득가액으로 받아들이기는 어렵다할 것이다.

[해설]

납세자가 상속세와 관련하여 미술품 가액을 평가하면서, 모 주식회사와 모 협회 예술품 감정평가위원회에, 상속개시일 시점으로 소급하여 감정을 의뢰하였습니다. 임의로 선정한 민간단체라는 이유 등을 들어 감정가액을 인정하지 않았는데, 아마도 감정평가사 자격이 없는 평가사였을 것이고, 법원에서 평가주체들을 전문가로 인정하지 않았던 것으로 추측됩니다.

(4) 산출세액

미술품 가액을 정했다면, 세금을 산출합니다. 기초다지기에서 배웠던 절차에 따라
계산해보면, 미술품가액에서 미술품을 담보물로 하고 있는 대출금액은 제외하구
요, 상속세나 증여세에서 정해놓은 공제액도 빼고요, 나머지를 과세표준으로 삼아
세율을 곱합니다. 그러면 세액이 도출됩니다. 미술품을 상속받았다면 상속인이,
증여받았다면 증여받은 자(수증자)가 세금을 내게 됩니다.

3. 미술품과 상속세 납부

(1) 서론

2021년에는 미술계에 아주 중요한 사건이 있었습니다. 바로 이건희 회장님이 돌아가시면서 국민의 품에 23,000여점의 작품들을 남겨주신 일입니다. 작품들은 국립현대미술관 등에 기증되었습니다. 지금도 국립현대미술관 이건희 컬렉션 관람은 쉽지 않습니다. 더불어 국립현대미술관 기념품샵에 이건희 컬렉션 관련된 굿즈도 들어오고, 전시기간에만 판매하는 디지털 프린팅 판화도 들어오면서 회장님의 컬렉션을 널리 알리려는 분위기입니다.

덩달아 상속세도 큰 화제가 되었습니다. 언론에 의하면, [한국화랑협회], [미술품감정위원회], [한국미술시가감정협회], [한국미술품감정연구센터]가 5개월에 걸쳐 감정을 실시했고, 회장님 컬렉션의 가치는 2.5조~3조에 달하였다고 합니다.

따라서 삼성가의 유족들은 막대한 상속세 부담을 안게 되었는데, 그런 와중에도 작품들을 국가에 기증하기로 결정했습니다. 상속세 조세회피 의도가 있는 것은 아니냐는 비판도 나오고, 이참에 미술품 물납제도를 도입해야 한다는 의견도 나왔습니다. 이번 장에서는 미술품을 상속받았을 때 세금납부 방식에 대해 알아봅니다.

(2) 미술품 기증과 상속세 비과세

미술품이 상속되면, 유족에게는 3가지 선택지가 있습니다. ① 유족들이 미술품을 그대로 상속받아 취득하는 경우입니다. 이때는 미술품 가치를 기준으로 도출된 상속세를 내게 됩니다. ② 돌아가신 분께서 유언이 있어 유언에 따라 미술품을 기증하는 경우입니다. ③ 돌아가신 분께서는 아무 말씀이 없으셨지만, 6개월이라는 신고기한 내에 유족들이 스스로 미술품을 국가 또는 공익법인에 기증하는 경우입니

다. 이번에 삼성가에서 선택한 방법입니다.[35]

②, ③의 경우, 기증한 미술품에 대해서는 상속세를 부과하지 않습니다. 왜냐하면 재산이 국가에 귀속된 이상, 상속인이 무상으로 이전받은 이익, 즉 대물림된 부가 없기 때문입니다. 한편으로 공익에 기여하기 때문에 이를 장려하기 위해 세금은 매기지 않는 것입니다. 앞으로 이건희 컬렉션이 국립현대미술관 등에서 우리나라의 문화발전에 기여할 것을 생각하면 수긍이 갑니다.

그러나 상속인 입장에서는 재산의 100%를 기증한 결과 재산가액의 10~50%에 해당하는 상속세액이 줄어들게 되어 상속인에게 유리하다고 말하기는 어렵습니다.

(3) 미술품 물납

1) 개요

상속인 입장에서는 물납이 유리합니다. 재산의 100%를 내놓아, 100%의 세금을 줄일 수 있기 때문입니다. 프랑스에는 미술품 물납제도가 있어, 피카소가 상속한 미술품을 물납받아 파리 피카소 박물관을 탄생시킨 바 있습니다. 영국도 미술품 물납을 허용하고 있습니다. 이런 물납을 심사하기 위해 전문적인 감정위원회도 활약하고 있다고 합니다. 가까운 일본에서도 미술품 물납이 제한적으로 가능합니다.

우리나라에서도 이건희 회장님 별세를 계기로 미술품 물납제도 도입이 공론화되었습니다. 공론화 당시에는 현실적으로 도입이 어렵다고 했지만, 2021년 11월 30일 발표된 국회 기획재정위원회 세법개정안에서 미술품 물납제도가 포함되었습니다. 이윽고 2023년 1월 1일 이후에 상속이 개시되는 분부터 적용할 수 있게 되었습니다.

미술품 물납의 장점은 무엇일까요?

---

35 상속세 및 증여세법 제12조 제1호, 제7호, 동법 제16조 제1항

① 미술품 물납은 부자들에게 납세에 순응하도록 만드는 수단이고, 컬렉터의 자긍심을 인정할 수 있는 좋은 수단입니다. 반대로 부자들이 납세할 세금이 없다면 결국 미술품을 환가할 수밖에 없는데, 이때 작품이 해외로 영영 반출될 위험이 있습니다. 예를 들어 이건희 회장님께서 이중섭, 박수근, 김환기 등 우리나라 대표적인 근현대 작가의 작품도 다수 남기셨는데, 만약 삼성에서 상속세 대금을 만드려고 마음을 먹었다면 그런 작품을 해외 미술관에서 보게 되는 불행이 생겼을 수 있습니다.

② 이미 국가에서 미술작품을 구입하기 위해 정부미술은행을 설치하고 작품을 매수하고 있습니다. 만약 미술품 물납제도가 있다면, 이중행정을 방지하여 행정력을 절감할 수 있습니다.

③ 상속은 일생일대의 사건이므로 평소에 매수할 수 없는 희귀한 작품이 세상에 드러납니다. 물납은 어차피 무조건 받아주지 않고 심사를 거친 후에 결정하기 때문에, 물납제도가 있는 것만으로도 국가가 희귀 작품을 선취매할 수 있는 기회를 갖는 것으로 볼 수 있습니다.

④ 미술작품은 영구적으로 관람수입 현금흐름을 창출할 수 있는 재산이므로 일정기간이 지나면 국가가 세수유실을 만회할 수 있습니다. 나아가 국격을 높이고 관광객을 유치하여 더 큰 부가가치를 창출할 수도 있습니다. 그러니 경제적으로도 물납이 나쁜 선택이 아닙니다.

2) 내용

미술품 물납제도의 기본적인 내용을 살펴보겠습니다.[36]

① 문화재보호법에 따른 유형문화재 또는 민속문화재로서 지정, 등록된 문화재여야 합니다. 또는, 회화, 판화, 조각, 공예, 서예 등 미술품이어야 합니다. 2024년 5월부터는 용어를 문화유산 등으로 지칭할 예정인데, 범위가 넓어질 수도 있습니다. 단, 문화재나 미술품이라도 부동산은 제외됩니다.

---

36 상속세 및 증여세법 제73조의2

② 개인이 신청해도 되고, 문화체육관광부 장관이 신청할 수도 있습니다. 개인이 신청해도 문화체육관광부 자문을 거칩니다. 국세청은 미술품이 물납을 받을만한 가치가 있는지를 심사하게 됩니다. 부적절하다고 생각되면 거부할 수도 있습니다. 미술품 물납의 이점 때문에 물납 제도를 도입하지만, 그것이 조세제도의 근간까지 흔들 수는 없기 때문입니다.

③ 작품 요건을 통과한 경우라도, 상속세 납부세액이 2천만원도 안 되어 적거나, 상속재산 중 금융재산이 납부세액보다 커서 그냥 금전으로 납부할 수 있는 경우에는 그냥 금전으로 납부하여야 합니다. 물납은 금전으로 도저히 납부가 불가능할 때 적용하는 부차적 수단입니다.

④ 문화재, 미술품에 대한 상속세액에 한하여 물납이 허용됩니다. 가령 전체 상속재산 중에 미술품 재산이 차지하는 비중이 20%라고 한다면, 세액 중에 20%만을 미술품으로 물납할 수 있다는 의미입니다. 부동산이나 주식, 금융재산에 대한 세금까지 미술품으로 물납하도록 허용하지는 않습니다.

그런데 물납할 수 있는 세액보다, 미술품이 더 값이 나가면 어떻게 될까요? 미술품에 대한 상속세액 이상으로 충당될까요? 실무에서는 법률에 반하여 그렇게 충당할 수는 없고, 그렇다고 거스름돈을 줄 수도 없는 것이어서, 초과 금액은 포기하는 경우가 많습니다. 실무상 그런 조건으로 물납을 허가합니다. 만약 그것이 부당하다고 생각된다면 물납을 포기하면 됩니다.

> ● 조심2017중210, 2017.05.31
>
> 이상의 사실관계 및 관련 법령 등을 종합하여 살펴건대, 납세자의 물납이 허가된 이후 물납재산의 가치 등락에 따라 추가 납세의무를 부과할 수 없고, 처분청의 물납승인으로 납세자에게 물납재산의 가치하락으로 인한 납세의 위험을 제거해주고자 하는 형평성 측면에서 물납재산의 초과액에 대한 권리를 포기하는 것을 전제로 물납을 인정하는 것이 물납을 인정한 법령취지에 부합하는 것으로 보이는바, 청구인이 상속세를 물납하면서 처분청에게 물납할 상속세액을 초과하는 물납 재산가액에 대하여 포기하는 의사를 표시하고 물납을 신청하여 이에 대한 허가가 이루어진 이상, 이미 포기한 그 물납재산가액으로 추가 고지되는 상속세에 충당할 수 없다 할 것이므로 이 건 처분은 잘못이 없다고 판단된다.

(4) 징수유예

세금을 납부하지 않으면 체납상태에 돌입하고, 강제징수 절차가 시작된다 하였습니다. 그런데 체납자 중에서는 악의적인 경우도 있지만 세금을 내고 싶어도 못 내는 경우들이 있습니다. 특히 재해, 도난을 당하거나 사업상 중대한 위기에 처하게 된 경우도 있을 수 있습니다. 특히 코로나 시대에 그런 일이 많았습니다. 이런 경우에는 납세자의 사정을 감안하여 세액징수를 유예해주기도 합니다. 이것을 징수유예라고 합니다.[37] 모든 세목이 가능합니다.

그런데 상속세 및 증여세법에서는 특별한 징수유예 규정을 두고 있습니다. 상속재산에 속하지만 미술관이나 박물관에 전시 중인 작품에 대해서는, 그 재산가액에 상당하는 상속세액은 당장 징수하지 않고 징수를 유예합니다.[38] 이것을 문화재자료 등에 대한 징수유예라고 합니다. 징수유예 대상은 상속세 또는 증여세액 중 미술품 자료가 차지하는 비율만큼입니다.[39] 상속, 증여 둘 다 적용되는 제도입니다.[40] 징수유예가 적용되는 동안은, 해당 미술품은 담보로 제공됩니다.[41]

1) 징수유예 요건

① 문화재 자료 또는 박물관자료, 미술관자료

징수유예의 대상이 되는 재산은 7가지 입니다. 국가지정문화재, 국가등록문화재, 시도지정문화재, 문화재자료, 박물관자료, 미술관자료, 문화재보호구역 토지입니다. 문화재자료, 문화재보호구역 토지는 시도지사가 지정하는 것이고, 국가등록문화재는 문화재청장이 등록합니다.[42] 박물관자료, 미술관자료는 사립 박물관의 설립자가 시도지사에게 등록합니다.[43] 모두 국가의 데이터베이스에 등록된 작품들

---

37 국세징수법 제15조 제1항
38 상속세 및 증여세법 제74조 제1항
39 상속세 및 증여세법 시행령 제76조 제1항
40 상속세 및 증여세법 제75조
41 상속세 및 증여세법 시행령 제76조 제4항
42 문화재보호법 제2조 제3항, 제5항, 문화재보호법 제53조 제1항, 문화재보호법 제27조 제1항

이라고 할 수 있습니다.[44] 이때 미술관이 사립미술관인 경우에는, 그 미술관은 비영리법인일 뿐만 아니라 공익법인에 해당해야 합니다.[45] 공익법인에 관한 내용은 뒤에 미술관편을 참고해주세요.

② 전시 중이거나 보존 중

징수유예를 받기 위해서는 문화재자료등과 국가지정문화재등은 별도의 요건이 필요없고, 박물관자료, 미술관자료는 박물관 또는 미술관에서 전시 중이거나 보존 중이어야 합니다.[46] 전시는 공중이 관람할 수 있게 공개되어 있는 상태를 말하고, 보존은 박물관 또는 미술관 내부의 수장고에 보관되어 있는 상태를 말합니다. 또 상속개시 당시에는 전시 또는 보존 중인 상태가 아니었지만, 상속세 과세표준 신고기한 (상속개시일이 속하는 달의 말일부터 6개월) 이내에 박물관 또는 미술관을 직접 설립하여 전시, 보존하는 경우도 인정합니다.[47]

③ 징수유예 중단

문화재자료등과 국가지정문화재등, 그리고 전시 또는 보존 중인 박물관자료, 미술관자료를 타인에게 유상양도하는 경우, 박물관자료, 미술관자료를 전시 또는 보존 중이다가 박물관의 폐관/등록취소 등으로 인해 자료를 돌려받는 경우, 즉시 징수유예를 중단하고 세액을 납부해야 합니다.[48]

만약에 미술품이 타인에게 양도되거나 폐관하기 때문이 아니라 일시적 대여를 위해서 반출되는 경우는 어떨까요? 이 경우에는 징수유예의 취지가 훼손되지 않았고, 오히려 전시의 범위가 확장된 것입니다. 법문에서도 유상양도는 징수유예 중단 사유로 언급했지만, 대여는 언급이 없기 때문에 징수유예는 유지됩니다.

---

43 박물관 및 미술관 진흥법 제2조, 박물관 및 미술관 진흥법 제16조 제1항
44 상속세 및 증여세법 제74조 제1항, 상속세 및 증여세법 시행령 제8조 제2항
45 박물관 및 미술관 진흥법 제74조 제1항 제2호
46 상속세 및 증여세법 제74조 제1항 제2호
47 상속세 및 증여세법 제74조 제5항, 상속세 및 증여세법 시행령 제76조 제3항
48 상속세 및 증여세법 제74조 제2항, 상속세 및 증여세법 시행령 제76조 제2항

[질의] 박물관 및 미술관 진흥법의 규정에 의하여 등록한 미술관자료로서 박물관 및 미술관진흥법의 규정에 의한 미술관에 전시 또는 보존 중에 있는 재산의 상속세 징수유예와 관련하여 아래와 같이 질의함

1. 당 미술관은 박물관 및 미술관진흥법에 따라 등록된 개인 사립미술관(상속세 및 증여세법상 공익법인 등에 해당함)으로서 수백점의 미술품을 등록하여 동법의 취지에 따라 전시 또는 보존중에 있음

2. 또한, 등록된 미술품을 박물관 및 미술관진흥법 제12조 및 제21조에 따라, <u>동미술품의 이용을 원하는 자(미술관을 포함함)에게 유상대여하는 경우가 종종 발생함(유상대여에 따른 대가는 미술관의 고유목적 사업에 사용하고 있음)</u>

3. 상기와 같이 미술관을 운영하는 과정에서 등록된 미술품이 상속재산에 포함될 경우 동 미술품 중에 유상대여를 하는 경우에도 상속세 및 증여세법 제74조에 의거 상속세를 징수유예 받을 수 있는지

(갑설)
<u>징수유예 대상이다.</u> 박물관 및 미술관진흥법 제2조에서 "미술관자료"라 함은 미술관이 수집·보존·전시하는 미술에 관한 자료로서 학문적 예술적 가치가 있는 것으로 정의하고 있고, 동법 제12조에서 미술관은 미술관자료의 이용에 대한 대가를 받을 수 있다고 규정하고 있으며, 또한 동법 제21조에서는 미술관은 상호간에 미술관자료를 교환·양여·대여하거나 미술관자료의 보관을 위탁할 수 있다고 규정하고 있는 바 동법의 규정에 따라 유상임대를 하는 미술관자료는 상속세 및 증여세법 제74조에서 규정하고 있는 "미술관에 전시 또는 보존중에 있는 재산"에 포함되는 것이기 때문임. 또한 상속세 및 증여세법 제74조 제2항과 동법시행령 제76조 제2항에서 예시하고 있는 "징수유예한 상속세를 징수해야 하는 경우"에 유상대여한 경우가 없는 것을 보아도 이를 뒷받침하고 있음

[회신] 귀 질의의 경우 <u>갑설이 타당함</u>을 알려드립니다.

2) 판례

다음은 생각해볼 거리를 주는 판례입니다.

[질의] 본인은 부친의 사망으로 인하여 상속인이 되었습니다. 부친께서는 평소 청동기시대 이후 고려시대에 이르기까지의 토기류 등에 남다른 관심을 갖고 그동안 862점의 골동품을 모아 1991.7.22 유언장을 작성, 박물관 설립을 지시하고 변호사의 공증을 받아놓고

1992.2.21 사망하였습니다. 본인들은 부친의 뜻에 따라 생전에 박물관을 설립코자 1991년 10월 서초구 ○○동 소재 공장부지 내 박물관 설립절차를 상담한바, 현재 박물관과 미술관법의 통폐합 작업중이니 새로운 법이 시행된 후에 등록을 하는게 좋겠다는 의견에 따라 등록을 미룬채 박물관 준비를 하던 중 부친께서 사망하였습니다. 이에 새로운 법이 시행되면서 박물관등록을 하여 제1호로 인가를 받아 박물관에 전시중인 박물관 자료 상당가액을 상속재산에 포함하여 신고하고, 상속세법 제8조의3 제1항 제2호의 규정에 따라 징수유예 신청하였으나 징수유예 해당여부에 다음과 같은 양설이 있어 질의함

(갑설)

징수유예할 수 있다. 상속세법 제8조의3 제1항 제2호의 규정을 보면 세무서장은 피상속인의 상속재산에 다음 각호의 1에 해당하는 재산이 포함되어 있는 경우에는 상속가액중 그 재산가액에 상당하는 상속세액의 징수를 유예한다고 규정하고 각호의 2에서 박물관 및 미술관진흥법의 규정에 의하여 등록한 박물관자료 또는 미술관자료로서 박물관 또는 미술관에 전시 또는 보존중에 있는 것이라고 하였다. 여기에서 상속재산가액에 포함된 박물관 자료로서 박물관에 전시 보존중에 있는 것의 법해석은 상속개시일을 기준으로 하는 것이 아니고 상속세 신고일을 기준으로 보아야한다. 그 이유는 상속세법 제8조의3 제1항 제2호의 입법취지가 박물관 및 미술관 진흥법을 뒷받침하기 위한 것으로 우리나라에 산재하고 있는 문화재(도굴된 문화재)를 양성화하기 위하여 이를 관리·보존 전시하여 우리 문화재를 보호육성하고자 하는데 있는 것이며, 특히 동법 제8조의2 제1항 제1호 규정을 보면 종교·학술 기타 공익사업에 출연한 재산은 상속개시일 이후라도 상속세 신고기한 내 출연하면 과세가액에서 제외토록 하고 있는 것으로 보아 동 조항은 축적된 재산을 종교·학술 기타 공익사업에 상속인들이 기여할 수 있도록 한 적극적 개념으로 해석하여야 옳다고 본다면 박물관 자료는 공익사업 중 예술·문화사업에 기여하는 바가 어느 사업보다도 현저하며 영리를 목적으로 하지 않는 기타 공익사업에도 해당된다고 보아 상속세 신고기한 내에 등록하고 신고하면 이를 징수유예함에는 하등의 문제가 없다.

(을설)

징수유예할 수 없다. ① 상속세법의 적용, 가) 상속세법 제8조의3 제1항 제2호는 1991. 11.30 개정된 세법(1992.6.1 시행)에 의거 상속세를 징수유예하고 있으나, 구상속세법 제8조의3 제1항 제2호(1991.1.1 시행)에서도 박물관법에 의한 박물관자료로 박물관에 전시·보존중에 있으면 상속세를 징수유예하여 왔으며, 나) 박물관법이 1991.11.30 박물관 및 미술관진흥법으로 개정(1992.6.1 시행)되면서 상속세법 제8조의3 제1항 제2호도 박물관 및 미술관진흥법의 규정에 의하여 등록한 박물관 자료 또는 미술관 자료로서 박물관 또는 미술관에 전시 또는 보존중에 있는 것으로 개정되었을 뿐 이 법 적용시점에는 개정 세법의 영향을 받지 않으므로 상속개시일(1992.2.21) 현재 박물관자료로 전시·보존중에 있지 않는 것은 징수유예 대상이 아님

② 공익사업 출연재산과의 관계, 가) 박물관을 운영 설치하는 사업도 공익법인의 설립·운영에 관한 법률의 적용을 받는 공익법인이 운영하는 사업만이 공익사업에 해당되

며, 나) 공익사업 출연재산은 상속세법 제8조의2에 의거 상속세 과세가액에 불산입하고, 박물관 자료는 상속세법 제8조의3에 의거 상속세를 징수유예하는 제도이기 때문에 상호 준용할 수 없음

[회신] 상속세법 제8조의3 규정에 의하여 <u>상속개시일 현재</u> 피상속인의 상속재산에 <u>박물관 및 미술관진흥법의 규정에 의하여 등록한 박물관자료 또는 미술관자료로서 박물관 또는 미술관에 전시 또는 보존 중에 있는 것이 포함되어 있는 경우에는</u> 상속세액 중 그 재산가액에 상당하는 상속세액의 징수를 유예하는 것입니다.

[해설]
상속개시일 현재, 부친이 상속한 골동품은 전시, 보존 중에 있지 않았습니다. 그러던 중 상속이 임박하여 고인의 유지에 따라 박물관 준비를 시작했습니다. 이때 박물관을 등록은 개정법 시행 이후로 미루었지만, 건축은 하고 있었는지 나타나지 않습니다.
상속개시일은 1992년 2월 21일이었으므로, 1992년 8월 31일이 상속세 과세표준 신고기한입니다. 박물관 및 미술관 진흥법 개정은 1991년 11월 30일에 되었고, 시행일은 1992년 6월 1일이었고, 상속인들은 새로운 법 시행 이후 박물관 등록을 하여 1호로 인가를 받았다고 했습니다.
만약 1992년 6월 1일 인가 이후, 작품의 전시 또는 보존이 1992년 8월 31일 이전에 이루어졌다면, 징수유예를 적용받을 수 있겠지만, 그 전에 전시 보존이 이루어지지 않았다면 징수유예를 받을 수 없습니다. 다만, 법률개정을 '법령상 행정상 설립이 늦어지는 사유'에 해당하는지는 한 번 따져볼만 합니다.

4. 미술품 상속, 증여와 세무조사

(1) 서론

컬렉터가 경매회사를 통해 미술품을 사면, 컬렉터 정보는 비밀에 부쳐집니다. 경매회사는 컬렉터에 대한 정보를 외부에 공개하지 않습니다. 아예 미술품을 사는 모습부터 비밀에 부치기 위해, 경매장에 대리인을 보내거나 서면 또는 전화로 응찰하는 경우도 많습니다.

컬렉터에 관한 정보가 세간에 알려진다는 건, 컬렉터가 OK 사인을 줬기 때문입니다. 컬렉션을 대중과 공유하면서 기쁨을 나눌 수도 있고, 같은 컬렉터에게 자기 아이덴티티를 드러내는 이유일 수도 있습니다. 기업이나 국가가 미술품 구입 사실을 공개하면서 이미지 변화나 국력 과시를 노릴 수도 있습니다. 하지만 컬렉터의 동의 없이는 그런 일이 일어나지 않습니다.

유독 우리나라에서는 미술품 구매사실을 밝히는 것이 특히 금기처럼 되어 있습니다. 가장 큰 이유는 세무조사의 대상이 될 가능성이 높아지기 때문입니다. 우리나라 여론상 컬렉터가 기업인이라면 비자금 조성, 돈세탁, 우회상속과 증여목적을 의심받습니다. 컬렉터가 일반인이라면 고액의 미술품 구입대금을 증여받았다는 혐의를 삽니다.

결론부터 말하면 미술품을 구입한다고 세무조사 대상이 되는 것도 아니고, 세무조사 대상이 되더라도 자금원천을 증명할 수 있으면 괜찮기는 합니다. 하지만 세무조사 자체가 큰 에너지를 소모하는 일이고, 다른 곳으로 불똥이 튈 수도 있고, 나쁘게 보려면 얼마든지 나쁘게 볼 수도 있기 때문에 가급적 피해야 합니다. 미술품 매각대금 비자금 조성은 법인 컬렉터편에서 자세히 살펴보고, 여기서는 개인의 세무조사를 알아봅니다.

(2) 과세요건

1) 원리

상속세 및 증여세법의 증여란, 그 행위 또는 거래의 명칭·형식·목적 등과 관계 없이 직접 또는 간접적인 방법으로 타인에게 무상으로 유형·무형의 재산 또는 이익을 이전(현저히 낮은 대가를 받고 이전하는 경우를 포함)하거나 타인의 재산 가치를 증가시키는 것을 말합니다. 정의상 '타인에게'라는 표현이 등장하면서 증여 자와 수증자의 존재가 요구됩니다.

그렇다면 도저히 그 사람의 능력으로는 불가능하다고 생각하는데 재산이 불어나 있고 경위를 밝히지 않는다면, 어떻게 생각해야 할까요? 증여자가 누군지 모르니, 법률 요건을 충족하지 않아 증여로 볼 수 없는 걸까요? 증여자를 밝히지 않아 증 여가 아니게 되면, 증여자를 밝힐 사람이 아무도 없을 것이고, 증여세는 무용지물 이 됩니다. 그런 경우를 대비해야 합니다.

증여는 원래 증여자와 수증자의 존재를 과세관청이 밝히도록 되어 있습니다. 이런 것을 어려운 말로 입증책임이 과세관청에 있다고 표현합니다. 하지만 경우에 따라 서는 수증자에게 입증책임을 떠넘겨서, 증여가 아니라는 것을 증명해보라고 말할 수도 있습니다. 이것을 증여추정이라고 합니다. 그렇게 되면 수증자는 재산취득자 금의 출처를 밝혀야 하고 그 자금이 소득세, 증여세, 상속세가 완납된 자금이거나, 비과세소득이거나 하는 점이 입증되면 넘어가게 됩니다.

유명한 미술품은 가격을 따진다는 것이 무색할 정도로 가치가 큽니다. 따라서 그 만한 능력이 없는 사람이 이런 작품을 가지고 있으면 증여받은 것으로 추정하여 세무조사의 대상이 됩니다. 그러면 조사 대상자는 증여받은 것이 아니라는 걸 입 증하면 됩니다. 입증이 되면 넘어가는 것이고, 입증이 안 되면 증여로 추정되어 증여세를 내게 됩니다.

2) 재산의 취득, 채무의 상환 사실

재산취득자금의 증여추정 규정을 적용하기 위해서는 일단 어떤 사람의 재산취득 사실이 포착되어야 합니다.[49] 이때 재산이라는 것은 부동산, 동산, 미술품, 현금 모든 물건이 포함됩니다. 증여추정은 재산 취득 또는 채무 상환이 있을 때마다 해당 여부를 판단하고, 기간 개념으로 통틀어 판단하지는 않습니다.[50]

수증자는 머리를 써서, 재산은 마치 정당하게 빚을 내서 취득한 것처럼 보이게 하고, 빚을 증여받은 돈으로 갚는 등 한 단계 꼬아 볼 수도 있습니다.[51] 이런 조세회피를 방지하기 위해 능력이 없는 자가 갑자기 거액의 채무를 갚는 경우도 증여 추정으로 보고 있습니다.

수증자 입장에서 이런 변명도 나올 수 있습니다. [내 계좌에 예금이 생겼고 스스로 능력이 없는 것도 인정한다. 하지만 나는 증여자에게 명의만 빌려줬을 뿐이다. 차명계좌에 협조했을 뿐이지 내 재산이 아니다. 그러므로 증여세는 부당하다.] 이런 경우 명의자가 딱하다며 넘어가주면 세상 사람 모두, 자기 재산은 실은 어떤 부자의 재산을 차명으로 소유하는 것 뿐이라고 둘러댈 것입니다. 그래서 명의자가 증여받은 것으로 추정하여 증여세를 부과합니다.[52]

3) 재산 취득자, 채무 상환자 무자력

수증자가 재산을 취득하거나, 채무를 갚았는데, 그게 그 사람의 능력으로 가능한 일이라면 문제가 없습니다. 재산취득 당시 일정한 직업과 상당한 재력이 있고, 또 그로 인하여 실제로도 상당한 소득이 있었던 자라면, 그 재산을 취득하는 데 소요된 자금을 일일이 제시하지 못한다고 하더라도 특별한 사정이 없는 한 재산의 취득자금 중 출처를 명확히 제시하지 못한 부분을 다른 사람으로부터 증여받은 것

---

49 상속세 및 증여세법 제45조 제1항
50 상속세 및 증여세 집행기준 45-0-2 제1항
51 상속세 및 증여세법 제45조 제2항
52 상속세 및 증여세법 제45조 제4항, 상속세 및 증여세 집행기준 45-0-8

이라고 인정할 수는 없습니다.[53]

그러나 일정한 직업 또는 소득이 없는 사람이 당해 재산에 관하여 납득할 만한 자금출처를 대지 못하고, 그 직계존속이나 배우자 등이 증여할 만한 재력이 있는 경우에는 그 재력있는 자로부터 증여받았다고 추정함이 옳습니다.[54] 그 재력이 있는 자는 보통은 부모님이나 (외)조부모님일 가능성이 높습니다.

4) 증여받은 금액

증여받은 금액은 얼마일까요? 금전인 경우에는 그 가액이고, 재산의 시가가 원칙입니다. 하지만 재산 취득당시 증빙불비로 취득자금을 확인할 수 없는 경우에는 취득 당시 시가 또는 보충적 평가방법에 따라 평가한 가액을 취득자금으로 합니다.[55] 앞의 챕터에서 배운 내용-그 재산의 매매가액, 감정가액, 유사가액, 전문가 평가액 내용 그대로입니다. 재산취득자금이란 재산을 취득하기 위하여 실제로 소요된 총 취득자금을 말하는 것으로 취득세 등 취득부수비용도 포함하여 계산합니다.[56]

(3) 소명

1) 출처 소명

추정은 입증책임을 누가 지느냐 문제이기 때문에, 반증이 있으면 허용합니다. 따라서 재산취득자금, 상환자금의 출처에 관한 충분한 소명이 있는 경우에는 증여로 추정하지 않습니다.[57] 이때 소명이란, 자금의 출처를 밝히는 것을 말합니다. 자금

53 서울행법2014구합75018
54 대법원 1995. 8. 11. 선고 94누14308 판결
55 상속세 및 증여세 집행기준 45-0-3 제2항
56 상속세 및 증여세 집행기준 45-0-3 제1항
57 상속세 및 증여세법 제45조 제3항

이 나올 수 있는 원천에는 다음과 같은 것들이 있습니다.[58]

① 본인 소유재산의 처분금액으로 소명할 수 있습니다. 아파트, 주식, 미술품, 비트코인, 무엇이든지 자기의 재산을 팔아 자금을 마련했다면 인정됩니다. 물론 세무조사에서는 그 재산들 또한 어떻게 본인의 소유가 되었는지를 설명해야 합니다. 실무에서는 10년 이내의 범위에서 세무조사 대상의 앞의 앞의 재산을 어떻게 취득했는지까지 추궁당해본 바가 있습니다. 처분금액이 불분명한 경우에는 보충적 평가방법으로 적용하여 소명액을 결정합니다.

② 소득세를 낸 소득, 증여세나 상속세를 낸 재산은 이미 한 차례 과세가 되었고 국세청도 인지하고 있기 때문에 출처로 인정됩니다. 또는 비과세 소득이 있었다면 역시 인정됩니다. 대표적인 것이 비트코인 매매소득입니다. 다만 코인으로 얻어진 소득은 조사관이 이해할 수 있도록 준비하는 것이 쉽지 않기 때문에, 전문 세무사의 도움을 받는 것이 좋습니다. 소득세 등 공과금 상당액은 뺍니다.

③ 재산취득일 이전에 빚을 내어서 자금을 가지고 있었던 거라면 정당한 자금출처로 인정됩니다. 내 명의가 아니라 타인 명의로 대출받았으나 이자지급, 원금상환 및 담보제공 등에 비추어 사실상의 채무자로 인정되는 경우에도 괜찮습니다.[59]

다만, 원칙적으로 배우자 및 직계존비속 사이의 금전거래는 인정하지 않습니다. 가족 사이에 유상거래가 있는 경우 자체가 드물고, 또 가족간 부채를 허용하게 되면 모두가 가족에게 빌린 돈이라고 소명할 것이기 때문입니다. 하지만 가족 사이라도 정말로 빌린 돈이 맞고, 또 갚았거나 갚을 것이 확실하다면 출처로 인정하기도 합니다. 이것도 소명하는 과정이 쉽지 않기 때문에 전문 세무사의 도움이 필요합니다.

비슷한 내용인데 재산취득일 이전에 자기재산의 대여로서 받은 전세금 및 보증금도 인정됩니다. 즉, 아파트에 전세 세입자가 입주할 때 전세보증금을 받았다면, 이것도 빌린 돈이나 마찬가지라서 자금출처로 인정됩니다.

---

58 상속세 및 증여세법 기본통칙 45-34…1
59 상속세 및 증여세 집행기준 45-0-7

④ 그 밖에도 자금출처가 명백하게 확인되는 금액이 있다면 출처로 인정받을 수 있습니다.

2) 증여추정 배제금액

사람이 항상 자기가 어떻게 돈을 버는지, 어떻게 돈을 쓰는지 모두 기억하면서 사는 것이 아니기 때문에, 막상 이런 소명을 하려고 보면 기억이 나지 않을 때도 있고 도저히 파악이 안 되는 경우도 있습니다. 그러니 100% 모두 소명하지 못했다고 해서, 부당한 증여가 있었던 것으로 보고 증여세를 부과하는 것은 불합리합니다. 따라서 입증되지 아니하는 금액이 취득재산의 가액 또는 채무의 상환금액의 100분의 20에 상당하는 금액과 2억원 중 적은 금액에 미달하는 경우에는 증여로 추정하지 않습니다.[60]

쉽게 말하면, 전체의 80% 이상을 소명하고, 20%보다 적은 비중을 소명하지 못하면 전액에 대해서 증여추정을 하지 않되, 그 금액이 2억원을 넘으면 안 된다는 뜻입니다. 그러면 의심받고 있는 금액의 75%를 소명한 경우, 25%에서 20%를 빼고 5%만 증여로 추정하는 것인지 궁금할 수 있는데, 그건 아닙니다. 75%를 소명하면 25%를 증여로 추정합니다. 이렇게 증여추정을 배제해주는 것은 납세자에게 유리한 조항입니다. 무제한으로 허용해주지는 않고, 10년치 재산취득누적금액 또는 상환누적금액에 대해서 20% 또는 2억원을 적용합니다.[61]

3) 증여추정 배제기준

재산취득자금, 채무상환자금이 증여받은 것으로 추정될 때에는 증여세가 부과되는 것이 원칙입니다. 하지만 오늘도 세상에는 수도 없이 많은 현금이 대가 없이 오갑니다. 가족끼리, 친구끼리, 회사 동료끼리, 서로 돕기 위해서 금전을 빌려주고 갚습니다. 만약 이 조항을 원칙대로만 적용한다면, 국세공무원 전부를 투입해도

---

60 상속세 및 증여세법 시행령 제34조
61 상속세 및 증여세 집행기준 45-0-2 제2항

모든 증여를 적발하지 못할 것입니다.

따라서 의심되는 금액이 직업, 연령, 소득, 재산 상태 등을 고려하여 일정금액 이하인 경우에는 증여추정 자체를 보류합니다.[62] 증여추정배제기준이라고 합니다. 그 금액은 구체적으로는 다음과 같습니다.[63]

주의하셔야 할 점은, 5천만원 밑으로는 증여를 해도 증여세를 면제한다는 뜻이 아닙니다. 의심되는 금액에 대해 승여로 l추정을 보류한나는 것 뿐입니다. 타인으로부터 증여받은 사실이 확인될 경우에는 즉시 증여세 과세대상이 됩니다.[64]

또 주의하실 점은, 기준에 따르면 40세 이상이 3억원에 미달하는 주택을 가지고 있을 때 증여 추정을 보류하는 것이지, 10억 중에 7억이 소명되고 3억이 소명이 안 되었을 때 증여 추정을 보류한다는 뜻이 아닙니다. 후자로 알고 계신 분들이 많습니다.

구분	취득재산		채무상환	총액한도
	주택	기타재산		
30세 미만	5천만원	5천만원	5천만원	1억원
30세 이상	1.5억원	5천만원	5천만원	2억원
40세 이상	3억원	1억원	5천만원	4억원

4) 자금출처조사

이 조항에서 세무조사란 자금출처조사를 의미합니다.[65] 그러나 곧바로 세무조사가 나오는 것은 아니고, 경중에 따라서, 해명요구, 간편조사, 일반조사, 조세범칙조사로 나뉩니다.

해명요구란, 납세자에게 서면으로 해명자료 제출만 요구하고, 납세자가 해명자료

---

62 상속세 및 증여세법 제45조 제3항
63 상속세 및 증여세법 시행령 제34조 제2항, 상속세 및 증여세 사무처리규정 제38조 제1항
64 상속세 및 증여세 사무처리규정 제38조 제2항
65 상속세 및 증여세 사무처리규정 제36조 제1항

제출 및 수정신고를 하는 경우 종결되는 절차입니다. 납세자를 직접 찾아가서 부담을 주지 않고, 간접적인 방법으로 끝냅니다.[66]

해명요구를 했는데 시원치 않으면 간편조사가 실시될 수 있습니다. 간편조사란 단기간 동안 필요 최소한의 범위내에서 상담 위주로 실시하는 조사를 말합니다.[67]

간편조사 과정에서 중대·명백한 탈루혐의가 발견되는 등 추가적인 사실확인이 필요한 경우 일반조사로 전환됩니다.[68] 이 경우 1개월~2개월에 걸쳐 조사가 진행됩니다.

만약 조세범처벌법이 정하는 조세포탈 등 죄를 범한 것으로 판단되는 경우에는 조세범칙조사로 전환될 수도 있습니다. 조세범칙조사의 결과로, 형벌이 부과될 수도 있습니다.

자금출처조사에서 일정한 직업 또는 소득이 없는 사람이 자금출처를 대지 못하고, 그 직계존속이나 배우자 등이 증여할 만한 재력이 있는 경우에는 그 재력 있는 자로부터 증여받았다고 추정하기 때문에, 가족까지 동시에 세무조사 대상자가 될 수도 있습니다.[69]

이 이상의 세무조사 관련 내용은 이 책의 범위를 넘어서기 때문에 생략하겠습니다. 만약 세무조사 대상자로 선정이 되는 경우에는 반드시 세무사의 도움을 받으시기 바랍니다.

(4) 판례와 사례

① 아래 판례는 미술품의 취득자금 증여추정에 관한 판례는 아니지만, 부동산의 재산취득자금에 대해 미술품 매각대금으로 증명하려고 했던 판례라 소개해드립니다.

---

66 상속세 및 증여세 사무처리규정 제21조
67 상속세 및 증여세 사무처리규정 제37조 제2항
68 상속세 및 증여세 사무처리규정 제37조 제3항
69 상속세 및 증여세 사무처리규정 제36조 제2항

[처분의 경위]

원고는 아래 라.항의 표 기재와 같이 토지 매입비, 공사비 등 합계 2,886,766,040원(발코니 공사비 제외)의 비용을 들여 이 사건 부동산을 신축하고, 2008.6.27 소유권보존등기를 마쳤다. 세무서장은 2013.3경 이 사건 부동산 취득에 관한 자금출처를 조사한 결과, 원고가 이 사건 부동산 취득가액 중 1,836,766,040원 및 발코니 공사비 55,000,000원을 남편으로부터 증여받은 것으로 보아 1,836,766,040원 중 배우자 공제조항에 따른 6억원을 과세표준에서 공제한 후, 원고에 대하여 2013.7.19 2008년 귀속 증여세 576,163,620원(가산세 포함)을, 2013.7.22 2010년 귀속 증여세 34,042,800원(가산세 포함)을 각 부과하였다(이하 '이 사건 당초처분'이라 한다).

[원고의 주장]

쟁점①금액의 경우, 원고는 1983년부터 1999년까지 17년간 교직생활로 얻은 근로소득 203,923,447원 및 1999.2경 수령한 퇴직금 94,656,560원 합계 298,580,007원의 소득이 있었고, 2001.6.10 위 소득 중 250,000,000원으로 YYY 10,000주(이하 '쟁점주식'이라 한다)를 매수하였다가 2002.11.20 위 주식을 주식회사 PP에게 매도하면서 주식매각대금으로 547,250,000원을 지급받은 후 (생략) 결국 쟁점①금액은 원고의 자력으로 지급한 금원이다. 쟁점③금액의 경우, 결혼 당시 원고의 부친으로부터 그림 2점을 증여받아 이를 보유하여 오다가 2008.6경 BBB를 통하여 쟁점그림을 13억원에 매각하고 2008.6.25 7억원, 2008.9.5 6억원을 수령한 뒤 이를 재원으로 하여 2008.9.11 쟁점③금액을 지급한 것이므로, 쟁점③금액 역시 원고의 자금으로 지급된 돈이다. (이하 생략)

[판단]

쟁점그림이 원고의 소유였다는 원고의 주장에 부합하는 증거로는 갑 제6, 9, 17호증 및 증인 FF의 증언이 있으나, 위 증거들은 다음의 사정들에 비추어 볼 때 이를 그대로 믿기 어렵거나, 위 증거들만으로 원고의 위 주장을 인정하기에 부족하다. 원고는 자신의 부친으로부터 쟁점그림을 증여받았다고 주장하나, 쟁점그림에 관한 취득 및 원고의 취득을 인정할 만한 객관적 증거 즉, 쟁점그림에 관한 취득세 내지 증여세의 신고·납부 등의 내역이 전혀 없다.

갑 제6호증의 기재에 의하면 BBB로부터 원고 명의의 계좌에 2008.6.25 7억원, 2008.9.5 6억원이 입금된 사실은 인정되나, 한편, 을 제5호증의 기재에 의하면 쟁점그림 중 A가 2008.6.18 진행된 XX 미술품 경매에서 10억 6,000만 원에 낙찰된 사실 역시 인정되는 바, 앞서 인정한 사실만으로는 원고 명의 계좌에 입금된 금원이 쟁점그림의 매각대금이라고 단정하기는 어렵다. 갑 제9, 17호증의 각 기재 역시, 갑 제6호증의 기재에 의하여 인정되는 BBB로부터 원고 명의의 계좌에 2008.6.25 7억원, 2008.9.5 6억원이 입금된 사실에 부합하는 내용일 뿐, 나아가 위 입금액이 쟁점그림의 매각대금이라거나 쟁점그림이 원고 소유였음을 인정하기에는 부족한 자료들이다. (이하 생략) 그렇다면, 원고의 이 사건 청구는 이유 없으므로 이를 기각한다.

부동산취득자금에 대한 증여추정입니다. 재산의 취득사실이 있었고, 본인의 직업이나 소득에 비해 그 가액이 지나치게 거액이고, 배우자와 직계존속이 그 가액을 증여할 만한 재력이 있었기 때문입니다. 본인 소유 재산인 주식과 미술품의 매각대금, 그리고 본인이 소득세를 낸 소득으로 출처를 증명하고자 했으나, 미술품 매각대금이 출처로 인정받지 못했습니다. 미술품을 아버지로부터 증여받았다고 하나 증거가 없었기 때문입니다.

② 다음 사례는 자녀가 미술품을 구입했는데, 자금출처조사를 받은 국세청 세무조사 사례입니다. 조사 결과 자금의 출처는 부모였고 게다가 부모는 체납자였기 때문에, 미술품이 압류되었습니다.

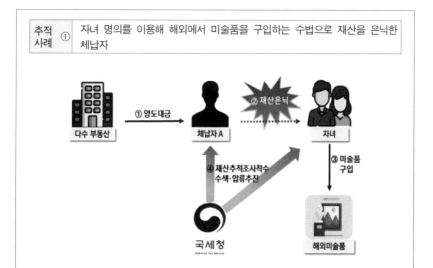

추적 사례 ①	자녀 명의를 이용해 해외에서 미술품을 구입하는 수법으로 재산을 은닉한 체납자

■ **체납 및 재산은닉 현황** : 양도소득세 등 무신고 고지, □□억 원 체납
- A는 상가건물 등 다수의 부동산을 보유하던 사람으로 이들 부동산을 양도한 후 양도소득세를 납부하지 않아 고액의 체납이 발생함
- A는 양도대금을 비롯해 충분한 자금여력이 있음에도 세금은 납부하지 않은 채, 자녀 명의로 해외 소재 갤러리업체에서 ○○억원 상당의 그림과 조각상 등을 구입하는 방식으로 재산을 은닉한 혐의

(5) 제척기간

만약 자력이 없는 자가 미술품을 증여를 받았거나, 상속받았는데, 별 일 없이 잘 넘어갔다고 합시다. 그러면 이제 발 뻗고 잘 수 있는 걸까요? 그렇지 않습니다. 국가는 국세를 부과할 수 있는 기간을 정해놓고 그 기간 중이라면 언제든지 국세 부과를 시도합니다. 이렇게 국세부과를 할 수 있는 기간을 [국세부과의 제척기간] 이라고 합니다.

증여세와 상속세의 경우, 신고서를 제출하지 않은 경우(무신고) 신고서 제출기한 (증여일이 속하는 달의 말일부터 3개월, 상속일이 속하는 달의 말일부터 6개월)에서 시작하여 15년 동안은 세금을 부과할 수 있습니다.[70] 그러니까 납세자가 증여 세와 상속세를 신고하지 않았으면 15년을 버텨야만 비로소 세금이 없어집니다.

그런데 증여세와 상속세 중에서도 특별한 경우에는, 15년 제척기간 없이 상속인, 증여자가 죽을 때까지, 국가가 알아차리기만 하면 1년 내에 부과할 수 있는 경우가 있습니다. ① 상속세와 증여세이면서, ② 서화, 골동품 등 상속재산 또는 증여 재산을 상속인이나 수증자가 취득하였고, ③ 재산가액이 50억원을 초과하는 경우입니다. 이른바 올드 마스터나 저명한 작가의 작품 중에 50억원을 넘어가는 경우가 아주 흔한데, 이런 작품을 몰래 증여받거나 상속받아 가지고 있으면 언제라도 세금이 부과될 수 있습니다.

---

70 국세기본법 제26조의2 제4항

법인
컬렉터편

1. 건축물 미술작품제도와 취득세

(1) 건축물 미술작품제도

강남, 을지로, 여의도 등 번화가를 지날 때면, 큰 건물마다 조형물이 하나씩 보입니다. 건물에서 일하는 사람에게는 분위기를 새롭게 해주고, 지나다니는 사람에게는 좋은 느낌을 줍니다. 그러나 이런 조형물은 건축가가 의도한 것이 아니라, 법적 의무라는 사실 알고 계셨는지요? 이 제도를 [건축물 미술작품제도]라고 합니다. 제도의 적용 대상은 연면적 1만 제곱미터의 건물은 300평짜리 10개 층 정도의 신축건물입니다. 이런 정도의 건물은 개인이 건설하는 일은 극히 드물고 법인이 건설하게 되므로 이 장의 내용은 대체로 법인에게 중요한 문제입니다. 개인의 미술품 취득은 취득세가 없으므로 혼동하시면 안 됩니다.

기초개념편에서 원래 미술품은 취득세 과세대상자산이 아니라고 말씀드렸습니다. 하지만 아주 특별한 경우 취득세의 과세표준에 포함되는 경우가 있습니다. 그 이유는 [문화예술진흥법]에 따라, 연면적 1만 제곱미터 이상인 건물을 건축하려는 자는 건축비용의 0.5~1%를 미술작품 설치에 써야하기 때문입니다.[1] 서울시에서는 작품은 해당 건축물을 위하여 신규로 제작하는 것을 원칙으로 하되, 해당 건축물을 위하여 소장품을 구입하여 증명하는 경우에는 허용 된다고 합니다.[2] 이렇게 미술작품이 건축물과 일체의 형태로 설치되면 건축비와 함께 취득세 과세표준에 포함됩니다. 참고로, 비용을 써야 하는 것이 법이기 때문에, 무상으로 기증받은 미술장식품을 설치하는 것은 비용을 썼다고 보지 않습니다.[3]

건축비용에서 0.5%~1%를 써야 하니, 해당 미술작품의 설치비용도 얼마인지 수치로 나타나야만 기준을 넘겼는지 판단할 수 있습니다. 그래서 관할하는 시·도지사가 해당 미술작품의 가격과 예술성 등에 대한 감정·평가를 실시하고 건축주에

---

1 문화예술진흥법 제9조 제1항, 제3항, 문화예술진흥법 시행령 제12조 제1항, 제5항
2 서울특별시 공공미술의 설치 및 관리에 관한 조례 제19조 제2항
3 건축물에 대한 미술장식품 설치업무 처리 지침 [사례 28]

게 결과를 알려줍니다.[4] 시·도지사는 미술작품심의위원회에 이런 사무를 위임합니다.[5] 위원회는 담당 공무원, 미술·건축·디자인·도시계획 분야 전문가 등으로 구성되며, 미술작품의 가격, 예술성, 건축물 및 환경의 조화, 접근성, 도시미관에 대한 기여도 등을 종합평가합니다.

이렇게 미술품을 설치하면 건축주는 미술작품의 가치가 유지될 수 있도록 노력해야 하고, 철거하거나 폐쇄할 수 없습니다. 이전할 때는 위원회의 심의를 받아야 합니다. 지자체에서는 미술품이 잘 유지되고 있는지를 1년 주기로 확인하는데요, 만약 미술품이 철거, 훼손, 분실, 용도변경된 경우에는 원상회복하여야 합니다.[6]

(2) 취득세

건축물에 미술작품을 설치하게 되면, 미술품이 건축물 내부/표면에 설치될 수도 있고, 건축물 외부에 설치될 수도 있습니다. 건축물 내부에 설치할 때도 분리가 가능할 수도 있고 아닐 수도 있습니다. 문화예술진흥법에서 미술품을 설치하도록 규정한 것과 별개로, 취득세를 매길지 여부는 지방세법이 정합니다.

취득세는, 미술품이 건축물의 일부로서 설치되는 경우, 건축물로서 부과됩니다. 조형물로 기둥을 장식하는 경우가 대표적입니다. 미술품에 취득세를 매기고자 하는 것이 아니기 때문입니다. 이때 건축물이란 [토지에 정착하는 건물]과 [이에 딸린 시설물]을 포괄하는 개념이고,[7] [딸린 시설물]이란 건축물에 [부속 또는 부착]된 물건으로서 건축물 효용을 증가시키는데 필수적인 시설을 뜻합니다. 건축물에 [부속 또는 부착]되었다는 것은 거의 분리가 불가능하거나 상당히 어렵고, 억지로 분리하면 건물을 크게 손상시키는 경우를 말합니다. 결론적으로, 미술품 중 건축물에 부착되어 건축물 효용을 증가시키면서, 분리가 불가능하거나 상당히 어렵고,

---

4 문화예술진흥법 시행령 제13조
5 문화예술진흥법 시행령 제14조
6 문화예술진흥법 제9조의3
7 지방세법 제6조 제4호, 건축법 제2조 제1항 제2호

억지로 분리하면 건물을 손상시키는 미술품이, 건축물에 포섭되어 취득세가 부과되는 것입니다. 반대로 표현하면, 문화예술진흥법에 따라 미술품을 취득하는 경우에도, 미술품이 건축물의 일부가 아닌 경우에는 취득세가 부과되지 않습니다.

그러면 취득세의 과세표준은 얼마일까요? 미술품 취득가격이 그대로 취득세 과세표준이 됩니다. 좀 더 정확히는 법인 장부에 따라 취득가격이 증명되는 취득으로서 [사실상의 취득가격]입니다. [사실상의 취득가격]이란 건축물을 취득하기 위한 직접비용과 간접비용의 합인데, 문화예술진흥법에 따른 미술작품의 설치가액은 간접비용의 일종으로서 취득세 과세표준을 구성하게 됩니다.[8]

만약 서울특별시 내에서 회사의 본사사옥으로 건축비용이 100억짜리 건물을 건축한다고 해보겠습니다. 서울특별시 조례에 의하면 최소 0.7%를 미술작품 설치에 써야 하므로, 70,000,000원의 작품설치비용이 발생합니다. 법인이 취득하는 건축물이므로 70,000,000원이 그대로 사실상의 취득가액에 포함되어 취득세의 과세표준을 구성합니다. 세율은 원시취득세율인 2.8%을 기준으로 대도시 중과세율인 6.8%가 적용되어, 4,760,000원의 세금이 추가로 부과되고 여기에 다시 지방교육세, 농어촌특별세가 더 부과됩니다. 건축주에게는 설치비와 취득세가 부담이 아닐 수 없습니다.

● 서울고법2008누17617, 2009.01.06

취득세의 건축물에 부수되는 시설도 건축물에 포함시키도록 되어 있고, 위 법조에서 말하는 부수시설은 건축물에 부속 또는 부착된 물건으로서 그 건축물 자체의 효용을 증가시키는데 필수적인 시설을 의미한다 할 것이다(이는 등록세의 경우도 마찬가지로 보아야 한다). (생략) 이 사건 오피스텔에 붙박이 내지 맞춤형으로 부착되어 있어 오피스텔에서 이 사건 붙박이 가구, 홈오토메이션 및 세탁기를 분리하는 것이 거의 불가능하거나 상당히 어렵고, 이를 분리하는 경우 주거용인 이 사건 오피스텔의 효용을 크게 손상시킬 것으로 보이는 점 등을 종합하면, 이 사건 붙박이 가구, 홈오토메이션 및 세탁기는 이 사건 오피스텔에 부합되어 이 사건 오피스텔이 주거용으로서의 기능을 다 하게 하는데 필수적인 시설이라고 할 것이므로, 그 각 제품가격 및 그 설치 소요 비용은 이 사건 건물에 대한 취득세의 과세표준에 포함시키는 것이 상당하다.

---

8 지방세법 시행령 제18조 제1항 제3호

(3) 판례

미술품에 대해 취득세가 부과되지 않은 판례와 부과된 판례를 하나씩 소개하겠습니다. 미술품이 건축물에 딸린 시설로서 분리가 불가능하거나 분리하는 경우 건물의 훼손 또는 효용의 감소를 가져오는가가 쟁점입니다.

• 조심2014지1358, 2015.03.27

[청구법인들 주장]

청구법인들이 이 건 건축물에 설치한 쟁점미술품은 해제와 이전전시가 가능한 독립적 가치를 지닌 예술품으로 해체하여도 건물의 효용가치를 감소시키지 않으므로 건물의 종물이 아니라 할 것인 바 쟁점미술품의 취득가격 등은 이 건 건축물의 취득세 등의 과세표준에서 제외되어야 한다.

[처분청 의견]

건축물에 연결하거나 부착하는 방법으로 설치되어 그 경제적 효용과 사용가치 등을 증가시킨다면 종물 또는 부합물로서 건축물의 취득세 과세표준에 포함시켜야 할 것(대법원 1993.8.13 선고 92다43142 판결, 같은 뜻임)인바, 이 건 건축물에 설치된 미술품 ○○○은 건물의 외부가 아닌 1층 로비의 천장 및 바닥에 고정되어 있는 상태로 이 건 건축물에 적합하게 연결·부착되어 설치된 것으로 보이는 점, 청구법인들의 주장과 달리 이전하여 전시하게 되는 경우에는 예술품으로서의 가치가 상당부분 감소될 것으로 보이는 점 등에 비추어 이 건 건축물의 부대시설로서 보는 것이 타당하고, 이 건 건축물에 설치된 미술품 "이면"은 이 건 건축물의 1층 벽면에 설치되어 고정되어 있고, 이전하여 전시를 하기 위해서는 주체구조부를 훼손하여야 할 수밖에 없을 것으로 보이므로 이 건 건축물에 부합된 상태로서 이 건 건축물의 부대시설로 보는 것이 타당한바, 이 건 건축물에 부착된 쟁점미술품 취득가격 등은 이 건 건축물의 취득세 등의 과세표준에 포함되어야 한다.

[사실관계 및 판단]

(마) 쟁점미술품 중 ○○○의 작가 배○○○이 작성한 확인서에 의하면 위 작품은 스테인레스스틸 소재의 와이어와 와이어를 고정하는 ○○○ 판넬이 60센치미터 단위로 모듈화되어 가변설치 할 수 있도록 창작되었으며, 건축물과는 독립된 미술작품으로서 모듈화되어 있고 하단부에서 와이어의 길이와 텐션을 조정할 수 있는바 ○○○ 외에 국내·외의 미술관에 이전하여 설치가 가능한 작품인 것으로 기재되어 있다.

(2) 이상의 사실관계 및 관련 법령 등을 종합하여, 먼저, 주위적 청구에 대하여 살피건대, 「지방세법」제6조 제4호에 의하면 "건축물"이란 「건축법」제2조 제1항 제2호에

따른 건축물(이와 유사한 형태의 건축물을 포함한다)과 토지에 정착하거나 지하 또는 다른 구조물에 설치하는 레저시설, 저장시설, 도크(dock)시설, 접안시설, 도관시설, 급수·배수시설, 에너지 공급시설 및 그 밖에 이와 유사한 시설(이에 딸린 시설을 포함한다)로서 대통령령으로 정하는 것을 말한다고 규정하고 있고, 위 규정에서 건축물에 딸린 시설도 건축물에 포함시키도록 규정하고 있으며, 딸린 시설은 건축물에 부속 또는 부착된 물건으로서 그 건축물 자체의 효용을 증가시키는데 필수적인 시설을 의미한다 할 것(대법원 2009.4.23 선고 2009두2511 판결, 같은 뜻임)인바, 쟁점미술품 등의 사진 등에 의하면 쟁점미술품은 이 건 건축물에 설치된 조형물인 것으로 확인되고, 쟁점미술품의 작가 배○○○이 작성한 확인서 등에 의하면 위 작품은 건축물과는 독립된 미술작품이고, ○○○ 외에 국내·외의 미술관에 이전하여 설치가 가능한 작품인 것으로 기재되어 있는 점 등에 비추어 쟁점미술품은 그 설치 형태가 탈·부착이 가능하거나 이동이 가능하여 이 건 건축물 자체의 효용을 증가시키는 필수적인 딸린 시설이라기 보다는 이 건 건축물과는 독립되어 별도의 가치를 가진 미술품으로서 이 건 건축물의 일부 및 딸린 시설로 보기는 어려우므로 처분청이 쟁점미술품의 취득가격 등을 이 건 건축물의 취득세 과세표준에 포함되는 것으로 보아 이 건 취득세 등을 부과한 처분은 잘못이 있는 것으로 판단된다.

[해설]

취득세 과세표준을 산정하면서 미술품이 건물과 일체인지 아닌지를 두고 다툰 케이스입니다. 납세자는 미술품이 건축물에 딸린 시설이 아니므로 건축물에 해당하지 않는다고 주장하고, 국세청은 미술품이 건물에 고정되어 있고 분리하는 경우 예술품으로서의 가치가 상당부분 감소할 것이라고 주장하여 취득세를 부과했습니다. 판결에서는 미술품 분리가 가능하여 건축물의 부수시설이 아니라고 보아 취득세를 부과하지 않았습니다.

• 조심2019지2282, 2019.12.18

[사실관계 및 판단]

(1) 이 건 건축물은 제1·2종 근린생활시설 및 오피스텔로서 그 연면적이 1만 제곱미터를 초과하므로 「문화예술진흥법」 등 관계 법령에 따라 의무적으로 해당 건축물에 쟁점미술품을 구입·설치한 것에 대하여는 다툼이 없다.

(2) 청구법인과 처분청이 제출한 심리자료에 따르면 다음의 사실이 나타난다. 청구법인은 '주택건설사업'을 목적사업으로 하여 2011.4.1 ○○○에서 설립되었고 2013.2.14 ○○○로 본점을 이전하였다. 사진자료 등에 의하면 쟁점미술품은 이 건 건축물의 출입구 전면에 설치된 것으로 나타난다. 확인서(2019.6.2)에 따르면 쟁점미술품은 조각가 ○○○의 작업실에서 완성되었고 해당 미술품은 자체적으로 미술적 가치가 있으

며, 이전 설치가 가능한 것으로 기재되어 있다.

(라) 이 건 건축물에 대한 건축물대장을 보면 해당 건축물은 지하 5층, 지상 15층의 건물로 연면적은 23,060m²이고, 주용도는 제1·2종 근린생활시설, 오피스텔이며 지하 1층부터 지하 5층까지는 주차장, 방재실, 기계실로 되어 있으며, 오피스텔 면적은 1만 제곱미터 이상인 것으로 나타난다.

(3) 이상의 사실관계 및 관련 법령 등을 종합하여 살펴본다. (생략) 청구법인은 쟁점미술품이 이전설치가 가능한 독립된 창작물로서 자체적인 가치를 가지는바, 이 건 건축물과는 구분되어야 하므로 해당 미술품 구입비용을 이 건 건축물 과세표준에 포함하여 취득세 등을 부과한 이 건 처분은 부당하다고 주장하나, 관계 법령 등에 따르면 업무시설 등으로서 그 연면적이 1만 제곱미터 이상인 경우에는 미술작품을 의무적으로 설치하도록 규정하고 있고 이 건 건축물은 그 연면적이 1만 제곱미터를 초과하므로 해당 법령에 따라 쟁점미술품을 구입·설치하여야 하는 것에 대하여는 다툼이 없는 점, 관계 법령에 따라 의무적으로 설치한 쟁점미술품은 해체 및 이전 등에 제한이 있다는 처분청 의견은 납득가능한 점, 쟁점미술품의 구입비용은 청구법인이 이 건 건축물을 취득하지 않을 경우에는 지출할 필요가 없는 비용이고 해당 건축물을 취득하기 이전에 지급원인이 발생하거나 확정된 비용으로서 이 건 건축물의 취득가액에 포함되는 간접비용으로 보는 것이 합리적인 점 등에 비추어 쟁점미술품 구입비용을 이 건 건축물 과세표준에 포함하여 취득세 등을 부과한 이 건 처분은 달리 잘못이 없다고 판단된다.

[해설]

건축물과 미술품의 해체 및 이전에 제한이 있다는 국세청 의견을 받아들여 취득세가 부과되었습니다. 납세자는 미술품 분리가능성을 주장했지만 받아들여지지 않았습니다.

2. 업무무관자산과 손금(법인세)

(1) 법인의 업무

이번에는 미술품을 구입하는 법인 이야기를 해봅니다. 법인세 기초에서, 손비는 사업과 관련하여 발생하거나 지출하여야 하고(사업관련), 일반적으로 인정되는 통상적인 것이거나(통상성), 수익과 직접 관련된 것(수익관련)이어야 합니다. 반대로 표현하면, 손비의 요건을 충족하지 못하는 지출을 업무무관비용이라 하고, 손비가 아니라 자산을 구입했다면, 업무무관자산이라고 부릅니다. 반대로 법인이 업무와 관련된 자산을 구입한다면, 업무무관비용/자산이 아닙니다.

미술품이 사업과 관련이 있는지를 생각해보면, 미술 사업을 하는 법인이 아니면 대부분 법인은 업무를 수행하는 데 미술품이 필요 없습니다. 뒤에서 설명할 장식, 환경미화 목적으로 항상 복도, 사무실에 전시하는 1천만원 이하의 미술품이 아니라면, 미술품을 구매하면 대부분 업무무관비용/자산으로 보아 불이익을 받습니다. 구체적으로 어떤 불이익을 받을까요? 또, 법인이 주업이 있지만 미술품 매매도 법인 업무였다고 주장하면 어떻게 될까요?

법인의 업무란, ① 특별법에서 어떤 업무를 해야 한다고 법인의 업무 범위를 정했다면, 특별법에서 말하는 업무가 법인의 업무입니다. 예를 들어 세무법인은 세무사가 직무를 조직적이고 전문적으로 수행하기 위하여 설립하는 법인이므로, 세무 관련 업무가 법인의 업무입니다. ② 특별법상 법인이 아니라면, 등기부상에 목적사업으로 적은 것을 법인의 업무로 봅니다.[9] 그렇다면 다시, 등기부에 목적사업으로 올려놓기만 하면 법인의 업무가 될 수 있는 것일까요? 그렇다면 법인이 너도나도 모든 업종을 등기부에 올려놓으면 된다는 무의미한 이야기가 됩니다. 법인의 업무와 직접 관련성 여부는 당해 법인의 목적사업이나 그 영업내용을 기준으로 객관적으로 판단되어야 합니다.[10] 등본상은 물론 실제로도 미술과 관련된 업무를

---

9 법인세법 시행규칙 제26조 제2항
10 대법91누8302

하고 있어야, 업무관련성을 인정합니다.

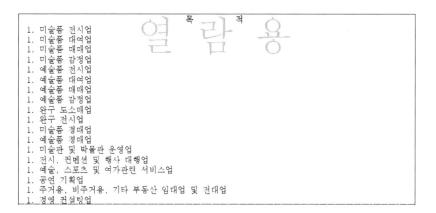

```
목      적

1. 미술품 전시업
1. 미술품 대여업
1. 미술품 매매업
1. 미술품 감정업
1. 예술품 전시업
1. 예술품 대여업
1. 예술품 매매업
1. 예술품 감정업
1. 완구 도소매업
1. 완구 전시업
1. 미술품 경매업
1. 예술품 경매업
1. 미술관 및 박물관 운영업
1. 전시, 컨벤션 및 행사 대행업
1. 예술, 스포츠 및 여가관련 서비스업
1. 공연 기획업
1. 주거용, 비주거용, 기타 부동산 임대업 및 전대업
1. 경영 컨설팅업
```

아래에서는 4개의 질의응답을 소개합니다. 섬유제조업법인과 출판회사가 미술품을 취득하는 것은 업무무관자산으로 보았습니다. 반면 박물관운영회사, 터미널운영법인, 호텔업법인은 미술품을 업무와 관련하여 보유하는 것으로 인정했습니다.

• 법인46012-2273, 1994.08.09

[질의] 섬유제조업법인이 사옥(지상 11층ㆍ지하 4층)내의 3개층(9-11층)에 설치한 미술품 전시관에 전시중인 미술품이 업무와 관련없는 자산에 해당되어 지급이자 손금불산입 대상인지, 업무와 관련없는 자산에 해당하는 경우 그 금액 기준은

[회신] 섬유제조업을 영위하는 법인이 업무와 관련없이 수집하여 별도의 전시공간을 마련하고 전시중인 미술품은 금액규모에 관계없이 법인세법시행규칙 제18조 제1항의 비업무용 동산에 해당하는 것입니다.

• 법인46012-1759, 1994.06.16

[질의] 당사는 출판ㆍ인쇄회사로서 세계최초로 금속활자를 발명하여 출판문화를 꽃피운 우리나라의 출판ㆍ인쇄문화 유산을 발굴ㆍ전시하기 위하여 박물관 및 미술관진흥법 제6조와 시행령 제2조에 의해 문화체육부장관의 승인을 득하여 사내에 "인쇄ㆍ고서 박물관"을 설립ㆍ운용코자 함. 주요 전시품 : 활판인쇄기 등 인쇄관련 기계장치 및 선사시대부

터 근세시대에 이르는 출판·인쇄관련 물품. 위 전시품이 법인세법시행령 제43조의 2 제2항의 업무와 관련없는 서화·골동품에 해당하는지

[회신] 출판업을 영위하는 법인이 보유하는 서화·골동품 등(장식·환경미화 등에 사용하는 것으로서 사회통념상 업무와 관련이 있다고 인정되는 범위안의 것은 제외)은 법인세법시행령 제43조의 2 제2항 제1호의 업무와 관련없는 자산에 해당되는 것이나, 출판업을 영위하는 법인이 박물관및미술관진흥법 제6조 및 동법 시행령 제2조에 의거 인쇄·고서박물관을 설립하여 문화체육부장관에게 등록하고 박물관운영업을 당해 법인의 사업의 한 종목으로 영위하는 경우 당해 박물관에 전시하는 인쇄문화발전에 관한 박물관자료는 업무와 관련 없는 자산으로 보지 않는 것으로 귀 질의의 경우가 어디에 해당되는지는 구체적인 사실에 따라 판단할 사항입니다.

• 법인46012-792, 1998.04.01

[질의] 여객 및 화물터미널 사업인가를 득하고 사업을 준비중에 있는 법인으로써 건물신축시 건축법에 의한 법적 조경면적내에 조각품 등을 설치하여 조각공원을 만들 경우 당해 조각품이 법인세법 시행규칙 제18조 제1항의 서화·골동품등과 같은 업무무관자산에 해당하는지

[회신] 여객 및 화물터미널 사업을 영위하는 법인이 터미널 부속토지내에 이용객 및 일반시민에게 휴식공간을 제공할 목적으로 마련한 조각공원내에 설치한 조각품이 장식·환경미화 등에 사용되는 것으로서 사회통념상 업무와 관련있다고 인정되는 범위내의 것인 경우에는 법인세법시행규칙 제18조 제1항 제1호 단서의 규정에 해당되는 것이나, 이에 해당하는지 실질내용에 따라 사실판단할 사항입니다.

• 서면2팀-1924, 2005.11.28

[질의] 당사는 호텔업을 영위하는 법인으로서 자연을 벗삼아 호수주변에 조각 조형물 공원을 조성하여 고객등이 잠시 쉬어갈 수 있는 문화공간을 마련하였음. 예술적 창작작품으로 가치가 감소된다고 볼 수 없어 비감가상각자산으로 계상하여야 하는지 여부 아니면 법인의 각 사업연도 소득금액 계산상 곧바로 손금에 산입하면 되는지 여부
조형물 조성 내역(18건, 총 9천5백만원)
조형물 제작 지원금(재료비) : 3천만원
조형물 평가위원 평가 보수 : 5백만원
조형물 평가에 따른 시상금 : 6천만원

[회신] 호텔업을 영위하는 법인이 호텔주변에 이용객 및 일반시민에게 휴식공간을 제공

할 목적으로 마련한 조각 조형물공원 내에 설치한 조형물 등이 장식·환경미화 등에 사용되는 것으로서 사회통념상 업무와 관련있다고 인정되는 범위내의 것인 경우에는 업무용 동산에 해당되는 것이나, 이에 해당하는지 여부는 실질내용에 따라 사실판단할 사항입니다.

(2) 업무무관자산

업무무관자산에 대해서 좀 더 자세히 알아보겠습니다. 업무관련성은 [손금] 관련 이야기였는데 갑자기 [자산]을 이야기하니 혼란스러울 수 있는데요. 실무상 업무무관 미술품을 손금으로 계상하면 그 즉시 손금불산입되므로, 일단 미술품을 자산으로 기록하는 수밖에 없습니다. 미술품은 감가상각대상자산도 아니기 때문에, 보유 중에 손금화 할 수도 없고, 결국 처분시점까지 자산으로 이어집니다. 따라서 자산에 대한 논의로 귀결됩니다.

업무무관자산은 다시 2개로 나눕니다. 업무무관[부동산]과 업무무관[동산]입니다. 미술품은 업무무관동산입니다.

① 업무무관부동산이란, 업무에 사용하지 않는 부동산을 말합니다.[11] 갤러리 사업을 하려면 공간 및 사무실도 필요하고 수장고도 필요합니다. 사업과 관련이 있다면 얼마든지 부동산을 매입할 수 있습니다. 업무와 관련없이 땅이나 건물에 투자하면 업무무관부동산입니다.

하지만 사업을 하다 보면 부동산을 당장 사업에 쓸 수 없는 사정이 있을 수 있습니다. 이런 경우는 일반적으로 2년~5년의 유예기간을 줍니다. 유예기간은 사업에 쓰기까지 일시적으로 기간을 준 것이므로, 결국 사업에 쓰지 않고 내다 팔았다면 업무무관자산입니다. 그런데 유예기간 중에 쓰고 싶어도 못 쓰는 사유, 예를 들어 법에서 사용금지한다든지 문화재보호구역으로 지정하면 정당한 사유로 봅니다.

---

11 법인세법 시행령 제49조 제1항 제1호, 법인세법 시행규칙 제26조 제1항, 제5항

② 업무무관동산은 업무에 사용하지 않는 동산을 말합니다.[12] 대표적으로 서화, 골동품, 자동차, 배, 항공기 등이 있을 수 있습니다. 하지만 사업을 하다 보면 어쩔 수 없이 업무무관동산을 취득하게 되는 일이 있습니다. 누가 빚 대신 물건으로 갚았거나, 돈을 받지 못해 하는 수 없이 담보물을 가져온 경우입니다. 그런 경우 3년 유예기간을 줍니다. 단, 유예기간은 자동자, 선박, 항공기에만 적용되고 미술품은 해당사항 없습니다.

(3) 불이익

1) 취득, 관리비의 손금불산입

업무무관비용은 손금이 될 수 없듯, 업무무관자산을 보유하면서 취득, 관리하는데 들어가는 수선비, 보관료, 보안시스템비, 보험료 등 비용을 손금으로 인정받을 수 없습니다.[13] 그래서 지출이 있어도 법인세를 줄이지 못합니다.

하지만 업무무관자산을 처분시점에는 번 돈을 수익으로, 작품 값을 비용으로 처리하여 순수익을 인식합니다. 업무무관경비의 손금불산입 규정은 업무무관자산의 취득 자체를 부인하는 것이 아니고 유지·관리비를 부인하고자 하는 취지이며, 손금불산입대상 유지·관리비의 범위에 업무무관자산의 매각손실까지 포함하는 것은 아니라고 합니다.[14] 순자산 증가와 감소가 동시 발생하면 둘 다 인정한다는 취지입니다.

2) 지급이자의 손금불산입

법인은 사업을 하면서 자금조달을 위해 빚을 지는 것이 일반적이므로, 이자비용은

---

12 법인세법 시행령 제49조 제1항 제2호
13 법인세법 제27조, 법인세법 시행령 제49조 제3항
14 국심 76서391

원래 정당한 손금입니다. 하지만 업무무관자산을 취득하여 보유하고 있으면서 대출을 받아 이자비용을 내고 있다면, 적절하지 않다고 봅니다. 빚을 지면서까지 업무무관자산을 보유할 것이 아니라, 업무무관자산을 처분하고 빚을 갚는 것이 맞지 않냐는 것입니다. 따라서 업무무관자산에 해당하는 만큼의 이자비용은 손금으로 인정하지 않습니다.[15] 지급보증료, 인지세, 담보설정비용 등 대출 부대 비용도 손금불산입합니다.[16]

● 부산지법2009구합196, 2009.08.28

[처분의 경위]

가. 원고는 1964.6.26 설립된 법인으로 현재 부동산임대업을 주업무로 하고 있고, 대표이사는 김BB로 등기되어 있으며, 최AA이 최대주주로 사실상의 경영자이다.

나. 원고는 2002년부터 2006년까지 약 31억원 상당의 미술품(이하 '이 사건 미술품'이라 한다)을 구입하였고, 2002.12.31 그 중 합계 757,552,411원 상당의 미술품을 자회사인 주식회사 □□□힐(이하 '□□□힐'이라 한다)에 현물출자를 하였다.

다. 피고는 2007.6.4부터 2007.6.28까지 원고에 대하여 세무조사를 실시한 후, 이 사건 미술품을 업무와 무관한 자산으로 보아 이 사건 미술품 관련 차입금 지급이자 346,369,434원을 손금불산입하고, (생략) 각 소득금액변동통지를 하였다(이하 '이 사건 각 소득금액변동통지'라 한다).

[원고의 주장]

원고는 신규사업인 미술관 서비스업을 위하여 이 사건 미술품을 구입한 것으로, 업무용 자산인지 여부는 법인의 업무상 필요성 내지 소득창출을 위한 필요성에 따라 판단되어야 할 것이고, 여기서 장래의 업무나 장래의 소득창출을 위한 자산도 제외시킬 수는 없다고 보아야 한다. 또한, 미술품은 부동산과 달리 보유기간 등에 따른 의제규정이 없으므로 취득 당시의 객관적 용도가 판단기준이 되어야 한다. (생략)

[인정사실]

(1) 원고는 2003.4.11 공연 및 관람수익사업을 사업목적에 추가하는 정관변경을 하였고, 그 무렵 사업자등록에 미술관 서비스업을 부업종으로 추가하였다.

(3) 원고의 대표이사인 김BB는 위 세무조사 과정에서 2007.6.27 ① "위 (2)항 기재 부동산 등에 미술관 건립과 관련된 부지조성, 건축물 착공 등이 이루어지지 않았으며, 위 부동산에 미술관을 건립할 목적의 사업계획이나 이와 관련된 내부 문건 등이 작성된 사실이나 제출할 수 있는 서류가 없다"는 내용이 기재된 확인서(생략)를 작성하여 피

---

15 법인세법 제28조 제1항 제4호
16 법인세 집행기준 27-0-1

고에게 제출하였다.

(4) 원고는 위 세무조사가 종료된 이후 2008.4.10에서야 조세심판원에 이 사건 미술품, 접대비 등과 관련된 항변자료를 제출하였다.

[판단]

구 법인세법(생략)의 각 규정에 의하면, 장식·환경미화 등의 목적으로 사무실·복도 등 여러 사람이 볼 수 있는 공간에 상시 비치하는 것을 제외한 서화 및 골동품, 기타 이와 유사한 자산으로서 당해 법인의 업무에 직접 사용하지 아니하는 자산을 취득하거나 보유하고 있는 내국법인이 각 사업연도에 지급한 차입금의 이자 중 대통령령이 정하는 바에 따라 계산한 금액은 손금에 산입하지 아니한다. 이 사건으로 돌아와 보건대, 위 인정 사실에 변론 전체의 취지를 종합하여 알 수 있는 다음과 같은 사정들, 즉 ① 최AA이 토지를 매입하였다고 하더라도 이를 원고가 취득한 것으로 보기는 어렵고, 달리 원고가 미술관 건립을 위한 준비를 하고 있다고 볼 구체적인 자료가 전혀 없는 점, ② 원고의 대표이사 김BB는 미술관 건립과 관련된 사업계획조차 작성된 적이 없다고 확인하고 있는 점, ③ 김BB는 □□□힐에 대한 세무조사 과정에서는 □□□힐이 구매한 미술품은 업무와 무관하게 자산이라고 명시적으로 밝히고 있기까지 한 점 등을 종합하여 보면, 이 사건 미술품은 원고의 업무에 직접 사용되지 아니하는 자산이라고 봄이 상당하고, 원고가 정관에 공연 및 관람 수익사업을 사업목적으로 추가하고 사업자등록에 미술관 서비스업을 부업종으로 추가 하였다는 사정만으로는 위 인정을 뒤집기에 부족하다(또한, 원고는 미술관 설치를 위한 재무, 회계적 검토를 위하여 삼일회계법인에 자문을 받은 바 있고, 일본의 지브리 미술관에도 자문을 요청한 바 있다고 주장하나, 이에 대한 구체적인 입증자료는 제출되지 않았다). 따라서 이 사건 미술품이 원고의 업무에 사용되는 자산임을 전제로 하는 원고의 이 부분 주장은 이유 없다.

[해설]

업무무관 미술품을 보유하고 있어 이자비용을 손금불산입한 사례입니다. 정관 및 사업자등록에 미술관 서비스업을 추가하였지만, 실제로 미술관 건립 준비를 한 적이 없어, 법인 업무로 인정받지 못했습니다. 따라서 이자비용이 손금불산입되었습니다.

3. 1천만원 이하 미술품 손금산입

(1) 서론

앞서 법인이 업무와 관련없는 미술품을 구입하면 불이익을 본다고 했습니다. 그러면 현실적으로 미술 관련 업종을 영위하는 법인을 제외하고는 미술품을 사면 손비로 인정받을 수 없게 됩니다. 이런 상황 하에서 법인이 미술품을 사기가 쉽지 않습니다. 법인의 재무를 탄탄히 하기 위해 이런 규정을 둔 것은 이해할 수 있지만, 과연 미술품이 사업과 관련이 없다고 잘라 말할 수 있을까요?

미술품은 단순한 장식품이 아닙니다. 회사의 품위와 지적인 수준을 대변하고 브랜드 이미지를 구축합니다. 고객들에게 심미적인 만족이나 의학적으로 안정감을 부여할 수도 있고, SNS에서 오르내리며 바이럴 마케팅 효과를 주거나 고객의 매장 방문율을 높이는 효과를 주기도 합니다. 직원들의 창의력을 기반으로 하는 회사에게는 영감의 원천이 되어 매출을 높이기도 합니다. 세법에서도 그런 점을 감안해서, 사업관련성이 부족한 미술품이라도 곧바로 업무무관비용으로 규정하지 않고 손비에 산입할 수 있는 예외를 두었습니다.

(2) 요건[17]

1) 미술품

무엇보다 미술품이어야 합니다. 미술품에 관하여는 이 책 초반에 각 법에서 정한 미술의 정의에 걸맞는 작품이면 될 것입니다. 사진을 액자에 표구하는 것도 미술품에 포함됩니다. 여기서는 창작성 여부는 묻지 않았다는 것이 특징이므로, 복제된 장식용 미술품도 포함되는 것으로 보입니다.

---

17 법인세법 시행령 제19조 제17호

[질의] 법인이 장식·환경미화 등의 목적으로 거래단위별로 3백만원 이하의 미술품을 취득하는 경우 손금산입 가능한 바, 상기 미술품의 범위에 '판매목적의 표구된 사진'도 포함되는지

[회신] 법인이 장식·환경미화 등의 목적으로 「법인세법 시행령」 제19조 제17호에 따라 거래단위별로 3백만원 이하의 가격으로 취득한 미술품을 그 취득하는 날이 속이 속하는 사업연도에 손금으로 계상한 경우에는 그 취득가액을 법인의 손금으로 산입하는 것이며, 이 경우 <u>미술품에는 표구된 예술사진도 포함되는 것임</u>

2) 취득가액이 거래단위별로 1천만원

과거 1백만원이었던 시절도 있었고 2019년 2월 12일 이전에는 5백만원이었는데, 물가상승률이나 미술시장 지원 등의 취지에서 2배로 올려 지금 1천만원에 이르렀습니다. 미술품 가격은 꾸준히 상승하고 있으므로, 앞으로 더 확대될 필요가 있습니다. 이때 거래단위는 '점'별 가격을 의미합니다. 1회 주문당 1천만원이라거나, 1년에 1천만원인 것이 아닙니다. 아래 해석에서도 회사가 '몇 점'을 구매할 예정이라고 했는데요, 점별 가격만이 중요하다는 답변을 하고 있습니다.

한편 미술품을 경매업체를 통해 낙찰받아 구매하는 경우에는 수수료가 취득가액에 포함되는 것으로 해석되고 있습니다. 그러므로 보수적인 관점에서 미술품 가액이 1천만원을 넘지 않아도 수수료까지 꼼꼼하게 살펴보아야 합니다. 1천만원을 초과하게 되면, 초과분만 손금불산입하는 것이 아니라 전부가 손금불산입되기 때문입니다.

[질의] 회사에서 사무실에 비치할 목적으로 그림작품 몇 점을 구매할 예정임. 「법인세법 시행령」 제19조 제17호에서 규정하는 미술품 즉시 비용 인정단위인 '거래단위별 5백만원 이하'에서 <u>'거래단위'의 의미가 그림작품의 수량 단위인 점당이나 개당을 의미하는지 여부</u>

[회신] 내국법인이 장식·환경미화 등의 목적으로 사무실·복도 등 여러 사람이 볼 수 있는 공간에 항상 전시하는 미술품을 <u>점별</u> 5백만원 이하로 취득한 경우, 그 미술품의 취득가액을 취득한 날이 속하는 사업연도의 손금으로 계상할 수 있는 것입니다.

• 법인-981, 2009.09.07

[질의] 사내 전시용 미술품을 전문경매업체로부터 낙찰받아 구매하게 될 경우 그에 대한 경매수수료에 대한 질의임. 미술품을 경매를 통하여 취득할 경우 세무처리 방법

[회신] 내국법인이 미술품을 경매를 통하여 취득하면서 전문경매업체에게 지출한 경매수수료는 「법인세법 시행령」 제72조 제1항 제1호에 의하여 미술품의 취득가액에 포함되는 것임

• 조심2008부726, 2008.10.20

쟁점미술품 중 청구법인 사업장의 1층 전시관에 전시된 서화 등 27점이 법인세법 시행령 제49조 제1항 제2호 가목에서 규정하는 장식·환경미화 등이 목적으로 사무실 등에 상시 비치하는 것으로서 업무관련 자산으로 보아야 한다는 청구주장에 대하여도, 같은 법 시행령 제19조 제17호에서 미술품 등의 취득가액이 1백만원 이하인 것에 한하여 이를 손비로 인정하고 있는 바, 그 취득가액이 최소 250만원 이상인 것으로 확인되고 있으므로, 청구주장을 받아들이기 어렵다 하겠다.

3) 장식·환경미화 등 목적, 사무실 복도 등 항상 전시

장식·환경미화 등의 목적이어야 합니다. 반대로 표현하면 시세차익 목적이나 수집의 목적은 포함되지 않는 것으로 보아야 합니다. 이어서, 사무실·복도 등 여러 사람이 볼 수 있는 공간에 항상 전시하는 미술품이어야 합니다. 그러므로 여러 사람이 볼 수 있는 공간이 아닌 수장고에 있으면 안 됩니다. 사무실이나 복도가 아닌 별도 전시공간을 마련하는 것도 안 됩니다.

• 법인 46012-2273, 1994.08.09

섬유제조업을 영위하는 법인이 업무와 관련없이 수집하여 별도의 전시공간을 마련하고 전시중인 미술품은 금액규모에 관계없이 법인세법시행규칙 제18조 제1항의 비업무용동산에 해당하는 것임

[청구법인 주장]

청구법인은 골프연습장업을 운영하고 있는 사업자로서 과당경쟁 속에서도 고객 유치 등을 통한 성공적인 사업운영을 위하여 고가의 서화 등 쟁점미술품을 매입하여 사업장 내에 상시 전시하고 있으므로 이를 업무무관자산으로 보는 것은 부당하다.

[처분청 의견]

청구법인이 보유하고 있는 쟁점미술품 등의 금액은 2002년 12월 ○○주식회사(이하 "모회사"라 한다)가 지주회사 요건을 갖추기 위하여 100% 현물출자한 757,552,411원 및 청구법인이 2006.10.30 주식회사 ○○으로부터 직접 구매한 5억원으로 총 유형자산 계상금액은 1,257,552,411원인 바, 쟁점미술품 등은 세무조사 당시 모회사의 사업장에 일괄 보관되어 있었고, 청구법인의 휴게실(49m²)에 전시된 미술품 3점은 쟁점미술품과는 관련이 없는 미술품인 사실이 확인되므로 이를 업무무관자산으로 보아 과세한 것은 정당하다.

[사실관계 및 판단]

(5) 위 사실관계 및 관련법령을 종합하여 살펴보면, 쟁점(1)에 대하여는 우선, 청구법인은 골프연습장업을 영위하고 있는 바, 쟁점미술품등을 업무관련 자산으로 볼 만한 객관적인 증빙이 없을 뿐만 아니라, 청구법인 감사인 청구외 김○○가 처분청에 제출한 확인서에서 이와 같은 내용을 확인한 사실이 있으므로 청구주장을 받아들이기 어려운 것으로 판단되며, 쟁점미술품 중 청구법인 사업장 내 휴게실에 전시된 미술품 3점이 법인세법 시행령 제49조 제1항 제2호 가목에서 규정하는 장식·환경미화 등의 목적으로 사무실 등에 상시 비치하는 것으로서 업무관련 자산으로 보아야 한다는 청구주장에 대하여도, 전시된 3점이 모두 모회사의 자산으로서 그 취득가액이 최소 15백만원 이상인 것으로 확인되고, 같은 법 시행령 제19조 제17호에서 미술품 등의 취득가액이 1백만원 이하인 것에 한하여 이를 손비로 인정하고 있는바, 청구주장을 받아들이기 어려운 것으로 판단된다.

[해설]

장식, 환경미화 목적으로 구입한 미술품이라는 것을 주장했습니다. 하지만 작품의 가액이 1천만원을 넘고, 청구법인의 소유자산도 아니었기 때문에 업무무관자산으로 보았습니다.

4) 사후관리

실무에서는 이렇게 취득한 미술품의 가격이 상승하여 팔면 어떻게 되는지 묻는 경우가 많습니다. 장식용으로 구입했으나 우연히 미술품 가격이 상승하는 일은 있을 수 있어 얼마든지 가능한 질문입니다.

그 미술품을 판매하게 되면 그 작품은 처음부터 장식이나 환경미화의 목적이 아니었고 수집이나 매매용이었다고 보아야 합니다. 그러므로 미술품을 취득하는 당시에 손금으로 처리하지 않고, (업무무관)자산으로 처리했어야 합니다. 따라서 실무상 과거의 손금처리를 취소하여 법인세를 상승시키고, 또한 작품이 팔린 해에는 매도대금을 법인의 익금으로, 작품의 취득가액을 손금으로 처리하는 방식이 적절하다고 보여집니다.

5) 개인 사업자

1천만원 이하 미술품의 손금산입 규정은 법인세법에만 명시되어 있고, 소득세법에는 없는 규정입니다. 그래서 개인사업자도 이 규정에 따라 미술품 구입금액을 비용처리할 수는 없는지 질문을 받을 때가 많습니다.

소득세법에 규정이 없기 때문에, 미술품 구입비용은 소득세법의 필요경비 원칙 - [해당 과세기간의 총수입금액에 대응하는 비용으로서 일반적으로 용인되는 통상적인 비용]에 따릅니다. 그런데 구체적 판정을 할 때는, 법인세법 규정을 고려할 때가 많습니다. 왜냐하면 ① 개인 사업자에게도 소액 미술품 구매를 장려하지 않을 이유가 없고, ② 환경 미화 등을 목적으로 하여 사업과 무관하다고 보기 어렵고, ③ 조사관이 임의로 판단하는 것보다는, 법인세법 규정을 차용하는 것이 정당성을 얻기 수월하기 때문입니다.

다만, 미술품 구입비로 사업소득 필요경비를 처리하고서는, 나중에 미술품을 사업자산에서 인출하여 컬렉터의 기타소득으로 처리하는 식의 탈세를 하다가는 큰 불이익을 당할 수 있으므로 주의합니다.

4. 미술품 매각금액 누락

(1) 소득처분

법인이 미술품을 취득했다면, 업무무관자산이라면 그에 따른 불이익을 받게 되고, 만약 1천만원에 미달하는 작품이면서 요건을 갖춘 경우 손금으로 처리할 수 있습니다. 업무무관자산으로 보유하다가 매도하는 경우 매도가액은 익금이고, 자산은 손금으로 됩니다. 예를 들어 법인이 0.5억짜리 작품을 업무와 관련없이 취득하는 경우 업무무관자산이지만, 그것을 0.7억에 처분하는 경우, 0.7억은 익금, 0.5억은 손금으로 하여, 각 사업연도 소득이 0.2억만큼 증가합니다.

그런데 분명 법인에게 익금이 귀속되었으나, 과세표준에 포함시키지 않고 신고서를 작성하는 경우가 있습니다. 실무에서는 이것을 매출누락이라고 합니다. 매출누락이 발각되는 때에는 법인이 일단 익금을 인식하고, 익금이 들어오자마자 어디론가 빠져나간 것으로 봅니다. 만약 누구한테 간 것인지 확실하면 그 사람이 소득을 얻은 것으로 보고, 귀속이 불분명한 경우에는 대표자에게 책임을 지워 대표자에게 인정상여로 처리합니다.[18] 법인세도 늘고, 대표자의 소득세도 늘어납니다.

(2) 조세포탈죄

더군다나 매출누락은 조세포탈(탈세)로 이어지고, 국가에 손실을 가져오므로, 반사회성이 중대하여 우리나라에서는 [조세범처벌법]에 의거하여 형벌로 다스리고 있습니다. 따라서 조세포탈이 있는 경우 세금을 회수하는 것은 물론 형벌을 받게 되기도 합니다. 하지만 형벌은 형벌을 받는 자에게 크나큰 고통을 주기 때문에, 단순히 세금을 적게 냈다는 사실만으로 형벌을 가하지는 않습니다. [사기나 그 밖의 부정한 행위]가 있을 때 비로소 조세포탈범으로 형벌을 받게 됩니다.

---

18 법인세법 제67조, 법인세법 시행령 제106조 제1항 제1호 나목

이때 [사기나 그 밖의 부정한 행위]는 조세의 부과와 징수를 불가능하게 하거나 현저히 곤란하게 하는 위계 기타 부정한 적극적인 행위를 말하고, 다른 어떤 행위를 수반함이 없이 단순히 세법상의 신고를 하지 아니하거나 허위의 신고를 함에 그치는 것은 여기에 해당하지 아니합니다.[19] 구체적으로는 ① 이중장부 작성과 가짜 장부 작성, ② 거짓 증빙과 거짓 문서 작성, ③ 장부와 기록의 파기, ④ 재산의 은닉, 조작, 은폐, ⑤ 고의로 장부를 작성하지 않거나 세금계산서 등을 조작하는 행위, ⑥ 회사 소프트웨어(ERP 시스템)의 조작 등을 말합니다.[20]

● 대법원 2003.2.14 선고 2001도3797 판결

원심은, 제1심이 적법하게 채택한 증거들에 의하여, 피고인은 1992.7.1 사업자등록을 하고 미술장식품 제작설치 중개업을 하여 오다가 납세신고를 하지 아니하여 1996.9.30 관할관청에 의하여 사업자등록이 직권말소된 사실, 그 후로도 피고인은 사업자등록을 하지 아니한 채 위 중개업을 계속하면서 납세신고를 하지 아니한 사실을 인정한 다음, 피고인이 단순히 납세신고를 하지 아니한 것 외에 건축주로부터 미술장식품 제작설치를 직접 수주한 후 미술작가와의 사이에 자신이 다시 제작계약을 체결하면서도 마치 건축주와 미술작가 사이에 직접 계약이 체결된 것처럼 계약서를 작성하는 적극적인 방법으로 부정행위를 하였다는 검사의 주장은 이를 인정할 증거가 부족하므로 단지 피고인이 위와 같이 납세신고를 하지 아니하였다는 것만으로 조세포탈에 있어 사기 기타 부정한 행위에 해당한다고 할 수는 없다고 판단하였다. 원심판결 이유를 위의 법리와 기록에 비추어 살펴보면, 원심의 위와 같은 사실인정과 판단은 정당하고 거기에 조세포탈범에 있어 사기 또는 부정한 행위에 관한 법리오해나 채증법칙위배로 인한 사실오인의 위법이 있다고 할 수 없다. 검사가 상고이유에서 들고 있는 대법원판결은 그 사안을 달리 하는 것이어서 이 사건에 원용하기에 적절하지 아니하다. 상고이유는 받아들이지 아니한다.

(3) 업무상 횡령죄

조세포탈도 죄가 되지만, 그 금액을 빼돌린 부분은 별도로 [업무상횡령죄]로 되기도 합니다. 심지어는 [특정범죄]라 하여 가중처벌되기도 하고, [범죄수익 은닉]으로

19 대법원 2000.4.21 선고 99도5355 판결 등 참조
20 조세범 처벌법 제3조 제6항

보아 가중처벌되기도 합니다. 이 책의 범위를 넘어서므로, 판례를 소개하는 것으로 갈음합니다.

● 대법원 2013.4.26, 선고 2012도1993 판결

<u>불법영득의 의사는</u> 자기 또는 제3자의 이익을 꾀할 목적으로 <u>업무상의 임무에 위배하여 보관하고 있는 타인의 재물을 자기의 소유인 것과 같이 사실상 또는 법률상 처분하는 의사를 의미한다.</u> 이는 내심의 의사에 속하여, 피고인이 이를 부인하는 경우 이러한 주관적 요소인 사실은 사물의 성질상 그와 상당한 관련성이 있는 간접사실 또는 정황사실을 증명하는 방법에 의하여 이를 입증할 수밖에 없다(대법원 2010.6.24, 선고 2007도5899 판결 등 참조).

원심은 그 채용 증거를 종합하여 판시와 같은 사실을 인정한 다음, U그룹의 회장인 피고인 B과 그 처인 AL의 지위와 영향력, 이 사건 미술품의 구입 목적 및 경위, 이 사건 미술품의 구입에 관한 의사결정 및 대금지급 절차, 이 사건 미술품을 설치·보관한 장소, 기간 및 태양, 이 사건 미술품 구입 후 피해자 회사들의 이 사건 미술품에 대한 관리 상태 등 그 판시와 같은 여러 사정을 종합하여, <u>피고인 B이 AL을 통하여 피해자 회사들의 자금으로 미술품을 구입한 행위는 불법영득의 의사에 기한 것으로 업무상 횡령죄를 구성한다</u>는 취지로 판단하여, 이 부분 공소사실을 유죄로 인정한 제1심판결을 유지하였다.

앞서 본 법리에 비추어 원심이 적법하게 채택한 증거들을 살펴보면, 위와 같은 원심의 판단은 정당하고, 거기에 상고이유에서 주장하는 바와 같이 불법영득의 의사에 관한 법리를 오해하거나 논리와 경험의 법칙을 위반하여 사실을 인정하는 등의 위법이 있다고 할 수 없다.

---

(4) 판례

법인이 미술품 매각대금을 누락하여 대표이사의 상여금으로 처리된 2가지 판례를 소개하겠습니다.

● 대전고법2014누10453, 2014.09.04

[처분의 경위]

가. 원고는 1988.1.8 의약품 도·소매업을 주목적으로 설립된 후 2008.12.26 창작미술품 판매업을 사업목적에 추가한 회사이다. 원고의 대표이사인 AAA은 2009.12.31 기준

으로 원고의 발행주식 중 91.63%를 보유하면서 원고를 실질적으로 지배하고 있다.

나. AAA은 2010.9.15 미술품 매매알선(중개)을 하는 업체인 주식회사 다다다를 통하여 원고가 소유하는 미술품 중 BBB의 작품 "점시리즈3"(이하 "이 사건미술품"이라 한다)을 ○○○원에 매도하였고, 그 대금 전액(이하 "이 사건 금원"이라 한다)을 당일자로 자신 개인 명의의 은행계좌로 송금 받아 수령하였다.

라. 지방국세청장은 2012.8.9부터 2012.11.6까지 원고에 대하여 법인제세통합조사(이하 "이 사건 세무조사"라고 한다)를 시행하였는데, 그 조사과정에서 원고 소유의 이 사건 미술품이 대표이사인 AAA 개인 소유 미술품으로 간주, 매각되어 그 매득금으로 위와 같은 회계처리가 이루어진 사실이 밝혀졌다.

마. 위와 같은 사실이 확인되자 원고는 2012.10.1자로 앞서 본 단기대여금 회수에 관한 회계처리를 모두 취소하고 보유자산 매각에 따른 회계정리를 하였다. (생략)

바. 한편, 지방국세청장으로부터 이 사건 미술품과 관련된 사항을 통보받은 피고는 이 사건 금원을 원고의 2010 사업연도 익금으로 산입하면서 그 금원이 사외유출된 것으로 보아 2013.1.16자로 그 금액을 대표이사인 AAA에게 상여로 소득처분 하는 한편 원고에 대하여는 그에 상응하는 소득금액변동통지(이하 "이 사건 처분"이라 한다)를 하였다.

[원고의 주장]

AAA이 원고 소유의 이 사건 미술품을 자신의 소유로 오인해서 그 매각대금인 이 사건 금원으로 AAA의 원고에 대한 위 차용금채무를 변제하는 내용의 회계처리를 하였지만, 이는 원고가 자신 소유의 미술품을 직접 매각하고서 그 매각대금을 수령한 것과 동일하므로, (생략) 따라서 이 사건 금원을 AAA에게 상여로 소득처분하는 내용의 이 사건 처분은 위법하여 취소되어야 한다.

[판단]

이 사건으로 돌아와 살피건대, 위 인정사실에 변론 전체의 취지를 보태어 인정할 수 있는 다음과 같은 사정들을 종합하면, AAA은 이 사건 미술품이 원고의 소유인 것을 알고도 이 사건 미술품을 매각하고, 그 대금인 이 사건 금원으로 그의 원고에 대한 차용금채무 일부를 변제하였으며, AAA이 원고를 사실상 지배하고 있어 AAA과 원고를 동일시할 수 있다고 보이므로 원고로서는 AAA의 이 사건 미술품 혹은 이 사건 금원의 횡령 사실을 알고서도 이를 사실상 묵인 또는 추인한 것으로 봄이 타당하며 AAA의 이 사건 미술품 혹은 이 사건 금원의 횡령 행위는 애초에 그 회수를 전제하지 아니한 것으로서 곧바로 이 사건 금원 상당액이 사외유출 되었다고 보아야 할 것이다.

셋째, 원고 주장의 핵심은 AAA이 이 사건 미술품을 자신의 소유라고 착각하여 매각하였다는 것이다. 그러나 ① AAA은 미술품의 전문가인 점, ② AAA 등이 소유하는 모든 미술품은 AAA이 관리해 온 점, ③ 비록 AAA이 관리하는 미술품의 수가 많기는 하지만 AAA은 원고에 대한 약 ○○○원의 단기대여금 채무를 변제하기 위해 이 사건 미술품을 포함하여 한 점에 ○○○원에서 ○○○원을 오가는 고가의 미술품 ○점을 특별히 선택하여 매각하려고 하였는데 그 과정에서 각 미술품의 구매 이력과 소유 관계를 확인했다고 보는 것이 경험칙에 부합하는 점, ④ AAA은 2008.9.12자 원고 이사회에 참석하여 이 사건 미술품의 구매결의를 하기도 하였는바 그로부터 2년도 지나지 않은 2010. 9.15경 이 사건 미술품의 소유자를 잊고 있었다고 보기 어려운 점, ⑤ 특히 원고, 나나나, 가가가의 미술품 중 ○○○원대를 넘어가는 국내 작가의 작품은 원고가 보유하는 FFF의 '□□'와 이 사건 미술품 밖에 없었으므로 이 사건 미술품이 원고 소유인 사실은 매우 명확해 보이는 점, ⑥ AAA이 BBB의 작품 ○점을 포함하여 ○○점이 넘는 작품을 소유하고 있었지만 결국 소유관계의 혼동을 일으킬 가능성이 있는 것은 BBB의 다른 작품일 것으로 보이는바, 이 사건 미술품까지 합하여 총 ○점에 지나지 않는 BBB 작품의 소유관계를 혼동하였다고 보기 어려운 점 등을 종합해 보면, AAA은 이 사건 미술품이 원고의 소유임을 충분히 인식하였다고 보이고, 다만 AAA이 원고를 지배하고 있으므로 원고 소유인 이 사건 미술품에 대하여도 사실상 자신이 처분권을 가진 것으로 잘못 판단하여 이 사건 미술품을 매각하였던 것으로 보인다.

넷째, 원고의 2011.12.31자 미술품관리대장상 이 사건 미술품이 기재되어야 할 항목이 EEE의 작품인 '◇◇'으로 바뀌어 기재되어 있는바, 위와 같이 미술품관리대장의 내용이 변경된 시점이 원고에 대한 이 사건 세무조사에서 이 사건 금원으로 AAA의 위 차용금 채무를 변제한 사실 확인 이전인지 아니면 그 이후인지는 명확하지 않으나, 만약 이 사건 세무조사 이전이라면 당초부터 그 매각사실을 은폐하기 위한 자료를 갖추어 둘 시도를 하였다는 것이 되고 그 이후라면 세무조사결과 드러난 의혹을 덮기 위한 자료를 만들어 냄으로써 업무처리상의 과오를 시정하는 대신 세무조사에 혼선을 빚게 하고자 하였던 것으로 보아야 할 것이라는 점에서 결국 그 시기가 어떠하든 간에 결국 AAA이나 원고의 직원들이 이 사건 미술품의 매각사실을 숨기려 시도했다고 보아야 할 것이다.

다섯째, 위와 같은 장부(미술품관리대장)의 조작이 발생한 것과 관련하여 원고는, 이 사건 세무조사와 관련한 업무를 담당한 직원이 사정을 제대로 알지 못하고 이 사건 세무조사 중 외형상의 일치를 위하여 서류를 보완작성하는 과정에서 빚어진 단순하고 사소한 업무착오에 따른 결과일 뿐이라서 원고나 AAA과는 무관하다고 주장하나, 이 사건 미술품과 같이 고가의 물품 소재가 불명확하게 되어 그에 따른 세무처리를 위한 소명자료의 작성·제출에 원고 회사에서 유일한 미술품 전문가라고 보아도 무방한 AAA이 전혀 개입하지 않고 그에 관한 별다른 전문지식도 없는 직원이 미술품목록 내지 관리대장을 함부로 변경하여 세무관서에 제출하는 상황은 상정하기 힘들다는 점에서 위 주장은 설득력이 없다.

따라서 이 사건 금원은 사외유출된 것으로 보아야 하며 이에 따른 이 사건 처분은 적법하다.

[해설]
법인이 소유한 미술품을 매각하여 법인에게 익금이 귀속되었지만 매각대금을 개인이 받

으면서 익금이 누락되었습니다. 조사를 통해 뒤늦게 발각되어 회계를 수정하였고 개인 소유의 미술품으로 착각했다고 주장했으나 받아들여지지 않았습니다. 법인에게 익금이 귀속된 뒤에 다시 대표이사에게 상여금으로 유출된 것으로 최종 판결되었습니다. 몇 가지 논점이 더 있으나 이 책의 목적상 필요한 부분만 담았습니다.

• 서울행법2012구합33102, 2015.08.18

[처분의 경위]

가. 원고(생략)는 미술품 거래 및 전시업을 영위하는 법인이고, ○○○은 원고의 실질적인 운영자로서 2008.5.27부터 2009.8.10까지 원고의 대표이사였다.

나. 피고들은 원고가 아래와 같이 매출을 누락하고 원가를 과다 계상하였다고 보아 원고에게, 피고 ○○지방국세청장은 2010.5.27 소득의 실지 귀속자를 ○○○로 하는 청구취지 기재와 같은 소득금액변동통지를 하고, 피고 ○○세무서장은 2010.6.1 청구취지 기재와 같은 법인세부과처분을 하였다(이하 '이 사건 각 처분'이라 한다).

[이 사건 각 처분에 관한 판단]

나. 표2의 1번 작품에 관한 주장 및 판단

1) 원고 주장의 요지

가) 원고는 2007.7.18 표2의 1번 작품(이하 '이 사건 1번 작품'이라 한다)을 23,038,500원에 구매한 후 ×××에게 판매하였으므로 구매금액을 매출원가로 인정하여야 한다.

나) 원고는 2007.7.9 ○○○로부터 100,000,000원을 차용하였는데(가수금 계정으로 계상), ×××로부터 이 사건 1번 작품에 대한 대금을 직접 ○○○ 계좌로 받아 위 차용금 변제로 사용하였다. 따라서 이 사건 1번 작품의 매출액을 ○○○에게 상여처분하여서는 아니 된다.

2) 판단

가) 갑 제11호증의 1, 24호증, 을 제3, 5, 7, 11, 13호증의 각 기재에 변론 전체의 취지를 더하여 보면, ① 원고는 2007.7.26 이 사건 1번 작품에 대한 수입통관을 완료하고, 장부에 상품매입으로 23,202,250원을 기재한 사실, ② ○○○은 2007.7.9 원고에게 100,000,000원을 대여하였고, 원고는 이를 가수금으로 계상한 사실, ③ 원고는 이 사건 1번 작품을 ×××에게 매도한 사실, ④ ×××은 ○○○의 계좌로 2010.10.5에 18,000,000원, 2007.10.15에 15,000,000원 합계 33,000,000원을 송금한 사실, ⑤ 이 사건 1번 작품은 원고의 2007년 기말재고에는 포함되어 있지 아니한 사실, ⑥ 2007년 6월 이후에는 원고가 가수금을 반제한 내역이 없는 사실을 인정할 수 있다.

나) 먼저 매출원가는 기초재고에서 당기매입을 합산한 후 기말재고를 공제한 금액인

데, 이 사건 1번 작품의 경우 2007년 당기매입으로 합산되었으나 2007년 기말재고에는 포함되어 있지 아니하므로 <u>그 매입대금은 이미 매출원가에 포함되어 있다.</u>

다) 또 원고 장부에 2007년 6월 이후에는 가수금을 변제한 내역이 없고, 오히려 ○○○은 자신에게 부과된 종합소득세를 다투는 조세심판절차 및 소송절차에서 ×××로부터 2007년 10월경 받은 33,000,000원은 다른 작품(○○, △△, □□)의 판매대금이라고 주장하고 있다(을 제25, 26호증, 이에 대하여 원고는 위 다른 작품과 이 사건 1번 작품은 서로 동일한 작품이라고 주장하지만 이를 인정할 만한 증거가 없다). 이러한 사정들을 종합하여 보면 ×××이 ○○○ 계좌로 입금한 돈이 이 사건 1번 작품의 대금에 해당하는지 여부도 불분명하고, 원고의 ○○○에 대한 가수금 변제로 사용되었다고 보기에도 부족하다.

라) 따라서 이 부분에 대한 원고의 주장은 받아들이지 아니한다. (이하 생략)

[해설]

법인이 미술품을 판매하여 법인에 익금이 귀속되었으나, 매출사실을 누락하여, 대표이사 상여금으로 과세처분한 케이스입니다. 거의 10개 작품 매출이 누락되었는데, 하나만 추렸습니다. 법인의 미술품 판매대금을 대표이사 계좌로 받았습니다. 대표이사는 돈을 직접 받은 이유로, 대표이사가 법인에 1억원 빌려준 것을 상환받았다고 주장했으나 받아들여지지 않았습니다. 또, 미술품 가액만큼 매출원가로 손금산입을 주장했으나 이미 손금에 산입되었다고 기각되었습니다.

5. 문화비로 지출한 기업업무추진비

(1) 서론

법인세의 과세물건은 각 사업연도 소득이고, 각 사업연도 소득은 익금에서 손금을 뺀 금액입니다. 손금이 많으면 각 사업연도 소득이 작아지고 세액도 작아지므로, 법인세법에서는 손금에 대해 엄격한 규정을 두고 있다고 했습니다. 대표적인 예가 접대비입니다.

접대라고 하면 룸쌀롱에서 양주를 먹고 돈뭉치를 건네는 영화 속 장면이 떠오릅니다. 그러나 법률용어로 접대비는 중립 개념입니다. 접대비란 접대, 교제, 사례 또는 그 밖에 어떠한 명목이든 상관없이 이와 유사한 목적으로 지출한 비용으로서 내국법인이 직접 또는 간접적으로 업무와 관련이 있는 자와 업무를 원활하게 진행하기 위하여 지출한 금액을 말합니다.[21] 현실적으로 접대비를 지출하지 않고 사업을 할 수는 없습니다. 그래서 접대비는 법인 사업과 관련하여 발생하는 지출로서 손비 요건을 충족합니다. 접대비 용어의 어감이 부정적이라 하여 김병욱 의원께서 2018년에는 거래증진비로 바꾸자는 발의를 하셨다가 잘 안 되었고, 2023년에는 [기업업무추진비로 바꾸자는 발의를 하신 노력 끝에 결국 용어가 바뀌었습니다.

> • 대법92누16249, 1993.09.14
>
> 법인이 사업을 위하여 지출한 비용 가운데 상대방이 사업에 관련있는 자들이고 지출의 목적이 접대 등의 행위에 의하여 상업관계자들과의 사이에 친목을 두텁게 하여 거래관계의 원활한 진행을 도모하는 데 있다면 접대비라고 할 것이나, 지출의 상대방이 불특정 다수인이고 지출의 목적이 구매의욕을 자극하는데 있다면 광고선전비라고 할 것이다.

---

21 법인세법 제25조 제1항

(2) 기업업무추진비

기업업무추진비는 업무와 관련해서 필요하지만, 그렇다고 지나치게 지출되면 사업의 기초를 해칠 수 있어 바람직하지 못합니다. 또한 기업업무추진비는 마음만 먹으면 언제든지 사적인 비용으로 악용될 수 있습니다. 사적 비용은 손비 요건을 충족시키지 못하므로, 법인세를 줄이는 일이 있어서는 안 됩니다. 그래서 법인세법에서는 기업업무추진비에 특히 엄격한 규칙을 두고 있습니다.

1) 간이영수증 부인

법인이 손금을 지출하면 적격증빙서류를 5년간 보관해야 합니다. 적격증빙이란 세금계산서, 계산서, 신용카드매출전표, 현금영수증 등입니다. 이런 서류들은 거래한 당사자가 누군지, 금액이 얼마인지, 시간이 언제였는지 다 적혀있습니다. 그런데 규모가 작은 사업자들은 적격증빙서류가 아닌 (간이)영수증이라는 것을 발급할 때가 있습니다. 간이영수증은 문방구에서 구입한 적당한 서식에 볼펜으로 기재한 서류로, 약식으로 만들어낼 수가 있어 신뢰도가 떨어집니다. 그래도 법인세법에서는 손비의 요건만 확실하게 갖추었다면 손금으로 인정하고, 3만원을 넘는 지출에 간이영수증을 받을 때도 2% 가산세만 부과하되, 손금은 인정합니다.[22] 영세사업자를 배려하기 위해서입니다.

하지만 기업업무추진비는 3만원이 넘는 지출을 하고 간이영수증을 받으면 손금불산입해야 합니다. 사업과 관련된 지출이라도 사적경비로 악용되는 성격 때문에 그렇습니다.[23] 즉, 기업업무추진비는 적격증빙서류에 대해서 보다 엄격하게 관리된다고 할 수 있겠습니다.

다만 예외가 있습니다. 법인이 거래처 경조사비를 낼 때가 있는데 이것도 기업업무추진비입니다. 그런데 사회통념상 경조사비를 3만원만 낼 수는 없고, 경조사비를 내고 적격증빙서류를 달라고 할 수도 없어 난처합니다. 경조사비의 경우

---

22 법인세법 제75조의5 제1항
23 법인세법 제25조 제2항, 법인세법 시행령 제41조 제1항 제2호

200,000원까지는 적격증빙서류가 없어도 인정합니다.[24] 하지만 200,000원을 넘어가면, 200,000원까지만 손금인정해주는 것 없이 전부 손금불산입 됩니다. 최대 200,000원만 내라는 이야기가 되겠습니다.

외국에서 접대비를 지출하다보면 현금을 써야만 할 때도 있습니다. 또, 상거래 시스템을 잘 모르는 농어민한테 계좌이체하는 경우도 있습니다. 특히 거래처에 보낼 명절 선물을 살 때 자주 일어나는 경우입니다. 이럴 때는 적격증빙이 아니어도 손금산입을 인정합니다.

2) 법인 명의만 인정

사업을 하다 보면 직원에게 시재금을 먼저 내어주는 경우나, 회사 지출을 직원 소유 신용카드로 먼저 결제하고, 추후 증빙서류와 지출결의서를 제출하여 환급할 때도 있습니다. 법인세법상 손금의 요건만 확실히 갖추었다면 안 될 이유가 없이 손금입니다. 법인의 사업과 관련하여 발생한 것으로써 수익과 직접 관련된 것이라면 손금이 될 수 있는 것이지, 누구 명의로 먼저 지출했는지는 중요하지 않습니다.

그런데, 기업업무추진비는 직원 개인 명의의 신용카드는 인정하지 않습니다. 사적 경비로 악용될 여지가 많기 때문입니다. 법인 명의 신용카드를 사용해야 합니다.[25] 또, 회사 카드로 결제하는데 기업업무추진비를 지출한 곳이 아닌 다른 가게 명의 증빙서류도 인정하지 않습니다.[26] 밝히기 부끄러운 지출을 하는 경우 다른 상호로 영수증을 발급받는 경우가 있는데 조심해야 합니다.

3) 한도만큼만 인정

꼼꼼하게 증빙서류를 챙기는 경우에도, 기업업무추진비가 일정 한도를 초과하면 그 기업업무추진비는 손금으로 인정받지 못합니다. 지출은 있었는데 손금으로 인

---

24 법인세법 제25조 제2항, 법인세법 시행령 제41조 제1항 제1호, 제2항
25 법인세법 시행령 제41조 제6항
26 법인세법 제25조 제3항

정받지 못하면, 그만큼 세금이 늘어납니다. 회사 입장에서는 아쉬운 부분입니다. 그렇다면 그 한도는 어느 정도일까요?

우선, 기본으로 1년에 1,200만원의 한도를 보장합니다. 만약 회사가 7/1에 설립되어 영업을 시작했다면 한도를 6/12개월로 나눕니다. 1개월 평균 100만원을 기업업무추진비로 인정하는 셈입니다. 그런데 중소기업은 한도를 3배 늘려서, 1년에 3,600만원, 1개월에 300만원 기본한도를 인정합니다.

기본 한도에 더해 매출액이 많아지면 한도를 늘려줍니다. 매출액이 100억원 이하이면 0.3%, 100억원 초과 500억 이하이면 0.2%, 500억 초과이면 0.03%를 늘려줍니다. 특수관계인과의 거래에서 발생하는 경우에는 추가한도에 1/10을 곱합니다. 이렇게 [기본한도＋매출액 비례 한도] 이렇게 기업업무추진비의 한도가 도출됩니다.[27]

예를 들어, 중소기업으로서 연간 매출액이 100억원인 회사는, [3,600만원＋3,000만원＝6,600만원]의 기업업무추진비 한도를 갖게 되고, 이 이상 지출하는 기업업무추진비는 손금불산입됩니다.

참고로 2020년 한 해 동안은 기업업무추진비의 한도를 각각, 0.35%, 0.25%, 0.06%로 상향하여, 코로나19 바이러스로 인해 고통받는 기업들의 부담을 조금이라도 덜어주고자 한 적이 있습니다.

4) 현물 지불

명화를 프린팅하여 미술작품을 대량생산하는 회사가 있다고 합시다. 비록 값비싼 작품은 아니어도, 멋진 소품으로써 거래처에게 그림을 선물할 수도 있습니다. 그런데 이렇게 현물접대하면 기업업무추진비는 원가 크기일까요, 시가 크기일까요? 정답은 둘 중에 큰 금액입니다.[28] 대부분 시가가 커서 시가만큼 기업업무추진비를 산입하지만, 시가가 원가에도 못 미치는 경우(채소값이 폭락한 경우를 상상하면 됩니다)에는 원가만큼 손금산입합니다. 참고로 이런 그림이 불특정다수를 대상으

---

27 법인세법 제25조 제4항
28 법인세법 시행령 제42조 제6항, 법인세법 시행령 제36조 제1항 제3호

로 하거나, 특정인을 대상으로 하더라도 3만원에 미치지 못하면 그때는 판촉성격이 크다고 보고 광고선전비로서 한도계산 없이 손금산입될 수 있습니다.

(3) 문화비로 지출한 기업업무추진비

이렇게 법인이 기업업무추진비를 깐깐하게 관리하면서 손금으로 인정받으려고 노력할 때, 기업업무추진비 중에 문화 관련 비용이 있으면, 특별한 혜택이 주어집니다. 기업업무추진비가 한도를 넘어가는데도 불구하고, 한도액의 20%의 범위 내에서 기업업무추진비 추가손금산입을 허용합니다.[29] 회사입장에서는 어차피 써야할 기업업무추진비라면, 한 푼이라도 손금으로 인정받고 세금을 덜 내기 위해서 문화비 지출에 매력을 느끼게 됩니다.

미술과 관련된 문화비에 해당하는 것으로는 다음이 있습니다.[30] [1백만원 이하의 미술품 선물], [전시회 또는 박물관의 입장권 선물], [미술 잡지나 도록 선물], [비엔날레 입장권 선물] 등이 해당됩니다. 특히 1백만원 이하의 미술품 기업업무추진비는, 장식 또는 환경미화 목적으로 구입하는 취득가액 1천만원 이하의 미술품 규정과 함께 기억하면 좋습니다. 이때 미술관의 입장권으로 접대하는 때에 미술관은 [박물관 및 미술관 진흥법]에 따른 등록을 요구하고 있지는 않습니다.

- 「문화예술진흥법」 제2조에 따른 문화예술의 공연이나 전시회 또는 「박물관 및 미술관 진흥법」에 따른 박물관의 입장권 구입
- 「출판문화산업 진흥법」 제2조 제3호에 따른 간행물의 구입
- 「관광진흥법」 제48조의2 제3항에 따라 문화체육관광부장관이 지정한 문화관광축제의 관람 또는 체험을 위한 입장권·이용권의 구입
- 기획재정부령으로 정하는 박람회의 입장권 구입
- 「문화재보호법」 제2조 제3항에 따른 지정문화재 및 같은 조 제4항 제1호에 따른 국가등록문화재의 관람을 위한 입장권의 구입
- 미술품의 구입(취득가액이 거래단위별로 1백만원 이하인 것으로 한정한다)

---

29 법인세법 제136조 제3항
30 법인세법 시행령 제130조 제5항

6. 미술단체, 미술관 기부금

(1) 서론

법인 중에서는 좋은 뜻으로 미술단체나 미술관에 기부를 하고 싶을 수 있습니다. 이렇게 지급된 기부금은 소중하게 쓰이게 됩니다. 그렇지만 기부금에 대해서 법인에게도 어느 정도 혜택이 주어진다면, 법인에게 보상도 되고, 기부를 장려하는데도 효과적일 것 같습니다. 여기서는 기부금에 대해서 알아봅니다.

먼저 문화단체의 관점에서 기부 실무를 볼 때는 재원조성, 지원금, 기부, 후원, 협찬, 투자, 등 개념들이 혼용되고 있습니다. 명확히 정해진 바는 없습니다. [예술경영지원센터]에서 발간한 [컨설팅 자료집]을 참고하여 정리하자면 차이를 다음과 같이 파악할 수 있습니다.

지원이란, 지원하는 기관 입장에서 고유한 목적사업을 위해 별도의 예산과 기금을 마련해두고 지원을 하면서, 사후정산을 요구하는 개념이라고 합니다. 예를 들어 한국문화예술위원회는 문화예술 진흥을 위한 사업과 활동을 지원하겠다는 목적을 가지고 있고, 그 사업을 하기 위해 문화예술진흥기금을 활용하고, 또 단체들에게 돈이 목적에 맞게 잘 쓰였는지, 빈틈은 없었는지 사후정산을 요구합니다. 따라서 지원은 '목적'과 '검증'이 중요합니다.

후원은 돕는다는 뜻으로 기부와 협찬을 아우르는 개념입니다. 이 중에서 기부는 명칭이 어떠하든 반대급부 없이 취득하는 금전이나 물품을 말합니다.[31] 문화예술단체에게 그냥 금전이나 물품을 주면 기부가 됩니다. 그런데 여기에는 공익이라는 목적이 필요합니다. 공익 목적이 없으면, 증여와 기부를 구분할 수 없게 됩니다.[32] 기부는 권장대상이지만 증여는 과세대상입니다. 종이 한 장 차이입니다.

금전이나 물품을 받았지만 감사의 표시나 후원자 성명기재 등 선에서만 보답한다

---

31 기부금품의 모집 및 사용에 관한 법률 제2조 제1호
32 상속세 및 증여세법 제2조 제6호

면 실무상 협찬이라고 부르고 있습니다. 협찬은 기부와 명확히 구분하기는 어렵습니다.

감사 표시를 넘어서서 어떤 경제적 가치 있는 물건을 지급한다면, 명칭이 후원이라도 매매(교환)로 보는 것이 적절합니다. 만약 받은 것 이상으로 돌려주어야 한다면 그때는 투자라 불러야 할 것입니다.

한편 법인세의 관점에서 기부금이란, 금전이나 물품이 상대에게 전달된다는 외관만 놓고 보면, 세법상 판매부대비용, 광고선전비, 기업업무추진비, 기부금이 구분이 어려울 수 있습니다. 하지만 구분해야 합니다. 큰 틀에서는 모두 법인의 손금이지만 법인세에 미치는 영향이 조금씩 다르기 때문입니다. [판매부대비용]은 제한없이 손금산입 됩니다. [광고선전비]는 불특정다수 대상 또는 특정인에게 5만원 이하일 때 손금이 됩니다. [기업업무추진비]는 앞서 설명한 것처럼 매출에 비례해 한도를 정하고 한도 내에서만 손금산입합니다. [기부금]도 한도 내에서만 손금산입합니다.

[기부금]은 내국법인이 사업과 직접적인 관계없이 무상으로 지출하는 금액을 말합니다.[33] 반면 기업업무추진비는 사업과 관계 있는 사람에게 업무와 관련하여 지급한 금품입니다.[34]

[기업업무추진비]는 특정인과 친목을 두텁게 하여 거래관계의 원활한 진행을 도모하는 데 목적이 있고, 광고선전비는 불특정 다수를 대상으로 구매의욕을 자극하는 데 목적이 있습니다.[35]

[판매부대비용]은 건전한 사회통념이나 상관행에 비추어 볼 때 상품 또는 제품의 판매에 직접 관련하여 정상적으로 소요되는 비용을 말합니다. 미술품만 놓고 보면 미술품 운반비는 지불하는 경우 접대도, 기부도, 광고선전도 아니고 판매부대비용에 해당합니다.[36]

---

33 법인세법 제24조 제1항
34 법인세법 기본통칙 24-0…1
35 대법2000두2990

기업업무추진비, 기부금, 광고선전비, 판매부대비용은 회사 외부와 관계를 전제로 하지만, [복리후생비]는 회사 내부의 임직원을 위하여 지출한 복리후생 성격의 비용입니다. 예를 들어 회의비는 정상적인 업무를 수행하기 위하여 지출하는 비용으로서, 사내 또는 통상 회의가 개최되는 장소에서 적정 범위 내에서 지출되는 비용을 말합니다.37 통상의 회의비를 초과하는 지출은 기업업무추진비가 됩니다.

(2) 기부금 손금산입

기부금을 자세히 살펴보기에 앞서 손비의 정의를 되새겨 봅니다. 손비는 사업과 관련하여 발생하거나 지출하여야 하고(사업관련), 일반적으로 인정되는 통상적인 것이거나(통상성), 수익과 직접 관련된 것(수익관련)이어야 합니다. 그런데, 기부금은 손비 정의를 충족할까요? 기부금은 사업과 아무 관련이 없습니다. 아무런 대가를 바라지 않고 주는 비용이기 때문입니다. 또 요즘 세상에 기부가 없지는 않지만, 그렇다고 통상적인지도 잘 모르겠습니다. 마지막으로 기부를 통해 회사 이미지가 좋아지는 부분도 있겠지만, 사업을 위한 지출보다 수익관련성이 떨어집니다.

판례에 의하면, 기부금이 공익을 위한 것이라면 장려대상이지만 사업 직접 관계없이 지출이어서 수익에 대응하는 비용으로 볼 수도 없을 뿐만 아니라 이를 모두 손금으로 인정하는 경우에는 조세부담을 감소시켜 실질적으로는 국고에서 기부금을 부담하는 결과가 되고 자본충실을 저해하여 주주 등 출자자나 일반채권자의 권익을 침해하게 됩니다.38

아무래도 기부금은 손금이 아닌 쪽에 가까워보이는 것 같습니다. 그런데 좀 이상하지 않으신가요? 기부금을 손금불산입하면 각박한 세상에서 아무도 기부를 하지 않으려 할 것입니다. 그래서 기부금 공공성의 정도에 따라 그 종류와 손금산입의 범위를 달리하여 한도를 두어 예외적으로 손금으로 인정하고 있습니다.

---

36 대법2007두10389
37 법인세법 기본통칙 25-0…4
38 대법91누11285(1992.07.14)

우선 기부금은 3단계로 나눕니다. 특례기부금(구 법정기부금), 일반기부금(구 지정기부금), 비지정기부금입니다. 얼마나 명백하게 공익에 기여하는지가 기준입니다. 특례기부금과 일반기부금이 아닌 것은 비지정기부금입니다. 특례기부금과 일반기부금은 한도 내에서 손금산입하지만 비지정기부금은 전부 손금불산입합니다.

만약 기부를 현물로 하는 경우에는, 장부가액을 액수로 하여 손금을 판정합니다.[39]

1) 특례기부금[40]

특례기부금은 회사의 각 사업연도 소득금액(이월결손금 제외)의 50%에 달할 정도로 기부를 해도, 전부 손금으로 인정해줄 정도로 장려되는 기부금입니다. ① 국가나 지방자치단체에 무상으로 기증하는 금품, ② 국방헌금과 국군장병 위문금품, ③ 천재지변으로 생기는 이재민을 위한 구호금품, ④ 학교에 시설비, 교육비, 연구비, 장학금으로 내는 기부금, ⑤ 병원에 시설비, 교육비, 연구비로 내는 기부금, ⑥ 전문모금기관(사회복지공동모금회, 바보의나눔)에게 내는 모금으로 되어 있습니다.

2) 일반기부금[41]

일반기부금을 지출하는 경우 각 사업연도 소득금액(이월결손금 제외)에서 특례기부금을 빼고 난 값의 10%까지 손금으로 인정해줍니다. 실무상 번 돈의 10%까지 기부할 수 있다고 생각해도 크게 틀리지 않습니다.[42]

일반기부금이 되기 위해서는 4가지 중 하나에 속해야 합니다. ① 일반기부금단체(공익법인등)의 고유목적사업비, ② 특정용도 기부금, ③ 사회복지시설 등에 지

---

39 법인세법 집행기준 24-37-1
40 법인세법 제24조 제2항
41 법인세법 제24조 제3항
42 법인세법 제24조 제2항, 법인세 집행기준 24-38-1

출하는 기부금, ④ 국제기구 기부금입니다.[43] 이 중에서 법인 컬렉터가 작가나 미술관을 위해서 기부금을 사용한다면 ①, ②, ④ 중 하나에 속합니다. 나머지는 생략하겠습니다.

① 공익법인등은 사회복지법인, 어린이집~평생교육시설, 병원 등이 포함되고 또는 요건을 갖춘 비영리'법인'도 포함됩니다. 일반기부금단체를 [공익법인등]이라고 부르고 있지만, 미술관편에서 나오는 상속세 및 증여세법의 [공익법인]과는 다른 개념이므로 주의합니다. 아무튼 여기에 미술관, 비영리미술법인이 포함될 수 있습니다.

요건이란, 수혜자가 불특정다수이면서 설립목적이 사회복지·자선·문화·예술·교육·학술·장학 등 공익목적 활동을 수행하는 것이고, 해산하는 때에는 재산을 나눠 갖지 않고 다른 비영리법인에 넘기도록 정관에 써 있고, 인터넷 홈페이지를 통해 기부금 모금액과 활용실적을 투명하게 공개하고 있고, 대표가 선거운동을 한 적이 없어야 합니다.[44] 대상이 되는 법인은 기획재정부에 신청하면 [기획재정부 고시]로 지정됩니다. 현행 2024년~2026년까지 3년간 지정된 단체 181개와, 2024년~2029년까지 6년간 지정된 단체 829개가 있습니다.

한 번 지정이 되었다고 끝이 아닙니다. 지정된 이후에도 요건을 계속해서 지켜야 합니다. 최초 지정요건 이외에, 사업상 지출의 80% 이상을 고유목적사업에 지출하지 않거나, 외부 회계감사를 받지 않으면 지정이 취소됩니다. 또는 기부금영수증을 발급하지 않으면 가산세 부과대상이 됩니다. 2021년부터는 전자기부금영수증발급시스템을 통해 전자기부금영수증 발급시스템이 도입되고 있습니다.

② 위 ①이 아니라면, 사회복지·문화·예술·교육·종교·학술 등 공익목적으로 지출하는 기부금이어도 됩니다. ①이 단체를 중심으로 판정한다면, ②는 기부금의 목적을 중심으로 판정합니다. 미술과 관련해서는, 「문화예술진흥법」 제7조에 따른 전문예술단체에 문화예술진흥사업 및 활동을 지원하기 위하여 지출하는 기

---

43 법인세법 시행령 제39조 제1항
44 법인세법 시행령 제39조 제1항 제1호

부금이 있겠습니다.[45]

④ 국제기구도 비슷하게 이해하시면 되겠습니다. 우리나라가 회원국으로 되어 있는 예술을 위한 사업을 수행하는 국제기구, 예를 들어 유네스코 같은 곳에 지출하는 기부금을 말합니다.

3) 비지정기부금[46]

비지정기부금은 손금에 산입될 수 없는 기부금을 말합니다. 예를 들어, 대표이사의 동창회 회비, 정당기부금(개인은 일부 인정) 등이 비지정기부금입니다. 특수관계 없는 자에게 30% 이상 싸게 물건을 팔거나, 30% 이상 비싼 값을 쳐줘도 상대에게 기부금을 줬다고 봅니다.

하지만 비지정기부금이 사적경비는 아닙니다. 비지정기부금은 손금에 산입하지는 않지만, 외부로 유출된 것도 아니라서 손금불산입되어 법인세를 줄이지 못하는 정도로 그칩니다. 사적경비는 법인의 자금이 외부로 유출되었다고 보아 법인세를 늘릴 뿐 아니라 귀속자의 배당소득, 근로소득, 기타소득도 늘게 되는 것과는 다릅니다. 중요한 차이입니다.

---

45 법인세법 시행령 제39조 제1항 제2호 다목 공익목적기부금범위 번호 34
46 법인세법 제24조 제1항, 법인세법 시행령 제35조, 법인세법 집행기준 24-0-1 제2항

미술관편

1. 미술관 설립

컬렉터들 가운데는 사랑하는 작품들이 많은 사람들에게 행복을 주기를 바라시는 분들이 있습니다. 그러면 미술관 설립을 진지하게 고민합니다. 미술관을 설립할 때에는 ① 취득 단계에서 미술관 설립을 위한 건물과 토지의 취득세, 작품을 기증받는 경우에 증여세와 소득세/법인세가 중요합니다. ② 운영 단계에서는, 미술관이 입장료나 기념품 등 수익을 벌어들이는 경우에 소득세/법인세, 미술관 입장과 기념품 및 식음료, 그리고 교육프로그램에 대한 부가가치세가 문제됩니다. 미술관 건물과 토지에 대한 재산세와 종합부동산세도 고려해야 합니다. 이번 편에서는 미술관에 관한 세무를 전반적으로 살펴봅니다. 그리고 가장 먼저 미술관 설립부터 알아봅니다.

(1) 미술관 설립

미술관은 [박물관 및 미술관 진흥법]을 적용받기 때문에 세법과 함께 [박물관 및 미술관 진흥법]을 유기적으로 이해해야 합니다. 박물관 및 미술관 진흥법에 따르면 미술관이란, 문화·예술의 발전과 일반 공중의 문화향유 및 평생교육 증진에 이바지하기 위하여 박물관 중에서 특히 서화·조각·공예·건축·사진 등 미술에 관한 자료를 수집·관리·보존·조사·연구·전시·교육하는 시설을 말합니다.[1]

그러나 미술관이 반드시 비영리 목적으로 운영될 필요는 없습니다. 특별법에 따라 설립된 비영리법인 등은 물론이고 개인과 영리법인도 사립 미술관을 운영할 수 있습니다.[2] 개인이나 영리법인이 미술관을 운영하는 경우 수익을 추구할 수 있습니다. 박물관 운영업(923200)을 운영하는 사업자가 됩니다. 일반 사업자와 같이 소득세와 법인세를 부담합니다. 실무에서 대부분 사립 미술관들은 개인 사업자로

---

1 박물관 및 미술관 진흥법 제2조 제2호
2 박물관 및 미술관 진흥법 제3조 제2항

운영되고 있습니다. 과거에는 박물관 및 미술관 진흥법에 따른 등록 절차를 마치지 않으면 미술관이라는 명칭을 사용하지 못했던 시절도 있지만, 2009년 법 개정 당시에 그런 제한도 사라졌습니다. 그래서 현재 미술관을 세우는 일은 별로 어렵지 않습니다.

개인이나 영리내국법인도 미술관을 운영할 수 있지만, 비영리재단법인이 운영하는 경우 장점이 있습니다.

① 무엇보다 설립자가 돌아가신 뒤에도 그 뜻이 영구히 이어져 미술관이 유지된다는 장점이 있습니다.

② 비영리법인의 고유목적사업(미술관 운영업)에는 법인세를 매기지 않으며, 수익사업에만 법인세가 과세됩니다. 그리고 고유목적사업을 위해 작품을 기증받는 경우 증여세를 내지 아니합니다. 뒤에서 자세히 설명합니다.

③ 미술관이 기념품이나 식음료 등 수익사업을 하더라도 고유목적사업에 보탤 돈은 손금 산입하여 법인세 과세대상에서 제외할 수 있습니다.[3] 어차피 고유목적사업은 공익 목적이 강하므로, 법인세로 유실되는 금액을 줄여주는 것입니다. 이때 고유목적사업준비금이라는 것을 설정하게 됩니다. 준비금을 설정하면 정해진 기한 내에 고유목적사업에 반드시 써야 합니다.

④ 미술관이 잉여금이 있어 이자소득을 벌었을 때 원천징수를 당했다면 간단하게 분리과세 처리하여 납세의무를 끝냅니다.[4] 원래 법인은 원칙적으로 모든 수입을 신고해야 합니다. 원천징수, 분리과세는 주로 개인의 편의를 위해 마련된 개념입니다. 하지만 비영리법인만큼은 편리하게 납세의무를 다할 수 있도록 소득세법의 제도를 따를 수 있도록 하였습니다.

⑤ 원래 고정자산을 처분하여 생기는 수입(개인으로 치면 양도소득)도 법인세 과세대상입니다. 하지만 비영리법인이 고유목적사업에 3년 이상 사용한 자산은 양도차익이 생기더라도 과세하지 않습니다.[5] 대표적으로 미술관 건물이나 토지가 이

---

3 법인세법 제29조
4 법인세법 제62조

러한 혜택을 누리게 됩니다. 공익을 위해 쓰였다는 점을 존중해서 혜택을 주는 것입니다.

• 법인46012-3224, 1999.08.16

[질의] 당 법인은 박물관및미술관진흥법에 의하여 등록한 미술관을 운영하는 사업을 영위하고 있는 비영리법인입니다. 당 법인의 미술관운영에 필요한 미술품 및 비품 구입시 소요된 자금을 고유목적사업준비금의 사용자금으로 볼 수 있는지에 대하여 질의합니다.

[회신] 귀 질의의 경우 박물관 및 미술관진흥법에 의하여 등록된 <u>미술관을 운영하는 비영리내국법인이 손금으로 계상한 고유목적사업준비금을 정관상 고유목적사업인 미술관 운영에 필요한 미술품 또는 비품구입을 위하여 사용한 경우에는 고유목적사업에 사용한 것으로 보는 것</u>이나, 미술관 운영에 필요한 미술품 또는 비품을 구입하는 것인지 여부는 사실판단할 사항입니다.

[해설]
위 예규에서 미술관을 운영하는 비영리내국법인의 고유목적사업은 미술관운영업이었습니다. 따라서 사업에 필요한 미술품 구매, 비품 구매 등 지출을 하는 경우 고유목적사업에 사용하는 지출로 보았습니다.

---

(2) 미술관 등록

미술관 설립 주체가 개인, 영리법인, 비영리법인인지와 별개로, 미술관을 [박물관 및 미술관 진흥법]에 따라 등록할 수 있습니다. 사립 미술관은 반드시 등록해야 할 의무는 없는데,6 등록해야만 세법상 혜택을 부여하는 경우가 있어 주의해야 합니다. 여기서는 간단히 소개만 하고 더 깊은 내용은 각 파트에서 설명합니다.

1) 등록시 혜택

① 미술관 법인이 기증받은 재산에 대해 증여세를 비과세받기 위하여는 비영리법

---

5 법인세법 제4조 제3항, 법인세법 시행령 제3조 제2항
6 박물관 및 미술관 진흥법 제16조 제1항

인이면서 공익법인이어야 하고, 공익법인이기 위해 박물관 및 미술관 진흥법에 따라 등록해야 한다는 말은 없지만, 등록된 미술관은 공익법인으로 본 사례들이 있습니다. 영리법인이 미술품을 기증받는 경우 등록 여부와 관계없이 자산수증이익으로 보아 법인세를 과세합니다. 개인도 증여받은 재산은 증여세가 부과되며, 등록하여도 마찬가지입니다.

② 미술관을 위한 토지와 건물의 취득세 면제를 받기 위하여는 부동산 취득 후 1년 이내에 박물관 및 미술관 진흥법에 따라 등록해야 합니다.

③ 미술관 입장용역에 대한 입장료 매출에 대한 부가가치세 면세를 받기 위해서는 박물관 및 미술관진흥법에 따라 등록하지 않아도 됩니다. 그러나 미술관 교육 프로그램 참가비 매출의 부가가치세 면세를 받기 위해서는 박물관 및 미술관 진흥법에 따라 등록하여야 합니다.

④ 관람객이 미술관 입장료를 신용카드로 결제하여 소득공제 한도를 추가인정받으려면 박물관 및 미술관진흥법에 따라 등록하지 않아도 됩니다.

⑤ 법인이 기업업무추진비 한도를 늘리기 위하여 미술관 입장권으로 기업업무추진비를 지출하는 때에는 박물관 및 미술관진흥법에 따라 등록하지 않아도 됩니다. 그러나 법인이 기부금을 지출하여 손금으로 인정받고자 하는 때에는 미술관이 일반기부금단체여야 합니다. 그러기 위해 미술관이 박물관 및 미술관 진흥법에 따라 등록해야 한다는 말은 없지만, 등록된 미술관은 일반기부금단체로 본 사례들이 있습니다

⑥ 상속받은 미술관자료에 대하여 징수유예를 받기 위해서는 사립 미술관이 비영리법인이면서 공익법인이어야 하고, 등록되어 있어야 하고, 미술관자료도 등록되어 있어야 합니다.

⑦ 개인 컬렉터가 미술관에 미술품을 양도한 소득에 대해 비과세된다고 할 때, 등록된 미술관으로 한정하고 있지 않습니다.

그 밖에 [문화예술진흥법]에 따른 전문예술법인·단체로 지정받으면 [기부금품의

모집 및 사용에 관한 법률]에도 불구하고 기부금의 [모집]행위를 할 수 있게 됩니다.[7] 취약계층에게 일자리를 제공하여 [사회적기업 육성법]에 따라 사회적기업으로 인정받으면 각종 지원을 받을 수도 있습니다. 등록 미술관은 학예사들의 경력인정을 할 수 있게 되어 학예사 충원이 용이해지고,[8] 그 밖에도 예산을 보조받을 수 있게 됩니다.[9]

2) 등록시 의무

[박물관 및 미술관 진흥법]에 따라 등록하는 경우 여러 혜택이 주어지는데, 반대로 등록으로 인해 부과되는 의무도 무엇인지 알아야 합니다.

① 등록 미술관은 최소한 60점 이상의 미술관자료를 갖추어야 합니다. 시설로는 82m²의 전시실, 수장고, 사무실 등의 시설 1개, 화재 도난 방지시설과 온습도 조절장치를 갖추어야 합니다. 그리고 학예사 1명을 두어야 합니다.[10]

② 등록 미술관은 설립 목적을 위반하여 미술관자료를 취득, 알선, 중개, 관리할 수 없습니다. 즉, 등록된 미술관은 설립자의 마음대로 작품을 살 수도 없고 팔 수도 없습니다. 이러한 사유가 있는 경우에는 등록이 취소됩니다.[11]

③ 등록 미술관은 연간 90일 이상, 1일 개방시간 4시간 이상을 개방하여야 하고,[12] 설립목적에 지장을 주지 않는 범위 내에서만 시설을 대관할 수 있습니다. 매점, 기념품 판매소, 편의시설도 설립목적에 지장을 주지 않아야 합니다.[13]

④ 등록 미술관은 매년 1월 20일까지 관리, 운영, 관람료 등 운영 현황을 보고해야 합니다.[14]

---

7 문화예술진흥법 제7조 제5항
8 박물관 미술관 학예사운영위원회 운영규정
9 박물관 및 미술관 진흥법 제24조 제1항
10 박물관 및 미술관 진흥법 시행령 제9조 제2항 별표2
11 박물관 및 미술관 진흥법 제29조 제1항 제6호
12 박물관 및 미술관 진흥법 시행규칙 제8조
13 박물관 및 미술관 진흥법 제16조 제1항, 제2항
14 박물관 및 미술관 진흥법 제30조

2. 미술관 설립과 취득세

미술관을 설립하려면 가장 먼저 건물과 토지가 있어야 합니다. 그런데 부동산을 취득할 때에는 취득세가 부과됩니다. 취득세 부담 때문에 미술관 설립을 주저해서는 안 됩니다. 결론부터 말씀드리면, 취득세와 재산세가 85% 감면됩니다. 그러나 악용을 방지하기 위해서 요건이 까다롭습니다.

(1) 박물관, 미술관 취득세 감면

1) 감면 요건

미술관을 위한 목적이든 아니든, 토지와 건물을 취득할 때는 취득세가 부과됩니다. 그러나 이 취득세를 감면받을 수 있는 방법이 있습니다. 부동산의 취득 시점에 [박물관 및 미술관 진흥법]에 따라 미술관으로 등록을 마쳤거나, 부동산 취득 후 1년 이내에 등록을 마치는 경우입니다.

등록이 너무 늦어지면 감면을 받지 못합니다. 또, 아무리 공익성이 있는 시설이어도 박물관이나 미술관이 아닌 다른 용도 시설인 경우에도 감면을 받지 못합니다. 설립자가 잘 몰라서 미술관 박물관 등록을 못했지만 실제로 미술관으로 사용하고 있었다고 주장해도 받아주지 않습니다. 그만큼 등록이 중요합니다.

> **• 조세심판원 2015지0416, 2016.01.07**
> 취득세 등이 면제되는 미술관에 해당하기 위해서는 「박물관 및 미술관 진흥법」 제16조에 따라 등록하여야 함에도 쟁점미술관은 이러한 등록절차를 이행하지 아니하였으므로 취득세 감면대상에 해당한다고 보기 어렵고, 해당 절차를 이행하지 못한 데에 정당한 사유가 있다고 보기도 어려우므로 처분청이 이 건 취득세 등을 부과한 처분은 잘못이 없다고 판단됨

재산세 과세기준일 현재 박물관 및 미술관광진흥법의 규정에 의하여 등록하지 아니한 박물관용 부동산은 재산세 등의 과세면제 대상에 해당하지 아니함

취득세 감면의 경우 취득세 과세물건을 취득하는 시점에서 감면요건의 충족 여부로 판단하여야 할 것인 바, 귀문과 같이 부동산을 취득하여 박물관이 아닌 수족관으로 사용승인을 받아 개관하여 운영한 경우라면, 취득시점에 관계법령에 따라 '등록된 박물관이나 박물관으로 설치·운영하기 위한 취득'이라는 위 감면요건을 충족하지 못하였다고 할 것이므로 취득시점 이후에 감면요건을 충족하였다고 하더라도 이를 소급하여 적용할 수 없다고 할 것이나, 이에 해당되는지 여부는 당해 과세권자가 사실관계 등을 조사하여 최종 판단할 사항임

[청구인 주장]

"미술관으로 직접 사용하지 않으면 감면 취득세를 납부하여야 한다"고 구두로 알려주었을 뿐 1년 이내에 미술관으로 등록해야 한다는 고지를 하지 않은 점, 청구인에 대한 과세예고통지서에서 확인되는 바와 같이 처분청은 ○○○의 감사과정에서 쟁점부동산이 미술관으로 등록되지 않은 사실이 확인될 때까지 등록여부를 확인하지 않고 등록여부와 무관하게 건축물대장[문화집회시설(박물관 또는 미술관)] 및 사업계획서만을 확인하여 취득세를 감면하였으며, 청구인은 쟁점부동산을 실제 미술관으로 사용하고 있었던 바 1년 이내에 등록하는 것이 어렵지 않았던 점, 청구인은 쟁점부동산을 취득일부터 현재까지 미술관 용도로 직접 사용하고 있음이 제반 증빙 및 처분청의 현장 확인을 통해 인정되는 바, 청구인은 쟁점부동산을 「지방세특례제한법」 제94조의 규정상 "직접 사용하지 아니하는 경우"에도 해당하지 않으므로 해당 규정을 이유로 지방세를 과세한 것은 잘못된 법률 적용으로 인한 재량권 일탈·남용의 부당한 처분이다.

[사실관계 및 판단]

「지방세특례제한법」 제44조 및 같은 법 시행령 제21조의 규정에 의하여 취득세 등이 면제되는 미술관은 「박물관 및 미술관 진흥법」 제16조에 따라 등록된 미술관으로, 쟁점부동산을 실제 미술관으로 사용하고 있다는 사정만으로 감면요건을 충족하였다고 보기 어려운 점, 청구인이 신청서 제출을 통해 취득세를 감면받은 이상, 이에 대해 취득세 감면요건이 소멸하여 추징대상이 된 시점으로부터 법정기한(30일)내에 신고 및 납부를 하지 않은 경우 이에 대해 무신고가산세 및 납부불성실가산세를 부과하는 것이 타당하고, 그

외 달리 가산세를 면제할 정당한 사유로 인정할 사정도 없어 보이는 점 등에 비추어 쟁점부동산에 대하여 취득세 등을 부과한 이 건 처분은 잘못이 없다고 판단된다.

1년 이내에 등록을 마쳐야 하지, 등록 신청서를 내야 한다는 게 아닙니다. 따라서 남은 기간이 촉박한 상태에서 신청서를 낸 결과 등록일이 늦어지면 이것도 인정하지 않습니다. 등록은 통상 신청일로부터 40일 이내에 심의를 거쳐 결과가 통보되므로, 미리 신청하여야 합니다.[15]

• 조심2010지669, 2011.04.14

[청구인 주장]
청구인은 이 사건 건축물을 2009.3월 하순부터 사실상 박물관으로 사용하였으며, 2009.3.31에 ○○○○에 박물관 등록신청을 접수하였고, 등록증의 교부는 등록 후에 이행되어지는 절차에 불과한 것이므로 신청서 접수일부터 면제대상인 "등록된 박물관"으로 보아야 할 것이고, 설령 박물관등록증에 기재된 등록일자에 등록이 완료된 것으로 보더라도 ○○○○에서 2009.4.9 현지실사를 나왔음에도 접수일로부터 50일이 경과한 2009.5.20에야 등록증을 교부한 것으로 이는 청구인의 내부적인 사유가 아니라 ○○○○의 처리 지연으로 인한 것으로 정당한 사유가 당연히 인정되어야 할 것이고, 일부 사용하지 않고 있는 공간의 경우에도 박물관 용도로 사용하고 있어 직접 사용하는 것으로 보아야 하므로 이 사건 부과처분은 부당하다.

[사실관계 및 판단]
먼저 청구인이 이 사건 박물관 취득 이후 1년 이내에 등록하지 못한데에 법령에 의한 금지·제한 등 외부적인 사유가 있었는지를 보면, 「박물관 및 미술관 진흥법」 제16조 제1항, 같은 법 시행령 제10조에서 박물관을 설립·운영하려는 자에게 학예사, 자료, 시설 등 일정요건을 갖추어 등록할 수 있다고 규정하고 있고, 민원사무처리기준표에서 박물관 등록신청에 대한 처리기간을 총 45일(「민원사무처리에 관한 법률」 제6조 제2항에서 민원사무의 처리기간을 총 45일로 정한 경우에는 "일"단위로 계산하고 초일을 산입하되, 공휴일을 산입하지 아니한다고 규정하고 있음)로 정하고 있어, 청구인은 박물관 등록신청서를 등록관청에 제출한다고 하여 그 즉시 박물관 등록이 이루어지는 것이 아니라 일정기간이 소요된다는 사실을 알 수 있었다 할 것임에도, 이 사건 박물관 취득 이후 10개월이 지나서야 그 등록신청서를 제출함으로써 유예기간내에 등록하지 못하게 된 것은 청구인의 내부적인 사정에 불과하고, 청구인의 이 사건 박물관 등록신청(2009.3.31)

---

15 박물관 및 미술관 진흥법 제16조 제3항

에 따른 처리기간 만료일은 2009.5.20로 이는 이 사건 박물관 직접사용(등록) 유예기간인 1년(2009.5.8)을 초과하고 있으며, 등록관청은 위 처리기간 내에 2차례의 현지조사를 한 후 학예사의 고용안정, 전시시설의 보완 등을 조건부로 하여 처리기간 만료일인 2009.5.20 박물관 등록증을 청구인에게 교부하였으므로, 유예기간을 경과한 이후 박물관 등록이 이루어진 데에 등록관청에서 그 귀책사유가 있다거나 법령에 의한 금지·제한 등의 외부적인 사유가 있었다고 인정되지 아니한다.

한편 미술관이 [박물관 및 미술관 진흥법]에 따라 등록되어 사용목적에 맞게 취득했다면, 미술관의 운영 주체가 누구인지는 묻지 않습니다. 개인 컬렉터 혼자 취득하든, 부부 컬렉터가 공동으로 영위하는 사업이든 문제삼지 않습니다.

● 지방세특례-1468, 2016.06.27

[질의] 부부가 공동으로 부동산을 취득하고, 각각 설립자와 대표자로 미술관 등록한 경우 취득세 감면대상에 해당하는지 여부

[회신] 위 조항의 문언과 규정 취지 등에 비추어 볼 때, 「지방세특례제한법」 제44조, 같은 법 제178조, 같은 법 시행령 제21조 제2호에서 부동산을 취득한 후 유예기간 내에 「박물관 및 미술관 진흥법」 제16조에 따라 등록할 수 있는 박물관의 용도로 사용하는 경우 취득세를 면제하도록 규정하고 있는 점, 당해 부동산의 사용목적이 평생교육시설로서 미술관으로 사용이라고 규정하였을 뿐 그 외 감면대상에 대한 주체의 요건을 별도로 규정하고 있지 아니한 점, 「박물관 및 미술관 진흥법」 상에서 설립자와 대표자에 대한 일반적인 법리와 다른 별도의 규정을 두고 있지 아니한 점 등을 종합적으로 감안할 때, 부동산을 공동명의로 취득한 후 박물관 등록 시 취득자가 설립자와 대표자로 달리 등록하여 설립하였다 하더라도, 당해 부동산을 취득한 후 유예기간 내에 박물관의 용도로 사용하는 경우라면 취득세를 면제하는 것이 타당하다고 보여지나, 이에 해당하는지 여부는 과세기관이 사실관계 등을 면밀히 검토하여 판단해야 할 사안입니다. 끝.

2) 감면액 추징

현실적으로 미술관을 등록하기 위하여는 최소 82m2의 전시실, 수장고, 사무실 등의 시설 1개, 화재 도난 방지시설과 온습도 조절장치가 필요합니다. 그런데 토지와 건물을 취득하면서 소유권이전사실을 등기하려면 등기신청서를 접수하는 날까

지 취득세를 먼저 신고 납부하여야 합니다.[16] 또 부동산을 취득하자마자 일이 일사천리로 풀리면 좋겠지만, 그렇지 않을 때도 있습니다.

이런 현실적인 상황 때문에 세법에서는 일단 일반적인 취득세를 먼저 내고 나중에 돌려받기를 원한다면 그렇게 해주고, 일단 감면부터 받고 요건을 보완하기를 원한다면 그렇게 해주면서 1년을 기다립니다. 후자의 경우 정당한 사유 없이 1년이 지나도록 용도에 맞게 쓰지 않으면 감면분에 가산세를 붙여 추징하는 방식으로 운영합니다.[17]

• 조심 2012지100, 2012.7.11

「박물관 및 미술관 진흥법」 제16조에 의거 등록된 박물관 및 미술관에 대한 취득세 감면이란 부동산을 취득한 때 등록하여야 하는 것이 아니라 취득과 동시에 이러한 등록조건을 완료하기 어려우므로 「지방세특례제한법」 제94조에 의거하여 취득 후 등록기간을 1년간 유보한 것으로 볼 수 있으므로 부동산 취득시 등록여부를 확인할 사항은 아니고

그렇다면 정당한 사유가 무엇인지가 중요합니다. 정당한 사유라 함은 법령에 의한 금지·제한 등 그 법인이 마음대로 할 수 없는 외부적인 사유는 물론 고유업무에 사용하기 위한 정상적인 노력을 다하였음에도 시간적인 여유가 없어 유예기간을 넘긴 내부적인 사유도 포함하고, 정당한 사유의 유무는 입법취지를 충분히 고려하면서 당해 법인이 영리법인인지 아니면 비영리법인인지 여부, 토지의 취득목적에 비추어 고유목적에 사용하는 데 걸리는 준비기간의 장단, 고유목적에 사용할 수 없는 법령·사실상의 장애사유 및 장애정도, 당해 법인이 토지를 고유업무에 사용하기 위한 진지한 노력을 다하였는지의 여부, 행정관청의 귀책사유가 가미되었는지 여부 등을 아울러 참작하여 구체적인 사안에 따라 개별적으로 판단합니다.[18]

2가지 판례를 소개하겠습니다.

---

16 지방세법 제20조 제4항
17 지방세특례제한법 제178조 제1항 제1호
18 대법원 2002.9.4. 선고 2001두229 판결

[청구인 주장]

청구인이 쟁점미술관의 건축허가를 2009년에 받고도 2016년 7월에 사용승인을 받은 것은 미술관 부지 출입구 반경 1.5km ○○○택지지구가 약 7년간 사업이 추진되지 아니하여 진입조차 어려웠기에 허가관청으로부터 충분한 사유로 인정받아 착공이 늦춰졌다. 이후 ○○○개발소식을 접한 사람들이 주변부지를 매입하면서 문제가 발생하였다. 청구인의 쟁점미술관 진입도로 바로 앞에서 차를 진입할 수 없게 차단하여 건축완료 후 6개월이 지나서야 사용승인을 받게 되었다. 당시 진입도로를 막은 자가 소송을 제기하여 패하자 도로 위에 비닐하우스를 지어 실력행사를 하는 등 도로가 파헤쳐지는 문제가 발생하였다. 쟁점미술관은 여건상 차량 외에는 진입이 어려운데 해당 진입도로의 진출입을 방해하는 등의 행위를 한 자와의 소송이 계속되고 있어 법원에 출두하는 일을 2년째 하고 있다. 이 외에도 다른 마을사람들과 전신주 차단문제, 배수로 시비 등 많은 소송이 진행되고 있다. 쟁점미술관은 2종 문화의 집으로 허가받았기에 바로 등록절차를 받을 수 있는 여건이나 홈페이지 운영 등으로 이용객들이 방문하도록 개관하는 것은 알박기 행위자에게 유리한 상황을 제공한다고 판단되어 장기적으로 대응하고 있다. 쟁점미술관은 문화공간으로서 편하게 머물다 가야 하는 공간을 제공하지 못하는 상태에서 무조건 개관을 하는 것은 방문객들로부터 수많은 불만으로 회생 불가능한 것이 될 것이므로 어떤 작가의 작품도 전시할 수 없는 실정이다. 이는 쟁점미술관을 직접 사용하지 못한 정당한 사유에 해당하므로 취득세 등의 경정청구를 거부한 처분은 취소되어야 한다.

[사실관계 및 판단]

이상의 사실관계 및 관련 법령 등을 종합하여 살펴건대, 청구인은 「지방세특례제한법」 제178조의 추징요건은 기 감면받은 미술관이 대상이라 그러하지 아니한 이 건은 아니고 진입로의 통행을 방해하는 등의 사유로 쟁점미술관을 등록하지 못한 것이므로 정당한 사유가 있다고 주장하나, 「지방세특례법」 제44조의2에 따라 대통령령으로 정하는 미술관에 사용하기 위하여 취득하는 부동산에 대해서는 취득세를 면제한다고 되어 있고, 같은 법 제178조 제호에서 정당한 사유 없이 그 취득일부터 1년이 경과할 때까지 해당 용도로 직접 사용하지 아니하는 경우에는 감면된 취득세를 추징한다고 되어 있으며, 같은 법 시행령 제21조의2 제1호에서 대통령령으로 정하는 미술관이란 「박물관 및 미술관 진흥법」 제16조에 따라 등록된 미술관으로 규정하고 있는바, 설령 청구인이 쟁점미술관을 취득한 후에 등록하지 못하여 면제를 받지 못하였다 하더라도 1년 이내에 등록하고 사용하여야만 감면 대상에 해당한다 하겠고, 그러하지 못한 경우에는 정당한 사유가 있어야 할 것이다.

취득세 등을 감면받은 경우 일정 기간 요건을 충족하여야 하고 그러하지 못할 경우 추징되므로 취득 당시 감면을 받지 아니하였다 하더라도 동 요건을 충족하여야만 경정청구에 의하여 감면받을 수 있는 점, 청구인은 쟁점미술관을 취득하여 취득세 등을 납부한 후 1년이 경과할 때까지 「박물관 및 미술관 진흥법」에 따라 등록하지 아니하여 감면요건을 충족하지 못한 점, 쟁점미술관을 청구인의 주장과 같이 2종 미술관으로 등록하여 개관하는 데 법령상에 장애가 있다고 하기는 어려운 점, 청구인은 쟁점미술관을 취득하기 전에 진입로 통행의 방해 등에 대한 소송에서 승소하였음에도 계속되는 장애로 인하여 등록(개관)하지 못하였다고 주장하나 이는 등록을 하고 개관한 후 발생할 부정적인 인지도나 평판 등을 고려한 것으로 짐작되는 점 등에 비추어 청구인이 쟁점미술관을 취득일부터 1년 이내에 직접 사용(등록)하지 못한 데에 대한 정당한 사유가 있다고 보기는 어렵다 하겠다.

[해설]
미술관을 개관할 계획이었으나, 미술관으로 진입하는 도로의 통행지역권을 둘러싼 분쟁이 발생했습니다. 자동차로 막히고 비닐하우스로 막히는 등 다투다가 소송이 너무 길어져 1년의 기간이 지나고 말았습니다. 설립자는 준비가 덜 되어 개관하지 못했다고 했지만, 판례에서는 평판의 문제일 뿐이라며 정당한 사유로 인정하지 않았습니다.

• 대법2011두1948, 2012.12.13

원심은 우선 다음과 같은 사실을 인정하였다.

(1) 원고는 1994.6.10 미술, 문학, 음악 등 각 분야 예술인에 대한 창작지원금 및 장려금 지급, 예술 진흥 유공자에 대한 ○○문화상 수여, 각종 문화공간의 설치 및 운영 등의 목적으로 주무관청의 허가를 얻어 설립된 재단법인이다.

(2) 원고는 2007.12.28 미술관 건축이라는 고유업무에 사용하기 위하여 ○○○○○○ ○○ 주식회사로부터 ○○시 ○○구 ○동 산 119-2 임야 10,878m² 중 1,600m²(이하 '이 사건 토지'라고 한다)를 증여받아 이를 취득하였고, 피고는 2008.1.8 원고가 미술관 건축을 위하여 취득·등기하는 부동산으로 보아 이 사건 토지에 관한 취득세와 등록세 등을 면제하였다.

(3) 원고는 미술관 건축을 위하여 2008.6.12 ○○건축사사무소에 건축 인허가 검토용역을 의뢰하고 2008.6.25 ○○토목측량설계공사에 토목공사 인허가 검토용역을 의뢰하였는데, 2008.8.6 ○○토목측량설계공사로부터 "도시지역 내 녹지지역에 위치한 이 사건 토지의 자연경사도가 평균 약 22~23도에 이르고, 이 사건 토지와 연접하여 이미 개발된 토지의 면적이 10,000m² 이상이어서 이 사건 토지에 관하여 국토의 계획 및 이용에 관한 법률에 의한 개발행위 허가를 받을 수 없다"는 취지의 검토결과를 통보 받았다.

(4) 원고가 이 사건 토지의 취득일부터 1년이 지나도록 미술관 건축을 하지 못한 채 이 사건 토지가 그대로 임야상태로 남아 있자, 피고는 2009.2.9 원고에게 면제된 취득세와 등록세 등을 추징하는 이 사건 처분을 하였다.

[대법원의 판단]

비영리단체가 법령에 의한 금지·제한 등 부동산을 취득할 당시 1년 내에 그 고유업무에 직접 사용할 수 없는 법령상의 장애사유가 있음을 알았거나, 설사 몰랐다고 하더라도 조금만 주의를 기울였더라면 그러한 장애사유의 존재를 쉽게 알 수 있었던 상황에서 부동산을 취득하였고, 취득 후 1년 내에 당해 부동산을 그 고유업무에 직접 사용하지 못한 것이 동일한 사유 때문이라면, 취득 전에 존재한 법령상의 장애사유가 충분히 해소될 가능성이 있었고 실제 그 해소를 위하여 노력하여 이를 해소하였는데도 예측하지 못한 전혀 다른 사유로 그 고유업무에 사용하지 못하였다는 등의 특별한 사정이 없는 한, 그 법령상의 장애사유는 당해 토지를 그 업무에 직접 사용하지 못한 것에 대한 정당한 사유가 될 수 없다(생략).

원고가 이 사건 토지를 취득할 당시 시행 중인 관련 법령에 의하면, 자연경사도 17.5도 이상인 토지에 관하여는 구 '국토의 계획 및 이용에 관한 법률'(2008.3.21 법률 제8974호로 개정되기 전의 것. 이하 같다) 제56조에 따른 개발행위 허가를 받을 수 없고(○○시 도시계획 조례 제20조 제1항 제2호), 도시지역 내 녹지지역에서는 연접한 토지를 포함하여 10,000㎡ 이상의 토지가 이미 개발된 경우 개발행위 허가를 받을 수 없으므로 [생략], 원심이 인정하는 대로 원고가 이 사건 토지를 취득할 당시 이미 그 취득일부터 1년 내에 이 사건 토지 위에 미술관을 건축할 수 없는 법령상의 장애사유가 존재하고 있었다고 할 것이다. 그러나 원심판결 이유에 의하더라도 원고가 이 사건 토지를 취득한 목적은 그곳에 미술관을 건축하려는 것이었고 이 사건 토지의 취득 당시 그 지목과 현황이 모두 임야이었으므로 이를 미술관의 부지로 이용하려면 토지의 형질변경 등 개발행위를 위한 관련 법령상의 인허가가 필요할 것이라는 점은 누구나 쉽사리 예상할 수 있다(원고도 이러한 이유에서 이 사건 토지의 취득 후에 건축 및 토목공사 인허가 검토용역을 의뢰한 것으로 보인다). 또한 원고는 이 사건 토지의 취득일부터 1년 내에 이 사건 토지를 그 고유업무에 사용하는 것을 전제로 취득세와 등록세를 면제받았으므로, 이 사건 토지 위에 미술관을 건축하는 데에 별다른 공법상의 제한이 없을 것으로 막연히 추측하거나 관련 법령상의 인허가를 받을 수 있을 것으로 기대만 할 것이 아니라 이 사건 토지의 취득에 있어서 미술관 건축에 따르는 공법상의 제한 및 관련 법령상 요구되는 인허가 관련 사항을 행정관청이나 전문가에게 문의하는 등의 방법으로 면밀히 검토하였어야 할 것이다. 따라서 원고가 이 사건 토지의 취득 당시 구체적인 법령상의 장애사유를 몰랐다고 하더라도 조금만 주의를 기울였더라면 법령상의 장애사유가 존재함을 쉽게 알 수 있었던 상황에서 이 사건 토지를 취득한 것으로 봄이 상당하고, 그 취득일부터 1년 내에 이 사건 토지를 고유업무에 직접 사용하지 못한 것도 동일한 사유로 인한 것이므로, 위와 같은 법령상의 장애사유는 원고가 이 사건 토지를 그 고유업무에 직접 사용하지 못한 것에 대한 정당한 사유가 될 수 없다. 그리고 원고가 건축 및 토목공사 인허가 검토용역을 의뢰하였다거나 증여자에게 건축이 가능한 토지로 교환하여 달라는 요청을 하였다는 것만으로는 결론을 달리할 만한 사정이 된다고 할 수 없다.

(2) 문화예술단체의 감면

박물관, 미술관의 취득세 재산세 감면이 가장 유명하지만, 다른 감면조항도 있습니다. 「문화예술진흥법」 제2조 제1항 제1호에 따른 문화예술의 창작·진흥활동 등을 목적으로 하는 법인 또는 단체로서 중 공익법인, 비영리법인, 비영리민간단체 등이, 문화예술사업에 직접 사용하기 위하여 취득하는 부동산도 취득세와 재산세가 면제됩니다.[19] 문화예술의 창작·진흥활동을 목적으로 하는지는 구체적인 판단이 필요합니다.

● 구 행정자치부 지방세정팀-5831, 2006.11.23

문화예술단체 등을 판단함에 있어 법인의 정관상 목적사업, 예산 및 사업실적 등을 고려하여 개별적으로 판단하여야 할 것이고, 문화예술사업이 당해 법인의 사업 중 부수 또는 지원업무가 아닌 주된 사업이어야 하는 것이므로 귀 ○○문화재단이 우리의 민속 문화를 발굴, 수집, 전시하고 열악한 환경 속에서 활동하고 있는 작가들을 지원하여 민속예술을 발현, 승화시키는 것을 주된 사업으로 운영하는 법인이라면 문화예술단체의 요건을 갖추었다고 볼 수 있음

● 구 행정자치부 지방세정팀-4647, 2006.9.26

문화예술단체 등을 판단함에 있어 법인의 정관상 목적사업·예산 및 사업실적 등을 고려하여 개별적으로 판단하여야 할 것이고, 문화예술사업이 부수 또는 지원업무가 아닌 주된 사업이어야 하며, 주된 사업의 판단은 당해 법인의 정관상 목적사업과 관련하여 사업실적 및 예산의 사용용도 등에 있어 그 비율이 높은 사업을 주된 사업으로 판단하는 것

---

19 지방세특례제한법 제52조 제1항, 지방세특례제한법 시행령 제26조 제1항

인 바, 한국조각문화의 진흥, 발전에 기여할 목적으로 문화관광부장관의 허가를 받아 설립된 ○○○ 기념사업회가 법인의 정관상 목적사업인 조각상의 제정 및 시상, 조각전문지 출간, 조각작품의 국제교류지원 및 전용전시장의 설치 및 운영을 주된 사업으로 운영하는 경우라면 이는 문화예술단체에 해당된다고 할 수 있음

박물관, 미술관 규정에서 그랬던 것처럼 고유목적에 1년간 직접 사용하지 않는 경우 감면이 추징됩니다. 2가지 판례를 소개하겠습니다.

• 조심2013지732, 2014.02.03

청구법인은 ○○○와 이 건 극장들에 대하여 위·수탁계약을 체결하여, ○○○가 이 건 극장들을 계속하여 공연장의 용도로 사용하면서 청구법인으로부터 이 건 극장들의 관리업무를 수행하는 과정에서 발생한 대관료, 입장료 등을 위탁수수료 명목으로 지급받은 점, 제1부동산 중 청구법인이 ○○○로부터 임대료를 지급받은 부분은 취득당시 처음부터 공연장 등에 해당하지 아니하여 취득세 등을 납부한 근린생활시설에 대한 것으로 보이는 점, 제2극장에 대한공간운영 비용 또한 극장 운영과정에서 발생하는 전기·가스·상하수도비 등의 비용을 안분하여 정산한 것으로 임대료에 해당하는 것으로 보이지 아니하는 점등을 고려하면, 청구법인은 이 건 극장들을 ○○○에 임대하였다기 보다는 위탁하였다고 보는 것이 타당하다 할 것이고, 이 건 극장들을 위탁한 것으로 보더라도 「지방세법」 제288조 제2항에서 소정의 문화예술단체가 그 고유업무에 직접 사용하기 위하여 취득하는 부동산에 대하여는 취득세와 등록세를 면제한다고 규정하고 있으므로 같은 항 단서에서 규정하고 있는 "직접 사용"은 당해 부동산을 취득한문화예술단체가 목적사업에 스스로 사용하는 경우로 한정해서 해석하는 것이 타당하다 할 것인 바, 청구법인이 이 건 극장들을 ○○○에 위탁하여 공연장으로 계속하여 사용하였다 하더라도 이 건 부동산을 청구법인이 직접 사용한 것으로 볼 수는 없으므로 청구법인은 이 건부동산을 취득하여 2년 이상 당해 사업에 직접 사용하지 아니한 것으로 보아야 하지만, 준정부기관으로서 사업비 및 인건비를 포함한 운영비를 국고에서 지원받고, 지원받은 예산에 대하여 정부(문화체육관광부 및 기획재정부)의 지도감독 및 통제를 받는 청구법인이 이 건 부동산을 취득하여 청구법인 스스로 공연장으로 사용하다가 극장 통합 운영이라는 정부의 방침에 따라 이 건 극장들의 관리 및 운영을 ○○○에 위탁한 것이므로 이 건 부동산을 2년 이상 청구법인이 직접 공연장으로 사용하지 못한 정당한 사유가 있었다고 보아야 하므로 이 건 취득세 등은 취소하는 것이 타당하다고 판단된다.

[해설]
문화체육관광부의 지침으로 공연장 운영을 위탁업체에 위탁하였습니다. 이것은 '직접 사

용' 요건을 충족하지 못하여 하마터면 감면이 추징될 뻔했습니다. 하지만 정부의 방침을 따랐기 때문에 이를 정당한 사유로 보아 감면을 추징하지 않았습니다.

• 조심2009지1117, 2010.07.06

[사실관계 및 판단]

청구법인과 처분청이 제출한 증빙자료에 의하면 다음과 같은 사실이 확인된다. 청구법인은 2007.9.14 ○○으로부터 설립허가를 받고 2007.9.18 설립등기를 하였는바 법인등기부상 주사무소 소재지는 "○○"으로, 목적사업은 "문화예술 진흥을 위한 연구, 조사, 개발, 보급사업 등"으로 되어 있다. ○○ 외 3인은 2007.10.15 이 사건 부동산을 청구법인에 출연하였다. 청구법인은 2007.10.17 이 사건 부동산에 대한 지방세 감면신청을 하였는바, 감면신청사유는 「공익법인의 설립운영에 관한 법률」에 의하여 설립된 문화예술단체로서 그 고유업무에 직접 사용하기 위하여 취득하는 부동산으로 되어 있다. 청구법인은 2007.10.22 이 사건 부동산에 대한 소유권이전등기를 경료하였다. 처분청의 출장복명서(2009.5.29)에 의하면, 청구법인은 이 사건 부동산 취득 후 현재까지 고유업무에 직접 사용하지 아니하고 임대용으로 사용하고 있는 것으로 기재되어 있고, 당시 추정한 임대차계약서에 의하면 청구법인은 2008.10.18 ○○와 임대차계약(기간 : 2008.11.30~2009.11.29)을 체결한 것으로 되어 있다.

「지방세법」 제288조 제2항에 의하면, 문화예술단체가 그 고유업무에 직접 사용하기 위하여 취득하는 부동산(임대용 부동산은 제외한다)에 대하여 취득세와 등록세를 면제하되, 그 취득일부터 1년 내에 정당한 사유없이 그 고유업무에 직접 사용하지 아니하는 경우 또는 그 사용일부터 2년 이상 고유업무에 직접 사용하지 아니하고 매각하거나 다른 용도로 사용하는 경우 그 해당부분에 대하여 면제된 취득세와 등록세를 추징한다고 규정하고 있고, (생략) 살피건대, 법인등기부등본, 지방세감면신청서, 임대차계약서 등에 의하면, 대도시에서 2007.9.18 설립된 청구법인이 2007.10.15 고유업무에 직접 사용하기 위하여 이 사건 부동산을 취득하여 2007.10.22 취득세와 등록세를 면제받고 같은 날 소유권이전등기를 경료한 사실과 이 사건 부동산에 체결되었던 기존의 임대차계약이 종료되자 2008.10.18 새로이 임대차계약을 체결한 사실이 확인되는바, 문화예술단체가 유예기간 내에 임대용으로 사용하는 부동산과 그에 대한 등기는 「지방세법」 제288조 제2항 소정의 감면대상에 해당되지 아니하고, 같은 법 시행령 제101조 소정의 등록세 중과제외 대상에도 해당되지 아니한다. 따라서, 처분청이 청구법인에 대하여 기면제한 취득세 등을 추징한 것은 잘못이 없다고 판단된다.

[해설]

고유업무에 사용한다면서 지방세 감면을 받았으나, 실제로는 임대수입을 올리기 위한 부동산이었습니다. 따라서 감면이 추징되었습니다.

3. 미술관 작품 기부와 증여세

(1) 증여세 비과세 개념

상속세와 증여세는 부의 대물림을 제어하는 것이 목적이기 때문에, 공익적인 목적의 상속과 증여는 특례를 두었다고 했습니다.

상속세 먼저 살펴보면, 국가를 위해 공무를 수행하다가 사망하는 경우에는 상속세를 비과세합니다.[20] 피상속인이 유언으로 국가, 지방자치단체에 유증하는 경우(상속인이 상속받아 신고기한 내에 출연하는 경우도 마찬가지), 국가지정문화재와 문화재보호구역으로 지정한 토지에 대해서도 비과세합니다. 재산권행사에 제약을 받는 점을 고려한 것입니다. 정당, 공공도서관, 공공박물관, 우리사주조합, 공동근로복지기금 및 근로복지진흥기금에 유증하는 경우에 상속세를 비과세합니다. 그 밖에도 이재민을 위한 유증, 불우이웃을 돕기 위한 유증에 대해서도 상속세를 비과세합니다.[21]

다음으로 증여세를 살펴보면, 국가, 정당, 공공도서관, 공공박물관, 우리사주조합, 공동근로복지기금 및 근로복지진흥기금이 재산을 증여받는 경우에는 증여세를 비과세합니다. 이들은 대부분 비영리법인으로서 설립목적에 공익적 성격이 있기 때문입니다. 비영리법인이 해산되는 경우에는 그 목적을 잘 이을 수 있는 다른 비영리법인으로 재산을 넘기게 되어 있는데, 이때도 증여세 비과세됩니다.[22] 국가는 스스로가 징세의 주체이므로 재산을 증여받았다고 증여세를 내지도 않지만, 국가로부터 재산을 증여받은 사람도 증여세를 내지 않습니다. 국가가 국민에게 재산을 보조한다는 것은 공익 목적이 있기 때문입니다. 국가유공자의 유족 등이 다른 국민으로부터 받은 성금도 비과세합니다. 그리고 공익법인이 출연받는 재산은 과세가액 불산입하여 역시 증여세를 부과하지 않도록 합니다.

---

20 상속세 및 증여세법 제11조
21 상속세 및 증여세법 제12조, 상속세 및 증여세법 시행령 제8조
22 상속세 및 증여세법 제46조

(2) 공익 목적 과세가액 불산입

미술관이 작품 등을 기증받을 때 적용할 조항은, [공익법인이 출연받는 재산의 과세가액 불산입]입니다. 좀 더 깊이 알아봅니다.

잠깐 복습해보면, 비영리법인은 고유목적사업과 수익사업을 합니다. 비영리법인의 수익사업을 위한 증여는 법인세가 과세되므로 이중과세를 방지하려면 아예 증여세가 과세될 여지가 없지만, 고유목적사업을 위한 증여는 법인세가 과세되지 않아 증여세를 과세할 수 있습니다. 단, 요건을 갖추는 경우에는 [비과세] [과세가액 불산입 특례] 조항으로 과세대상에서 **빼**도록 설계되어 있습니다.

그런데 세법을 보면 비영리법인이라는 용어는 등장하지 않고 [공익법인]이어야만 증여세를 면할 수 있다고 합니다. 무슨 차이가 있을까요? 누구나 허가를 받아 비영리법인을 설립할 수 있지만, 비영리법인이 전부 공익법인인 것은 아닙니다. 비영리법인 중에 요건을 갖춘 법인은 공익법인이라고 하는데, 공익법인에 대해서만 [증여재산 과세가액 불산입]의 특례를 두어 증여세가 과세되지 않도록 하고 있습니다. 공익법인은 비영리법인 중에서도 세법에서 특별하게 규정한 개념입니다. 참고로 법인 컬렉터가 기부금을 인정받기 위한 [특례기부금단체＋일반기부금단체＝공익법인]과는 용어는 같지만 약간 다른 개념입니다. 실무에서는 거의 차이가 없어서 혼용합니다.

상속세 및 증여세법의 [공익법인] 요건은 다음과 같습니다.[23] ① 종교의 보급 등에 기여하는 사업을 하는 법인, ② 학교 및 유치원법인, ③ 사회복지법인, ④ 의료법인(병원), ⑤ 법인세법의 특례기부금단체, ⑥ 법인세법의 일반기부금단체 중 1호 일반기부금단체, ⑦ 법인세법의 일반기부금단체 중 기획재정부 장관 고시단체입니다. ⑥과 ⑦은 대강 불특정다수의 수혜자, 설립목적이 사회복지·자선·문화·예술·교육·학술·장학 등 공익목적, 해산시 다른 비영리법인에 잔여재산 귀속, 인터넷 홈페이지를 통해 기부금 모금액과 활용실적 투명 공개, 홈페이지에 공익제보 연결, 대표가 선거운동을 한 적 없을 것의 요건이 필요했습니다.

---

23 상속세 및 증여세법 시행령 제12조 제9호, 제10호, 법인세법 시행령 제39조 제1항 제1호 바목, 제2호

상속세 및 증여세법에서 공익법인의 개념은 2021년 들어 조금 바뀌었지만, 과거부터 이미 오랫동안 미술관을 공익법인으로 지정해온 역사가 있습니다. 이때 사례를 보면 꼭 [박물관 및 미술관 진흥법]에 따른 [등록]이 필요하다고 말하지는 않고 있지만, [등록]된 미술관은 [공익법인]으로 보고 있습니다. 첫 번째 사례에서는 [등록]한 미술관이 공익법인에 해당하게 되는 사례를 말하고 있고, 두 번째 사례에서는 [설립계획 승인]을 받은 미술관을 운영하는 비영리법인이 공익법인이 된다고 합니다. 사립 미술관의 [설립계획 승인]은 [등록]과 다른 개념이기는 하나, 설립계획 승인이 등록의 사전심사처럼 운영되고 있고, 등록을 원하는 미술관이 설립계획 승인을 활용하고 있어 사실상 동일선상에 있습니다. 2021년의 새로운 공익법인의 개념에서도 기획재정부 지정고시 심사에서 [등록] 또는 [설립계획 승인]이 중요한 변수가 될 것으로 봅니다.

● 재산-389, 2011.08.23

[질의] 일반 개인이 상증법 시행령 제12조에서 위임된 법인세법 시행령 제36조 제1항 제1호 아목에 규정되어 있는 기획재정부령이 정하는 지정기부금 단체 중 박물관 및 미술관 진흥법에 따른 박물관 또는 미술관을 설립하고자 함. 미술관을 건립하기 위하여는 미술관 건립비용 또는 미술품 구입비용이 발생하는데 이러한 건립비용이나 구입비용을 개인으로부터 증여받고자 함. 위와 같이 미술관 등 공익법인등을 설립중에 고유목적사업을 위한 재산을 증여받는 경우 그 재산에 대하여 증여세 과세가액 불산입되는지 여부를 질의함.

[회신] 「상속세 및 증여세법 시행령」 제12조 제9호의 규정에 따라 「법인세법 시행령」 제36조 제1항 제1호 각 목의 규정에 의한 지정기부금단체 등이 운영하는 공익성 있는 고유목적사업을 영위하는 자는 공익법인 등에 해당하는 것으로서 「법인세법 시행령」 제36조 제1항 제1호 아목 및 같은 법 시행규칙 제18조 제1항과 별표 6의 2에 의하여 「박물관 및 미술관 진흥법」에 따라 등록한 박물관 또는 미술관은 공익법인 등에 해당하는 것이며, 재산을 출연받아 공익법인 등을 설립하는 경우 해당 출연재산에 대해서는 「상속세 및 증여세법」 제48조 규정에 따라 증여세 과세가액 불산입되는 것임.

● 서면4팀-1815(2005.10.05)

[질의] 상속세 및 증여세법 시행령 제12조 제6호의 "공익법인·예술 및 문화에 현저히 기여하는 사업중 영리를 목적으로 하지 아니하는 사업으로서 관계행정기관의 장의 추천을

받아 재정경제부장관이 지정하는 사업"과 관련하여 문의함. 붙임의 "사립박물관 설립계획승인"과 같이 법인 또는 단체가 아닌 순수개인이 운영하는 사립박물관의 경우에도 지정이 가능한지, 아니면 비영리법인 또는 단체인 경우에만 지정이 가능한지 여부?

[회신] 박물관 및 미술관진흥법 제18조의 규정에 의하여 시·도지사의 승인을 받아 설립한 사립박물관을 운영하는 사업은 상속세및증여세법시행령 제12조 제6호 규정의 "예술 및 문화에 현저히 기여하고 영리를 목적으로 하지 아니하는 사업"으로서, 관계 행정기관의 장의 추천을 받아 재정경제부장관으로부터 공익법인으로 지정을 받은 경우에 공익법인으로 보는 것입니다.

공익법인이 증여(출연)받은 재산 대부분은 비과세됩니다.[24] 문제가 되는 경우는 공익법인이 주식을 받았을 때입니다. 주식에는 의결권이 있어서, 공익법인이 실질적으로 회사를 지배하는 사령탑이 되는 경우가 있습니다. 이런 경우는 공익 목적보다는 공익법인을 이용한 회사 지배의 목적이 있다고 보아 증여세를 부과합니다. 그런데 미술관이 주식을 기증받을 일은 없기 때문에 넘어가서도 됩니다. 공익법인이 미술품을 증여받는 경우에는 고유목적사업에 쓰여 증여세 과세가액 불산입되거나, 수익사업에 쓰이면 법인세가 과세된다는 것만 기억하시면 되겠습니다.

(3) 증여세 추징

공익법인에게 과세가액 불산입 특례가 적용되었다고 해서 끝이 아닙니다. 사후관리가 있습니다.

① 고유목적사업에 쓰겠다고 과세가액 불산입을 적용했는데, 3년이 넘도록 쓰지 않고 있으면, 고유목적사업에 쓸 의사가 없는 것으로 보고 증여세를 부과합니다. 재산이 고유목적에 쓰기에 적당하지 않으면 매각하는 것도 허용하는데, 이때도 매각대금을 3년이 넘도록 고유목적사업으로 쓰지 않으면 역시 증여세가 부과됩니다.[25]

---

24 상속세 및 증여세법 제16조 제1항, 상속세 및 증여세법 제48조 제1항, 상속세 및 증여세법 집행기준 48-0-1

② 증여받은 재산을 수익사업으로 쓰는 것이 더 가치창출에 유리할 수 있습니다. 수익사업에 쓰면서 수익을 내서 다시 고유목적사업으로 환원하면 괜찮지만, 그게 아니라면 원래 영리법인으로 보고 법인세를 냈어야 합니다. 이때 증여세를 추징합니다.[26]

③ 증여받은 재산을 다시 싼 값에 출연자 가족 등에게 빌려주는 경우는 증여세가 부과됩니다.[27]

④ 출연자 또는 특수관계인이 공익법인의 이사 1/5 이상을 차지하면, 증여세를 추징하는 건 아니지만 가산세가 부과됩니다. 출연자가 증여재산을 빌미로 공익법인을 좌지우지하는 것을 막기 위해서입니다.[28]

공익법인과 관련된 판례 4가지를 소개하겠습니다.

● 서면4팀-1448, 2008.06.17

[질의] 재단법인 믿음미술관 설립을 하면서 본인이 충남 보령시 소재 아파트 2채를 출연하고자 함. 아파트 2채를 믿음미술관으로 만들어 전시장과 작품소장고와 연구실로 사용. 믿음미술관은 믿음도에 회화(유화) 동서화 J.T.P 등의 예술품들이 보관되어 있음. 작품들을 잘 관리보존하기 위하여 재단법인 설립. 금번에 재단법인 믿음미술관을 설립하면서 이 아파트 2채를 재단법인 믿음미술관에 증여(기증)하고자 함. 이때 발생하는 모든 세금이 무엇이 얼마나 되는지?

[회신] 상속세 및 증여세법 시행령 제12조 제6호의 규정에 의하여 예술 및 문화에 현저히 기여하고 영리를 목적으로 하지 아니하는 사업으로서 관계 행정기관의 장의 추천을 받아 기획재정부장관으로부터 공익법인으로 지정을 받은 경우에는 공익법인으로 보는 것이며, 당해 공익법인이 재산을 출연받아 그 출연받은 날부터 3년 이내에 직접 공익목적사업에 사용하는 경우에는 증여세가 과세되지 아니하는 것입니다. 다만, 상속세 및 증여세법 시행령 제12조 및 같은법 시행규칙 제3조에서 규정한 공익법인 등에 해당하지 않는 비영리법인이 무상으로 취득한 재산은 상속세 및 증여세법 제2조 및 제4조의 규정에 의하여 증여세 과세대상이 되는 것입니다.

---

25 상속세 및 증여세법 제48조 제2항 제1호, 제4호.
26 상속세 및 증여세법 제48조 제2항 제3호
27 상속세 및 증여세법 제48조 제3항
28 상속세 및 증여세법 제48조 제8항

비영리법인을 설립하면서 예술품을 관리보존하는 것을 고유목적으로 삼았습니다. 증여재산은 아파트 2채였습니다. 아파트를 고유목적사업을 위해 쓰는 경우, 법인세는 부과되지 않고 증여세는 부과됩니다. 다만 공익법인에 해당하면 증여세 과세가액 불산입 특례를 적용받을 수 있습니다. 회신에서는 공익법인에 해당하는지가 쟁점이라고 이야기했는데, 공익법인이 되기 위해서는 요건을 갖추어 기획재정부장관의 고시에 이름을 올려야 하겠습니다.

● 재삼46014-1779, 1996.07.27

[질의] 저희 한국불교미술박물관은 1993.7.21자로 등록번호 제55호로 문화체육부에 등록하였습니다. 1994.4.20자 문화체육부장관의 공문에 의하면 소득세법시행규칙 제53조의2, 제35호(1994.4.19 시행), 법인세법시행규칙 제17조 제35호(1994.3.12 시행)에 의거 등록박물관에 시설비나 운영비를 기부하는 개인이나 법인은 기부금이 당해 사업연도의 과세소득금액 계산에 있어서 일정한 한도액 범위 내에서 "필요경비"나 "손금"으로 처리되므로 세제혜택을 부여받게 됩니다. 이는 박물관사업의 공익성을 강조함과 동시에 등록박물관의 제도적인 지원육성정책이므로 널리 홍보하여 박물관 발전에 즉각 노력하여 주기 바람 위 사항과 관련하여 아래와 같이 질의함. 한국불교미술박물관은 비등록사단인 종중 안동권씨 감은사에서 설립운영하고 있습니다. 한국불교미술박물관에 "홍길동"이라는 분이 자신의 토지와 건물을 한국불교미술관 건립부지 및 시설자금과 미술품 구입자금 및 운영비로 증여하였을 때 1. 증여자인 "홍길동"에게는 어떤 세금이 나오는지 2. 이 때 수증자인 한국불교미술박물관에서 납부하는 세금은 어떤 것인지?

[회신] 박물관 및 미술관진흥법(1991.11.30, 법률 제4410호) 제9조의 규정에 의하여 문화체육부장관의 승인을 받아 설립한 사립미술관을 운영하는 사업은 상속세법시행령 제3조의2 제2항 제10호 규정의 "예술·문화에 현저히 기여하는 사업으로서 영리를 목적으로 하지 아니하는 사업"에 해당하는 것이며, 공익사업에 재산을 출연하고 그 공익사업이 출연받은 재산을 3년 내에 출연목적에 전부 사용하는 때에는 상속세법 제8조의2의 규정에 의하여 증여세 과세문제가 발생하지 아니하는 것이나, 당해 공익사업과 특별한 관계가 있는 자가 이사의 선임 기타 사업운영에 관한 중요사항을 결정할 권한이 있는 공익사업은 위의 "공익사업"으로 보지 아니하는 것입니다.

● 재삼46014-2938, 1994.11.15

[질의] 한국불교미술관의 대표(관장)는 권○○이고 박물관을 설립한 ○○권씨 ○○사(비등록 종중)의 대표도 권○○입니다. 이런 상황에서 권○○ 개인의 부동산을 한국불교미술박물관이 시설자금, 미술품 구입 및 운영비에 사용하게 하기 위해서 박물관에 증

여하였을 때 다음 사항을 질의함. 1. 증여자인 권○○에게 어떤 세금이 부과되는지, 2. 이 때 수증자인 한국불교미술박물관에서 납부하는 세금은 어떤 것이 있는지, 3. 한국불교미술박물관에서 증여받은 부동산을 설립자인 ○○권씨 ○○사로 소유권이전등기하여야 하는지, 아니면 한국불교미술박물관으로 소유권이전등기하여야 하는지 또 한국불교미술박물관의 대표이자 이를 설립한 ○○권씨 ○○사의 대표인 권○○의 가족이 박물관의 시설 및 운영에 사용케 하기 위해서 부동산 등을 한국불교미술박물관에 증여하였을 때, 위에 대한 관계도 질의함.

[회신] 상속세법시행령 제3조의2 제2항 각호의1에 해당하는 공익사업에 출연한 재산은 증여세 과세가액에 산입하지 아니하는 것이나, 예술·문화에 현저히 기여하는 사업으로서 영리를 목적으로 하지 아니하는 사업이 당해 공익사업과 특별한 관계가 있는 자가 이사의 선임 기타 사업운영에 관한 중요사항을 결정할 권한이 있는 경우에는 공익사업으로 보지 아니하는 것으로서, 당해 공익사업은 출연받은 재산에 대하여 증여세를 납부할 의무가 있는 것입니다. 이 때 "특별한 관계가 있는 자"에는 출연자 및 그의 친족이 포함되는 것입니다.

[해설]
문화부 공문에서 기부금이 손금산입된다고 안내를 한 것으로 보아 박물관 자체는 법인세법상 지정기부금단체, 상속세 및 증여세법상 공익법인에 해당합니다. 이 박물관은 어느 종중이 운영하는 종교단체 산하 기관이었고 출연자 가족이 대표이사가 되고자 했습니다. 그것이 문제가 되었습니다. 과거 사례와 달리 현행법으로는 증여세 추징사유 아닌 가산세 부과사유에 해당합니다.

● 재삼46014-2071, 1993.07.21

[질의] 본인 등 여러 명의 뜻을 합하여 대한민국 미술진흥, 발전에 기여코자 재산을 출연, 민법 제32조(비영리법인의 성립과 허가)에 정하는 바에 따라 재단법인을 설립코자 합니다. 그 목적사업으로는 매년 대한민국 미술대전에서 각 부분 대상, 우수상을 수상한 자 중에서 2명을 선발하여 각 4백만원씩 8백만원을 창작지원금으로 지급코자 합니다. 수혜자의 출생지, 출신학교, 직업 또는 사회적 지위 등에 차별을 두지 아니하며, 수혜자에게 제공되는 이익은 무조건의 무상입니다. 위와 같은 사업을 위하여는 출연자들로부터 재산을 출연받아야 하는데, 상속세법 제8조의2 적용에 있어, 위와 같은 사업이 상속세법 시행령 제3조의2 제2항 제10호에 적용되는 예술, 문화에 "현저히" 기여하는 사업으로서 영리를 목적으로 하지 아니하는 사업인지 또, 공익사업의 범위에 부합되는 "현저히"란 객관적으로 어느 정도 기여하는 사업을 말하는지

[회신] 상속세법 제8조의 2규정에 의거 종교·자선·학술 및 기타 공익사업에 출연한 재산

에 대하여는 동법 시행령 제3조의2 제6항에 규정된 "출연목적에 사용"하는 경우에는 증여
세를 과세하지 아니하는 것이나, 귀 질의의 경우 수증자가 상기 규정의 공익사업에 해당하
는지의 여부에 대하여는 소관 세무서장이 구체적인 사실을 조사하여 판단하는 것입니다.

[해설]
미술관이나 박물관이 아닌 경연을 주관하는 비영리법인이었습니다. 운영방침을 보면 질
의자 이야기를 들어보면 공익적 성격이 있는 듯하나, 국세청에서는 실제로 어떻게 운영
되는지는 살펴보고자 했던 것 같습니다.

• 서면상속증여2015-2329, 2015.12.02

[질의] 해당 재단법인은 문화, 학술, 교육, 환경, 언론 관련 공연, 전시, 대관, 홍보 등을
목적사업으로 하여 2007.6.27 설립되었음. 재단은 2015.12월 중에 보통재산으로 보유하
고 있는 미술품 중 일부를 25억원에 매각할 예정임. 재단은 장기적 계획으로 미술관을
보유할 계획을 하고 있으나, 이에 필요한 자금을 일시에 확보할 수 없어 미술품 매각대
금 전액을 정기예금 등의 금융자산으로 일정기간 보유하고자 함. 보통재산을 매각한 대
금을 정기예금 등의 금융자산으로 예치할 경우에 고유목적사업에 사용한 것으로 보는지
여부?

[회신]「상속세 및 증여세법 시행령」제12조 각호의 어느 하나에 해당하는 사업을 영위
하는 공익법인 등이 출연받은 재산을 매각한 경우에는 같은 법 제48조 제2항 제4호 및
같은 법 시행령 제38조 제4항·제7항에 따라 그 매각대금(매각대금에 의하여 증가된 재
산을 포함하되, 해당 자산매각에 따라 부담하는 국세 및 지방세는 제외)중 직접공익목적
사업에 사용한 실적이 그 매각한 날이 속하는 사업연도 종료일부터 1년 이내에 30%, 2
년 이내에 60%에 미달하는 때에는 같은 법 제78조 제9항의 규정에 의하여 그 미달사용
한 금액의 10%에 상당하는 금액을 가산세로 부과하는 것이며, 3년 이내에 90%에 미달
하게 사용한 때에는 그 미달사용한 금액에 대하여 증여세가 부과되는 것입니다. 이 경
우 공익법인 등이 출연받은 재산의 매각대금으로 정관상 고유목적사업의 수행에 직접
사용하는 재산을 취득하거나 운용기간 6월 이상인 수익용 또는 수익사업용 재산의 취득
및 운용에 사용하는 경우는 직접공익목적사업에 사용한 것으로 보는 것입니다.

• 재산-389, 2011.08.23

[질의] 일반 개인이 상증법 시행령 제12조에서 위임된 법인세법 시행령 제36조 제1항 제1
호 아목에 규정되어 있는 기획재정부령이 정하는 지정기부금 단체 중 박물관 및 미술관
진흥법에 따른 박물관 또는 미술관을 설립하고자 함. 미술관을 건립하기 위하여는 미술관

건립비용 또는 미술품 구입비용이 발생하는데 이러한 건립비용이나 구입비용을 개인으로부터 증여받고자 함. 위와 같이 미술관 등 공익법인등을 설립 중에 고유목적사업을 위한 재산을 증여받는 경우 그 재산에 대하여 증여세 과세가액 불산입되는지 여부를 질의함.

[회신] 「상속세 및 증여세법 시행령」 제12조 제9호의 규정에 따라 「법인세법 시행령」 제36조 제1항 제1호 각 목의 규정에 의한 지정기부금단체 등이 운영하는 공익성 있는 고유목적사업을 영위하는 자는 공익법인 등에 해당하는 것으로서 「법인세법 시행령」 제36조 제1항 제1호 아목 및 같은 법 시행규칙 제18조 제1항과 별표 6의 2에 의하여 「박물관 및 미술관 진흥법」에 따라 등록한 박물관 또는 미술관은 공익법인 등에 해당하는 것이며, 재산을 출연받아 공익법인 등을 설립하는 경우 해당 출연재산에 대해서는 「상속세 및 증여세법」 제48조 규정에 따라 증여세 과세가액 불산입 되는 것임

[해설]
미술품을 증여받았는데 고유목적사업의 자금확보를 위해서 매각하게 되었습니다. 증여받은 재산을 매각하는 때에는, 3년 이내에 고유목적사업으로 써야한다는 이야기입니다. 이어지는 사례는 현금을 증여받았는데 고유목적의 미술품 확보를 위해 쓰겠다는 내용입니다. 역시 3년 이내에 고유목적사업으로 쓰면 됩니다.

4. 미술관과 부가가치세 면세

[작가편]에서는 프리랜서 부가가치세 면세를, [갤러리편]에서는 예술창작품 면세 등을 소개했습니다. 이번에는 미술관과 관련된 부가가치세 면세를 소개해봅니다.[29] [공익단체 부가가치세 면세], [미술관 입장용역 부가가치세 면세], [미술관 교육프로그램 부가가치세 면세]입니다.

(1) 공익단체 부가가치세 면세

1) 허가, 인가 등록된 비영리단체

꼭 미술관이 아니어도 비영리단체가 공급하는 재화와 용역은 면세됩니다. 이때 부가가치세가 면세되는 비영리단체에 대해 주의가 필요합니다. 법인세법에서 말하는 [특례기부금단체＋일반기부금단체＝공익법인], 상속세 및 증여세법에서 말하는 [공익법인]과는 또 다른 개념입니다.

이 조항을 적용받기 위한 요건은 다음과 같습니다.

① [주무관청의 허가 또는 인가를 받거나 등록된 비영리단체]이면서 상속세 및 증여세법의 [공익법인]이어야 합니다. [공익법인]은 요건이 까다로웠는데 대강 불특정다수의 수혜자, 설립목적이 사회복지 · 자선 · 문화 · 예술 · 교육 · 학술 · 장학 등 공익목적, 해산시 다른 비영리법인에 잔여재산 귀속, 인터넷 홈페이지를 통해 기부금 모금액과 활용실적 투명 공개, 홈페이지에 공익제보 연결, 대표가 선거운동을 한 적 없을 것의 요건이 필요했습니다.

미술관도 [공익법인]이면 부가가치세 면세가 가능합니다. 그렇다면 [주무관청의 허

---

29 부가가치세법 제26조 제1항 제18호, 부가가치세법 시행령 제45조 제1호, 상속세 및 증여세법 시행령 제12조 제9호, 제10호

가 또는 인가를 받거나 등록]은 무엇을 의미할까요? [박물관 및 미술관 진흥법]에 따른 등록을 의미하는지는 말하지 않고 있지 않지만, 아마도 같은 의미로 해석됩니다.[30]

② 그 밖에도 학술연구단체가 연구와 관련하여 공급하는 재화나 용역, 문화재를 소유하는 종교단체가 건물과 공작물을 임대하는 용역(기념품점이나 매점 또는 광고판),[31] 기숙사가 제공하는 음식과 숙박 용역, 저작권위탁관리업자가 제공하는 관리용역,[32] 비영리 교육재단이 외국인학교의 설립 경영자에게 제공하는 교육환경 개선 용역이 있습니다. 미술관과는 큰 관련은 없습니다.

> **• 부가1265-2498, 1979.09.22**
>
> 주무관청에 등록된 불교단체가 불교의 고유목적사업을 위하여 사찰경내의 문화재와 불교환경을 배경으로 한 사진이 불교정신을 모독하고 무질서하게 촬영되어 나가는 것을 방지하고, 불교정신의 올바른 전파와 사찰경내의 문화재 및 불교환경유지 보호를 위하여 부득이 사진용역을 제공하고 실비를 받는 것은 부가가치세법시행령 제37조의 규정에 의하여 부가가치세가 면제된다.

2) 실비 또는 무상

앞서 예술창작품 면세, 인적용역 면세를 말씀드릴 때는 금액에 대한 이야기는 하지 않았습니다. 누가 무엇을 공급하는지가 중요하지, 그 대가가 얼마인지를 묻지 않고 면세를 적용했습니다. 그러나 비영리단체 부가가치세 면세는 실비 또는 무상이라는 가격조건이 있습니다.

원래 비영리라고 해서 꼭 무료 봉사를 해야 하는 건 아닙니다. ① 활동의 지속성을 위해 실비를 보전하는 정도의 대가를 받는 것은 문제가 없습니다. ② 실비 이상의 대가를 받았더라도, 이익을 구성원에게 배분하지 않고 고유목적을 위해 환원

---

30 부가가치세법 시행령 제45조 제1호, 동법 시행규칙 제35조 제1항
31 부가가치세법 시행령 제45조 제3호
32 부가가치세법 시행령 제45조 제5호

하면 역시 비영리입니다. ③ 수익사업을 벌이는 경우에는 과세되지만, 그 수익을 고유목적사업을 위해 쓰기로 하는 경우에는 세제혜택을 봅니다. 가령 비영리법인 인 예술의전당은 한가람 미술관 대관료를 무료로 해야 하는 것은 아닙니다. 유지 보수 및 인건비 등 실비 보전을 위한 적정 대관료를 받는 것은 괜찮습니다. 레스 토랑을 운영하거나 식음료를 판매하거나, 미술기념품을 판매하되, 그 금액을 예술 의전당 운영이라는 고유한 목적을 위하여 사용한다고 해봅시다. 레스토랑 운영은 수익사업이므로 영리법인처럼 과세되지만, 그 금액을 공연장 대관사업 보전이나 공연장 개선을 위해 쓰인다면 법인세법상 혜택을 볼 수 있습니다.

그러나 부가가치세 비영리단체 면세는 오직 고유목적사업에서 받은 대가만 면세 되며, 필요에 의해 일시적으로만 공급하거나 [무상~실비 범위로 공급하는 때만 면세됩니다.[33] 따라서, 비영리단체가 아무리 고유목적을 위하여 수익을 환원하더 라도, 계속 공급하거나, 실비를 넘어서는 대가를 수수하면 부가가치세를 내야합니 다. 고유목적사업 재원을 마련하기 위한 것이었어도 수익사업에서 재화 또는 용역 을 공급하고 받는 대가는 부가가치세가 과세됩니다.[34]

실비로 공급하는 용역이란 용역의 제공에 실지로 드는 재료비, 인건비, 감가상각 비 등의 비용 또는 그 이하의 금액만을 대가로 받고 공급하는 용역을 말합니다.[35] 행사를 개최하기 위해 꼭 필요한 정도로 광고협찬금과 임대료를 받은 경우 실비 로 봅니다. 가령 우리나라에서 가장 큰 아트페어인 한국국제아트페어(KIAF)에 가 보면, 갤러리들이 공간을 구획하여 작품을 판매하고 있습니다. 이때 KIAF는 각 갤 러리로부터 부스 대여료를 받게 되는데, 이것이 KIAF의 개최를 위한 실비범위 내 에 있을 때에만 KIAF는 면세사업자가 됩니다.

• 재소비-329, 2005.10.14

산업자원부장관의 허가를 받아 설립된 재단법인 제8차세계화상대회조직위원회가 그 고 유목적 사업인 제8차 세계화상대회의 운영을 위하여 공급하는 광고 및 부스임대용역이

---

33 부가가치세법 기본통칙 26-45-1
34 부가가치세법 기본통칙 26-45-2
35 부가-125(2014.02.17)

일시적으로 공급하거나 실비 또는 무상으로 공급하는 경우에는 부가가치세법 제12조 제1항 제16호 및 같은 법 시행령 제37조 제1호의 규정에 의하여 부가가치세가 면제되는 것이나, 귀 질의의 경우 광고 및 부스임대용역을 제공하고 받는 대가가 일시적인 공급 또는 실비로 공급하는 경우에 해당하는지 여부는 사실 판단할 사항임.

• 부가46015-80, 2000.01.17

민법 제32조의 규정에 의하여 구문화공부장관의 허가를 받아 설립된 (사)○○회가 고유목적사업의 일환으로 ○○제 행사를 개최하면서 이에 필요한 광고선전탑 설치를 위하여 사업자로부터 받는 광고협찬금과 서커스공연을 위한 부지임대료는 부가가치세법시행령 제37조 제1호에서 규정하는 공익을 목적으로 하는 단체가 그 고유의 사업목적을 위하여 일시적으로 공급하거나 실비 또는 무상으로 공급하는 재화 또는 용역에 해당되므로 부가가치세가 면세되는 것임.

• 부가46015-2032, 2000.08.21

과학기술혁신을 위한 특별법에 의하여 설립되어 주무관청으로부터 허가를 받은 ○○문화재단이 그 고유의 사업목적을 위하여 과학의 날 기념행사에 ○○축전을 개최하면서 당해 축전의 사전 계획에 의한 개최비용에 소요되는 정도의 광고협찬금을 받는 경우와 축전기간 동안 일시적으로 실비 또는 무상으로 재화 또는 용역을 공급하는 경우에는 부가가치세법 제12조 제1항 제16호 및 동법시행령 제37조 제1호의 규정에 의하여 부가가치세가 면제되는 것임.

3) 부수 면세

비영리단체로 면세되는 용역을 공급하는 미술관은, 활동을 알리는 출판물을 제작할 수도 있습니다. 미술관이 발행하는 출판물로서 불특정인에게 판매할 목적이 아니라 미술관의 목적이나 정신을 널리 알리기 위하여 발행하는 것이라면 이 역시 면세됩니다. 다만, 그 미술관의 명칭이나 별칭이 해당 출판물의 명칭에 포함되어 있는 것으로 한정합니다.[36] 일종의 부수되는 재화로 이해해도 되겠습니다.

---

36 부가가치세법 시행령 제48조, 부가가치세법 시행규칙 제36조

제가 앞서 비영리단체가 면세를 받기 위해서는 실비 범위를 지켜야 한다고 했습니다. 비영리단체 면세용역에 부수되는 출판물에 광고(원래 과세)를 게재하더라도 판매 목적이 아닌 경우에는, 세법에서 이를 출판물 제작의 실비 보전으로 보고 있는 것입니다.

• 부가46015-109, 1994.01.17

[질의] 우리협회는 공업발전업 부칙 제5조 2항의 규정에 따라 설립된 비영리 특별법인입니다. 우리협회는 매년 회지인 "석유화학"을 격월로 발간하고 있으며, 회원 정부관련 부처, 관련단체 그리고 관련업체에 비매품으로 배부하고 있습니다. 금년부터는 본 회지에 광고 게재를 계획하여 광고수입이 예상되는 바 "부가가치세법 시행령 제46조 2 (비영리 출판물에 대한 부수면세의 범위) 영리아닌 사업을 목적으로 하는 법인 기타단체가 발행하는 기관지 또는 이와 유사한 출판물과 관련되는 용역은 법제12조 제3항의 규정에 의하여 면세되는 것으로 본다"에서 "출판물과 관련되는 용역"의 의미가 광고게재 후 광고료 수령시 부가가치세가 면제되는 뜻이 포함되는지 여부를 회신하여 주시면 감사하겠습니다.

[회신] 귀 질의의 경우에는 붙임 기 질의회신문(부가1.1235-1086, 1978.03.20)을 참조하시기 바랍니다. 부가가치세법 시행령 제46조의 2 및 동법 시행규칙 제13조의 2의 규정에 의하여 영리 아닌 사업을 목적으로 하는 법인 기타 단체가 불특정인에게 판매를 목적으로 하지 아니하고 그 단체의 목적이나 정신을 널리 알리기 위하여 발행하는 기관지 또는 이와 유사한 출판물(그 기관의 명칭이나 별칭이 당해 출판물의 명칭에 포함되어 있는 것에 한함)과 관련된 광고용역은 동법 시행령 부칙 제2항의 규정에 의하여 1978.1.1 거래부터 부가가치세가 면세되는 것임.

---

(2) 미술관 입장용역 면세

두 번째로 미술관, 박물관에 입장하는 용역은 면세됩니다.[37] 바로 직전에 비영리 단체가 공급하는 용역의 면세와는 별개입니다. 미술관 입장 면세는 운영 주체 요건과 용역 요건이 둘 다 충족되어야 합니다. 반드시 '미술관, 박물관'이, '입장 용역'을 제공하는 경우에 면세됩니다.

---

37 부가가치세법 제26조 제1항 제17호

도서관 · 박물관 · 미술관 · 동물원 또는 식물원에 입장하는 입장객으로부터 입장요금을 받는 경우 당해 입장요금은 「부가가치세법」 제12조 제1항 제15호의 규정에 의하여 부가가치세가 면제되는 것이나, "○○공원"에 입장하는 입장객으로부터 받는 입장요금은 부가가치세가 과세되는 것입니다.

1) 영리 불문

미술관은 비영리법인이 운영할 수도 있고, 개인이나 영리법인이 운영할 수도 있습니다. 그러나 미술관 입장 면세 조항에서는 미술관 입장이 면세된다고 했지, 비영리를 목적으로 해야 한다는 말은 없습니다. 아래 예규에서는 방송사와 미술관이 공동으로 상업 전시를 주관하되, 수익배분 조항을 두어 영리를 목적으로 전시회를 개최했습니다만 전시공간이 미술관이었습니다. 미술관 입장용역이 면세인지 물었는데, 비영리 문화예술행사로 면세가 적용된다는 취지의 답변을 받았습니다.

[질의] 당사는 A방송사와 B미술관과 미술품 전시회공동개최 계약을 하였으며, 그 주요 계약내용은 아래와 같음.

○ 주요 계약내용
- 전시기간 : 2004.12.17 ~ 2005.3.30
- 당사가 전시회를 총괄 기획하고 전시회 수입도 당사의 책임하에 이루어짐.
- 전시회에 전시될 미술품은 해외의 모 국립박물관에 있는 것임.
- A방송사는 TV광고를 통하여 전시회를 홍보함
- 수익배분 : B미술관 입장수입의 7%, B미술관 지급분을 제외한 금액 중 당사 70%, A방송사 30%

상기와 같이 미술관을 대관하여 미술품 전시회를 하는 경우 당해 전시회의 입장료가 부가가치세법 제12조 제1항 제14호의 규정에 해당되는지 또는 같은 조항 제15호의 규정에 해당하는지 여부? 당사와 같이 일정기간 동안 미술관을 대관하는 계약을 체결하고 미술품 전시회를 하는 경우 당사가 받는 미술관 입장료는 부가가치세법 제12조 제1항 제15호의 미술관 입장료에 해당되어 부가가치세가 면제되는지 여부?

[회신] 사업자가 미술관을 대관하여 미술품을 전시하고 당해 전시회의 입장료를 받는 경

우가 영리를 목적으로 하지 아니하는 문화·예술행사인 경우에는 부가가치세법 제12조 제1항 제14호의 규정에 의하여 부가가치세가 면제되는 것이나, 귀 문의의 미술품 전시회가 영리를 목적으로 하지 아니하였는지 여부는 부가가치세법 기본통칙 12-35-7의 규정을 참고하여 사실판단할 사항입니다.

2) 박물관 미술관 등록 불문

미술관 입장 면세는 박물관, 미술관이라고만 표현되어 있어, 박물관 및 미술관 진흥법상 등록했는지 묻지 않습니다. 다음에 소개할 미술관 교육프로그램 용역 면세에서는 박물관 및 미술관 진흥법의 등록여부가 중요한 것과 대조적입니다. 따라서 등록되지 않은 박물관, 미술관이라도 시설 성격만 맞으면 입장 용역이 면세됩니다. 비슷한 취지로, 박물관, 미술관이 목적을 위해 일시적으로 다른 장소를 빌려서 관람을 진행하면서 입장료를 받는 경우도 본 면세 조항을 적용할 수 있다고 본 사례가 있습니다.

• 부가-677, 2009.05.14

[질의] 당사는 주무관청에 등록하거나 인가를 받지 않고 영리를 목적으로 고 예술품 등을 전시하는 박물관을 운영하고 입장객에 대하여 입장료를 받고 있음. 「박물관 및 미술관 진흥법」에 의하여 등록되지 않은 박물관에 입장하는 경우 그 입장료에 대한 부가가치세 면제 여부

[회신] 박물관에의 입장은 「부가가치세법」 제12조 제1항 제15호에 따라 부가가치세를 면제하는 것이며, 이 경우 박물관이란 문화·예술·학문의 발전과 일반 공중의 문화향유 증진에 이바지하기 위하여 역사·고고(考古)·인류·민속·예술·동물·식물·광물·과학·기술·산업 등에 관한 자료를 수집·관리·보존·조사·연구·전시·교육하는 시설을 말하는 것임. 귀 질의의 박물관이 이에 해당하는지 여부는 관련 사실을 종합적으로 고려하여 판단하여야 할 사항인 것임.

[질의]

가. 사실관계

　　폐사는 서울 소재 법인으로 어린이들의 창의력 개발을 목적으로 창의적인 물품들을 선별하여 동 물품의 전시/관람하게 하는 박물관을 운영하고 있으며, 동 박물관은 박물관 및 미술관 진흥법 제20조 제1항의 규정에 의하여 준 박물관으로 지정/등록을 받았고 동 박물관의 운영목적은 오락 등 유흥시설 없이 순수하게 전시/관람이 목적이므로, 동 박물관에 입장하는 행위에 대해서는 부가가치세법 제12조 제1항 제15조에 의해 면세를 적용하고 있음. 금번 겨울방학을 이용하여 서울에서 운영하고 있는 박물관에서 전시하고 있는 동일한 전시물을 일정기간 동안만 지방의 어린이들에게도 동일한 목적으로 전시/관람케 하기 위하여 지방 도시의 컨벤션 센터의 일부를 임대하여 전시하고자 하며, 동 입장행위에 대해서는 별도의 입장료를 부과하여 수수하고자 함. 위와 같이 지방도시의 일정공간을 임대하여 동일한 전시물을 임시로 전시하고 동 입장행위에 대해 별도의 입장료를 수수하는 것에 대해 부가가치세 면제가 가능한지 여부

나. 질의요지(쟁점)

　　(갑설) 동 입장료에 대해서도 면세를 적용함

　　박물관 및 미술관 진흥법 제20조 제1항의 규정에 의하여 지정된 준박물관의 전시된 전시물과 동일한 전시물을 장소만 바꿔 다른 장소에 전시를 하는 것이므로 당해 장소도 동일한 박물관으로 볼수 있음. 또한 컨벤션 센터에서 동 전시물의 전시공간은 독립된 공간이고, 당해 장소의 입장에 대해서만 별도의 입장료가 부과되는 것이므로 박물관의 입장으로 보아 면세함

　　(을설) 동 입장료에 대해서는 과세함

　　부가가치세법상 면세가 되는 용역을 박물관, 미술관 등의 입장이라고 규정하고 있으므로 동 장소가 박물관 등에 해당하는지 여부를 살펴볼 때 컨벤션 센터 등의 일부를 구분하여 전시물을 전시하는 장소는 박물관에 해당하지 않음

[회신] 「박물관 및 미술관 진흥법」 제16조 및 같은법 시행령 제8조의 규정에 의하여 지방자치단체에 등록된 박물관을 운영하는 사업자가 방학기간을 이용하여 일시적으로 다른 장소를 임차하여 당해 박물관의 전시물을 그대로 전시하고 입장료를 받는 경우 당해 입장료에 대하여는 「부가가치세법」 제12조 제1항 제15호의 규정에 따라 부가가치세가 면제되는 것입니다.

3) 입장용역 아니면 과세

미술관이 비영리법인이라도 내부에서 카페를 운영하거나, 기념품과 도록을 팔 수도 있습니다. 그런 재화를 공급할 때는 과세됩니다. 왜냐하면 오직 '입장'하는 용역에만 한정하여 면세하고 있기 때문입니다.

● 부가-451, 2014.05.15

[질의] 경복궁 경회루를 본떠서 1800년대에 지은 건물을 2000년도부터 복원하여 앞으로 입장료(1인 5,000원)를 받을 예정임. 입장료에 대한 부가가치세 면제 및 사업자등록 해당 여부

[회신] 박물관 등 입장은 「부가가치세법」 제26조 제1항 제17호에 따라 부가가치세를 면제하는 것이나, 박물관 등에서 음식 용역을 제공하고 박물관 등 입장료와는 별도로 음식용역의 대가를 받는 경우 「부가가치세법」 제11조 제1항의 규정에 의하여 부가가치세가 과세되는 것입니다. 이 경우 박물관이란 문화 · 예술 · 학문의 발전과 일반 공중의 문화 향유 증진에 이바지하기 위하여 역사 · 고고(考古) · 인류 · 민속 · 예술 · 동물 · 식물 · 광물 · 과학 · 기술 · 산업 등에 관한 자료를 수집 · 관리 · 보존 · 조사 · 연구 · 전시 · 교육하는 시설을 말하는 것입니다. 귀 질의의 건물이 이에 해당하는지 여부는 관련 사실을 종합적으로 고려하여 판단하여야 할 사항인 것입니다.

● 서면3팀-1089, 2008.05.30

[질의] 사업자가 지방자치단체로부터 박물관 및 미술관 진흥법 제16조 및 동법 시행령 제8조에 의거 미술관 등록증을 교부받아 미술관 및 미술관내 별도 설치된 카페를 운영하는 경우 미술관 입장료 및 카페매출의 경우 부가가치세법 제12조 제1항 제15호 및 같은 법 시행령 제3조의 규정에 따라 부가가치세가 면제되는지 여부

[회신] 「박물관 및 미술관 진흥법」 제16조 및 같은 법 시행령 제8조의 규정에 의하여 지방자치단체에 등록된 미술관을 운영하는 자가 당해 미술관 내에 카페를 운영하면서 미술관 입장료와는 별도로 음식용역의 대가를 받는 경우 미술관 입장료는 「부가가치세법」 제12조 제1항 제15호의 규정에 의하여 부가가치세가 면제되는 것이나, 음식용역의 대가는 같은 법 제7조 제1항의 규정에 의하여 부가가치세가 과세되는 것임

4) 오락기능 제외

동물원·식물원에는 지식의 보급 및 연구에 그 목적이 있는 해양수족관 등을 포함하나, 오락 및 유흥시설과 함께 있는 동물원·식물원 및 해양수족관을 포함하지 아니합니다.[38] 따라서 아쿠아리움 등은 면세 대상이 아닙니다. 아쿠아리움 내에 있는 오락 목적의 미술관은 면세 대상에 포함되지 않는 것으로 보아야 합니다. 미술관에 이러한 오락시설을 갖춘 경우에도 똑같이 적용되겠습니다.

• 부가-184, 2013.02.21

[질의] 질의자(이하 당사라 함)는 여수세계박람회장내 아쿠아리움의 운영주체임. 체험형 전시물로 구성된 미술관인 트릭아트뮤지엄을 개관하려고 함. 트릭아트는 과학적인 화법과 특수도료를 사용하여 평면의 그림을 입체적으로 표현하여 전시하는 것임. 트릭아트 뮤지엄이 부가가치세 면세사업에 해당하는지 여부

[회신] 귀 질의의 경우에 대해서는 사실관계가 불분명하여 명확히 답변하기 어려우나, 기존 유사해석사례(서면3팀-1515, 2006.7.21)를 보내드리니 이를 참고하시기 바랍니다. 서면3팀-1515, 2006.07.21 지식의 보급 및 연구에 그 목적이 있는 동물원 또는 식물원 등의 입장은 부가가치세법 제12조 제1항 제15호의 규정에 의하여 부가가치세가 면제되는 것이나, 오락 및 유흥시설과 함께 있는 경우에는 이에 포함하지 아니하는 것입니다.

---

5) 매입세액불공제

문화예술행사 면세에서도 그랬던 것처럼, 미술관 입장면세에서도 매입세액은 불공제됩니다. 아래 예규에서는 유리박물관의 입장이 면세되는 한 매입세액 공제도 불가하다는 것을 우회적으로 표현하고 있습니다.

• 서면3팀-1115, 2008.06.04

[질의] 본인은 김포에 조그마한 유리 박물관을 가지고 지역의 세무서로부터 사업자등록을 교부받아서 사업을 하고 있음. 그러나 이러한 교육사업이 이곳에서 그렇게 잘 되지는 않고 있으며 이와 같은 사업은 관광객이 많이 모이는 곳이 좋을 것 같다고 생각하여

---

38 부가가치세 기본통칙 26-0-5 제2항

제주도에 유리박물관 겸 체험학습장을 만들기 위해서 김포에 소재한 유리박물관을 폐쇄할 계획을 가지고 있으며, 1년여 기간동안 노력 끝에 제주도로부터 박물관 사업예정자로서 지정을 받고 건물을 신축할 예정에 있음. 그러나 우리가 건설업체를 지정하여 건축을 하려고 하니 건설업체 측에서 건축금액에 10%에 해당하는 부가가치세를 지불하라고 하여, 이렇게 지불된 부가가치세 10%의 환급여부를 회계사에게 문의한 바 환급이 불가능하다는 답변을 받음.

[회신] 부가가치세법 제1조 제1항에 의하여 사업자가 재화 또는 용역을 공급하는 경우에는 부가가치세가 과세되는 것이나, 부가가치세법 제12조 및 조세특례제한법 상에 규정하고 있는 부가가치세가 면제되는 재화 또는 용역을 공급하는 경우에는 부가가치세가 면제되는 것입니다.

(3) 미술관 교육프로그램 면세

미술관, 박물관에는 관객을 대상으로 하는 교육프로그램이 있을 때가 있습니다. 대다수 무료나 실비로 진행하기 때문에 비영리단체의 면세를 적용해볼 수도 있지만, 미술관에서 진행하는 교육용역은 그 자체로도 면세입니다.[39] 원래 교육용역은 주무관청의 허가나 인가를 받은 교육시설에서만 가능했습니다. 하지만 2016년 2월 17일부터 박물관 및 미술관 진흥법에 따라 등록된 박물관 및 미술관에서 진행하는 교육용역도 면세 범위에 추가되었습니다.[40]

1) 등록 필요

교육용역으로 면세를 받기 위해서는 허가 또는 인가받은 교육기관 및 비영리단체이거나, 박물관 및 미술관 진흥법에 따라 등록된 미술관 및 박물관 등이어야 합니다.[41] 교육용역의 면세에서 정부의 허가 또는 인가를 규정한 이유는 아무런 제한 없이 교육용역을 면세용역으로 한다면 면세대상의 범위가 무한히 확대되거나 면

---

39 부가가치세법 제26조 제1항 제6호
40 부가가치세법 시행령 제36조 제1항 제1호, 제6호
41 부가가치세법 시행령 제36조 제1항 제6호, 박물관 및 미술관 진흥법 제13조, 제16조

세대상이 불명확하게 될 우려가 있기 때문입니다.[42] 그러나 비록 정부의 허가 또는 인가를 받은 바 없다 할지라도 실질적으로 정부가 그 설립을 인정하고 활동에 대하여 교육위원회에서도 지도·감독을 하는 관계라면, 이는 부가가치세 면세대상인 교육용역으로 인정한 사례도 있기는 합니다.[43]

2) 교육내용 불문

교육용역으로 면세를 받기 위해서는 허가 또는 인가받은 교육기관 및 비영리단체이거나, 그 밖에 등록된 미술관 및 박물관 등이면 되는 것이지, 교육 내용은 무엇이든 관계없습니다.

> **● 부가가치세법 기본통칙 26-36-1 【교육용역의 면세 범위】**
>
> ① 면세하는 교육용역은 주무관청의 허가·인가 또는 승인을 얻어 설립하거나 주무관청에 등록 또는 신고한 학원·강습소 등 및 「청소년활동진흥법」 제10조 제1호에 따른 청소년수련시설에서 지식·기술 등을 가르치는 것을 말하며, 그 지식 또는 기술의 내용은 관계없다. 이 경우 부가가치세가 면제되는 교육용역의 공급에 통상적으로 부수되는 용역의 공급은 면세용역의 공급에 포함된다.

3) 판례

교육용역 면세와 관련된 4가지 판례를 소개해드리겠습니다.

> **● 국심87서1858, 1988.02.03**
>
> [질의] 질의자는 미술관을 운영하고 있음. 주무관청에 등록하거나 인가를 받지 않고 영리를 목적으로 미술품 등을 전시하고, 단계별 교육프로그램 등을 기획하여 (1) 학생 및 일반인을 대상으로 문화예술관련 지식을 보급하는 미술관을 운영하고, 입장객에 대하여 입장료를 받고 있으며, (2) 교육프로그램 운영에 대해서는 교육비를 받고 있음. 미술관 입장과 미술관 내에서 제공하는 교육용역이 부가가치세 면세대상인지?

---

42 제주지법2015구합5324

43 국심87서1858

[회신] 귀 질의의 경우, 질의자가 제공하는 용역에 대하여는 기존 해석사례(부가46015-115, 1999.01.16) 및 부가가치세법 기본통칙 12-30-1【교육용역의 면세 범위】을 참고하시기 바랍니다.

[해설]
미술관이 영리를 목적으로 하고 있고 주무관청에 허가나 인가를 받지 않았는데 면세가 가능한지를 물었습니다. 답변의 취지는, 요건에 맞지 않으면 비과세 되지 않는다는 것으로 풀이됩니다. [박물관 및 미술관 진흥법] 제16조에 따르면 사립 미술관은 등록을 할 수 있는데, 등록하지 않은 사립 미술관에서 공급하는 교육 용역은 면세를 받을 수 없습니다. 다른 면세조항을 검토해야 합니다.

• 서울행법2012구합40803, 2014.01.24

돌이켜 이 사건을 보건대, 원고는 DD갤러리를 대관하고, 그 대가로 이 사건 대관료를 수수한 점, 이 사건 대관료가 ○○○○원에 이르는 다액이므로 실비변상적인 성격으로 보기 어려운 점, 미술교육의 대가, EEE연구원 행사, 전시자들의 연결역할이라는 사실을 입증할 아무런 증거가 없는 점 등을 고려할 때, 이 사건 대관료는 자기계산 및 자기책임 하에 용역을 공급한 것이므로, 사업상 독립하여 용역을 공급하는 자에 해당한다. 또한 DD갤러리에서 개최된 전시회가 정부의 허가 또는 인가를 받은 학교 · 학원 · 강습소 · 훈련원 · 교습소 기타 비영리단체에서 학생 등에게 지식 · 기술 등을 가르치는 교육용역에 해당하거나(부가가치세법 제12조 제1항 제5호, 동 시행령 제30조), 영리를 목적으로 하지 아니하는 발표회 · 연구회 · 경연대회 등에 해당 한다(부가가치세법 제12조 제1항 제14호, 동 시행령 제36조 제2항, 제3항)고 보기도 어려우므로, 이 사건 대관료가 부가가치세법상 면세대상에 해당하지 아니한다.

[해설]
갤러리에서 미술교육 등이 진행되었으나, 갤러리가 정부의 허가 또는 인가를 받은 교육 기관에 해당하지도 않고, 박물관 및 미술관 진흥법에 따른 등록도 되어 있지 않았으므로 면세를 적용받지 못했습니다.

• 부가46015-2904, 1997.12.26

[질의] 도서출판 제조회사로서 1995년 설립한 법인으로 전국을 대상으로 회원을 모집하여 회원제로 운영되는 피아노 전문잡지로서 월간지를 발행하고 있다. 우선 당사 사업내역을 소개하면 출판물, 출판물광고, 공연장임대, 회원간 콩쿨대회, 공연주관, 공연대행, 외국인 초청공연, 회원간 여름 · 겨울캠프를 주관하여 유명 음대교수등 초빙하여 제주도 등지에서

공연장을 임대하여 교육, 강연 및 회원간 콩쿨대회를 주관하여 사업을 유지하고 있다. 회원의 참가비를 받아 회원간 콩쿨대회 및 여름, 겨울간 진행되는 회원캠프와 공연주관 사업이 부가세법 제12조 제1항 제5호에 규정한 교육용역에 해당되어 면세하는 것이 아닌지

[회신] 피아노전문 월간잡지를 발행하는 사업자가 참가비를 받고 회원간 콩쿨대회 및 여름캠프를 개최하는 용역은 부가가치세법 제12조 제1항 제5호의 규정에 의한 교육용역에 해당하지 아니하여 부가가치세가 과세되는 것입니다.

[해설]
음악잡지사가 여름캠프 교육용역을 제공했습니다. 역시 주무관청에 등록하거나 인가를 받았다는 내용이 없어 여름캠프 교육용역이 면세되지 아니하였습니다. 미술계에서도 월간 미술을 필두로 하여 미술과 관련된 잡지, 미술 입시와 관련된 잡지가 여러 종류 있습니다. 그러한 잡지사나 출판사에서 교육캠프를 주최하는 경우에도 비슷하게 적용됩니다.

● 제주지법2015구합5324, 2016.04.20

[처분의 경위]
가. 원고는 2008.3.1 ○○○시 ○○○로 14××을 소재지로 하여 'AAAA박물관'이라는 상호로 박물관(이하 '이 사건 박물관'이라고 한다)을 개업하였고, 2010.11.× 박물관 및 미술관진흥법(이하 '박물관미술관법'이라고 한다) 제16조 제1항 및 같은 법 시행령 제8조 제1항에 따라 제주특별자치도지사에게 이 사건 박물관을 등록하여 운영하면서 입장객들에게 체험학습을 실시하고 체험학습비를 받아 왔다.

나. 피고는 원고에 대한 정기세무조사(개인통합조사)를 실시한 결과 원고가 당초 부가가치세 면세수입금액으로 신고한 박물관 내 체험학습비가 부가가치세 과세대상에 해당한다고 판단하여 2014.12.× 원고에게 2012년 제1기 1,572,5××원, 2012년 제2기 3,695,5××원의 부가가치세를 결정 · 고지하였다(이하 '이 사건 부과처분'이라고 한다). (생략)

[원고의 주장]
(구 부가가치세법(2013.6.7, 법률 제11873호로 개정되기 전의 것, 이하 '법'이라고 한다) 제12조 제1항 16호는 '도서관, 과학관… 입장하게 하는 것'에 대하여는 부가가치세를 면제한다고 규정하고 있으므로, 원고가 이 사건 박물관에서 관람객들에게 유리를 만드는 과정을 체험하게 하고 관람객들로부터 받은 체험학습비는 부가가치세 면제대상이 된다고 할 것이어서, 이 사건 부과처분은 위법하다. 그렇지 않다고 하더라도, 이 사건 박물관에서 관람객에게 제공하는 체험학습(이하 '이 사건 용역'이라고 한다)은 법 제12조 제1항 제6호의 '교육용역으로서 대통령령에 정하는 것'에 해당하여 부가가치세가 면제된다고 할 것이므로, 이 사건 부과처분은 위법하다.

[판단]

(1) 체험학습비가 법 제12조 제1항 제16호에 정해진 부가가치세 면제대상인지 여부

이 사건 박물관이 법 제12조 제1항 제16호에 정해진 박물관으로서 이 사건 용역이 위 규정에 따른 부가가치세 면제대상에 해당하는지에 관하여 보건대, 법 제12조 제1항 제16호에서는 '박물관에의 입장과 관련한 재화 또는 용역의 공급에 한하여 부가가치세를 면제한다'고 규정하고 있는데, 체험학습비는 관람객의 박물관 입장과 관련한 재화 또는 용역의 공급으로 인하여 발생한 것이라고 볼 수 없다 할 것이어서 원고의 이 부분 주장은 이유 없다.

(2) 체험학습비가 법 제12조 제1항 제6호에 정해진 부가가치세 면제대상인지 여부

구 부가가치세법 시행령(생략) 제30조의 '정부의 허가 또는 인가'라 함은 아무런 제한 없이 교육용역을 면세용역으로 한다면 면세대상의 범위가 무한히 확대되거나 면세대상이 불명확하게 될 우려가 있으므로 면세대상인지 여부에 대한 법적용은 제한적·한정적이어야 한다는 부가가치세 면제제도의 입법취지를 고려할 때, '초·중등교육법, 고등교육법, 사립학교법, 사회교육법, 학원의 설립·운영 및 과외교습에 관한 법률, 체육시설의 설치·이용에 관한 법률, 직업훈련기본법, 영유아보육법 등(이하 '교육시설관련법'이라고 한다)'과 같이 교육용역을 제공하는 학교 등에 대한 구체적 시설 및 설비의 기준을 정한 법률에 따른 허가 또는 인가를 의미한다고 봄이 상당하다. 살펴건대, 원고가 이 사건 박물관에 관하여 박물관미술관법에 따라 등록절차를 마쳤다고 하더라도, 이를 교육시설관련법에 따른 허가 또는 인가를 받은 것과 동일하게 볼 수는 없으므로, 이 사건 용역은 법상 부가가치세 면제대상인 교육용역에 해당한다고 볼 수 없고, 따라서 원고의 위 주장도 이유 없다.

[해설]

이 판례는 현재는 적용되지 않습니다. 박물관을 개업하였고, 박물관 및 미술관진흥법에 따라 등록하여 입장용역 및 체험학습용역을 제공하였습니다. 박물관 입장에 대해서는 면세를 인정받았으나 체험학습비가 문제되었습니다. 이때는 박물관, 미술관에서 제공하는 교육용역에 대해서는 면세를 적용하지 않던 시절이라, 결국 면세를 적용받지 못했습니다.

5. 미술관 관람객 소득공제

(1) 소득공제와 세액공제

소득세 초반부에서 과세표준을 설명하면서 잠깐, 종합소득금액에서 종합소득공제를 빼야 과세표준이 되고, 세액을 산출한 뒤에 다시 세액공제를 뺀다고 말씀드렸습니다. 그 내용을 자세히 설명해보겠습니다. 문화예술과 관계 있는 신용카드소득공제는 자세히 설명하고, 여기서는 나머지 여러분들이 알아두시면 좋을 소득공제와 세액공제도 간단히 소개하고 넘어가겠습니다.

소득공제나 세액공제를 해주는 목적은 여러 가지입니다. 목적별로 나누어 보면 다음과 같습니다.

1) 생활필수 지출

소득공제 중 기본공제와 추가공제[44]는, 경제적 능력이 부족한 가족을 부양하는 사람의 세부담을 줄여주는 역할을 합니다. 가족 중에 경로자, 장애인이 있거나, 한부모가정은 공제액이 커집니다.

건강보험료, 국민연금불입액은 사회안전망 구축을 위해 국가에서 부여한 의무이기 때문에, 그 의무를 다하느라 낸 보험료만큼은 소득에서 빼고 과세표준을 계산합니다.[45]

주택을 임차하기 위한 차입금의 원리금이나, 청약저축불입액, 주택을 취득하기 위한 장기주택저당차입금 상환액은 주거환경을 위한 지출이므로, 소득에서 빼고 과세표준을 계산합니다.[46] 월세세액공제는 월세 형태로 거주하는 납세자의 세부담을 줄여줍니다.[47]

---

44 소득세법 제50조 제1항, 소득세법 제51조 제1항
45 소득세법 제51조의3 제1항
46 소득세법 제52조 제4항, 제5항

재해손실세액공제는 재해를 입은 사람에게 세부담을 줄여주어 도움을 주는 데 목적이 있습니다.[48]

근로소득세액공제는 유리지갑이라고 불리며 상대적으로 실효세 부담이 큰 근로소득자들을 배려하기 위해 만들어진 세액공제입니다.[49]

자녀세액공제는 자녀가 있는 부모, 이제 막 출산한 부모의 세부담을 줄여주는 역할을 합니다.[50]

보험료, 의료비, 교육비 세액공제는 살아가는 데 필수적인 지출들에 대해 세부담을 줄여주는 역할을 합니다.[51]

2) 정책 목적

신용카드소득공제는 문화예술과 관계가 있기 때문에 절을 바꾸어 설명하겠습니다.

소기업 소상공인 공제부금 소득공제는 조세특례제한법 상의 소득공제액입니다. 일명 노란우산공제라고 부릅니다. 노란우산공제는 사업자가 사업에 실패했을 때 재기할 수 있도록 돕는 퇴직금의 역할을 합니다.[52]

기장세액공제는 납세의무의 기초가 되는 장부를 복식부기로 기장하도록 유도하여 정교한 세금징수를 유도하는 의미가 있습니다.[53]

연금계좌세액공제는, 연금저축액에 대해 세액공제를 적용하여 납세자들이 안정적으로 노후를 대비할 수 있도록 유도하는 효과가 있습니다.[54]

---

47 조세특례제한법 제95조의2 제1항
48 소득세법 제58조 제1항
49 소득세법 제59조 제1항
50 소득세법 제59조의2 제1항, 제3항
51 소득세법 제59조의4
52 조세특례제한법 제86조의3 제1항
53 소득세법 제56조의2 제1항
54 소득세법 제59조의3 제1항

기부금세액공제는 공익에 기여하는 납세자에 대해서 공익의 일부를 혜택으로 돌려주어 기부문화를 확산시키고, 납세효능감을 높여주는 역할을 합니다.[55]

3) 세법의 한계보완

배당세액공제는 법인세와 소득세가 이중과세되는 것을 막는 세액공제입니다.[56]

외국납부세액공제는 외국에서도 납세하고 국내에서도 납세하는 이중과세를 막는 세액공제입니다.[57]

(2) 신용카드소득공제

제목만 보면 얼핏, 신용카드를 쓰면 세금을 깎아준다니 나라에서 신용카드를 쓰도록 권장하는 것인가? 그렇게 이상하게 느꼈다면 신세대에 속합니다. 반은 맞고 반은 틀립니다. 나라에서 신용카드를 쓰도록 권장하는 것은 맞지만, 무분별한 소비생활을 장려하기 위해서가 아닙니다. 현금거래를 하면 과세대상이 되는 소득을 포착하기 어려워서 신용카드를 장려하는 것입니다. 즉, 이 제도는 사람들이 주로 현금 거래를 하던 시절에 만들어졌습니다.

신용카드소득공제 조항은 소득세와 관련되어 있지만, 조세특례제한법 제126조의2에 있습니다. 조세특례제한법은 기간을 정해서 세금 혜택을 주거나, 세금을 중과하기 위한 법률입니다. '기간 한정'이 중요합니다. 기간이 끝날 때가 되면 국회에서 조항을 더 연장할까, 그대로 사라지게 둘까 결정합니다. 기한이 마감되어 사라지는 것을 어려운 말로, 일몰이라고 합니다. 조세특례제한법에 있는 조세특례들은 대부분 시한부 조항들입니다.

신용카드 소득공제는 1999년에 생겼습니다. 그때는 사람들이 대부분 현금으로 소

---

55 소득세법 제59조의4 제4항
56 소득세법 제56조 제1항
57 소득세법 제57조 제1항

비를 했습니다. 그러다 보니 자영업자들의 사업소득이 포착되지 않았습니다. 소득세는 물론 부가가치세를 매기기도 어려웠습니다. 그런데 신용카드를 사용하면, 누가 언제 어디서 무엇을 얼마주고 샀는지 다 전산집계할 수 있었습니다. 돈의 흐름을 숨길 수가 없고, 과세 원천도 전부 드러났습니다. 그래서 과세표준 양성화를 위해 처음 이 제도를 만들어 신용카드를 사용하도록 권장하기 시작했습니다. 이 제도의 목적은 '과세표준 양성화'이기 때문에, 조세특례제한법 제6장 제1절 과세표준 양성화를 위한 조세특례편에 실려 있습니다.

그런데 이 제도 때문이라고 하기는 어렵지만, 요즘에는 현금 거래 자체를 찾아볼 수 없게 되었고, 현금 거래를 해도 현금영수증으로 돈의 흐름을 포착할 수 있는 시대가 되었습니다. 그러다 보니 신용카드 소득공제는 과세표준 양성화를 목적으로 만들어졌지만, 지금 목적을 잃었습니다. 그러면 없어져야 맞는데 계속 연장되고 있어 근로자들의 친구, 13월의 보너스, 연말정산 필수템으로 불리며 사랑받고 있습니다. 왜일까요? 아래에서 설명하겠지만 이 제도는 연간 약 300만원 내외로 소득을 줄여주는 역할을 하는데, 이 공제가 서민들에게 유의미하고, 이 공제를 없애면 서민들의 세부담이 증가하기 때문입니다. 그래서 여러 번 이 제도를 없애려고 했으나 여론이 극도로 악화되고는 했습니다. 결국 고양이 목에 방울을 달려는 정치인이 아무도 없어서 계속 연장되고 있습니다.

그래서 제도를 없애지는 못했지만, 성격은 계속 바뀌고 있습니다. 신용카드 사용액에 대한 혜택은 줄이고, 정책목적에 적합한 소비에 대해 혜택을 늘리는 장려제도로 변신하고 있습니다. 신용카드 소득공제가 장려하는 소비에, 문화예술과 관련된 소비가 포함되어 있기 때문에, 우리가 이 내용을 자세히 알아둘 필요가 있습니다.

(3) 요건

1) 상시근로자

신용카드 소득공제를 받으려면 조건이 있습니다. 근로소득이 있는 자여야 합니다.

사업소득만 있는 사람은 이 혜택을 받을 수 없습니다. 또 일용근로자도 혜택을 받을 수 없습니다.[58]

2) 최저사용금액

신용카드 소득공제는 기본으로 써줘야 하는 최저사용금액이 있습니다.[59] 총급여액의 25% 규모를 쓸 때까지는 공제를 안 해줍니다. 최저사용금액을 넘을 때 비로소 소득공제가 시작됩니다. 제도가 만들어진 목적이 과세표준 양성화였기 때문에 당연합니다. 그리고 해외에서 쓴 금액은 공제액으로 인정하지 않습니다. 우리나라 세금을 잘 걷으려고 만들어진 제도니까 그럴 수밖에 없습니다.

3) 사용처

다른 요건을 갖추고 최저사용금액을 넘어섰다면, 신용카드 사용처를 종류별로 나눕니다. 전통시장 사용금액, 대중교통 사용금액, 도서/공연 사용금액, 체크카드 사용금액, 일반 신용카드 사용금액 이렇게 5종류입니다. 각 사용 금액에다가 비율을 곱하면, 그것이 바로 소득공제를 받을 수 있는 금액이 됩니다.

전통시장에서 신용카드를 썼다면, 40%를 소득공제액으로 합니다.

대중교통을 이용하면서 신용카드를 썼다면 역시 40%를 소득공제액으로 합니다.

도서구입, 공연관람, 박물관 및 미술관 입장료에 신용카드를 썼다면 30%를 소득공제액으로 합니다.

체크카드, 선불카드를 사용했다면, 30%를 소득공제액으로 합니다.

그냥 신용카드를 나머지 용처에 썼다면, 15%를 소득공제액으로 합니다.[60]

---

58 조세특례제한법 제126조의2 제1항
59 조세특례제한법 제126조의2 제1항
60 조세특례제한법 제126조의2 제2항

소비진작을 위해서 전년도보다 사용금액이 5% 이상 증가하는 경우 증가분의 10%를 소득공제금액으로 합니다.

예를 들면, 한 사람이 1년에 총급여액으로 40,000,000원을 벌어서, 신용카드로 30,000,000원을 썼다고 하겠습니다. 그러면 신용카드 사용액에서 가장 먼저 총급여액의 25%에 해당하는 10,000,000원을 뺍니다. 그리고 최저사용금액을 넘어서는 20,000,000원을 어디다 썼는지를 살펴봅니다. 자녀 학원비를 1,000,000원 신용카드로 결제했다면 15%인 150,000원이 소득공제액으로 들어옵니다. 1년 동안 출퇴근 교통비로 1,200,000원을 썼다면 40%인 480,000원이 소득공제액으로 들어옵니다. 소득공제액들이 차곡차곡 쌓여서, 1년의 소득공제액을 구성하는 구조입니다. 참고로 최저사용금액은 15% 저율로 계산되는 부분에서 우선 차감하여 납세자에게 유리하게 적용합니다.

공제액이 많이 쌓일수록 과세표준이 줄고 세액이 줄어듭니다. 신용카드보다는 체크카드, 일반 소매점 소비보다 전통시장 소비, 자가용보다 대중교통비가 더 큰 공제액으로 돌아옵니다. 그러니까 이 제도는 국가가 장려하는 소비를 하면 혜택을 주는 제도가 되었다는 걸 다시 한 번 확인할 수 있습니다. 전통시장은 우리가 흔히 생각하는 그런 시장 말고도, 하나로마트 같은 곳도 전통시장에 포함되는 경우가 있습니다. 대중교통도 버스만 말하는 것이 아니라, 고속버스, KTX도 포함되고 택시는 불포함입니다.

도서 구입, 공연 관람, 미술관 및 박물관 입장행위도 국가가 권장하는 행위입니다. 그래서 30%라는 적지 않은 비율로 소득공제액을 인정하고 있습니다. 1년 동안 도서/공연/미술관/박물관 구입에 1,000,000원을 썼다면, 그 중 300,000원이 소득공제됩니다. 만약 관객의 세율이 15%인 구간에 걸려있다면, 45,000원의 세금을 깎아주는 효과가 있어 상당히 괜찮은 혜택입니다. 미술을 관객에게 전달하려는 우리 입장에서는 관객을 설득할 수 있는 좋은 수단입니다. 참고로 도서 구입, 공연 관람, 미술관 및 박물관 입장료를 소득공제액에 포함시키려면, 근로자의 총급여액이 7천만원 이하여야 합니다. 근로자 서민들을 위한 혜택임을 알 수 있습니다. 총급여액이 7천만원을 초과하는 경우도 없어지는 건 아니고 일반적인 신용카드나 체크카드 사용분으로 이때 세법에서 말하는 미술관과 박물관은 [박물관 및 미술관 진흥법]에 따른 등록을 요하지는 않습니다.

4) 한도

소비를 많이 한다고 소득공제액이 무제한 늘지는 않습니다. 소득공제액은 최대 연간 300만원까지 늘어납니다. 하지만 전통시장 사용분, 대중교통 사용분, 도서/공연/미술관/박물관 사용분이 있으면 한도가 100만원씩 추가되므로, 이론상으로는 600만원까지 소득공제를 받는 것도 가능합니다.[61]

5) 제한[62]

신용카드를 썼는데도 불구하고 대상에 끼지 못하는 경우가 있습니다. 투잡으로 근로소득과 사업소득을 동시에 얻고 있는 경우 사업소득 총수입금액에서 필요경비로 반영하여 차감했다면, 또다시 근로소득 신용카드소득공제에서 빼면 안 됩니다. 이중으로 과세표준을 줄이기 때문입니다. 또, 거래 없이 결제하는 카드깡도 허용하지 않습니다. 자동차 구입비, 리스비는 허용하지 않지만, 중고자동차는 신용카드등 사용액의 10%를 인정합니다. 부동산, 선박, 항공기 등의 결제금액도 인정하지 않습니다.

다음으로 각종 4대 보험료 및 개인 보험료, 교육비, 월세액은 뺍니다. 세액공제 대상이기 때문입니다. 하지만 의료비는 의료비 세액공제가 있지만 신용카드 소득공제로 두 번 넣어줍니다. 제세공과금, 국가기관에 쓰는 비용은 국가가 이미 다 알고 있어 과세표준 양성화랑 아무 관련이 없으므로 뺍니다. 이자비용, 정치자금기부, 면세품 구입도 다 뺍니다.

---

61 조세특례제한법 제126조의2 제10항
62 조세특례제한법 제126조의2 제4항, 조세특례제한법 시행령 제121조의2 제6항

새로운 변화와
세무편

1. NFT 기초

(1) NFT 개념

최근 미술시장에는 NFT(Non-Fungible Token)라는 새로운 개념이 등장해 격변을 일으켰습니다. 세상이 NFT에 본격적으로 주목하게 된 것은 2021년 3월 뉴욕 크리스티 경매 때부터였습니다. 디지털 아티스트 [비플]의 작품 [매일 : 첫5000일]이 한화 약 780억원에 낙찰되었습니다. 2021년 3월 [워님프 컬렉션]라는 작품을 가수인 [그라임스]가 한화 약 65억원에 판매하면서 또 화제가 되었습니다. 2021년 10월, [크립토펑크]의 [#9998]의 작품이 무려 약 한화 6225억원에 팔렸다가 자전거래로 판명났지만, 그만큼 NFT 시장의 열기를 보여주었습니다. 2020년 NFT 시장의 전체 크기가 100억달러였는데, 2021년에 410억달러로 성장했다고 합니다. 2020년의 실물 미술시장 규모가 500억달러였으니, 비슷한 수준으로 커졌습니다.[1]

그러나 미국의 급격한 금리인상이 시작되면서, NFT 시장은 급격하게 수그러들었습니다. 가상자산기업 업비트의 자료에 의하면, 시가총액을 기준으로 하는 NFT 인덱스는 2021년 11월 최고조에 비해, 2022년 7월에는 16.3% 규모로 축소되었습니다. NFT 거래소 오픈시의 거래량은 2021년 7월에 비해 2022년 6월에는 75% 거래량이 감소하였습니다.

그러나 NFT의 가치까지 없던 것이 되는 건 아닙니다. 2022년 6월 21일에는 뉴욕에서 세계 최대 NFT 행사 NFT NYC가 열렸습니다. 해외에서는 경매회사 크리스티, 소프트뱅크가 NFT에 투자하기로 결정하였고, 국내에서는 삼성전자와 현대자동차, SK, 롯데가 NFT 사업에 뛰어들었습니다. 음악계에서는 코첼라 페스티벌이 평생입장권을 NFT화 해서 팔기도 하고, 영화부문에서는 제작비를 NFT로 충당하는 시도도 이어졌습니다. 한 번 시장이 형성된 이상 언제라도 다시 두각을 드러낼 것 같습니다.

---

1 'NFT 제왕' 비플은 21세기 피카소일까, 김슬기 기자, 매일경제, 2022.02.04

NFT가 도대체 무엇이길래 실물 미술시장과 어깨를 나란히 하는 수준까지 왔을까요? NFT는 새로운 개념처럼 들리지만 실은 낯선 개념이 아닙니다. NFT(Non-Fungible Token)란, 대체불가능한 토큰을 의미합니다. 분설해보면, 그것은 토큰(Token)이면서, 대체 불가능한 속성(Non-Fungible)을 보유하고 있습니다.

1) 토큰(Token)

① 토큰의 정의

NFT는 일단 토큰입니다. 토큰의 사전적 정의는 [주로 기계를 작동시키는 것으로, 화폐처럼 생겼고 화폐 대용으로 쓰이는 물건인데, 둥근 금속이나 플라스틱으로 이루어진 것][2]입니다. 버스 토큰을 구입한 적이 있다면 바로 이해할 것이고, 요즘 지하철을 탈 때 쓰는 1회용 교통카드도 토큰입니다.

그런데 토큰이 [기계의 작동]시키는 것에 한정될 필요는 없습니다. 토큰이란, [무엇인가를 표상하는 물건입니다. 현대 사회에서 토큰의 의미는 [기계 작동]이나, [재질]에 구애받지 않고 무한히 확장됩니다. [무엇이든] 표상할 수 있고, [어떤 형태나 재질로도 존재할 수 있습니다. 예를 들어, [커피 한 잔을 수령할 권리]를 표상하면서, [전자적 형태]로 구현되어 있는 기프티콘도 토큰입니다. 주식도 [이익배당청구권, 잔여재산분배청구권, 의결권, 주주제안권 등]을 표상하고 있고, [과거에는 종이, 지금은 전자주권]으로 구현되어 있는 토큰입니다.

② 토큰의 이익 – [신속성]

그렇다면 왜 토큰을 사용할까요? 가장 큰 이유는 거래의 신속성과 안정성 때문입니다. 예를 들어 승객이 지하철을 이용하는 상황에서 만약 토큰이 없었다면, 역무원이 개찰구에 서서 일일이 승객에게 요금을 받고 탑승 자격을 확인해야 했을 것입니다. 시간이 걸리고, 거스름돈을 마련해야 하고, 역무원이 현금을 가지고 있다가 도난, 강도, 횡령의 위험이 생깁니다. 반면 토큰을 사용하면 편리합니다. [1회

---

2 MERRIAM WEBSTER 영영사전

용 교통카드라는 토큰을 지니고 있는 사람은 [지하철을 이용할 수 있는 권리]를 가진 것으로 간주됩니다. 토큰과 연계되어 작동하는 개찰기계를 통해 빠르게 승객을 통과시킵니다. 그리고 기계로 토큰을 회수하여 도난 위험을 없앱니다.

③ 토큰의 이익 - [설득에 편리]

토큰은 상대를 신속하게 설득합니다. 예를 들어 [세무사 자격증]도 일종의 토큰으로, [정부 공인 세무사 시험을 통과할 정도로 세무전문지식을 보유한 사실]을 표상하고, 손님에게 즉시 납득시킵니다. 만약 세무사 자격증이라는 것이 없다면 어떨까요? 세무사가 본인 세무지식이 얼마나 풍부한지를 손님 앞에서 일일이 검증받아야 합니다. 세무지식이 풍부하지 않은 자가 손님을 현혹할 수도 있습니다.

수치로 표현되는 토큰도 있습니다. [토익 자격시험]은 [비즈니스에 필요한 영어 능력을 가진 사실]을 표상하는데, 수치를 척도로 하여 수준을 나타냅니다. 화가의 수준을 평가할 때는 [개인전 N회]나, [권위있는 대회에서 N위로 입상]과 같이 표현합니다. 그리고 이것은 자격증, 상장 등의 토큰으로 표현됩니다.

업적도 토큰으로 표현됩니다. [최민정 선수가, 2022년 베이징 동계올림픽, 쇼트트랙 1500m 종목에서, 1등을 했다는 사실]은 금메달로 토큰화되어 있습니다. 최민정 선수가 TV에 나와 금메달을 내밀면 보는 사람 모두 금메달이 표상하는 사건을 인지하고 신뢰하며 권위를 인정합니다.

④ 토큰의 이익 - [거래하기 어려운 것을 거래]

토큰은 거래가 어려운 것을 거래할 수 있게 만들어주기도 합니다. 대표적인 것이 토지입니다. 예로부터 토지는 중요한 거래대상인데, 토지를 잘라 분리할 수도 없고 휴대할 수도 없습니다. 토지를 점유하여 소유권을 표시하자니, 사람이 땅에 매여 살 수도 없는 노릇입니다.

그래서 토지를 거래할 때에는 소유권을 표상하는 토큰(등기필증/등기부등본)에 소유권자의 이름을 기록하고 이를 등기하여 공시하는 것으로 행사합니다.[3] 이미 조선시대부터 이러한 토큰 거래가 널리 이루어진 것으로 알려져 있습니다.

하나 더 예를 들어보면 주식이 있습니다. 1602년 최초의 주식회사 네덜란드 동인 도 회사가 설립된 이유는 위험이 큰 바다사업을 여러 명이 모여서 해내기 위해서 였습니다. 이때 투자자들에게 가장 중요한 문제는, [자기가 투자자라는 사실], [투자한 금액에 비례해서 이익을 요구할 수 있다는 사실]을 [어떻게 보장받는지]였습니다. 그것이 보장되지 않으면 투자할 수 없습니다. 그래서 [투자자 자격과 이익배당청구권]을 보증하는 증서(토큰)를 만들어 사용하기 시작했습니다. 이것이 주식입니다.

주식이라는 토큰을 사용하다 보니 유통이 편리해져, 주식을 사고 파는 것으로 주주 자격을 거래하거나, 사업 투자금을 회수하는 것도 쉬워졌습니다. 기술이 발전하여 지금은 주식을 전자등록기관에 등록4하고 전자주주명부에 명의개서하는 방법으로 손쉽게 주식을 거래하고 있습니다.

⑤ 토큰의 전제

이렇게 장점이 많은 토큰이지만, 반드시 3가지 전제가 성립해야만 토큰이 유지될 수 있습니다.

－토큰의 가치에 대한 신뢰가 있어야 하고 무력화되지 않아야 합니다.

예를 들어 카페에 방문했는데, 기프티콘을 내밀어도 커피로 교환해주지 않는다면 그 기프티콘은 아무런 가치가 없습니다. [커피 기프티콘]을 내밀면 커피와 교환되도록, 카페와 모바일 플랫폼이 기프티콘의 가치를 보증하기 때문에, 믿고 토큰을 거래할 수 있습니다. 과거 논란이 된 어떤 플랫폼은 [어떠한 상품을 20% 할인하여 살 수 있는 권리]를 표상하는 [포인트]토큰으로 비즈니스를 했습니다만, 갑자기 포인트 사용처를 제한하게 되면서 토큰 가치가 한순간에 추락하는 일도 있었습니다.

---

3 민법 제185조
4 상법 제356조의2

-토큰의 수가 위조되지 않아야 하고 수가 적절해야 합니다.

토큰은 그 자체로 가치가 있지 않고 표상하는 객체의 가치를 따릅니다. 객체는 하나인데 토큰을 무한정 만들어낸다면, 희소성이 감소하여 토큰의 가치가 유지되지 못합니다. 예를 들어 대통령 기념 손목 시계는 그 수가 한정되어 있어 기념품으로서의 가치를 유지합니다. 그런데 시계가 수백만개 풀려서 너도나도 차고 다닌다면 희소성이 떨어지게 됩니다. 위조까지 하게 되면 더 말할 것도 없습니다.

-토큰은 효율과 편리를 위해 사용하는바, 토큰 거래비용(제조비용, 유통비용, 검증비용)이 적어야 합니다.

이해의 편의를 위해 배달 플랫폼을 예로 들어봅니다. 배달 플랫폼을 이용하는데, 가게들의 플랫폼 이용료 때문에 [음식값이 비싸진다]고 하면 플랫폼을 잘 이용하지 않게 됩니다. 음식료는 같지만 [배달비가 많이 들면] 플랫폼을 잘 이용하지 않게 됩니다. 음식값도 같고, 배달비가 없지만, 주문자의 음식 수령 권리 검증을 위해 암호 기술을 도입했고, 기술 연구비용으로 [플랫폼 이용료]를 받는다고 하면 플랫폼을 잘 이용하지 않게 됩니다.

⑥ 토큰으로서의 NFT

NFT도 토큰의 일종이므로 위에서 했던 모든 이야기가 그대로 적용됩니다.

NFT의 본질은 무엇인가를 표상하고 있는 토큰입니다. NFT의 객체가 디지털 아트인 경우, NFT는 디지털 아트의 소유권을 표상하는 토큰입니다. 위에서 말한 비플의 작품, 크립토펑크의 작품 모두 여기에 속합니다. NFT의 객체가 실물 미술품인 경우, NFT는 실물 미술품의 소유권을 표상하는 토큰입니다.

NFT도 소유권이 아닌 사건이나 자격, 저작권과 같은 권리를 표상하기도 합니다. 이것을 뒤에서 [유틸리티 토큰]이라고 부르게 됩니다.

NFT는 상징성만을 표상할 수도 있습니다. 예를 들어 훈민정음 해례본의 상징성을 표상하는 NFT를 발행하는 경우입니다. 이 NFT는 박물관에서 유물을 살 수는 없어도, 유물을 찍은 사진이나 모형을 기념으로 사는 것과 유사한 원리입니다. 나아가 NFT가 표상하는 객체에는 제한이 없습니다.

현대적 의미의 NFT 또한 어떠한 재질이나 형태로 구현되는데 주로 전자적인 형태로 메타마스크, 카이카스 등의 [지갑]에 보관됩니다. 마치 기프티콘을 담아두는 [카카오톡 선물하기 받은 선물함], 주식을 담아두는 [증권 계좌], 도서 할인 쿠폰을 담아두는 [교보문고 내 쿠폰함]과 같습니다.

2) 대체 불가능성(Non-Fungible)

NFT는 토큰인데 대체 불가능한 속성(Non-Fungible)을 가집니다. 반대로 대체가능한 토큰(FT, Fungible Token)도 있다는 뜻인가 하면 그렇습니다. 어느 [1회용 교통카드]는 다른 [1회용 교통카드]와 대체 가능합니다. 색깔이 다르거나 손상 정도가 다를 수는 있어도 지하철을 탈 수 있다면 구태여 식별할 필요가 없습니다. 서울옥션의 주식 1주는 서울옥션의 다른 주식 1주와 똑같습니다. 서로 가치가 다르지 않고 식별할 이유도 없습니다. 결제의 수단으로 설계되어 가상화폐로 불리는 비트코인도 1BTC은 다른 1BTC와 식별할 이유가 없어서 대체 가능합니다. 이런 것이 FT입니다.

그런데 NFT는 서로 대체가 안 됩니다. 그 토큰이 표상하는 대상이 고유하기 때문입니다. 올림픽 금메달이 대표적입니다. [최민정 선수가, 2022년 베이징 동계올림픽, 쇼트트랙 1500m 종목에서, 1등을 했다는 사실]을 표상하는 금메달은 세상 어떤 금덩어리와도 구분되고, 모든 다른 올림픽 금메달과도 구분됩니다. 최민정 선수의 금메달을 [신재환 선수가, 2021년 도쿄 하계올림픽, 기계체조 남자 도마 종목에서, 1등을 했다는 사실]을 표상하는 금메달과 대체할 수 있을까요? 금메달을 맞바꾸면 될까요? 그래도 대체가 안 됩니다. 토큰이 표상하는 대상이 서로 다르고 그것을 식별할 이유가 있기 때문입니다.

결국 NFT는 무엇인가를 표상하는 토큰인데, 그것이 표상하는 대상이 서로 다르거나, 표상하는 대상을 고유하게 식별할 이유가 있기 때문에 서로 대체가 안 되는 것을 말합니다. 그리하여 NFT는 다른 것과 구별되는 고유성과 희소성을 갖게 됩니다. 그렇다고 NFT가 유일하다고 하여 반드시 경제적으로 가치가 있다는 뜻은 아닙니다. 아무리 NFT가 표상하는 대상이 희소하다고 해도, 그 대상이 경제적 가치가 있어야만 NFT도 가치가 있습니다.

(2) 새로운 NFT

토큰은 인류 편의를 위해 고안되어 아주 오랜 기간 사용되었습니다. 전혀 낯선 개념이 아니며 이미 교통카드도, 기프티콘도, 주식도, 금메달도 스스럼 없이 받아들입니다. 그렇다면 지금 와서 왜 [대체 불가능한 토큰]을 구태여 NFT라고 부르면서 마치 새로운 투자자산이 등장한 것처럼 화제가 되는 걸까요? 지금의 NFT는 토큰 개념이나 대체 불가능성 개념이 새롭다는 게 아니라, 블록체인 기술이 접목되면서 토큰이 [무엇까지] 표상할 수 있게 되었는지, 토큰의 가치가 [어떻게] 보증되는지의 측면에서 새롭다는 의미입니다.

1) 블록체인 기술

기존 토큰은 가치 서울교통공사가 발행하든, 카카오가 발행하든, 올림픽위원회가 발행하든 어떤 중앙화된 기관이 토큰의 기능을 보증합니다. 그런데 중앙화시스템은 단일장애지점이라는 것이 존재합니다. 단 한 번의 서버 해킹이나 도난으로 토큰의 가치가 무력화될 수 있습니다.

과거 어떤 증권회사의 입력 실수로 존재하지 않는 주식이 만들어진 적이 있었는데, 그 주식이 시장에 대량으로 풀리면서 주식 가치가 흔들린 적이 있었습니다. 요즘 상장기업 회계 담당자가 장부를 조작하여 자금을 횡령하는 바람에 주식 거래가 정지되면서 투자금을 회수할 수 없게 되는 일도 일어납니다.

중앙화 시스템이 고의로 정책을 바꿀 수도 있습니다. 어느 날부터 기프티콘의 효력을 인정하지 않는다든가, 상품권의 가치를 인정하지 않는다는 선언을 하면, 토큰의 가치가 한 순간에 사라질 위험이 있습니다.

하지만 NFT는 (대부분)이더리움이라는 블록체인 기술 플랫폼 안에서 발행됩니다. 이더리움은 탈중앙화된 네트워크로서 분산된 디지털 장부에 데이터를 기록합니다. 모든 장부가 여러 군데 분산되어 있다 보니, 모든 장부를 동시에 영향력을 행사하는 것이 불가능하고, NFT가 무력화되는 것이 허용되지 않습니다. 따라서 암호기술에 따라 토큰의 가치가 보존될 거라고 믿음이 자리잡습니다. 그리고 해시 암호 기술을 사용하여 데이터가 조금만 달라져도 순식간에 파악할 수 있는 장치가 되어 있습니다. 그래서 위변조도 불가능합니다.

NFT는 발행 비용이 거의 들지 않는 것도 장점입니다. 기존 물리적 토큰은 금속이나 플라스틱의 원가도 소요되고, 토큰에 위조방지장치 가해야 했습니다. 위조여부를 판정하거나 토큰의 가치를 보증하는 기관이 있어야 하고 기관 운영비가 소요되었습니다. 토큰의 가치에 대해 분쟁이 생기는 경우, 토큰이 표상하는 재산의 이전, 권리 행사에 불이행이 생기는 경우, 문제를 해결하는데 분쟁비용도 소요됩니다.

하지만 블록체인 기술 안에서 NFT를 발행하기 위해 물질이 필요한 것도 아니고, 발행에 시간이 많이 소요되는 것도 아닙니다. 이더리움이라는 탈중앙화된 네트워크로서 분산된 디지털 장부에 데이터를 기록하기 때문에 모두가 NFT 소유권을 인정하고, NFT의 진위가 식별됩니다. NFT에 스마트 컨트랙트라는 개념을 도입하여, 어떠한 조건이 충족되면 반드시 계약의 이행이 일어나도록 설계할 수도 있어 분쟁비용이 절감됩니다. 불이행을 걱정할 필요가 없습니다.

2) 디지털 아트를 토큰화

새로운 NFT는 제일 먼저 디지털 아트와 결합하여, 우리 앞에 나타났습니다. NFT가 디지털 아트만을 표상할 필요는 없지만, 가장 잘 어울리는 디지털 아트의 모습으로 나타나다 보니 사람들은 NFT를 곧 디지털 아트에 한정되는 기술로 이해하고 있기도 합니다. 이는 나중에 설명할 토큰의 분류 중에서도 [자산 토큰], 혹은 [NFT 아트]입니다.

NFT가 디지털 아트와 잘 어울리는 이유는 디지털 아트의 한계를 극복했다는데 있습니다. 그간 [디지털 과정으로 만들어진 시각 예술작품]은 원본이라는 개념이 없고 100% 똑같은 것을 무제한으로 복제할 수 있었습니다. 따라서 작품 파일을 가지고 있다고 하여 디지털 아트를 소유하고 있다고 말하기 어려웠습니다. 복제가 가능한 파일에다 높은 값을 지불하기 어려운 경우도 많았고, 저작권 침해 문제도 많았습니다.

하지만 작품을 표상하는 토큰으로 NFT를 발행하는 경우, 그 NFT는 고유값이 부여되어 고유한 것이 됩니다. 복제품과는 어울리지 않았던 유일성, 아우라가 탄생하게 됩니다. 따라서 디지털 아트의 소유권을 상징하는 토큰을 소유하는 것으로 소유욕을 충족시킬 수 있게 됩니다.

작가로서는 실물 아트나 디지털 아트나 창의적인 아이디어를 표현하여 노력을 기울여 만든 것은 마찬가지지만, 무한히 복제가 가능한 디지털 아트로는 그동안 수익을 창출하기가 어려웠습니다. 저작권을 행사하는 것도, 저작권 침해에 대응하는 것도 어려웠습니다. 그러나 NFT라는 수단을 통해서 디지털 아트를 상품으로 유통하는 것이 가능해지고, 나아가 재판매보상청구권 개념도 부여할 수 있게 되었습니다. 재판매보상청구권은 뒤에서 더 설명합니다.

아직까지 NFT에 대해, 그래봐야 사진파일을 사고 파는 것 정도로 여기는 분들이 많지만 앞으로 메타버스 시대에는 이용가치가 달라질 것입니다. 이윤성 작가는 2021년 3월, NFT 아트를 가진 사람들을 모아 메타버스 플랫폼 [크립토복셀]에서 전시관을 열고 NFT 아트 전시회를 개최하여 화제가 되었습니다. 제가 메타버스 플랫폼을 돌아다니면서 [디센트럴랜드]를 방문해보면 디지털 작품을 전시해놓고 NFT 거래소로 링크를 연결해 거래할 수 있도록 가상 갤러리를 만들어 놓은 것도 많이 보았습니다. 메타버스 시대에서 NFT는 사유재산권에 준하는 개념을 부여하는 동시에, 실물과 같이 만족감 및 과시욕을 충족하는 수집품이 될 수 있습니다.

최근 현실세계에서도 NFT 작품만으로 구성된 전시회가 활발히 일어나고 있는데, 2022년 8월부터 10월까지 인천국제공항 제1여객터미널에서 열린 특별전이 대표적입니다. LG전자는 자사 디스플레이 기술을 홍보할 목적으로 NFT 작품을 서비스하는 플랫폼을 출시하기도 했습니다.

3) 위조 방지와 프로비넌스

NFT는 실물 미술품과도 잘 어울릴 것으로 예상됩니다. 심각한 실물 미술품 위조 문제를 해결할 수 있기 때문입니다. 오래된 데이터이기는 하나 한국미술품감정평가원의 2012년 조사에 따르면 의뢰 받아 감정한 작품 중 위작 비중은 27%에 달한다고 합니다. 스위스의 FAEI(Fine Art Expert Institute)가 2014년 발간한 보고서에 따르면 전 세계 미술시장에서 유통되는 작품의 50%가 위작이라고 합니다. 위작을 방지하기 위해서 작가의 서명, 갤러리의 진품확인서, 감정사의 감정서, 프로비넌스 등이 동원되지만, 방지장치들을 다시 위조하는 일도 얼마든지 있습니다.

위작 문제는 미술 시장 전반의 신뢰를 떨어뜨리고, 소비자들을 등돌리게 만들어 작가의 생계를 위협하고, 미술 발전을 저해하는 심각한 위법행위입니다. 이 문제를 해결하고자 2024년 7월 26일부터 시행되는 [미술진흥법]에는, 소비자가 작가 또는 미술 서비스업자로부터 미술품을 구매하면서 진품증명서를 발행하여 줄 것을 요구할 수 있도록 하였습니다.[5]

NFT는 위조문제를 해결하기에 적절합니다. 이더리움 블록체인은 데이터의 변동(트랜잭션)을 차례로 블록으로 저장하고, 블록을 서로 연결하여 체인을 만듭니다. 따라서 최초 NFT의 발행자부터 NFT가 이동된 내역이 모두 NFT 안에 내장됩니다. 여러 군데 분산된 전산 장부를 동기화하면서 해시 암호 기술을 통해 진위 여부를 검증하고, 모든 내용이 투명하게 공개되기 때문에, NFT 이동 내역을 위조하는 것은 불가능합니다.

NFT의 원본성을 다른 방식으로 활용해볼 수도 있습니다. 2024년 2월 7일, 현대카드가 주최한 가수 장범준씨 공연에서는, NFT의 이러한 장점을 이용하여 암표를 방지하려는 시도가 이루어졌습니다. 직전 공연에서는 암표가 정가의 6~7배 수준

---

[5] 미술진흥법 제16조 제2항

으로 오르자 이를 방지하려고 추첨방식을 도입하기도 했다가, 최근 공연에서는 NFT 티켓으로 구입자를 인증했습니다. 그 결과 효과적으로 암표를 방지할 수 있었지만, 입장 인증에 30분이 걸렸던 부분, 기술에 익숙하지 않은 중장년 관객들을 위한 대책 마련은 과제로 남았습니다.

(3) NFT 의의

NFT는 토큰을 의미할 뿐 새로운 개념이 아닙니다. 블록체인 기술을 만나 더 효율적이고 편리한 NFT를 활용할 수 있게 된 것입니다. 그럼에도 불구하고 최근 미술품 NFT가 유독 화제가 되었던 데는 3가지 이유가 있습니다.

① [시장성]이 있다고 생각하기 때문입니다. 앞서 소개해드렸듯이, [비플], [그라임스], [크립토펑크]는 NFT 미술시장에서 막대한 부를 창출했습니다. [BAYC NFT]는 마돈나, 스눕독, 저스틴 비버, 에미넴 등 인싸들의 커뮤니티 회원권 역할을 하며 개당 최소 3억부터 시세를 형성한 적도 있습니다. 일확천금의 기회가 있다는 소문에 너도나도 시장에 뛰어들었고, 자연스레 대규모 투자자금이나 기술, 뛰어난 인재들이 몰렸습니다.

② [탈중앙]이라는 시대 흐름에 부합하기 때문입니다. 기존 미술품 시장에선 갤러리와 경매회사의 영향력이 막강합니다. 소수 거장을 제외하면 작품을 컬렉터에게 팔지 말지, 얼마에 팔지를 결정하면서 갤러리가 적지 않은 수수료를 받습니다. 갤러리의 솜씨에 따라 작가는 스타가 되기도 하고 조용히 잊혀지기도 합니다. 하지만 NFT 시장에서 갤러리와 경매회사는 실물 미술 시장과 같은 영향력을 행사하지 못하고 있습니다. NFT 거래소에서 작가와 컬렉터가 직접 만나고 있습니다. 그러다 보니 본인의 명성을 격상시키고자 하는 중견작가들은 실물시장과 NFT 시장을 투트랙으로 접근하며 관심을 보이고 있습니다. 학력이나 인맥 중심의 미술계에 저항하고자 하는 작가들, 갤러리의 영향력에서 벗어나 직접 컬렉터에게 어필하고자 하는 작가들, 빠르게 명성을 쌓고자 하는 신진작가들이 NFT 시장으로 몰리고 있습니다. 팬들도, 애정의 대상인 아티스트에게 수익이 더 많이 돌아가는 NFT 구조

를 적극 환영합니다. 아티스트가 경제적인 어려움을 덜 겪고 지속적으로 작품활동을 할 수 있기 때문입니다.

③ [메타버스]입니다. 가상 공간에서 대기업이 신입사원 환영회를 연다거나, 가상 부동산을 사고 판다거나, 초등학생들이 메타버스 아바타를 치장하는데 용돈을 쓴다는 이야기가 들려옵니다. 점점 더 사회의 많은 것들이 가상세계에서 이루어질 것으로 예상되고 있습니다. 세계4대 회계법인 PwC에 의하면 2030년에는 메타버스 시장의 규모는 약 1700조원이 이른다고 합니다. 메타버스 세계가 안착하기 위해서는 경제적 유인이 반드시 필요하고, NFT 기술이 그 역할을 맡게 될 것으로 봅니다. 일례로 이윤성 작가님은 우리나라 최초로 2021년 3월, 메타버스 공간인 [크립토복셀]에서 미술 NFT만으로 이루어진 전시회를 개최했습니다. 오프라인에서도 NFT 전시회가 점차 자주 열리고 있습니다.

하지만 NFT에 대해 낙관론만 펴는 것은 위험합니다.

① [시장성]이 있다고 하지만, NFT가 반드시 돈이 되는 건 아닙니다. NFT는 디지털 자산이든 실물 자산이든 어떤 대상을 표상하는 토큰에 불과합니다. 토큰이 표상하는 자산의 가치가 있어야 NFT의 가치도 있습니다. NFT의 가격이 추락하는 것도 한순간이었습니다. 트위터 창업자 잭 도시의 최초 트윗 NFT는 첫 거래가격이 한화 약 36억원이었지만, 입찰가가 800만원까지 하락하기도 했습니다. 월스트리트저널은 2022년 5월 들어 NFT 하루 거래량이 최고 활황기 대비 92% 급감한 수준이라고 발표하여 빠르게 관심이 식고 있음을 알렸습니다. 이어 [테라-루나코인]에서 가상화폐 폭락 사건으로, 암호화자산 전체에 대한 공포심리가 커지면서 NFT에서 투자금이 썰물처럼 빠져나가고 있습니다. 2024년 들어 BTC가 다시 회복하는 모양새인데, NFT 시장도 그렇게 될지 지켜보아야 합니다.

② [탈중앙]에 부합한다고 하지만, 일시적인 현상이 아닌지 생각해봐야 합니다. 정말로 NFT 시장이 오랜 역사를 가진 실물 미술시장과 어깨를 나란히 할수 있을까요? 기존 미술시장에 대한 반발심으로 나타나는 일시적인 현상은 아닐까요? 그도 그럴 것이, 거액에 팔렸다는 NFT는 조악하여 완성도가 떨어지고 심미적인 가치를

느끼기가 어려운 것들이 대다수입니다. 실물 미술작품에서 육안으로만 느낄 수 있는 질감이나 공간감도 표현될 수 없습니다. 과연 깊은 역사를 가진 미술세계에 위협을 가할 수준이 되는지 의문이 듭니다.

세계적인 거장 데이비드 호크니는 NFT 작품이 고가에 낙찰된 것에 대해 바보같은 것이라고 하고, NFT를 말하는 사람들을 국제적인 사기꾼이라고 평가절하하기도 하였습니다. 단색화의 거장 박서보 선생님은 페이스북을 통해 디지털 이미지는 결코 그림을 대신할 수 없다고 단언하시고, NFT로 활용되는 것을 허락하지 않겠다고 하셨습니다.

또 갤러리와 경매회사 중심의 구도를 대체하지 못하는 모습도 보입니다. 갤러리와 경매회사는 거래소를 설립하고 NFT 비즈니스에 대한 노하우를 빠르게 쌓으면서, NFT 미술시장에 대해서도 영향력을 확대하고 있습니다. 갤러리현대는 김환기, 이중섭, 이건용 선생님의 작품을 NFT로 만드는 사업에 진출했습니다. 서울옥션은 자회사 서울옥션블루를 설립하고 NFT 사업에 나섰습니다. 카카오의 자회사 그라운드X는 NFT 거래소 클립드롭스를 운영하고 있고, LG전자는 디스플레이를 통해 NFT 작품을 즐길 수 있는 협업을 진행하고 있습니다.

③ 하지만 단 하나, [메타버스]의 세계에서 NFT가 무궁무진한 가능성을 가졌다는 건 분명해 보입니다. 가상에 구축된 세계에서 경제가 성립하려면, 블록체인 기술을 토대로 부여된 고유성, 신뢰성, 위변조방지 기능이 반드시 필요합니다. 초기 혼란기를 지나 약점을 보완해가며 NFT는 메타버스 시대에 사유재산권에 준하는 개념으로 자리잡게 될 것으로 봅니다.

NFT 미술시장은 혼란스러워 보이지만, 분명한 현실입니다. 앞으로 신진작가들은 반드시 NFT에 대해 고민하게 될 것이고, 미술시장의 종사자들은 NFT 비즈니스에 뛰어들게 될 것입니다. 메타버스 시대에는 NFT 작품의 가치가 다시 한 번 레벨업될 것으로 예상됩니다.

(4) NFT의 유통 구조

NFT와 세금을 설명하기 전에 간단하게 NFT의 유통구조를 설명합니다. 여기서부터는 [NFT 아트(미술품 NFT)]를 예로 설명합니다. 먼저 작가의 손에 의해 디지털 아트가 탄생하면, 포토샵, 일러스트레이터, 애프터이펙트 파일에 불과합니다. 아직까지 NFT로서 고유 인식값을 부여받지 못한 상태입니다.

여기에 NFT의 고유 인식값을 부여하는 것을 민팅(MINTING)이라고 합니다. 블록체인 프로그래머들이 코딩 공정을 가하는 절차입니다. 민팅이 끝나면 NFT가 탄생합니다. 이것은 가상세계의 보관장소에 보관됩니다.

이 작품을 거래할 수 있는 곳이 거래소입니다. 거래소에 작품을 내놓는 과정을 리스팅(LISTING)이라고 합니다. 거래소는 주로 리스팅에 대해서 수수료를 받지만, 민팅도 해주기도 합니다. 그런 수수료를 통칭하여 가스비/가스피(GAS FEE)라고 부릅니다.

작품을 거래소에 올리고 나면, 작품이 거래됩니다. NFT 작품은 대부분 암호화폐로 결제되는데, 달러를 받는 곳도 있기는 합니다. 이더(ETH)로 거래하는 경우가 가장 많습니다.

NFT 거래소는 다양합니다. 작품에 대해 아무런 검증 없이 자유롭게 거래를 하는 곳이 있는가 하면, 거래소에서 거래될 작품을 큐레이터가 선별하는 곳도 있습니다. 시각예술작품만 거래하는 곳도 있고, 음원만 거래하는 곳도 있고, NBA 하이라이트 동영상을 거래하는 곳도 있습니다. 어떤 거래소는 표상하는 객체에 제한을 두지 않고 모두 거래할 수 있도록 합니다.

세간에서 가장 유명한 거래소는 [오픈시(OPENSEA)]입니다. 시각예술, 음원, 사진, 스포츠 등 자산을 표상하는 [자산 토큰]은 물론, 권리를 표상하는 [유틸리티 토큰]도 거래합니다. 우리나라에서는 카카오의 자회사 ㈜그라운드엑스가 운영하는 [클립드롭스(Klip Drops)]가 유명합니다. 주로 디지털 아트를 거래합니다.

거래 방식은 전통적인 미술시장과 같이, 1차 시장과 2차 시장으로 생각해도 좋습니다. 1차 시장이란, 작가의 작품이 최초로 컬렉터와 만나는 시장을 가리킵니다. 실물 미술 시장에서는 주로 갤러리의 역할에 해당합니다. 2차 시장이란, 컬렉터와 컬렉터가 만나는 시장을 가리킵니다. 주로 경매회사나 아트딜러의 역할에 해당합니다. NFT 거래소는 1차 시장과 2차 시장의 역할을 다 하고 있는데, 작가의 작품이 최초로 판매되기도 하고, 컬렉터들끼리 작품을 매매하기도 합니다.

작품 가격은 정찰 방식도 있고, 경매 방식도 있습니다. 어떻게 팔지는 거래소 정책과 파는 사람 의도에 따라 다릅니다. 거래 통화는 [OPENSEA]에서는 주로 이더(ETH)를 사용하고, [Klip Drops]에서는 클레이튼(KLAY)를 사용합니다. 이것도 거래소마다 다릅니다.

(5) 수익 구조

1) 작가

일반적으로 작가는 자신의 작품을 최초로 NFT화하여 거래소에 팔아서 수익을 거두게 됩니다. 전형적인 수익구조입니다. 그런데 특이하게도 거래소에 따라서는, 작품이 팔릴 때마다 작가에게 일부 수익이 지급되도록 스마트 컨트랙트를 설계하는 경우가 있습니다. 이럴 때는 2차 시장에서 작품이 매매될 때에도 작가가 수익을 얻게 됩니다. 이것은 재판매보상청구권이라고도 부릅니다.

2) 컬렉터

NFT를 구입한 컬렉터는 다시 NFT를 되팔아 시세차익을 거둡니다. 주로 시세차익이 주된 목적이지만, 어떤 NFT들은 그 작품에 대한 저작권을 활용한 사업을 할 수 있는 권한까지 부여하기 때문에, NFT를 활용해 저작권 사업으로 돈을 버는 사업자도 있습니다.

3) 법인

NFT 사업이 본업인 법인들이 있습니다. 이 법인들은 작가와 협업하여 NFT를 생산하고 작가와 수익을 나누는 경우도 있고, 작가 없는 NFT를 생산하기도 합니다. NFT는 무엇이든 표상할 수 있고, [유틸리티 토큰]의 경우는 기능이 중요하지 외관이 중요한 것도 아니기 때문에 NFT 사업을 한다고 하여 꼭 예술가와 일하는 것은 아닙니다.

이런 NFT 법인들은 작가나 소비자로부터 수수하는 수수료가 주된 매출이 되며, 작가에게 지급하는 수수료나, NFT 기술자에게 지급하는 수수료는 비용이 됩니다. 한편 NFT 거래소 법인은 NFT 매매에 따른 가스비가 주된 수입원입니다.

2. NFT 구분, 회계, 법률, 세무

(1) NFT 구분

NFT는 무엇이든 표상할 수 있습니다. NFT가 표상하는 대상은 실물 작품일 수도 있고, 음원일 수도 있습니다. 예술에 한정되지도 않습니다. 셀카 사진일 수도 있고, 한 줄의 트위터일 수도 있고, 운동화일 수도 있습니다. 훈민정음 해례본의 상징성을 표상하는 토큰도 발행됩니다.

또 NFT가 표상하는 객체는 유체물일 수도 있지만 권리일 수도 있습니다. NFT 홀더만 입장이 허가되거나, NFT 홀더가 그렇지 않은 사람에 비해 특별한 권한을 누릴 수도 있습니다. NFT 홀더에게만 새로운 토큰을 에어드랍받을 권리가 부여되기도 하고, NFT 홀더는 디지털 아트로 저작권 사업을 할 수 있는 권리를 부여받기도 합니다.

이렇게 NFT가 표상하는 객체가 다양하다 보니, NFT가 무엇을 표상하는지에 따라 세밀하게 구분하여 접근할 필요가 생겼습니다.

1) 스위스금융시장감독국(FINMA)의 토큰 분류[6]

현재 스위스는 가상자산 관련 사업이 가장 발달한 나라 중 하나이며, 현재 900개 이상의 가상자산 업체가 있고, 그 중 14개가 기업 가치 10억 달러 이상의 유니콘 기업이라고 합니다.[7] 가상자산 사업의 가장 주된 규제기관은 스위스금융시장감독국(FINMA)이며, 토큰을 분류하는 가이드라인을 제공하고 있습니다. 많은 나라에서 이 기준을 참고합니다.

---

6 Guidelines for for enquiries regarding the regulatory framework for initial coin offerings, finma, 2018.02.16 중 [3.1 Token categories]
7 '친크립토 국가' 스위스의 가상자산 규제는 한국과 어떻게 다를까?, 박범수 기자, 코인데스크 코리아, 2022.07.14

① [결제 토큰]8은 암호화 화폐를 의미하며 지불의 수단으로 받아들여지고, 특별한 기능이나 어떤 프로젝트와 연계되어 있지는 않은 토큰입니다. 예를 들면 카지노에서 사용하는 칩이나 신세계백화점상품권과 같은 것을 말합니다. NFT 중에는 실물 화폐를 1 : 1로 페그하는 것들도 있는데, 여기에 속합니다.

② [유틸리티 토큰]9은 특정 서비스를 사용하게 하거나, 특정한 접근을 가능하게 하거나, 특정한 프로그램을 구동할 수 있게 되는 토큰을 말합니다. 예를 들면 1회용 교통카드는 유틸리티 토큰으로서 지하철의 이용 서비스를 가능하게 하는 토큰입니다. 커피 한 잔과 교환이 가능한 기프티콘도 여기에 해당합니다.

③ [자산 토큰]10은 기초자산이나 주식회사/조합, 수익원, 특별한 보상이나 혜택요구권, 이윤에 참가할 수 있는 자산을 표상합니다. 경제학적 용어로는 지분, 채권, 파생상품과 유사하다 하겠습니다. 어렵게 생각할 것 없습니다. 증권계좌에 보관하고 있는 전자적 토큰인 주식이 바로 여기에 해당합니다. 증권계좌에 주식을 보유하고 있으면 주식회사의 순자산의 일부를 소유한 것으로 간주되고, 배당결의가 있으면 배당금을 받고, 무상증자를 하는 경우 주식을 추가로 받게 됩니다.

2) PwC삼일회계법인의 토큰 분류11

Pricewaterhouse Coopers(PwC)는 영국 런던에 본사를 둔 매출액 기준 세계 1위 다국적 회계감사기업입니다. 삼일회계법인은 PwC의 네트워크 회사로 우리나라 빅4에 해당하는 회계법인입니다. 암호화폐에 대한 국제회계기준(IFRS)을 분석한 PwC삼일회계법인의 간행물 [암호화자산 및 관련 거래 : IFRS에 따른 회계처리 고

---

8 Payment tokens are synonymous with cryptocurrencies and have no further functions or links to other development projects. Tokens may in some cases only develop the necessary functionality and become accepted as a means of payment over a period of time.

9 Utility tokens are tokens which are intended to provide digital access to an application or service.

10 Asset tokens represent assets such as participations in real physical underlyings, companies, or earnings streams, or an entitlement to dividends or interest payments. In terms of their economic function, the tokens are analogous to equities, bonds or derivatives.

11 암호화자산 및 관련 거래 : IFRS에 따른 회계처리 고려사항, PwC삼일회계법인, 2021.06.

려사항]에서는 토큰을 다음과 같이 분류합니다.

① [암호화폐(Cryptocurrency)]는 비트코인과 같은 블록체인기술을 기반으로 한 디지털 토큰 또는 코인입니다. 현재 중앙은행과 독립적으로 운영되며 교환의 수단으로 기능하도록 의도되었습니다.

② [유틸리티 토큰(Utility Token)]은 사용자에게 재화나 용역에 대한 접근을 제공하는 블록체인 기술을 기반으로 한 디지털 토큰으로, 그러한 권리에서 가치를 창출합니다. 유틸리티 토큰은 보유자에게 회사의 플랫폼이나 자산에 대한 소유권을 부여하지 않으며, 보유자 간에 거래될 수 있지만 주로 교환의 수단으로 사용되지는 않습니다.

③ [유동화 토큰 (Asset-Backed Token)], 스테이블 코인과 같은 유동화 토큰은 블록체인 기술에 기반한 디지털 토큰으로, 블록체인에는 존재하지 않지만 물리적 자산(예 : 금 또는 석유와 같은 천연자원)의 소유권을 표시함으로써 가치를 나타내고 파생시킵니다.

④ [증권형 토큰 (Security Token)]은 본질적으로 전통적인 증권과 유사한 블록체인 기술을 기반으로 하는 디지털 토큰입니다. 증권형 토큰은 법인에 대한 경제적 지분을 제공할 수도 있습니다. 때로는 현금이나 다른 금융자산을 받을 권리를 제공할 수도 있으며 이러한 권리는 재량적이거나 강제적인 권리일 수 있습니다. 때로는 회사의 의사결정에서 의결할 수 있는 능력과(또는) 기업의 잔여 지분을 제공할 수도 있습니다.

3) 한국금융결제원의 분류

한국금융연구원이 2021년 12월에 금융위원회에 제출한 보고서 [대체 불가능 토큰(NFT)의 특성 및 규제방안]에 따르면, NFT를 5가지 유형인 [게임형 NFT], [결제수단형 NFT], [증권형 NFT], [실물형 NFT], [NFT 아트]로 분류하고 있습니다.

이 중에서 [결제수단형 NFT]는 [결제토큰], [암호화폐]와 유사한 것으로 보이고, [증권형 NFT는 FINMA의 [자산토큰 중 일부], PwC의 [증권형 토큰]과 유사한 것으로 보입니다. 그런데 PwC가 [유동화토큰]이라고 부르는 것, FINMA에서는 [자산토큰]으로 일원화하고 있는데 아무튼, 한국금융연구원은 자산을 표상하는 토큰을 [게임형 NFT]와 [실물형 NFT], [NFT 아트]를 구분하는 것이 독특합니다.

현실적으로 [결제토큰/암호화폐/결제수단형 NFT]는 토큰이기는 하나, 토큰 상호간에 고유하게 식별할 이유가 없는 경우가 대부분이어서, NFT보다는 FT에 가까운 성격을 보여줍니다. 반대로 [자산 토큰/유동화 토큰/게임형 NFT/실물형 NFT/NFT 아트]나 [유틸리티 토큰]은 각각 특별한 자산을 표상하거나 특별한 권리를 표상하므로, 대체로 NFT의 성격을 갖습니다.

제 개인적으로는 PwC의 분류법이 가장 간결하다고 생각되고, 금융위원회의 [가상자산 회계처리 감독지침]에서도 비슷한 용어를 사용하고 있어, 이 책에서는 주로 PwC의 분류법을 언급하기로 하고, 다만 [유동화 토큰] 중에서 미술품이나 저작권을 표상하는 것은 특별히 [미술품 NFT]로 부르도록 하겠습니다. 그리고 뒤의 조각투자 파트에서는 [증권형 토큰]을 [토큰증권 (Securities Token, ST)]라고 부르도록 하겠습니다.

4) 하이브리드 NFT – BAYC

미술품 NFT는 FINMA의 토큰 분류법에 따르면 대체로 [자산 토큰]에 해당하고, PwC삼일회계법인의 암호화자산 분류법에 따르면 대체로 [유동화 토큰]에 해당하고, 한국금융결제원의 분류법에 따르면 [NFT 아트]에 가깝습니다. 실물 아트 자산에 대한 지분을 표상하기도 하고, 디지털 아트 자산을 표상하기도 합니다. 실물의 상징성이나 역사적 가치를 표상하기도 합니다.

하지만 NFT를 단일 유형으로 단정하기 어려운 사례도 많습니다. 대표적인 것이 유가랩스에서 런칭한 BAYC(Bored Ape Yacht Club, 지루한 원숭이들의 요트클럽) 브랜드의 NFT입니다. 암호화폐 급상승으로 너무 부자가 되어 세상의 모든 것에 지루해져버린 원숭이들이 그들만의 비밀 사교클럽을 만들었다는 세계관입니다.

① 원숭이 모양의 디지털 시각예술 작품을 표상하는 [유동화 토큰－미술품 NFT]의 성격이 있습니다.

② 커뮤니티를 이용할 수 있는 [유틸리티 토큰]이기도 합니다. BAYC는 오직 10,000개만이 발행되어 있는데, BAYC 홀더는 BAYC 커뮤니티 멤버가 됩니다. 그 멤버만이 홈페이지의 공간에 낙서를 할 수 있고, 오프라인 요트 파티, 공연, VIP 경매에 참가할 수 있습니다.

③ BAYC는 NFT의 대표 이미지인 원숭이 그림을 이용하여 굿즈를 제작하여 판매하는 등의 상업적 이용을 할 수 있는데, 따라서 BAYC는 작품에 대한 [2차적저작물작성권]이라는 저작재산권을 표상하고 있는 [유틸리티 토큰]입니다. 샴페인에 원숭이 그림 5개를 붙인 빈티지 와인은 역대 최고 경매가를 기록하기도 하였습니다.

④ BAYC를 보유한 자는 BAKC라는 NFT, MAYC라는 NFT, APE 코인을 제공받을 수 있었는데, 이것은 배당금의 성격이 있는 것으로 보아 [증권형 토큰]에 해당합니다.

⑤ APE 코인은 BAYC 세계관에서 사용할 수 있는 화폐로서 전형적인 [암호화폐]에 해당합니다.

우리나라 네이버의 캐릭터 자회사 IPX가 출시한 NFT도 하이브리드 NFT입니다. 디지털 아트를 표상할 뿐만 아니라 캐릭터 IP로 비즈니스를 전개할 수 있는 권리가 부여되어 있습니다. 그래서 [자산 토큰]과 [유틸리티 토큰]의 성격을 동시에 갖고 있습니다.

앞으로의 미술품 NFT는 단순한 디지털 아트를 표상하는 것이 아니라, 재미있는 세계관과 실용적인 혜택을 제공하는 BAYC의 하이브리드 형태로 진화할 가능성이 큽니다.

(2) NFT 회계

사업자가 NFT를 보유하는 경우 장부에 어떻게 기록할까요? 자산이란, [과거의 거래나 사건의 결과로서 현재 기업실체에 의해 지배되고 있고, 미래에 경제적 효익을 창출할 것으로 기대되는 자원입니다.

NFT는 [자산]의 요건을 충족합니다. ① 사업자는 직접 민팅을 통해 NFT를 제조하거나 NFT 거래소에서 가상화폐를 주고 NFT를 매수했을 것이고(사건), ② 보유하고 있는 NFT는 사업자 [지갑]에서 사업자의 통제 하에 있고, ③ NFT를 보유하는 기저에는 미래에 어떠한 경제적인 이익을 줄 것이라는 기대가 있습니다.

그렇다면, 자산에도 종류가 많은데, NFT는 자산 중에서도 어떤 계정과목으로 분류해야 할까요? 2023년 12월 21일에 발표된 금융위원회의 보도자료를 보면, 다음과 같이 분류될 것으로 보입니다.

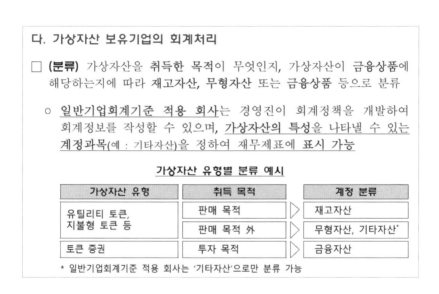

1) 유동자산 – 당좌자산

유동자산에는 당좌자산과 재고자산이 속하며, 즉시 또는 1년 이내에 현금화되거나 판매될 수 있는 자산입니다. 그만큼 유통속도가 빠른 자산을 말합니다. 이 중에서 당좌자산에는 현금및현금성자산이 속하고 있습니다. 지폐, 주화, 외화, 수표,

만기도래 어음 등이 속하여 거의 현금처럼 쓰이는 자산을 말합니다.

2.20	다음과 같은 자산은 유동자산으로 분류한다.
	(1) 사용의 제한이 없는 현금및현금성자산
	(2) 기업의 정상적인 영업주기 내에 실현될 것으로 예상되거나 판매목적 또는 소비목적으로 보유하고 있는 자산
	(3) 단기매매 목적으로 보유하는 자산
	(4) (1) 내지 (3) 외에 보고기간종료일로부터 1년 이내에 현금화 또는 실현될 것으로 예상되는 자산
	그 밖의 모든 자산은 비유동자산으로 분류한다.

토큰이 [암호화폐]에 해당한다면 화폐처럼 쓰이는 성질이 있어 [현금및현금성자산]으로도 분류할 수 있을 것 같습니다. 명시적인 회계기준이 등장하기 전에는 회사마다 토큰에 대한 분류가 통일되어 있지 않았고, 거래소들은 화폐성자산에 가까운 분류를 하고 있었던 것으로 보입니다.

"가상통화는 화폐 · 금융상품 아니다"… 첫 국제 회계기준

가상화폐거래소 '빗썸'을 운영하는 비상장사 비티씨코리아닷컴은 지난해 사업연도 감사보고서에서 가상통화를 유동자산 내 당좌자산 아래 '암호화폐' 명목으로 처리했고 '업비트'를 운영하는 비상장사 두나무는 유동자산 바로 아래 '암호화폐'로 처리했다. 금융자산, 재고자산, 무형자산 어디에도 속하지 않았다. 비티씨코리아닷컴은 당시 주석을 통해 "현행 일반기업회계기준에는 암호화폐에 대해 구체적으로 적용할 수 있는 규정이 없으므로 회계정책을 별도 개발해 적용하고 있다"고 설명했다.   (박상돈 기자, 연합뉴스, 2019.09.23)

하지만 2019년 9월 23일 [IFRS 해석위원회]는 당좌자산은 아니고, 무형자산이나 재고자산으로 분류하는 것이 적절하다고 결론지었습니다. [PwC삼일회계법인]의 해석에 따르면 [암호화폐가 [현금및현금성자산]이 아닌 이유는 법적으로 통화가 아닌데다 대부분 정부나 국가에서 발행하거나 지원하지 않고, 교환의 수단으로 사용될 수는 있지만 재화나 용역의 가격을 설정하지 못하기 때문이라고 합니다. 사실 여기에 속하는 토큰은 NFT보다는 FT에 가깝기는 하였습니다.

2) 유동자산 – 재고자산

정상적인 영업과정에서 판매를 위해 보유했고, 장기간 보유할 것이 아닌 NFT는 [재고자산]으로 볼 수도 있습니다. 정상적인 영업과정이란, 주된 영업활동에서 사용되도 있다는 걸 의미합니다. 상품도소매업을 하는 사업자에게 부동산은 재고자산이 아니지만, 상품은 재고자산입니다. 부동산매매업을 하는 사업자에게 부동산은 재고자산입니다.

재고자산의 정의

7.3 '재고자산'은 정상적인 영업과정에서 판매를 위하여 보유하거나 생산과정에 있는 자산 및 생산 또는 서비스 제공과정에 투입될 원재료나 소모품의 형태로 존재하는 자산을 말한다.

[PwC삼일회계법인]의 해석에 따르면 토큰의 매매를 주된 영업활동으로 삼고 있는 기업이라면, 보유하는 토큰을 재고자산으로 분류할 수 있습니다. NFT의 매매를 주된 영업활동으로 삼는 기업이라면, NFT를 재고자산으로 회계처리해야 합니다.

반면 토큰 매매가 주된 영업활동이 아닌데, 잉여자금을 일시투입해 시세차익을 목적으로 토큰을 매입하는 경우 이는 재고자산이 되지 않습니다.

3) 금융자산 – 유가증권

유가증권은 채권, 주식 등 투자수익을 목적으로 하는 것을 말합니다. 일반기업회계기준에서는 대부분 투자자산에 속합니다. NFT가 [유동화 토큰/증권형 토큰]에 해당하여 배당금을 받거나 수익을 배분받을 수 있는 권리를 표상한다면 [금융자산 –유가증권]으로 분류할 수 있습니다.

> **실2.29** 투자자산은 장기적인 투자수익을 얻기 위해 가지고 있는 채무증권과 지분
> 증권, 지분법적용투자주식, 영업활동에 사용되지 않는 토지와 설비자산,
> 설비확장 및 채무상환 등에 사용할 특정 목적의 예금을 포함한다.

그러나 여기에 속할 수 있는 것은, 토큰이 [유동화 토큰/증권형 토큰]인 경우이고, [PwC삼일회계법인]의 해석에 따르면 [암호화폐]는 금융자산에 속할 수 없다고 합니다. 암호화폐를 보유한다고 해서 현금이나 다른 금융자산을 받을 수 있는 계약상의 권리를 부여받지 않으며, 발행기업의 순자산에 대한 잔여지분을 제공하지 않기 때문입니다. 다만, 스테이킹을 조건으로 과실을 지급하는 토큰의 경우 추후 금융자산으로 분류될 수도 있습니다.

4) 비유동자산 – 무형자산

NFT를 보유한 회사 관점에서, 토큰이 미술품이나 권리를 표상하는 [유동화 토큰 –미술품 NFT]에 해당하면 [유형자산 또는 무형자산]으로 볼 수 있는데, 물리적 형태가 없어 [무형자산]에 가깝습니다. 다만 금융위원회는 일반기업회계기준을 적용하는 회사는, [기타자산]으로 분류하도록 지침을 정했습니다.

현행 회계기준에 따르면 자산이나 권리를 표상하는 NFT는 대체로 무형자산 또는 기타자산으로 분류되며, 다만 NFT 매매를 주된 영업활동으로 하는 기업의 경우에만 NFT를 재고자산으로 분류하면 될 것 같습니다.

"가상통화는 화폐·금융상품 아니다"… 첫 국제 회계기준

23일 한국회계기준원과 금융감독원에 따르면 국제회계기준위원회(IASB) 산하 국제회계기준(IFRS) 해석위원회가 지난 6월 영국 런던에서 열린 회의에서 가상통화 보유 시 IFRS 기준서를 어떻게 적용할지 논의한 끝에 가상통화는 금융자산으로 분류할 수 없다는 결론을 내렸다 (중략) IFRS해석위원회는 "일부 가상통화는 재화·용역과의 교환수단으로 사용될 수는 있지만, 현금처럼 재무제표에 모든 거래를 인식하고 측정하는 기준은 아니다"라고 판단했다. 아울러 다른 기업의 지분상품(주식)이나 거래 상대방에게서 현금 등 금융자산을 수취할 계약상의 권리와 같은 금융자산 정의도 충족하지 못한다고 봤다. 결국, 가상통화는 현금도 아니고 은행의 예금이나 주식, 채권, 보험, 신탁 등 금융상품과도

(3) NFT와 법률

1) 특금법

[특정 금융거래정보의 보고 및 이용 등에 관한 법률("특금법")]에서는 가상의 형태로 된 토큰을 [가상자산]이라고 부릅니다. [가상자산]이란, 경제적 가치를 지닌 것으로서 전자적으로 거래 또는 이전될 수 있는 전자적 증표(그에 관한 일체의 권리를 포함)를 말한다고 합니다.[12] 다만 전자적 형태의 주식, 채권, 선하증권, 기프티콘, 전자상품권, 전자선불권, 게임아이템, 재화나 용역으로 교환이 안 되는 것 등은 제외합니다.

[가상자산]에 해당하는 것을 다루는 가상자산 사업자는, 자금세탁행위(범죄수익은닉, 탈세), 공중협박자금조달행위 등 방지하기 위해, 고객확인제도(KYC), 직원확인제도(KYE), 고액현금거래보고제도(CTR), 의심거래보고제도(STR)에 따라 확인 및 신고 의무를 지게 됩니다. 이를 뒷받침하기 위해, 내부통제, 보고체제, 교육제도, 자료보존 기반을 갖추어야 합니다. 신고를 하지 않는 경우, 징역이나 벌금형을 받게 됩니다.

[가상자산]인지 아닌지는 소득세 과세방법에도 영향을 줍니다. 소득세법에서는 [가

---

12 특정 금융거래정보의 보고 및 이용 등에 관한 법률 제2조 제3호, 시행령 제4조

상자산의 양도 및 대여로 발생하는 소득을 [가상자산소득]으로 이름짓고 2025년부터 기타소득으로 구분하여 과세하도록 되어 있습니다.

현재, [암호화폐]은 특금법상 대체로 [가상자산]으로 포섭하고 있는 상황입니다. 하지만 [유틸리티 토큰], [유동화 토큰], [증권형 토큰]은 [가상자산]에 해당하는지가 불분명합니다. 미술품 NFT는 통상 [유동화 토큰]에 해당하고 예외적으로 [유틸리티 토큰]에 해당하기 때문에 [가상자산]인지 아닌지 판단이 어렵습니다.

① 국제자금세탁방지기구(FATF, Financial Action Task Force)의 보고서[13]에 따르면, NFT는 교환가능하지 않고, 결제나 투자의 수단이 아닌 대신 희귀하고 수집품에 가까운 것이라고 합니다. 그러므로 개별 사안에 따라 다르기는 하나 [가상자산]에는 해당하지 않는 것으로 보고 있고 예외적으로 수천만~수억개로 발행된 NFT가 화폐나 투자수단으로 쓰일 때는 가상자산으로 볼 수 있다 하였습니다.[14]

② 금융위원회도, 일괄적으로 규정하기 쉽지 않지만 NFT는 대체로 [가상자산 (Virtual Asset)]에는 해당하지 않는다고 합니다. NFT가 결제, 투자의 수단으로 사용되는 경우에만, 다시 말해 NFT가 [결제 토큰/암호화폐]의 성격을 가질 때만 [가상자산]으로 보는 경향입니다.

> **NFT는 일반적으로 가상자산이 아니며, 다만 결제 · 투자 등의 수단으로 사용될 경우에는 해당될 수 있습니다.**
>
> (생략) 기사 제목 등에서 "NFT는 가상자산"이라고 단정적으로 언급하고 있으나, 기사 내용 중 인용된 부분과 같이 NFT는 일반적으로 가상자산으로 규정하기 쉽지 않은 측면이 있으며, 개별 사안별로 봤을 때 일부 해당할 가능성이 있습니다. 현실에서 NFT는 다양한 양태로 발전하고 있어 일반화 할 경우 불필요한 혼선을 줄 수 있으므로, 보도에 신중을 기하여 주시기 바랍니다.   (2021.11.23 보도자료)

---

13 VIRTUAL ASSETS AND VIRTUAL ASSET SERVICE PROVIDERS, FATF, 2021.10.28. 중 p.24 [What is a virtual asset?]

14 Digital assets that are unique, rather than interchangeable, and that are in practice used as collectibles rather than as payment or investment instruments, can be referred to as a non-fungible tokens (NFT) or crypto-collectibles. Such assets, depending on their characteristics, are generally not considered to be VAs under the FATF definition.

③ 한국금융연구원의 간행물 [금융혁신 8대 과제 : 규제·감독, 빅테크, 가상자산, CBDC, 가계부채, 녹색금융 등]에 따르면 NFT는 일상적인 거래의 지급결제 수단으로 사용되지 않기 때문에 지급결제 기능과는 무관하고, 표준화된 상품이 아니므로 지급결제 수단으로 사용되기도 힘들다고 합니다. 기초자산을 표상하면서 시장의 투자자들에게 자산을 유동화시켜 공급하는 것으로 자산유동화에 가깝다고 말합니다. 따라서 NFT는 대체로 가상자산으로 볼 수 없고 [유동화 토큰]에 가깝다고 보고 있습니다.[15]

또한 한국금융연구원의 연구보고서 [대체불가능토큰(NFT)의 특성 및 규제방안]에 의하면, [결제형 NFT]는 가상자산으로 볼 수 있고, [증권형 NFT] 금융자산으로 볼 수 있고, [NFT 아트는] 가상자산에 해당하지 않는 것으로 볼 수 있습니다. 특히 훈민정음 해례본을 NFT로 한 것은 수집품에 가까워 가상자산에 해당하지 않는 것으로 볼 수 있습니다.

④ 그 밖에도,[16] 미국에서는 증권은 SEC(증권거래위원회), 상품은 CFTC(상품선물거래위원회)에서 규제하고 있으나, NFT의 관할을 명확히 하지 못하고 있습니다. 단, SEC가 NFT의 증권성 여부를 조사한 적은 있습니다.

유럽집행위원회는, NFT는 한정적인 교환수단이며, 쉽게 교환이 불가하여 가상자산의 범위에서 제외하고 있습니다. 가상자산 규제 기본법안인(Markets in Crypto-Assets Regulation-MiCA)에서도 NFT에 관한 내용은 제외하였습니다.

일본 금융청은 자금결제법에 명시된 결제기능의 부재로, NFT를 규제 대상으로 포함하지 않고 있습니다. 다만 이익분배 기증이나 지불수단으로서 이용가능성에 따라 유가증권, 포인트, 선불식 결제수단, 암호자산으로 적용하고 있습니다.

싱가포르 금융당국 MAS는 NFT가 제한된 용도의 디지털 결제 토큰이므로 지불서비스법의 적용에서 제외된다 합니다.

---

15 금융혁신 8대 과제 : 규제·감독, 빅테크, 가상자산, CBDC, 가계부채, 녹색금융 등, 손상호, 2022.02
16 [대체불가능토큰(NFT) 시장 동향과 규제논의, 하온누리, 자본시장포커스 ZOOM-IN 2021년 23호]

NFT는 FT와는 달리, 대체 불가능한 속성(Non-Fungible)을 가지고 있습니다. 토큰이 표상하는 객체가 고유성이나 희소성을 지니고 있기 때문입니다. 그래서 NFT를 결제 수단으로 쓰기는 어렵고, 결제 수단은 대부분 FT입니다. 현실에서도 가치가 일률적으로 계량화되지 않은 것들은 화폐로 사용하기 어렵습니다. 금을 화폐로 쓰는 때에도 정제되지 않은 사금을 화폐로 쓰기보다 순도나 무게를 정형화 시킨 다음 화폐로 쓰는 것과 같은 이치입니다. 그래서 NFT는 대체로 특금법상 가상자산이 아니며, 가상자산은 대체로 FT입니다.

2) 자본시장법

[자본시장과 금융투자업에 관한 법률(이하 "자본시장법")]에서는 [금융투자상품]이라는 개념이 나옵니다. [금융투자상품]이란 이익을 얻거나 손실을 회피할 목적으로 현재 또는 장래의 특정 시점에 금전, 그 밖의 재산적 가치가 있는 것(이하 "금전등"이라 한다)을 지급하기로 약정함으로써 취득하는 권리로서, 그 권리를 취득하기 위하여 지급하였거나 지급하여야 할 금전등의 총액(판매수수료 등 대통령령으로 정하는 금액을 제외한다)이 그 권리로부터 회수하였거나 회수할 수 있는 금전등의 총액(해지수수료 등 대통령령으로 정하는 금액을 포함한다)을 초과하게 될 위험(이하 "투자성"이라 한다)이 있는 것을 말합니다.[17] 쉽게 말해, 원금을 날릴 위험이 있는 투자상품입니다.

금융투자상품을 다루는 금융투자업을 영위하기 위하여는 금융위원회의 인가를 받아야 하고, 자본시장법의 규제를 충실히 따라야 합니다. 이런 위험한 상품은 자칫 투자자에게 치명적인 피해를 입힐 수 있기 때문입니다.

미국에서도 비슷한 기준이 있습니다. 1946년 연방대법원 판례의 [Howey Test]의 요건을 충족하면 유가증권(investment contract)에 해당되는 것으로 판단하고 미국 증권거래위원회 SEC(Securities and Exchange Commission)의 관리감독을 받게 하고 있습니다. [Howey Test]란, ① 자금을 투자했고(An investment of money),

---

17 자본시장과 금융투자업에 관한 법률 제3조 제1항

② 자금 투자로부터 수익을 얻으리라는 기대가 있고(With the expectation of profit), ③ 다수의 투자자의 투자금에 의한 공동의 사업이 있고(In a common enterprise), ④ 수익이 운영자 또는 제3자의 노력으로부터 발생한다는 것(To be derived from the efforts of others)을 말합니다. NFT 중에서 [증권형 토큰]에 해당하는 것은 [Howey Test]의 요건을 충족한다고 볼 수 있습니다.

[금융투자상품]인지 아닌지 역시도 소득세 과세방법에 영향을 줍니다. 소득세법에서는 [금융투자상품] 중 [지분증권], [채무증권], [투자계약증권], [파생결합증권]의 양도로 발생하는 소득을 [금융투자소득]으로 이름짓고 2025년부터 과세하도록 되어 있습니다. (현재는 주식과 파생상품만 양도소득세로 과세 중)

한국금융연구원의 간행물 [금융혁신 8대 과제 : 규제 · 감독, 빅테크, 가상자산, CBDC, 가계부채, 녹색금융 등]에 따르면 NFT는 이미 완성된 상품을 기초자산으로 하여 소유권에 해당되는 토큰으로 발행된 것 [유동화 토큰]이므로, 공동의 사업이나 운영자의 노력으로 미래에 수익을 내는 사업이 진행되는 경우가 아니어서 금융상품이 될 수도 없다고 합니다.[18]

현재로서는 위 이야기가 맞지만, 이것도 앞으로는 틀린 이야기가 될 수도 있습니다. 앞서 소개한 BAYC NFT를 보유한 자는 일정량의 APE 코인을 지급받게 되는데, APE 코인은 BAYC 세계관에서 사용할 수 있는 화폐로서 전형적인 [암호화폐]에 해당합니다. 그렇다면, NFT는 수익을 배분하거나 배당금을 지급하는 [금융투자상품]이 될 수 있기 때문입니다. 과거에는 하물며 FT인 테라 코인과 루나 코인에 대해서도, [Howey Test] 요건을 충족한다고 보고, [자본시장법] 적용을 검토한 적도 있었습니다. 우리나라에서는 금융투자협회가 추진하는 대체거래소(ATS)에서, [증권형 토큰]과 NFT 등을 거래하는 역할부여를 검토하였습니다.

3) 저작권법

저작권에 관한 자세한 내용은 [저작권편]을 참고바랍니다.

---

18 금융혁신 8대 과제 : 규제 · 감독, 빅테크, 가상자산, CBDC, 가계부채, 녹색금융 등, 손상호, 2022.02

현재 미술 NFT는 저작권법상 대체로 [원저작물], [원저작물의 복제물] 또는 [2차적 저작물]로 이해하고 있습니다. NFT가 저작권 자체를 의미하지는 않습니다. 따라서 NFT를 소유한다고 저작재산권/2차적저작물작성권을 부여받았음을 반드시 의미하지 않고, 특별한 언급이 없는 한 NFT 관련 굿즈를 제작하여 판매한다든가, 각색하여 다른 장르로 작품을 만드는 것도 허용되지 않습니다. 함부로 복제하거나 2차적저작물을 파생시키는 경우 전부 저작권 침해가 되므로 주의해야 합니다.

하지만 요즘은 NFT 홀더에게 저작권을 부여하는 NFT도 점차 생겨나고 있습니다. 앞서 소개했듯이 BAYC와 같은 NFT는 저작물의 상업적 이용까지 가능하도록 되어 있으므로, 저작권까지 부여받은 것으로 볼 수 있습니다. 그러니까 경우에 따라 NFT에 저작권까지 부여될 수도 있다는 정도로 이해하시면 되겠습니다.

NFT가 원저작물의 복제물 또는 2차적저작물이라면, 저작자로부터 [복제권], [2차적저작물작성권], [공중송신권]의 이용허락을 받거나 양도받은 자는 합법적으로 NFT를 제작할 수 있습니다. 따라서 정식으로 작가와 협업하여 NFT 사업을 하는 법인들도 점차 늘어나고 있습니다.

작가의 반응은 제각각입니다. 박서보 선생님은 본인 작품을 NFT화하는 것을 결코 허용하지 않겠다고 말씀하셨는데, 이 경우 박서보 선생님의 작품이 NFT화 되었다면 저작권 침해에 해당합니다. 반대로 환기재단에서는 국내 전자제품 대기업이 김환기 선생님의 작품 [우주 시리즈]를 NFT로 만드는 것에 대해 정식으로 저작권 사용을 승인하여, NFT를 디스플레이를 통해 송출되는 것을 허락했습니다.

NFT가 원저작물에 해당하는지, 2차적저작물에 해당하는지, 저작재산권을 포함하는지에 따라 소득세 과세방법에도 영향을 줍니다. 자세한 내용은 뒤에서 설명합니다.

(4) NFT 세무

1) 소득세

① 현행 법률

현재 NFT를 별도로 규율하는 세법은 없는 상황입니다. 각국에서는 성격에 맞게 과세하는 움직임입니다.

NFT가 특금법상 [가상자산]인 경우 그 양도 및 대여로 발생하는 소득을 [소득세법-기타소득]의 일종인 [가상자산소득]으로 보아야 합니다. 그러나 가능성은 높지 않아 보입니다.

가상자산소득은 2025년부터 과세대상이 됩니다. 양도가액에서 취득가액을 뺀 금액이 소득금액입니다. 기본 공제금액 250만원을 제외한 후에 22%로 분리과세 합니다. 단, 취득가액을 높이기 위해 2024년 말에 코인을 대거 매도 후 매수하는 사태를 방지하기 위해, 취득가액은 2024년 12월 31일 당시 시가만큼은 높여줄 예정입니다.

NFT가 자본시장법상 [금융투자상품] 중 [지분증권], [채무증권], [투자계약증권], [파생결합증권]에 해당하는 경우, 그 양도로 발생하는 소득은 [소득세법-금융투자소득]으로 보아야 합니다. 주식과 파생상품은 현재도 양도소득세로 과세 중입니다. 2025년부터는 금융투자소득으로 함께 다룹니다.

금융투자소득은 5천만원을 기본공제로 하여, 차익에 대해 22%~27.5%로 분리과세합니다.

NFT가 저작권법상 저작물인 경우에는 다음에 따라야 합니다.

① 원저작물인 NFT의 경우, NFT 판매는 미술품 양도가 되어 작가가 양도한 경우 사업소득이 되고, 컬렉터가 양도한 경우 미술품 양도소득(기타소득)[19]의 규칙을 따

르는 것이 타당해보입니다. 하지만 현행법상 규정이 마련되어 있는 것은 아닙니다.

② NFT가 2차적저작물인 경우, NFT의 유통으로 원저작자가 배분받는 저작권료는 사업소득이 되고, 원저작자 외의 자가 배분받는 저작권료는 기타소득[20]이 되고, 컬렉터가 양도하면 경우에 따라 사업소득 또는 기타소득 대상이 되는 것이 타당해보입니다. 다만 기타소득의 경우 현행법상 규정이 마련되어 있는 것은 아닙니다.

③ NFT에 저작권이 포함된 경우, NFT의 매매대금은 저작권을 타인에게 전부 양도하고 그 권리행사포기의 대가로 받는 금품에 해당하여 계속 반복성을 감안하여 사업소득이나 일시적 문예창작소득(기타소득)[21]으로 판단합니다.[22]

미술품 NFT는 저작권법상으로는 [저작물]인 경우가 많습니다. [저작권]자체는 부여될 수도 있고 아닐 수도 있습니다. 그러나 [가상자산]이나 [금융투자상품]에는 해당할 수도 있고 아닐 수도 있는데, 아닐 가능성이 더 높습니다.

어떤 미술품 NFT가, [암호화폐]의 성격을 갖거나, [증권형 토큰]의 성격을 갖는 경우, 또는 [저작권 이용허락]을 표상하고 있는 경우에는, 위 유형에 맞게 과세된다고 보아야 합니다. 하지만 위 3가지에 속하지 않는 [유동화 토큰 ─ 미술품 NFT]는 현재로서는 과세대상이 아니라고 보아야 합니다. 소득세법에 열거되어 있지 않기 때문입니다.

② 해외의 소득세 과세현황[23]

이 내용은 가천대학교 이은미 세무사님, 가천대학교 윤태화 교수님의 논문 [가상자산 취득 및 NFT 판매에 따른 소득세 과세 방안 연구(세무와 회계 연구(통권 제35호(제12권 제4호)), 2023.11.14]의 내용을 소개해드리는 것입니다.

---

19 소득세법 제21조 제2항
20 소득세법 제21조 제1항 제5호
21 소득세법 제21조 제1항 제15호
22 서면1팀-1583, 2005.12.23
23 가상자산 취득 및 NFT 판매에 따른 소득세 과세 방안 연구, 이은미, 윤태화, 세무와 회계 연구 (통권 제35호(제12권 제4호)), 2023.11.14.

미국 IRS는 수집품에 대한 과세체계를 기본으로 하여 과세 대상으로 포함하면서도, 미술품 NFT를 수집품 범주로 취급하는게 적절한지, 아니면 새로운 범주가 필요한지를 논의중이라고 합니다.

일본에서는 가상자산을 잡소득으로 간주하여 과세하고 있지만, NFT가 여기에 포함되는지 분명하지는 않고, 다만 과세 대상으로 분류하면서 연말 소득 금액을 일괄 산출하여 과세한다고 합니다.

영국 HMRC는 암호자산을 자본이득세로 과세하고, NFT 역시도 자본이득에 대한 소득으로 간주하여 과세대상으로 포함하고 있다고 합니다.

독일 BZSt는 가상자산에 대한 별도 과세체계를 보유하고 있는데, NFT 판매에 대한 소득도 동일 규칙에 따라 과세하고 있다고 합니다. 단 NFT를 명시적으로 규제하는 것은 아니며, 개인의 소득에 대한 일반론적인 과세원칙에 따르는 것입니다.

호주에서는 NFT의 금전적 가치에 초점을 두어 과세하고, 역시 가상자산의 범주 내에서 다루고 있습니다.

2) 부가가치세

① 원칙

부가가치세는 재화나 용역의 공급에 대해 부과됩니다. 이때 재화란 재산 가치가 있는 물건 및 권리를 말하고[24] 용역이란 재화 외에 재산 가치가 있는 모든 역무와 그 밖의 행위, 그리고 재화를 사용하게 하는 것 등[25]을 말한다고 하였습니다.

> ● 대구고법2011누1277, 2011.10.14 서면
> 구 부가가치세법은 재화나 용역의 공급을 과세대상으로서 규정하면서, '재화'란 '재산적 가치가 있는 모든 유체물과 무체물'을 의미하는데, 무체물에는 '동력·열과 기타 관리할 수 있는 자연력 및 권리 등으로서 재산적 가치가 있는 유체물 이외의 모든 것'을 포함한

---

24 부가가치세법 제2조, 부가가치세법 시행령 제2조, 부가가치세 시행령 제18조
25 부가가치세법 제2조, 부가가치세법 시행령 제3조, 부가가치세법 제11조

다고 규정하고 있다(법 제1조 제1항 제1호, 제2항, 같은 법 시행령 제1조 제1,2항). 한편 '관리할 수 있다'는 의미는 사람이 이를 지배할 수 있다는 의미로서, 이러한 배타적 지배 가능성 및 관리가능성은 시대에 따라 변천하는 상대적인 것이다. 이 사건의 경우, 원고 는 다른 게임이용자 등으로부터 대가를 지급하고 매수한 게임머니를 지배·관리하면서, 또 다른 게임이용자에게 보다 높은 가격에 게임머니를 판매함으로써 이윤을 남기고 매 도한 이상, 위 게임머니는 재산적 가치가 있는 거래의 객체로서 온라인 게임서비스 상의 게임 등을 이용할 수 있는 권리 내지 기타 재산적 가치가 있는 무체물로서 구 부가가치 세법상 재화에 해당한다고 할 것이다.

반면 수표, 어음 등의 화폐대용증권은 과세대상이 아니라고 하여,[26] 통화 환전이 나 수표의 수수, 어음의 추심에 대해서는 부가가치세를 과세하지 않되, 화폐라 하 더라도 재산적 가치가 있는 유체물로서 거래되는 경우에는 부가가치세법의 과세 대상이 됩니다.[27] 아래는 최초에 NFT에 유추적용해볼 수 있었던 게임머니에 관한 판례입니다.

① NFT는 이더리움(ETH) 등의 암호화폐를 통해 거래되는데, 암호화폐는 다시 현 실화폐로 교환이 가능하므로, NFT는 경제적 교환가치를 가지고 있는 것은 확실합 니다.

② NFT 중에서 [암호화폐]성격을 가진 것은, 화폐대용증권처럼 볼 수 있을 것 같 습니다. [유틸리티 토큰], [유동화 토큰], [증권형 토큰]에 해당하는 것은 화폐대용 증권이라 보기는 어렵습니다.

③ 이 책에서 주목하는 [유동화 토큰-미술품 NFT]는 암호화폐가 아니고, 고유의 인식값 및 미적인 외관이 더해져 희소성을 부여받은 재화에 해당한다고 보입니다.

지금은 삭제되고 없는, 2014년 8월 25일 기획재정부에서 처음으로 내놓은 해석례에 따르면, ① 비트코인이 화폐로서 통용되면 부가가치세 과세대상이 아니고, ② 재 산적 가치가 있는 재화로서 거래되면 부가가치세 과세대상, 으로 판단하였습니다.

---

26 부가가치세법 기본통칙 4-0-3
27 부가가치세법 집행기준 4-0-2, 재부가22601-1075(1990.11.09)

• 서면법규-920, 2014.08.25 삭제일(2021.04)

비트코인(Bitcoin)이 화폐로서 통용되는 경우에는 부가가치세 과세대상에 포함되지 아니하는 것이나, 재산적 가치가 있는 재화로서 거래되는 경우에는 부가가치세법 제4조에 따라 부가가치세 과세대상에 해당하는 것임

그런데 기획재정부는 2021년 3월 2일에 다시 해석을 내놓으면서, 최초의 해석례를 삭제하였습니다. 그런데 이것에 대해서 좀 자세히 살펴볼 필요가 있습니다.

• 기획재정부부가-145, 2021.03.02

가상자산의 공급은 부가가치세 과세대상에 해당하지 아니함

① 앞 해석에서는 비트코인에 대해 이야기하다가, 뒤 해석에서는 가상자산이라는 용어로 사용하고 있습니다. 그렇다면 이제부터는 가상자산을 중심으로 부가가치세 체계를 세워가겠다는 이야기가 됩니다.

그런데 앞서 살펴본 바와 같이, 특금법상 가상자산은 [경제적 가치를 지닌 것으로서 전자적으로 거래 또는 이전될 수 있는 전자적 증표]를 말하고, [유동화 토큰-미술품 NFT]는 대체로 가상자산이 아닌 것으로 판단되고 있습니다. 그러므로, [유동화 토큰-미술품 NFT]에 대하여는 별도의 해석이 없으므로, 원론적인 판단을 해야 할 것으로 생각됩니다.

② 그렇다면 제 개인적인 생각으로는 [유동화 토큰-미술품 NFT]는 부가가치세법상 재화의 모든 조건을 충족하고 있기 때문에, 일단은 부가가치세 과세대상은 되는 것으로 보입니다. 다만, 그것이 예술창작품에 해당하여 부가가치세 면세가 될 수 있는지를 검토하여야 합니다.

② 부가가치세 면세대상 여부

부가가치세의 과세대상인 재화에 해당한다 하더라도 예술창작품은 부가가치세가 면세됩니다.[28] 예술창작품에 대한 법적 정의는 마련되어 있지 않지만, 저작권법의

개념을 차용하면, 예술의 범위에 속하는 창작물이 되려면 저자 자신의 작품으로서 남의 것을 베낀 것이 아니어야 하고, 최소한도의 창작성이 있어야 한다고 말합니다.[29] 하지만 사업자가 미술품 등의 창작품을 모방하여 대량으로 제작하는 작품은 예술창작품으로 보지 아니합니다.[30]

그렇다면, ① [유동화 토큰－미술품 NFT]가 예술창작품에 해당하는지, ② 사업자가 미술품 등의 창작품을 모방하여 대량으로 제작하는 작품이 아닌지를 검토해야 합니다.

① NFT가 예술창작품에 해당하는지부터 살펴봅니다.

만약 작가가 NFT로만 유통시킬 목적으로 작품을 제작하였다면, 그 작가가 남의 것을 베낀 것이 아닌 이상 예술창작품에 해당합니다. 그러므로 대량으로 생산하였는지 아닌지만 확인해보면 됩니다.

그런데 NFT 거래소를 방문해보면, 한 번도 본 적 없는 작품은 물론이고 기존의 창작물도 NFT화 시켜서 팔고 있는 모습을 볼 수 있습니다. 유명한 만화, 웹툰을 NFT화하거나, 음반 자켓 일러스트를 NFT화하기도 합니다. 어떤 아티스트는 자신의 셀카 사진을 NFT화 하기도 합니다.

[저작권편]에서 공부한 내용을 조금 복습해보겠습니다. 원저작물을 번역·편곡·변형·각색·영상제작 그 밖의 방법으로 작성한 창작물을 2차적저작물이라고 합니다.[31] 그런데 저작권법에 따르면 2차적저작물은 원저작물을 기초로 하고 있지만, 변형, 각색 등의 새로운 기법이 추가되기 때문에, 원저작물과는 별도로 독자적인 저작물로서 보호되고, 2차적물에 관한 권리는 원저작물의 저작자의 권리에 영향을 미치지 아니합니다.[32] 따라서 기존 미술품을 NFT화 한 것도 예술창작품으로 볼 수 있습니다. 잠깐 덧붙이자면, 여기서 말하는 것은 어디까지나 2차적저작물작

---

28 부가가치세법 제26조, 제1항 제16호, 부가가치세법 시행령 제43조
29 대법원 선고97도2227, 1997.11.25
30 부가가치세 기본통칙 26-43-1
31 저작권법 제5조 제1항
32 저작권법 제5조 제2항

성권에 의해 저작권법에 부합하는 결과물을 의미하는 것이지, 저작권자의 동의없이 무단으로 작성한 NFT를 이야기하는 것이 아닙니다.

요약해보면, NFT를 위해서 만든 작품이든, 기존의 작품에 관한 저작권을 활용하여 NFT화 시킨 작품이든, 남의 것을 베끼지 않고 최소한도의 창작성이 존재하는 한 예술창작품에 해당할 수 있다는 결론입니다.

② 다음으로 NFT가 사업자가 미술품 등의 창작품을 모방하여 대량으로 제작하는 작품인지를 검토해봅니다. NFT가 예술창작품 면세를 받을 수 있는지 여부는 대체로 여기서 판가름이 나게 됩니다.

세법에서는 일관되게, 예술가의 손에 의해 직접 제작된 원판화는 예술창작품이라고 볼 수 있지만, 사업자가 원판을 이용하여 대량으로 복제하는 경우에는 예술창작품이 아니라고 합니다. 여기서 가장 주된 포인트는 [사업자가], [대량으로 제작]입니다. 또한 제작자뿐만 아니라, 제작방법, 시설 여부, 기계적 복제 여부 등도 고려하여 종합 판단한다고 합니다.

작품을 만드는 것, 예를 들어 작가가 물감과 붓, 파스텔, 연필, 오브제를 활용하는 작품은 작가의 손으로 직접 제작할 수 있습니다. 판화도, 작가 중에서 직접 제작할 능력이 있는 경우 직접 제작합니다. 판화 기술이 발달하여 판화를 전문적으로 제작하는 곳에 하청을 주는 경우에도 판화 아래에 작가가 에디션 표기 및 서명함으로서 작가의 승인, 작가의 손을 거쳤다는 것을 증명하고 있는데요, 이 경우는 과세와 면세의 경계선에 있는 상태이지만, 일단은 면세로 용인하는 분위기입니다.

하지만 NFT는 작가의 손으로 직접 만드는 것이 거의 불가능하고, 반드시 민팅을 하는 과정이 필요하기 때문에, 민팅을 하는 프로그래머의 손을 거치게 됩니다. 또한 작가는 승인만 하고, 갤러리스트나 비즈니스를 하는 분들이 NFT 사업을 전개하는 경우도 많은데 NFT만 놓고 보아서는 작가의 손을 거쳤는지 알 수가 없습니다. 따라서 사업자가 창작품을 대량으로 복사 제작한 것이 되어 예술창작품에 해당하지 않게 될 가능성이 있습니다.[33]

---

33 부가22601-1592, 1992.10.21

반대로는 작가의 손을 거쳤다는 것이 중요하다고 말하나, 실물 미술품이라고 해서 작가가 물감과 종이 등 재료까지 직접 제작할 것을 요구하는 건 아니라는 점, 현대미술에서는 작가가 조수를 두고 작업하는 것도 용인되고 있다는 점에 비추어, 민팅을 표구, 코팅과 같은 일종의 조수가 행하는 후공정/후가공 작업으로 보고, 민팅에 대하여 꼭 작가의 손을 거치지 않았다고 말할 수는 없다는 의견도 있을 수 있습니다.

그래서 현재로서는 NFT가 예술창작품으로서 면세를 받을 수 있는지 여부는 결국 민팅을 어떻게 바라보고 있는지에 달려있다고 하겠습니다.

대량생산에 대해 덧붙이면 작가들은 NFT 작품을 만들 때 희소성을 위해 많이 만들지는 않지만 1개만 만드는 경우가 별로 없이 보통 5개에서 200개 정도로 제작하는 것이 일반적입니다. 그런데 통상적으로 판화도 100~200개의 에디션을 제작하는 것이 일반적이어서, 판화에 대해 문제를 삼지 않는 한 NFT 수량이 대량생산인지도 크게 문제는 되지 않을 것으로 보입니다. 다만, 누가 생각해도 너무 많다고 생각될 정도의 수량을 생산한다면, 더 이상은 예술창작품이 아니게 되고, 면세품도 아니게 될 수 있음에 주의합니다.

3. 미술품 조각투자와 세금

(1) 조각투자 기초

요즘 미술품 시장에서 조각투자라는 매매형태가 떠오르고 있습니다. 역사에서 처음 모임을 만들어 미술품 투자를 하는 형태 1914년 프랑스에서 컬렉터 13명이 모여 [곰가죽 클럽]을 결성한 것이라 합니다. 이들은 작품을 집단적으로 매매하여 큰 부를 얻었다고 합니다. 우리나라에도 컬렉터들이 모여 작품을 연속적으로 구매하기로 약속하고 돌아가면서 좋은 가격에 작품을 낙찰받는 계모임과 같은 것도 있다고 합니다.

최근 조각투자는 아예 조각투자 기업이 주도하여 하나의 작품을 함께 살 사람을 다수 모집합니다. 기업이 나서서 좋은 작품을 선택하고, 기업도 그 작품에 자본을 투자하는 형태로 하여 신뢰를 주기 때문에 컬렉터들에게 인기가 많습니다. 소액주주와 대주주가 주식회사를 공동소유하는 개념이나 대형 부동산을 소유한 부동산 투자회사법인(리츠)의 주식을 보유하는 것과 비슷합니다. 2021년에 공동구매시장은 벌써 501억원 규모로 성장했다고 합니다.

조각투자는 장점이 많습니다.

① 우선 원래 미술품은 잘게 썰어서 매매할 수 있는 것이 아니기 때문에, 미술품에 투자하려면 일정 규모 이상의 자금이 필요합니다. 그 중에서도 유명하고 좋은 작품에 투자하기 위해서는 큰 돈이 필요하여, 미술품 투자는 부자들의 취미로 불리기도 합니다. 하지만 조각투자는 여러 투자자가 힘을 합하기 때문에 적은 자금으로도 안정성이 높은 작품에 투자할 수 있습니다. 따라서 안목은 있지만 자금이 부족한 투자자에게 제격입니다.

② 반대로, 자금은 많지만 안목이 부족한 투자자에게도 좋습니다. 미술품에 투자할 때는 고려할 점이 한둘이 아닙니다. 작가가 시장에서 통하는지, 작품 가격이 떨어지지는 않을지, 비싸게 사는 것은 아닌지, 위작은 없는지, 관리소홀로 훼손되는 것은 아닌지 걱정입니다. 하지만 작품 공동구매에서는 회사에서 리스크에 대해 철저한 분석을 거치고, 잘 관리하기 때문에, 개인이 투자하는 것보다는 안전합니다.

③ 미술품 조각투자는 사람들로 하여금 미술에 대해 관심을 갖게 하고 컬렉팅 경험을 할 수 있게 해줍니다. 조각투자를 해 본 투자자는 미술에 애착을 갖고 장차 컬렉터로 성장할 수도 있습니다. 보다 용이하게 미술시장에 자본이 유입되도록 하여, 미술 시장을 성장시키고 종사자들에게 많은 기회를 제공하는 것도 장점입니다.

하지만 조각투자라고 해서 다 좋은 점만 있는 것은 아닙니다.

① 우선 작품에 조각투자했다고 해도 작품을 배타적으로 즐길 수 없습니다. 실물을 눈으로 한 번 보지도 못하고 투자하는 경우가 대부분입니다. 이런 아쉬움을 달래주기 위해 공동구매 회사가 전시실을 마련해놓고, 작품 지분권자에게 공개하는 식으로 즐길 수 있게 하는 경우도 있습니다.

② 다음으로 작품을 마음대로 처분할 수가 없습니다. 온전히 내 작품이라면 작품을 살지 팔지 자녀에게 물려줄지 모두 내가 정하고, 가격도 내가 정합니다. 그렇지만 조각투자하는 작품은 매수가격과 매도가격이 정해져 있습니다. 매도하는 시점도 다수결로 정하게 되어 있습니다. 그래서 작품에 대한 가격과 취득/양도 시점을 마음대로 정할 수 없습니다. 투자금 회수까지 얼마나 걸릴지 알 수 없습니다.

(2) 조각투자와 자본시장법

1) 쟁점

조각투자를 간단하게 본다면 별로 어려울 것이 없지만, 깊이 파고들기 시작하면 골치 아픈 문제가 발생합니다.

예를 들어 여러 투자자가 출자하여 주식회사를 설립하고, 주식회사가 출자금으로 빌딩을 매수하여 임대, 매매하는 사업을 하는 것은 우리나라에서 얼마든지 가능하고 흔한 모습입니다. 그런데 그 투자자들이 지분별로 배당을 받고, 주식을 매매하고, 그것을 시장에 공개하고, 기업끼리 인수 합병 분할을 하는 등의 행위를 하기 시작하면서, 거래안전과 질서를 위한 규제의 필요성이 생겼습니다. 우리나라에서는 그러한 내용을 [자본시장법] 등으로 규제하고 있습니다.

그렇다면 미술품 조각투자도 수익을 배분하거나, 지분을 매매하거나 하는 과정에서 주식회사와 비슷한 모습을 보이기 때문에 [자본시장법]의 규제를 받아야 하는지가 중요한 이슈가 되었습니다.

① 이 내용이 조각투자 기업에게 중요한 이유는, 만약 조각투자 지분이 [자본시장법 제3조]의 [금융투자상품]에 해당하는 경우, 금융위원회의 영업인가를 받아야 하고, 자본시장법의 규제를 적용받기 때문입니다. 그렇게 되면 회사에 규제부담이 커지고 투자가 경직될 위험이 있었습니다.

[금융투자상품]이란 이익을 얻거나 손실을 회피할 목적으로 현재 또는 장래의 특정 시점에 금전, 그 밖의 재산적 가치가 있는 것(이하 "금전등"이라 한다)을 지급하기로 약정함으로써 취득하는 권리로서, 그 권리를 취득하기 위하여 지급하였거나 지급하여야 할 금전등의 총액(판매수수료 등 대통령령으로 정하는 금액을 제외한다)이 그 권리로부터 회수하였거나 회수할 수 있는 금전등의 총액(해지수수료 등 대통령령으로 정하는 금액을 포함한다)을 초과하게 될 위험(이하 "투자성"이라 한다)이 있는 것을 말합니다.[34]

---

34 자본시장과 금융투자업에 관한 법률 제3조 제1항

② 이 내용이 컬렉터에게 중요한 이유는, 그림에 대한 지분이 [자본시장법상 금융투자상품] 중 [지분증권]이나 [출자지분]에 해당하는 경우, 미술품을 양도하는 것처럼 기타소득을 적용할 수 없고, 투자수익에 대해 2025년부터 [금융투자소득]으로 과세하게 되기 때문입니다.

미술품 조각투자 특징을 살펴보면, ① 일단 수인이 미술품을 공유하고 있는 형태입니다. ② 각 컬렉터가 자기의 지분을 다른 사람에게 양도할 수 있는지는 플랫폼마다 다릅니다. 어떤 플랫폼은 지분 매도를 금지하고, 회사에게 매수청구를 할 수도 없게 하지만, 어떤 공동구매 플랫폼은 컬렉터들간에 지분을 매매하는 것을 가능하게 하는 경우도 있습니다. ③ 투자금을 회수하는 방법은 미술품을 매도하는 수밖에 없는데, 미술품을 매도하려면 컬렉터들이 다수결 투표에 부쳐 과반수가 동의해야 합니다. 어떤 공동구매 플랫폼은 작품가격이 일정 이상 상승하는 경우 플랫폼에 매도권한을 일임하는 것처럼 하여 플랫폼이 처분행위를 하기도 합니다.

이 형태는 [지분증권(주식)]과 비슷하기도 하고 다르기도 합니다. 그래서 현재로서는 미술품 공동구매업을 [금융투자업]으로 볼지 뚜렷하게 구분하기 어려운 상황입니다.

2) 판정

2022년 초 조각투자 회사들은, 미술품 조각투자가 자본시장법의 적용을 받는 대상이 아니며, 민법상 공유재산을 사고 파는 것에 불과하다는 주장을 펼쳤습니다. 아래는 열매컴퍼니의 대표님 인터뷰 내용을 발췌한 것입니다.

단돈 만원으로도 명작 소유… 미술품 공동 구매의 매력

Q : 분할소유권을 자본시장법상 증권으로 보느냐의 문제가 첨예한데.
A : "우리는 증권성이 거의 없다. 회사가 사들인 미술품을 같이 살 사람을 모아서 갖고 있다가 파는 것뿐, 토큰을 발행하거나 사인 간에 소유권을 거래할 수 없기 때문에 자본시장법이 아니라 민법의 적용을 받는다. 후발 플랫폼은 거래소를 두지만, 우리는 현행법에 최대한 맞춰서 사업하려고 한다. 공유자산이 된 미술품을 리스크 없게 잘 관리하고 처분해서 이익을 남기려는 목적에 집중하고 있다." (유주현 기자, 중앙SUNDAY, 2022.03.05)

그런데 미술품보다 먼저 유명해진 음악저작권 조각투자 플랫폼에 대해서는 금융당국이 자본시장법의 규제를 적용하려는 분위기가 나타났습니다. 미술품 조각투자에 중요한 참고는 되었지만 차이도 있었습니다. 음악저작권 플랫폼은 ① 작품에 대한 소유권이 아닌 저작권료 참여청구권(수익에 대한 권리)을 거래한다는 점 ② 미술품 조각투자가 대부분 지분 매매를 금지하는 것과는 달리 저작권자들 사이에서 매매를 가능하게 하는 플랫폼이었다는 점입니다.

뮤직카우, '증권' 가닥… '100만 플랫폼' 거래중단 위기

(생략) 11일 금융당국과 금융투자업계에 따르면 금융위원회·금융감독원 등 금융당국은 최근 자문위원으로 구성된 증권성검토위원회 제3차 회의를 열고 의견 수렴을 거쳐 뮤직카우의 저작권료 참여청구권에 대해 '증권'으로 잠정 결론을 내렸다. 추후 증권선물위원회(증선위)에 안건을 상정해 증권으로 인정이 확정되면 뮤직카우는 거래를 중단하는 상황에 놓이게 된다. 금융위원회 관계자는 "의견수렴 결과 등을 토대로 금융위 법령해석심의위원회, 증선위 논의를 거쳐 증권성 여부가 최종 결정될 것"이라며 "아울러 금융당국은 실제 투자자들이 음원 저작권에 직접 투자하는 것으로 잘못 알고 있는 경우도 많아 판매 과정에서 문제의 소지도 있다고 보고 있다"고 말했다.(이하 생략)

(류병화 기자, 뉴시스, 2022.03.11)

2022년 7월이 되자, 서울옥션블루(소투), 열매컴퍼니(아트앤가이드), 테사, 아트투게더는 미술품 조각투자 플랫폼들은 규제를 완화해달라는 취지에서 혁신금융서비스 신청에 나섰습니다. 이전까지는 증권성을 부정하는 방향으로 주장을 펼치다가, 분위기를 바꿔 증권성을 인정하고 사업을 다각화하는 방향으로 나아간 것입니다. 대신 주식처럼 까다롭지 않게 규제 완화를 요구했습니다.

하지만 주식처럼 주주간에 원활하게 매매는 되지 않고, 회사를 향하여 청산할 수 있는 권리(채권적 청구권)만을 주장할 수 있도록 하면서, 예외적으로 회사의 승낙을 얻어 매매가 가능하도록 하였습니다. 자본시장법상 [투자계약증권]에 가까운 개념입니다.

(생략) 미술품 공동투자 플랫폼 4곳이 투자 서비스로서의 정체성을 확고히 하고자 혁신금융서비스(규제 샌드박스) 신청에 나선다. 단순히 투자자들 돈을 모아 미술품을 매입하는 것뿐 아니라 작품을 수익증권화 또는 지분화해 발행한 뒤 투자자들이 이를 자유롭게 거래할 수 있는 거래소 역할까지 수행하기 위해서다. 이들이 증권 투자의 정체성을 받아들이면서 국내 '아트 테크(미술작품 재테크)' 시장이 보다 활성화될 수 있을 지에 관심이 쏠린다. 미술품 공동투자 플랫폼 '소투'를 운영하는 서울옥션블루는 이르면 이달 초 금융위원회에 혁신금융서비스 신청시를 제출할 예정이라고 1일 밝혔다. 서울옥션블루는 국내 최대 미술 경매 기업 서울옥션의 자회사로, 작년 4월부터 소투 서비스를 개시했다. 지난달 29일 '아트앤가이드' 운영사 열매컴퍼니가 업계 최초로 혁신금융서비스를 신청한 바 있으며, 아트투게더와 테사 역시 준비 중에 있다고 밝혔다.
당국이 조각투자 가이드라인을 제시한 두 달 전만 해도 미술품 조각투자 업체들의 혁신금융서비스 신청 가능성은 낮게 점쳐졌다. 실물자산을 공동 구매하고 실제 소유권을 나눠갖는 사업 모델 특성상 민법과 상법의 기존 틀 안에서 사업 영위가 가능하다고 자체 판단하는 분위기였기 때문이다. 금융위원회는 지난 4월 말 증권성을 띠는 조각투자 업체들에 정식으로 증권업 인가를 받거나 혁신금융서비스 신청하도록 요구한 바 있다. 하지만 사업 다각화 및 투자자 보호 측면에서 증권성을 인정하고 혁신금융서비스를 신청하는 것이 낫다는 쪽으로 분위기가 기울었다. 한 업계 관계자는 "투자자 보호 규제가 민법과 상법보단 자본시장법 쪽이 훨씬 강하고 우리 입장에서도 고객을 보호하는 게 중요한 이슈다보니 아예 증권으로 들어가버리자 판단한 것"이라며 "가이드를 받은 건 아니지만 모든 업체들이 자체적으로 사업 운영의 리스크를 줄이기 위해 그렇게 판단한 것 같다"고 설명했다. (이하 생략)　　　　　　　　　　　　(우연수 기자, 뉴스토마토, 2022.07.01)

2023년 2월 무렵이 되자, 조각투자 업계에서는 [증권형 토큰(토큰증권 Securities Token, ST)]을 접목시키려는 새로운 시도가 나타났습니다. 금융위원회에서 ST를 증권으로 인정하고 가이드라인을 발표했기 때문입니다. ST는 분산원장 기술이 적용되어 위변조 위험에서 안전할 뿐만 아니라, 거래비용이 낮은 장점이 있었습니다. 게다가 혁신금융이라는 트렌드에도 어울리기도 하였습니다.

내년부터 부동산, 미술품, 지식재산권 등 다양한 자산에 대한 조각투자가 대폭 활성화할 전망이다. 정부가 제도권 밖에 있던 토큰증권(ST)의 합법화를 추진하고 나섰기 때문이다. ST를 허용하면 대부분의 유·무형 자산을 증권화해 매매할 길이 열릴 것으로 금융투자업계는 예상했다.

5일 금융위원회는 ST 발행 허용을 골자로 한 'ST 발행·유통 규율체계 정비 방안'을 발표했다. ST는 블록체인 등 분산원장 기술을 활용해 발행한 증권이다. 금융위는 ST를 전자증권법상 증권으로 인정하고, 일정한 요건을 갖춘 발행인은 증권사 등을 통하지 않고 직접 ST를 발행할 수 있도록 할 방침이다. 요건을 갖추지 못한 소규모 발행은 증권사를 통해 가능하다. ST 거래를 위한 장외 유통 플랫폼도 도입할 예정이다. 증권신고서를 제출하고 투자자 보호 장치를 마련해야 한다는 점은 기존 증권과 동일하다. 금융위는 이를 위해 올해 상반기 전자증권법과 자본시장법 개정안을 국회에 제출할 계획이다. 비트코인 같은 가상자산은 국회가 입법을 추진하는 디지털자산기본법을 통해 별도로 다룬다. 금융위 관계자는 "이르면 내년 ST 생태계가 형성될 것으로 기대한다"고 말했다.

(서형교 기자, 한국경제신문, 2023.02.05)

그 뒤로도 많은 우여곡절이 있었습니다. 미술품 조각투자 플랫폼 투게더아트가 증권신고서를 제출했다가, 작품의 가격이 적절한지, 그 가격을 측정한 모회사와 이해상충관계는 없는지 지적을 받다가, 자진철회한 적도 있었습니다. 하지만 2023년 12월, 열매컴퍼니, 투게더아트, 서울옥션블루 3곳에서, 쿠사마야요이의 작품과 앤디워홀 작품으로 공모를 추진하기에 이르렀습니다.

이달 나오는 '조각투자 1호 그림'… 청약 흥행 성공할까

4일 금융투자업계에 따르면 열매컴퍼니, 투게더아트, 서울옥션블루 등 미술품 조각투자업체 세 곳은 지난달 하순부터 이달 초순 금융감독원에 '투자계약증권 증권신고서'를 나란히 제출했다. 금융당국의 정정 요청을 받지 않는다면 오는 18일부터 순차적으로 청약이 시작된다. 업계에선 연내 최초의 승인 사례가 나올 것으로 기대하고 있다. 조각투자는 소액으로 실물자산에 투자할 수 있는 방법이다. 2020년 이후 미술품, 음악저작권, 부동산, 한우 등으로 확산했지만 투자자 보호 장치가 미흡하다는 문제점이 꾸준히 제기돼왔다. 이에 금융당국은 지난해 조각투자를 금융투자상품의 종류인 증권으로 인정하고 합법적인 사업 근거를 마련했다. 이번에 제출된 증권신고서는 금융당국의 이런 조치 이후 첫 승인 대상이라는 점에서 주목받고 있다. '조각투자 1호 공모' 타이틀을 선점하기 위한 경쟁이 벌어지면서 증권신고서 제출이 몰렸다는 분석이다.

조각투자업체들은 공모 흥행을 위해 국내에서 인지도 높은 아티스트의 작품을 기초자산으로 선정했다. 열매컴퍼니와 투게더아트는 일본 아티스트인 쿠사마 야요이의 캔버스화 '호박'을 기초자산으로 정했다. 투게더아트는 2002년 작품으로 11억8,200만원을, 열매컴퍼니는 2001년 작품으로 12억3,200만원을 공모한다. 두 작품은 제작 연도와 캔버스 사이즈, 구도가 비슷하다. 쿠사마는 '수학 1타 강사' 현우진 씨가 2021년 120억원 규모의 작품을 사들이면서 국내에 널리 알려진 예술가다. 케이옥션 관계자는 "쿠사마의 작품은 국내 미술 시장에서 최근 5년간 약 1026억원의 판매 총액을 기록했고 평균 낙찰률이 76%로 높아 자산 가치를 측정하기 수월한 편"이라며 "환금성과 투자 가치 측면에서 조각투자 대상으로 선호되고 있다"고 설명했다. 서울옥션블루는 모회사인 서울옥션에서 매입한 앤디 워홀의 '달러 사인'을 기초자산으로 선정했다. 공모금액은 7억원이다.

(전예진 기자, 한국경제신문, 2023.12.04)

2024년 3월, 열매컴퍼니, 투게더아트, 서울옥션블루의 청약이 마무리되었습니다. 100% 청약 달성을 하지는 못했고, 4%~17.9%의 실권주가 발생하였습니다만, 나쁘지 않다는 평가가 나왔습니다.

[마켓인] 미술품 조각투자 줄줄이 청약 미달… 외면받는 이유는

29일 토큰증권발행(STO) 업계에 따르면 국내 미술품 조각투자 업체들이 발행한 투자계약증권은 모두 청약 미달을 기록했다. 최초로 청약을 진행한 열매컴퍼니의 아트앤가이드는 17.9%의 실권주가 발생하면서 청약 미달을 기록했다. 소투(서울옥션블루)와 아트투게더(투게더아트) 역시 각각 13.1%, 4%의 실권주가 발생해 100% 청약 달성에 실패했다.

이들이 줄줄이 아쉬운 성적을 내는 것은 미술품 시장의 침체 영향 때문이라는 분석이 나온다. 시장 침체로 단기간 내에 미술 작품의 가격이 오를 것이라는 기대가 크지 않으니 조각투자 상품에 대한 관심도 저조하다는 것이다. 실제로 아트바젤과 UBS가 펴낸 '미술시장 2024' 보고서에 따르면 세계 미술시장 규모는 지난해 650억 달러(한화 약 85조원)로 전년 대비 4% 감소했다.

미술품 조각투자 상품은 중도환매가 불가능하다는 점도 시장 활성화 지연의 원인으로 꼽힌다. 미술품, 한우 등 조각투자 상품은 투자계약증권이기 때문에 2차 유통이 되지 않는다. 부동산 조각투자 상품은 금융위원회 혁신금융서비스로 지정된 신탁수익증권으로 자사 플랫폼에서 유통이 가능하다는 점과 대비된다. 혁신금융서비스가 아닌 미술품 조각투자 상품은 투자계약증권이기 때문에 복잡한 공모 준비 과정을 거친다. 발행 시 제출해야 하는 증권신고서 분량이 200여 페이지에 달해 상당한 시간과 비용이 소모된다. 혁신금융서비스로 지정되면 신탁수익증권으로 발행이 가능하고 증권신고서 분량은 20페이지 정도로 축약할 수 있다.

투자자 입장에서 미술품 조각투자는 접근성이 떨어진다는 우려도 나온다. 연동된 증권사 계좌로만 거래가 가능하고, 플랫폼마다 새로운 계정을 만들어야 한다는 불편함이 따른다. 증권사 계좌 대신 가상계좌를 도입해 투자자 진입장벽을 낮춘 곳도 있지만 부동산 조각투자와 비교했을 때 미술품은 여전히 투자 접근성이 낮다는 평가다.

(김연서 기자, 이데일리, 2024.03.30)

2024년 4월, 투게더아트의 2번째 청약이 마무리되었습니다. 조지 콘도의 작품으로 청약에 나섰지만, 16.6%의 실권주가 발생하였습니다.

'장밋빛 전망' 미술품 조각투자, 청약 2호도 미달… 인기 더 줄어

7일 금융감독원 전자공시 시스템에 따르면 미술품 조각투자 플랫폼 아트투게더가 지난 달 26일부터 1주일간 진행한 '2회차 미술품 투자 계약증권'이 100% 청약 달성에 실패했다. 미국 현대미술 거장 조지 콘도의 '더 호라이즌 오브 인새너티(The Horizon of Insanity)'가 기초자산인 공모를 했는데, 일반청약 9252주 중 7715주만 청약되며 16.6%가 미달했다. 앞서 1호 조각투자 상품으로 선보인 구사마 야요이의 2002년 작 '호박(Pumpkin)'이 95.37%를 기록한 것과 비교하면 청약률이 더 떨어졌다.

(유승목 기자, 한국경제신문, 2024.04.07)

---

(3) 조각투자와 세금

1) 소득세

① 조각투자를 통해 원금과 수익금을 수령하는 경우, 이것이 무슨 소득인지는 정확하게 명시되지 않고 있습니다. 가장 가까운 것은 [배당소득 – 집합투자기구 소득]입니다.[35] 자본시장법상 집합투자기구란, 집합투자를 수행하기 위한 기구로서, 주식회사도 그 중 하나가 될 수 있습니다.[36] 다만, 미술품의 특성상, 1년에 1회 이상 결산 분배하는 것이 아니므로, 배당소득과 좀 맞지 않는 면도 있습니다.

② 컬렉터들의 집합체로 보고 [기타소득 – 미술품에 대한 양도소득]으로 보는 의견도 있습니다. 이것이 셈법으로는 가장 유리합니다. 비과세 대상도 폭넓고, 설령 과

---

35 소득세법 제17조 제1항 제5호
36 자본시장법 제9조 제18항 제2호

세가 된다고 하여도 세액이 적습니다. 실무에서는 이 의견을 주장하는 듯합니다.

③ 조각투자를 [금융투자소득－투자계약증권의 양도소득]으로 볼 수도 있을 것 같습니다. 최근 청약에 나선 회사들이, 자본시장법상 [투자계약증권]이라는 용어를 자주 표현하고 있기 때문입니다.

[투자계약증권]의 양도로 발생하는 소득은 금융투자소득의 일종입니다.[37] 2025년 전까지는 과세되지 않지만, 2025년부터 과세될 것으로 보입니다.

2) 증권거래세

현행 증권거래세법상 대상이 아닙니다.

3) 부가가치세

현행 부가가치세법상 ① 투자의 일종으로 보거나, ② [투자계약증권]으로 보는 경우 부가가치세 과세대상이 아니며, ③ 설령 미술품 양도 기타소득으로 본다 해도, 부가가치세 면세 대상입니다.

> ● 부가 46015-24, 2002.01.05
>
> 사업자 A가 자사 인터넷사이트를 통하여 투자자로부터 자금을 모집하여 당해 사업자 명의로 사업자 B(사업자 A와 제3자의 공동사업)의 영화사업에 투자하고 추후 사업자 B로부터 수령하는 투자원금과 이익은 부가가치세 과세대상이 아닌 것입니다.

---

37 소득세법 제87조의6 제1항 제3호

4. 재판매보상청구권과 세금

(1) 서론

2023년 7월에 공포된 미술진흥법에서 가장 중요한 내용은 [재판매보상청구권]입니다. 미술시장에 끼치는 파급력을 고려하여, 시행을 4년동안 미루고 의견 수렴과 제도 구축을 위한 시간을 벌었습니다. 이 개념은 2020년 11월에 발표된 우리나라 [제3차 저작권법 전부개정안]에서 등장한 [추가보상청구권]이라는 개념을 미술에 한해 구체화한 것이기도 합니다.

[재판매보상청구권]은 유럽에서는 [추급권(Artist's Resale Right, Droit de suite)]으로 불립니다. 예술가의 작품이 2회 이상 재판매될 경우 일정 비율의 수수료를 예술가나 유족들에게 돌려주는 제도를 말합니다. 영국에서는 작품가격에 따라, 50,000유로 미만 4%∼500,000유로 이상 0.25%를 추급권 로열티로 정하고 있다고 합니다.

추급권은 1920년 프랑스가 가장 먼저 도입했으며, 2001년 9월 [유럽연합 국가 간 통일 추급권]이 채택되어 현재 모든 EU 회원국이 추급권 제도를 도입하였다고 합니다. 국제적으로 가장 영향력 있는 저작권 협약, 베른협약에도 추급권에 관한 규정이 있다고 합니다. 그러나 미국에서는 캘리포니아 주에서만 입법했다가 현재는 효력을 잃은 상태입니다. 이 권리는 추급권을 법적으로 인정한 국가의 작가만이 누릴 수 있고, 작가 사후 70년까지 보호됩니다.

우리나라에서 최초로 추급권 도입을 논의한 것은 2007년 한 EU FTA 협상을 하던 때입니다. 화가와 미술협회는 90% 이상이 찬성했지만, 갤러리와 경매회사는 반대했습니다. 그 이후 지속적인 논의를 거치다가 미술진흥법에 포함되어, 2023년 7월 공포에 이르렀습니다.

재판매보상청구권의 행사를 뒷받침하기 위해 [미술진흥법]에서는 미술진흥전담기관을 지정하여 정보를 제공하도록 하는 조항도 마련하였습니다. 또한 케이옥션은 미술진흥법 통과 3일만에, 미술품 종합유통체계 [K-OFFICE]를 통해 재판매보상 시스템을 준비할 것이라 밝혔습니다.

왜 이런 제도가 필요할까요?

어문저작물은 책의 형태로 대량복제 인쇄되고, 저작자는 책이 팔릴 때마다 인세를 받습니다. 음악저작물은 음을 복제하고 연주하는 때마다 작곡가가 저작권료를 받습니다. 영상저작물은 파일을 여러 번 재생하거나, 여러 채널을 통해 상영할 때마다 관람료 중 저작권료를 나눠받습니다. 따라서 이런 저작물들은 희소성이 시장성으로 연결되지는 않습니다.

하지만 미술저작물과 사진저작물, 건축저작물은 작품이 복제될 때마다 원본의 희소성이 감소하여 가치를 떨어뜨립니다. 그래서 공급이 매우 한정적이고 원본의 희소성이 곧 시장성으로 연결됩니다.

상황이 이렇다 보니, 다른 저작권자는 저작권을 복제, 공연, 공중송신 하도록 허락하여 반복적으로 수익을 획득할 수 있지만, 미술저작자는 단 1회 저작물을 판매함으로서 수익을 얻어야 합니다. 물론 최근에는 미술저작물의 형상을 토대로 2차적 저작물을 제작하는 경우도 흔하지만, 그래도 여전히 원본이 거래되는 미술시장이 핵심입니다. 그래서 저작자가 원작품을 양도하고나면 그 작품이 시장의 인정을 받는다고 해도 보상이 배분되지 않는 문제가 있었습니다.

추급권은 이런 한계를 보완해 작가에게 적절한 보상을 제공하고 신진 작가들에게 인센티브를 제공하고자 하는 목적에서 도입되었습니다. 그 밖에도 유족들이 작가의 유산을 관리하는 비용을 충당할 수 있다는 점, 거래의 기록이 투명해질 수 있다는 장점이 있습니다.

하지만 단점이나 무용론도 만만치 않습니다.

추급권은 작품이 2회 이상 매매되는 경우를 상정하고 있는데, 실제로 1차 판매로 힘든 신진작가에게는 별로 도움이 안 되는 제도입니다.

그리고 추급권이 도입되면 작품을 팔 때 작가에게 재판매보상금을 지급해야 하므로, 그만큼 작품가액이 높아지고, 수요는 줄어들게 됩니다.

추급권을 행사하려면 작품이 어떤 경로를 통해 얼마에 유통되고 있는지를 모니터링할 수 있어야 하므로, 갤러리들에게 시스템 마련의 부담을 주고, 정부 행정력에도 부담을 줍니다.

마지막으로 컬렉터들이 매매이력이 드러나는 걸 꺼려 미술시장이 위축되거나 음성화된다는 점이 꼽힙니다.

(2) 미술진흥법

미술진흥법에 의하면, 작가는 미술품의 소유권이 작가로부터 최초로 이전된 이후 미술품이 재판매되는 경우 재판매보상금을 청구할 수 있는 [재판매보상청구권]을 갖게 됩니다. 재판매보상청구권은 오직 최초의 저작자에게만 부여되어 타인에게 양도할 수 없지만, 작가 사후 30년간 존속되므로 법정상속인은 상속받아 행사할 수 있습니다. 작가보상금의 요율은 대통령령으로 위임하여 아직 정해지지 않았습니다.

단, 예외적으로 ① 재판매가액이 500만원 미만인 경우, ② 업무상저작물인 미술품의 경우, ③ 컬렉터가 원작자로부터 직접 취득하여 3년 이내에 재판매하면서 재판매가액이 2000만원 미만인 경우에는 제외합니다.[38]

한편 재판매보상청구를 작가가 일일이 챙기는 것은 거의 불가능하기 때문에, 음악저작권협회처럼 재판매보상금을 전문적으로 징수하고 분배하는 기관(미술진흥 전담기관)도 출범할 예정입니다.[39]

여기서 중요한 내용이 있는데요, 재판매가 이루어질 때마다 보상금이 발생한다면,

---

38 미술진흥법 제24조
39 미술진흥법 제25조

재판매가 추적이 된다는 의미가 됩니다. 재판매 추적의 기초가 되는 것이 [정보제공청구권]입니다.[40] 미술진흥법에 의하면 미술진흥 전담기관은 미술품 유통업자에게 재판매에 대한 정보를 요청할 수 있습니다. 이로서 부동산이나 주식과 같이 미술품의 유통도 모니터링이 되는 시대가 오는 것이 아닐까 생각합니다.

(3) 재판매보상청구권과 세금

1) 소득세

미술품재판매에 대한 작가보상금 소득은 어떻게 판단할까요? 우리나라는 미술진흥법이라는 별도 법률로 다루지만, 유럽의 추급권은 저작인격권의 일종으로 이해하고 있습니다. 또한, 미술진흥법에서 미술을 [작가의 사상, 감정이나 예술적 경험을 회화, 조각, 판화, 미디어아트, 설치미술, 행위예술, 응용미술 등 시각적 매체를 이용하여 표현하는 것]이라고 정의하는데,[41] 이는 저작권법의 저작자 정의와 거의 일치합니다. 따라서 세법에서는 작가의 재판매보상금 소득을, 기존 저작권 소득의 일부로 보지 않을까 예상하였습니다.

그러던 차, 2023년 1월, 본격적인 재판매보상청구권 도입에 앞서, NFT 분야에서 관련 세법을 미리 예측해볼 수 있는 해석이 등장했습니다.

앞서 설명드렸지만, NFT가 사용하는 블록체인 기술은 중요한 특징을 가지고 있습니다. 이더리움 블록체인은 데이터의 변동(트랜잭션)을 차례로 블록으로 저장하고, 블록을 서로 연결하여 체인을 만듭니다. 따라서 최초 NFT의 발행자부터 NFT가 이동된 내역이 모두 NFT 안에 내장됩니다. 그래서 처음 NFT를 만들 때에 NFT 작품이 팔릴 때마다 최초의 작가에게 수익이 지급되도록 구조를 설계(스마트 컨트랙트)하는 것도 가능합니다. 최초의 작가와 유통기록을 쉽게 파악할 수 있고, 매매가 될 때마다 별도의 징수절차 없이 최초의 작가에게 코인이 지급되도록 설계

---

40 미술진흥법 제26조
41 미술진흥법 제2조 제1호

하면 되기 때문입니다.

서면질의에 따르면, NFT가 최초발행 된 이후, 거래플랫폼에서 매매될 때마다 매매 당사자에게 수수료를 수취하여 최초발행자에게 지급하면, 그것은 [기타소득]이라고 합니다. 아쉽게도 이것이 왜 기타소득인지 자세히 설명하고 있지는 않습니다.

• 서면법규소득 2022-2671, 2023.01.25

[제목] NFT 거래 플랫폼업자가 거래수수료 중 일부를 개인발행인에게 지급하는 경우의 원천징수의무의 존부

[요약] NFT 거래 플랫폼 운영사업자가 NFT 거래당사자로부터 수취하는 거래수수료 중 일부를 개인발행인에게 지급하는 경우 원천징수대상 기타소득에 해당함

[질의]
(사실관계)
• NFT의 발행자인 개인(이하 "개인발행인")은 질의법인이 운영하는 'AAA NFT' 플랫폼 내 'Drops' 페이지(이하 "발행시장")를 통해 한정된 수량의 NFT를 최초 민팅*·배포한 후 발행시장에서 NFT의 소유권을 취득한 자는 "디지털 저작물"을 비상업적인 용도로 사용(개인 SNS내 업로드하는 행위 및 디지털 저작물 원본 그대로 개인적 용도로 사용하는 행위)할 수 있는 권리를 가지며 해당 플랫폼의 'MMM' 페이지(이하 "유통시장") 등을 통해 보유하고 있는 NFT 소유권을 타인에게 이전할 수 있는 권리를 갖게 됨. 다만, 개인발행인은 유통시장에서의 NFT 소유권 이전거래에 대해 개입하지 않음.
<u>위와 같이 유통시장에서의 NFT 양도거래가 발생하는 경우, 질의법인은 거래플랫폼 운영 및 거래지원 수수료로서 NFT 양도자와 양수자로부터 판매대금의 0.0%에 해당하는 수수료를 각각 수취하고 유통시장에서 발생한 거래수수료(판매대금의 총 0%)의 00%(결국 판매대금의 0%, 이하 "쟁점수수료")를 거래 발생시마다 해당 NFT의 개인발행인에게 지급함.</u> 한편, 본건 NFT는 연계된 디지털 컨텐츠의 소유권이 있음을 증명하는 데 활용되나, NFT가 그 연계된 디지털 컨텐츠의 저작권을 의미하는 것은 아님 (민팅(minting) : 원래 동전과 같은 법정화폐의 주조의 뜻을 가진 단어이나, 최근에는 NFT에서 블록체인 기술을 활용해 디지털 콘텐츠에 대해 대체불가능한 고유 자산 정보를 부여해 가치를 매기는 작업을 의미함)

(질의내용) NFT 거래 플랫폼 운영사업자가 NFT 거래당사자로부터 수취하는 거래수수료 중 일부를 개인발행인에게 지급하는 경우의 원천징수의무의 존부

[회신] 본 건 쟁점수수료는 원천징수대상 기타소득에 해당합니다.

소득세법의 기타소득 과세대상은 열거주의를 취하고 있습니다. 열거된 것만 과세하고 열거되지 아니한 것은 과세하지 않습니다. 그런데 재판매보상청구권 개념은 2023년 7월에서야 미술진흥법에 포함되었으므로, 2023년 1월의 해석 당시 소득세법에 재판매보상 수익이 열거되어 있었을 리가 없습니다. 그런데도 과세대상이 아니라고 말하지 않고, 기타소득으로 과세한다고 보았다면, 현존하는 기타소득 중 어느 하나로 포섭한다는 말이 됩니다.

가장 가능성이 높은 것은 [소득세법 제21조 제1항 제15호 다목－미술·음악 또는 사진에 속하는 창작품에 대하여 받는 대가]입니다. ① 예술작품에서 창출되었고, ② 원작자의 자격으로 받았고, ③ 작품에 대하여 받는 대가였기 때문입니다.

그렇다면 15호 소득은 60%의 의제경비를 적용할 수 있는 바, 나머지 40%에 대한 22%인 8.8%가 원천징수세율이 됩니다. 또한, 이 소득이 750만원(기타소득금액 300만원)에 달할 때까지, 분리과세를 선택 적용할 수 있어, 본업으로 인한 소득과 합산과세할 필요는 없고, 거래소가 원천징수한 금액으로 납세의무가 끝나겠습니다.

한편 또 다른 의문이 생기는데요, 원래 소득세법의 체계에서 개인 소득은 영리를 목적으로 자기의 계산과 책임으로 계속 반복적으로 행하여 얻어지는 경우에는 포괄적으로 [사업소득]으로 구분하고, 사업소득이 아닌 경우이면서 열거한 경우에는 [기타소득]으로 합니다. 사업소득은 경비를 60%까지 인정해준다든가, 소득금액 300만원까지 분리과세를 해준다든가 하는 혜택이 없습니다. 그래서 대체로 기타소득이 유리하지만 먼저 사업소득 여부를 판정한 다음에 사업소득이 아니면 기타소득으로 되도록 정해져 있어 기타소득이 후순위입니다.

그렇다면, 해석에서는 왜, [계속 반복적으로 소득을 얻으면 사업소득, 우연히 일시적으로 소득을 얻으면 기타소득]이라고 표현하지 않고 단언하듯이 [기타소득에 해당한다]고만 했을까요? 제가 생각하기에 이유는 2가지입니다.

① 추급권 소득이 발생하려면 컬렉터가 서화를 양도해야 하므로, 컬렉터가 서화를 양도하고 얻은 소득을 기타소득으로 보는 것과 같이, 추급권 소득도 무조건 기타소득으로 한다는 논리 ② 추급권 소득은 작가가 통제하면서 자기의 계산과 책

임 하에 계속 반복적으로 발생시킬 수 없는 소득이므로 사업소득이 될 수 없다는 논리입니다.

아무튼 재판매보상금 소득에 관한 세법은 아직 명확하게 마련된 상태가 아닙니다. 경우에 따라서는 완전히 새로운 논리가 등장할 수도 있습니다. 예를 들어 이자소득이나 배당소득의 일종으로 하여 적은 금액에 대하여는 분리과세로 종결할 수도 있습니다. 기대가 되는 부분입니다.

2) 상속세

재판매보상청구권은 저자 사후 30년간 존속합니다. 상속세 및 증여세법에서는 저작권과 비슷한 평가방법을 사용할 것으로 생각됩니다. 감정평가액이 있으면 1순위가 되겠고, 실무상 [장래의 경제적 이익 등을 고려하여 평가방법에 따라 평가한 금액]으로 되지 싶습니다.

[장래의 경제적 이익으로 평가하는 방법]이란, 장래에 매년 얻게 될 수입을 장래 20년간 얻는다고 가정하고 평가하며, 대신 매년 10%의 할인가치를 적용하여 합한 금액입니다. 저작권이 그랬던 것처럼 20년으로 짧게 끝낼 것 같습니다.[42]

매년 얻게 될 수입이 정해진 경우도 있지만, 대부분은 알 수 없습니다. 재판매보상청구권은 평가기준일 전 3년간 수입의 평균액을 적용하기도 힘들고, 아무리 전문가라도 적절한 가액을 평가하기가 매우 어려울 것으로 생각됩니다.

---

42 상속세 및 증여세법 시행규칙 제19조

5. 인격표지영리권과 세금

법무부	보 도 자 료	정의와 상식의 법치

보도 일시	배포 즉시 보도	배포 일시	2022. 12. 26.(월)
담당 부서	법무실 법무심의관실	책임자	법무심의관 정재민 (02-2110-3164)
		담당자	서 기 관 윤지원 (02-2110-3504)
			법 무 관 홍인기 (02-2110-4264)

인격표지영리권(퍼블리시티권) 신설을 위한 「민법」 일부개정법률안 입법예고

● 법무부는 오늘('22. 12. 26.)부터 사람이 성명·초상·음성 등 인격표지를 영리적으로 이용할 권리('인격표지영리권')를 신설하는 「민법」 개정안을 입법예고합니다(입법예고 기간: '22. 12. 26. ~ '23. 2. 6., 총 40일).

【주요 내용】
▲ 사람이 자신의 성명·초상·음성 등 인격표지를 영리적으로 이용할 권리 명문화
▲ 다른 사람에게 자신의 인격표지의 영리적 이용을 허락할 수 있도록 함
▲ 인격표지영리권자 사망 후에도 인격표지영리권은 상속되어 30년간 존속
▲ 인격표지영리권 침해 시 침해제거·예방 청구권을 인정함

● SNS, 비디오 플랫폼 등으로 누구나 유명해질 수 있고 유명해진 인격 표지를 영리적으로 활용하는 사회적 변화를 반영하기 위하여, 법무부는 '인격표지영리권'을 기본법인 「민법」에 명문화하였습니다.

● 법무부는 입법예고 기간 동안 국민들의 의견을 충분히 수렴하여 최종 개정안을 확정하고, 법제처 심사 및 차관·국무회의 등 개정 절차를 진행하여 2023년 상반기 「민법」 개정안을 국회에 제출할 예정입니다.

(1) 초상권, 퍼블리시티권

1) 초상권 개념

2022년 12월 26일, 법무부에서는 [인격표지영리권]을 포함하는 민법 일부개정법률안 입법예고에 관한 보도자료를 배포하였습니다. 해외에서는 주로 퍼블리시티권이라 불리던 것인데요, 사람의 초상, 성명, 음성 등 자신을 특징짓는 요소(인격표지)를 영리적으로 이용할 권리입니다. 이 권리는 저작권과 유사한 점이 많지만, 법무부는 [창작물이 아니라 사람의 인격표지 자체에 가치를 부여하므로 저작권과 다르다고 확실히 하며 민법으로 포함시킬 예정입니다.

그동안 우리나라에 퍼블리시티권 개념이 없었던 것은 아니고 주로 헌법과 민법이 보호하는 초상권과 연계하여 이해하고 있었습니다. 초상권이란, 넓게는 사람이 자신의 초상에 대하여 가지는 인격적, 재산적 이익을 말하고, 좁게는 인격적 이익을 말하는데, 초상권의 재산적 이익을 퍼블리시티권이라고 이해해왔습니다. 초상권을 침해하여 평판이나 명예를 해치거나, 정신적인 고통을 주는 경우 민법상 손해배상 책임을 인정했습니다.

● 대한민국 헌법 제17조

모든 국민은 사생활의 비밀과 자유를 침해받지 아니한다.

● 민법 제750조

고의 또는 과실로 인한 위법행위로 타인에게 손해를 가한 자는 그 손해를 배상할 책임이 있다.

● 민법 제751조

타인의 신체, 자유 또는 명예를 해하거나 기타 정신상고통을 가한 자는 재산 이외의 손해에 대하여도 배상할 책임이 있다.

① 초상권은 사진이 아니라 그림으로 그리든 조각으로 하든 침해의 여지가 있습니다. 사회일반인이 보아 누구인가를 곧 알 수 있을 정도면 방법이 중요한 것이 아닙니다. 그러면 [캐리커쳐]는 어떨까요? 당연히 사람을 특정하는 것이 전제이므로, 초상권 침해 문제가 생길 수 있습니다. [피규어]은 어떨까요? 역시 마찬가지로 사람을 특정하는 것이 전제이므로 초상권 침해 문제가 생길 수 있습니다. [실루엣]은 어떨까요? 실루엣은 그 사람이 누구인지 알아볼 수 없도록 하는 장치입니다. 일부 눈썰미 좋은 사람들이 그림자만으로 상대를 알아볼 수는 있지만, [사회일반인]이 알아보는 것이 아니므로, 초상권 문제가 생기지 않습니다.

● 서울지방법원 1988.5.11, 87가합6175 판결

초상권이라 함은 얼굴 기타 사회통념상 특정인이라고 식별할 수 있는 신체적 특징에 관하여 이것이 함부로 촬영되어 공표되거나 또는 광고 등에 무단히 사용되는 것을 방지함으로써 초상의 인격가치를 보호하는 것을 내용으로 하는 인격권의 일부라고 할 것이고 따라서 초상의 묘사방법이 사진촬영이든 또는 일러스트레이션과 같은 회화적 방법 등에 의한 것인지 등을 묻지 아니하고 그 보호를 받을 것이지만 초상권은 인간의 외면적인 모습을 그 보호대상으로 하는 것이므로 묘사되어진 초상이 사회일반인이 보아 누구인가를 곧 알 수 있을 정도로 묘사된 경우에 한하여 초상권의 침해를 인정할 수 있다.

---

② 초상권의 이용을 허락하였더라도, 사전에 합의된 목적과 달리 사용하는 것은 초상권 침해가 됩니다. 사전에 합의된 목적대로 쓰더라도, 사진에 찍힌 사람의 명예를 훼손하거나, 의도하지 않은 내용과 함께 게재하여 오해를 일으키는 것도 초상권 침해입니다.

● 서울지방법원 1996.11.22, 95가합114514 판결

초상권이란 인격권의 일종으로서 본인의 동의 없이 무단 촬영을 할 수 없고 촬영 및 공표에 동의한 경우에도 본인이 예상한 것과 다른 방법으로 공표된 경우에는 초상권의 침해가 있다고 할 것인바 (중략) 위 잡지와는 무관한 피고 회사 경영의 위 백화점의 상품판매 광고전단에 위 사진을 사용한 것은 원고들의 초상권을 침해하는 것이라 할 것이다.

이 사건 기사와 함께 게재된 사진의 경우 (중략) 피고들은 여성잡지에 원고의 명예를 훼손시키는 내용의 보도기사를 게재하면서 [비밀]에 수록된 사진 중 비교적 선정적으로 보이는 2매의 사진을 함께 복사, 게재함으로써 이를 보는 독자들로서는 위 사진을 원고의 부정한 추문을 내용으로 하는 기사의 일부로 인식하여 전체적으로 보아 원고의 행실이 좋지 못하다는 강한 인상을 받게된다 할 것이니, (중략) 초상권을 침해한 것이라 할 것이다.

③ 저작권법에서 초상권 문제가 자주 불거지고는 하는데요, 인물을 객체로 하는 미술저작물, 사진저작물, 영상저작물, 어문저작물(실존인물을 주인공으로 삼는 소설)이 있기 때문입니다. 예를 들어 인물사진작가 A가 있고, 피사체 B가 있습니다. A는 B를 찍기 위해, B로부터 초상권 이용 동의를 구해야 합니다. 초상권 문제가 해결되고 [B사진]이라는 저작물이 탄생합니다. 이때 사진저작물의 저작자는 A가 됩니다.

초상권을 기초로 한 저작물의 경우, 원저작물을 기초로 한 2차적저작물과 비슷한 논리로 접근하면 쉽습니다. 만약 A가 B사진을 자기를 위하여 홍보에 활용하거나, 화보집을 만들거나, 사진에 특별한 처리를 하여 미술작품을 만들려고 한다면 초상권자인 B의 동의를 받아야 합니다. C가 그런 작업을 하려고 한다면? B에게는 초상권 동의, A에게는 사진저작물의 저작권 동의를 받아야 합니다.

④ 위탁에 의한 초상화 또는 이와 유사한 사진저작물의 경우에는 위탁자의 동의가 없는 때에는 이를 이용할 수 없다.

2) 퍼블리시티권(인격표지영리권)

초상권이 주로 사람이 자신의 초상에 대하여 가지는 인격적 이익을 의미한다면, 퍼블리시티권은 주로 사람의 성명, 초상, 음성, 서명 등이 창출하는 경제적 이익을 지배하는 권리입니다.

퍼블리시티권은 미국에서 탄생하여 발달한 개념입니다. 미국의 퍼블리시티권은 ① 유명한 사람인지를 묻지 않고 특정 자연인이 주장할 수 있는 권리이고, ② 그 특정인의 '자기동일성(identity : 특정인의 개성이 표출되는 것으로 성명, 외관, 사진, 음성 등)'에 대한 재산적 가치에 주목하여 인정되는 권리로서, ③ 그 자기동일성이 허락 없이 '상업적으로 이용'될 때 이를 통제하거나 금지할 수 있는 권리라고 합니다.[43] 현재 미국 36개주와, 독일, 일본, 중국, 프랑스가 법률 또는 판례에서 퍼블리시티권을 인정하고 있습니다.

우리나라에서 인격표지영리권 도입을 보도하기 전에도, 판례에서 퍼블리시티권은 인정되고 있었습니다. 그러나 한류와 K팝이 세계적인 인기를 얻고, 인스타그램이나 유튜브에서 유명인들이 등장하면서 퍼블리시권의 잠재력에 대한 점차 더 관심이 커지고, 필요성이 대두되었습니다.

• 서울동부지방법원 2016.4.27, 선고 2013가합18880 판결

성명과 초상 등 대중에게 널리 알려진 유명인의 개성은 고객흡입력이 있어 독립한 경제적 가치를 가지는 바, 이와 같이 특정인의 성명, 초상(본인으로서 동일성이 인식될 수 있는 사진, 그림, 초상화, 이미지, 캐릭터 등), 서명, 음성 등이 갖는 경제적 이익이나 가치를 상업적으로 사용·통제하거나 배타적으로 지배하는 권리를 강학상 및 실무상 퍼블리시티권(Right of Publicity)이라 한다. 퍼블리시티권은 이를 명시적으로 규정한 실정법이 존재하지는 않으나, 헌법상의 행복추구권과 인격권의 한 내용을 이루는 성명권에는 사회통념상 특정인임을 알 수 있는 방법으로 성명이 함부로 영리에 사용되지 않을 권리가 포함된다고 할 것인 점, 특정인의 성명 등에 관하여 형성된 경제적 가치가 이미 인터넷 게임업 등 관련 업계에서 널리 인정되고 있다면 이를 침해하는 행위는 그 특정인에 대한 관계에서 민법상의 불법행위를 구성한다고 볼 것인 점, 헌법상 사생활의 비밀과 자유 규정, 지적재산권을 보호하는 저작권법 등의 취지에 비추어 보면, 특정인이 성명이나 초상 등 자기동일성의 상업적 사용에 대하여 배타적으로 지배할 수 있는 권리를 퍼블리시티권으로 파악하기에 충분하고, 이는 인격권과는 독립된 별개의 재산권으로 보아야 할 것이다.

---

43 이영록, 퍼블리시티권에 관한 연구(I) : 그 주체·객체에 대한 미국에서의 논의를 중심으로, 저작권심의조정위원회, 2003, 36쪽

우리나라에서 그간 퍼블리시티권이 인정되기 위해서는 그 사람의 아이덴티티가 경제적 가치를 가질 정도로 유명인이어야 하고, 성명, 초상, 외관, 사진, 음성 등 특정 개인의 프라이버시 및 아이덴티티가 드러나야 한다고 요구해 왔습니다.

① 성명의 예로는, 잘 알려진 코미디언 정형돈씨의 이름을 딴 도니도니 돈까스가 있습니다. 돈까스를 개발하는 야미푸드는 홈쇼핑 등을 통해 돈까스를 팔았는데, '정형돈의 도니도니'라는 표현이 덧붙으면서 큰 부가가치가 생겨났습니다. 이 경우에 정형돈씨의 성명은 상업적 가치가 있었습니다.

② 초상의 예로는, 2017년 포브스지 발표에 의하면 1981년에 사망한 밥 말리는 사후 수입이 약 250억원에 달하는 것으로 평가되었다 합니다. 이것은 밥 말리의 초상을 활용한 굿즈, 밥 말리의 음악성이라는 아이덴티티를 차용하는 음향기기 등의 판매에서 나오는 수입입니다.

③ 사진의 예로는, 마릴린 먼로 케이스가 있습니다. 미국의 마릴린 먼로 카페에는 끝에 TM이라고 트레이드 마크를 붙이는데, 마릴린 먼로의 성명과 사진 등을 이용해 이미지를 구성하고 영업을 하는, 대표적인 퍼블리시티권 행사라고 볼 수 있습니다.

④ 외관의 예로는, 게임회사 넥슨의 전투게임 서든어택에는 연예인을 모델링한 아바타를 판매하기도 하는데, 이것은 연예인의 신체를 상업적으로 활용하는 퍼블리시티권 행사라 할 수 있습니다.

퍼블리시티권은 유명인의 동의를 받고 잘 활용하면, 서로에게 이득이 되지만, 잘못된 방식으로 활용하는 경우 유명인에게 심각한 고통을 줄 수 있습니다. 퍼블리시티권 때문에 일어나는 분쟁 중 유명한 것으로는,

① 2015년에는 한 한의원이, 광고용으로 애프터스쿨 멤버 유이(본명 김유진)씨의 이미지를 함부로 차용했습니다. 그 중에서도 유이의 중요한 아이덴티티 중 하나인 허벅지를 [꿀벅지로 강조하며, 다이어트 프로그램을 광고했습니다.유이씨는 퍼블리시티권 침해를 주장하며 한의원을 상대로 민사소송을 제기했는데, 1심에서는

위자료 500만원을 지급하라는 판결을 받았지만, 2심에서는 퍼블리시권과 초상권 침해를 인정받지 못했습니다.

② 어느 성형외과는 배우 민효린 씨의 외관 중 코를 이용하면서, [버선코]라는 용어와 함께 병원을 홍보하는데 사용하였습니다. 동의를 받지 않은 것은 물론이고, 대중들로 하여금 민효린 씨가 성형수술을 받은 것으로 오인하게 하여 심각한 고통을 끼쳤습니다. 결국 이 케이스에서는 민효린 씨의 퍼블리시티권이 침해된 것으로 보아, 민효린 씨가 승소하였습니다.

1) 일반적으로 성명, 초상 등이 갖는 경제적 이익 내지 가치를 상업적으로 사용·통제하거나 배타적으로 지배하는 권리라고 설명되는 퍼블리시티권(Right of Publicity)은 비록 퍼블리시티권의 보호대상과 존속기간, 구제수단 등을 구체적으로 규정한 우리나라의 실정법이나 확립된 관습법이 존재하지는 않으나,

고유의 명성, 사회적 평가, 지명도 등을 획득한 배우나 가수 등의 예능인, 연주가, 스포츠선수 등과 같이 대중의 인기가 뒷받침되어 그 존재가 널리 사회에 알려진 유명인사의 성명과 초상 등을 기업의 영업에 이용하는 경우에는 영업활동의 촉진에 효과가 있다는 것은 공지의 사실이고, 이러한 유명인사의 성명과 초상이 가지는 이러한 고객흡입력은 당해 유명인사가 획득한 명성, 사회적인 평가, 지명도 등으로부터 생기는 독립한 경제적인 이익 내지 가치로서 파악될 수 있으므로, 이는 당해 유명인사에게 고유하게 귀속되는 것이고, 그 유명인사는 이러한 고객흡입력이 갖는 경제적 이익 내지 가치를 배타적으로 지배하는 재산적 권리, 즉 퍼블리시티권(the Right of Publicity)을 보유한다 할 것이다.

2) 원고가 '□□□'이라는 예명을 사용하여 수년 동안 코가 예쁜 연예인이라는 명성과 지명도를 쌓았는데, 원고의 허락을 받지 아니한 채 성형외과인 이 사건 병원이 성형수술로 원고의 코와 같은 코를 만들어준다는 광고를 하는 것은 원고가 쌓은 명성과 지명도를 이 사건 병원의 영업활동에 이용한 것이므로 그로 인하여 원고의 명성 등이 저해되었는지와 상관없이 그 자체로 원고의 퍼블리시티권, 특히 성명(예명)에 관한 권리를 침해한 것이고, 피고는 원고에게 그 침해행위로 인한 손해를 배상할 의무가 있다.

(2) 법무부 보도자료

금번 법무부의 보도자료에 따르면, 인격표지영리권은 2023년 상반기 중에 국회에 제출될 예정이었으나, 집필 중인 2024년 4월 현재에도 개정은 이루어지지 않고 있습니다. 그러나 그동안도 판례를 통해 퍼블리시티권이 인정되어 온 점, 대중문화산업을 주된 산업분야로 하는 우리나라에게 이익을 주는 권리인 점, 인격표지영리권은 가짜뉴스나 딥페이크 문제를 방어할 수 있는 권리가 되는 점도 때문에, 도입이 이루어질 것으로 예상하고 있습니다. 하지만 아직은 민법이 인정하는 정식 권리 아닌 것에 주의합니다.

특히 이번 인격표지영리권은 판례에서 인정하던 퍼블리시티권보다 특징적입니다.

① 그간 유명인을 중심으로 인정하던 권리였으나, 보도자료에 의하면 모든 개인들이 보편적으로 그러한 권리를 주장할 수 있다고 합니다. 이는 초상권의 파생권리라는 점에 당연하게 생각됩니다.

② 퍼블리시티권 분쟁에서 상속 여부는 쟁점이 된 적이 없었는데, 이번 개정에서 인격표지영리권은 상속도 가능하고, 상속 이후 30년간 존속하는 것으로 명확히 정하기로 하였습니다.

③ 인격표지영리권은 양도할 수 없는 권리이고, 이용허락만 가능한 권리이지만, 본인의 신념에 반하는 중대한 사유가 발생하면 이용허락을 철회할 수 있도록 하여, 분쟁의 기준을 제시하였습니다.

④ 한편으로는 언론 취재 등 정당한 활동과정에서 인격표지를 활용하는 경우, 예를 들어 스포츠 경기 생중계 중에 관객의 얼굴이 화면에 나오는 경우 등에는, 인격표지영리권의 주장이 제한될 수 있음도 규정하였습니다.

⑤ 인격표지영리권이 침해되는 경우, 손해배상청구권은 당연히 인정되지만, 보다 효과적인 구제를 위하여, 침해제거청구권, 침해예방청구권도 명시하기로 하였습니다.

법무부의 발표가 있자, 인격표지영리권 도입을 추진한다고 발표하자, 연예기획업계는 환영했습니다. 연예인의 권리 보호 및 부가가치 창출사업의 길이 열리기 때문입니다. 반면 영화, 방송사는 반대했습니다. '연평해전', '도가니', '변호사' 등 실화를 소재로 한 영화를 만들 때 제작 기간이 길어지고 제작비가 커지는 것은 물론, 악의 입장을 대변하는 쪽에서 인격표지영리권을 허락을 하지 않는 경우 사회고발 영화 소설 등이 나올 수 없다고 주장했습니다. 둘 다 맞는 말입니다. 그 균형점을 잘 잡는 것이 중요하겠습니다.

(3) 인격표지영리권과 세금

1) 이용허락과 소득세

인격표지영리권은 인격적 요소를 감안하여 생전에 양도는 불가하고, 이용허락 중심으로 활용될 예정입니다. 이때 인격표지영리권을 이용허락할 때는 경제적 대가가 지급될 것이므로, 먼저 소득세 문제가 생겨납니다. 어떻게 과세될지는 아직 모르겠습니다.

① 먼저 인격표지영리권을 저작재산권의 일종으로 이해한다면, 저작권의 과세체계와 비슷하게 과세될 수 있습니다.

[원저작자의 저작권수입]이 사업소득인 것처럼, 인격표지영리권자의 소득은 사업소득으로 볼 여지가 있습니다. 한편 [원저작자 외의 자(상속인)의 저작권수입]이 기타소득인 것처럼, 인격영리표지권자의 상속인들이 인격표지영리권을 행사하는 경우 기타소득으로 볼 여지가 있습니다.

② 인격표지영리권에 대해 미술품의 양도소득처럼 무조건 기타소득으로 볼 수도 있겠다는 생각도 듭니다. 그 이유라면,

인격표지영리권에 대해 사업성(자기의 계산과 책임으로 계속 반복적)이 좀 어울리지 않는다거나, 인격표지영리권 수입에 대해 합산과세하지 않고 분리과세로 납세를 종결해주고자 한다거나, 인격표지가 경제성을 갖는데 이르기까지 소요된 비용을 측정하는 것이 불가능하기 때문에 의제경비를 인정해줘야 할 이유도 있기 때문입니다.

2) 상속세

인격표지영리권은 저자 사후 30년간 존속합니다. 상속세 및 증여세법에서는 저작권과 비슷한 평가방법을 사용할 것으로 생각됩니다. 감정평가액이 있으면 1순위

가 되겠고, 실무상 [장래의 경제적 이익 등을 고려하여 평가방법에 따라 평가한 금액]으로 되지 싶습니다.

[장래의 경제적 이익으로 평가하는 방법]이란, 장래에 매년 얻게 될 수입을 장래 20년간 얻는다고 가정하고 평가하며, 대신 매년 10%의 할인가치를 적용하여 합한 금액입니다. 저작권이 그랬던 것처럼 20년으로 짧게 끝낼 것 같습니다.[44]

생전에 인격표지영리권을 행사한 경우 어느 정도의 수입을 예상할 수 있겠지만, 대부분 알 수 없을 것 같습니다. 재판매보상청구권만큼이나 적절한 가액을 평가하기가 매우 어려울 것으로 생각됩니다.

---

44 상속세 및 증여세법 시행규칙 제19조

참고문헌

세법강의 제18판, 이창희, 박영사

2023 부가가치세, 한장석, ㈜광교이택스

2023 핵심실무 종합소득세 실무, 정해욱, 전영석, 조세통람

2023 법인세, 이연호, 김재환, 김리석, ㈜광교이택스

2020 상속 · 증여세 이론과 실무, 이광재, 세경사

2021 상속 · 증여세 실무 편람, 김완일/고경희 공저, 더존테크윌/세정일보

2021 상속세와 증여세 실무, 최성일, 삼일인포마인

2022 상속세 · 증여세 실무, 박풍우, 세연T&A

2020 지방세실무 제36판, 김의효, 한국지방세연구회㈜

2020 세법개론, 임상엽 정정운, 상경사

2020 세법학, 정정운, 상경사

2020 세법학, 정병창, 김태원, 나무와 사람

친족 · 상속법 제19판 김상용/김주수 공저, 법문사

비영리법인 회계와 세무 실무, 삼일회계법인, 삼일인포마인

주석 국세기본법, 김완석 외 공저, 삼일인포마인

조세범 처벌법, 김태희, 박영사

국세징수법 해설과 실무, 김하중, 김성영, 삼일인포마인

상법입문, 김화진, 박영사

회사법, 김건식 외 2인, 박영사

저작권법 개론, 최경수, 한울아카데미

자본시장법, 임재연, 박영사

예술법, 캐슬린 킴, 학고재

30년 조세 정책 전문가가 보는 세금의 모든 것, 김낙회, 21세기북스

예술경영아카데미 LINK 문화예술분야 세무회계실무 심화편, 예술경영지원센터

박물관·미술관 설립·운영 매뉴얼 연구, 사단법인 한국박물관협회

공연계약의 이해, 강은경, 오래

미술품감정학, 최병식, 동문선

아트 비즈니스, 박지영, 아트북스

세상을 놀라게 한 경매 작품 250, 크리스티 편집, 이호숙 옮김, 마로니에북스

한젬마의 아트 콜라보 수업, 한젬마, 비즈니스북스

아무래도 그림을 사야겠습니다, 손영옥, 자음과모음

그림쇼핑2, 이규현, 앨리스

그림파는남자의 발칙한 마케팅, 박정수, 비엠케이

아트마켓 바이블, 이지영, 미진사

샐러리맨 아트 컬렉터, 김정환, 이레미디어

나는 미술관에서 투자를 배웠다, 이지혜, 미래의 창

월급쟁이, 컬렉터 되다, 미야쓰 다이스케, 아트북스

한경 경제용어사전, 한국경제신문/한경닷컴

법, 미술을 품다, 김영철, 뮤진트리

계정과목별 일반회계와 세무해설, 삼일인포마인

우리는 곗돈으로 그림산다, 강지남, 미래를 소유한 사람들

NFT 사용설명서, 맷 포트나우, 큐해리슨 테리, 여의도 책방

NFT 아트 실전수업, 돈신궁예, 라이온북스

디지털부자가 꼭 알아야 할 NFT, 백남정 외 5인, nobook

NFT 레볼루션, 성소라 외 2인, 더퀘스트

NFT 실제와 가치, 장세형, 위키북스

금융혁신 8대 과제, 손상호, 한국금융연구원, 2022.02.

NFT 관련 시장 및 정책동향 분석, 주관연구기관 ㈜스트라베이스, 사)인터넷기업협회, 2022.03.

가상자산 취득 및 NFT 판매에 따른 소득세 과세 방안 연구, 이은미, 윤태화, 세무와 회계 연구(통권 제35호(제12권 제4호)), 2023.11.14

약력

권 민

세무사
세무사권민사무소 대표 세무사
한국예술종합학교 협동과정 예술경영과 졸업
2013 서울국제무용콩쿠르 기획팀장
2013 교토조형예술대학 아트커뮤니케이션 프로젝트 스태프
2014 울트라뮤직페스티벌코리아 프로덕션본부
2016 문화체육관광부 해외문화홍보원 K-POP 아카데미 3구역 재무총괄
한국예술종합학교, 경희대학교, 추계예술대학교, 성신여자대학교 강연
다수 갤러리, 아트페어에서 강연
한국경제신문, 중앙일보, 뉴스토마토, 아트인컬쳐 등 기고 및 자문

제3판
전면개정판 **미술과 세금**

초판 1쇄 발행 2024. 6. 11.

지은이 권민
펴낸이 김병호
펴낸곳 주식회사 바른북스

편집진행 박하연
디자인 김민지

등록 2019년 4월 3일 제2019-000040호
주소 서울시 성동구 연무장5길 9-16, 301호 (성수동2가, 블루스톤타워)
대표전화 070-7857-9719 | **경영지원** 02-3409-9719 | **팩스** 070-7610-9820

•바른북스는 여러분의 다양한 아이디어와 원고 투고를 설레는 마음으로 기다리고 있습니다.

이메일 barunbooks21@naver.com | **원고투고** barunbooks21@naver.com
홈페이지 www.barunbooks.com | **공식 블로그** blog.naver.com/barunbooks7
공식 포스트 post.naver.com/barunbooks7 | **페이스북** facebook.com/barunbooks7

ⓒ 권민, 2024
ISBN 979-11-7263-023-2 93320